教育部人文社会科学重点研究基地重大项目成果

南京大学中华民国史研究中心
宋美龄与近代中国研究系列
主编 张宪文等

张瑾 著

陪都岁月
重庆时期的宋美龄研究

人民东方出版传媒
东方出版社

图书在版编目（CIP）数据

重庆时期的宋美龄研究 / 张瑾著 . —北京：东方出版社，2018.10
（"宋美龄与近代中国"研究系列丛书）
ISBN 978-7-5060-9519-8

Ⅰ.①重⋯　Ⅱ.①张⋯　Ⅲ.①宋美龄（1897-2003）—人物研究
Ⅳ.① K827=7

中国版本图书馆 CIP 数据核字（2017）第 045151 号

重庆时期的宋美龄研究
（CHONGQING SHIQI DE SONGMEILING YANJIU）

- -

作　　者：张　瑾
主　　编：张宪文
责任编辑：杭　超
出　　版：东方出版社
发　　行：人民东方出版传媒有限公司
地　　址：北京市东城区东四十条 113 号
邮　　编：100007
印　　刷：北京汇林印务有限公司
版　　次：2018 年 10 月第 1 版
印　　次：2018 年 10 月北京第 1 次印刷
开　　本：640 毫米 ×950 毫米　1/16
印　　张：32
字　　数：511 千字
书　　号：ISBN 978-7-5060-9519-8
定　　价：69.80 元
发行电话：（010）85924663　85924644　85924641

- -

总　序

　　20 世纪末至 21 世纪初，随着历史档案的不断开放，史学界对民国历史人物的研究，开始较多地关注蒋介石与宋耀如家族，对宋子文、宋庆龄发表和出版了较为丰富的研究成果。然而，学界对另一位宋氏家族的重要成员宋美龄却问津甚少。坊间虽然出版了关于她的一些著作、画册等，但是如何审视过去对她的一些误判并给予恰当的历史定位，无疑是历史学界应尽的责任。

　　2009 年 1 月，我与南京大学三位教授飞赴台北，在邱进益博士的引荐下，与"妇联会"辜严倬云女士相会，商讨合作研究宋美龄事宜。双方相谈甚为融洽，确认了积极开展宋美龄研究的学术计划。时间已经过去多年，《宋美龄与近代中国》研究丛书九卷、《宋美龄文集》五卷，均已顺利完成撰著和编纂工作。其中《宋美龄、严倬云与中华妇女》于 2012 年由台北黎明文化事业股份有限公司出版，《宋美龄文集》（五卷、繁体版）于 2015 年由台北苍璧出版有限公司出版。这是海峡两岸学术合作和宋美龄学术研究的大事，值得祝贺。

　　宋美龄是近现代中国历史上杰出的女性、著名的女政治家、中国妇女运动的推动者和指导者。2003 年 10 月 24 日（北京时间）逝世于美国纽约。时任全国政协主席的贾庆林于当日发去唁电，表示哀悼，并对这位成功跨越三个世纪的政治家给予了高度评价。

　　宋美龄祖籍海南文昌，出生于上海。幼时跟随家人赴美国读书，后转入韦斯理学院深造。受家族影响，笃信基督教，是一位虔诚的基督教信徒。

1917 年，宋美龄学成归国。作为一名深受西方文化熏陶的中国女青年，她进一步融合了中国的传统观念和伦理道德，成为中西文化交融的典范，彰显了中国现代女性的特质和风度。

1927 年，宋美龄与蒋介石成婚。之后走上政治舞台，与蒋介石东奔西走，逐步展现其政治才华。作为一名重要的民国政治人物，凭借第一夫人的特殊身份，宋美龄亲历了中国近现代各个时期的重大历史事件，并作出了她的历史贡献。

宋美龄较早地献身于中国的妇女运动，领导创办国民革命军遗族学校，安抚遗孤，培养教育为国捐躯壮士的后代。即使蒋介石在解放战争中兵败退台后，宋美龄仍对引导妇女服务军界、筹建军眷住宅、推动社会福利事业、扶助难童和残障人士等事业表现了特别的关切。

早在 19 世纪后期，中国开始了现代化的历程。辛亥革命的成功，标志着中国由传统社会走向现代国家的道路。然而革命后的社会改造却是更为复杂和长期的过程。20 世纪 30 年代，蒋介石掀起了新生活运动，尝试改良社会风气、移风易俗、改变不良习惯、规范国民生活，虽然这一运动并未取得明显效果，但宋美龄奔走呼号，成为此项运动的重要推动者。

1936 年发生的西安事变，是中国国共两党走上团结抗日的重要转折点。宋美龄亲赴西安，力劝蒋介石转变态度，为事变的和平解决发挥了特殊的作用。

宋美龄一生最光辉的政治亮点是在抗日战争时期。她不仅亲赴前线、引导妇女投入战地救护工作、着力建设中国空军、陪同蒋介石出访印度、拓展中国在南亚的影响，而且还远赴美国，争取美援。其在美国国会的演说，震动了美国政坛，展现了她的外交风范和智慧。抗日战争后期陪同蒋介石出席具有重要历史意义的开罗会议，更加显示了中国女政治家的才能。

晚年，宋美龄逐步脱离台湾政坛，赴美久居，放手让蒋经国治理台湾。终宋美龄一生，其政治生涯既辉煌，又曲折。她为推动中华民族的复兴事业，奉献了智慧和力量，是一位值得浓笔重写的杰出女性。

南京大学中华民国史研究中心组织多位历史学教授，依据大量原始史料，撰著的这套宋美龄研究丛书，有《我将再起：宋美龄的后半生》《家国春秋：宋美龄与宋孔家族》《历史关口：宋美龄与西安事变》《东方魅力：宋美龄与战时中国外交》《新民新风：宋美龄与近代中国社会改造》《陪都岁月：重庆时期的宋美龄研究》《美丽哀愁：宋美龄年谱》《吾心吾力：政治视阈中宋美龄的思想历程》。这些著作的撰写，作者虽然努力做到尊重历史事实，给宋美龄以客观的、实事求是的评述，但毕竟受学术水平和掌握史料所限，因此，著作中疏漏及不当之处，尚请各方人士给予指正。

南京大学荣誉资深教授　张宪文

目　录

.

导　　言

一、缘起：问题的提出、研究视角及史料

（一）新课题

笔者长期从事民国时期重庆地方史的研究，近十年来，开始关注宋美龄在重庆时期的政治、外交和妇女工作等活动。先后主持承担了南京大学中华民国史研究中心张宪文教授主持的"宋美龄与近代中国研究"项目的子课题研究和教育部人文社会科学重点研究基地重大项目（项目名称：中外文献中的宋美龄研究，项目批准号：14JJD77032）。本书是这两个项目的研究成果。

宋美龄（1897—2003），祖籍广东文昌（今属海南省）。1897年3月5日（农历二月十二日）生于上海①，2003年10月23日在美国纽约逝世，享年106岁，成为近代中国历史上跨越三个世纪的重要的女性政治人物。1907年9月，宋美龄随二姐宋庆龄赴美国。1912年，宋美龄进入威斯里安女子学院就读，1913年转入马萨诸

① 有关宋美龄的出生日期有不同的说法。据美国卫斯理学院档案馆藏宋美龄个人档案的记载，她生于1897年的旧历二月十二日。该档案同时在注释说明中又给出了宋美龄生日的其他几种说法，如1897年6月5日（卫斯理学院档案）；1898年3月25日（《生活》杂志，1937年8月16日）；1892年（中国年鉴，1935年）。（见 Memorandum on Madame Chiang Kai-shek（May-ling Soong），October，1941，General Biographical Information，Papers of May-ling Soong Chiang，1916-2004. MSS. 1，Box 1，Wellesley College Archives）卫斯理档案采用的1897年旧历二月十二日的说法，可从斯坦福大学胡佛研究所特藏蒋介石日记手稿本1946年3月13日的记录中得到印证。据蒋介石记载，当天他为宋美龄庆祝49岁的生日。（见 Chiang Kai-shek Diaries，March 13，1946，45.4，Hoover Institution Archives，Stanford University）

塞州卫斯理学院学习。① 1917 年夏，她从该校毕业，并获"杜兰学者"的最高荣誉。回国后她居住在上海，致力于社会事业，谋求上海公共租界童工待遇的改善。1927 年 12 月 1 日，宋美龄在上海与蒋介石举行婚礼。之后，她广泛参加社交、政治活动，并担任一些妇女团体、儿童福利团体的领导职务。1936 年 12 月西安事变发生后，宋美龄奔赴西安，支持和平解决。1937 年 7 月 7 日，卢沟桥事变爆发，日本开始了全面的侵华战争。此后，宋美龄在中国政治、外交、社会，尤其是妇女运动等领域，辅佐蒋介石，发挥了不可替代的作用，写下了她一生中最光彩的篇章。

1939 年 4 月 30 日，《中央日报》刊发宋美龄言论结集出版的消息，称："自抗战开始以来，蒋委员长夫人宋美龄女士，勇于任事，不辞劳苦，如掌理空军、领导全国妇女战时工作、办理保育难童等，对于国家民族之贡献，实罕有伦比。夫人且恒以个人安全置之度外，每冒敌机轰炸之危险，赴前线激励将士，精神之勇敢，更足为全国表率。吾人读世界各国历史，于非常时期中，每有一二稀有之女英雄，且

宋美龄肖像——1943 年第 3 期《时代》周刊封面人物（原图藏卫斯理学院档案馆）

卓越思想，超人才干，坚强毅力，彪炳功绩，为民族历史添辉煌灿烂之一页，吾人无以名之，名之曰'转变历史之女性'。宋美龄战时创导'新生活运动'，振刷全国国民精神，热心于革命遗族教育，培植救国救民之才。西安事变，于谈笑应对之间，解救

① 卫斯理学院又译为"魏斯里学院""魏斯里大学"，见《中央日报》1942 年 6 月 14 日，第 2 版；宋美龄：《献给我的母校》（1942 年 6 月 13 日接受美国魏斯里大学名誉法学博士学位答谢时讲），载王亚权总编纂：《蒋夫人言论集》（下集），台北上海印刷厂股份有限公司 1977 年版，第 1040 页。

国家危难，弼成领袖伟大。纵不论此，仅就夫人战时所表现之精神、成功之事业观之，'转变历史之女性'之称号，亦足当之无愧。"①

　　从某种意义上看，《中央日报》对抗战时期宋美龄的评价颇具官方色彩，而这一历史定位无疑也影响了长期以来学术界对于宋美龄的研究取向。现有成果大多集中讨论宋美龄对近代中国社会的贡献，如宋美龄对民国政治、妇女运动和儿童福利方面的贡献，宋美龄在和平解决西安事变中的贡献，宋美龄与抗战外交等。另外，也有从家庭、婚姻与女性的角度探究宋氏家族及蒋宋关系的成果。② 较有代表性的是海外两本大部头宋美龄传记，即李台珊的著作（Laura Tyson Li，*Madame Chiang Kai-shek：China's Eternal First Lady*，New York：Atlantic Monthly Press，2006）与汉娜·帕库拉的著作（Hannah Pakula，*The Last Empress：Madame Chiang Kai-shek and the Birth of Modern China*，New York：Simon &

　　① 《蒋夫人言论集已印就》，《中央日报》1939 年 4 月 30 日，第 3 版。
　　② 迄今为止，有关宋美龄的研究成果主要以传记著作、学术会议及学位论文为主。传记类，如林博文：《跨世纪第一夫人宋美龄》；石之瑜：《宋美龄与中国》；杨树标、杨菁：《宋美龄传》；刘毅政：《宋美龄评传》；胡兆才：《民国第一夫人》；何虎生、于泽俊主编：《宋美龄大传》；佟静：《宋美龄大传》；都诺文（Sandy Donovan）：*Madame Chiang Kai-shek：Face of Modern China* 等。就学术会议成果而言，1999 年 11 月 1—3 日，由台北财团法人中正文教基金会等单位主办的 "蒋夫人宋美龄女士与近代中国" 国际学术讨论会，是首次以宋美龄为主题的国际学术研讨会，研讨主题集中在宋美龄的生平业绩及其对近代中国的深远影响和卓越贡献（参见台北财团法人中正文教基金会编：《蒋夫人宋美龄女士与近代中国学术讨论集》，台北财团法人中正文教基金会 2000 年版）；2008 年 10 月于香港珠海书院亚洲研究中心举行 "宋美龄及其时代国际学术会议"，会议主题分宋美龄的宗教信仰、抗战时期的宋美龄、宋美龄与西安事变、宋美龄的领导艺术、宋美龄的形象魅力、宋美龄的家庭生活以及宋美龄的评价及历史地位等（参见胡春惠、陈红民主编：《宋美龄及其时代国际学术研讨会论文集》，香港珠海书院亚洲研究中心 2009 年版）。此外，台湾地区的研究论文有：吕芳上的《蒋夫人的思想与信仰》（《近代中国》1999）、《广播演说的魅力——从抗战时期蒋夫人宋美龄女士在美的演说讲起》（《近代中国》2002），李国祁的《蒋夫人与民族复兴》（《近代中国》1999），陈进金的《从〈爱记〉看蒋、宋情爱》（《近代中国妇女史研究》2003），陈立文的《为台湾发声——从蒋夫人几次访美谈起》（《近代中国》2004），刘维开的《从〈蒋中正 "总统" 档案〉看蒋夫人 1948 年访美之行》（《近代中国》2004）等。近年来的相关学位论文主要集中于抗战时期，比如《战争、国家与女性：抗战时期宋美龄的妇女动员》（浙江大学 2011 年博士论文）、《1942—1943 年宋美龄出访美国争取对华援助的过程及意义述评》（上海师范大学 2008 年硕士论文）等。

Schuster，2009）。值得称道的是，这两部传记运用丰富的英文档案，包括宋美龄个人亲笔信函等珍贵文献，显示出宋美龄研究新史料发掘的重要意义。[①]

美籍作家、记者李台珊的著作被评价为："兼具调查采访与历史论述的完美整合之作，不仅叙事流畅，而且极具批评力度，让我们能够补足历史空白，重新解读宋美龄，并且对蒋介石、宋美龄的历史功过提供了一个价值判断的平台。"[②] 作者在丰富的史料基础上，大胆地加上了个人的想象，增添了著作的文学色彩，也为进一步探究宋美龄的真实历史留下了空间。比如，李台珊的著作中有一段颇具代表性的文字："后来成为蒋介石夫人的宋美龄，其一生中的公共形象和私下的真实生活往往互相矛盾。她于十九世纪末叶生于优渥但不起眼的家庭，二十一世纪才去世，光是横跨三世纪这点，就是世间少有。在历史浪潮的推动下，她的一生与现代中国的崛起紧密交织，密不可分，但人生大半岁月里，她扮演旁观者的角色。一如此前、此后许多闻名于政界的女人，她在世界舞台上所扮演的角色，乃是透过家庭关系和婚姻取得，而非纯然靠个人努力与才干获致。她抱持传统的女性观，把自己界定为辅助丈夫创功立业的角色，但她超越了为人妻子的身份，闯出自己的一片天。她又是成功摆脱了她那时代、那地位、那社会阶级的女人，在言行举止上所受的狭促传统框架，但她根深蒂固的保守心态，使她无法真正摆脱她生活在传统规范之内的束缚。宋美龄的特异气质，乃是在美国培育，在上海锻铸成。美国旧南方上流社会少妇、新英格兰女才子、中国'太太'三种角色，在她身上融为一炉，毫无窒碍。娇细纤弱的她，集种

①　上述两部著作均有中译本出版。需要指出的是，这两部著作在史料的运用上都存在一些错误。仅以汉娜书为例，该书第28章在蒋氏夫妇抵渝时间上，出现基本的史实硬伤；又如，第32章把位于嘉陵江边的史迪威旧居写为长江边。（参见 Hannah Pakula，*The Last Empress：Madame Chiang Kai-shek and the Birth of Modern China*，New York：Simon & Schuster，2009，p.315，p.380）

②　胡忠信：《推荐序：我们所不知道的宋美龄》，载［美］李台珊：《宋美龄：走在蒋介石前头的女人》，黄中宪译，台北五南图书出版股份有限公司2010年版，第7—8页。

种矛盾于一身：实际又天真，聪慧又冲动，坚强又软弱，浪漫又悲哀。她既是理想主义者，又对人性感到悲观，既独立又依赖，既骄傲又现实。有时她宽容大度，有时正直苛严。有时她让人觉得如沐春风，有时冰冷不屑，有时她天真率直，有时阴晴不定，有时她真诚，有时带有心机。她是出了名的胆子大，但又易怒。她容不下一点过错，却对自己所爱之人的缺点完全视而不见。她干劲十足，活泼开朗，散发出连批评者都为之心仪的魅力。她洋溢着充沛活力和熠熠自信，但又是转而陷入焦虑、绝望，整个人都垮了下来。"①

著名传记作家汉娜的新作《宋美龄新传》于 2009 年出版，是继李台珊著作之后的又一大部头传记作品。该书记述了宋美龄传奇的一生。它的问世引起了不小的轰动，《华尔街日报》称之为"盖棺论定的宋美龄传记，取材范围之广，令人印象深刻，对于想要了解民国史的读者，此书是绝佳的指引"。首先，作者在叙事中能够把握宋美龄身边复杂的人际关系网络，使得对宋美龄的研究更为细致、生动与人性化。其次，作者注重从史料的角度挖掘宋美龄身边的人物回忆、信函等大量鲜为人知的新史料。应该说，汉娜的著作是迄今为止宋美龄传记作品的集大成者。不过，该书以西方视野中的宋美龄形象为基准，在运用史料上，无疑是作者观点的诠释展开，颇有断章取义之嫌。由于缺乏来自中国本土的文献，以及第二次世界大战时期的日文文献等，导致作者对宋美龄带有明显的主观臆断之想象。严格地说，汉娜的著作并不能定位为学术成果。与李台珊的著作相比，汉娜的著作尽管有相当一部分篇幅着力于重庆国民政府时期，即第二次世界大战时期的历史，不过同样的问题是，作为人生历程中的重要阶段，宋美龄的重庆时期也未纳入作者的考察视野。

此外，Thomas A. DeLong 撰写的《蒋夫人与艾玛·米尔斯小

---

① ［美］李台珊：《宋美龄：走在蒋介石前头的女人》，（前言）第 15—16 页。

姐——中国第一夫人与她的美国朋友》① 一书，是近年来系统运用宋美龄个人书信的又一重要成果。作者以宋美龄与大学同窗好友艾玛·米尔斯的友谊为线索，探究宋美龄在中美关系中的角色及意义。该书的特色在于以宋美龄与艾玛之间的私人信函为主要分析点，透过宋美龄与艾玛交往的历史，展示了宋美龄信函的时代意义。不过，需要指出的是，作者在分析宋美龄与艾玛的通信时，也带有明显的先入为主的观点预设，甚至有误读宋美龄信函的意向。同样，作者笔下的重庆依旧只是宋美龄人生历程中的一站，而非阐述这一舞台对于宋美龄个人历史的重要意义。

事实上，重庆与宋美龄之关联问题，一直未能引起学者们太多的关注。在学者们讲述宋美龄的这段历史时，重庆这个舞台与宋美龄的个人历程始终是两条平行线。

（二）新视角

从一个新的角度深入探究宋美龄在重庆的历史及意义，无疑是对重庆国民政府历史的再思考。如何理解与界定"重庆"与"重庆时期"，是本书需要阐明的基本概念。本书所指的"重庆"，不仅仅是作为地理的空间，更是作为政治的空间和社会生态加以探讨。本书旨在从区域历史的角度，同时从社会、政治、国际等多重维度，重新评价宋美龄作为近代中国特殊历史语境下产生的女性政治人物对近代中国的影响。因而，重庆时期的宋美龄研究，对于中华民国史而言，具有象征性意义。

就宋美龄研究而言，所谓"重庆时期"，即指 1938 年 12 月 8 日至 1946 年 4 月 30 日。这一时段既涵盖大部分抗日战争时期，又是重庆历史上的"陪都时期"。鉴于"宋美龄与近代中国研究"课题组的分工，本书所讨论的"重庆时期"的宋美龄，将着重考察局限于地理空间意义上的重庆，即将宋美龄的战时实践置于区域的政治空间和社会生态环境中加以探讨。因此，有关重

---

① Thomas A. DeLong, *Madame Chiang Kai-shek and Miss Emma Mills—China's First Lady and Her American Friends*, Mcfarland & Company, Inc., Publishers, 2007.

庆时期（战时）宋美龄的对美外交等主题将不在本书讨论范围之内。尽管笔者更多的是从区域历史的视角切入，但同时也兼顾了战时中国社会、政治、经济和国际环境等多重维度，试图全面探讨这一时期宋美龄作为近代中国重要的女性政治人物的区域断代历史。

纵观宋美龄的一生，抗战时期是其个人历史上最为辉煌的时期。1938 年 12 月 8 日，宋美龄随蒋介石抵达重庆，开始其人生历程中的重庆岁月。值得注意的是，抗日战争时期也是重庆历史上城市化前所未有的巅峰时期。

抗日战争赋予了重庆特殊的历史意义。作为中国的战时首都，从 1937 年 11 月 20 日国民政府正式发表移驻重庆宣言至 1946 年 4 月 30 日发布还都南京宣言，重庆扮演着全国政治、经济、军事、文化和舆论中心的角色。举国大内迁使得重庆的城市规模空前扩大，人口急剧增长，城市经济及产业结构也因沿海工业的内迁而迅速膨胀。外部现代化资源的强力"植入"，使重庆进入"超常规"发展期，更呈现出"城市即国家"的政治大生态；地处中国地缘政治边缘的重庆，自国民政府迁入之后，逐渐成为国际瞩目的焦点。太平洋战争爆发以后，随着同盟国中国战区统帅部在重庆成立，重庆已成为国际舆论的焦点、世界反法西斯战争的远东指挥中心。

宋美龄不仅是重庆辉煌历史的见证者，也因为重庆这个舞台而走向了她自身历史的辉煌点。1988 年 5 月，邓颖超致信宋美龄，回忆"山城之聚"的时光，感叹"与夫人交往，数十载矣。历时愈久，相知愈深"。她高度赞誉了宋美龄在抗战时期的历史功绩，她说："尝读夫人之《我将再起》，思感殊多。回首当年，国难方殷，夫人致力全民抗战，促成国内团结，争取国际援助，弘扬抗日民气，救助难童伤兵，厥功至伟……夫人谋国之忠诚如令姊孙夫人所言，我极为钦佩！"[①]

在重庆，宋美龄在国民政府外交事务上扮演着特殊而重要

---

① 邓颖超：《致宋美龄的一封信》，载中共中央文献研究室编：《邓颖超文集》，人民出版社1994年版，第 184 页。

的角色。作为"第一夫人"，她陪同蒋介石访问印度，谋求中印合作；访美之行及出席开罗会议，推动了她人生历程辉煌时期的到来。应该说，当"战时重庆"成为中国的代名词时，宋美龄抓住了历史性的机遇，而重庆这一舞台也为宋美龄提供了发挥其出色才华的宏大空间。与此同时，重庆时期也是宋美龄人生政治生涯从巅峰到低谷的转折关键点。离开了重庆，即使在大陆时期，宋美龄也没能再如重庆时期那样散发出特有的魅力和光辉。

在某种意义上，宋美龄在重庆时期的历史，可解读为"边缘"改变"中心"的历史。本书聚焦战时陪都的历史，通过对宋美龄生活时期的陪都社会历史的深入分析，指出宋美龄个人历史辉煌片段中的"区域""国家"或"国际"等要素与其人生轨迹之关联所在，从而为全面解读宋美龄历史提供了一个区域的个案。

（三）新史料

通常，宋美龄研究的难题与瓶颈在于史料的缺乏。典型的说法是："宋美龄是非常少数活过三个世纪的经典人物，但她一生除了西安事件的叙述以及演讲纪录、文章撰述以外，竟然没有留下一本完整的自传或口述历史。"① 宋美龄笃信基督教，秉持"在上帝面前，不凸显自己"的理念，生前婉拒所有回忆录与口述历史的制作，丝毫没有留纪录于后世的想法。② 基于对宋美龄研究的史料缺乏的判断，迄今为止学术界有关宋美龄研究的高水平专题成

---

① 胡忠信：《推荐序：我们所不知道的宋美龄》，载〔美〕李台珊：《宋美龄：走在蒋介石前头的女人》，第7—8页。另外，王奇生在阅读1946年至1947年的蒋介石日记手稿本时，发现蒋介石提及"宋美龄日记"。而林桶法教授则指出，宋美龄没有日记，只有过"记事本"类的文字。林教授曾问询过宋家的一些人，他们也没有记什么。于是林教授认为，这份宋美龄的"记事本"材料对我们历史研究帮助不大。参见汪朝光主编：《蒋介石的人际网络》，社会科学文献出版社2011年版，第28、38页。

② 参见朱重圣：《亲情、国情、天下情——蒋夫人宋美龄女士与经国先生》，《"国史馆"馆刊》复刊1999年12月第27期，第163—185页。

果很少。①

事实上，有关宋美龄研究史料缺乏之说值得商榷。从国际史研究的视野看，将宋美龄纳入近代中国乃至世界的大舞台，宋美龄研究的相关史料无疑是丰富的。就重庆时期而言，宋美龄研究的文献有狭义与广义之分。狭义上的宋美龄研究史料，即传统意义上的宋美龄个人的文稿、书信等文本，新近运用的蒋介石日记，民国重要人物的个人档案、回忆录及日记，以及中外媒体的相关报道文本，均是宋美龄研究的第一手史料。

宋美龄在重庆期间留下的较为丰富的文稿和书信，是研究重庆时期宋美龄的珍贵文献。这些文本散见于各个时期国民政府编撰出版的宋美龄言论文集之中，如 1939 年 2 月国民出版社发行的《蒋夫人言论集》。国民党退据台湾后，曾多次有宋美龄言论集出版，以《蒋夫人言论汇编（四卷）》（台北中正书局 1956 年版）、《蒋夫人抵美演讲集》（1959 年版）、《蒋夫人演讲选集》（台北"行政院"新闻局 1961 年版）、《蒋夫人演讲选集》（台北"行政院"新闻局 1963 年版）、《蒋夫人访美言行集》（台北战斗周刊社 1967 年版）、《蒋夫人旅美演讲集》（台北"中国出版公司" 1968 年版）、《指导长蒋夫人对妇女的训词》（台北中国国民党中央委员会妇女工作会 1979 年版）以及《蒋夫人言论集》（台北光华出版社 1982 年版）等为代表。

民国时期评述宋美龄的传记作品是研究重庆时期宋美龄的重要文献。如美国作家埃米莉·哈恩（Emily Hahn，又译爱茉莉·海，中文名为项美丽）的《宋氏姐妹》，另一位美国作家斯特林·西格雷夫（Steling Seaglave）的《宋家王朝》，以及罗比·尤恩森

---

① 笔者曾就宋美龄研究的问题采访宋曹琍璇女士，她也认为，由于史料的局限，目前国内外研究宋美龄的成果基本上未见有（对宋曹琍璇女士访谈于 2011 年 3 月 27 日在重庆进行）。此外，台北"中央研究院"近代史研究所女性历史研究者连玲玲博士及台湾中原大学通识教育中心助理教授柯惠铃女士认为，史料的缺乏是造成宋美龄研究困难的主要原因。（2013 年 3 月 23 日，笔者在美国圣地亚哥亚洲年会上与连玲玲交流；2013 年 8 月，笔者在重庆市档案馆与台湾中原大学通识教育中心助理教授柯惠铃博士交流）

（Robbie Eunson）撰写的《宋氏三姐妹——宋霭龄、宋庆龄、宋美龄》。其中，哈恩的作品 The Soong Sisters 是国外首部研究宋氏家族的著作，该书英文版最早出版于 1941 年，1970 年再版。1985 年新华出版社出版中译本，出版时更名为《宋氏家族——父女·婚姻·家庭》。由于哈恩与宋氏姐妹之间的友谊以及有直接采访三姐妹的机会，作者获得了不少难得的第一手资料，这是时人评述宋美龄具有较高史料价值的文献。哈恩此书的生动描述和历史细节，在宋美龄重庆时期给同窗好友艾玛·米尔斯的私人信函中也可得到印证。

国民政府政要的日记也是研究重庆时期宋美龄的重要史料。如《在蒋介石身边八年——侍从室高级幕僚唐纵日记》（简称"唐纵日记"）（群众出版社 1991 年版）。① 唐纵系军统出身，在抗战时期身兼侍从室第二处掌管情报的侍六组组长，其日记展示了战时中国权力中枢的幕僚机构的诸多细节，具有重要的史料价值。

熊式辉的《海桑集——熊式辉回忆录》（1907—1949），被余英时认为"是一部历史价值最高的回忆录，比一般老人晚年自传或口述历史更为翔实可信"②。尽管余英时先生在解读熊式辉回忆录的价值时，并未从重庆的角度去解读其中的新史料，但熊式辉在重庆的回忆文字还是以他者观察的眼光为宋美龄研究提供了历史的细节。

2012 年出版的《陈克文日记》是重庆时期宋美龄研究的又一重要文献。陈克文时任国民政府行政院参事，"他地位不高，但交

---

① 唐纵（1905—1981），字乃建，湖南省酃县人，黄埔军校第六期毕业生。历任复兴社总社副书记、驻德国大使馆副武官、侍从室第六组少将组长、军统局代局长、"内政部"次长兼"警察总署署长"、"内政部政务次长"、国民党中央委员会秘书长、驻韩国"大使"、"总统府国策顾问"等要职。而这本《在蒋介石身边八年——侍从室高级幕僚唐纵日记》虽系唐纵 1927 年至 1946 年所记的日记，但其所记载的大部分内容，是他担任侍从室第二处第六组组长时的日记。这本日记在"唐纵 1949 年逃往台湾时为人民政府所缴获"。见公安部档案馆编注：《在蒋介石身边八年——侍从室高级幕僚唐纵日记》，群众出版社 1991 年版，第 1 页。

② 余英时：《序》，载熊式辉：《海桑集——熊式辉回忆录》（1907—1949），香港星克尔出版有限公司 2010 年版，第 2 页。

谊甚广，又长期负责实际事务，得以从内部和中层观察政府运作以及政坛人物的言行，更与不少学界、文化界人物相熟"，加上"他有政治抱负，胸中更有是非智愚贤不肖的尺度，因此在日记这样的私人空间抒发感慨，月旦人物（包括至亲好友），是十分坦白、直率甚至尖锐的"。① 在日记中，陈克文对宋美龄的直接描述极少，但其记载的重庆岁月，是重庆国民政府公务员的生活史、政治史，也是重庆时期宋美龄研究的重要史料。也正如余英时先生的评价："基于对克文先生人格的认识，我读他的日记，自然而然地产生出一种信任感；无论是记事或是评论，我反复参究，都觉得是可信的。可信度和日记的史料价值成正比的。""《日记》始于一九三七，即抗日战争开始的一年；终于一九五零，即国民党完全撤离中国大陆的一年。因此我可以毫不迟疑地说，这部日记是国民党政权在中国大陆上从'衰'到'亡'的一个相当客观的提纲。"② 陈克文的日记，为重庆时期的宋美龄研究提供了丰富的时代文献。比如，陈克文日记是 1939 年 5 月至 1940 年 12 月 31 日重庆大轰炸历史的全记录。此外，该日记在 1943 年至 1945 年的记录中，有大量关于重庆物质稀缺与物价飞涨状况的细节描述，以及还都南京之前重庆状况的描述。

事实上，将宋美龄置于近代中国大时代的背景下加以考量，其广义上的研究史料是极为丰富的。比如，重庆时期的宋美龄研究史料包括战时重庆的相关文献，可分为以下几个类别：中文地方历史文献，中外大众传播媒介文本，英文档案文献及当时人的回忆与书写。仅以战时在重庆的美国人士为例，第二次世界大战时期驻重庆的美国外交家、商人、技术专家、记者等知识分子的日记信函，均为重庆时期的宋美龄研究留下了十分丰富的历史文献。

近代中国文献中有关宋美龄的记载有待发掘的空间极大，仅

----

① 陈方正：《编者序》，载陈方正编辑·校订：《陈克文日记（1937—1952）》（上册），台北"中央研究院"近代史研究所 2012 年版。

② 余英时：《序》，载陈方正编辑·校订：《陈克文日记（1937—1952）》（上册）。

就重庆、南京、北京、上海及台湾地区所藏抗战时期重庆国民政府档案文献看，有关宋美龄研究的基础文献并未得到很好的利用。典藏于台湾"国史馆"之《蒋中正"总统"档案》是研究宋美龄的重要史料。该档案中宋美龄的相关文献分别散见于筹笔（蒋介石给各方的电报）、革命文献（以主题结集，如蒋中正引退与各方布置）、特交文卷（亲批数据）、特交文电（集结）、特交档案、事略稿本、领袖家书（与蒋夫人、致经国纬国）、文物、省克记初稿（二册）、爱记初稿（三册）、蒋主席文抄（五册）、自反录（二十四册）、蒋氏宗谱、文物图书、照片影辑等文档，内容极为丰富。① 而海外档案中与宋美龄研究相关的英文历史文献主要收藏于美国卫斯理学院、斯坦福大学、哈佛大学、普林斯顿大学、耶鲁大学、美国国会图书馆、美国国家档案馆、康奈尔大学等机构，更是有待进一步发掘的新史料。

在宋美龄研究的新史料中，最珍贵的第一手文献要数宋美龄的母校——美国卫斯理学院档案馆现存的宋美龄英文书信等。2011年春秋该校陆续开放宋美龄个人档案和她的同学艾玛·米尔斯的个人档案，其中两人之间的通信披露了宋美龄在重庆期间的

蒋宋美龄和艾玛·米尔斯个人档案（卫斯理学院档案馆藏）

---

① 参见刘维开：《宋美龄女士档案资料介绍》，《中国近现代史史料学国际学术讨论会论文集》，新华出版社2004年版。

生活细节。① 这些珍贵的文本记录了宋美龄在重庆期间的工作状态、健康状况及心态与生活，为还原宋美龄重庆时期的图像提供了第一手文本。

蒋宋美龄和艾玛·米尔斯的个人档案（卫斯理学院档案馆藏）

此外，本书首次运用的哈佛大学独家收藏的白修德档案，《时代》周刊新闻电稿等档案，斯坦福大学收藏的战时重庆相关档案文献，包括史迪威档案、宋子文档案等，耶鲁大学所收藏的传教士档案中的战时重庆图像，普林斯顿大学收藏的战时在渝美国人士档案，战时援华文献及中美关系文献等，都是重庆时期宋美龄研究的重要文献。

《蒋介石日记》未刊手稿本（1917—1972）目前收藏于美国斯坦福大学胡佛研究所档案馆，对公众开放。② 其中，蒋介石在重庆

---

① 这批信函的私密性决定了其史料价值。宋美龄曾在信中对艾玛说："正如你所知道的，我私人的信件从来不是想把它们作为未来某个时间公开发表而作的。我想不起来任何给你写的信是适合公开出版的，但是，如果你一定要公开发表其中的内容，我相信你会负责地看这些信，经过正确的编辑，然后准备出版。"（参见 Letter, May-ling Soong Chiang to Miss Emma DeLong Mills, June 3, 1941, Correspondence from May-ling Soong Chiang Jan. 1939-Jan. 1945, Papers of Emma DeLong Mills, MSS. 2, Box 9 Wellesley College Archives）

② 笔者曾于 2009 年夏和 2013 年春两度赴美国斯坦福大学胡佛研究所档案馆查阅抗战时期重庆的文献，阅读了 1938 至 1946 年间蒋介石日记的手稿本。本书所引用的蒋介石日记，系斯坦福大学胡佛研究所档案馆藏蒋介石日记手稿本，均采以下注释格式：Chiang Kai-shek Diaries, Box No., Folder No., Hoover Institution Archives, Stanford University.

记的日记，最能直接反映宋美龄的日常生活轨迹。陈鹏仁先生指出："宋美龄对于蒋中正的功业，有极大的影响与帮助。蒋中正日记已经公开，世界愈国际化的今日，对于蒋中正、宋美龄在中国近代史上的地位、贡献等研究，相信会愈来愈重要并更普遍。"①作为夫妻，又同是基督徒，蒋介石在日记中的各种感悟和个人心境的描述话语，在相当程度上均应有宋美龄的影子。因此，根据蒋介石日记"推测"宋美龄在重庆时期的生活状态不失为一种视角。需要指出的是，在蒋介石日记中，宋美龄并非主角，因此要想从蒋介石日记中获得宋美龄的实质性内容是会令人失望的。

宋美龄研究相关文献的广泛性，还体现在发掘中日战争加害方——日本的文献。仅以日本主流媒体《读卖新闻》与《朝日新闻》相关文本而言，两者从侵华加害国的角度，为我们深入研究重庆时期的宋美龄提供了相当细致的图像，弥补了战时重庆宋美龄研究的史料空白。

此外，口述采访资料也是重庆时期宋美龄研究史料的重要组成部分。本书运用的口述采访资料包括现少数幸存的抗战时期重庆歌乐山儿童保育院的保育生（也是宋美龄在重庆期间历史的亲历者）、重庆时期新闻记者口述等。

二、框架：重庆时期宋美龄研究的定位

以中国战时首都——重庆为中心舞台，以 1938—1946 年为考察时段，本书试图借鉴新史学倡导的"总体历史"观念，即"历史就是整个社会的历史"，全面深入地探讨在这一时空内，宋美龄的个人历史及其与近代中国社会的变迁、与战时民国政治历史之关联；本书也试图克服单纯的"政治史"和"精英人物史"的范畴，而力图对陪都历史进行多层面、多方面的综合考察，以从整体上把握宋美龄在此期间的断代史。

本书的创新点在于解读宋美龄的新视角——重庆。作者试图

---

① 陈鹏仁：《蒋中正研究的新契机》，载《开拓或窄化？：蒋介石日记与近代史研究学术研讨会》，台北"中央研究院" 2008 年 12 月 27 日，第 47 页。

从战时首都的角度考量宋美龄的个人历史，而关注重庆时期的宋美龄，势必要考察蒋介石国民政府的战时政治战略。换句话说，蒋介石在重庆期间的抗战建国是理解重庆时期宋美龄历史的一个大的政治环境和前提基础。

"小空间""大人物"与"大舞台"是本书的基本逻辑。本书旨在通过战时首都——重庆这个"小空间"，展示宋美龄人生经历中最为辉煌的"政治成就"及其与战时陪都社会的"大舞台"之关联，因此，本书是宋美龄个人历史的断代部分。从重庆——战时陪都的视角考量，特别注意关照区域历史的视野、国际史的视野以及思想史的视野。从某种意义上说，本书所试图诠释的，既是宋美龄个人的断代史，又是抗战时期重庆的历史。从重庆历史的视角切入，可为宋美龄研究提供另一种解读民国人物的意义。

重庆这个舞台在宋美龄一生中，具备了十分独特的象征意义。作为内陆的区域城市，在延续 20 世纪二三十年代本土历史惯性的同时，重庆又被附加了第二次世界大战的新语境。如此，一方面，从地方与中央关系而言，重庆的"权力、冲突与变革"任务并未完成①；另一方面，迁往重庆的国民政府在大后方也面临着持久抗战的种种困境和挑战。如何在重庆狭小的舞台上完成抗日战争的军事指挥任务，如何去适应战时中外关系格局的新环境以获得抗日战争的胜利，并在拓展中国的国际生存空间上有所突破，无疑是重庆国民政府所面临的首要问题。值得注意的是，作为女性政治家，宋美龄以其特殊地位——"第一夫人"的角色，从战时女性宣传和抗战动员出发，似乎找到了化解（消解）重庆国民政府难题的有效的办法，使得她所呈现出来的实践性带有一种综合性的平衡。宋美龄在重庆富有成效的工作方式及其正面的影响力，至少持续到她在 1943 年访美归国之时。

基于上述视角，本书注重梳理战时重庆的"小空间"与"大舞台"之社会生态景观，努力探究重庆国民政府与宋美龄个人形

———————

① 参见张瑾:《权力、冲突与变革：1926—1937 年重庆城市现代化研究》，重庆出版社 2003 年版。

象的互动及意义。本书还尝试还原重庆时期宋美龄个人实践的细节图像，并着力于发掘与运用重庆时期宋美龄历史的新史料。

本书是建立在翔实史料基础上的实证研究。近二十年来，笔者潜心于对中外文献中有关重庆文本的搜集、整理与研究。2009年3月承担"重庆时期的宋美龄研究"课题以后，笔者又多次在重庆、南京、台北等地和美国卫斯理学院、哈佛大学、斯坦福大学等高校努力发掘中外档案文献中的宋美龄文本。因此，从某种意义上说，本书既是一本研究重庆时期宋美龄的阶段性著作，也是一部迄今为止有关宋美龄在重庆时期的史料专辑。

以重庆时期的宋美龄为切入点，本书呈现如下特色：

第一，本书通过系统梳理重庆时期中外文献中的宋美龄研究史料，侧重从宋美龄形象在重庆时期的变迁及其与重庆国民政府的关联中去发掘新史料。本书尝试突破以往宋美龄研究史料匮乏的狭义史料观，从广义的史料范围去搜集、梳理与解读战时重庆，乃至第二次世界大战的相关文献，试图全面呈现宋美龄与战时重庆变迁之关系，为"宋美龄与近代中国研究"项目提供一个区域的个案。

第二，本书尝试构建重庆时期宋美龄研究的一种新的叙事框架，即以区域历史为中心的阐释思路，结合个人、区域与民族、国家的视角，将宋美龄置于战时陪都社会的"小空间"与"大舞台"上加以考察，解读陪都历史变迁及其社会舞台之多元特征，以此来阐释宋美龄战时个人成就的社会基础，从一个侧面探究其一生辉煌成就在历史舞台上的意义。在重庆，宋美龄参与和组织领导的反空袭、救助战争孤儿、妇指会的妇女动员与后方的献金运动、寒衣运动、工业建设、荣军试验区等诸多实践，将战时大后方抗战建国的实践有效地浓缩于战时的新首都——重庆这个舞台。因此，从逻辑上讲，本书既是一部个人的断代史，又是一部区域和国家的社会文化史。

第三，本书的研究方法以宋美龄相关文献的分析方法为主，其中，尤其注重对宋美龄重庆时期言论的分析，包括文本的特征、话语风格以及话语背后的时代背景之阐释。具体方法如下：（1）最基本的历史学的文献研究方法。搜集大量的档案、报刊、文献、文史资料等，利用这些档案文献尽可能地还原历史，作出解释。（2）口述历史采集。重点选择重庆地区战时幸存的保育生为调研对象，搜集战时儿童保育院的口述回忆史。（3）尝试借鉴传播学、政治学等概念和方法，分析宋美龄言论及文本中的话语特征及传播特色。

三、观点：重庆时期的宋美龄研究新探

本书由导言和正文五章构成，各章内容简介及主要观点如下：

第一章　初入四川：宋美龄视野中的重庆

1935 年春夏之间，宋美龄随蒋介石"督师"西南，西南之旅的第一站即四川的重庆。这是宋美龄首次到访西南三省，也是她第一次"客居"重庆。期间，她完成了三封记录旅行观感的信函——《西南漫游》。在宋美龄的笔下，这个四川省最大的商业中心——重庆城留给她的是一种莫名的"厌恶"之感。这种厌恶感在相当程度上可以理解为她对四川军阀统治下的种种陋习与弊端的不满。宋美龄在《西南漫游》中所讲述和建构的重庆，成为四川军阀防区体制下秩序混乱与各种丑恶现实之代名词。与此同时，宋美龄也意识到了重庆作为西南各省与外部世界的交通枢纽和地理坐标的区位优势，透过《西南漫游》文本，可以清晰地读出宋美龄的重庆观及意义。

第二章　举国大内迁："蒋夫人再莅重庆"

宋美龄再度抵达重庆之时，已是国民政府决定移驻重庆以期持久抗战的时候了。1938 年 12 月 8 日，宋美龄随蒋介石抵达重庆，在这里，她将开始其人生历程中的重庆岁月。此时，宋美龄已不再是匆匆过客，而是中国战时新都的女主人。在有限的城市空间里，重庆成为了国民政府的政治中枢、经济和文化中心，重庆的"新"与"旧"，为未来几年宋美龄的抗战建国工作提供了一个前所未有的政治大舞台，"城市即国家"的宏大画卷自此出现。

作为第一夫人，抵达重庆后的宋美龄成为媒体追逐的明星人物，她的形象在某种意义上成了重庆国民政府的符号。而如何适应重庆的环境，发掘新重庆的魅力，全力维护重庆国民政府的抗战形象，把重庆打造成全新的战时中国的政治中心，就成为宋美龄到渝初期的主要工作目标。

第三章　战争与中国女性：蒋夫人的"宣传战"

抵达重庆之后，宋美龄立即饱含激情地投入妇女抗战动员、军事慰劳、儿童保育、战时救济等工作。在重庆的艰苦环境中，宋美龄以书信、文电、广播、演讲稿及在杂志上发表文章等方式，讲述了一个中国抗战的悲壮故事，妇女、难童、轰炸废墟以及大后方民众抗战的状态，构成了宋美龄文字中重庆国民政府抗战的标志性符号。宋美龄以其卓有成效的工作方式，阐释了"边缘"影响"中心"的历史，从而构建出战时中国的英雄形象。将重庆与战时中国融为一体，从而也构成了她概念中的抗战与建国。从某种意义上说，这既是一场对战时中国抗战形象的"宣传战"，也是对后方新首都形象的塑造运动。

第四章　废墟上的"救赎"：大轰炸时期的宋美龄

从 1938 年 2 月至 1943 年 8 月，侵华日军对战时中国的首都重庆及其周边地区实施了长达五年半之久的无差别大轰炸。其中，1939 至 1941 年是重庆遭遇最为惨烈的大轰炸时期。日军的大轰炸改变了重庆地区乃至整个后方的社会生态。面对日军惨无人道的大轰炸，宋美龄表现出特有的坚韧不屈与勇敢，成为重庆抗战精神的典型代表。作为亲历者，她在第一时间从轰炸废墟上发出了救济呼吁，并通过各种渠道谴责日军，苦劝盟友慷慨相助，努力将政治"边缘"的重庆变为国际聚焦的中心，为推动重庆国民政府获取更为广泛的国际同情与各方的援助作出了贡献。

第五章　陪都岁月：精神重于物质的年代

从迁都抵渝（1938 年 12 月 8 日）到还都南京（1946 年 4 月 30 日与蒋介石同机飞离重庆），宋美龄在重庆的岁月，是在极其艰苦的环境中度过的。因为大轰炸，宋美龄在渝的日常生活常处于一种奔波的状态；在重庆的岁月，也是疾病缠绕她的时期。从1943 年 7 月到 1946 年 4 月，是宋美龄在重庆坚守苦难"抗战中心"最为矛盾的日子，也是战时身心最为疲惫的时期。从某种意义上说，宋美龄在渝期间的生活状态，也折射出陪都后期历史中的社会政治与经济的困境生态。访美归来后的喜悦与重庆的困境形成了鲜明的对比，在内外舆情的夹击下，宋美龄低调、黯然地离开陪都，事实上也告别了她在大陆的辉煌时代。

第一章　初入四川：宋美龄视野中的重庆

1935 年，宋美龄以南京国民政府蒋委员长夫人的身份首次踏上内陆四川的境地，这也是她的第一次西南之旅。毫无疑问，她四川之行的首要目标是追随丈夫到西南三省"追剿"中国共产党的工农红军；与此同时，宋美龄又为蒋介石将南京国民政府的权威推进到权力"边缘"而呐喊。

重庆，作为四川省最大的商业都会，给宋美龄留下的印象并不好，似乎还让她有一种莫名的"厌恶"之感。这种厌恶感在相当程度上可以理解为她对四川军阀统治下的种种陋习与弊端的不满。在这里，宋美龄以给遗族学校子弟学生写信的方式，从外来"旅行者"的角度，写下了她西南之旅的观感，其话语充满女性的温柔，但也表达出南京国民政府意欲铲除军阀体制的决心。本章旨在研究 1935 年四川军阀防区体制下的重庆图景，以及宋美龄的西南之行及其意义。通过对宋美龄随蒋介石入川的历史细节的梳理，从而解读《西南漫游》文本中的重庆话语及含义。

第一节　天府之国：军阀统治下的"魔窟"

防区制①是民国时期四川军阀的基本政治构架。从 1926 年年底至 1927 年年初，川军各部纷纷改旗易帜，表示效忠南京国民政府，"蜀中乃遍地皆革命军"。川军各部将获得国民革命军第二十、二十一、二十二、二十三、二十四、二十八、二十九军军长职。而南京中央政府无力整合地方，暂时默认防区制的事实，这为四川军阀防区制在夹缝中生存提供了有利的外部条件。防区制既是独立实施"军人干政"的合法性政治资源，也是抗衡省外干涉和中央权威的有效构架。②

"蜀道之难，难于上青天"，地理区位的封闭无疑增加了人们对军阀政治下四川社会认知的困难。外部世界对四川的"隔膜"情绪颇具象征意义。③《密勒氏评论》说："就政治而言，四川总是处于一个半独立的地位。"④《纽约时报》评论说："四川是一个王国，而不是一个省。"⑤ 天津《大公报》批评道："二十年来川省对于中央，多处不即不离状态。"⑥"因三峡之险所阻隔的四川，仍然是另一天地，不受中原大势的影响，超然地彼此不相关联。"⑦

① 迄今为止，学术界关于四川军阀防区制比较深入的研究，以美国学者凯普（Robert A. Kapp）为代表，他的专著 *Szechwan and Chinese Republic*, *Provincial Militarism and Central Power* 1911—1938（New Haven and London, Yale University Press, 1973.）较为系统并富于启发性。

② 本章有关四川军阀防区政治、刘湘在重庆时期的"军人干政"、中央和地方的关系，及其与重庆城市变迁之关系等问题的论述均参见张瑾：《权力、冲突与变革：1926—1937年重庆城市现代化研究》。相关结论下文将分别引用。

③ 参见马君武：《序》，载《中国工程师四川考察团报告书》，1935 年。

④ "Szechwan Decides to Stage Its Own Civil War", in *The China Weekly Review*, April 11, 1931, p. 189.

⑤ Hallett Abend, "Developments in Szechuan Means Chinese Realignment", in *The New York Times*, September 9, 1934, p. 1.

⑥《刘湘入京与整理川政》，《大公报》1934 年 11 月 18 日。

⑦ 田尻：《四川动乱概观》，杨凡译，《近代史资料》1962 年第 4 期，中华书局1963 年版，第48 页。

一、刘湘的“军人干政”

根据陈旭麓对近代军阀的研究，刘湘当属“带有更多的新质”类军人①，这也许是刘湘在川军中“新”思想凸现的重要原因。刘湘（1888—1938），又名元勋，字甫澄，四川大邑安仁镇人。1908年，刘湘入四川陆军速成学堂。1909年毕业后，加入四川陆军。1916年8月，任四川第一师第二旅旅长。1918年10月，升任四川第二师师长。1919年，作为川军指挥官被推戴为川军总司令。1920年7月，升任四川第二军军长，同年12月被任命为重庆镇守使。1926年以后，刘湘在重庆建立了一个“有数万支枪为后盾”的政权。②

就刘湘个人的成长轨迹看，他当属于有“思想”的军阀之列。《北华捷报》称刘湘是“有进步思想的”“有商业头脑的军事首领”。他的改良主张，以及他个人的品格吸引了一批高素质的人在他的手下工作。③ 周开庆指出，刘湘“驭众能容，有大将风，故部属乐为之用。喜接文士，注意政治。在防区制时代，川中军人多视防区各县为搜刮之地，以县长为聚敛之臣。湘独能选才任贤，重视民间疾苦，地方建设”。④ 的确，刘湘的个人素质和性

四川省善后督办兼二十一军军长刘湘肖像（《施政汇编》上编第1册插图，重庆图书馆藏）

① 陈旭麓先生认为，“北洋军阀具有更浓的封建性，南方军阀具有更多的近代性”。参见陈旭麓：《近代中国社会的新陈代谢》，上海人民出版社1992年版，第361页。

② 沈云龙等访问，张朋园等记录：《刘航琛先生访问记录》，台北“中央研究院”近代史研究所《口述历史》第22辑，1990年版，第134页。

③ 参见 Alfred Batson，“The Gateway City of Szechuan”，in *The North - China Herald*，May 13，1930，p. 256.

④ 周开庆：《刘湘传》，载周开庆编著：《刘湘先生年谱》，台北四川文献研究社1975年版，第175—176页。

格在相当程度上帮助了其军事政治事业，成为其凝聚地方人才的重要因素。①

通过考察刘湘的话语发现，其思想非常庞杂，突出的特点是充满若干时髦的"革命"话语。② 正是这些时髦的"革命"新思想，使得刘湘在四川军阀中很快崭露头角，成为军阀政治的"重心"。1926 年 12 月 17 日，刘湘就任二十一军军长，他发表的效忠国民政府的通电，"革命"话语不断，并将其占据的重庆称为"我革命新根据地"，自称为"革命军人"，"国民革命军，以工农阶级，解除民众痛苦为职志，今后一切工作，当先以重农工之利益与组织，期得革命之最后胜利，一切还诸民众"。③ 黄季陆指出，刘湘在就任国民革命军第二十一军军长前后，对三民主义有"深切的信仰"。④ 在这里，值得思考的问题是：我们是将刘湘的演说理解为"不是一种理性的陈述，而是一种典型的含有强烈'表演'性质的'言说行为'"，还是如有的学者认为的，这是五四运动以来常见的表达方式？⑤ 从刘湘日后在重庆的实际行为看，这个问题是有深刻启发性的。

防区内的经济资源是衡量军事实力的主要指标，控制富庶防区的意义深远，刘湘独占重庆的优势十分明显。《纽约时报》称，重庆是真正进入四川省的门户。⑥《密勒氏评论》称，重庆"地控

---

① 参见 "The Yang Ruler of Szechuan-An Impression of Liu Hsiang", in *The North-China Herald*, November 2, 1929, p. 168.

② 1927 年，刘湘声明效忠于南京国民政府，其行为被美国学者凯普称为"投机革命"。这一时期，刘湘的演讲中有颇多激烈的革命言辞，不过其中充满了传统的儒家"爱民"以及"趋时"的时代新思想。据范崇实的回忆，刘湘并无深刻的"革命思想"，其充满大量革命术语的演讲均由范崇实等人为其起草准备。由于种种原因，我们不排除刘湘有见风使舵的态度。具体参见《刘甫澄先生演讲辑》以及《商务日报》《嘉陵江日报》等。

③ 周开庆编著：《民国川事纪要》，台北四川文献研究社 1974 年版，第 346—347 页。

④ 黄季陆：《悼刘甫澄先生》，载周开庆编著：《刘湘先生年谱》，第 178 页。

⑤ 陈建华：《"革命"的现代性——中国革命话语考论》，上海古籍出版社 2000 年版，第 170—171 页。

⑥ 参见 Hallett Abend, "Szechuan Province Runs Own Affairs", in *The New York Times*, April 19, 1931, 8E.

长江上游的进出口地方"，"扼住川省的咽喉"，占据重庆便可以任意拦截长江上的军火运输供应。① 在防区时代，刘湘的优势不仅体现在部队器械精良，有飞机及舰队等，且"把握了渝万的海关，税收比较充实，而同时处在经济比较发达的下川东各地，有了无数买办阶级、商业资本家、银行家的拥护（自然是代表了他们的利益），可以多多少少发行公债，以及他对省外的政治关系之优势，可以得着种种接济，使他的军费比较有着"。②

在四川军阀中，刘湘的二十一军防区行政有"秩序颇称良好"的赞誉③，从二十一军留下来的比较完善的政务系统资料可以窥见其统治秩序的"严密"。刘湘集团所实行的政务系统为这一新兴军人群体的"以军治市"模式定下了基本格局。进驻重庆以后，二十一军与城市金融、工、商各界绅商密切合作，建立的军-绅政权是其干预重庆市政的重要社会基础。

与四川军阀的第一代军人不同，刘湘的主要特点表现在：第一，高举"地方自治"的旗帜，以"川人治川"和"统一四川"的事业聚集起一个强大的军事集团。第二，追求军事现代化，由此颇得有"现代"新思想的赞誉。第三，严酷打击中国共产党在四川的活动，制造了震惊全国的"三三一"惨案，以及后来对中国共产党组织的活动采取极为严酷的打击和控制。这些特点贯穿于刘湘治理重庆的十年间。一方面，刘湘不得不应付威胁"军人干政"的"双向"抗衡，即南京国民政府和中国共产党；另一方面，他又不得不以若干"现代"的"新"思维吸引来自民间的认同感。

按照刘湘集团的政治逻辑，二十一军在纷乱的军阀防区体制

---

① 参见 Harold R. Isaacs, "Szechuan, Happy Military Ground, May Be United Shortly", in *The China Weekly Review*, September 5, 1931, p. 20; "Szechuan – The Hotbed of Civil Wars", in *The China Weekly Review*, October 22, 1932, p. 345.

② 李白虹：《二十年来之川阀战争》，《近代史资料》1962 年第 4 期，中华书局1963 年版，第 81 页。

③ 翁文灏：《四川游记》，《地学杂志》1930 年第 19 卷第 3 期。

下是"迫于时代需求，不得已乃由治军进而问政"。① 二十一军声明对地方的自治主权"首谋人民安居乐业，予以不扰，继谋交通市政改良，渐次建设"②，即"干政"的目的乃"建设"。在刘湘的话语中，军人干政与"爱民"意义几乎相同。他说："军队如何爱民，如'不拉夫'、'不筹款'，'不驻扎民房学校'，便是爱民的表现……又如'不筹款'吗？未必我们没得饭吃，甘挨饿吗？不是的，筹款是政治上的事，不该军队办的，因为军队划出了防区制，才就地要钱，要了钱，又是肥己入私，所以军队莫饭吃。只要把防区制打破，政治统一，财政一公开，我们的薪饷，自然就有着的。况且我们现在的财政困难，完全是受帝国主义的经济侵略，只要打倒帝国主义，我们的利权不外溢，军队的薪饷，自然更要充足的，何必还要筹款！说到这里，我对于军队筹款一事，很有点感慨，我常行听着一些人说'军人不干政'，当真不干政吗？为什么要筹款，把钱拿起走了，不管人民的事，这个就叫不干政吗？"③ 在这里，军人对政治的干预被说成是对国家统一的合理追求。"作为革命军人……要想成事业，那就自己不辞困苦，去解除人民的困苦。只要能够解除人民的困苦，人民自然会拥护你，不但当地的人民拥护你，而风声所播，就是全国的人民也仰慕你的。"④ 攫取中央权威是使其军事行为合法化的表征，一旦拥有合法性政治权力资源，就可进一步扩张自己的军事实力。

20 世纪 30 年代初，杜重远来到重庆，第一感觉便是重庆的军人多，这是一个"军权高于一切"的城市。⑤ 军人究竟在重庆扮演了何种角色？刘湘二十一军的政务系统是我们解读防区时代"军人干政"的关键。二十一军的民事行政机构的核心是政务委员会，

———————————

　　① 《政务处长呈二十一军司令部文》，载国民革命军第二十一军政务处编：《政务月刊》1933 年第 10 期，第 52 页。
　　② 甘绩镛：《二十一军成区行政会议开幕演讲词》，《施政汇编》上编第 2 册，第274 页。
　　③ 《刘甫澄军长讲演集》第 1 辑，重庆 1928 年版，第 49 页。
　　④ 《刘甫澄军长讲演集》第 1 辑，第 84—85 页。
　　⑤ 杜重远：《狱中杂感》，上海生活书店 1936 年版，第 182、184 页。

这是防区政治的核心构架。1926 年以后，随着四川军阀政治进入相对稳定时期，防区制功能有所变迁，"军人干政"的合法权威——政务委员会模式发展出较为完善的运作机制。1928 年，刘湘二十一军戍区内成立政务委员会，开始了"军务、政务、财政"三点并重的干政模式。①

四川防区制的合法运行，主要得益于两个重要条件。

首先，军人政权吸附地方精英和文官制度。"军人干政"构架存在致命的弱点，即需要文官的认同，为此二十一军在重庆构建起典型的军-绅政权。有两个因素促使刘湘与绅商合流：一是刘湘以"提倡土货""抵制帝国主义"的经济民族主义的口号动员城市绅商。二是地方民族资本的发展与刘湘所带来稳定的社会环境，使双方有了合作的必要。重庆一位著名的银行家总结出刘湘与重庆绅商的微妙关系："重庆金融界和二十一军的利害关系太深，不妨暂与合作。"并说，比较起来，"在二十一军防区内做商民，实属万幸"。②

城市绅商对于刘湘政权的依赖是显而易见的。刘航琛对刘湘说："我的钱有许多应该是你的，因为你信任我，工商界人士均对我另眼相看，以为非我参加即无新事业兴起。"③刘湘的强权也给重庆的商人带来了经济稳定发展的机会，城市的商人们与刘湘建立起一种特殊的"合作"关系，这种军-绅关系是互动的，因为"商人对刘的好感是由于他给川东带来了相对的稳定，也由于他们认识到，如果刘湘垮台，他发行的货币就会变成废纸，商人蒙受的损失比谁都大"。④经济上良好的合作关系，为"军人干政"打下了坚实的经济基础，没有城市金融界的合作与支持，刘湘不可能实现对重庆的稳固统治。

---

① 参见甘绩镛：《如何改进今日之四川》，《四川月报》1932 年第 2 卷第 2 期。

② 康心如：《回顾四川美丰银行》，重庆工商史料第 7 辑《重庆 5 家著名银行》，西南师范大学出版社 1989 年版，第 34 页。

③ 沈云龙等访问，张朋园等记录：《刘航琛先生访问记录》，台北"中央研究院"近代史研究所《口述历史》第 22 辑，1990 年版，第 140 页。

④ 惠英（笔名）：《封建势力弥漫的四川》，《劳动季报》1934 年版，第 163 页。

由此，军阀往往不自觉地改变自身构架，导致了防区制的异化。以刘湘的二十一军为例，由于吸纳地方精英和各方人才，改变了"军人干政"的色彩。再以刘湘支持卢作孚民生公司"统一川江"为例，刘湘以军人政府的权威来提高卢作孚的"声望"，任命卢作孚担任二十一军川江航务管理处处长，很快使卢作孚有了"超越"一般商人的声望，为京沪各方人士所熟知。① 由于卢作孚接任北碚峡防局局长以后对峡防局驻军的一系列改造，从根本上动摇了防区制最初的原则——保守地方与封闭自治，率先打破了防区制的构架，形成开放的格局，给防区制注入了新鲜血液。当20世纪30年代国内时局变迁时，防区制内生长出了"回应"南京国民政府"统一四川"的内在推动力。

其次，"许多军阀也打着爱国主义、民族主义的幌子，以使他们的行动合法化。无论他们实际的动机如何，通过这种宣传，军阀也助长了一种观念的流行，即中国人应该关心民族的境遇，应争取全民族的进步"。② 二十一军以川江航务管理处的名义，借用了民间的爱国热情和"经济民族主义"情绪，实现了对内河航线上的外资船只进行检查。这些成为刘湘时期防区政治的明显特征。纵观刘湘的话语，民族主义情绪相当强烈，甚至成为一种民众动员的口号，为"军人干政"增添了合法性资源。

从思想层面考察，防区制的存在，还得益于伴随四川军阀形成而弥漫全省的军阀政治理念——"川人治川"。民国初期，四川被频繁卷入全国政治风云中，为抵制外省军事力量干预四川政治，逐渐产生了四川军阀的政治意识形态，"川人治川"是其话语代表。这种狭隘的地方自治理念，成为四川军阀意识形态的重要组成部分。这不仅使防区制的分裂更为长久和现实，也使得四川军阀并无兴趣参与全国的政治，民族国家观念淡薄。加之民国初期四川频频遭到外来势力的侵扰，使得"川人治川"在川民中有了一

---

① 参见刘航琛：《戎幕半生》，台北文海出版有限公司1973年版，第176—177页。

② ［美］费正清主编：《剑桥中华民国史》第1部，章建刚译，上海人民出版社1991年版，第336页。

定的社会基础，并在相当程度上获得了民间社会的认同，并渐渐转化为整个社会认同的军阀文化心态。[①] 四川军阀"川人治川"的政治理念，无疑强化了四川封闭独立的自然环境，而川军自我封闭的意识从文化心态上对整个社会起了催眠、抑制的作用。

本质上，刘湘时期"军人干政"的范型特征以二十一军政务系统为运行范式，即"军务""政治""财政"并重，尤其强调"政治"的作用，反映出"军人干政"的实质。被吸附的各方精英，尽管并未占据权力政治的核心，带给二十一军的政治资源却意义深远。[②] 刘湘统治时期，也是重庆地方民族资本的成长壮大时期。刘湘以政府力量扶助地方民族资本，卢作孚的觉醒以及地方精英热情致力于南京国民政府整合四川的工作，最终导致民族资本阶层游离军人集团。[③] 为获取"军人干政"的合法性，从防区制产生之日，军阀就成为不自觉地改变与颠覆自身政治构架——防区制的主要力量。

1932 年"二刘大战"以后，刘湘防区的经济财富超过其他军阀的总和，"获得了以江津、永川、潼南、大足、内江、自流井、南溪、泸州、合江为界的广大的得天独厚的防地，长江的要港，上游的全部都掌握在他的手中，尤其多年垂涎而不能染指的自流井的产盐地也拿到手。现在，他的势力在四川无人可比"。而作为四川工业、行政和交通中心的重庆，更是凸显了刘湘在川军的实力。美国学者凯普指出："地方的统治逐渐集中在越来越少的人手中，这表明防区制也是不稳定的现象。"[④] "二十一军已在四川占了绝对多数的地位，军事已有了重心，已失去了对抗的形势，至少

---

① 参见《四川军阀史料》第 1—3 辑 1926 年以前相关函电。

② 上海金融界领袖张公权在 20 世纪 30 年代中期考察重庆时，赞扬刘湘的话语是"下江人"的典型代表。参见《中国银行总经理张公权游川之感想》，《商务日报》1934年 6 月 6 日，第 10 版。

③ 周开庆：《卢作孚传记》，台湾川康渝文馆丛书第 19 种，1987 年版，第 59 页。参见同一时期重庆地方传媒有关卢作孚积极融入中央整合四川潮流的史料。

④ Robert A. Kapp, *Szechwan and Chinese Republic*, *Provincial Militarism and Central Power*, 1911–1938, New Haven and London, Yale University Press, 1973, p. 105.

统一已成了趋势。"①

二、1935 年的重庆

重庆真正意义上的城市建制始于 20 世纪 20 年代末，距开埠近四十年。1926 年 6 月，刘湘以四川善后督办和川康边务督办的身份进驻重庆，牢牢地控制了这个四川最富裕的城市。在成功实现川军内部整合后，刘湘更加热心城市建设②，使重庆成为二十一军戍区的首善城市。此后的十年，是重庆发生引人注目变化的十年。③刘湘下属师长潘文华，是重庆市的首任市长。

潘文华（1888—1951），四川仁寿人，四川陆军速成学堂毕业生，刘湘集团的核心成员。1920 年任刘湘部师长，因曾"有革新重庆之议"④，1926 年 7 月被刘湘委任为重庆商埠督办。1927 年 11 月，督办公署改为市政厅，潘文华又由督办改任市长，直至 1935 年 7 月辞职。任职九年中，潘文华从来不忌讳"以武人干政"，"一方面谋经济之筹措，一方面为制度之草创"⑤，可谓苦心经营。

1926 年 7 月，重庆设商埠督办公署，潘文华为督办，总理全埠事务。从行政级别上重庆商埠督办公署脱离了巴县政府。1927 年 10 月，重庆市商埠督办公署颁发"重庆市暂行条例"，称"本督办现经呈请改重庆商埠为重庆特别市，设置市政府，拟订暂行

① 卢作孚：《整个四川的五个要求》，《新世界》1934 年第 40 期。

② 1933 年"中国科学社第十八届年会"在北碚召开，刘湘的建设热情达到高潮，不仅接待科学社理事专家，负责全部入川费用，还与到达重庆的科学家们"畅谈四川建设规划"。参见《中国科学社第十八次年会纪事》，《科学》1934 年第 18 卷第 1 期，第 133 页。

③ Robert A. Kapp, "Chungking as a Center of Warlord Power 1926–1937", in *The Chinese City Between Two Worlds*, Mark Elvin and William Skinner edited, Stanford：Stanford University Press，1974，pp. 148–149.

④ 潘文华：《序》，载重庆市市政府秘书处编：《九年来之重庆市政》，1936 年版，第 7 页。

⑤ 潘文华：《序》，《重庆商埠月刊》1927 年第 1 期。

条例"。① 11 月 1 日，商埠督办公署改为市政厅，委任潘文华为"重庆市特别市市长"②，与此平行的机构还有市政联席会议——参事会。③ 1929 年 2 月，市政厅更名为重庆市政府，其内部组织逐渐扩大，分工也更细致。改组后的重庆市政府计有七局、三处一库、二十九科（内含一督察处）。1932 年 4 月开始，因经费困难，重庆市政府进行合并、裁减。1935 年 7 月，潘文华去职，国民政府行政院任命张必果为市长，机构再度紧缩，市政府除公安局外，均改为科。④

重庆市第一任市长潘文华
（民国报刊文献）

需要注意的是，"军人干政"体制下的"参议"制度的引进，为刘湘军-绅政权构架增添了"现代"管理的内容。潘文华主政时期，参议会始终是与督办、市长平行的。按照潘文华的设想，参议会主要应由"本市绅商名流组成"。从实际运作看，组成参议会的成员尽管系工商名流，以集体讨论的方式商议市政规划，但权力核心并不在参议会。到 1931 年，重庆"市长以下，设有参议十五人，凡百政务，悉由参议会协议施行"。⑤

事实上，在"军人干政"的体制下，重庆市政管理并未真正达到现代城市管理的高度。不过二十一军以城市建设为取向的管理却显示出积极的意义。潘文华给予市政构架以一定的管理自由，

① 《重庆商埠督办公署为奉令改重庆商埠为重庆市特别市给所属的训令》（1927 年 10 月），重庆市档案馆藏重庆市财政局全宗，1 目，第 1 卷。
② 《潘文华为重庆特别市市长职致各机关函》（1927 年 11 月 1 日），重庆市档案馆藏川东邮务管理局全宗，2 目，第 20 卷。
③ 参见《重庆市暂行条例》（1927 年 10 月），重庆市档案馆藏重庆市参议会全宗，1 目，第 1 卷。
④ 以上资料来自民国《巴县志》卷 18 "市政"、重庆市市政府秘书处编：《九年来之重庆市政》第 1 编：市政机关之沿革，第 11—18 页。
⑤ 《市政最近概况及将来计划》，《商务日报》1931 年 2 月 2 日，第 10 版。

他"放权"于专业人员的管理运作特点①，在很大程度上使重庆市政管理向着"现代"意义的市政靠近。商埠行政职责包括各项规划的制定、修正、公布，公共财产官业的维持、取缔及处分；房屋土地的调查、登记及收用，规定房屋土地等级及租赁；街道、桥梁的建筑，新市场的开拓及其他土木工程事项；交通、电力、电话、自来水、车船肩舆及其他公用事业的经营管理；航务、码头及保险、堆栈事项；征收各项税捐及国家或地方补助的收支；水陆警察和保卫团的监督指挥及其他保安事项；教育及自治事项。

从以上的职能看，督办公署已初步具备了对城市的规划、建设和管理的职能。潘文华认为，治理城市重点在城市建设，提出"当此财政空虚，民生凋敝，唯有择其用款较少，而成效易见，或已有端倪，而弃置可惜者，先行着手以顺舆情"。具体计划是，第一期"以整理旧市场为唯一要义，所有铺面之整齐、街道之清洁、消防之联络、厕所之改良、与夫小贸如何安置，贫民如何救济，教育如何普及，旧有之公园及电灯、电话、自来水如何规划整顿，凡属有关公益，皆当次第举办"，"至于城内交通，尤须建筑马路"。第二期"当注重于新市场之筑建"，以及附城河岸之码头，通达曾家岩、菜园坝之马路。② 第三期拟在江北和南岸扩充。③ 1926 年 8 月至 1927 年 7 月，上述规划付诸实施。督办公署并对货币、市场进行了整顿，成立了公益奖券总发行所，发行奖券以筹款。工务方面：继续兴建公园，整理旧街道，建筑市区公路和沿江沿河码头，发展水面交通，筹办自来水，安置街灯、电灯、电话，开辟新市区。公安方面：加强社会治安工作，负责执行对旧街道的整理，注意筹商防火，添设消防器具。当局还拟定了改良重庆警察计划、编制商埠保安团计划、设置水上保安队计划。教

---

① 潘文华：《序》，载重庆市市政府秘书处编：《九年来之重庆市政》。
② 《宣布办理商埠方针》，《重庆商埠汇刊》1926 年。
③ 参见《潘督办欢宴各法团宣布署内组织及筹商组织收支局参事会纪要》，《重庆商埠汇刊》1926 年。

育卫生方面：筹办市立模范小学、平民学校，开设官医局，整顿中医、厕所、饮食店、慈善事业等。

市政厅时期，负责城市管理的三大部门，即警察、财税与市政建设的职能在增强。此外，市政管理开始覆盖财政事项，公安消防及其他防灾事项，土地分配及使用取缔事项，河道及船政管理事项，公产之管理及处分事项，公私建筑事项，户口之调查及统计事项，市民生计，民食统计及农工商之提倡、改良，交通、电汽、电话、电灯、自来水、煤气及其他公用事业之经营及取缔事项，街道，沟渠、堤岸、桥梁，建筑及其他关于土木工程事项，公共卫生及公共娱乐事项，政府委办及特许处理事项，其他法令所赋予事项等。自此，在二十一军的主导下，重庆从传统意义上的商埠转为现代意义上的城市。

此外，我们从潘文华主政期间留下的市政报告，城市经济调查、总结、计划等出版物，也可窥见其在管理上的日趋成熟。重庆城市的市政管理毕竟有别于以前的片纸不留的管理状态。①

潘文华主政的九年，是防区体制下重庆城市建设的黄金时期。然而，"军人干政"的管理体制使得重庆无法与上海、广州、杭州等城市相提并论。如民国上海市第一任市长黄郛曾留学日本，广州市第一任市长孙科是留美的文学士、理学硕士，宁波第一任市长罗惠侨是第一批庚款留美学生之一。在孙科任广州市市长期间，六个局的局长都是由留学生担任。② 同一时期的上海市政府人员组成更是人才集中的典型。上海市第一届市政府共有处长、局长 11 名，其中具有大学学历的人员为 8 名，占总人数的 73%，曾留学国外者为 6 名，占 55%。8 名具有大学以上学历的基本都是专业对口，分任和自己专长有关的部门领导。如工务局长沈怡，毕业于同济大学，后留学德国德累斯顿大学土木工程及城市工程学院，

① 参见重庆市市政府秘书处编：《九年来之重庆市政》第 1 编：总纲 市政机关之沿革，第 12 页。

② 参见孙科：《广州市政回忆录》，载台北"中华民国史料研究中心"编印：《中国现代史专题研究报告》第 8 辑，1978 年版，第 288—290 页。

为工学博士。卫生局长胡鸿基，毕业于北京国立医学专门学校，后留学美国约翰霍普金斯大学，系公共卫生学博士。应该说明的是，在上海市第一任市政府整个班子没有任用大量高级军政人员。① 市政管理人才素质的差异凸显了重庆与沿海城市市政管理的巨大差异。即使到了 20 世纪 30 年代初期，"全川之内，曾在欧美学习工程回川做事的人，人数还不到一打"②。在"军人干政"的体制下，高级技术人才在实质上成为装饰和"门面"。

1934 年的重庆城市景观（耶鲁大学神学院档案馆藏）

不过，在潘文华主政的九年期间，重庆颇具"现代意义"的市政建设在较大范围内启动了：兴建西部新城区、筹办城市工业、改造和拓宽旧城区街道等规划开始全面展开。随着邻近的江北、南岸区的城镇和乡村被划入新城区，城市空间突破了原来的城墙范围，旧城区的市容也为之改观，公路经过的地区高层建筑开始出现，繁华区域逐渐由两江沿岸向公路两侧转移。城市景观发生

① 参见张仲礼编：《东南沿海城市与中国近代化》，上海人民出版社 1996 年版，第 571 页。
② 胡光麃：《波逐六十年》，香港新闻天地社 1964 年版，第 279 页。

了前所未有的变化。①

重庆因现代交通及市政建设工程的实施，城市景观逐渐发生了大的改观。在西部中国的大商埠，不仅各种土货洋货充斥商号，而且"娱乐的歌舞电影场，和汽车中鲜艳夺目的女人，差不多可比上海的洋场，这却不能不使人惊异。离海这么远的地方，有这么长足的进步"②。

某种程度上，打破封闭的防区体制的关键因素，是以重庆为中心的现代交通事业的发展。据胡光麃回忆，1932 年，四川的"内外交通都已大有进步。由重庆到成都，计程一千零五十华里（约三百五十英里），早年坐轿子须要走八天到十二天，现在有了长途汽车，只要走一天半。川江又有了轮船，夔门三峡的险度也减少了许多。重庆到上海也有了飞机，起初的中国航空公司还是用的 Loening 或 Stimson 小飞机，只能搭乘四个客人，要飞八小时。后来欧亚公司的大型航机绕郑州到成都也要走十一小时。随后中航公司改用福特水陆两用机，后再改用 DC-3 的大型机，大大缩短了航行时间，往来便利得多了"③。

飞机的到来打破了连接重庆与外界"黄金水道"的独霸地位后，《商务日报》等大众传媒又将乘坐飞机的"时尚"以醒目的新闻标题来报道，重庆军政商学界的要人们率先体验了乘坐飞机的愉悦，他们穿梭于重庆、成都和下江地区之间的飞行消息，都市传媒上进出重庆的飞机航班、轮船和汽车的时刻表，和天气预报一同呈现在读者的面前。④ 重庆与成都航空开班机飞行以后，"凡成渝间往来之军政商学各界，多乘该线飞机去来"，"航空邮件，亦逐渐增多，以致由渝飞省者，非先期购票不可，经营之发达，

---

① 有关潘文华时期重庆市政建设及其效果，参见张瑾：《权力、冲突与变革：1926—1937 年重庆城市现代化研究》，第三章""军人干政'的范型特征"与第四章"现代意义的市政建设浪潮"。
② 黄九如编：《中国十大名城游记》，上海中华书局 1941 年版，第 106 页。
③ 胡光麃：《波逐六十年》，第 278—279 页。
④ 20 世纪 30 年代中期，《商务日报》"本埠要闻"以醒目的新闻标题频繁报道军政要人"乘坐飞机办理公务"。

由此可见"。① 每日进出重庆的现代交通工具，如轮船、汽车、飞机等也进入重庆人的日常词汇。当然，能够享受现代交通工具的，毕竟是极为少数的富人们。②

以重庆为中心的西部中国"现代交通"业的发展，在很大程度上凸显了现代交通带来的开放性与落后封闭的军阀防区制景观的差异。重庆表面上的"繁华"，在外省人看来并非真正意义的"现代性"。都市中，贫富悬殊非常大。③ 胡光麃回忆录中写道："重庆人口原只二十七八万，电话才有一百多号，私人小汽车不到十辆，往来都坐轿子滑竿，没有无线电收音机，更没有电冰箱和其他家用电器设备。那时候成渝的治安还算稳定，几乎没听见过劫掠仇杀的事件。娱乐方面的电影院非常简陋……由于防区制的封闭，内外金融谈不上有效的融通。申汇高达一千一百到一千四百元（即在重庆交一千四百元，才能在上海取得一千元）。技术更难引进，不但必需品水泥、钢铁、机器和其他很多物质须仰求于外间输入，本地一无生产，连成都、重庆的电灯，都老朽得等于零，也无人过问……刚完工的重庆自来水厂，用了三四个月，机器就失灵了。那里的电灯厂只有一具三百千瓦发电机，供应全市的电源。机器是从德商阿诺德卡伯（Arnbold Karberg Co. 第一次欧战后改为英商安利洋行）所购置的。因为机器和外线都陈旧失修，容量太小，电压太低，虽有若无，路灯不亮，只见几缕红丝。"④

然而，在这个被称为"封建时代的乡村"，人们的生活依然是传统和保守的。城市卫生意识极其淡漠，"倾倒污水和垃圾之处，也就

① 《渝蓉航空将换新飞机》，《商务日报》1934 年 4 月 15 日，第 7 版。

② Archibald Rose，"A Visit to China"，in *The China Review*（A QUARTERLY），London：April-June，1933，pp. 16-17.

③ 20 世纪二三十年代重庆传媒对都市的畸形繁荣揭露较多，类似的文艺作品也不少。比较典型的有夏宝坤：《闲话重庆》，《商务日报》1934 年 11 月 30 日；彭宾：《一幅庄严的图案》，《商务日报》1935 年 3 月 12 日；曼丘生：《轿夫的悲哀》，《新蜀报》副刊1932 年 6 月 27 日。20 世纪 30 年代中期，《商务日报》上的一组漫画生动地再现了重庆城市生活两极分化的景观，如《生活比较》，西餐厅内是现代都市的面包、牛奶和电扇，窗外却是骨瘦如柴的黄包车夫在烈日下拉着乘客。此外，有关重庆的游记也记载了城乡生活实况，如薛绍铭：《黔滇川旅行记》，广州中华书局 1937 年版。

④ 胡光麃：《波逐六十年》，第 295—299 页。

是取用食用水之处"，"人们病了，有些人利用三家教会医院，但更多的人请中医，这些草药医生医病用祖传方子，方子里从麝香块到小孩的尿水，什么都有。人们避免疾病的传染，是把一只雄鸡绑在死人的胸上，这样来避除恶鬼的"。① 居民接受新生事物迟缓，当自来水厂建成时，"大多数的居民，都拒绝使用，他们宁愿用老方法，雇水夫从长江的泥水中挑了满桶的水送到他们的门前"②。因此，有西方人认为，和上海等城市相比，重庆更像一个"古代"的城市。③

20 世纪二三十年代重庆城市的流民众多，已成严重的社会问题。潘文华市长在任九年，重庆市政府力所能及地建立起初步的社会救济机构，以缓解日益严重的城市贫困问题④，但重庆始终无法摆脱"难民庇护所"的命运。⑤ 城市现代工业无力吸纳大量乡村人口，"农民转化，究以普通劳动者及流氓无产者为多"⑥。从长寿

---

① ［美］白修德、贾安娜：《中国的惊雷》，端纳译，新华出版社 1988 年版，第 5 页。
② ［美］贝西尔：《美国医生看旧重庆》，钱士、汪宏声译，重庆出版社 1989 年版，第 2 页。
③ 参见 Szechuan's Chungking, "New Capital For China", in *The China Weekly Review*, September 3, 1938, p. 24.
④ 参见《九年来之重庆市政》《四川月报》等。对于涌入重庆的难民，重庆市政府不得不采取救济举措，设立大规模的救济院，甚至议决"禁止乞丐入境案""路尸掩埋案"等。还根据重庆的实际情况，增设"贫民收容所""贫民工厂"和"女子工读社"。
⑤ 重庆市市政府秘书处编：《九年来之重庆市政》，第 128 页。另外，1992 年 6 月和 1995 年 6 月，笔者曾访问重庆老工人，被访问者几乎全部来自周边农村。当问及来渝市的原因，回答有以下几种：（1）躲避"拉壮丁"，甚至有的是军阀部队的逃兵。（2）"找碗饭吃""家乡太穷了"是迫使他们另谋出路的动力。有的被访者曾自述成年男女连衣服都没得穿的苦状。（3）"都市"的观念相当模糊，对大多数来渝市的农民来说，他们所向往的仅是解决吃饭问题，唯一有"都市"概念的是他们大多数是由同乡或亲戚介绍到重庆城，亲戚回乡所带来的都市信息是都市生活有保证、可以致富。因此，在被访问的近三十名工人中，来渝以后的主要经历是都市的"苦力"或者经过同乡或熟人介绍进入兵工厂或其他工厂做伙房杂工或搬运工等。
⑥ 张肖梅：《四川经济参考资料》，中国国民经济研究所发行 1939 年版，B23。另外，在被采访的近三十名老工人（其中有来自"下江"的技术工人）中，大多数是在 20 世纪 20 年代末至 30 年代中期来到重庆谋生的四川农民。他们来自重庆附近及川东、川北，除少数获得进入工厂当工人的机会外（当工人也未必是产业工人，而是工厂中的苦力和伙夫），绝大多数从事城市的苦力工作。而且他们当中，几乎没有技术工人（除极个别是因考入技术学校而毕业分配至兵工厂或机械厂的工人外）；也有是进入所谓的"工厂"，即手工作坊，当织袜学徒工等传统行业的手工工人。另外据调查，重庆市内的女仆、佣人，"多为各乡及外县之贫苦妇女，人数约在 5 万人以上"。参见《四川月报》1934 年第 5 卷第 5 期，第 188 页。

乘轮船几个小时便可以到达重庆，青壮年纷纷"逃往重庆以求衣食"，不仅人数逐年增加，且呈现出季节性的差异。农民外流季节集中在春冬两季，因为夏秋两季为农业生产季节，春耕、秋收以后，农民便大批涌入重庆了。① 连年的天灾促使饥民涌入都市，传媒类似"常因饥饿以至倒毙街巷"的报道太多。② 这个人口稠密的都会"贫民丛聚"，当 1935 年夏之瘟疫发生时，那些无力求医的贫苦大众，死亡特多，"市衢之间，日睹僵尸，闾巷相接，时闻惨泣"③。甚至"试翻开重庆报纸一看，各处都有饥民抢米吃大户的消息，到处都有股匪聚集，掠家劫舍"④。

据重庆市警察局统计，因严重的旱灾，仅 1935 年的二三月份，在重庆市区街头饿死或冻死的达三千八百人。⑤ 周边乡村的女性涌入重庆沦为妓女，"乡村的女儿们，受不了经济崩溃的打击，成群结队地奔投都市，操着肉粉生涯的地狱生活，也是铁一般的事实"⑥。

二三十年代，重庆的繁荣是畸形的。⑦ 都市的传媒这样描述了重庆新旧杂存的景观：

> 乡里的人大都望着这儿眼红，这儿有高大的辉煌的洋楼，它们耀着二十世纪的迷人的光辉；这儿也有低矮霉湿的贫民人家，它衬出了"文明都市"的高贵！这儿，有大腹便便的商人，身着法兰绒西装的有钱绅士，军官，姨太太……坐在

---

① 《长寿农村概况》，《四川经济月刊》1935 年第 4 卷第 1 期。

② 《本市街巷间饿殍何多》，《商务日报》1934 年 4 月 6 日，第 7 版。

③ 《天气渐热运米力夫死病多》，《商务日报》1934 年 6 月 8 日，第 6 版。

④ 田倬之：《四川问题》，《国闻周报》1935 年第 11 卷第 29 期，第 7 页。

⑤ 《四川月报》1937 年第 10 卷第 3 期，第 278 页。

⑥ 《本市的乐女调查》，《商务日报》1934 年 3 月 4 日，第 7 版。

⑦ 董时进在《四川人应常到外面考察》的演讲中指出："从重庆市方面来看，高楼大厦，商号上充满了都是奢侈品；男女们所着的都特别奢侈。要知道，那些奢侈品大多数都是从外国来的。但是一出城门，看看那些乡下的老百姓，愈是比从前简陋，衣食住大多数不如从前了。这桩事，值得注意，并值得我们想法的，就是我们要使城市底文明渐渐输入到乡村去，使其有大概的平衡趋势，不至于各走极端，相差太为悬殊。"《嘉陵江日报》1931 年 1 月 12 日，第 1 版。

粗壮的轿夫抬着的轿子里，显出英雄的气概。还有，在山城里，爬上爬下的，若有甚事然，莫不是生活榨压下的人儿！哦，你看：那家庭私车与黄包车并驾齐驱呢！

人如潮水一般的涌过去，涌过来，在中间夹杂了小贩的凄绝的歌唱，汽车的吼叫，商店大廉价的嘶声哇气的张罗，车夫的怒骂，饮食店里堂倌的吆喝，高跟鞋蹬蹬的……绝响……混合奏出了刺耳的都市交响乐！

警士扬鞭向车夫示威，警士举着手为叫吼的汽车当"马路先行"；黄色宪兵在街头威严的向一个偷偷摸摸吸烟的长衫朋友申斥，一个"大尾巴"模样的军官口含卷烟邈然地走过……一架 1935 年式的黑色汽车，在街心风弛电卷般驶过……大腹便便的商人……混合演出了都市的循环舞！①

总之，设使重庆是个女子，那么她抱着富人或官僚们，使他们酣睡在她的手腕里；她握着穷人的颈，使穷人在她的手指下死之；她蛾媚地诱惑了乡下的青年妇女来送掉生命……她虽然没有赶到汇万恶于一处的上海，但她至少是有着这么的一个野心的。②

用金满成的话说："这个新都市是什么样子的东西呢？麻烦的说起来，乃是洋楼，马路，电灯，电话，跳舞场，戏院，妓馆等……'一言以蔽之'曰：'上海那个样子'罢了。""于是，以上海作了模型，中国大小有 50 个以上的城市刻意在那里模仿，效法，尽量地去弄到极度上海化。无论服饰，风俗，一切等等，都以'像了上海'为得意"，"我想到重庆的前途，便是上海的后影，一切上

---

① 彭宾：《一幅庄严的图案》，《商务日报》1935 年 3 月 12 日，第 14 版。
② 夏宝坤：《闲话重庆》，《商务日报》1934 年 11 月 30 日，第 14 版。

海犯过的罪，对于人类的妨害，在重庆都要重演一次……"①

三、不一样的北碚②

同样的防区体制下，卢作孚在北碚的建设，无疑是 1935 年四川重庆的另一个图像。杜重远称赞卢作孚是"川中之人杰"③，这是 20 世纪 30 年代外省人对卢作孚的典型话语。④ 卢作孚是一位颇有"追逐现代或更超现代"勇气的地方精英，其思想体系中，最具特色的是"现代化"思想。⑤ 现代化思想也贯穿了卢作孚一生的实践中，使他成为重庆城市现代化的"最早呼唤者"。

1893 年 4 月 14 日，卢作孚出生于重庆附近合川县城的小商人之家。青年的卢作孚深受孙中山民主革命学说的影响，加入了中国同盟会。辛亥革命爆发以后，卢作孚自然积极投入革命运动。⑥ 1914 年秋，卢作孚乘"蜀通"轮去上海。在那里，他结识了著名教育家黄炎培，深受其"教育救国"思想的启迪。⑦ 五四运动以

---

① 金满成：《重庆的前途》，《新蜀报》副刊 1932 年第 49 期。熊月之研究指出，在 20 世纪二三十年代的报刊上，"上海化"一词相当流行，反映出普通社会的上海观。在此语境下，世人对上海的评论是"贬多褒少，骂多赞少"，"上海"已成为奢侈、淫荡、赌博、欺诈等罪恶的象征地，"上海化"已经成为腐朽化的代名词（参见熊月之：《民国时期关于上海城市形象的议论》，载张仲礼等主编：《中国近代城市发展与社会经济》，上海社会科学院出版社 1999 年版，第 146—169 页）。金满成的话语在很大程度上体现了那个时代知识分子的上海观。

② 有关"北碚模式"，参见张瑾：《权力、冲突与变革：1926—1937 年重庆城市现代化研究》第六章。

③ 杜重远：《狱中杂感》，第 184 页。

④ 卢作孚获得"下江人"的认同，成为"楷模"。胡先骕说："四川人太能干，太聪明了。贵省卢作孚先生，他做事负责任，有勇敢，有经验，我真佩服……希望列位也取法他的精神和毅力，四川才有办法。"参见胡先骕：《四川农村复兴问题之讨论》（中国科学社第十八次年会讲词之一），《科学》1934 年第十八卷第 4 期，第 461 页。

⑤ 凌耀伦认为，卢作孚是近代中国实业界中第一个明确提出"现代化"的口号、内容和目标的人物。参见凌耀伦：《论卢作孚的中国现代化经济思想》，载杨光彦、刘重来主编：《卢作孚与中国现代化研究》，西南师范大学出版社 1995 年版，第 17 页。

⑥ 卢国纪：《我的父亲卢作孚》，重庆出版社 1984 年版，第 14—15 页。

⑦ 黄炎培在民国初年曾任江苏省教育司长，当时已经辞职，担任江苏省教育会常任干事，正大力倡导实用主义教育。通过黄炎培的介绍，对教育有浓厚兴趣的卢作孚参观了上海的一些学校和其他教育设施。参见张守广编：《卢作孚年谱》，江苏古籍出版社 2002 年版，第 9—10 页。

后，卢作孚应邀任成都宣传新文化的主阵地《川报》的编辑、主笔和记者，同年接任《川报》社长。1920 年，卢作孚加入少年中国学会。1921 年，卢作孚被杨森聘为永宁道教育科长，在川南从事通俗教育。之后，卢作孚第二次出川考察。① 1924 年，热衷"教育救国"的卢作孚开始了他的"第一个实验"——创办成都通俗教育馆。仅仅一年半的时间，这一实验在军阀混战中夭折。

1925 年 10 月，卢作孚创办民生公司，以"服务社会，便利人群，开发产业"为宗旨。② 这个中国西部崭新的现代企业为卢作孚的现代化思想作了最好的诠释。1932 年 6 月，民生公司开辟了重庆至上海航线，这是长江上最长的直达航班，使得重庆自开埠以来第一次与"下江"有着如此密切的联系。民生公司也因此成为沟通重庆与外界的桥梁，使川人得以"拨开现局"看到外面世界的"另外一重天地"。③

卢作孚（民生公司研究室提供）

民生公司有响亮的口号：

> 我们要做两个运动：欢迎省外人到四川来！
> 促起四川人到省外去！
> 我们帮助四川：欢迎中国科学社——科学家探察；欢迎工程师学会——工程师设计；欢迎经济学会——金融投资。

① 1922 年 8 月至 1923 年夏的江浙考察期间，卢作孚参观了上海中华职业教育会、中华职业学校和商务印书馆。经上海商会介绍，卢作孚还参观了上海市电力厂、锯木厂、造船厂、纺织厂等，并专门走访了当时状元实业家张謇创办的全国著名模范县——江苏南通，参观了张謇兴办的一系列近代事业。参见张守广编：《卢作孚年谱》，第 19 页。

② 卢作孚在 1934 年完成的《建设中国的困难及其必循的道路》一文中，将民生公司称为他现代化理想的"第三个实验"。

③ 卢作孚：《四川人的大梦其醒》（1930 年 1 月），载凌耀伦、熊甫编：《卢作孚文集》，北京大学出版社 1999 年版，第 41 页。

我们要从外面介绍到四川来的：帮助开发四川的专门人才；帮助开发四川的经济力量。①

是"下江人"② 首先认同了民生公司，然后民生公司也因此带动了"下江人"旅行四川之浪潮。20世纪30年代，民生公司开展的客运业务，发展了长江上的旅游事业，从此揭开了封闭四川的神秘面纱。民生公司轮船的服务质量让"下江人"赞叹不已。1935年冬，北京大学著名女教授陈衡哲感叹："民权轮很不错，我们坐在里面，都感到一种自尊的舒适——这是一只完全由中国人自己经营的船呀！"③

民生轮船公司的创办，似乎让卢作孚找到了实现内陆地区现代化的途径。通过民生公司的轮船，卢作孚再次以其独特的视野和大胆的设计，精心规划出了"北碚模式"。④

北碚原属于巴县，位于江、巴、璧、合四县之间。因为盗匪出没，四县特组峡防团务局以资镇压。1927年，卢作孚接掌峡防局。从本质上看，"北碚模式"是试图突破四川军阀防区制而演变出来的一种社会发展模式。用卢作孚的话说，"我们凭借了一个团务机关——江、巴、璧、合四县特组峡防局团务局，凭借局里训练了几队士兵，先后训练了几队学生，在那里选择了几个点——北碚、夏溪口以至于矿山北川铁路沿线——试作一种乡村运动"，

---

①　《新世界》1936年第89期，第18、25、34页。

②　有关"下江人"的概念及其与重庆之渊源论述，参见张瑾：《权力、冲突与变革：1926—1937年重庆城市现代化研究》。抗战时期迁移到重庆的"下江人"，与四川"本地人"在语言、生活习俗、文化修养等方面存在较为明显的差异。此间，作为国民党喉舌的《中央日报》，以及地方小报——《嘉陵江日报》等均对此有相当多的报道。战时旅居重庆的外省人对此也有相当丰富的记载。美国的Mary Lee McIssac女士在其博士论文中，有专章讨论"下江人"与"本地人"的矛盾。她侧重考查了地域成见如何影响劳工阶级的抗战意识。

③　衡哲：《川行琐记（一）》，《独立评论》1936年第190号，第15页。

④　值得注意的是，当重庆地区中国共产党活动遭到严酷打击的同时，刘湘对于体制内成长起来的温和的变革力量，采取了比较宽容的态度。刘湘曾表明，他试图借鉴北碚建设的经验。在参观北碚峡防局建设后，他说来北碚是"想找朋友解决教建两问题"，这两个问题他思考了两年，而不能解决。而参观北碚却找到了两年未曾解决的"答案"。参见刘湘：《刘甫澄在峡防局演讲》，《嘉陵江日报》1931年9月1日。

民生公司的第一艘轮船——"民生"轮（民生公司研究室提供）

其目的"就是要赶快将这一个乡村现代化起来"。[①] 这也是卢作孚现代化理念中的"第二个实验"，卢作孚说以北碚为中心的嘉陵江三峡区域所形成的是一种"理想"，"是要想将嘉陵江三峡布置成功一个生产的区域，文化的区域，游览的区域"。[②]

在卢作孚的现代化理想中，"北碚模式"主要从两个方面展开：第一是吸引新的经济事业。相继投资和参与兴办北川铁路公司、天府煤矿公司、三峡染织厂，促成洪济造冰厂利用水力。第二是创造文化事业和社会公共事业。创办地方医院、图书馆、公共运动场、平民公园、嘉陵江日报馆、中国西部科学院、兼善中学及其附属小学校、各类民众学校等。

北碚的建设经费是困难的，作为二十一军防区中的一块地盘，

---

① 卢作孚：《四川嘉陵江三峡的乡村建设运动》，载凌耀伦、熊甫编：《卢作孚文集》，第 353 页。

② 卢作孚：《建设中国的困难及其必循的道路》（1934 年 8 月 2 日），载凌耀伦、熊甫编：《卢作孚文集》，第 335—336 页。

它最初的经费来自二十一军。① 尽管卢作孚"力谋生产事业之扩充"来支持北碚的各项文化建设，不过仍然是"经费日益不敷"，从卢作孚在上海采购三峡染织厂的新式机器的困窘状况可知，北碚建设在相当程度上尚未完全"自给自足"而独立于防区制之外。② 出川考察期间，卢作孚"深感峡局之事业要图巩固，只有自造生产事业"③。

从卢作孚的《东北游记》可以看出，"北碚模式"的思路似乎糅合了上海的现代工业技术、德国建设青岛的经验、日本建设大连的经验以及张謇建设南通的经验。20世纪30年代初，卢作孚率团考察江浙和东北各省，这是北碚与外界沟通与交流的开始。走出四川，意味着"北碚模式"可以突破地域的局限，或者说可以突破二十一军的防区体制。卢作孚沿途走访、拜见的人物均为民国时期政界、学界及在野名流，这也是最初认同"北碚模式"的人群，其相当一部分是"下江人"。在卢作孚北碚建设的事业中，"下江人"的参与和卢作孚有意借用"下江人"资源，意义是深远的。

卢作孚在北碚的建设，本质上是一种"社会动员"方式。从现代化的层面看，社会动员是一个过程，它意味着人们在态度、价值观和期望方面与传统社会的人们分道扬镳，并向现代社会的人们看齐。这就是扫盲、教育、更大范围的交际、大众媒介和都市化的结果。④ 在北碚的社会动员中，卢作孚还创造了一种崭新的方式——现代传媒《嘉陵江》。⑤ 这份小小的日报，文字通俗、明白、简练，却刊载了现代的国防、交通、产业、文化各种消息。

① 1930年6月，卢作孚致函熊明甫等，指示熊明甫"亲见刘湘，面陈北碚峡防局的种种困境"，向刘湘"商借预支补助费"。见《卢作孚致熊明甫等函》（1930年6月18日），重庆市档案馆藏北碚管理局全宗峡防局类第368卷。
② 参见《卢作孚致刘湘函》，重庆市档案馆藏北碚管理局全宗峡防局类第348卷。
③ 《三峡染织厂业务概况》，《嘉陵江日报》1931年1月22日，第2版。
④ ［美］塞缪尔·P.亨廷顿：《变化社会中的政治秩序》，王冠华译，北京三联书店1989年版，第31页。
⑤ 1928年3月4日，卢作孚改组《学生周刊》，创办三日刊《嘉陵江》报，不久改为两日刊。1931年1月起，改为日刊，即《嘉陵江日报》。

20 世纪 30 年代被媒体称作"四川之模范镇北碚场"（民国报刊文献）

办报的人也只有一两个，每天却有专人把报送到各乡，并张贴在码头、民众会场、渡船及其他的公共场所，让人阅读。① 小报"白话字句很浅，只要读过一两年书的都可以看"②，但所传播的信息和产生的影响则是巨大的。正如《嘉陵江》报发刊词所言："盼望这个小报传播出去，同嘉陵江那条河流一样广大，至少流到太平洋"，从小小的《嘉陵江》报，可以"看穿四川、中国乃至五大洲——全世界"。

1928 年 9 月，卢作孚在北碚创办《新生命》画报，对不识字的平民施行教育。③ 在北碚，许多地方建设事业和民众的教育工作，大都是从民间的生活习俗和特殊的风俗中开展起来的。北碚的"夏节"就是学校的学生、工厂的工人、北碚的市民欢天喜地地盼望着的节日。夏节期间，展出民生公司建造的电车、飞机和轮船等内陆地区人们很难见着的现代化的交通工具模型，配以详

① 参见赵晓铃：《卢作孚的梦想与实践》，四川人民出版社 2002 年版，第 67 页。
② 卢作孚：《介绍嘉陵江》《请看嘉陵江六大特色》，《嘉陵江》1928 年 3 月 4 日。
③ 张守广编：《卢作孚年谱》，第 44 页。

细的解说。兼善中学内的科学展览，有机械农具、农产品和动物标本、书画，让人流连忘返。人们踊跃参加活动，整个北碚的空气"简直是被一种新的精神燃烧着，充满了动的活力"。①

和潘文华在重庆的建设比较，北碚确实呈现出不同的景观。首先是北碚各事业机关的环境是崭新的，在这里几乎很难看到重庆那样的"小上海"式的洋楼、饭馆、舞厅、影院等等，但"办公室布置得十分整齐，地面亦清洁非常，墙壁上都挂上了一幅两幅教育或新智识的图画，及一般民众生活上有关系的表图。每个机关门首当眼处，都张贴着一张该事业机关的概况，使人一望而知其一切内容"，即使是寝室、厨房、厕所，也都清洁、整齐、简朴，任人参观。市街上的食店、客栈的布置也以"新"感人。②

在北碚，最现代的高层建筑是中国西部科学院科学大楼和兼善中学等文化教学设施。1930 年，卢作孚在北碚创办中国西部科学院，这是继中央研究院（1928 年）、北平研究院（1929 年）之后，我国首创的一所民办科学院。西部科学院设有生物、地质、农林和理化四个研究所，是具有一定规模的综合性科研机构。③

北碚建设的特色在"精神"和"人的现代训练"。④ 1934 年，峡防局积极筹建"六省旅行团"（鄂赣江浙鲁豫六省），主要目标是促成峡区人民的觉悟，启迪峡区人民的现代意识。因为"周览国内名城，方于现代社会有所认识"，即对于"都市文明"的认识。⑤ 从这个意义看，北碚人比重庆人更具开阔的视野。和重庆人不同，走出去的北碚人更愿意从上海采购现代化的机器，搜集有

① 雪西：《北碚的夏节》，《工作月刊》1936 年第 1 卷第 1 期，第 80—83 页。

② 参见雪西：《北碚的夏节》，《工作月刊》1936 年第 1 卷 1 期，第 82 页。

③ 西部科学院最初的人才还有"归国留学人员"。参见《静生生物调查所秉志关于推荐西部科学院人选致卢作孚函》（1933 年 6 月 24 日），重庆市档案馆藏西部科学院全宗 0112/13 卷 13。

④ 《嘉陵江日报》上有关北碚建设的简陋状况的描述表明，北碚所追求的并非是物质层面的内涵。作为北碚建设的亲历者，卢作孚的次子卢国纪先生回忆，北碚建设改变了北碚人传统的"赌博""鸦片""看戏"的生活习气，新北碚的民众被动员起来，关心社会，过着新的生活。参见2002 年 2 月 8 日卢国纪在民生实业有限公司"纪念卢作孚逝世五十周年座谈会"上的谈话。

⑤ 《峡区继续筹备之中的六省旅行团》，《嘉陵江日报》1934 年 5 月 26 日，第 1 版。

关农业科技、天文、西湖风光、各省风景以及欧洲大战的状况的幻灯片，作为平民娱乐的教育资料。① 正因为如此，距离重庆不过几十公里的北碚给人的印象是"安宁、整洁、进步和人的精神振奋"②。如果说刘湘的二十一军停留在模仿"上海模式"物化的层面，卢作孚的"北碚模式"则是从人的现代化训练尝试突破纯粹追赶上海的误区。

北碚的《嘉陵江日报》（民生公司研究室藏）

① 《平民娱乐场由沪带回幻灯片》，《嘉陵江日报》1931 年 11 月 7 日，第 1 版。20 世纪 30 年代初卢作孚上海、江浙之行考察的记录表明，他"竭力留意生产事业"，组织人员考察大小工厂，学习技术，采购样本。派出人员在上海学习的是"织袜、织布、制标本、染织等技术"。参见《卢作孚致熊明甫函》（1930 年 4 月 16 日），江巴璧合四县特组峡防团务局团务档 008/1/368，转引自张守广编：《卢作孚年谱》，第 58 页。

② 赵晓铃：《卢作孚的梦想与实践》，第 7—8 页。

　　北碚始终朝着建立"一个大众公共享受的城市"的目标努力。以群众性体育活动为例，1928 年北碚建立的民众体育场，面积13952 平方米，有足球场 1 个，篮球场 1 个，器械场 1 个，还有沙坑。以后又扩建了 1 个篮球场，2 个网球场。1929 年 4 月 20 日至26 日，四川近代体育史上规模最大、参加面最广的运动会在北碚民众体育场召开，重庆及江、巴、璧、合及北碚 38 个单位、社会团体的 116 名运动员参加。1930 年，峡防局聘请江苏成烈体育专科学校的李治臣、邓步宫为北碚体育场体育指导员，提高此间的运动水平。[1] 因此，这里看不到上海、重庆"丢掉广大的农村、山林、河流，几乎没有城市公共事业。只有极少数人那能够享受繁荣的'畸形的资本主义的建设'"。[2] 北碚注重生态建设，绿化很成功。郁郁葱葱的杨槐、伞状的法国梧桐以及随风飘扬的杨柳成为北碚城的重要标志。

　　卢作孚在北碚的现代化建设实践，构筑起重庆与"下江"交往的桥梁。卢作孚成功地将"开放"与"发展"理念转化为川江航运的商业实践，开创了同时代民族资本难得的辉煌事业。卢作孚创办的民生公司和北碚建设成为内陆现代事业的象征，深得"下江人"的认同。[3]

　　1935 年前后，卢作孚本人以北碚为平台的若干建设举措，热情回应了国民政府的"统一四川"运动。1933 年中国科学社年会在重庆北碚的召开，可以看作是地方精英将"魔窟"变"桃源"的努力。9 月 24 日，卢作孚在峡防局周会上说："我们现在正在用力做的工作，就是运动省外的人以致国外的人都到四川来，'把科学家运动到四川来帮助我们确定生产的计划，把金融界有力量的人运动到四川来，帮助我们前去经营和开发各种事业'，'还要促其世界上的人

---

　　[1]　参见赵晓铃：《卢作孚的梦想与实践》，第 58—60 页。
　　[2]　金满成：《重庆的前途，上海的后影》（四），《新蜀报》副刊 1932 年第 38 期。
　　[3]　在"下江人"的旅川观感中，最为引人注目的话题是卢作孚创办的民生公司胜过外轮的优质服务，民生公司的现代事业形象首先获得"下江人"的认同。另外在《新世界》中提到，民生公司朝会的演讲者，常常是来自"下江"的社会名流，他们赞扬民生公司的话语影响颇大。

都到四川来，世界上的金融界或实业界有力量的人都一齐欢迎到四川来'。"卢作孚希望通过这种办法，使"各方面都集中力量来创造，来建设，把四川的各个地方都布满铁路之网，布满电线之网，一切大规模的工业都次第举办起来，集中生产大批出口，使原来贫穷的人都会变成有钱的富家翁了。这样一来，不单是可以把'魔窟'变为'桃源'，而且是也要把'天府'造成'天国'"。①

北碚的实验，是 1935 年刘湘主政时期重庆的新因素，这一因素不仅改变了军人体制的负面影响——北碚并非仅仅是一个乡村建设之地，也在某种程度上成为解构刘湘军人政权的关节点，甚至影响未来重庆的政治生态。当南京国民政府以"统一四川"作为核心话语整合中央与地方之关系时，卢作孚在北碚的建设客观上促成了迎接中央入川的现实。由于卢作孚的建设，北碚开始成为"下江人""旅外川人"的向往地，也为日后的抗战内迁、人口疏散提供了空间。

北碚的实验是重庆的现代化新气象，此乃宋美龄随蒋介石入川前的四川重庆的政治大生态，而这一"新世界"，却似乎被宋美龄所忽略。从宋美龄所著的《西南漫游》有关四川重庆的话语文本看，她并未注意到这一新气象的意义所在。

第二节 "新四川"：复兴民族之根据地

防区制的诸种弊端日益显露，导致了军人统治合法性危机四起。从 20 世纪 30 年代初开始，刘湘对重庆的近乎完全"自治"的局面开始遭遇种种危机，封闭式的自主权威受到来自各方面的挑战。② 而蒋介石偕夫人入川"督剿"中国工农红军，是四川军阀

---

① 卢作孚：《九月二十四日周会中之工作报告》，《工作月刊》1933 年第 13、14 期合刊，第 6—9 页。

② 实际上在 1927 年川军归属南京国民政府以后，四川军阀防区制曾经面临合法性危机，1929 年达到高潮。1931 年年初，"川中各界组织中央解决川事四川民众促进会"，并推举代表入京请愿，要求中央派兵入川，以期彻底解决川事。参见周开庆编著：《民国川事纪要》，第 434 页。

遇到了来自国民政府中央权威的最直接而重大的挑战。蒋介石有
关四川问题的话语文本，从中央与地方关系的框架体系下，为解
读宋美龄与重庆之渊源，以及宋美龄首次抵达重庆后的话语探究，
提供了历史的大背景。

一、四川的问题与出路

1926 年以后的省内形势对于四川军阀封闭形态有所冲击。① 对
于川军防区制面临自我解构的机制困境，可从两个层面理解。

首先，川人痛恨军阀政治，对防区制的种种尖锐批评频频出
现于地方媒体上，川人在外的各种同乡会组织的动员作用，使得
四川军阀的自治受到极大的挑战。"川民憔悴于虐政久矣"②，"盖
防区不破，割据终成，一切罪恶，万难消弭"③。一个值得注意的
现象是，民国时期"旅外川人"逐渐成为影响川局的重要力量。④
在京沪的川籍中央委员戴季陶、石青阳、张群均对四川的混乱严
加声讨。戴季陶严厉指责"二刘大战"，说："此次川乱，双方死
亡至少当在五万以上，军费消耗不知若干万，人民直接间接生命
财产之损失，尤不能数计。倘以如此巨量之财产人力从事建设，

---

① 1926 年，四川军阀通电加入国民政府是封闭的四川受到革命洪流强烈震撼的结
果。漆南薰认为，从地理关系而言，"川省之东道既开，革命洪涛、滔滔卷入，渝中首
当其冲，泸蓉次蒙其卷荡。此种革新势力之所及，即川局变化之所在"。他甚至认为，
易帜以后的四川"已成整个的革命势力的四川"，"已渐趋于解放之路程"。参见漆南
薰：《川局之一大变化》（1926 年 11 月 24 日），载中共重庆市党史研究室等编：《漆南
薰遗著选编》，重庆出版社 1987 年版，第 171、192 页。
② 《成都市商会向刘湘建议川局善后办法电》（1933 年 8 月 26 日），《四川军阀史
料》第 5 辑，四川人民出版社 1988 年版，第 329 页。
③ 《四川旅沪同乡会向中央条陈安定川局意见电》（1933 年 7 月 30 日），《四川军
阀史料》第 5 辑，第 328 页。
④ 从 1928 年年初开始，旅居上海、南京等地的川人积极参与国民政府整理四川
政局的活动，逐渐形成一个重要的群体——"旅外川人"，这是一股不可忽视的力量，
直接影响着四川政局的发展。这些参与国民政府"共商川局前途措施"的均为"四川
有历史的同志及社会上有地位的人"，其中主要的成员是国民政府的中央委员戴季陶、
熊克武、黄复生、张群、卢师谛、曹叔实等，他们又被称为"京沪同志"。他们定期约
集四川军阀各军驻京沪代表，齐集南京开会商讨川政改进事宜。参见周开庆编著：《民
国川事纪要》，第 372—375 页。此外，"旅外川人"还有同乡会组织也常以请愿的方式
对川军施压。

恐国内之第一伟大建设当已完成。"[1] 1932 年 10 月 12 日，川中九十四位将领联名通电，提出"治川纲要"十六条，其要点乃"打破防区制""裁 兵""打破群雄格局""统一全川，亟谋建设"等。[2] 防区均衡机制，因为刘湘的实力膨胀，已经出现了新的不平衡，这便是防区制消失的重要因素。而当 1935 年宋美龄随蒋介石入川之时，四川军阀防区体制的危机已是愈演愈烈。

其次，军-绅政权中绅商的离心倾向是解构防区政治的又一致命要素。这一时期，地方精英的觉醒使得防区政治渐渐丧失其民间的合法性。卢作孚说："我们盼望四川的领导，领导万人而有一致的具体办法，而且使这办法经过共同决定，以成共同信仰。同时又使四川纳入全中国的整个的领导之下，促成全中国有一致的具体办法，今后的中国，应靠法治不能靠人治。所需于人的，亦重在造法的训练和守法的训练。如果四川政治上的领导者，能领导人们上此轨道，我们相信很容易地打破防区制度，而为分工制度；很容易变冲突为合作，很容易统一四川，并助中国统一。只需要勇气与毅力，从自己训练起，没有旁的困难的问题。"[3]

早在进驻重庆以后，二十一军集团与城市绅商和地方精英的整合关系已使得"军人干政"发生若干变异，防区制内的经济变迁成为中央和地方成功整合的重要因素。川江航运等新兴民族资本改变了传统区域经济的性质，要求拓展市场、打破防区制的束缚。地方精英卢作孚提出了未来四川的出路，即打破四川的封闭须借助外力，他说："为了四川未来的开发，须仰赖于中原的人力和财力的帮助。要使中原的人力或财力肯到四川来帮助，尤须仰赖于四川的安定，且须安定有了保证……内地不一定都不安定，但以其无保障，便为人们所恐惧。尤其谈到四川，便联想到战争与土匪，虽然事实上是没有的，然而他的脑筋中是有的。所以安

---

① 周开庆编著：《民国川事纪要》，第 499 页。

② 周开庆编著：《刘湘先生年谱》，第 68 页。

③ 卢作孚：《四川问题》（1931 年 6 月 2 日），载凌耀伦、熊甫编：《卢作孚文集》，第 162—163 页。

定必须有办法，在那办法之下，必须有保证，大之绝不至有战争，小之绝不至有土匪，中间绝不至于有军人恃赖兵力轶出法轨。使一切人们都互相信赖，然后本省的人敢于做事，中原的人敢于到川省来做事，科学家敢到四川作研究的工作，工程师敢到四川设计工程，金融界敢到四川投资，卖机器的厂家或行家敢到四川来卖机器，许多中外人士都敢到四川来游历，不需要欢迎，只需要安定，使他们相信。"①

重庆工商界经济实力的增长，表现出强烈的跨出重庆和四川省的愿望。为拓展资本市场，地方资本竭力促成建立一个新的"政治秩序"，即废除防区制，建立新的政治秩序以利于发展经济，形成一股不可逆转的时代潮流。而川江航运的繁荣与发达更加速了本来已经流动的长江流域的交流，"游川人士，日见繁多"。② 卢作孚喊出："统一是此日四川的需要，亦是此日中国的需要。长久安定之局，须仰赖着整个的秩序。如何开发四川，尤须确定出整个的秩序。整个秩序的完成，即是川局统一的

1935 年的《新世界》封面（民生公司研究室藏）

完成；然而不可以急切求之，需由各方面相安，办到各方面相信，最后办到各方不再依赖着武力，依赖秩序须从最高领袖提倡起，从现状起，着手整理。"③ 地方精英的"国家""民族"意识的增

① 卢作孚：《整个四川的五个要求》，《新世界》1934 年第 40 期。
② 重庆中国银行编：《宜昌到重庆》（前言），1934 年版。
③ 卢作孚：《整个四川的五个要求》，《新世界》1934 年第 40 期。

强，为中央统一四川奠定了基础。

统一四川的力量，来自四川本土的精英力量，也来自"旅外川人"。胡光麃回忆说："就我们所做过的事来说，规模虽不敢说怎么大，但在那段时期中，却曾做到了沟通内外技术金融甚至于政治的一个重要桥梁。除了早在抗战的前几年就着手创办了几桩基本工业和引来了外间工商界的兴趣，还顺便的立于非政治地位上，协助解决了一些有关政治的问题。"①

1931年九一八事变后，中日民族矛盾的激化，改变了中央和地方关系的格局。深处内陆的四川成为举国关注之焦点。"四川据长江上游，为西南堂奥，有一百三十余万方里之土地，七千余万之人民，气候温和，雨量充足，地大物博，古称天府，自东北四省沦陷以来，国人鉴于外货之日烈，急谋民族之复兴，除开发西北而外，又注重康藏问题，两者皆于四川有唇齿相依之势。"② 因此，打破分裂，准备抗战，成为一致的呼声。"外患一天一天的加紧，更加强了四川地位的重要性。"③ 舆论普遍认为："四川者，西南之经济中心而中国之最后生命线也，四川不救，中国未必有救，欲救中国，自必先救四川。"④ 四川成为全国关注的焦点，"外省人民团体，咸注意于川省之建设事业；盖四川政局之平静与否，四川省实业之发达与否，非特与川省人民有切身关系，即与外省人民亦有重大影响。不仅是也，我国处此国势凌弱，外患日迫之时，一旦海口封锁，原料断绝，则惟有赖国内固有之储藏，以川省物产之丰富，诚为我国可贵之宝库，足供一旦战争时之需要。或谓四川之物产与天险将为我国之经济中心，并可为我国最后之防线，非虚语也"⑤。

---

① 胡光麃：《波逐六十年》，第294—295页。
② 胡庶华：《总论》，《中国工程师学会四川考察团报告》，1934年10月。
③ 张群：《川政统一与刘故主席》，载周开庆编著：《刘湘先生年谱》，第183页。
④ 《对于考察团之最低希望》，《四川经济月刊》1934年5月第1卷第5期，第1页。
⑤ 顾毓珍：《考察四川化学工业之初步报告》，《四川月报》1934年第5卷第3期，第113页。

南京政府的舆论动员，使"开放"四川运动更为热烈，"下江人"积极投身于"到四川去"的洪流之中，成为影响和参与开发中国西部的重要力量。1933 年夏，中国科学社全体社员赴重庆北碚举行年会。在卢作孚的努力宣传下，会后代表们在重庆一致主张，回上海以后组织一个委员会，帮助四川的四项工作：（1）帮助派人调查地上和地下的各种物产；（2）帮助计划一切；（3）帮助介绍事业上的专门人才；（4）帮助对外接头。本次年会后，卢作孚和四川实业界又开始积极运动工程师学会、经济学会来四川开会、考察，以便解决四川发展中的各种问题。① 通过旅游，北碚聚集起来的"下江人"队伍既庞大，地位又显赫。与其说北碚因"下江人"逐步成为全国传媒的焦点，还不如说"下江人"借助北碚率先成长为影响后方社会的独立群体。在重庆城市现代化进程中，"下江人"是传递"上海模式"的天然媒介。随着与"下江"地区交往的日益密切，重庆与外界的交流就再也无法被隔阻，而呈现出前所未有的"开放"态势。

1934 年 2 月，全国各地的新闻界组织川康考察团入川考察政治及实业情况。同年 4 月，中国工程师学会应刘湘的邀请，组织 25 人的四川考察团入川考察。在重庆，团长胡庶华发表谈话："四川地大物博，在全国政治上经济上均占重要地位，倘能利用科学方法与工程技术，改良已有之生产，研究现在之计划，发展未来之事业，当不仅有助于四川之建设，即国计民生与夫民族复兴，亦多利赖。"② 在团长胡庶华的带领下，该团于 5 月 7 日由成都出发，分组考察，"路途远近及时间长短各组不同，彼此不受牵制，各组均由四川善后督办公署特派专家陪同考察，并未用军队护送"，"各组实际考察日期，少者及夹旬，多者亦不过两月，所集各项材料，或由亲历而得，或受地方供给"。值得注意的是，在考察团调查报告总论中，胡庶华以"学术团体"的性质，回避了对

① 参见卢作孚：《九月二十四日周会中之工作报告》，《工作月刊》1933 年第 13、14 期合刊，第 3—4 页。

② 周开庆编著：《刘湘先生年谱》，第 95 页。

于军阀政治的批评问题，他称："本团所负使命，在调查与工程直接有关之事业，仅有专门学识之研讨，不作政治社会之批评，而将来重工业所在，以四川为最适宜之地点，且以天时地利两擅优胜之故，可为复兴整个中华民族之根据地，愿吾国人毋忘四川，更愿四川不失其为民族生命线之四川也。"[1] 5 月间，中国银行代表张公权及上海其他银行代表数人也相继入川考察金融现状。于是"'到四川去'的声浪已经成为当局和金融界人们的一致要求了"[2]。不管怎样，"中日之间日益增长的战争威胁促使南京考虑把四川作为可能的避难场所的抵抗基地"[3]，在一片"开放四川"的呼声下，破除防区制，发展四川社会经济，已经成为一股不可逆转的时代潮流。

此间，全国媒体的尖锐抨击，动摇着刘湘政治权威的合法性。"国家统一"的政治信念，使得四川军阀长期割据自为的合法性产生了危机，即陷入了既希望保持现有政治独立性，又无法否认全国统一原则的尴尬局面，也就无法逃脱全国媒体的尖锐抨击。有人指出："如果世间果有地狱的话，那么四川老百姓所居的，便是地狱的十八层。如果人类真有吸血鬼时，那么四川军阀便是比四大天王还伟大的吸血鬼。"[4] 在所有的批评中，四川军人成众矢之的，"四川号称魔窟，而魔窟中之群魔，厥为军人"[5]，整个四川社会因军人的统治，便简直是"漆黑一团之区域"。[6] 在外省人的视

---

① 胡庶华：《总论》，《中国工程师学会四川考察团报告》，1934 年 10 月。

② 宪文：《开发四川》，《新中华》1934 年第 2 卷第 13 期，第 1 页。

③ Robert A. Kapp, *Szechwan and Chinese Republic*, *Provincial Militarism and Central Power* 1911–1938, New Haven and London, Yale University Press, 1973, p. 63. 陈衡哲在四川之行中也谈到，这一时期到四川来的要人越来越多，除政界、军界要人从南京来以外，更有来考察来宣传抗战的文化名人，来考察投资与生存环境的爱国的银行家、企业家。所有这一切都与建设有关，与准备反侵略的战争有关。参见衡哲：《川行琐记：一封给朋友们的公信》，《独立评论》第 190 号。

④ 田倬之：《四川问题》，《国闻周报》1935 年第 11 卷第 29 期，第 2 页。

⑤ 胡先骕：《蜀游杂感》，《独立评论》第 70 号，1933 年 9 月 8 日，第 16 页。

⑥ 《论四川善后公债》，《国闻周报》1931 年第 8 卷第 30 期，8 月 3 日。实际上对于四川军阀的抨击从 20 世纪 20 年代末期就不断，白崇禧在 1928 年 7 月 29 日的《嘉陵江日报》中，批评四川军阀"都是一些没有眼光和没有远见的人"。唐式遵在 1928 年 8 月 15 日的《嘉陵江日报》中说："外省人骂得川人狗血淋头。"

野中，"四川政治之坏，冠绝宇内"，这种"军权万能"的"酋长政治"实属"罪恶累累"。①《国闻周报》尖锐指出，"当今大势一变之时，四川各将领，如再不觉悟，只有坐受淘汰"。② 1932 年"二刘大战"爆发，更激起全国舆论的强烈抨击，南京中央政府指责说，"近更罔顾国难，借故交兵，军旅因内战而捐精英，黎庶因兵劫而膏锋镝"。③

刘湘在重庆的"独立自治"是脆弱的，而中国工农红军入川，彻底动摇了刘湘在四川的自治偏安之基础。尽管刘湘从未放松对重庆地区中国共产党活动的镇压，比如通令各校，"不准学生参加任何党派，即学生自治会，在'清共'期间，亦暂时停止活动"，并颁布各学校"清除共党"办法大纲，各级学校清查"反动"暂行条例，规定学校训育方面，应纠正学生思想，趋于纯正，平日检查学生书籍、日记、信札，并饬册报学生的思想行动，责令各县县长、教育科长，汇报小学教员的思想行动，随时考查，严加防范。经过这样严厉的措施，二十一军自己的评价是，数年以来，二十一军戍区内各学校没有发现共产党的活动。④

事实上，在刘湘控制下的重庆，中国共产党人从未放弃对马列主义真理的信仰，地方党组织的活动非常活跃。早在 1922 年，中国社会主义青年团重庆地方团，即重庆团地委成立，到 1924 年发展团员 24 名。1925 年开始在团员中发展中共党员。1926 年，中共重庆地委成立，杨闇公、吴玉章、朱德、刘伯承等人先后在地委中任职。在杨闇公等人的组织领导下，重庆成为四川中共党组织活动的中心，是全国党员发展最快的地区之一。⑤ 通过各种群众性的组织，中国共产党在防区制的重庆逐渐扩大了其政治影响，成为重庆颇具影响力的组织，对启迪民众的觉悟和民族主义、爱

① 《刘湘入京与整理川政》，《国闻周报》1934 年第 11 卷第 47 期，第 2 页。
② 《四川新省府成立》，《国闻周报》1935 年第 12 卷第 6 期，第 3 页。
③ 周开庆编著：《刘湘先生年谱》，第 73 页。
④ 《清共办法》，《施政特刊》（教育之部），第 86 页，1935 年 2 月。
⑤ 参见隗瀛涛主编：《近代重庆城市史》，四川大学出版社 1991 年版，第 618—619 页。

国主义产生了很大的影响。

在二十一军的防区内，刘湘对中国共产党的高压举措是严厉的。[1] 1929 年，刘湘以二十一军军法处、政训处、副官处、江巴城防司令部和重庆市公安局等筹组特务委员会，刘湘自任委员长，军副官长兼江巴城防司令李根固任执行长官。1930 年 8 月该组织正式成立，分六区严密防范，另专门组建一个侦缉队。1932 年，二十一军制定"剿共"计划大纲。1933 年 10 月，又发布《四川边防军"铲共"委员会组织纲要》和《四川边防军"铲共"委员会办事细则》。1936 年 1 月，公布《四川省善后督办公署暂定各市县"清共"办法》。[2] 1927 年至 1935 年中共四川省委遭受严重破坏，省委书记杨闇公被杀害。1929 年至 1935 年的六年间，二十一军特委会捕获、杀害的共产党党员、共青团员及革命人士达一万七千余人。[3]

1932 年 12 月，刘湘集合川军各军向刘文辉进攻，统治川北的田颂尧抽调三十多个团到川西去参加这场军阀混战。当"二刘大战"正酣之时，中国工农红军徐向前部队已经进入四川。美国学者凯普指出，"徐向前部队进入四川，加深了四川军阀的危机"，这支队伍很快发展为"勇敢、机动、善战（即使装备不良）的近十万人的战斗部队，川陕根据地成为仅次于中央根据地的'中华苏维埃共和国'的第二大区域。这是对刘湘和其他军事领袖自 1925—1926 年掌权以来的集体生存的第一次真正威胁"。[4]

1933 年 10 月，蒋介石特电刘湘，"限三个月内全部肃清"川北红军，并令军政部拨发步枪弹 200 万发交刘湘分配各军使用。10 月 4 日，刘湘正式就任"四川'剿匪'总司令"职，设总司令部

---

① 关于刘湘二十一军驻渝期间对于重庆所实施的严密控制，以及对中国共产党的高压政策，可从这一时期刘湘二十一军的报告和通报等秘密公文档案中获得若干信息。参见重庆市档案馆藏重庆市政府全综 0053 卷 12 密令等案卷。

② 参见匡珊吉、杨光彦主编：《四川军阀史》，四川人民出版社 1991 年版，第 329 页。

③ 参见《四川六年来捕获共产党成绩》，《商务日报》1935 年 9 月 1 日，第 6 版。

④ Robert A. Kapp, *Szechwan and Chinese Republic*, *Provincial Militarism and Central Power*, 1911-1938, New Haven and London, Yale University Press, 1973, p. 98.

于成都。10 月 12 日，蒋介石再次电令，"川中'剿赤'各军，如有轻弃防地，自行后退者，不但取消该军防区，且必撤职查办。如他军遇'匪'，而临近部队观望不援者，或'剿匪'不力，不服从约束者，一经查出，亦严惩不贷"①。在刘湘的指挥下，1933 年 11 月初，川军总计一百多个团，近二十万兵力，分六路向川陕根据地发动围攻。面对敌人六路围攻，红四方面军分东、西两线作战。在徐向前的直接指挥下，在东线阻敌作战；西线在王树声的指挥下，据险牵制敌人，在大量杀伤敌人后，主动后撤，以诱敌深入。从 1934 年 8 月中旬起，红四方面军在两线发起反攻，以席卷之势先后收复巴中、南江、旺苍等县，直逼广元城下，嘉陵江以东失地全部收复。历时十个月的六路围攻终于被红四方面军粉碎。此役总计毙伤川军 6 万人，俘获 2 万人，缴枪 3 万支，缴炮 500 余门。

刘湘不仅在军事上"围剿"红军节节失利，而且财政上也出现了巨额赤字。1933 年，二十一军的财政支出比 1931 年几乎增加了一倍，而 1933 年的赤字却比 1929 年和 1930 年增加了三倍。②1934 年的财政赤字竟达 4100 万元。四川面临一场迅速蔓延的社会和经济危机。有人认为，如果没有红军的入川，四川军阀的防区制仍然将继续存在。③

1934 年 8 月下旬，刘湘因"剿共"遭遇种种困难，呈请辞去本兼各职。经中央及各方挽留，始打消辞意，10 月 22 日通电复职。11 月 13 日，刘湘离渝东下，20 日抵达南京，面谒蒋介石请求安川方略。所谓安川方略，主要有：请中央派大员入川，统筹"剿共"事宜，川省各军统属蒋介石政府，限期"剿共"；整理、改革四川庶政，打破防区制，组织统一的四川省政府，将川省政治纳入中央的政治统驭之下；整理四川省财政；等等。

---

① 周开庆编著：《民国川事纪要》（上），第 525 页。
② 参见林骥材：《"匪患"中的川黔财政之难关》，《国闻周报》1935 年 6 月 3 日。
③ 参见格于：《甘乃光先生讲演记录》，《新世界》1935 年 9 月 16 日第 78 期，第 5 页。

二、蒋委员长亲临重庆

1935 年 3 月 2 日，南京国民政府委员长蒋介石由汉口乘机抵达重庆。当天，蒋介石在日记中写道："不到夔门巫峡，不知川路之险也。"到重庆后，蒋介石住进了范绍增师长的宅邸"范庄"，"处理前方战报，手拟令稿十余通"。当天，蒋介石拟订接下来一周工作计划中有"告慰川民方针"和"告赤匪书"。关于此行的目的，他写道："朱'匪'陷遵义，桂逆思逞，贵州局势严重，故直飞重庆镇慑。"①

3 月 3 日，《中央日报》第 2 版头条以《对川省"剿匪"报最大决心蒋委员长昨飞渝巡视，民众及各团体欢迎者达万人，旋赴行辕接见党政军各领袖》为题，回放了蒋介石抵达重庆的情形：

> 中央社重庆 2 日电　蒋委员长 2 日上午十时由汉乘福特机飞川，随行有侍卫长何云，秘书汪日章、毛庆祥，侍从第一处主任晏道刚，及行辕参谋团政训处主任康泽等。同时有两机飞行拱卫，午后二时，三机由福特机居中，自东向重庆飞进，到珊瑚坝飞机场降落。欢迎者有刘湘、贺国光、谢作民等十余人。随即改乘汽船，至朝天门码头登陆。各机关中级以上官员、各法团民众代表、各校学生、各国领事，到场欢迎者近万人。蒋委员长披玄色斗篷，由刘湘导登石阶。蒋脱帽频与欢迎者为礼，旋偕乘汽车经小什字关庙街通远门上清寺范庄行辕休息，并分别接见党政军各界高级领袖。据晏道刚谈，委员长对川省"剿匪"抱有最大决心，故特来巡视，期早日将"匪"肃清，以慰国人川人之渴望云。

3 月 3 日，蒋介石在日记里记下的注意事项，均为其所面临的重大难题，如四川与中央的关系，"剿共"的问题，以及倭寇问题

---

① Chiang Kai-shek Diaries, March 2, 1935, 37.17, Hoover Institution Archives, Stanford University.

等。3 月 4 日上午，蒋介石出席四川省党部总理扩大纪念周，作题为"四川应作复兴民族之根据地"的讲话，听众是"江巴渝三党部全体委员，政府机关科长以上，军事机关上校以上，及中等以上学校校长等"。① 这是蒋介石入川后的第一次系统阐释其"新四川"观。蒋介石说："兄弟这次入川，除督'剿残匪'以外，首以解除四川同胞之痛苦为唯一目的，第一步入手的办法，就是要使四川除'剿匪'军事以外，再不见其他的战乱，此后战乱不生，消极方面便可以免除民众的痛苦和牺牲，积极方面便可以从事建设，增加民众的福利，所以兄弟一方面要以全力协助省政府刘主席建设四川，解除四川同胞的痛苦，一方面要使全川的军队，本亲爱精诚的精神，促进团结，共同一致为国家民族尽到军人保国为民的天职。""从此以后，使四川同胞转祸为福，为国家确立复兴之坚固基础，这是兄弟入川唯一的方针。"②

蒋介石进一步阐释其"新四川"观，"新四川"即未来新中国的基础。他指出："就四川地位而言，不仅是我们革命的一个重要地方，尤其是我们中华民族立国的根据地，无论从哪方面讲，条件都很完备。人口之众多，土地之广大，物产之丰富，文化之普及，可说为各省之冠。所以自古即称'天府之国'，处处得天独厚。我们既然有了这种优越的凭藉，如果各界同志，大家能够本着'亲爱精诚'的精神，共同一致的努力向上，不仅可以使四川建设成功为新的模范，更可以四川为新的基础来建设新中国……我们无论从历史的事实来证明，或从四川在全国中所处的地位来看，四川的治乱确可以影响全国的安危。所以要统一国家，完成革命，必须四川同胞先来负起这个责任，如果四川同胞不能负起革命责任，来尽力于革命事业，我们整个革命事业，便没有完成之一日。因此，四川同胞对于革命的成败与国家民族兴亡存灭的

---

① 《川省党部扩大纪念周蒋委员长亲莅致训》，《中央日报》1935 年 3 月 5 日，第 2 版；1935 年 3 月 5 日的《国民公报》第 3 版，也以"蒋氏风采来川目的昨日训话""蒋主席出席省党部总理扩大纪念周"为题作了报道。

② 高素兰编注：《事略稿本》第 30 卷，1935 年 3 月至 4 月，台北"国史馆"2008 年印行，第 36—37 页。

责任，非常重要。"①

新四川乃未来中国之希望，而建设新四川，乃复兴民族之责任。蒋介石指出："四川的地方既如此重要，四川同胞对于革命对于国家民族之使命如此重大，国家民族以及兄弟个人所期望于四川同胞者当然至迫且切，所以四川各界同胞尤其是党政学界领袖，格外要认识自己所负的责任，共同努力来完成我们革命的事业，我相信大家如果能够一致在总理主义与精神系统之下刻苦奋斗，一定可以发生最伟大的力量，来建设新四川。一定可以担负起革命救国复兴民族的整个责任。"而造就四川之"新的国民"，则有赖于"新生活运动"。蒋介石说，"大家还要知道，我们要改良社会，挽救国家，必先改良人民的风习，使人民具备现代国民的修养。新生活运动之目的，就是要由此造成新的国民，建立新的国家，所以新生活运动之能否成功，即为国家民族之兴亡存灭之所系"，"我相信三年之内，必可建设成功一个新四川，使四川成为实现总理三民主义之中心。完成我们四川同胞对于国家民族重大的时代使命"，"使成为模范省与革命的基础"。②

透过蒋介石的话语文本可以清楚地看出，宋美龄《西南漫游》的话语乃是忠实地贯彻蒋介石的思想，即四川离开中央将永远是落后的、非现代的，也即不能解决四川贫穷等问题。

3月5日，中央银行重庆分行成立，这是国民政府为统一四川金融币制而采取的重大措施。3月6日，蒋介石致电四川省主席刘湘，嘉勉川政统一完成。3月6日，刘湘令二十一军成区各县国税，交由财政特派员公署接收。3月6日下午，蒋介石会客卢作孚，并谈话。③

建设新四川，需要新国民。3月11日上午，蒋介石出席重庆行辕党政扩大纪念周训话，到会的有刘湘、贺国光、谢作民以次中上级工作人员三百余人，蒋作"现代国民应具备之常识"讲话。

① 高素兰编注：《事略稿本》第30卷，第39页。
② 高素兰编注：《事略稿本》第30卷，第34—35、41页。
③ 参见高素兰编注：《事略稿本》第30卷，第62页。

他讲述"充实国民常识之必要，应从纠正党国旗之制作使用及对党歌国乐之崇敬做起"，"各员做事应做到迅速确实"。①

很显然，新四川，乃新中国、新重庆的同义词。这是中央政府从"现代国民"的标准对"治川"提出的具体规范。3月12日，蒋介石在重庆党政军民各界举行总理逝世十周年纪念大会上训话，再次强调了新四川的概念。他说："大家做一个新的视野，惟有以我们新的四川人，才可以造成新的四川，建立新的中国，所以我们要造成新的四川，建立新的中国，首要的一个根本的条件就是我们要做一个新的中华民国的国民。现在四川的新政府已经成立了，一切的事都要重新做起，新四川一切新的事业，当然要负起责任来做，但是最大的责任，还在我们四川的全体民众，尤其是各界领袖身上……造成一个新的四川，使成为一个仁义之里，忠孝之乡，作建国革命一个最充实的基础，和造成一个模范省区，如此，不到几时就可以风动全国，使全国都有所效法……"②

尽管蒋介石首次入川，动员"党政军各界同志以及全省民众，更须创成一种绝大的舆论力量"以消除这"最恶劣、最落伍之防区制"③，但他使用"我们新的四川人"，与宋美龄的批评话语对比起来，缓和得多。3月14日，南京《中央日报》第2版，以"蒋委员长亲临致词谆勉川人"为题，刊载蒋介石出席重庆党政军民各界举行总理逝世十周年纪念大会上训词全文。④ 3月15日，蒋介石电令川军各将领，宣布严禁"军人干政"的五项举措，即：（1）禁止以军力干涉行政诉讼。（2）禁止现任军官佐兼任县局长。（3）禁止地方团队人员由驻军指派。（4）禁止军政长官与民争利。（5）禁止征收员丁之索需。3月17日，蒋介石通电川中各路总副指挥，严禁苛敛勒征，压迫民众。⑤

① 高素兰编注：《事略稿本》第30卷，第81—88页。
② 高素兰编注：《事略稿本》第30卷，第101—102页。
③ 周开庆编著：《民国川事纪要》，第576页。
④ 《尊奉遗教恢复八德 负起复兴的责任 渝各界纪念总理逝世大会蒋委员长亲临致词谆勉川人》，《中央日报》1935年3月14日，第2版。
⑤ 周开庆主编：《民国川事纪要》，第575页。

3 月 18 日，蒋介石在参谋团纪念周对重庆党政军各界千余人训话，阐释"建设新四川之当前要务"。蒋介石首先指出，"共同认识禁烟为救国救民与建设新四川之第一要政"。其次，"吾人欲刷新川政，必首先取消最恶劣最落伍之防区制，使全身事权统一于省政府"。第三为"增工"，即增加就业机会。第四，"凡社会国家之建设，首在国民精神之健全，欲求精神之健全，又在乎体质之强健，欲体质之强健，必须人民有卫生之常识，清洁之习惯，与公共之道德。此即新生活运动中清洁运动之要旨所在。而推行之办法，最好即由禁止随地吐痰做起，现在重庆不仅一般人民未能做到，即一般军警乃至许多着西装之人物，亦依然不脱此不合时代之恶劣习惯"。①

3 月 20 日，重庆大学的校长胡庶华发表题为"大学教育与民族复兴"的演讲，称"复兴民族，是今日全国一致的运动，为何能使这种运动成功，则非教育不可。然而，各项教育之中有国民教育、专门教育、农村教育、民众教育等等，究竟以何种为推动一切教育之发动机，则个人意见以大学教育为第一要着"，"四川有一百三十余万方里，蕴藏丰富之土地，七千余勤敏朴实之人民，重庆大学为四川最高学府之一，宜为发展天赋特殊优越之地位与本能，以形成整个民族复兴之中心，本校负有义无可辞之使命"。②

3 月 23 日上午，蒋介石在重庆青年会作题为"新运的意义与推行之方法"的演讲，指出"渝市亟应注意改善之两件事实"："第一，现在渝市各处香港广告极少，此为至可欣慰之现象，但在另一方面关于医治各种不名誉的疾病之灵丹圣药的广告极多，而各种与学术文化教育有关之广告，却不易发现，且各处广告既不制挂于规定地点，又毫不注意整洁，即此可见社会道德文化之堕落与警察之无能，实为政府与我各界民众之耻辱。吾人应知广告之内容与形式，无形中对人民之精神与心理有莫大之关系，今后

① 高素兰编注：《事略稿本》第 30 卷，第 145—148 页。
② 重庆大学校长胡庶华演讲：《大学教育与民族复兴》（1935 年 3 月 20 日），重庆市档案馆藏重庆大学全宗，1 目，第 370 卷。

如有不合规定之广告，望新运会协同地方当局注意取缔。第二，现在渝市之无业游民，以及乞丐甚多，政府当局与各界领袖，以及新运促进会各同志，应共同设计，本劳动服务之要旨，予以劝导、组织和训练，使其从事各种建设事业。人人有工作，有饭吃，一以救济同胞，一以增益社会，其利实大。此事初若甚难，其实只须政府与各界领袖通力合作，必易做到。"蒋介石认为，只有"新生活运动"可以改变这些弊端，他提出："望政府当局，各界领袖与各新运同志，能以身作则，共同努力推行新运，造成新的重庆，以作建设新四川之基础与全国各处之模范。"① 这是蒋介石入川后首次提及"新重庆"，而这些"新重庆观"，随后在宋美龄的《西南漫游》的话语文本中也表达出来，宋美龄成为蒋介石思想忠实的执行者。

　　5 月 9 日，四川禁烟委员会成立，刘湘任委员长，民政厅长任副委员长，并拟具禁种禁吸办法，公布组织大纲十二条。5 月 10 日，蒋介石由贵阳飞昆明督导"追剿"朱毛"股匪"事宜。5 月 22 日下午，蒋介石由贵阳飞重庆。② 5 月 24 日，蒋介石又在重庆行辕召见四川各行政专员训话，作题为"从政述要"的演讲。③

　　事实上，入川之后，蒋介石一直都在苦苦思索中央与四川的关系问题。5 月 29 日，蒋记"本月反省录"称："四川内容复杂，军心不固，后患可忧，当一本既定方针，扶助其中之一人，主持川政，而中央除整理金融，统一币值，筹备其经济实业之发展以外，对于军事不宜植势，以示大公。"④ 从蒋介石的心态看来，此时刘湘无疑是中央政府安川最为合适之人。6 月，在抵达成都一周多后，蒋介石对四川士绅讲话，阐释"新四川"的问题。此后在云贵川（成都）等地，在督促川军"追剿"红军的同时，蒋介石

---

　　① 高素兰编注：《事略稿本》第 30 卷，第 176—188 页。

　　② 周开庆编著：《民国川事纪要》，第 582—584 页。

　　③ 参见高素兰编注：《事略稿本》第 31 卷，1935 年 5 月至 7 月（上），台北"国史馆" 2008 年印行，第 148 页。

　　④ Chiang Kai-shek Diaries，May 29, 1935, 38. 1, Hoover Institution Archives, Stanford University.

频繁的训话和演讲中，都在反复讲述其有关新四川及其建设与统一民国政治之关系。后来，蒋介石在日记里写道："自三月间入川以来，辗转于滇黔驱逐朱毛'残匪'两月有余，五月下旬始得回四川……川滇黔因此得以统一，完全入于中央范围之中。国家地位与民族基础皆能因此巩固，是夫妻努力自觉事业日益加艰，而成效亦日益显著。"

10月6日，在离开四川前夕，蒋介石在四川省党部扩大纪念周作题为"建设新四川的根本要道"演讲。他说："我自入四川以来，直到昨天为止，留心体察四川的情形，总觉得我们中国其他任何一省，都比不上我们四川。你们看，四川的土地广大而肥美，所产的东西不仅种类繁多，几乎无所不备，而且量多质美，更为别省所不及。就讲树木吧，到处长得蓬蓬勃勃，繁茂异常；在四川生长几十年的楠木柏木，在其他地方看来，即使长了几百年也没有像这样高大的，即此亦可见土地之特别肥美。不仅土地特别肥美，尤其是山川形势的雄伟奇骏，格外难得……再加气候之温和，和人民众多与勤劳优秀，更增加了四川之伟大。"他指出："四川在天时、地利、人文方面，实在不愧为我们中国首省，天然是复兴民族最好的根据地……倘若四川不能安定，不能建设起来，整个国家也就没有富强、复兴的希望。所以，四川之治乱即中国兴亡之关键，今后四川决不可乱，一乱国家就要亡。"[①]

三、改革势在必行：重建四川"新"秩序

1932年11月20日，国民政府重申整理川政之令，指出川政一切症结"首在防区恶制"。打破防区制，整合川军势力，即将其

---

① 《蒋委员长训话：建设新四川之根本要道》，《政训半月刊》（国民经济建设运动特辑）1935年第4、5期合刊，1935年10月30日（成都，国民政府军事委员会委员长行营参谋团政训处印行）。关于1935年蒋介石入川与确定四川为最终抗日根据地的关系，张国镛提出了不同的看法。他认为，蒋介石1935年在四川"只是'萌发了'希望四川成为未来民族复兴的根据地的想法而已，并非明确策定四川为未来抗战的最后根据地。策定四川为未来抗日的最后根据地是1936年及其以后的事情"。参见张国镛主编：《中国抗战重庆陪都史专题研究》，四川人民出版社2005年版。

纳入中央化的过程，是中央政权在空间上扩大和其对地域社会各种层次的影响力的深化。1933 年 6 月，当"二刘大战"尚未结束时，川局渐趋明朗，四川各军纷纷拥护刘湘。贺国光说："刘甫澄在川康诸将中，部队较多，其数约占川康全部兵力五分之三，幕府中亦济济多士，因此安川先须安刘。"[1] 1933 年 6 月 1 日，行政院国务会议决议整理四川省军事政治原则。

《纽约时报》指出，四川军阀所面临的困境给中央整合四川造就了契机。[2] 曾经一度成功抗衡了中央权威的"川人自治"口号，此时显得苍白无力。刘湘不断向公众表明"首先实现四川的统一"，然后"统一于中央权威之下"。[3] 南京国民政府借助这一情势对防区制大加讨伐："今拥兵不急于外侮之捍御，为政不先于流亡之安集，而惟内讧是务，聚敛是先，虽胜不武，虽富不仁。" 1934 年年底的刘湘南京之行预示了四川与中央关系的新起点，四川省开始在实质上被纳入一个统一的中央政治构架。[4]《纽约时报》以"南京权威逐渐增强，面对红军的威胁四川军阀对南京中央政府屈服"为题作了报道。报道说："四川军阀刘湘的南京之行被认为是一个心照不宣的默认，即他没有能力在他的省内独自应付因共产党人而日益增长的复杂局面。"第一次走出夔门的刘湘，在游南京及江南之后，感慨"此行目睹各省政治建设等事，实为楷模，返川后当逐渐效法，作革新借镜"。[5] 在南京，刘湘对记者表示，"四川为中央之四川，本人负川省善后责任，一切惟中央之命是从。川省危迫至今而极，惟有整个在中央指挥之下，徐图挽救"，对四川防区制困境的极度忧虑溢于言表。

12 月 18 日，国民政府行政院举行会议，议决改组四川省政

① 周开庆编著：《刘湘先生年谱》，第 194 页。
② C. Yates McDaniel, "Szechuan Advance Hurried By Chiang", in The New York Times, March, 1935, E5.
③ 《刘湘在民生公司的演讲词》，《新世界》1934 年第 58 期，第 4—5 页。
④ 《国民政府公报》（1932 年 11 月 23 日），洛字第 67 号，载朱汇森主编：《"中华民国"史事纪要》（初稿）（1932 年 11 月），台北"中央文物供应社"1987 年版，第 792 页。
⑤ 周开庆编著：《刘湘先生年谱》，第 105 页。

府，以刘湘等 7 人为委员，刘湘兼任主席，甘绩镛兼任民政厅长，刘航琛兼任财政厅长，郭昌明兼任建设厅长，杨全宇兼任教育厅长，邓汉祥兼任秘书长。12 月 21 日，国民政府明令改组四川省政府：（1）四川省驻防委员刘文辉、郭昌明、张铮、向传义、邓锡侯、田颂尧、杨森、嵇祖佑、林耀辉，均应免本职；（2）兼四川省政府主席刘文辉应免兼职；（3）兼四川省政府民政厅厅长刘文辉，兼四川省政府财政厅厅长郭昌明，兼四川省政府教育厅厅长张铮，兼四川省政府建设厅厅长向传义，均应免职。其任命与 18 日行政院会议决议相同。①

1935 年 1 月 12 日，国民政府军事委员会委员长南昌行营参谋团（以下简称"参谋团"），由主任贺国光率领，到达重庆。参谋团入川，象征国民政府在国家政治现代化进程中迈出实质性的一步，即"中央政府享有对内主权不被地方或区域性权力所左右"。②"入川参谋团组织大纲"规定，"参谋团以主任，副主任，秘书，第一处，第二处，政治训练人员，以及高级参谋，督察专员，各级督察员等组织之"。

参谋团的人员，均为中央和地方政权中的权力核心人物，中央、地方人员兼顾，四川人也多，且教育背景多为留学归国，表明了蒋介石重视四川的决心。如参谋团的主任贺国光，湖北人，早年就读于四川陆军速成学堂，与刘湘、杨森、潘文华、王缵绪、唐式遵等是同学。后入北平陆军大学，历任师长、军长等高级职务，入川前是蒋介石南昌行营参谋长兼第一厅厅长，主管军事。贺国光以外省人的身份出任参谋团主任，是国民政府势力真正进入四川的重要象征。副主任杨吉辉，四川资阳人，陆军大学毕业，与贺国光先后同学。杨吉辉为刘湘亲信，是忠实的高级幕僚，曾任刘湘二十一军军官教育团教育长、军参谋长，混成旅旅长、兵

① 周开庆编著：《民国川事纪要》，第 557 页。另外据国民政府行政院第 233 次会议决议对新近成立的四川省政府做了部分的改组，卢作孚被任命为建设厅厅长，开始积极筹划四川省的各项建设事宜。参见《川省府三厅长之更动》，《西南评论》第 1 号，1935 年 10 月，第 4 页。
② ［美］塞缪尔·P.亨廷顿：《变化社会中的政治秩序》，第 32 页。

工厂总办等要职。政训处处长康泽，四川安岳人，也是别动队总队长。副处长叶维，四川华阳人，早年就读于黄埔军校第四期政治科，后又留学日本士官学校，回国后加入"复兴社"，系骨干成员。军法处处长余中秀，湖北人，日本法政大学高等研究科毕业。边政委员会常委李璜，四川成都人，法国巴黎大学高等研究实习院毕业。常委沈重宇，四川内江人，毕业于美国纽约大学研究院。川黔二省公路监理处处长胡嘉诏，江西人，于日本京都大学土木工学科毕业。① 至于参谋团一般成员，尤其是政训处的科长、科员等大多都有留学背景。由此可见中央对整合四川政治的决心和重视程度。

蒋介石在重庆设立参谋团行营的主要目标有两个：第一，策划"围剿"中国共产党的中国工农红军；第二，乃对四川地方军阀权力进行整合，以统一川政，结束四川军阀割据。② 另外，1935年5月至8月，蒋介石为筹建西南大后方致孔祥熙、宋子文、俞大维、翁文灏等的电文，反映出蒋介石此时除"剿共"之外，对于中日关系的危机之应对。③ 参谋团入川后，该团高级官员也曾多次在公众和媒体面前声明，该团责任只在"剿共"，决不干涉川中任何行政。④

不过，从参谋团入川的实际运作看，所谓"安川"不仅干涉独立已久的四川军阀政治，且力图将四川的政治纳入中央政府的政治范畴，把四川的军队纳入全国统一指挥、全国统一编制的军

---

① 参见行营参谋团办公厅编：《国民政府军事委员会委员长行营参谋团职员录》，1935 年。

② 按照贺国光的回忆，参谋团在四川的工作有三大项：第一，军事"剿共"；第二，对四川进行政治经济整合，以统一川政；第三，协调中央地方关系，构筑后方根据地。参见《贺国光先生访问纪录》，台北"中央研究院"近代史研究所《口述历史》(七)，台湾 1996 版，第 31 页。

③ 参见中国国民党党史委员会编印：《"中华民国"史料初编——对日抗战时期》续编（3）。

④ 参见《参谋团畅游北碚》，《商务日报》1935 年 2 月 12 日。

事体系。① 此外，参谋团入川后遭遇到川军部分将领反抗的事实②，也充分说明参谋团的"权力整合"使命占据了相当核心的地位。即使是"剿共"军事行动，也在相当范围内以这一目标作为中心内容，诸如规定川军师长以上要定期向参谋团作军事报告，凡向刘湘总部报告的军情，须分报参谋团，由参谋团向川军各路派出的督察专员和各级督察员随军行动，督察各路军官作战，实行监军，并负责情报联络。这些任务，使得参谋团开始将权力渐渐渗透到川军各部里。

1935 年是四川省政局实现重大转变的一年。1935 年 2 月 9 日，国民政府任命刘湘为四川省保安司令。10 日，刘湘在重庆就任四川省政府主席一职。改组成立的四川省政府具有明显的特点，即有意将整理川政的全权交给刘湘。③ 刘湘就任主席，并发表宣言："今日之四川，地理环境，政治环境，均随内外形势而大变，一省生命与中华民国整个生命，息息相关，救川即是救国，责任决无旁贷。"④ 天津《大公报》评论："省政府之设重庆，尤为一新纪元。"⑤ 四川从此结束分裂割据的状态，走向全省的整合。在督促川军全力"围剿"红军的同时，南京国民政府还实施了一系列改革川政的举措。

2 月 10 日，刘湘以二十一军军长名义，令成区各县县长将过去代管的一切政务，完全归还四川省政府。2 月 20 日，蒋介石电令刘

---

① 参见贺国光：《八十自述》，载《革命人物志》第 16 辑，中国国民党中央委员会党史委员会 1977 年版，第 26 页。

② 从贺国光回忆中可知，即使是参谋团的入川，中央政权的权威合法性的建立仍然面临相当大的困难，由此表明参谋团所实施的举措侧重权力整合，至少可以说参谋团的实际运作是在地方与中央较为激烈的权力冲突的语境中进行的。参见《贺国光先生访问纪录》，第 33—34 页。

③ 参见周开庆：《建设新四川的展望》，《国闻周报》1935 年第 20 卷第 20 期，第 8、10 页。另外，吕实强研究指出，国民政府之所以选择刘湘作为统一四川的突破口，还因为刘湘从北伐到中原大战，始终都拥护南京中央政府，相当值得信赖，在四川诸将领中亦算是深明大义并能肩负重任之人。参见吕实强：《抗战前蒋中正先生对四川基地的建设》，载《蒋中正先生与现代中国学术讨论集》第 3 册，台北"中央文物供应社"1986 年版。

④ 《刘主席就职宣言》，《四川省政府公报》1935 年第 1 期。

⑤ 《四川新省府成立》，《大公报》1934 年 2 月 11 日。

湘、邓锡侯、田颂尧、李家钰、罗泽洲、杨森等川军将领，要求成区将民政财政各权速交四川省政府。① 3 月 1 日，四川省政府宣布，从即日起，川中各军月饷，由四川善后督办公署统收统支。这是为打破防区制、整理四川财政采取的重大措施，存在近二十年的防区制到此结束。3 月 9 日，蒋介石致电四川省政府主席刘湘，"嘉奖川省统一完成"。电文指出："川局混乱廿有余年，现省政府成立，事权统一，主持有人，又得硕划尽筹，导入正轨，政治臻澄清之域，士马有饱腾之欢，披阅来电，良用嘉慰，希仍督率群僚，努力迈进，益懋勋猷，用纾中央西顾之忧，实所厚望。"②

6 月 24 日，国民政府行政院任命张必果为重庆市长。7 月 4 日，国民政府任命川人徐堪为财政部常务次长。7 月 9 日，川省府由重庆迁成都，第一批人员清晨出发，计有各厅处会职员二百九十二人，及案卷公物等，共约三十余车。第二批人员，亦定十五日前续行。四川省政府移至成都，"统一后之省政前途，渐上轨道"。③

6 月 30 日，国民政府公布"民国二十四年四川善后公债条例"十一条，规定国民政府为督促四川"剿共"，办理善后建设事业及整理债务，发行公债。公债额定为国币七千万元，7 月 1 日按票面十足发行。④ 7 月 12 日，国民政府立法院会议通过《民国二十四年整理四川金融库卷》十一条，准发四川金融库卷三千万元。⑤ 这是中央政府以财政金融力量协助刘湘"剿共"和善后建设的重要措施，也是中央权威渗透四川的重要象征。为统一全省财政，7 月 13 日成立四川省政府财政整理委员会，颁布若干有关财政的通令、规定和办法。国民政府也派出财政部驻川财政专员监督四川省财政统一工作。7 月 15 日，整理四川省财政和执行预算的"军事委员会委员长行营驻川财政监理处"成立，财政部驻四川财政特派

① 参见周开庆编著：《刘湘先生年谱》，第 115—116 页。
② 《中央日报》1935 年 3 月 9 日，第 2 版。
③ 周开庆编著：《民国川事纪要》，第 591—593 页。
④ 参见朱汇森主编：《"中华民国"史事纪要》（初稿），台北"中央文物供应社"1990 年版，第 81 页。
⑤ 参见匡珊吉、杨光彦主编：《四川军阀史》，第 440—443 页。

员关吉玉兼任处长，四川省财政厅厅长刘航琛兼任副处长，实现了全面控制四川省财政。到 1935 年年底，四川省财政统一初见成效。田赋征收为一年一征，防区时代名目繁多的苛捐杂税被"一税制"代替。重庆、成都建立中央银行分行，在万县设立办事处。9 月 10 日，参谋团行营发布《收销四川地钞及收兑四川杂币办法》①，四川军阀紊乱的货币制度逐步统一起来。

四川省政府改组以后，川军的整编工作进入实质性阶段。1935 年 6 月 25 日，参谋团着手第一期缩编川军，将川军由原三百五十个团缩编为二百个团左右。10 月，第一期整编基本结束，各部均纳入全国陆军统一编制。11 月 1 日，军事委员会委员长重庆行营正式成立，开始第二期川军整编工作。1937 年，川康整军会议在重庆召开。同年 8 月，南京国民政府完成四川整军工作，基本实现军队国家化。②

参谋团入川改变了民国以来四川政治格局，也推动了四川省的"改革浪潮"。③刘湘主持的四川省政府开始在更广泛的领域实施一系列重大改革：改革四川省紊乱币制和税收制度；加快四川省公路建设，开始将四川纳入全国公路网；控制四川的鸦片产销，开展大张旗鼓的禁烟运动；推进新生活运动；等等。这些方案表明，中央权威以前所未有的方式渗透到四川社会的各个层面。

谈川省"新"气象，不能不研究卢作孚就任四川省建设厅厅长后的变革举措。1935 年 10 月 8 日，国民政府发布明令，四川省政府局部改组，免去郭昌明四川省政府委员和建设厅厅长职务，卢作孚继任四川省政府委员兼建设厅厅长。12 月 13 日，卢作孚

---

① 参见周开庆编著：《民国川事纪要》，第 600—601 页。
② 整编以后的川军，各军直属国民政府军事委员会，其人事、经理、装备都由军事委员会掌握；另外，川军的编制、番号与全国军队基本统一。不过，据《四川军阀史》记载，整编以后，刘湘控制的二十一军实力变化不大。有关川军的整编参见匡珊吉、杨光彦主编：《四川军阀史》，第 458—469 页。
③ 我们仅从 1935 年重庆《商务日报》中就可以看出重庆社会的"新"气象，从前城市中混乱不堪的景观被禁烟、新生活运动、修建公路等建设规划所代替，传媒上渲染的"国家""民族"意识十分浓厚，来自外部世界的前所未有的冲击力影响着市民和社会。

"到任视事"，直至 1937 年 7 月 7 日，国民政府准卢作孚辞去建设厅厅长兼职。卢作孚任四川省建设厅厅长前后的一年半时间，正是四川省呈现新气象的时期，也是四川省建设广泛获得全国认同的时期，更是刘湘统治重庆期间建设规划最为宏大的时期。① 此时，卢作孚频繁往来于长江下游沿海城市和重庆之间，筹措建设经费和延聘"下江"地区的技术专家，大有将其在北碚建设的经验推广于重庆乃至整个四川省之势。作为刘湘的代表，他穿梭于重庆与南京之间，在政治上积极协助国民政府整合川军，实现四川的统一。在卢作孚等人的影响下，刘湘开始动员一切力量参与四川的建设和改革②，甚至决心提倡以重庆和成都作为建设的"模范区"，希望"给一般人看看，使他们信仰，使他们效仿"。③

川政的改革浪潮，对启动内陆的工业现代化建设意义深远。旅外川人中的有志之士开始思考建设后方根据地的问题。胡光麃回忆说："从'九一八'日人侵满序幕揭开后，我们就决定了回乡经营以作为万一的准备。"其间，胡光麃先行返川，商洽相关事宜。首次回川，在汉口巧遇刘航琛。"两人都是才气纵横，相见恨晚，慨谈国事，无所不及，均感寇已入门，来日大难，惟有吾乡据山川之险，拥物产之丰，一旦强敌进据沿海各省，最后西南或可免于沦亡。乃决定合作努力预先把四川建设成后方工作基地，创立'华西兴业公司'来推动实现这项抱负。"胡光麃认为："我们创办华西公司的主

---

① 参见周开庆：《卢作孚传记》，第 57—59 页。

② 参见《刘湘邀徐统雄面商如何开发川省富藏》，《商务日报》1936 年 1 月 31 日，第 7 版。卢作孚就任四川省建设厅厅长期间，四川省的改革步伐有所加快。此时，刘湘改革四川的决心更加"宏大"，建设热情也更为高涨。刘湘在接见上海记者考察团的谈话中还谈到引进外省资金、开发四川的设想与规划，这些与卢作孚就任四川省建设厅厅长后的规划有着极为重要的关系。因此，张群将刘湘统一川政以后转向"以经济建设为中心"的若干规划，如四川建设三年计划、国防基本建设大纲、三大铁路、八大工厂的设计等"见解的精到，规模的宏大"归功于刘湘个人的说法值得商榷。参见张群：《川政统一与刘故主席》（1942 年 2 月 10 日在成都"川政统一六周年纪念会"讲词），载周开庆编：《刘湘先生年谱》，第 183—184 页。周开庆则认为，这些规划与卢作孚主管的建设厅有直接或间接的关系。参见周开庆：《卢作孚传记》，第 58 页。

③ 《刘主席在联合纪念周讲演：推进新运之前骤》，《四川省政府公报》1935 年第 26 期；《刘主席在扩大纪念周训演：建设四川三大要素》，《四川省政府公报》1935 年第 27 期。

要原因，既然在兴办实业来备充日后抗战后方的工业基础，由于那时候的四川，什么近代化的工业都还没有，我们的工作就等于无形中实行了以后杜鲁门总统所倡导的'第四点计划'性质。换句话说，就是'开发落后地区'。不过当时既没有这种口号，更不便高唱准备抗日的呼声，只能说想办几桩小工业，做点有益于地方的事情而已。"他指出，刘湘本人对兴办四川的工业不仅热情极高，且"对建设四川不遗余力"，对其"所草拟的西南建设与兴筑成渝铁路计划，非常赞同"。胡光麃高度赞扬刘湘："此公大气磅礴，说做就做，要我帮忙设法筹款协助兴修。"于是，"在开始的两年里，倡议由市政府协力银行出钱创办了重庆电力厂并整理自来水厂。随即由委员长行营协助与川银行界合作开办四川水泥厂，同时也由华西公司集团自力创办了华兴机器厂和华联钢铁厂"。

在百废待兴的四川，华西公司实施的振兴工业计划得以全面展开，其业务覆盖了以重庆为中心的现代化基础工业，包括电力、机械、钢铁和水泥等基础工业。事实上，我们看到胡光麃等人创办的华西集团公司的大部分业务均与重庆行营有关，这为日后蒋介石布局后方抗战工业奠定了重要的基础，也即胡光麃所称"能幸得知机之先，预为开发后方做了点披荆斩棘的工作，沟通了内外一向隔阂的意见，替抗战各业铺了些容易推进的道路"①。

据《1935 年重庆海关年度报告》显示，因为中央较为成功地实施了对地方军阀政治的整合，使"中央政府的影响已经扩大到中国的这个边远地区，带来了稳定的结果"，对于西方商人来讲，这一结果主要表现在本年度重庆经济从萧条走向好转，"自从建立了统一的省政府，内陆地区和主要贸易干线的各种名目的杂税被取消了。在财政部的帮助下，金融市场得以稳定，公债大部分被结清，上海的兑换率也回到正常的水平"。② 台北"中央研究院"吕实强研究员认为，刘湘在四川统一以后，"大力进行建设，使四

① 胡光麃：《波逐六十年》，第 277—288 页。
② 《1935 年重庆海关年度报告》，载周勇、刘景修译编：《近代重庆经济与社会发展：1876—1949》，四川大学出版社 1987 年版，第 458 页。

川在数年之内，一切焕然一新，有如脱胎换骨"①。

第三节　想象新重庆：《西南漫游》解读

宋美龄随同蒋介石督师西南这一年恰好 38 岁。首次入川之行，并非宋美龄第一次深入内地。早在 1934 年随蒋介石视察西北时，宋美龄就开始履行"第一夫人"的职责。"她每到一个城市，都把妇女们召集起来，敦促她们为全国的改革尽力。在演讲中，她大反中国之旧习，大反大家闺秀之深居简出，以及鸦片、肮脏和贫穷的威胁。她呼吁妇女们要有责任感。她任命各地高级官员的夫人们为新生活运动的领导者，后来在中日战争爆发后，她也曾这样做过。所有这些紧张的活动都对她产生了影响，回到南京后，她认识到了自己在丈夫身边所能做到的事情。此外，长期的空中飞行也锻炼了她的胆魄。"②

西南之旅，也并非简单意义上的"西南漫游"。旅途之中，宋美龄"致书国民革命军遗族学校男女同学"，"凡先后三通"，"首函四月自贵阳发，次函五月自成都发，末函七月自峨嵋山发"。其中由贵阳和成都发出的两封信以"致遗族女学校同学书"为题，分别刊于南京《遗族校刊》第 2 卷第 4 期和第 6 期。1939 年 2 月，国民出版社发行《蒋夫人言论集》，编者以"西南漫游"为题将三封信合为一文，编入该文集第 2 卷"战前言论"之"中国问题"1 辑。③

在《西南漫游》中，宋美龄以一个外来"旅行者"的姿态，讲述云贵川各省风土人情，阐发个人对国家大事之观察与感悟，

---

① 吕实强：《平心论刘湘》(三)，《中外杂志》1990 年第 48 卷第 5 期，第 72 页。

② [美] 爱茉莉·海：《宋氏家族》，新华出版社 1985 年版，第 210 页。

③ 蒋宋美龄：《西南漫游》，《蒋夫人言论集》第 2 卷，国民出版社 1939 年版，第 354—385 页。《遗族校刊》为南京遗校事务科于 1932 年发行的不定期刊物，据现存该刊看，仅刊出其中的两封信。此外，该刊第 2 卷第 6 期刊出的成都来信，落款时间 1935 年 7 月疑为印刷错误，通过宋美龄的西南之旅行程及《蒋夫人言论集》编者说明等其他文献印证，成都来信时间应为 1935 年 5 月。

以此训导遗族子弟树立忠诚爱国的观念。以西南之旅的第一站四川重庆为中心考察，《西南漫游》所描述的重庆，既是四川军阀防区体制下秩序混乱与各种丑恶现实之代名词，又是西南各省与外部世界的交通枢纽与地理坐标。透过该文本，还可以看出宋美龄对于内陆重庆拥有富饶资源及开展"国民经济建设运动"战略意义的关注与认识。

一、随蒋入川：不一样的感受

蒋宋抵达重庆时间并不同步。1935 年 3 月 2 日上午十点半，蒋介石由汉口乘机飞重庆。当天，宋美龄则从汉口乘船出发前往重庆。3 月 3 日，《中央日报》报道称："蒋委员长二日上午在行馆召见孔祥熙、宋子文后，十时赴王家墩飞机场，乘福特机飞宜昌休憩，即飞渝。晏道刚、毛庆祥、汪日章、何云及侍卫另乘康特薄翼两机随行，张学良、何成濬及孔宋等均往送行，蒋夫人则乘永绥舰赴宜昌。" 3 月 6 日，《中央日报》又刊发中央社汉口五日电，称"宋美龄乘永绥舰西上，四日下午四时过沙市未停，五日午正抵宜昌，即转江轮赴渝"。① 3 月 9 日，中央社汉口电讯："蒋夫人所乘之永绥舰，因行驶较缓，约八日午始可抵万。"②

先行抵达重庆的蒋介石，期盼夫人到来的

1935 年，宋美龄首次入川时在穿过长江三峡的轮船上（卫斯理学院宋美龄档案）

① 《杨永泰赴渝宋美龄过宜昌西上》，《中央日报》1935 年 3 月 6 日，第 2 版。
② 《杨永泰宋美龄先后抵万县》，《中央日报》1935 年 3 月 9 日，第 2 版。

心情可谓急切。3 月 2 日，蒋介石抵达重庆后，致电宋霭龄，告知"弟已平安抵重庆。三妹乘船入川，亦今日由汉启程"；同时，蒋又致电宋美龄，告知自己"已于三时平安到达"。3 月 3 日，蒋介石再次致电妻子，发出问候："昨电谅达，各方情形甚好，一路风景更佳。贵恙谅可告愈。刻到何处盼覆。"3 月 4 日，蒋"致电云阳盘渡永绥舰蒋夫人曰，本晚究泊何处，巫峡风物以今明两日为佳丽，贵体谅已复原。又电夫人曰，今日已到宜昌否，贵恙如何，盼复"。3 月 8 日下午，蒋游江北县公园后，又致电夫人："昨晚泊何处，未接报。今日到何处。甚念，盼复。"3 月 9 日，日记里再次记录蒋的电文："电蒋夫人曰，今晚谅可泊长寿。明午可相晤，望珍重。"① 当天，中央社重庆电讯称："杨永泰蒋夫人等十日午后可到渝，此间各方正筹备欢迎，刘湘夫人刘周等筹备妇女协会，定九日午后成立，该会全体将往前迎蒋夫人。"②

1935 年 3 月，宋美龄随蒋入川，初到重庆（卫斯理学院宋美龄档案）

3 月 10 日，翘首以盼的蒋介石终于在重庆迎来了宋美龄。蒋在日记中记道：上午十点钟，"到珊瑚坝乘船下驶，未到广元坝，即遇夫人船，乃即过船与之同船，到重庆已二时矣"。③ 次日，《中央日报》第 2 版载"杨永泰宋美龄已抵渝"的消息，对宋美龄初次抵渝的情形进行了描述："中央社重庆

① 高素兰编注：《事略稿本》第 30 卷，第 24—74 页。
② 《蒋委员长简从渡嘉陵江视察，杨永泰蒋夫人今可到渝》，《中央日报》1939 年 3 月 10 日，第 2 版。
③ 参见 Chiang Kai-shek Diaries, March 10, 1935, 37.17, Hoover Institution Archives, Stanford University.

十日电，蒋夫人宋美龄，乘永游轮，杨永泰、陈方、潘伯鹰等，乘民主轮，由巴渝舰护送，于十日下午二时抵渝，蒋委员长亲乘汽船循江三十里迎接。刘湘夫妇以次之党政军各要人，及数千女中学生，于微雨中，在朝天门轮埠热烈欢迎。蒋夫妇于军乐声中登岸，乘车赴范庄行辕休息，刘湘等亦随往晤谈。"杨永泰在接受中央社记者采访时称："川江两岸，风景极为壮丽，船行已克复蜀道难一语。途中极感快慰，两岸高山上之土地，均以垦种，足见川人勤劳，相信'匪'平后，四川对复兴民族工作，必有极大贡献云。"其所描述来重庆沿途美丽的自然风光和民风民俗与宋美龄的《西南漫游》有相当的同感。

蒋宋初次到重庆的心情和感受也是不一样的。3月4日，蒋介石在重庆第一次公开演讲时表达了自己"愉快"的心情："兄弟此次初到重庆，见到地方秩序还好，党政军各界同志，又都能共同努力，一切事情办得都有条理，心里觉得非常愉快。"[1] 当举例说明四川的问题时，他还特别说明并非责备四川同胞："中

宋美龄与蒋介石在四川的江轮上（卫斯理学院档案馆藏）

国自古有一句话，'天下未乱蜀先乱，天下已治蜀后治'，兄弟在小时候就听说过，想必各位也都知道这句话并不是随便说的，其中确含有很大的意义。我提这句话，也并不是要来责备四川同胞，乃是说明四川对于国家治乱的关系与四川同胞的责任之重要。"3月9日下午，蒋"游江南岸之老君洞，俯瞰重庆与大江，实一胜

---

① 高素兰编注：《事略稿本》第30卷，第31页。

景也。涂山塔名振武塔，即在其西峰并峙也"①。这是蒋介石在宋美龄抵达重庆的前一天对于重庆自然景观的感叹，显然，心情是不错的。

需要指出的是，蒋介石在多次演讲中所表达出的对于四川省的好感，与宋美龄给遗族学生的信中对四川的批判话语形成较大反差。蒋介石甚至夸张地说："我可以说，四川的文化也是特别的根基深厚。即现在四川一般人民，无论他是城市里的，或是乡下的；无论他是挑担子的，牧羊的，或是做其他苦力的，都是吐词文雅，常识丰富，而且很多都是穿长衫的。穿着长衣劳作，在近代眼光看起来，固然不值得提倡，但是这个习惯好不好是另一个问题，我们总不能不承认这是四川文化普遍深远的一个表征，其他各省都不是如此。"②

从3月10日到24日，宋美龄在重庆逗留了整整两周的时间。3月下旬，红军三渡赤水，进入川南。3月24日，宋美龄陪同蒋介石由重庆飞抵贵阳"督剿"红军。③ 在贵阳住了大约六个星期后，宋美龄又随蒋介石督师云南。5月22日，蒋介石独自从云南返回贵阳，后经贵阳飞重庆。宋美龄则于5月24日从昆明直飞重庆，蒋介石"亲自迎之"。④ 这是宋美龄第二次到访重庆，行程仅一天。她在信里写道："我们在重庆住了一天，第二天下午就前往成都。"⑤

从宋美龄的《西南漫游》文本来看，此时，她的心情似乎有些郁闷。据蒋介石日记记载，宋美龄到达的当天，正值重庆阴雨

① Chiang Kai - shek Diaries, March 9, 1935, 37.17, Hoover Institution Archives, Stanford University.

② 《蒋委员长训话：建设新四川之根本要道》，《政训半月刊》（国民经济建设运动特辑）1935年第4、5期合刊。

③ 参见高素兰编注：《事略稿本》第30卷，第194页。

④ 参见 Chiang Kai - shek Diaries, May 24, 1935, 38.1, Hoover Institution Archives, Stanford University.

⑤ 另据蒋介石日记记载，5月23日，蒋介石自重庆致电宋美龄称："美国经济代表团定星期六由渝回沪，兄拟约其星期五晚餐，未知妹明日能天晴回渝否？"翌日，宋美龄由昆明飞抵重庆。5月25日晚，宋美龄与蒋介石宴请美国经济代表团。5月26日下午，宋美龄与蒋介石离开重庆飞抵成都。见高素兰编注：《事略稿本》第31卷，第144、156页。

天气，且四川军阀的"剿共"战争频频失利。蒋介石在日记里写道："本日气候与战事沉闷，公感精神不快，谓心躁未改，戒之。"① 这一情绪多半也是影响宋美龄心情的重要因素。②

3月11日上午，也就是宋美龄抵达重庆的第二天，蒋介石出席重庆行辕扩大纪念周训话，讲述了"现代国民应具备之常识"，再度表达了他"愉快"的心情。他说："到渝已近十日，于地方社会政治各方面均已略加观察。对于一般情势良佳，颇足快慰。"③ 3月12日，一个风和日丽的晴天，气温华氏七十度，下午，宋美龄随蒋介石"步登老鹰洞"。④ 这是几天前蒋介石独自游览过的地方（老鹰洞、南岸老君洞）⑤，显然也是一处给他留下深刻印象的风景地。巧合的是，此次蒋宋游览过的几处风光绝佳的地方，竟是1938年底他们内迁重庆时期的官邸所在地附近。

四川的传媒，以《国民公报》为代表，对宋美龄入川的报道较为突出。早在报道蒋介石到达重庆的消息的同时，就对宋美龄即将来重庆的行程进行"预报"。⑥ 3月14日，《国民公报》刊出重庆市妇女界"将举行大会欢迎蒋夫人"的消息，这是宋美龄抵达重庆后首次亮相在重庆媒体面前。3月15日，《国民公报》登载《欢迎蒋夫人》和《巴中旅省同乡会等请蒋委员长早莅锦城 省立女师电迎蒋夫人》的新闻。3月17日，该报甚至刊发消息，称"蒋夫人宋美龄女士祖父宋蒿，前清时曾任新津知县，病故任上，

① Chiang Kai-shek Diaries, March 10, 1935, 37. 17, Hoover Institution Archives, Stanford University.

② 5月24日，美国经济代表团成员晋见蒋委员长，宋美龄在座，在与客人谈话的内容中有述及"围剿"红军的困难。见 W. Cameron（William Cameron）Forbes Papers, Journal of W. Camerson Forbes（Second Series）V 1935-1946, p. 233, Hou f MS Am 1365 v6-10, Harvard University Houghton Library.

③ 高素兰编注：《事略稿本》第30卷，第83页。

④ Chiang Kai-shek Diaries, March 12, 1935, 37. 17, Hoover Institution Archives, Stanford University.

⑤ 1935年3月7日，蒋介石在日记中记："下午，往老鹰洞视察公路工程，亦一伟山也。惜乎，川中不能合同其力于建设耳。"3月9日，蒋又记："下午，游江南岸之老君洞，俯瞰重庆与大江，乃一胜景也。涂山塔名振武塔，即在其两峰并峙也。"

⑥ 《蒋委员长抵渝志盛蒋夫人即来川》，《国民公报》1935年3月5日，第3版；《迎蒋大会蒋夫人九日可到渝》，《国民公报》1935年3月7日，第3版。

即葬于县属堡子山，此次蒋宋来川，拟便往祭扫坟，在离川前，将有新津之游云"，① 以此来与宋美龄套近乎。

3月17日，蒋介石在日记里记录："往广元坝视察，看飞机场与军官团营房，约有三团人可驻。"蒋介石并未说明此行是否有妻子陪伴。3月18日，在宋美龄抵达重庆一周之后，蒋介石"召集西教士谈话。下午批阅，会见各国领事毕，处理军事。黄昏时分，与夫人等由嘉陵江边小径，登佛图关。四周眺望，不禁感叹道：'仰视明月，左顾夫人，望长江之浩荡，观涂山之巍峨，实一乐也'"。② 此时，重庆优美的自然风光，或许令宋美龄的心情得到短暂的放松。3月24日，即蒋宋离开重庆的当天，蒋介石在日记里记录："下午，到黄桷垭与字水游览。登黄桷垭广益中学内之文峰塔，游览愉悦之余，感慨：'重庆风光，以此为最也。'"③当天下午，蒋介石与夫人宋美龄"乘飞机由重庆到贵阳"，"督剿"工农红军。④

在重庆期间，宋美龄的不良情绪，可能与其健康状况有关。据《事略稿本》记载，此时宋美龄的身体多有不适。⑤ 陈布雷的回忆录也两次提及宋美龄生病的情况，1935年5月，因"贵州天气多阴雨，晴天殊少，居此稍久者无不患小病，饮水殆亦有关系，此行如蒋夫人及稚晖先生均曾患寒热"；"六月蒋公仍然转贵州回重庆，余等多留数日，偕稚晖先生应蒋夫人之邀赴个旧游览，乘汽车循铁路而往。至开远（即阿迷州——原作者注）住小旅馆（安南人所设——原作者注）一宿，拟再前进，而天气热酷，蒋夫

---

① 《宋美龄祖墓在新津 拟使往祭扫》，《国民公报》1935年3月17日，第3版。不过，在宋美龄《西南漫游》及蒋介石日记中并未提及这一细节。

② 高素兰编注：《事略稿本》第30卷，第154页。

③ Chiang Kai-shek Diaries, March 23, 1935, 37.17, Hoover Institution Archives, Stanford University.

④ 高素兰编注：《事略稿本》第30卷，第194页。

⑤ 在西南三省期间，蒋介石在日记中多次记录了宋美龄的身体状况，如1935年3月28日，"在贵阳，夫人病伤风"，"精神不快"；3月29日，"妻病"；4月30日，"惟妻体弱可虑耳"；5月4日，"妻体亏弱，可虑耳"；5月5日"妻病"；5月6日，"妻病未痊，忧虑之至"；5月7日，"本日妻病渐愈，甚安"；5月11日，"忧患备至，用人不力，杂乱心请，意烦乃致躁急失态，竟使妻子惊病，应切戒之"。参见高素兰编注：《事略稿本》第31卷，第8页。

人有小病，遂不果往"。①

5月，在从成都发出的第二封信里，宋美龄也讲述了自己在昆明身体不适。她写道："我们在阿迷州一所客栈里住了一夜。那里差不多是热带的景色，天气很热，空气又潮湿，恐受不了，所以决定不前进，因此没有到个旧去参观锡矿，这是我此行最大的缺憾。如果当时勉强前进，愈向南行，地势就愈低，天气也愈热，况且路线更加曲折，我的身体不好，恐怕下去更要害病了。第二天早晨八点钟的时候，我们就动身回来了，下午一点钟就回到昆明。因为中途有一只轮胎破了，等了些时，更换一只新的，否则早就到了。"②

身在贵阳的蒋介石对妻子的病体十分担忧，5月22日，蒋介石致电宋美龄："兄昨日六时到贵阳即飞重庆。未知昨、今两日贵体如何？甚念。"③ 在当天抵达重庆之后，蒋介石又给妻子去电称："兄刻已抵重庆，想驾已回昆。精神如何？"④

6月7日，宋美龄在成都经医生检查诊断，肝有病，不久出现脑眩作呕状。⑤ 7月，宋美龄从峨眉山发出第三封信，信中她又提到自己的身体不适，她写道："我想到自流井去看看，也因为身体不舒服，不耐那艰苦的旅程而中止了。"⑥ 据蒋介石的记录，7月18日，"妻忽脑眩作呕，不胜忧虑"。19日，"本日以妻病，不能赴峨眉，仍在成都"⑦。

---

① 陈布雷：《陈布雷回忆录》，东方出版社 2009 年版，第 144、146 页。

② 蒋宋美龄：《致遗族女学校同学书》（1935 年 7 月），《遗族校刊》1935 年第 2 卷第 6 期，第 3—5 页。

③ 《蒋中正电宋美龄二十一日达贵阳将飞重庆并甚念昨今二日身体如何》，《蒋中正致宋美龄函（四）》，1934 年 10 月 11 日，台北"国史馆"藏蒋中正"总统"文物，档案号：002-040100-00004-011。

④ 《蒋中正电宋美龄现抵重庆想驾已回昆明精神如何》，《蒋中正致宋美龄函（四）》，1934 年 10 月 11 日，台北"国史馆"藏蒋中正"总统"文物，档案号：002-040100-00004-012。

⑤ 参见王宇高、王宇正编：《蒋中正"总统"五记·爱记》卷 10，1935 年 1 月至 12 月，第 130—131 页。

⑥ 蒋宋美龄：《西南漫游》，《蒋夫人言论集》第 2 卷，第 380 页。

⑦ 王宇高、王宇正编：《蒋中正"总统"五记·爱记》卷 10，1935 年 1 月至 12 月，第 131 页。

不过，宋美龄的身体欠安并未影响她在重庆动员女性参与政府的禁烟运动。早在 1935 年 2 月，宋美龄出任新运妇女指导委员会指导长。抵达重庆后宋美龄受到重庆市妇女界的热烈欢迎，《国民公报》以"宋美龄女士重视妇女运动"为题来突出宋美龄的妇女领袖角色。① 董显光指出，作为蒋介石"事业之右臂"，"蒋夫人随介公飞巡各省，在四川及他省，发起改革运动颇多"。② 禁烟是南京国民政府建设新四川的重要举措之一，在某种意义上也是消除军阀余孽的重要象征。宋美龄在重庆期间于各种场合的演说与谈话中，都大声疾呼扫除烟祸，设法训练民众，禁止吸食鸦片。

重庆被《时代》周刊称为"鸦片之都"（Opium Capital）。③ 早在 1926 年，重庆吸食鸦片的人数就在惊人地增长。④ 鸦片成为城镇居民的主要嗜好和大宗消费，如巴县（1926 年）八十一集镇，有各类烟馆四百三十余家，平均每场有五家，每家有烟灯六盏。⑤ 在防区体制下，重庆事实上是"烟禁废弛"，军人们"以寓禁于征为名，每灯收捐洋一元五角，行之未及一月，烟馆即达千余家，灯额四千余盏"。⑥ 美国吉尔门在《四川游记》中写道："无论城市或乡村之人，凡被余询问者，均称吸烟人数约占全人口百分之五十。此等吸烟者之中，百分之七十为成年人。"⑦ 在重庆，"随处有面黄肌瘦的瘾君子出现"，这些人"衣不蔽体，食不充饥，而青脸长发，酷似城隍庙中的鬼卒"。⑧ 重庆有"烟灯比路灯多"的记载。甚至在《山城月刊》的创刊词中也提出"使读者在茶余酒后，

---

① 参见《国民公报》1935 年 3 月 18 日，第 3 版。
② 董显光：《"总裁"传记》卷 2，1938 年版，第 68、46 页。
③ Spring Comes to Chiang Kai-shek，Apr. 27, 1931.
④ 参见 "Health of the Treaty Ports，Chungking"，in *The China Yearbook*，1926—1927，p. 726.
⑤ 四川省档案馆藏 1926 年巴县各场烟馆登记征费册，转引自秦和平：《二三十年代鸦片与四川城镇税捐关系之认识》，《城市史研究》第 19—20 辑，天津社会科学院出版社 2000 年版，第 80—81 页。
⑥ 《重庆烟馆一律肃清》，《中央日报》1935 年 3 月 27 日，第 6 版。
⑦ ［美］吉尔门：《四川游记》，《四川月报》1933 年第 3 卷 5 期。
⑧ 杜重远：《狱中杂感》，第 183 页。

或公暇睡前，有一件比吸鸦片稍好的消遣"。①

　　为了解重庆人们吸食鸦片的情况，蒋介石抵达重庆之后曾"携便衣卫士数人，渡江至江北县城，考察民间情形，睹人民十九均面有烟容，且公寓林立，因之入内检查，见一榻横陈，烟云缭绕，始知公寓即为烟馆"，此间"烟馆共有一千六百七十余家，煮锅店二百余家，深染烟癖者约十万，而私自在寓开灯者，尚不在内"。② 宋美龄在《西南漫游》中写道："四川贵州及其余西区省份的民众，都被鸦片烟弄穷了，不良的官吏使他们种烟以便大饱私囊。烟祸若不扫除，中华民族就要灭亡！所以我同委员长无论到何处，都要大声疾呼扫除烟祸！设法训练民众，禁止吸烟，免得我们的民众沦为奴隶。"③ 因此，重庆之行又是宋美龄的禁烟之旅。她发出呼吁，劝告四川的官吏们关闭烟馆，并组织官太太参与肃清烟祸。

　　1935 年 3 月 18 日，蒋介石在重庆市党政军各界扩大纪念周会上训话，"指示三事：肃清烟毒，严禁私征粮税，利用人民劳力从事建设"④。同一天，《国民公报》第 3 版即刊出《宋美龄女士重视妇女运动》，《嘉陵江日报》也开始宣传北碚的戒烟运动。

　　3 月 20 日，《中央日报》第 3 版头条刊发中央社汉口、上海十九日电："建设新四川当前之四大要务 禁绝鸦片 取消防区 实行征工 推行新运 蒋委员长在渝纪念周训词。" 3 月 21 日，宋美龄在重庆召集各夫人及西籍女教士数人，在青年会开会筹商设立妇女戒烟所，宋美龄带头"捐五千元，妇女界难民救济会拨五千元，作戒烟所经费，积极筹备"⑤。随后，四川省新生活运动促成会成立，蒋介石出席并作指示。重庆的禁烟运动迅速开展起来。

　　3 月 16 日，《嘉陵江日报》报道称，北碚为"彻底实行蒋委员长提倡之新生活运动，首非禁吸鸦片不可，禁止吸鸦片初步即须禁

---

① 《山城人语》，《山城月刊》创刊号，1935 年 5 月 5 日。
② 《重庆烟馆一律肃清》，《中央日报》1935 年 3 月 27 日，第 6 版。
③ 蒋宋美龄：《致遗族女学校同学书》（1935 年 4 月 7 日），《遗族校刊》1935 年第 2 卷第 4 期。
④ 《中央日报》1935 年 3 月 19 日，第 2 版。
⑤ 《宋美龄在渝筹设妇女戒烟所》，《中央日报》1935 年 3 月 23 日，第 2 版。

绝烟馆"，并预报"北碚的烟馆也将明日封闭"。① 由北碚地方政府成立的戒烟所，"登记瘾民"，免费散发"戒烟丸"，并"雷厉风行搜索烟具"，效果明显。② 有关报道称，当地"烟馆已完全停闭，入戒烟所戒烟者亦非踊跃，卖私烟者已绝迹"，不过妨碍禁烟的事例依旧存在，如"各旅栈宿客，多就旅店内吸烟者，店主不劝告亦不报告特务队"，于是北碚特务队发出布告，厉行禁烟，告诫市民"互相劝戒以期瘾民早日戒尽，使成为一个有用的国民"，"如有旅客在店吸烟，主人不报，一经查出，主客一并严究"。③

3月17日，《国民公报》副刊载文称："当地已实行禁烟。所有分销诸店，一律停业。并限三日将所有烟具，完全销毁，否则严办。江巴两县亦饬各乡镇遵照办理。因此戒烟药丸，竟利市百倍。"有关文章指出："该地当局，如此雷厉风行，鸦片烟的吸食者，自然感觉恐慌，连谋戒除。但余对此，尚有不能已于言者。盖戒烟丸药，十九含有烟质，服丸固可顶瘾，但丢药实感困难，此种情弊，尽人皆知，甚望当局严行取缔，以免奸商乘机渔利，遗害同胞。"④ 重庆市的职工俱乐部也"呈市府请速设免费戒烟所，并取缔戒烟品"⑤。

3月27日，《中央日报》刊发中央社汉口特约航讯，长文回顾蒋宋入川20天以来的禁烟新政，称"蒋委员长入川以来，二十日之间，对于川省政治改革，本其快干、实干、硬干之精神，始以威信，继以感动，收效极宏，而尤以禁烟事宜，于四小时之内竟将重庆全市之鸦片一律肃清，实属大快人心"。其结果是"其依赖烟馆营业生活者，不下二万余人，顿入失业之情况，川人染有烟癖者甚多，一时全体戒绝，颇属不易"。禁烟督察处职员告诉记者，他离开重庆时，"已获烟犯二千余人，搜获烟具二十余担"，

---

① 《北碚将实行禁绝烟馆》，《嘉陵江日报》1935年3月16日，第2版。
② 《北碚戒烟所送戒烟药不取分文》，《嘉陵江日报》1935年3月24日，第2版。
③ 《北碚特务队禁过客在旅店吸烟》，《嘉陵江日报》1935年3月29日，第3版。
④ 青白：《烟药》，《国民公报》1935年3月17日，第6版。
⑤ 《拒毒会电迎蒋委员长暨宋夫人》，《国民公报》1935年3月23日，第5版。

"委员长曾电南京刘瑞恒处长，速派富有戒烟经验之医师多名入川，筹设戒烟医院……至各机关之公务员染有烟癖者，均已出具切结限期戒绝"。①

二、西南的故事：重庆在哪里？

1935 年 2 月，宋美龄出任新运妇女指导委员会指导长。一年前的西北之行，使宋美龄对于中国的西北有所了解。可以说，西北之行是宋美龄西南之旅的预演，此行增强了她观察国家时局的敏感性；而进入西北沿途所见的风土人情与西部地区的落后现状，也让她对中国内陆的情况有了更直接的感性认识。当 1935 年 3 月宋美龄随蒋介石首次入川时，她在协助丈夫"围剿"红军，推动统一四川，建设未来抗战后方根据地等舆论造势上，表现出了作为蒋介石贤内助的政治成熟与动员力。

《西南漫游》的第一封信——《致遗族女学校同学书》，首次刊发于 1935 年 6 月 8 日出版的《遗族校刊》，这封信是从贵阳发出的。编者在后记中写道："蒋夫人从很远的地方寄来这封长信，告诉我们她最近旅行的经过和西南几省的地势、风土、人情，凡她有所感触的地方，都一一指明，使我们注意和纠正这些毛病，足见她观察国事之深和教训我们之切。"② 这封信所要训导的对象是一群身在南京校址"组织与管理""设备与精神"均"极为优良"的"首都著名学府"③ ——国民革命军遗族学校的女学生。④ 在信的开头，宋美龄写道："我离开了你们虽然很久而且

---

① 《重庆烟馆一律肃清》，《中央日报》1935 年 3 月 27 日，第 6 版。

② 《编辑后记》，《遗族校刊》1935 年第 2 卷第 4 期，第 351 页。

③ 董显光：《"总裁"传记》卷 2，第 68 页。

④ 1928 年 10 月，南京国民政府为解决阵亡国民革命军子女的教养问题，成立由宋美龄在内的"遗族学校筹备委员会"，以造就"健全的公民"为宗旨筹设国民革命军遗族学校。创设之初，遗族学校仅有"小学部"和"农业中学部"。宋美龄说："后来学生一天一天地增加，我们感觉着男女儿童应有不同的训练，让他们各展所长，所以决定把女生分到城内羊皮巷总司令部旧址，设立国民革命军遗族女校。"（蒋宋美龄：《国民革命军遗族学校和女校的经过——1931 年 10 月 10 日》，《蒋夫人言论集》第 2 卷，第 412 页）从现存《遗族校刊》来看，宋美龄发自贵阳和成都的两封信均以"遗族女学校学生"为阅读对象。

親愛的學生們：

我離開了你們雖然很久而且很遠，但時時總是在想念着你們。當我深入內地目睹一般人民困苦狀況的時候，就聯想着現在的你們真是幸運，能夠很安樂的生活着而且受着良好的教育，能夠在世界上尋得增進德業的門徑，將來又能夠有幫助同胞服務國家的機會。你們真是極其幸運！我因為你們能有此機會有此幸運，中心亦感覺極其快慰了。

現在我要將我們的這個堂堂大國——中華民國最近的時事告訴你們一點。你們知道：貴陽是貴州省的省城，貴州這個省幾乎全是大山，向來是很窮苦不容易交通的地方，舊時是很難到達的，現在已經有一條汽車公路從廣西到了這裏，不久又有一條從長沙，另一條從四川重慶築成的新公路均向此處到達。航空郵政現在已可以寄信到此間了。不久之前，到這裏來，是要在小石路上行走，登山越嶺，甚爲困難。從此間到重慶要費十七日的路程，到廣州或到雲南大約也要十七日，不是坐轎就須步行。這裏處處皆山一望都是些起起伏伏連綿不絕的山阜，奇形怪狀，十分好看。我們從重慶飛來的時候，看見這種山阜很長的排列着，好似一個巨魔將他們擺

遺族校刊　第二卷　第四期　致遺族學校同學書

一

《西南漫游》的第一封信——《致遗族女学校同学书》

很远，但时时总是在想念着你们。当我深入内地目睹一般人民困苦状况的时候，就联想着现在的你们真是幸运，能够很安乐的生活着而且受着良好的教育，能够在世界上寻得增进德业的门径，将来又能够有帮助同胞服务国家的机会，你们真是极其幸运！我因为你们能有此机会有此幸运，心中亦感极其快慰了。"①

① 蒋宋美龄：《致遗族女学校同学书》（1935年4月7日），《遗族校刊》1935年第2卷第4期，第1—2页。

就篇幅而言，《西南漫游》的三封信一封比一封长，字数分别约为 3500 字（贵阳来信）、5300 字（成都来信），以及 7000 字（峨眉山来信）。对于西南之旅的第一站——四川重庆，宋美龄的书写方式是"少说"，或者"不说"。①

第一封信，宋美龄在八处提及"重庆"。其核心内涵乃"重庆在哪里"，至于"重庆是什么""重庆像什么样子"则并未细述。宋美龄写道："你们知道，贵阳是贵州省的省城，贵州这个省几乎全是大山，向来是很穷苦不容易交通的地方，旧时是很难到达的，现在已经有一条汽车公路从广西到了这里，不久又有一条从长沙，另一条从四川重庆筑成的新公路均向此处到达。航空邮政现在已可以寄信到此间了。不久之前，到这里来，是要在小石路上行走，登山越岭，甚为困难。从此间到重庆要费十七日的路程，到广州或到云南大约也要十七日，不是坐轿就须步行。"在这里，重庆只是作为深山之中贵阳地理区位的参照地标而已。

重庆距离南京究竟多远？如何才能抵达那里呢？宋美龄说："我们来到这里是要坐轮船坐汽车坐飞机的，从九江到四川的重庆要坐船。重庆到上海有一千三百五十余英里，地势比南京大约高过六百尺。真的，轮船是要向扬子江上游的石滩爬过这样高的地方直到宜昌为止！扬子江一片汪洋的水，很急激的向下流，流时将两岸的田土慢慢的冲蚀，带了许多入海，将海水都变黄了，六十英里之外都是黄的，可见得江流急激，真是厉害，冲去的泥土之多亦可想而知了。离开宜昌之后，我们就到了著名的巫山三峡之中，几千百年来的浩浩江流向大山冲涌而出，悬崖高达千尺，山顶甚至有高至四千多尺的。当轮船鼓轮上驶的时候，就可以试验到江流的厉害，又可以见得洪水冲撞大石的力量之伟大了。这种大石有的是在两岸矗立，笔直的像一幅危墙一样，当中的洪流，

① 需要指出的是，宋美龄话语中的重庆乃四川的重庆。即使到抗战内迁后，宋美龄从重庆发出的每封信地址都是四川重庆（参见 Papers of May-ling Soong Chiang, 1916-2003, MSS. 1, Wellesley College Archives）。换句话说，在重庆市升格为"行政院直辖市"（1939 年 5 月）和"陪都"（1940 年 9 月）之后，她并未将重庆与四川省分开看待，这一认知对于理解其话语中的重庆内涵是有意义的。

奔腾澎湃，白浪滔天，轮船的机器都觉得难以应付！礁滩声如狮吼，极其危险！轮船要向它们的上面爬过，很困难的一步一步的前进，有时几乎要停止，不能开驶，此时情景实在令人怀疑这轮船是否有可以爬得过去的力量！因为在五十码的路程内，要爬上六七尺高的激流，所以轮船时常有沉没之虞。险恶的激流如果将轮船向突出来的大石上冲去，那船立刻便被击毁，落水的人们真是晦气，他们一被卷入漩涡，就没有生命了！"

在宋美龄的笔下，重庆是比南京高很多的地方，在进入川江时，轮船必须要"爬过"这样高的地方才能首先抵达宜昌，而从宜昌上行入川，更是险恶的江水环境。当跨过险滩之后，在乘坐轮船前往重庆的途中景观相当壮观。宋美龄写道："在阳光照耀之下，三峡是极其美丽的，足以使人们钦佩造物之庄严与好看……过了三峡便到了万县，万县以上的地方形势就不同了，我们日日经过连绵不绝的小山，山上都已耕种；农庄田舍与我们所常见的不同。他们的屋顶与中古欧洲的建筑相似。山景非常美丽好看。"①

前往重庆的沿途风光却是极其美丽，甚至是壮丽的。1935 年 5 月，宋美龄从成都发出第二封信。《西南漫记》的编者在后记中写道，这封信，"比上次的信还详细，凡云贵四川山水的雄奇，景物的优美，我们读后，恍若身历其境，西南之通航空，是最近的事，这一篇空中游记，是最难得的文章，但它不只是写景，泥滩小孩的推船，个旧锡矿的童工，黔蜀人民的大坟场，华亭寺和尚的火葬，这些处上的记载，都可以看出夫人的仁慈，及其观察入微，洞悉民间利病之所在"②。在这封信里，宋美龄分别讲述了在成都、贵阳和昆明的旅程与观感，四次提及"重庆"。其中，对于途中返回重庆的一天旅行，宋美龄也是浓墨重彩地描述了 4 个小时空中鸟瞰返回重庆沿途的风光。她写道："五月二十二日那一天，委员长动身飞往贵阳，然后从贵阳到重庆。我是二十四号直接坐飞机到

① 蒋宋美龄：《致遗族女学校同学书》（1935 年 4 月 7 日），《遗族校刊》1935 年第 2 卷第 4 期，第 2—3 页。
② 《编辑后记》，《遗族校刊》1935 年第 2 卷第 6 期，第 139 页。

重庆的。我们从昆明朝北向扬子江飞行，经过的田野，有红的，橙黄的，紫色的，棕色的，杂在翠绿的树木中，由高空下望，说不出的美丽。但是，那天阴云密布，所以我们要从山谷中绕道至扬子江……等到看见高山，寻得云中有一缺口，就是从这缺口盘旋而下，就看见了扬子江流域了。两边都是高山，我们沿着河边在云下面飞，直抵重庆为止。"这是宋美龄西南之行第二次进入重庆，她用长段文字描述从昆明经叙府、泸州等城镇抵达重庆途中的美景。①

从周边谈重庆，或者避而不谈重庆，是《西南漫游》值得注意的言说方式。宋美龄叙述的这种"说不出的美丽"并不是重庆城，而是沿途迷人的风光。当飞机"飞过下雨的空间，望见一所很高的钟楼，城的中心，有一方场。我们很快的沿河而飞，就到了重庆了。我们望见一个很秀丽的湖，那高的躺在山顶上面，看起来好似很深。但是临近地方，无人居住，因为山峰险峻，不能耕种，再前进多少路，所见的房子，都是危楼高耸，好似三层高的碉堡，有许多已经毁坏了，好似曾经过兵燹的。我们想这个地方，一定时常有'匪警'，所以人民决定在高楼里面来保护自己，这个地方在万山重叠之中，又高又峻，又荒僻，下面又是急流"②。显然，重庆城与四川军阀政治的负面形象是纠结在一起的。而鸦片和军阀豪绅的盘剥则是重庆最具代表性的符号。

这是一种对"鸦片之都"厌恶的叙述方式。作为四川军阀的"首善"城市，重庆在宋美龄看来不过是象征了军阀政客的"贪婪

---

① 5月24日，宋美龄由昆明飞往重庆，陪同蒋介石会见美国经济代表团。风尘仆仆赶到重庆的宋美龄给代表团成员留下了深刻印象。她的留美背景与举止均让美国代表团成员感到亲切，她"讲一口绝对完美的英语"，着装"如同所有的中国女士一样"，"穿着时尚的中国服装"。相对于她丈夫"几乎是喊叫式的中文而言，蒋夫人讲话的音量不高"。她述说自己因为要晕机"绝对讨厌飞行"，不过宋美龄告诉美国朋友，说乘坐轮船观赏山峡的风光要比坐飞机从空中鸟瞰更好。参见 W. Cameron（William Cameron）Forbes Papers, Journal of W. Camerson Forbes（Second Series）V 1935 - 1946, p. 233, 234. Hou f MS Am 1365 v6-10, Harvard University Houghton Library.

② 蒋宋美龄：《致遗族女学校同学书》（1935 年 7 月），《遗族校刊》1935 年第 2 卷第 6 期，第 7—8 页。

无厌"和搜刮民脂民膏的地方，这也是一个没有"国家"观念和爱国意识的落后之地。她告诉学生："我们到重庆那一天，适值天雨，自离南昌以后，这算是第一次。我们住在一座大的房子里，我和委员长都不喜欢这座房子，因为这房子是用人民血汗造成的啊！四川是我们中国最富有省份之一，但是被历来贪婪无厌的军阀剥削，自饱私囊，反把四川搅得民穷财尽。他们所以敢如此猖狂，病根就是在他们不知'爱国'为何事！'爱国'是你们当学生的第一应该念念不忘的，否则中国就永远不能复兴了！你们一定要时常教导别人，国家是什么，国旗是代表什么，好国民应该如何做法。各人皆要很忠实的工作，使国家日臻富强！"①。她在借用军阀攫取民脂民膏之事来教育遗族学校的学生们如何才是爱国。军阀不爱国，打倒他们是理所当然的。

在宋美龄看来，重庆的妇女也是没有训练的。她以此告诫女学生："在重庆的时候，我们劝告官吏将烟馆一律关闭，现在我又设法使妇女们也组织起来，共同来肃清烟祸，可惜她们毫无训练，对于组织开会等仪式，一点都不知道，做起来实在困难。这一点我要女同学们记得：你们一定立志预备长大的时候，有本领可以组织社会，训练女同胞们来做有益国家的事情。现在妇女们讲这样讲那样，但对于她们应该做的事，一点也不讲。这不是她们的错误，而是她们的不幸！因为她们没有得着像你们一样的机会享受良好的教育，所以我不怪她们，只是可怜她们罢了！但是你们从这件事情上能得到一个有价值的教训，那就是妇女对于救国要想尽她们的本分，最要紧的是明白一切事理，你们现在能努力求学明白了一切事理，将来得着机会的时候，才可以教导他人应该

① 蒋介石夫妇在重庆时期，借住的是川军军长范绍增的私宅——上清寺的范庄花园。据侍卫官回忆，这幢花园别墅，"房屋古朴典雅，开朗明亮"（《跟随蒋介石十二年——原蒋介石侍从副官居亦桥口述》，载宓熙、汪日章等：《在蒋介石宋美龄身边的日子——侍卫官的回忆录》，团结出版社2005年版，第121页；蒋宋美龄：《致遗族女学校同学书》（1935年4月7日），《遗族校刊》1935年第2卷第4期，第4—5页）。

干什么，与应该如何去干。"①

　　宋美龄初次到达重庆的厌恶感，使得她在信中对四川军政当局的热情接待也不屑一提。对比起来，贵州和云南的军政当局，似乎更有爱国情怀。1935 年 3 月 24 日，下午 4 时，蒋介石夫妇乘坐的福特机抵达距贵阳 90 里的清镇县平远哨飞机场。《嘉陵江日报》报道称，"贵阳各市街，皆悬国旗，一般民众，欢迎热烈"②。在遥远的西南，看到中华民国的国旗，无疑是让人兴奋的；而抵达昆明的情景，更令她感动。她写道："我们降落在巫家坝飞机场，那里搭着一座彩棚，龙主席及龙夫人率领云南的男女学生和各界同胞来欢迎我们。我们坐汽车进城，街道两旁，排列着一群一群穿白制服的学生，其中也有穿蓝色的，进了城门，即见人山人海，塞满了街道，家家户户的门首，飘扬着国旗，街坊上高悬着彩灯。这种热烈的表示，使我们异常感动……"

　　宋美龄笔下的贵阳、成都和昆明的故事充满了新奇，这从一个侧面显示其对重庆的不满。比如，她写道："云南的人民，同贵州人一样，衣着多是花花绿绿的。乡下人穿着古时候的花衣服，妇女有穿红裤，绣花袄的，有的戴着很大的花冠。甚是好看。街上有土人，有苗子。"对在云南大学的居住环境，宋美龄更是充满了好感。云南的一切都是那么新奇和美好。她写道："到了昆明的上空，望见省公署在城内一座小山上，云南大学在靠近另一座小山上，这是一座淡红色的房子。我们在云南的时候，就住在这所大学里。""我们住在云南大学的前院，在一小山上，正对着翠湖，地位甚好，空气新鲜，云南虽居热带，但昆明地方离水平线有六七千尺高，所以我们觉得凉爽而舒适，那地方的气候确实胜过贵阳。""昆明的天气是那么凉爽，从热的山谷里回来，呼吸到昆明的空气，心神为之一快。"对昆明的赞美，无疑更加凸显了重庆环境的恶劣。对比起来，蒋氏夫妇在重庆的住宿之地，尽管豪华舒

---

　　① 蒋宋美龄：《致遗族女学校同学书》（1935 年 4 月 7 日），《遗族校刊》1935 年第 2 卷第 4 期，第 5—6 页。

　　② 《黔"匪"陷四面围攻中》，《嘉陵江日报》1935 年 3 月 27 日，第 1 版。

适，却是一个靠剥削民脂民膏得来的地方，让人生厌。

除了住所让宋美龄愉悦之外，昆明的活动也给她留下了深刻的印象："当我们到昆明的第三天晚上，全市各学校有数千小朋友们特地为欢迎委员长举行一次提灯会。参加的男女学生每人都提着一架美丽而别致的灯，排成整齐的行列，一个一个地经过大学前院的台阶，向石边退去。几千个活泼的儿童，几千盏各种形式的灯彩，甚是好看！这些灯的形式，各各不同，有各类各色的飞机，有鱼，有蟹，有虾，有小兔，有小马，同各种怪兽。女学生所提花篮最多，制作尤为精巧。此外有水桶，雀鸟，还有最别致的，是以菜蔬为标本，是一枝肥美的白菜。年幼的学生们爬登很高的石级，不觉汗流气喘，但是他们很快乐，很高兴。"① 昆明的街道也"很整洁，有秩序，房子都是一色的，颇壮观瞻，比较在他处所见杂乱无章的房子好得多了，街上行人分着左右，进退很有秩序"②。

相对于贵阳、成都和昆明，宋美龄对重庆城的描述则是空洞而概念化的。西南之旅有趣的故事，几乎与重庆无缘。1935 年 7 月，宋美龄从峨眉山发出了第三封信，这封长信并无重庆的信息，而是重点讲述了天府之国的"红岩盆地"丰富的农业资源与生产问题，也细致地描绘了川西平原和成都的城市风光，以及从成都出发去峨眉山的沿途风光及登山的感受。

重庆城市真正意义上的建制始于 20 世纪 20 年代末。在军人市长潘文华主政的九年期间，重庆颇具"现代意义"的市政建设在较大范围内启动，兴建西部新城区，筹办城市的工业，改造和拓宽旧城区街道等规划开始全面展开。随着邻近的江北、南岸区的城镇和乡村被划入新城区，城市空间突破了原来的城墙范围，旧城区的市容也为之改观，公路经过的地区，高层建筑开始出现，

---

① 蒋宋美龄：《致遗族女学校同学书》（1935 年 7 月），《遗族校刊》1935 年第 2 卷第 6 期，第 3—5 页。

② 蒋宋美龄：《致遗族女学校同学书》（1935 年 7 月），《遗族校刊》1935 年第 2 卷第 6 期，第 3 页。

繁华区域逐渐由两江沿岸向公路两侧转移。城市景观发生了前所未有的变化。①

因为宋美龄不喜欢重庆，所以在《西南漫游》中很难找到有关重庆城的描述。在从贵阳寄出的第一封信末，宋美龄描绘了这样一幅重庆的鸟瞰图，她说："重庆是在嘉陵江与长江合流之处的一座高山之上，从河边上岸有很高的石级，城垣内外现在已有大马路及许多宽阔的街道。公路可通四川的省城成都。从前到成都要两星期，现在只要两日了。"② 这是宋美龄关于重庆城最完整的句子，隐约可见重庆的"都市"景观，很快又被她一笔带过。

需要指出的是，重庆并非是唯一给宋美龄留下不良印象的城市。早年，在给同学艾玛·米尔斯的信中，她对南京的观感也类似重庆。如在 1928 年 1 月 24 日，新婚不久的宋美龄从南京写信给艾玛，她说："你若记得，你抵达不久我们就一起去游览了南京。南京是个污浊之地，绝对糟糕！所以我打算去市政府公共卫生部工作。我想我有好的人选去领导它。然后，我也计划建一座公园，成立残废军人之家，让他们在那儿康复并学手艺。南京没有像样的宾馆，所以我要筹建一所政府招待所，可以接待政府外宾，我来这里才两天，但我发现很多事要做，我要看看我能做什么。"③

此外，就 1935 年的成渝两市，在景观上两城之差异似应不会比内地与沿海之距离大。1935 年 5 月 28 日，蒋介石在日记中写下对成都的观感："顺游武侯祠昭烈陵二仙庵等处，……到处污秽残破，人民之苦辛愚昧，与其懒怠情状，何以立国于世界，忧甚。"④ 然而，同样是军阀防区体制下，宋美龄对于成都的观察与感悟则不同。她写道："成都城俯伏在平原的上面，形式不是正方的，是

① 参见张瑾：《权力、冲突与变革：1926—1937 年重庆城市现代化研究》第四章，第 173—218 页。

② 蒋宋美龄：《致遗族女学校同学书》（1935 年 4 月 7 日），《遗族校刊》1935 年第 2 卷第 4 期，第 6 页。

③ Papers of May-ling Soong Chiang, MSS. 1, Box 2; Papers of Emma DeLong Mills MSS. 2, Box 9, Wellesley College Archives.

④ Chiang Kai-shek Diaries, May 28, 1935, 38. 1, Hoover Institution Archives, Stanford University.

缘着地势筑成的。在内地要算很大的城了。在这个古老的大城里，有许多有趣味的著名历史。城内房舍稠密，人民塞途。当我们的飞机在城上面环飞的时候，都翘首远望，我们下了飞机，坐汽车入城，街上店铺林立，有各种手艺，铜、骨、竹、木各种手工艺都有。制作很精巧，价值亦低廉，这是在我国经济上值得提倡改造的。"① "成都城内的小工艺很发达，满街都是小小的店子，也可以说是小小的工场，里面的人，都忙于制造各种东西，如铜器、毛刷、刺绣及牙角用品等等。""四川二十年来虽不断地遭到内战的惨祸，可是在成都仍到处可以看到富庶的景象。从前升平时候它的繁荣状况，当更盛于今。现在街市上尚可看见许多年代悠久的老店，挂着巨幅金字招牌，虽已没有当初那样的辉煌，也可想见以前的盛况。"成都的城墙"高三十五尺，上面阔四十尺，若论空旷，舍此就没有地方能比得上"。"城的每面都有激流环绕……站在成都城墙上，可以望见处处有辛勤的人们在工作……"，"成都的学校很多，大学共有两所，外国人办的名曰华西联合大学。这大学的教职员在改良人民生活方面很有可贵的供献。他们改良营养品，推广牛乳的食用，介绍调剂食用菜蔬的新方法"。②

三、统一四川：现代交通的意义

在《西南漫游》文本中，与重庆直接相关的话语并不多，甚至也很难找到对重庆——这个长江上游商埠的都市景观的描绘。然而，作为贯穿中国东西部的交通枢纽，重庆在宋美龄笔下则有着超乎寻常的意义，这显示出她对于现代交通、后方资源开发与内陆建设等问题的关注和认识。

重庆是什么？重庆意味着沟通内陆和沿海的交通枢纽。早在1935年2月，宋美龄撰写的《灾区巡礼》一文在美国《论坛》杂志发表。文章在开篇第一段就谈到遥远的重庆，她指出："近代航

---

① 蒋宋美龄：《致遗族女学校同学书》（1935年7月），《遗族校刊》1935年第2卷第6期，第8—9页。
② 蒋宋美龄：《西南漫游》，《蒋夫人言论集》第2卷，第383—385页。

空于中国有何意义，在从来没有旅行过中国内地的人，是怎样也想象不出的。有了飞机，从上海到九江，三个小时便可到达，不必再要三天了。从上海寄信到长江上游三峡以西的重庆以前要两个星期的，现在只要两天了。新疆的西北边陲，从前非四个月不能到达，现在也只需三天。在中国，现在有六千英里以上的航空线，可供邮件寄递和旅客往来。世界上再没有比别的国家像中国这样，仿佛由中古的传奇里，一步就跨进了 20 世纪航空发达的现代。"①

以重庆为中心的航空运输的出现，把看似遥远的内陆与外部世界联系了起来。"自沪赴渝可以直航，自渝至蓉又有飞机可乘，故不独迅速，且甚舒适，若不观三峡风景，则乘巨机由沪至蓉，朝发夕至，几如自沪至京一游，诚缩地有方，蜀道何难矣。"② 1935 年 3 月 28 日，此前开通航线的重庆至贵阳一段，现在又拓展到了昆明，全程共计 780 公里。5 月 4 日，由重庆至昆明之航空线，由政府独资设立，交中国航空公司代为经营。此时，张季鸾也在川黔两省旅行，"此行共乘飞机五次，即汉渝间黔蜀间之往复，与成渝间之单程"，他感叹道："交通革命打破许多观念，飞机之促进文化与政治，殊有不可思议之威灵。"③ 1935 年 3 月至 5 月，宋美龄两度出入重庆，除初次入川时乘坐轮船外，往返川滇黔三省之间均以飞机为主要交通工具。现代航空事业的发展，放大了重庆作为连接沿海与内陆的交通枢纽的区位优势，也逐渐消解了中央与地方"隔膜"的状态。

1937 年 3 月 12 日，宋美龄在上海英文《大美晚报》发表《中国之航空》一文，全面阐述其对航空事业及其对中国统一之意义的认识。她指出："一切促进中国统一的新发明，或许要推飞机的功绩最为伟大。飞机消除距离的能力，和促进边省与各省之间，

---

① 宋美龄：《灾区巡礼》（美国论坛杂志 1935 年 2 月号节录），《蒋夫人言论集》第 2 卷，第 345 页。
② 庄泽宣：《陇蜀之游》，载沈云龙主编：《近代中国史料丛刊》第 69 辑，台北文海出版有限公司 1971 年版，第 166 页。
③ 季鸾：《入蜀记》，《国闻周报》1935 年第 12 卷第 19 期，第 1—2 页。

或边省与中央间的密接而消除其误会猜疑，恰好成为正比例。"这种认识，无疑有此前西南之行的经验："在没有飞机以前，尤其是边远各省的官吏，大都各自为政，和中央隔膜得很厉害。特别僻远各省的封疆大吏，绝少入京机会。就是交换代表，也因交通阻梗，往返需时，不能得到多少成效。而中央的高级人员，除了短距离间的旅行外，非万不得已，也很少长途跋涉，亲临内地。从前这种旅行，不仅要费许多时间，并且交通不便，须经种种的艰难与困苦，即如少数官吏因职责所在，巡历辖境以内，亦复如此。航空教育没有发展之前，官吏沿铁道线旅行，还勉强说得上迅速舒适，可是我国的面积太大，铁路所达到的地方，只是极小的若干部分而已。"她进一步指出："我们不必说经济方面，只就我们政治社会的进展而论，航空交通究竟给了我们多少显著的影响，我们略略地估计一下蒋委员长飞巡各省的成果，就不难想象了。我国所有的省份，蒋委员长差不多完全到过了——这种行程，绝非寻常情形之下所能做到的。取道长江，往返于云南、南京之间，利用普通的交通工具，最快也得两个月，如今坐飞机，一天就行了。自重庆到贵阳，坐轿子要十六天，而非常费力。坐轿从贵阳到云南，所费的时间相仿佛，而旅程则更加艰苦。但是，委员长坐了飞机，在这群山峻岭，辽阔如海洋的境土之上旅行，前者只要一小时，后者只要一点半钟就可到达。现在上述各处都有公路联络，不能坐飞机的人，也可乘汽车旅行，这就方便得多。从前坐几星期的轿子，弄得力倦神疲，这种困苦，也可以避免了。"

宋美龄以蒋介石的亲身经历来解读航空与国民政府政治的关系。她说："委员长因职责的要求，常常作重要的旅行，我们不必逐一列举。他飞航的旅程，跨越了无数高山大川和广漠平原，几乎飞尽了四边的国境。时间既非常经济，来往也比较安适，凡是远省的僚吏，都能在他们自己的衙署里会晤他们，替他们解决各种问题，打消他们的疑虑，宣示中央关切的诚意，这种飞行巡视，所贡献于国家的功绩，实在不是随便可以衡量的。"由此，她得出结论："我们看了航空给蒋委员长政治工作的帮助，那么，其他各方面官吏所受到的良好影响，也可以类推而知。利用飞机，在中国尤加需要。我们的国境很大，距离又远，而一般的交通工具，都迟滞艰阻，所以每逢有紧急需要的时候，递信载客，不论远近，都得借助飞机。中国内政日渐调整，航空设备和机场建设，也会突飞猛进，而统一及和平的福利，也更能作为有力的实现了。"①

作为沟通内陆和沿海的交通枢纽，重庆又是蕴藏巨大资源的腹地。九一八事变后，中日战争的危机隐隐约约就在眼前。重庆在开放四川、统一中国的进程中开始承载着构建未来国家后方抗日根据地的政治枢纽功能。董显光认为："就一切而论，蒋'总统'与蒋夫人于民国二十三年（一九三四）至民国二十四年（一九三五）间，在西北部、西部及西南部之旅行，对于中国的统一实已发生强大的作用。此行特别表现蒋'总统'对于区域的人民得以控制其想象与信念。在中国最大劫运的前夕，蒋'总统'已藉此行使中国人民团结，并使他们保有抵抗外国侵略者的意志。"②蒋夫妇的西南之行，更使四川重庆与未来中国的命运有了特殊而密切的关系，他们"于此时访问四川尤为国家之幸运，因为后来对日战争期内，政府得以迁都重庆，端赖有此一着。如果蒋'总统'没有在民国二十四年（一九三五）消灭了觊觎川省的腐败而独立的政治分子，该省将不克成为民国二十七年（一九三八）以后政府抗战之基地"③。

从某种程度上看，《西南漫游》有关重庆的话语内涵是广义的。该文本所折射出的"中华民国最近的时事"，在一定意义上体现出宋美龄的政治思想，即从现代交通的角度，阐释了重庆沟通西南各省及长江中下游的交通意义，进而将现代交通与政治，与统一中国联系起来；与此同时，重庆周边优美的自然风光，丰富而可供利用的建设资源，均可契合此间的国民经济建设运动。当

---

① 蒋宋美龄：《航空与统一》，《蒋夫人言论集》第 2 卷，第 323—326 页。

② 董显光：《蒋"总统"传》（一），台北中华文化出版事业委员会 1957 年版，第 187—188 页。

③ 董显光：《蒋"总统"传》（一），第 187 页。

临近重庆的周边，宋美龄看到的更多是四川及内陆中国的资源。比如，当轮船在进入重庆之前，她细心地观察到了长江上游原始而落后的淘金业——一种类似中世纪的欧洲，非现代，或者前现代的人力纤夫和淘金产业，并由此联想到南京国民政府未来的实业计划——复兴后方，开发资源的问题。她写道："这一段上游的扬子江亦称为金沙江，因为沙滩上可以寻出金子的缘故。当我们经过一段一段的沙滩，看见一群一群的人们正在淘金，每群有五人，一人用两个木桶在江上挑水，三人将碎石加以检查，掘开泥土，寻出金沙。一人持桶将泥土倒入，用水上冲，水将泥土冲至一块长约三尺六寸宽约三尺的大木板上面，板上有很细的格纹，好似外国的淘金板一样，沙土冲至板上，金子因分量比沙重，就留积在格纹里面。有一晚我们泊在近岸，岸上正有人淘金，船上旅客有数人上岸，观看他们淘金的工作约有半天，只见他们从板格上淘出约有一层的黑沙，因为那里的沙原是从火山中爆发出来的，所以是黑的，后来将这黑沙放在一个木磅盘里，慢慢地摇动，等到沙不见了，只剩下一层很薄的金粉，所得的甚为有限，淘金的人只讨价一元，就售给旅客，工作半日，每人只得两角钱的代价！有时如果可以得到更多的金粉，或者一粒金沙，那便是他们好运！这种工业，若是用现代的方法来开采，必大有益于国计民生，希望这种採金事业，也列入我们实业计划之中不久即实行起来，我想这对于国家富强，实有很大的关系。"①

宋美龄认为，四川有丰富的物产资源，本可以很好地开展国民政府正在努力倡导的"国民经济建设运动"，但四川人却不能担当起责任。她说："四川的人民有很大的机会可以复兴。因为这个地方的物产是最丰富的。但是四川与别省犯着一样的毛病，就是无人担起这复兴的责任。这也就是整个中国贫弱的原因！倘若你们考查世界上的大国，就知道他们强盛是因为能开矿产兴工业，制造他们所需要的一切物品，并且使人民有职业。中国人民大半

---

① 蒋宋美龄：《致遗族女学校同学书》（1935 年 4 月 7 日），《遗族校刊》1935 年第 2 卷第 4 期，第 3—4 页。

只知道墨守旧法，所以我们要耗费许多金钱，向外国购买大宗的舶来品。这种法子是不对的，所以委员长与我正努力提倡一个新运动，要来开发富源，倡办工厂，制造我们所需要的用品。改良农业增加生产，使我们的民食从此充裕。这个运动就叫做'国民经济建设运动'。我要你们个个学生能明白这个运动对于中国的重要，那就是说：倘若中国能学外国科学的好榜样，将来中国一定能够富强，而且无人再敢欺侮与侵占它的土地了。现在是我们要努力教导民众的时候，使他们知道这个新运动的目的和重要，然后个人都努力新式的生产事业，这个就是达到富强惟一的办法。我们一定要这样做，否则的话，外国就要来掠夺我们所有的一切，使我们做他们的奴隶了！所以委员长在这里努力工作，指导一般军政长官和民众应该如何去干，这种指导，人人都应该帮助的，尤其是你们青年学生。"①

1935 年 7 月，在从峨眉山发出的第三封信中，宋美龄对学生们讲述了四川"红岩盆地"丰富的农业资源与生产问题。她引用一位外国作家的话："这整个的红岩盆地，农产丰富，永远是中国的精华所在。"她写道："我们中国以农立国，大家往往以为中国人是高明的农业家，然而我们必得承认，我们太缺乏农业的知识了。要学的东西正多着呢。西洋各国已经利用科学改进耕耘的方法。中国也应如此。传统旧法虽也能生产，可是我们若要得到更多的收获，非利用外国的新经验不可。我们有无限的丰饶资源，只要生产方法加以改良，就可富甲天下，所以我们要时时学习，时时观察。适合我们祖先的一切，未必适合于我们。时代已不同，习尚也变了。在现代，生活是一件花费很大的事情。我们若想利用汽车等等现代发明，必先提高我们的生活水准，然后才有经济力量来偿付它的代价。譬如，我们若用祖先们常用的木轮小车，这当然没有任重致远的力量。其他事情都是如此。我们不仅要改进农业，还得改良开矿的方法。实则一切生计，都得找觅更好的

---

① 蒋宋美龄：《致遗族女学校同学书》（1935 年 4 月 7 日），《遗族校刊》1935 年第 2 卷第 4 期，第 3 页。

途径。进步的人，永远不感满足，永远在设计改良，我们也得如此。我希望你们常常把这件事记在心里，作为一条规律，做出事来，总要胜过别人。"① 她还指出："川西平原有极大的盐井，一处名自流井，一处名五通桥，这两处尤大。前者人们从三千尺深的地下引出盐水来。他们开凿的方法是很古旧的，很原始的（就是我所谓我们祖先的方法），那真是费时费力的工作。他们开凿的工具是一根铁棍子，一端附着可以卷动的篾索，把那铁器凿入泥土若干尺寸之后，再用辘轴把它拉起来，拉了起来，再往下凿，如此循环往复，凿成两三千尺深的窟窿，得费若干岁月。可是有人告诉我，现在已试用机械的力量去开凿了，经过无数世纪的陈旧方法，如今才透露一线进步的光明。"②

宋美龄在《西南漫游》中对于西部中国所蕴藏的潜在资源及其意义的认识，最终在抗战时期所著的《我将再起》一文得以展开。在讨论后方抵抗日本侵略与建立新中国之关联时，宋美龄写道："我们的西部跟当时美国的西部不同之处，就是我们西部并不缺乏人力，而只缺乏技术和交通，换一句话说，只缺乏促进开发的推动力。如今这一个大量移民给西部各省带来了不少的工程专家，航空运输和贯通各省的公路，大大地减少了交通的困难，铁路也在推进，到相当时期，可以跟西方的邻近国家沟通起来。有些人，尤其是侵略我们的敌人，他们以为我国的独立，我国的自主已将到消失的末日，还有人以为我们的颈子上套上那奴隶的桎梏，不过是时间的问题。这些人不管他们悲观或乐观，总是忽略了一个重要的历史启示，中国成为一个民族和国家，只因为她保有一种再生的力量，所以能够克服了几世纪来的天灾人祸，仍旧屹立在天地之间，屹然未动。这种再生的力量，是永不磨灭的……我们要培养这种力量，利用这种力量，我们决不让我们自己这一辈或是未来的一代蒙上那牺牲了民族生存权利的耻辱。我们的同胞将继续奋斗下去，生存下去，并且

---

① 蒋宋美龄：《西南漫游》，《蒋夫人言论集》第 2 卷，第 372 页。
② 蒋宋美龄：《西南漫游》，《蒋夫人言论集》第 2 卷，第 373 页。

要把我们的民族复兴起来昌盛起来。"①

张宪文教授认为，作为中国近现代史上一位重要的女政治家，宋美龄女士"对中国政治发挥着特殊的政治作用和影响"，她"在一九二七年南京国民政府建立后，蒋介石先生为稳定政权，乃极力整合党内各政治派系和各大军事实力派，不断巡视全国各地。宋美龄女士追随、陪伴蒋介石先生，对推动、磨合全国的统一，发挥了智谋，贡献了智慧"。②

《西南漫游》是宋美龄向遗族学校学生讲述自己西南之旅的所见所闻。她说："现在我要将我们的这个堂堂大国——中华民国最近的时事告诉你们一点。"显然，宋美龄接下去要讲述的内容，阅读者已经超越了遗族学校的学生受众，而是面对中华民国的全体国民。在信中，宋美龄讲述的"国家大事"涉及中华民国在1935年所面临的"剿共"③、统一中国、开放四川，以及建设抗战后方根据地等重大问题。这篇训导遗族子弟的文本，其优美文字的背后却蕴含着宋美龄对于中国内陆情况的观察及其女性视角书写方式的智慧，是宋美龄战前言论的重要文本。

1935年3月4日上午，蒋介石出席四川省党部总理扩大纪念周，作题为"四川应作复兴民族之根据地"的讲话④，蒋介石指出："就四川地位而言，不仅是我们革命的一个重要地方，尤其是我们中华民族立国的根据地，无论从哪方面讲，条件都很完备。人口之众多，土地之广大，物产之丰富，文化之普及，可说为各

① 《我将再起》最初发表于1939年1月15日，是宋美龄为《妇女新运》周刊创刊号撰文《中华民族的再生》。1940年6月，宋美龄为《妇女新运》周刊撰写的《中华民族的再生》系列文章被修订并补充若干篇以《我将再起》为题，由蒋介石作序，结集出版。
② 胡春惠、陈红民主编：《宋美龄及其时代国际学术研讨会论文集》，序三（张宪文作序）。
③ 毫无疑问，此次西南之旅是宋美龄跟随蒋介石到西南"督剿"中国共产党的工农红军。不过，需要指出的是，在她撰写的15000余字的三封长信中，仅有四处不到二百字述及"剿共"的事实。
④ 《川省党部扩大纪念周蒋委员长亲莅致训》，《中央日报》1935年3月5日，第2版；《国民公报》也以《蒋氏风采来川目的昨日训话》《蒋主席出席省党部总理扩大纪念周》为题作了报道，参见《国民公报》1935年3月5日，第3版。

省之冠。所以自古即称'天府之国'，处处得天独厚，我们既然有了这种优越的凭藉，如果各界同志，大家能够本着'亲爱精诚'的精神，共同一致的努力向上，不仅可以使四川建设成功为新的模范，更可以四川为新的基础来建设新中国。""四川的地方既如此重要，四川同胞对于革命对于国家民族之使命如此重大，国家民族以及兄弟个人所期望于四川同胞者当然至迫且切，所以四川各界同胞尤其是党政学界领袖，格外要认识自己所负的责任，共同努力来完成我们革命的事业，我相信大家如果能够一致在总理主义与精神系统之下刻苦奋斗，一定可以发生最伟大的力量，来建设新四川。一定可以担负起革命救国复兴民族的整个责任。"蒋介石说："我相信三年之内，必可建设成功一个新四川，使四川成为实现总理三民主义之中心。完成我们四川同胞对于国家民族重大的时代使命"，"使成为模范省与革命的基础"。①

南京国民政府成立后，僻处西南内陆的四川省长期游离于中央政权的权威之外，如何将"边缘"纳入中心，乃是蒋宋此行的重要目标。宋美龄很好地领会了蒋介石统一四川之举措，其中心任务乃在建构"边缘"的"丑恶"形象，以此促使"边缘"丧失存在的合法性。来自权力中心的"外来者"，其批评与举措，也为即将来临的抗战作好了准备。"扬丑""揭丑"是此时的主要任务。为何对于重庆如此厌恶？因为以刘湘为代表的四川军阀位居边缘之核心地位，只有毫无顾忌地批判，才能建构崭新的新重庆形象。从这个意义上说，《西南漫游》是宋美龄在以另一种方式传播蒋委员长上述"安川"的战略思想。在本质上，《西南漫游》是那个时代讨伐地方军阀言论的一种。军阀政治中心的重庆则成为宋美龄设定的批判目标。文本中有关重庆的图景十分概念化，并成为宋美龄意欲建构的一种"统一四川"的诠释方式。她以犀利的笔法抨击四川军阀政治的落后，成为20世纪30年代开放四川、统一川政、讨伐军阀政治等舆论的组成部分。

① 高素兰编注：《事略稿本》第30卷，第32—41页。

一年以后，宋美龄在《舆论的形成》一文中阐释中国统一与舆论之关系。她指出："我们一处一处地平定了内乱，祛除了军阀，同时逐步推进着解除民众苦痛的方案，而民众从他们自己的经验，渐渐了解政府这些措施，并不是害他们，实在有利于他们的，所以都欢跃鼓舞，赞美着新时代的降临，报纸和言论机构既见进步，全国各处也渐渐有舆论的形成了。从前，人民公意与国家大事并不发生关系，可是最近几年，尤其最近几个月来，舆论的力量，显然可以影响国事动向了。这种精神方面的发展，实是清朝崩溃而后，中国最重要的进步。如今这种舆论影响力的伟大，值得我们大书特书。例如，福建叛变的平定，能如此迅速，完全因为全国舆论的一致反对的缘故，四川省的军阀二十年来内战了四百多次，于是把这富庶的省份搅得十分贫乏，似乎永远没有归附中央的可能，但时机一到，立即归入中央政府的直接的统治，转变的迅速，出人意外。又如，僻远的贵州省，军阀政权，能于短期间内完全消除，似乎也不是可能的事。又像粤桂异动的早日解决，不明白中国近来进步实况的人，也会觉到万分神奇，实则舆论所归，可说是无坚不摧呢。"①

《西南漫游》文本阐释问题的智慧还体现在宋美龄将国家大事通过女性教导孩子的方式传递出去，糅和了女性特有的温柔与刚毅。这是一种通过对孩子们的讲述来否定地方军阀防区体制的智慧。宋美龄的这一政治智慧，不仅起到了蒋委员长所不能发挥的话语效应，并由此形成个人书写风格的独特宣传魅力。②

宋美龄以女性细腻的观察力，对四川军人追求的所谓器物层面的重庆"现代化建设成就"予以忽略，而集中批判封闭体制内"魔窟"般的吸食鸦片图景与秩序的混乱。将重庆形象的概念化，即是在舆论上为维护南京国民政府中央的权威造势，是在为蒋委

---

① 该文原发表于 1936 年 10 月 10 日上海《字林西报》，载《蒋夫人言论集》第 2 卷，第 339 页。

② 在宋美龄的书写文本中，以少年儿童为读者对象叙述国家大事的文本并非仅有《西南漫游》一篇。1939 年 2 月 18 日，宋美龄在重庆完成一篇长文，即《致美国的小朋友》。

员长将权威推进到权力"边缘"的四川，乃至西南各省而呐喊；而通过对重庆本身的批判，又引出对重庆周边的富饶资源及其生产等问题的讨论，从一个侧面宣传了国民政府建设抗战后方根据地的战略思想。

宋美龄此番入川辅佐夫君的努力，深得蒋介石赞誉。1935年7月2日，蒋介石在日记里赞叹说："吾妻谋国之忠，爱国之切，刺激之列！几难名状！国有良妻，人心犹在，复兴必成也。"①

①　王宇高、王宇正编：《蒋中正"总统"五记·爱记》卷10，1935年1月至12月，第131页。

第二章 举国大内迁："蒋夫人再莅重庆"

1938 年 12 月 8 日，宋美龄随蒋介石来到重庆，在这个大后方的新都，她将开始自西安事变后人生历程中最辉煌的时期。再度亮相重庆时，蒋夫人已不再是匆匆过客，而是中国战时新都的女主人。举国的抗战大内迁，改变了战前重庆的社会生态。在有限的空间里，重庆成为国民政府的政治中枢、经济和文化中心，"城市即国家"的宏大画卷自此出现。① 本章透过抗战大内迁的历史背景，讨论宋美龄随国民政府落户重庆之后的"新都"图景问题。重庆的"新"与"旧"，为未来几年宋美龄在重庆的工作开启了一个前所未有的政治大舞台。

第一节 城市即国家：大后方的"新首都"

1938 年至 1939 年间，"政府官员连同大批西迁难民像潮水般涌进了重庆"。② 宋美龄指出，当国民政府从武汉转移至重庆时，

---

① 关于抗战重庆"城市即国家"的命题首次明确出现在美国学者 Lee McIsaac 的论文标题中："The City as Nation：Creating a Wartime Capital in Chongqing"，In Remaking the Chinese City：Modernity and National Identity，1900 - 1950. Edited by Joseph Esherick. Hawaii 2000. 此外，William Sloane（中文名字：施隆）从重庆发出的信函中，也明确地表达了这个意思，见 "Chungking is a Kuomintang City"，CO236 Box 6，folder 5 To Chungking，by William Solane. William M. Sloane Paper，Manuscripts Division，Department of Rare Books and Special Collections，Princeton University Library.

② 董显光：《董显光自传：一个中国农夫的自述》，曾虚白译，台湾新生报社1974 年版，第 89 页。

"战时首都重庆乃成一切活动之中心。吾人在汉口所遭遇之困难，亦追踪而至。即政府机关亦有不易觅得办公处，盖仓促之间，由汉口一带来此区域之难民达数百万人。但有一不同之点，即吾人业已经历战争之初期冲击，而人民对于生活上之简陋设备，亦已安之若素"①。"此后四年，中国为国家之生存，孤军奋斗不懈。千千万万之人民纷纷迁入华西大后方，毫无怨言。彼辈只携日常生活必需品；又以超人之力量，拆运机器至华西之城市、乡村，甚至洞穴中。"② 因战争形势迫使国民政府移驻重庆，也是南京中央政府推动政治"边缘"的重庆实质性地成为权力"中心"的过程，伴随政治中枢的落户安家，重庆就是中国的代名词。

一、国民政府移驻重庆

卢沟桥事变后，日军大举入侵华北，平津沦陷。随后，日本在上海发动"八一三事变"。8月14日，国民政府发表抗战声明："中国之领土主权已横受日本之侵略……中国决不放弃领土之任何部分，遇有侵略，唯有实行天赋之自卫权以应之。"淞沪会战顽强而悲壮，然而，到10月底形势已非常不利。在《战争与中国女性》一文中，宋美龄指出："但是很不幸的现在中国已被战争的祸患，几成非常不愉快非常苦痛的时代了。这战争，各国虽不承认它是战争，实则是残酷无比的战争，它的进行，完全不受任何规则，任何法律的节制，凡是近代技术所办得到的一切大规模杀人工具，都给敌人完全利用了。"被"驱逐到了内地"的民众，"他们都用沉默来忍受苦难，这真是英勇的精神"③。

为摧毁中国政府的抗日决心，日军出动飞机频频轰炸南京。宋美龄说，这场抗战"对政府来说，它所面临的，是中国历史上

---

① 宋美龄：《在洛杉矶演说》（1943年4月4日），载王亚权总编纂：《蒋夫人言论集》（下集），第1116页。

② 宋美龄：《三十年来中国史略》（1956年9月），《蒋夫人言论汇编》卷1·论著，台北正中书局1956版，第251页。

③ 宋美龄：《战争与中国女性》（1937年10月6日），《蒋夫人言论集》卷1，国民出版社1939年版，第102页。

前所未有的狂暴局势和包藏的恶运"①。因为"我们所陷入的这个战争，现在全世界都已看到，是人类有史以来，最残暴最野蛮的战争。他们把一切疯狂怨毒，尽量加到我们身上来，我们当然要抵抗；我们虽没有作战的准备，可是不抵抗就没有侥存之路，所以一直到今天，我们还抵抗不懈，并且决心要抵抗下去。我们知道，一旦停止抵抗，民众立成奴隶牛马，国家也就失掉她的存在。我们的国家受人侮辱，我们不得不战；我们几百万同胞受人屠杀，几千万同胞奔走逃亡，流离失所，我们不得不战；我们几十万诸姑姐妹，受人蹂躏摧残，蒙千古未有之诟辱，我们不得不战；我们好多省区内，城市村镇的房屋尽成了灰烬，我们所有文化和实业的基础，差不多全被破坏，我们不得不战；全世界有史以来的奸淫掳掠，到处横行，其目的欲扫荡我同胞仅余的生活基础来满足这些军装强盗的兽欲，这种有计划大规模的盗匪行为泛滥全国，我们更不得不战"②。

10月下旬，首都南京所受威胁日益严重，迁移政府及国都之举迫在眉睫。11月12日，军事委员会委员长、行政院院长蒋介石与国民政府主席林森会商，决定迁都重庆。③ 此间，军事委员会有关负责人何应钦、白崇禧、徐永昌等频繁举行会议，商讨政府的迁移事宜。13日，"议定将南京非作战机关——向上流移走，以备长期抗战"④。另据王世杰日记，15日，"国防最高会议常务会议议定，国民政府及中央党部迁重庆，军事委员会迁移地点，由委员长决定；其他各机关或迁重庆，或随军委会设办事处，或设于

---

① 宋美龄：《一部对抗战的正确记载——评介薛光前编著〈八年对日抗战之国民政府〉》，载薛光前：《扫珍集》，台北华冈出版社1979年版，第381页。

② 宋美龄：《从艰苦中缔造崭新的民族》（1938年3月15日），《蒋夫人言论集》卷1，第135—136页。

③ 参见《抗战时期国民政府迁都重庆及明令以重庆为陪都的经过》，台湾《近代中国》第18辑，1980年版。

④ 《徐永昌日记》第4册，台北"中央研究院"近代史研究所1991年编印，第177页。

长沙以南之地点"①。

11月7日，宋美龄从南京致函她的同学艾玛·米尔斯，说："我们并不想打这场战争，也在竭力阻止它的发生。但是，战争已经迫使我们不得不应战，现在既然战斗开始，我就必须战斗到最后的胜利。我们的民族生存已经到了最危险的关头。整个国家都认识到这一点，并且与政府团结一致。我们不知道我们可以坚持多久，尽管每个士兵已经做好了牺牲的准备，每个农民都全力支持战争。"她继续写道："不用我告诉你过去三个月里我们亲眼目睹的日军暴行，你在报纸上就能阅读到。在轰炸后的上海火车南站，我一直听到孩子们在对着他们死去的父母的尸体哭喊。当我经过那里的时候，我的鼻子里闻到的都是血腥的气味。""这就是为什么我今天要请求你，以及你的朋友和同胞们，帮助我们阻止这场战争。"②

11月16日，国防最高会议正式决定迁都重庆。国民政府各机关职员除其最高长官留南京主持工作外，其余均自当天起陆续离开南京转赴武汉集中。③ 当晚，国民政府主席林森率领国民政府直属的文官、主计、参军三处的部分人员，登上"永庆舰"，于次日晨离开南京起航西上。18日，国民政府决定"于林主席抵川或抵宜昌时，发表迁徙政府于重庆之文告，其日期当在二三日间。政府机关最高人员须于文告［发］表后始得离京"④。

11月19日，蒋介石在南京主持召开国防最高会议，并作《国府迁渝与抗战前途》的重要讲话。讲话分析了抗战三个月来的敌

---

① 《王世杰日记手稿本》第1册，台北"中央研究院"近代史研究所1990年编印，第140页。

② Letter, *May-ling Soong Chiang to Miss Emma DeLong Mills*, November 7, 1937, Correspondence from May-ling Soong Chiang Nov. 1937-Jan. 1938, Papers of Emma DeLong Mills, MSS. 2, Box 9, Wellesley College Archives.

③ 1937年11月16日，国防最高会议第五次会议记录（参见台北中国国民党党史委员会藏档案：009/1），国防最高会议密函（1937年11月17日）"现为长期抵抗日本侵略起见，中央党部、国民政府迁移至重庆办公。"（台北中国国民党党史委员会藏档案：006/59）

④ 《王世杰日记手稿本》第1册，第142页。

我形势，并阐明国府迁渝的重要意义。他指出，"现在中央已经决议，将国民政府迁移到重庆了"。国民政府之所以下定了抗日战争的根本计划，是因为找到了四川这样一个地大物博、人力众多的区域作基础，而且有此基础，中国就能坚持长期抗战，就有获得最后胜利的决心和信心。蒋介石说："国府迁渝并非此时才决定的，而是在三年以前奠定四川根据地时早已预定的，不过今天实施而已。"他要求"政府和党部同仁迁渝以后，秉承主席教导，对于一切职务，不但要照常努力，而且要积极整顿、格外振作，在艰苦之中力求革新和精进，总要使有一番新气象，来安慰前方的将士，激励后方的军民"。①

此时，宋美龄在首都全力协助蒋介石忙于抗战动员事务。日本《读卖新闻》以充满敌意的语言报道她的行踪，从另一个侧面记录了宋美龄在撤离南京前的工作状态。11 月 18 日，该报使用加粗字体的新闻标题："憔悴的'抗日西太后'——留在南京的美龄"。该报道将宋美龄比喻为"抗日西太后"，称其为"支离破碎的中国的抗日西太后"，"要与丈夫一起死守南京！"报道称宋美龄是"不顾政府各机关迁都而用尖锐声音宣传的女人"，"她似乎仍旧在南京奋斗着，她气势勃勃但难掩战败焦虑之色"，该报还形容宋美龄"失去了以往的美貌，浑身散发着战败混乱、焦躁、狼狈的空气。她固定每天下午 4 点与外国记者会面，但在已然决定迁都重庆的今天，她用擅长的英语都对对方说了些什么呢？"②

11 月 20 日，林森一行抵达汉口。当天，林森以国民政府主席的名义向中外记者公开发表《国民政府移驻重庆宣言》，宣言谴责日本军国主义对中国"无止境之侵略"和威逼我首都的阴谋，高度赞誉前方将士的"忠勇奋发"和"壮烈牺牲"精神。宣言庄严宣称："国民政府兹为适应战况，统筹全局，长期抗战起见，本日

① 蒋介石：《国府迁渝与抗战前途》（1937 年 11 月 19 日），《"总统"蒋公思想言论总集》卷 14 · 讲演，中国国民党中央党史委员会 1974 年编印。
② 《读卖新闻》1937 年 11 月 18 日，日报第 7 版。本书引用日本《读卖新闻》与《朝日新闻》的相关文本均由笔者指导的重庆大学硕士研究生唐思蜀赴日留学期间搜集与翻译，特此致谢。

移驻重庆。此后将以最广大之规模,从事更持久之战斗。"① 与此同时,蒋介石分别致电各省政府、省党部及各战区将领,阐明国民政府迁都重庆的意义,表明政府持久抗战之决心。蒋介石电勉各前线将士"应遵有步骤、有计划之策略,作更坚决、更勇敢之奋斗"②。

四川省政府主席刘湘致电国民政府主席林森,欢迎国民政府移驻重庆。11 月 25 日,国民政府在渝新办公选址修造工程告竣。《国民公报》对此进行了报道,称:"此间军政当局,连日忙于布置各部院办公处所:国民政府及行政院,已决定设在大溪沟高级工业中学,该校昨晚可望全部迁完,同时大门已拆,昨晨起开始由基泰工程师事务所改建中。中央党部设在上清花园,中央党部职员宿舍,则设在行将竣工之上清寺聚兴诚银行职员宿舍;监察院、考试院设在陶园;司法院、立法院、司法行政部三机关,设义林医院;至于林主席私邸,闻暂设潘仲三公馆,另一说,有暂借李子坝刘主席私邸之准备,已有致电南京商洽云。"③

1937 年 11 月 20 日,国民政府发表移驻重庆宣言。图为移驻重庆办公的国民政府办公大楼(李云汉主编:《中华民国抗日战争图录》,台北近代中国出版社 1995 版)

① 周开庆编著:《民国川事纪要》(下册),第 31 页。另参见《国民政府发表移驻重庆之宣言》,台北"国史馆"藏蒋中正"总统"文物,《革命文献——淞沪会战与南京撤守》,1937 年 9 月 22 日,档案号:002-020300-00009-145。

② 《蒋中正电通各省市政府及党部国民政府移驻重庆以贯彻我持久之抗战之主旨》,台北"国史馆"藏蒋中正"总统"文物,《革命文献——淞沪会战与南京撤守》,1937 年 9 月 22 日,档案号:002-020300-00009-145。

③ 《国民政府及所属各院部在渝寻觅办公地址》,《国民公报》1937 年 11 月 23 日。

11月26日下午，国民政府主席林森一行抵达重庆。重庆军政当局及各界代表十余万人前往码头热烈欢迎，盛况空前。国民政府参军长吕超发表谈话："此次国府移渝，随主席同来者约十余人。文官、参军、主计三处职员，定29、30两日乘民政、民贵轮到渝。国府预定12月1日开始办公。"① 30日，中国国民党中央执行委员会秘书长叶楚伧、中央监察委员会秘书长王子壮及中央委员吴稚晖、丁惟汾、钮永建等率中央党部职员四十余人抵达重庆。

12月1日，行政院电告各省市政府及西康建省委员会、威海卫管理公署："本院依照中央决议，兹经移渝办公，转电知照。"同一天，国民政府即宣布在重庆简陋的新址正式办公。7日，中国国民党中央党部在上清寺范庄举行迁渝后的首次执监委员会常务委员联席会议。11日，考试院院长戴传贤、蒙藏委员会委员长吴忠信，乘车由黔抵渝，考试院及蒙藏委员会随即在重庆办公。② 12月29日，国民党中央抚恤委员会"分乘水陆两路，先后抵渝，迁渝上清寺上清华园办公"③。

1938年1月1日，国民政府改组行政院，蒋介石辞行政院院长兼职，孔祥熙、张群继任正副院长。国民政府主席林森发表元旦演说，"勉国人暂忍一时之牺牲，同心同德，完成复兴中国之大业"。1月3日，国民党中央和国民政府在重庆忠烈祠公祭四川先烈。1月5日，外交部次长陈介、总务司司长徐公肃、欧美司司长刘师舜及职员四十余人护送大批档案、卷宗，并于当天乘专轮抵达重庆。1月7日上午11时，教育部次长周炳琳携所部职员二百余人乘轮抵渝。1月8日，行政院职员数十人，分乘大小汽车八

① 周开庆编著：《民国川事纪要》（下册），第32页。
② 其中，"考试院于（十一月）十七日奉命开始西迁，十二月四日到达重庆，择定通远门外中四路陶园，为院会部三机办公处所"。（参见重庆市档案馆藏重庆市政府全宗，2日，第1568卷，第106页）
③ 重庆市档案馆藏0054全宗，1日，第324卷，第299页。需要说明的是，此时迁渝办公的人员，仅为国民政府、国民党中央各部少量人员，国民政府军政、外交、经济、财政、内政、交通等部均暂时迁移武汉或长沙等地。此时，国民政府主要首脑及要员，如蒋介石、汪精卫、孔祥熙、何应钦、张群、白崇禧、徐永昌、陈诚等尚在武汉。

辆，当天抵达重庆。全国公路交通委员会办事处全体职员由专员朱大钧率领抵渝，办事处暂设在苍平街38号。1月9日，全国经济委员会秘书长秦汾、四川省财政特派员关吉玉、四川省财政厅厅长刘航琛以及新任交通部常务次长卢作孚等乘机由汉抵渝。1月12日，内政部总务司、地政司、民政司、警政司及统计处职员六十余人在总务司司长彭灼率领下，分乘汽车多辆于下午4时抵渝。1月17日，新任司法行政部部长谢冠生在重庆通电就职。1月18日，国民政府在重庆发表《维护领土主权及行政完整的声明》。1月19日，新任苏联驻华大使奥莱斯基偕塔斯通讯总社社长罗果夫及秘书梅拉美德等由汉口飞抵重庆。①

1月20日，川康绥靖主任、四川省政府主席、第七战区司令长官刘湘，因病不治，在汉口病逝。② 1月21日，重庆市政府通电令市属各机关、学校、商店下半旗一日以致哀。1月22日，国民政府明令，任命张群为四川省政府委员兼省政府主席。国民政府明令褒恤刘湘，追赠陆军一级上将，发给治丧费一万元，派内政部部长何健代表致祭，生平事迹宣付"国史馆"。2月4日，刘湘灵柩运抵重庆，重庆各界万余人齐集码头举行盛大迎灵仪式。2月14日，国民政府追赠刘湘为陆军一级上将，明令国葬。

3月6日，新任教育部部长陈立夫携教育部次长顾毓琇，秘书张庭休由汉口飞抵重庆，次日在重庆举行宣誓就职典礼。3月29日，中国国民党临时全国代表大会在重庆举行开幕典礼，到会的中央委员、各地代表、中央党部职员及各机关来宾五百余人，林森主持、丁惟汾代表蒋介石致开幕词。

4月9日，英国新任驻华大使卡尔爵士偕夫人及随员由汉口飞

---

① 唐润明：《陪都大事记》，《档案史料与研究》1991年第2期，第74—76页。

② 早在1937年7月10日，川康绥靖主任兼四川省主席刘湘电呈国民政府军事委员会委员长蒋介石，并通电全国各省市军政长官，请缨抗战，主张全国上下，同心同德，共赴国难。8月26日，刘湘发表《告川康军民书》，号召大家集中精力，站在国家民族立场上，为民族抗战而效命。9月1日，川军各部出川奔赴前线。抗战时期，川军先后调入抗日前线共有六个集团军及部分独立师旅，约占国民政府抗战兵力五分之一。此外，还调出257万壮丁参战。11月9日，刘湘奉命离开成都赴南京，请示抗战事宜等。后转至汉口，病重住院。

抵重庆。4月12日，卡尔大使在重庆呈递到任国书。4月22日，司法院院长居正由成都飞抵重庆。最高法院院长焦易堂、中央惩戒委员会委员长王用宾、司法院秘书张知本等乘"民俗轮"抵渝。4月23日，国民政府明令，特任孔祥熙兼任赈济委员会委员长，杜月笙、李思浩等10人为委员。4月25日，立法院举行迁渝后的首次会议，由副院长叶楚伧主持，已经抵渝的秘书长梁寒操及立法委员29人出席会议。

5月4日，国民政府明令，任命李宏锟为重庆市市长。5月23日，经济部部长翁文灏及中央公务员惩戒委员会委员长王用宾在重庆举行宣誓就职典礼。5月26日，中央革命勋绩审查委员会（主任委员林森）在上清寺中央党部内正式办公。[①]

二、宋美龄随蒋介石抵渝

1938年7月17日，鉴于武汉的危急局势，国民政府军事委员会紧急命令国民政府及国民党中央驻武汉各党政机关，限五日内全部移驻重庆。[②] 从7月18日起，奉令前期到达武汉的国民党中央党政机关又开始了新一轮的西迁之旅。同日，中央社会部移驻重庆办公；27日，外交部政务部次长徐谟、常务次长曾镕甫抵渝；8月4日，国民政府驻汉口各行政机关全部迁移重庆，军事机关则移往湖南。8月5日，中国国民党副总裁汪精卫及行政院院长孔祥熙分别抵达重庆。8月6日，行政院院长孔祥熙在重庆举行首次记者会，报告今后努力发展后方经济建设，增进战时行政效率等施政方针。9月，财政部移渝办公。

10月22日，蒋介石指出："此时武汉地位已失重要性，如勉强保持，则最后必失，不如决心自动放弃，保存若干力量，以为持久战与最后胜利之根基，对于敌军心理，若其果求和平，则我军自动放弃，反能促其觉悟，并可表示我抗战之决心与毫无所

---

① 参见唐润明：《陪都大事记》，《档案史料与研究》1991年第2期，第76页。
② 参见吴相湘：《第二次中日战争史》（下册），台湾综合月刊社1973年版，第694页。

求，亦无所惜，使其不敢有所要挟，否则如我希冀其停止进攻，则彼将更奇货可居矣，故决心放弃武汉，并发表宣言，通告中外。"①

对于蒋宋撤离武汉后抵达重庆前的行踪，《读卖新闻》进行了追踪报道。10 月 22 日，该报以"蒋空降长沙，美龄前往重庆/中国"为题报道，援引上海同盟社消息，称："据汉口来电，皇军神速果敢的广东攻略传到汉口，武汉上下一片惶恐，各将领狼狈失色，江南江北的武汉防御阵容士气尽失。预感武汉危在旦夕的蒋介石于二十一日从汉口乘机飞赴长沙，与此同时，宋美龄从汉口转移到重庆。"② 10 月 23 日，《读卖新闻》又修正其道听途说的消息，以"蒋夫妇突如其来赴港，汪兆铭同行，与英国大使进行重要协商"为题，报道蒋氏夫妇的动向。报道这次援引的是纽约同盟社 22 日夜间从美联社获得的消息，称"最可信的传闻是，蒋介石、宋美龄、汪兆铭三人结伴乘飞机离开汉口飞赴香港，可以认为是蒋介石与卡尔英国大使会面达成了重要协议"。该报道甚至还附录了宋美龄的照片。③

10 月 24 日，国民政府军事委员会发言人接见中外记者，说明"对日作战已重新决定战略，准备自动放弃武汉之核心，另作部署，以与敌周旋，并谓此项决定，乃为军略上转移兵力所必须之步骤"④。10 月 25 日，《读卖新闻》继续报道从纽约同盟社获得的信息，推测蒋介石最近访问香港表明其"下野"。报道称："蒋介石在宋美龄的陪同下于十八日秘密访问香港，并在此停留至二十日，后留下宋美龄只身于二十日凌晨飞至汉口。"报纸最后引用"小道消息"，说"有传言称蒋介石有意下野，并提出汪兆铭接替

① 萧李居编辑：《事略稿本》第 42 卷，1938 年 7 月至 12 月，台北"国史馆"2010 年 7 月印行，第 449 页。
② 《读卖新闻》1938 年 10 月 22 日，日报第 1 版。当天《朝日新闻》也刊载同样的信息。
③ 参见《读卖新闻》1938 年 10 月 23 日，日报第 1 版。
④ 萧李居编辑：《事略稿本》第 42 卷，第 467 页。

为条件"①。10 月 28 日，国民参政会举行迁至重庆后的第一届第二次会议。

当蒋介石偕宋美龄抵达重庆的时候，已经是 1938 年的 12 月 8 日了。当日上午 11 时，蒋介石与宋美龄由桂林起飞，下午 2 时抵达重庆。② 蒋介石在日记中记录了这一天夫妻俩抵达重庆前乘坐飞机的周折。③ 第二天，王世杰去拜见蒋介石，他在日记里记道："由重庆渡江往江南岸黄山，晤蒋先生。蒋先生对继续抗战方针，持之极坚……政府对于后方政治经济建设应该立即确定一年半或两年计划。"

重庆时期的蒋介石日记，从一个侧面反映出宋美龄在内迁初期到重庆的状况。12 月 10 日，蒋介石在日记里写下"从头做起"四字以自勉。④ 蒋介石决心在重庆国民政府战时新都——重庆开始他的"新政"，而这一新政，是在宋美龄的陪伴下启动的，并掺杂了宋美龄个人的若干因素。和第一次抵达重庆不同的则是，这是南京国民政府被迫移驻内地。但不管怎样，落户重庆为蒋宋带来了相对安稳的环境，抵达重庆的当晚，蒋宋"驻寓黄山"。

12 月 12 日，蒋介石在日记中写道："本日为余西安蒙难第二周年纪念日，回忆当日之险恶情形，与今日之如此安乐自由，虽在倭寇困迫之中，然较之遇难时之危急状态，则胜于千万矣。上

---

① 《读卖新闻》1938 年 10 月 25 日，第二晚报，第 1 版。日媒对宋美龄行踪的报道显然有误。1938 年 12 月 12 日，宋美龄给艾玛发出了到重庆之后的第一封信。她写道："我刚刚抵达这里，最近的六个星期我一直陪伴委员长在中国前线各地视察。有几天我们再次去了西北，在那里我们观察了十天。"参见 Letter, May-ling Soong Chiang to Emma Mills, December 12, 1938, Correspond from May-ling Soong Chiang July 1938-Dec. 1938, Papers of Emma DeLong Mills, MSS. 2, Box 9, Wellesley College Archives.

② 关于宋美龄抵达重庆的时间，王世杰日记中记载是 12 月 7 日蒋宋抵达重庆，见《王世杰日记手稿本》第 1 册，第 444 页。日本媒体则给出了错误的时间，1938 年 10 月 21 日该报道："蒋介石夫妇从汉口逃离，蒋介石往长沙，宋美龄往重庆。"(《朝日新闻》《读卖新闻》1938 年 10 月 22 日) 1938 年 12 月 6 日，《朝日新闻》又报道："蒋介石与宋美龄一同抵达重庆，住在重庆市长江南岸山上的王陵基将军府。"

③ 据蒋介石记载："1938 年 12 月 7 日，晨五时后起床，预备乘机飞渝。二度到机场起飞，一度以云厚不能飞行，仍折回桂林。时已下午二时。"见萧李居编辑：《事略稿本》第 42 卷，第 650 页。

④ 萧李居编辑：《事略稿本》第 42 卷，第 651、655 页。

帝既能拯救余出此万恶绝险之境，自能拯救余四万万生灵于涂炭之中也，惟祈上帝能早日赦免余之罪恶，而使余国家民族速即脱离压迫，实现独立耳。"①

12月13日，南京失陷一周年。蒋介石在日记里写道：上午看书、检查旧稿，发现前年在西安寄给宋美龄与经国、纬国两子之遗嘱，读之不禁有隔世之感。当天下午，蒋介石偕夫人"同到浮图关营房视察"②，以示夫

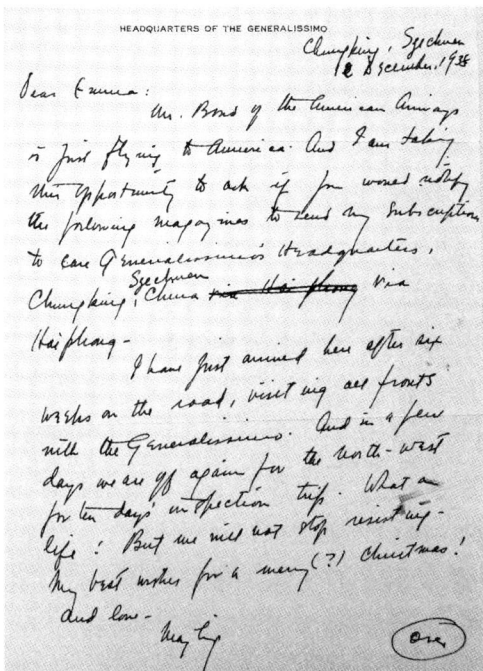

宋美龄在重庆给艾玛·米尔斯的手写信（卫斯理学院档案馆藏）

妇共赴国难的信心。据两天前与蒋介石夫妇见面的美国驻华大使詹森的观察，刚刚抵达重庆的宋美龄"气色很好，没有被战争吓着"③。

然而，就在蒋宋抵达重庆不久，国民政府即遭遇了重大的政治危机，即汪精卫集团投敌叛国。经过与日本的秘密勾结，1938年12月18日，汪精卫率陈璧君、周佛海、曾仲鸣、陶希圣等潜离重庆，经昆明到达河内，29日在河内向重庆国民政府发表"艳电"，为日本侵略者辩解，劝说国民政府与日本和谈，共同防共。随后，陈公博、高宗武、林柏生等也公开投敌。12月30日，汪精

---

① 萧李居编辑：《事略稿本》第42卷，第666—667页。

② Chiang Kai-shek Diaries, December 13, 1938, 40.2, Hoover Institution Archives, Stanford University.

③ 《詹森驻华大使携重大报告归美 本社伊藤特派员与之船上对答》，《朝日新闻》1939年1月19日，第1版。

卫向日本提出四项要求，包括彻底轰炸重庆，以为其建立伪政权铺路。①

1939 年元旦，国民党召集临时中央常委会，决定"永远开除汪兆铭（精卫）党籍"。重庆和大后方人民纷纷集会，愤怒声讨汪精卫投敌叛国的行为。1939 年 1 月 15 日，宋美龄在重庆对中国妇女团体发表演说，庄严地宣称："中国不能与日本言和，亦将不与之言和，余最近数度赴前线视察，前线士兵与民众虽受恐怖之痛苦与艰难，未闻其有何愿意言和的表示，仅至后方，始闻有若干勇气与信心两缺者有和平谈判之建议。"②

1 月 16 日，《读卖新闻》以"美龄演讲，举起菜刀抗战"为题，报道了宋美龄对于汪精卫的批评态度。报道称："据重庆来电，14 日宋美龄在妇女团体会上发表如下狂妄言论：对于将中国人奴隶化的日本人，中国绝不与之谈论和平。并以此攻击汪一派。""现在紧紧团结的全中国二亿妇女，做好了将厨房的菜刀举起随时抗敌的觉悟。"③ 东京《朝日新闻》则刊发"重庆特电"，予以报道，称："宋美龄在十四日午后，在与当地妇女团体座谈会上作了如下演说：对于日本，中国完全没有想要和平交涉的想法，我和蒋一起巡视了各战线，虽然物资困乏但是前线勇士们都没有表现出对日求和的意愿。我认为提倡和平交涉是躲在安全的后方、没有直面现实勇气的胆小鬼所为。"④

1 月 19 日，蒋介石发表告全国士绅及教界通电，阐明政府迁渝后的抗战决心及举措，他指出：第一，应协助政府推行兵役，以充实抗战急需之兵员，惩罚逃役，奖励报效，务使民众乐于从戎；第二，应积极开发地方经济，以充实长期抗战之资源，必须做到无废人、废物、废时，然后生产增加，经济持久，即足以致

---

① 陈克文在日记里对汪精卫叛变事件有不少议论，阐明此时国民政府上层抗战理念的差异。

② 《蒋夫人快话痛斥主和者》，《申报》1939 年 1 月 16 日，第 3 版。

③ 《读卖新闻》1939 年 1 月 16 日，日报第 1 版。

④ 《宋美龄逞强》，《朝日新闻》1939 年 1 月 16 日，日报第 2 版。

倭寇之死命。①

1月21日至30日，国民党五届五中全会在重庆召开。蒋介石作《敌国必败及我国必胜》的报告，阐明在新形势下如何坚持抗战到底。军事委员会根据其报告的精神制定了《第二期作战指导方针》，指出："国军连续发动有限度之攻势与反击，以牵制消耗敌人，策应敌后之游击部队，加强敌后方之控制与扰袭，化敌后方为前方，迫敌促于全线，阻止其全面统治与物质掠夺，粉碎其以华制华以战养战之企图；同时抽出部队轮流整训，强化战力，准备总反攻。"② 会议还决定设置党政军一元化的"国防最高委员会"，蒋介石任委员长，并规定委员长处理党政军一切事务都可以不按平时程序。

国民党五届五中全会的另一个重要议题就是如何"防共""限共"。会上，蒋介石作《唤醒党魂发扬党德与巩固党基》的报告和《整顿党务之要点》的讲话。会议设立专门的"防共委员会"，通过了"整理党务"决议案。会后，国民党发布了一系列秘密文件，如《防制异党活动办法》《共党问题处理办法》《异党问题处理办法》《沦陷区防范共党活动办法草案》《陕甘两省防止异党活动联络办法》《运用保甲组织防止异党活动办法》等。

2月18日，宋美龄在重庆接见法国《巴黎晚报》驻华特派员、作家夏度纳。会见中，宋美龄再次鲜明地表示中国抗日到底的态度。她说："无论如何，吾人必当奋斗到底。日本正在中国进行全面战争，其轰炸不设防城市与焚毁医院大学，仅可表现其野蛮于人类，无辜人民之无自卫能力而惨遭屠杀者，以数十万计，妇女被辱之后，又被戕害，幼年儿童，且不免于一死，受伤者惨被活埋，又复比比皆是，凡此残忍行为，多为余所目击，考之史□，旷观寰宇，任何民族，从无如是之狠毒者，日本且敢到处宣传，谓其在亚洲所负使命，乃以亚洲还诸亚洲人，其真意所在实欲毁

---

① 参见公安部档案馆编注：《在蒋介石身边八年——侍从室高级幕僚唐纵日记》，第84页。

② 吴相湘：《第二次中日战争史》（下册），第575页。

灭中国，此则未能如愿以偿，反以有促成全中国之团结，彼将自食其报。"① 2月22日，夏度纳抵达香港后对记者谈游渝观感，称在重庆时期见蒋氏夫妇并各要人，从宋美龄那里了解到了重庆"新生活运动"的详细活动。"综合旅重庆期间见闻所及，深觉中国人心奋发，咸具抗战到底之决心。"②

1938年10月，史无前例的工矿迁川暂告段落。到1940年，"迁川工厂155家中，在重庆及其附近择址设立经营者达97家，其中有机器工业、纺织工业、造纸工业、印刷工业、化学工业、电器工业、煤矿工业等，实使重庆骤然成一繁盛之工业城市，其工业区之范围，广出10余方英里。此种情形，实为吾国民国工业之大迁移，而重庆适为其复兴之基础矣"③。随着国民政府中枢及人员转移，政治中枢在新都重庆站稳脚跟，并开始有效组织社会生产，安置内迁机关、工厂及高等教育文化机构，转移并安顿大量内迁难民，协调中央地方关系，构建以重庆为中心的交通、通讯网络枢纽等。1939年2月1日，军事委员会移至重庆办公，重庆行营结束其历史使命。④ 国防最高委员会在重庆行营原址办公，张群任秘书长。⑤

国民政府迁都重庆，彻底击破了日本军国主义者妄图速战速决之侵略中国计划，表明了中国政府坚持长期抗战之决心。伴随国民政府政治中心的移驻西部，重庆迎来了最为辉煌的历史时期。对于迁移重庆的国民政府，西方传教士给予高度的赞誉："这群从东部来的训练有素、现代而先进的群体在保守和欠发达的西部已

---

① 《蒋夫人对法国记者谈话》，《中央日报》1939年2月21日，第2版。

② 《法作家夏度纳谈游渝观感 人心奋发建设进步》，《中央日报》1939年2月25日，第3版。

③ 《重庆市建设方案》（1940年3月），《档案史料与研究》2002年第3期，第44—45页。

④ 早在1935年蒋介石携宋美龄入川之后，川省作为抗日战争中国大后方基地之布局已纳入南京国民政府的战略规划。1935年10月，军事委员会委员长重庆行营设立，川、康、黔、滇、藏五省的军队均受其节制，重庆成了西南地区的军事、政治中心。到1939年2月国防最高委员移至重庆办公，重庆行营撤销，成都、西昌另置行辕。历时三年零四个月，重庆行营见证了国民政府中枢1937—1939年迁渝布局的历史。

⑤ 有关南京国民政府政治中枢迁移重庆的历程，参见唐润明：《陪都大事记》，《档案史料与研究》1991年第2期，第74—76页。

经显示出惊人的影响力。过去的一年，因为这次从东部带来的大内迁，在保守的西部更多的变化正在发生，这些变化可能要比过去五十年的成绩都大。"[1]

需要指出的是，考量宋美龄在重庆时期的历史，必须关注国民政府移驻重庆初期的政治生态。1939 年 1 月 21 日至 30 日，国民党五届五中全会在重庆召开。[2] 会议决定设置党政军一元化的"国防最高委员会"，蒋介石任委员长，并规定委员长处理党政军一切事务都可以不按平时程序。无疑，这次会议为"第一夫人"宋美龄发挥个人的才华提供了宽广的政治舞台。2 月，国民政府向一届三次国民参政会提交《国民精神总动员纲领》，并获得通过。3 月，国民政府在国防最高委员会下设立国民精神总动员会，蒋介石出任会长，并公布了《国民精神总动员纲领》和《实施办法》，在全国开展国民精神总动员运动，成为重庆国民政府在抗日战争时期发动的一次全民性运动。

宋美龄指出："在这里，我们国家的损失将获得更多的补偿。因为，我们在现有的基础上，将建立起一个更快和更可靠的民族复兴的大厦——一个崭新的，更加强大和牢不可破的中国。"

三、"新都"的"旧"

当刘节辗转抵达迁至重庆的中央大学时，已是 1939 年 2 月初了。他在日记里写道："重庆为川东大都会，狭于两江之间。旧亦山城岩邑，因近年商业繁盛，一切现代化，晚间灯火照耀，恍然身在上海、香港间。"[3] 事实上，此时的重庆是一个城市建筑破旧

---

① Chungking, China's New Capital, by George A. Fitch, February 12, 1939, John Hersey Papers Group No. 145, Box 4-1, Divinity School Library, Yale University.

② 参见吴相湘：《第二次中日战争史》（下册），第 575 页。

③ 刘显曾整理：《刘节日记》（1937—1977）（上册），大象出版社 2009 年版，第 23 页。刘节（1901—1977），原名翰香，字子植，自号青松。浙江永嘉（今温州）人，我国现代著名史学家。1923 年春考入上海私立南方大学哲学系就读，后转入国民大学哲学系就读。1926 年秋国民大学毕业，考入北京清华大学研究院国学门，先后任教于南开大学、河南大学文学院。1939 年元旦由香港取道越南，再辗转经昆明至重庆中央大学研究院。

不堪、卫生条件糟糕、交通极为不畅的旧城。

1938 年 10 月，国民党四川省党部主席陈公博在《中央日报》上发表连载文章《对重庆说些话》。文章指出：初到重庆的人们，大概没有几个人能够得到好的印象，尤其是一般"下江人"——其实不止于下江人，你若问他们对于重庆的印象怎样，他们很容易叠起几个指头，数说八九个重庆的缺点。① 缺点之一，便是秩序混乱。一位作家说他刚到重庆时，"那一种纷乱、杂吵、拥挤"的情形，几使其"脑袋要爆裂"。② 在陈公博看来，重庆秩序混乱的主要原因是市民全无修养，不懂礼貌。与此同时，重庆市的警察力量薄弱，尤其是警员质量低劣，也是导致"新都"秩序不良的主要因素，陈公博因此举了若干例子说明自己的判断。③

秩序混乱也是由交通堵塞造成的。与"现代都市"的交通设施相比，重庆相差甚远。刘节在其日记中写道："重庆本在山上，于是类香港。惟市内交通不方便，又上下山坡甚多而峻急，故土人皆以轿代步。"④ 据重庆市在 1937 年 11 月 30 日对本市交通工具的调查，市内营业汽车 88 部，自用汽车 151 部，运货汽车 5 部，人力车 2091 部，自用包车 177 部，人力货车 41 部，营业脚踏车 193 部，自用脚踏车 469 部，机器脚踏车 12 部，驳船 228 只，乘轿 3332 乘。全市从事交通运输业的工人共计 14833 人，其中汽车司机 269 人，人力车夫 3821 人，渡轮工人 3893 人，轿夫 4000 人，搬运工 3238 人。"繁盛市区，道路纵横，每于交叉路处，行人拥挤，车辆阻塞堪虞"，"沿扬子、嘉陵两江，原有码头均极简陋，运输交通，胥感不便"。⑤

新首都的城市公共设施很简陋，完全谈不上具备现代都市的景观。"因为它的地方狭小，人口稠密，所以各公共建筑都小得可

① 参见陈公博：《对重庆说些话》，《中央日报》1938 年 10 月 2 日，第 4 版。
② 端木露西：《川居》，《中央日报》1938 年 9 月 25 日，星期增刊。
③ 参见陈公博：《秩序似乎太乱了》，《中央日报》1938 年 10 月 9 日，第 4 版。
④ 刘显曾整理：《刘节日记》（1937—1977）（上册），第 23 页。
⑤ 《重庆市抗战四年来之建设状况》，《档案史料与研究》2001 年第 1 期，第 49 页。

抗战初期的重庆城市景观（重庆中国三峡博物馆藏）

怜，甚至无有。全城的中山公园仅仅占一小段山坡，四十万人的公园不及一个私人家庭的园地，这是多么寒伧啊！"不过，市政府解释了旧城改造的困难状况："重庆因位处山城，地势崎岖，交通素感不便，建设尤称困难，以现况而论，重庆市区之面积，因省市划界结果，将由12万市亩增至43万市亩。而全市所有马路，除成渝公路及南岸公路不归本市管理外，综计仅20公里，其比例已甚小。而此短短20公里中，较好之柏油路仅8448公尺，劣质之碎石路计12237公尺，碎石路因修理不良，热则扬尘，雨则泥泞，行人不堪其苦，路质亦极低劣。至于交通工具，除少数拥挤不堪之公共汽车及供不应求之人力车外，为现代都市交通大动脉之电车尚付缺如，以致街衢行人拥挤，往来耗费时间，甚且随时发生危险，既影响市民之生活，亦阻害市区之繁荣。"①

重庆的市政状况不良，乞丐与路毙在重庆街头似乎是普遍的事情。据当事人记载："渝市郊内外，乞丐很多，往往追随行人，

---

① 《重庆市建设方案》（1940年3月），《档案史料与研究》2002年第3期，第43页。

甚至半里一里跟着讨索，纠缠不休，而对于旅渝的外省人为尤甚。
这种乞丐都是瘾民的变相，蓬首垢面，皮包骨现，令人目不忍睹。
下江仕女，见到了颇肯激发恻隐之心，施以铜元。本地人物像见
惯了，无动于衷，置之不理，所以最后的结果是路毙。这种路毙，
在当地也没好行其德者，出为收殓。下江人见到路毙，唯有报告
警察，但警察也不甚关心，一似非其职权以内所应理者。"① 重庆
"街上熙熙攘攘地走着穿着劣质棉布衣服的没有表情的人们。麻风
病人很多。他们都是乞丐，情有可原地态度恶劣。你必须赶紧从
你的钱包里找点钱给他们，如果动作慢了，他们就会过来戳你躲
闪的皮肤"。②

　　战时重庆的公共卫生非常糟糕。"由于战争时期大批人涌入，
本来条件很差的重庆挤满了人，比以往更加使人感到不舒服，变
得更加肮脏，供应也更加紧张……由于人口拥挤，显得更加肮脏，
臭味更大。夜间耗子乱窜。职员和工人领不到全薪，许多人营养
不良。"③ 一位在重庆的西方人说重庆的 "街道上到处是泥浆，而
且臭气冲天。所有的粪便排污都是通过开放式的沟槽，或者是人
工挑的粪桶来搬运去作为肥料"④。由于 "使用烟煤，全城笼罩在
乌烟灰末之中。住在山下者空气不甚流通，住在山上者又为山下
之炊烟所熏，所以重庆市民患肺病者百分比定大得惊人"⑤。

　　1938 年 11 月 6 日，陈克文在日记中记道："到七星岗换乘轿
子，中间经过许多小街小巷，湫隘曲折，阴湿污秽，臭气熏天，
老幼男女，瑟缩其间，毫无人色，这些都是道地的重庆街道。这

---

　　① 吴济生：《新都见闻录》，上海光明书局 1940 年版，第 126 页。

　　② Martha Gellhorn, *Travels with Myself and Another*, *A Memoir*, New York：Jeremy
P. Tarcher, Putnam, 1978, p. 17, p. 47. 在回忆里，Martha Gellhorn 也说明了她的心态
与海明威不一样：He saw the Chinese as people, while I saw them as a mass of downtrodden
valiant doomed humanity... The truth was that in China I could hardly stand anything.

　　③ ［美］巴巴拉·塔巴曼：《史迪威与美国在华经验》，陆增平译，商务印书馆
1984 版，第 370—371 页。

　　④ Letter to Louise, January 5, 1943, Whiting Willauer Papers, MC 142, Box 2,
folder 4, Princeton Seeley G. Mudd Manuscript Library.

　　⑤ 胡庶华：《理想中的重庆市文化区》，《重大校刊》1936 年第 4 期。

样的市民生活,真是和粪堆里的蛆无异。重庆市政,今后唯一急务,应该是改进公共卫生几个字。"① 一位在重庆大学教书的外国教员描述了1939年"五三""五四"大轰炸期间的艰苦生活状况:频繁空袭的困扰,造成了难以入眠,但来自重庆的老鼠、酷热和婴儿哭声的打扰甚至是比跑空袭警报更严重,房间书桌抽屉里啃掉信封的硕大老鼠让人惊恐!②

白修德(Theodore White,西奥多·怀特)③,第二次世界大战期间美国《时代》周刊驻重庆的首席记者,费正清在哈佛大学的第一位弟子。1939年4月11日,白修德带着费正清的推荐信,来到战时首都重庆,并受雇于重庆国民政府中央新闻宣传机关。作为新闻记者,重庆是白修德崭露头角的地方,他采写了大量关于中国战场的报道④,访问延安后写出影响巨大的名著《中国的惊雷》。白修德既是重庆历史的亲历者,也是战时中国图像的塑造者和传播者。需要指出的是,白修德笔下的重庆,是一种政治意义的符号,他以极富政治色彩的语言,建构出的战时重庆图像,更多的则是一种国家的形象。⑤

---

① 陈方正编辑·校订:《陈克文日记(1937—1952)》(上册),第312页。

② 参见 General Cortes,Circular letters,by ETM,Esther Tappert Mortensen Papers,Group No. 21,Box 6-99,Divinity School Library,Yale University.

③ 根据白修德档案中的个人名片资料,西奥多·怀特的中文名字——白修德似应在哈佛大学读书期间获得,他到中国的第一张工作名片写道:美国哈佛大学派遣留学生白修德(1938—1939),见 Papers of T. H. White,HUM 1. 10,Box 222,Folder 2,China memorabilia and calling cards,Harvard University Archives.在重庆,白修德的证件显示了他中译名字的变化。1939年6月20日至12月19日,白修德随身携带的"重庆市外侨居住证"(第0169号)显示,24岁的白修德,受雇于重庆国民政府中央宣传部,职业为"新闻业",中文译名则为"怀德";1939年9月7日重庆国民政府外交部情报司签发的"两年有效期"的"外籍新闻记者注册证"(第50号),"怀德"的中文名字被替换为"白修德",其身份则为"美国美联社记者";另据1943年"重庆市外籍居民身份证"(第010521号,1943年1月12日签发),中文译名依旧为"白修德"。这一时期,他出入重庆奔赴战区的记者证上均以"白修德"为中文译名。见 Papers of T. H. White,HUM 1. 10,Box 222,Folder 1,Chinese memorabilia and China press cards,1938-1945。

④ 国民政府发给中外记者赴各战区随军工作证明书,见 Papers of T. H. White,HUM 1. 10,Box 222,Folder 1,Chinese memorabilia and China press cards,1938-1945。

⑤ 有关哈佛大学藏白修德档案介绍,参见张瑾:《探寻海外档案中的战时重庆图像——以哈佛大学白修德档案为例》,《复旦学报》(社会科学版)2013年第2期,第52—59页。

白修德的回忆是："重庆总是雾气腾腾的，除非是在晴朗的仲夏……这里街巷总是阴暗的，有些地方狭窄不堪，以至于过路人须用雨伞挡着两边屋檐的滴水方可通过。这一切，组成了一个香气臭气同时散发的气味交响乐。散发香气的是食品和调料，鲜花的芬芳，烧熟的板栗，焚香炉，还有鸦片的烟雾；发臭气的是未收拾的垃圾和遍地的粪便。噪音组成了另一类型的交响乐——男人的喊叫，女人的尖叫，婴儿的哭闹，还有各家各户鸡舍里母鸡的叫声。还有，那就是苦力们挑水时发出的单调的号子和走街串巷的货郎唱出的咏叹调……"在这里，"收粪人每天清早挨门挨户倒空各家的马桶，用竹扁担挑着晃晃悠悠的两桶大粪，赤脚快步沿石阶运送到江边被外国人幽默称为'甜蜜船'的驳船上。他们把粪便倒进驳船里，便返回来。赤身裸体的船工们摇着橹，把这些污浊的驳船驶向臭气冲天的各收集点去。这就是重庆回赠给田野的礼物。这些大粪被运到上游，卖给农民做肥料用。在这同一条江里，挑水夫也挑着含有泥沙的河水，战战兢兢地奔走在这些差不多的石阶上，卖给那些没有自来水管道的人家。重庆新建了自来水系统，但用户很有限，这样，就使得这些山路，上上下下的石阶上沾满了溅落物，时间一长，变得十分光滑。所以，谁也弄不清楚，什么样的污浊物会突然出现在你的面前，让你躲闪不及"。

白修德还描绘了重庆街头一幅传统与现代交织的"乡村"图景：一方面，"这条主要街道的两旁有着沿海城市那样的门面，商店里卖着布匹、手电、汽车零件、罐头食品，还有霓虹灯广告；小摊上贩卖的有针、线、空瓶子，都是从长江下游进来的"。另一方面，"这个城市真正不停地变奏的韵律，却是同那些稻田地联系在一起的。四川是中国最富裕的省份，在稻田地上，有五千万农民在劳作，在填充战时中国的粮仓。稻米用平底驳船从上游集中运来，都是装在麻袋里的。眼下是战争时期，稻米要运往前线，不再像以前那样运往沿海了。在重庆，富人中最富有的人便是米商和拥有稻田的地主。肉、米来自农村，好像是取之不尽似的。每天早晨，都有猪被运送进城。猪的四条腿捆扎在一根棍子上，由两个苦力抬着进城。猪的眼睛眯缝着，一路上发出极端痛苦的嚎叫，直到屠宰场才算罢休。待它再出来时已是鲜红的板肉，在卖肉的柜台上滴着鲜血。有的分切成灰白长条肉，苍蝇在上面乱飞，有的则被熏烤为黑白相间的干腊肠，长短不等，一串串地挂在木格子里的钩子上，卖肉的可依顾客的要求卖这些一英寸到两英尺长的腊肠"。①

城市的卫生条件恶劣，与战时首都形象极不相称。陈公博感叹地说："重庆的马路、大街、小巷，无处不发见人家抛掷弃物，我在早晨和黄昏的街上散步时，无处不发见涕痰。有一次我和自己打赌，倘使我走完一条甚至短短一条街，而不发见涕痰，我发誓作一篇文章恭维重庆市。然而结果，我只有失望，没有方法发见这个奇迹。"② 1940 年 3 月 28 日，陈嘉庚在重庆首次晋见蒋介石，宋美龄亦在座。蒋询问："到重庆后，所见景况如何？"陈嘉庚答道："唯人力车及汽车甚不整洁，与马来亚大不相同。马来亚各市区凡有不整洁车辆，禁戒甚严，故车主逐日必须洗刷清净，盖不但关系车辆而已，因市中大众观瞻所系，且能影响卫生，故甚重要。"于是，蒋介石立即命令改良。然而效果并不如意，不仅"汽车则仍旧"，且"诸官长所用汽车，多属大型，外观亦颇光洁悦目，若俯瞰车下及车翼等，则泥土积寸厚，似乎日久绝为清洗，车夫怠惰，车主不知督责，机件易坏，用油加多，皆由是也"。③

重庆是不宜居的，罪魁祸首还有这里的"气候"。董显光说，这种气候让他们这些"在滨海都市习惯阳光中生活者深感沉闷。重庆一年中最少有九个月全城都笼罩在浓雾中，令人透不过气来。其他三个月阳光普照的月份，雾是没有了，可是热度飞升到像在蒸笼里"。④ 而白修德在《中国的惊雷》一书中更是夸张地批评重庆的缺点，他写道："难民和流亡者几乎立刻认定重庆是一个可恶的地方，而他们认为最坏的东西之一，是重庆人。和政府一起到长江上游的

① Theodore H. White, *In Search of History*: *A Personal Adventure*, Harper & Row Publishers, 1978, p. 16.
② 陈公博：《应对卫生注意些吧!》，《中央日报》1938 年 10 月 5 日，第 4 版。
③ 陈嘉庚：《南侨回忆录》，岳麓书社 1988 年版，第 115 页。
④ 董显光：《董显光自传：一个中国农夫的自述》，第 89 页。

下江人，把四川人当做特别种类的此等角色。""新到的人也许会发现天气比人更为恶劣。重庆只有两个季节，而两季都坏。"①

住在重庆，还有一种不安全感。董显光说："整整七年中，我们客货运输，除了少数空运外，大部分都靠穿过长江险峡的船只。这形势当然确保了受敌军进犯的安全，可是政府因此负起的军需供应的担子实在沉重。我们跟国外的交通在一九四二年以前不是靠往来香港的飞机就要靠盘旋在中缅边界丛山中的公路。战争扩大而变成了全面世界大战，连这些跟国外接触的通道也给阻塞了。因此，那时生活在重庆颇有与世隔绝之感，但谁也不会有世外桃源的安全奢望。"②

新都的建筑破旧。重庆市工务局关于市政建设的报告指出："重庆市原有建筑物多用土法搭造，建造材料以采取竹木为大宗。此种房屋，极易引火，加以山地崎岖，消防灌救不易，辄致酿成火灾。且房屋本身之设计尤为简陋，环境卫生亦未顾及"。③ 而这一切乃是由于重庆建设基础薄弱造成的："举凡现代都市应有之设备，重庆大多只具雏形，甚或付诸阙如，以是建设事业，百端待举……"④ 这种状况当遭遇日军大轰炸时，更是雪上加霜。

1939 年"五三""五四"大轰炸之后，原本破旧的都市景观，因为轰炸几乎成为一座废墟。玛莎·吉尔红在回忆录中描述了1941 年她对重庆的印象：这是一个"日本人想炸就炸的一个城市"，"重庆看起来就像是一大辽阔的灰棕色废墟瓦砾"，"……根本就不像是一个首都，唯一的优势就是日本人不能到达这里。我看到的就是一个灰色的，没有规划的，泥泞的，聚集着毫无生气的水泥建筑物，以及穷人的棚屋"。⑤ 另一位在重庆的西方人也说：

① ［美］白修德、贾安娜，《中国的惊雷》，第8页。
② 董显光：《董显光自传：一个中国农夫的自述》，第89页。
③ 《重庆市抗战四年来之建设状况》，《档案史料与研究》2001年第1期，第49—50页。
④ 《重庆市建设方案》（1940年3月），《档案史料与研究》2002年第3期，第42—43页。
⑤ Martha Gellhorn, *Travels with Myself and Another*, *A Memoir*, New York：Jeremy P. Tarcher. Putnam, 1978, p. 17, p. 47.

"重庆是一个非常糟糕的居住地，每栋房子看起来都要倒塌的样子，而房子实际上的状况就是如此。房子外面泥灰因为轰炸而剥落得厉害。"①

重庆生活条件之艰辛远远超出了外来者的预期。战时重庆，是西方记者的聚集地。美国记者对"重庆"有各种不同的观感，他们普遍的看法是负面的，这种印象持续到了抗战结束前。② 他们作为记者的描述成为后来有关重庆刻板印象的典型话语。③

需要指出的是，向来尖酸刻薄的史迪威将军对重庆的印象却不错。1942 年 3 月 6 日，刚到重庆的史迪威在日记里记曰："在阳光的照耀下，重庆是个很不错的城市。这个城市依山而建。我们的住处在嘉陵江边。从这里可以观赏江上的景色，船只在江上往来穿梭，十分繁忙。江水十分清澈。"显然，史迪威将军初到重庆时，心情不错。不过，他对重庆的物价高不满意，他写道："这里的物价令人咋舌：一幅吊袜带要 80 元；一个火炭熨斗 200 元。到处是带着标价 50 元牌子的苦力。衣服根本买不着。"6 月 3 日，从缅甸战场败退回渝，史迪威"心情不好"，但依然写道："重庆天气晴朗，傍晚的阳光下，春天的田野景色宜人。"8 月 7 日，重庆的酷暑让他有些受不了，他在给妻子的信中写道："重庆是个火炉，能够离开它并呼吸一些凉爽的空气是一种享受。"8 月 20 日，史迪威又给妻子写信说："我暂时逃脱了重庆和它那致命的酷热，来到印度凉快凉快；顺便视察一下这里的情形。"④ 即使这样，他对重庆的批评似乎仅仅停留在对自然气候的抱怨上。

---

① Letter to Louise, January 5, 1943, Whiting Willauer Papers, MC 142, Box 2, folder 4, Princeton Seeley G. Mudd Manuscript Library.

② 参见 Stephen R. Mackinnon and Oris Friesen, *China Reporting*, *an oral history of American journalism in the* 1930s *and* 1940s, University of California Press, Berkeley, Los Angeles, London, 1990.

③ 参见 William M. Sloane Paper, Box 2, folder 1, pp. 1-12, CO 236, Department of Rare Books and Special Collections, Princeton University Library; William M. Sloane Papers, Box 7, Folder 3 Jan. 1944 China (January 29th 1944, CO 236, Department of Rare Books and Special Collections, Princeton University Library.

④ ［美］约瑟夫·W. 史迪威：《史迪威日记》，黄加林等译，世界知识出版社 1992 年版，第 50、102、122、125 页。

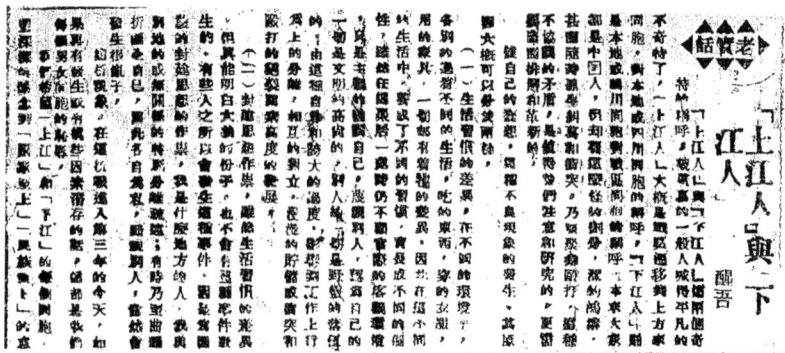

"下江人"与"上江人"的话题（《嘉陵江日报》1939 年 9 月 25 日，第 4 版）

新都的"旧"，还体现在文化的落后上。早在 1936 年 12 月，重庆大学校长胡庶华撰文指出："重庆市为川东一大都会，人口四十余万，工商业又相当的发达，学校有大学一所，中学十余所，小学数十所，新式设备几乎应有尽有。就表面观察，俨然具有现代都市规模，其文化似大有可观者，若一按其实际，则去现代文化的水准还差得很远。兹将文化上最主要的一环——中学的程度加以考察，就不免使人失望……此外，社会教育之不发达，公共卫生之不完善，在暴露这都市的缺点，而显其文化之尚待促进者实多。"① 何鸿钧是当年就读于复旦大学新闻系的四川籍学生。在复旦大学他见证了"下江人"与本地人的文化差异和融合的变化。他认为，抗战初期，"下江人"与本地人文化习俗上的差异实则反映出沿海较高文明与内陆落后文化之间的冲突。②

应当说，新都的"旧"是客观的事实，而"下江人"和西方人等外来者的描绘则强化了这个城市落后的一面。对内迁的人们来讲，这个后方新首都的形象远非想象中的现代都市。董显光说：

---

① 胡庶华：《理想中的重庆市文化区》，《重大校刊》1936 年第 4 期。

② 何鸿钧口述。1995 年 6 月 3 日，笔者在重庆出版社退休编审何鸿钧家中采访。何鸿钧（1919—2007），重庆市秀山县。1937 年秋初中毕业，考入重庆求精中学（高中）。1940 年秋考入复旦大学新闻系。1944 年秋毕业。1945 年至 1952 年，任重庆《新民报》记者、采访主任、编辑。后任重庆人民出版社编辑、重庆出版社政经编辑室副主任、主任。1987 年评为编审。1989 年退休。

"重庆不适宜做战时首都理由很多。"① 这些原先居住在南京、上海、北平的人们，尽管并不觉得他们的城市有多"摩登"，一旦落户重庆，却能发现这个"新都"的一大堆问题，甚至还突生出一种骄傲，而对这个内陆城市横竖看不顺眼。"这种下江人的骄傲，对于他们对战时重庆的控制与改造是必要的：文化的优越是文化征服的先决条件。"这种文化上的偏见，在国民政府迁都重庆初期表现得十分明显。②

梁侃列举了因大量人口涌入，重庆发生房荒，房租上涨，他们就骂本地人"恶劣"、四川人靠不住等话语，在陈克文日记里是可以看到的。③ 多数"下江人"将重庆（四川）的落后与"下江"的现代对比渲染，不断用"下江人"的生活方式审视、规范"新"陪都，更加暗示了

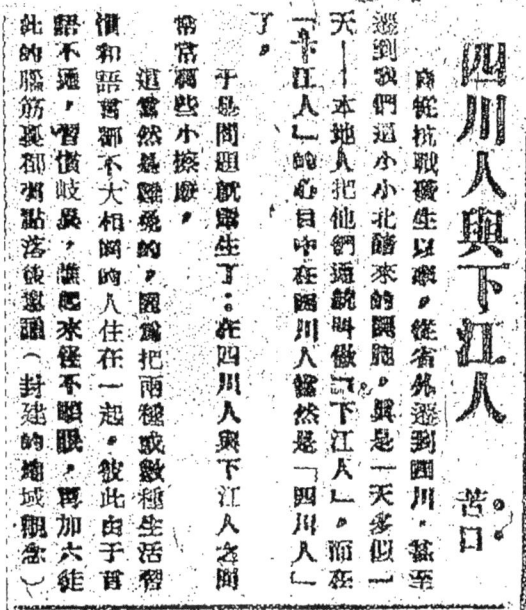

四川人与"下江人"（《嘉陵江日报》1939 年 7 月 9 日，第 4 版）

---

① 董显光：《董显光自传：一个中国农夫的自述》，第 89 页。
② 梁侃援引"下江人"的描述，归纳出战时重庆"本地人"与"下江人"两种称呼的含义。他指出，大抵"本地人"都是"坏""蛮横""狡猾""敲竹杠"的，而"下江人"大都是"摩登""阔绰"，并且带一些傻气。这种地域成见使"下江人"对四川的一切都看不大惯。见梁侃：《重庆作为战时首都的政治与文化意义》，见《纪念七七抗战六十周年学术研讨会论文集》（上集），台北"国史馆"1998 年印行，第 260 页。
③ 参见陈方正编辑·校订：《陈克文日记（1937—1952）》（上、下册）。

重庆城市文明的低度发展状态①，甚至有"一切无不下江化"② 的趋势。

四、规范"新"首都

新政府的到来，必然带来新气象。蒋氏夫妇提倡的移风易俗的"新生活运动"在战时首都迅速推行开展，并覆盖城市生活的方方面面。白修德的观察是："重庆过去是一个自我调节的地方性社会的省会；现在它突然被推进了一个新的世界。国民政府先遣人员一到，就发现以往那种懒散的生活方式缺乏纪律性，难以执行战争时期严肃的政治任务。鸦片在一九三八年的冬立刻被查禁。在我到达前四个月，澡堂也被禁止。商人们过去聚集在那里宴欢作乐，席间还可以出入蒸汽弥漫的浴室，澡堂的女招待给他们搓背按摩，他们甚至在浴室里干一些荒淫无耻的勾当。严峻的纪律是战时改革的主题，因此，喝烈性酒立即遭禁。奢华的传统结婚典礼被列为非法；后来还打算用简单的火化仪式来代替铺张浪费的旧式丧葬。人力车和滑竿都编了号，发给执照。甚至还发动了一场禁止随地吐痰的运动。"③

蒋介石下令严禁公务员跳舞冶游，也是一例。《中央日报》刊发消息称："顷奉最高当局命令，以本市党政军各级公务员多泄沓成风，逸乐是务，求其艰苦振奋，尽瘁职务者，百不获一。睹兹情状，极为痛心。兹为整饬纪纲，挽回风气起见，嗣后各级公务

---

① 吴济生在《新都见闻录》中对于战时首都基本持批判的态度，这在相当程度上代表了"下江人"的自负与优越感。

② "下江人"与四川人在文明程度上的差异最典型地体现在陈衡哲的四川之行及其话语所引起的风波。参见陈衡哲的《川行琐记》系列文章；叔永：《四川问题的又一面》（《独立评论》第 214 号）、《关于"川行琐记"的几句话》（《独立评论》第 215号）。吴稚晖在 1935 年入川时对重庆记者阐明了个人不同的态度："再说都市文明罢，沿江这一带我已经看见，渝（重庆）万（万县）各埠与长江下游各都市并不两样，并且我们认真要比较文化程度的话，我们也应该把中国拿去别国的国家比，而不应该拿这一省与那一省比，假若我们与别的国比一比较，我们那（哪）一省谈得上呢？"（《商务日报》1935 年 4 月 1 日）

③ ［美］白修德：《探索历史——白修德笔下的中国抗日战争》，马清槐、方生译，生活·读书·新知三联书店 1987 版，第 7—8 页。

蒋介石谈四川人与外省人（《嘉陵江日报》1939年10月19日，第4版）

员，如有赌博跳舞冶游及其他不正当行为者，无论任何阶级，准由宪警立即拿解，从严惩办，勿稍徇纵。"① 1939年3月，重庆市警察局发布公告，取缔男女同浴的风俗，公告称："近查本市各浴塘，间有设置家庭包房，内面陈设铺位卧具按时计费，随客包用，听其男女混杂。更有不良茶役为客召妓，起居其间，非特足以妨害善良风俗，抑且使匪徒易于混迹。亟应从严取缔以正风化而维治安，兹将规定取缔。"②

升国旗、唱国歌是国民政府培养国家意识的标志性举措。1938年的最后一天，宋美龄出席重庆新运总会在社交会堂举行的"除夕聚餐会"。报道称，这是一次"盛大而隆重的聚餐会"，"在热烈的游艺活动后，蒋夫人在热烈的鼓掌声中起立致词。她首先告诉大家：一个国家国旗的尊严，和人民对国旗应当的崇敬。五年前，领袖入川，蒋夫人同行，在成都，曾亲见一个屠夫，把国旗当做围裙使用，在现时代的中国，这种不合理的行动，太令人痛心了。往者已逝，来者可追，蒋夫人敦嘱大家，自二十八年元旦起，大家应该领导民众，切实纠正，使我们的青天白日旗，不再沾染些微的污秽，同时，

---

① 《严禁公务人员赌博跳舞冶游》，《中央日报》1938年12月22日，第3版。
② 陆思红：《新重庆》，上海中华书局1939版，第179—180页。

希望我们的国土，也洗涤已沾的污秽。"①

蒋介石对于升降国旗的仪式十分重视，电示重庆市市长吴国桢，"规定民家商店悬收国旗时间，并令警察切实执行"②。1942年10月14日，蒋介石指示吴国桢："重庆各处所悬国旗旗杆顶由市府统一式样改正。"③ 1943年4月5日，蒋介石电示贺耀组："重庆街道悬挂国旗应整齐划一。"同年9月20日，蒋介石又"指示贺耀组重庆各团体悬挂国旗遵照规定升降时间"，他指出："重庆市各团体商号于纪念日悬挂国旗，常见有于晚间七八点钟后仍未降旗者，此殊不合体制。以后对于国旗升降时间，应由市府加以规定，并通令全市遵照实行，一面并由警察局切实纠正。尚未有未照规定升降者，则应由该区警察所长或巡官负责。希即规定升降时间通令实施为要。"④ 这种新的风尚对长期封闭自治的军阀独立王国而言，无疑是破天荒的。后来，这种具有象征意义的政治符号也出现于重庆都市生活的其他方面，"剧院不仅是娱乐场所，也用来树立党国领袖的威望：各影院在未开放正片之前，先映国旗一面，飘飘然临风招展的样子，继映最高当局暨党国伟人名肖像，是时观众皆全体肃立，静聆播唱国歌毕，始就坐观映"⑤。

迁都重庆是国民政府基于以空间换时间的长期抗战的战略考虑。而一旦国民政府移驻重庆之后，地理上空间距离的压缩，使得中央政府得以从政治上近距离掌控结束防区体制的四川省。换句话说，曾经的权力"边缘"，如今开始要实质性地纳入南京国民政府权力核心的管辖之中。

1938年1月22日，即刘湘去世两天之后，国民政府发布命令，任命国防最高会议秘书长、行政院副院长张群为四川省政府

---

① 《捐助银杯义卖》，《中央日报》1939年1月1日，第3版。
② 《蒋中正电示吴国桢规定民家商店悬收国旗时间并令警察切实执行》，1940年12月30日，台北"国史馆"藏蒋中正"总统"文物，档案号：002010300041057。
③ 《蒋中正手令及批示（二）》，1941/01/23—1948/01/26，台北"国史馆"藏国民政府全宗，档案号：001000002111A，第45页。
④ 《蒋中正手令及批示（三）》，台北"国史馆"藏国民政府全宗，档案号：001000002112A，第19、61—62页。
⑤ 吴济生：《新都见闻录》，第148页。

委员，兼四川省政府主席。① 张未到职前，由王缵绪代理。3 月
4 日，川康绥靖公署改组。国民政府任命邓锡侯任川康绥靖公署主
任，潘文华任副主任。另任刘文辉为重庆行营副主任。围绕刘湘
的去世以及张群入主川政而发生的激烈斗争，显示出内迁初期中
央与地方的矛盾。川人对于看似“去四川化”的任命省外干部举
措的反抗，是这一矛盾的典型体现。1939 年 2 月 21 日，国民政府
特派刘峙为重庆卫戍总司令。3 月 16 日，重庆卫戍总司令刘峙就
职，发表施政方针，称将“加强首都防卫”。重庆，以一个城市的
空间，承担其国家的使命。

董显光认为：“那时候，四川的部分地方势力虽经安抚仍保留
着割据的局势，未减狭隘的地域观念，视外来人如闯入的不速之
客。安定四川政局的责任由蒋委员长青年患难之交的张群负了起
来。张氏是一位忠贞报国的干才，就靠他坚韧苦难的努力才逐渐
纠正了四川军人的歧见，促成他们参加抗战的大团结。这不是一
蹴可就的政绩，在开始阶段中张群遭遇到很多不愉快的挫折。”②

张群主持川政这一举措招致川军的抵制，引发了川军不小的
“政治”震荡。媒体舆论先行，强化了国民政府对于川人地方观念
改造的宣传。1939 年 9 月 21 日，《新民报》发表《今后的四川》；
10 月 17 日，该报又刊发代论《建设川康川人应有的责任》；10 月
19 日，发表《刷新川政复兴中华，蒋委员长同四川同胞约法三
章》；同一天，《时事新报》发表社论《四川——复兴根据地》。
1939 年年底，吴国桢任重庆市市长。③ 12 月 11 日，《新民报》刊

---

①　参见周开庆编著：《民国川事纪要》，第 39 页。对于刘湘的病逝，“川中谣言蜂
起，谓系为中央毒死”。参见吴国桢手稿，黄卓群口述，刘永昌整理：《吴国桢传》（下
册），台北自由时报 1955 年版，第 310 页。

②　董显光：《董显光自传：一个中国农夫的自述》，第 89 页。

③　吴国桢传记中有记录此次受命重庆市市长前的过程，他说：“在那时局紧张之
际，四川人与下江人隔阂尚未厘清，派贺（国光）实比派吴为得也。”1939 年“五三”
“五四”大轰炸后，贺国光被任命为重庆市市长，吴国桢说：“贺（国光）本来在张
（群）以前任行营主任，其绰号为贺婆婆，是一著名的好好先生，为四川军阀政客所熟
知，此时派充重庆市长，自易为市民接受。”参见吴国桢手稿，黄卓群口述，刘永昌整
理：《吴国桢传》（下册），第 308—309 页。

发《对于新市长的期待》。1942 年 12 月 8 日，国民政府任命贺耀组为重庆市市长。12 月 16 日，重庆市新任市长贺耀组到职视事。"新都"的新，从市长的更换体现了新气象。

所谓"去四川化"的政治"换人"，似乎成了国民政府初迁重庆时期的一种"公开"化的矛盾。1940 年 4 月 25 日，侍从室官员唐纵在日记中写道："委座一到蓉城，谣言四起，不曰邓晋康将长某战区，即曰潘文华将任某省主席，或曰，某师长反对出兵，正宜团结保存实力，各种谣言不一而足。我察各种谣言之起，多系川人故放空气，如果不察，大惊小怪，则上其当。川中军人政客相勾结，自组各种俱乐部。俱乐部有醇酒美人，有空中台阁，如是各种幻想、推测、奸谋、邪说，从此而出。有无常识之军人，有播弄是非之政客，川局安得不乱！我曾说，四川之政治，容易动摇，四川之生活，容易堕落！非苟语也。"①

事实上，国民政府中央与川军的矛盾与冲突，伴随了整个抗战时期，其复杂性远超张群主川的风波。1941 年 6 月 17 日，唐纵在日记中写道："昨日委座在扩大纪念周声称，四川为中央之四川，非谁人之四川。满清三百年之天下，尚且可以推翻，尚有何可惧！如果再有地主土劣把持粮食，不遵中央命令，政府决不宽贷。下午清乡会议审查会议，我主张清乡防剿、进剿同时并进。刘次长以四川部队不易调动，恐生误会。终以顾虑太多，未能通过。邓晋康在会议中报告时侃侃而谈，旁若无人，可谓善于辞令者也，对军令部所指之匪患原因，均一一加以辩论。"6 月 18 日，他又记录："此次清乡会议会场空气肃然。从议案中，很显然表明地方与中央之对立，如绥署建议设警备区，中央则改设清乡区……从委座近日对四川问题讲话之观点，似有解决川局之决心。"②

梁侃认为："既然将重庆定位战时首都，就要把它作为一个首

① 公安部档案馆编注：《在蒋介石身边八年——侍从室高级幕僚唐纵日记》，第127 页。
② 公安部档案馆编注：《在蒋介石身边八年——侍从室高级幕僚唐纵日记》，第275 页。

都来建设。改变重庆的城市形象、推行沿海地区十年建设时期的经验,便成为政府迁都重庆的文化意义。"① 国民政府移驻重庆之后,"新都"似乎不再是本地人的天下,大量外省人的涌入改变着重庆的本土色彩。从饮食文化的角度,白修德的观察是:"到战争结束为止,我在重庆吃到的珍馐佳肴除了偶尔能在巴黎和纽约吃到以外,是世界上其他城市所没有的。从福建、广州、上海、北京、湖北、湖南的大饭店逃难来到重庆的厨师,施展了他们各具地方特色的烹调绝技。"② 而对于普通民众而言,在1939年5月之后,日本人的炸弹从文化上将本地人和下江人融合在了一起——中国人。白修德说:"两年后,就我的观察,这两个方面的人都同我相处得十分愉快。那时重庆没有太多的恐慌,新迁来的和本地人学会了和平共处。"③

　　然而,"新都"与"下江人"想象差距甚大。因此,改变重庆城市面貌可以做的第一件事或许就是更改街道的名称。1936年前,重庆街道名称的形成大致有以下情形:(1)以商业市场为起源的街名。如油市街、鱼市街、棉花街、草药街、老衣服街、新衣服街、杂粮市街、饼子街、木货街、炒房街、小米市街。(2)以历代官署名称命名的街巷。如上都邮街、下都邮街、守备街、中营街、左营街、小校场、书院街、二府衙、厘金局巷。(3)以山城的地理特征和位置命名的,如上大梁子街、下大梁子街、小梁子街、小河顺城街、大河顺城街、水巷子、二十梯、十八梯、金沙岗、三门洞街。(4)以大族姓氏命名的街巷,有柴家巷、江家巷、戴家巷、曹家巷、蔡家湾、韩府大巷、蒋家院、吴师爷巷、余家巷、金家巷、书家院坝等。(5)以寺庙包括西方宗教教堂及其机构命名的街道,有关庙街、雷祖庙街、长安寺街、龙王庙街、罗汉寺庙、山王庙街、天主堂街、育婴堂街、仁爱堂街、清真寺巷、

---

① 梁侃:《重庆作为战时首都的政治与文化意义》,见《纪念七七抗战六十周年学术研讨会论文集》(上集),第255—275页。

② [美]白修德:《探索历史——白修德笔下的中国抗日战争》,第8—9页。

③ Theodore H. White, *In Search of History：A Personal Adventure*, p. 70, pp. 22—26.

报恩堂巷、若瑟堂巷。①

此外，重庆的不少街名显得非常不雅。如猪行街、粪码头、鸡街、马屎堆、牛皮凼、猪毛街、鸡毛土地等，也是让下江人不以为然的。本地人使用这些名字称呼重庆的大街小巷，似乎并无不便与麻烦，可是当国民政府迁入后，问题似乎就出现了。首先，下江人觉得重庆的街道系统紊乱，名称混淆。为适应"新都"的地位，重庆市地方政府采取了积极应对的态度。

1938 年 12 月 11 日，重庆市警察局局长徐中齐致函重庆市市长，呈报："查本市原有街道，编钉门牌，历时已久，脱坏甚多，且各处新建马路房屋，亦经次第落成，门牌一项，多付阙如，每于邮件往返，户口清查，诸多不便。爰拟将全市门牌重新编钉，并即趁此时机将从前街坊名称，名实欠当，及相互雷同者，酌予合并，或另拟名称，俾使识别，除新市区分局于本年八月份依上述原则办理完竣外，所有上中下城等五分局管内，拟即继续举办，以规划一，业经令行各分局拟呈前来，查核尚属相符。"随函并附拟修改街名一份。② 12 月 13 日，《中央日报》刊发中央社消息，称警局负责人发表谈话，"此次警局订正街道名称，颇引起社会人士之注意"，"一二报纸，略有评论"。负责人进一步解释订正街道名称的缘由和意义，而重庆现有的街道门牌之混乱，不仅使"邮电往返、户口清查，诸感不便"，且令"外来人士，寻觅一地至感困难"。③

1939 年 1 月 13 日午后 3 时，重庆市警察遵重庆市政府令，"函请有关机关商决更改街名"事宜，于青年会东厅举行会议，参加的单位有重庆市政府秘书处，市社会局，巴县地方法院，巴县江北县政府、财政、工务、电报、电话、邮政各局等有关机关，

---

① 参见彭伯通：《古城重庆》，重庆出版社 1981 年版，第 23—26 页。

② 重庆市档案馆藏重庆市政府全宗，29 目，第 110 卷，1938 年 12 月 11 日，第 2 页。

③ 《订正街道名称》，《中央日报》1938 年 12 月 13 日，第 3 版。陈克文在日记里也多次记录了重庆城地名的紊乱导致其找不到地址和跑冤枉路的情况。

另有本市绅耆曾子唯、温少鹤等 16 人,一并出席。1 月 19 日,警察局局长徐中齐呈报重庆市市长,说经会议详细研讨,一致认为"本市街道段落零碎,马路既成,街名允应早为确定。同时,街名雷同,与有不合现代提倡科学扫除迷信之精神者,亦应择优更改,以作一劳永逸之计,当将应改街名一致通过,并议决由警察局办理纪录在卷"①。

而街名要如何更改才好呢?改"街"为"路"似为现代化之举。20 世纪 30 年代,大凡传统的城市街道名称,多为"某某街"。重庆大街小巷共四百余条,(除郊区新开辟的两三条路外)或称街,或称巷,或称湾,或称沟,其他还有坎、洞、堆、坊、岩、坪等。偌大城区,没有一条叫作"路"的街道。只有"摩登"的城市,才有许多称之为"路"的街道。梁侃指出:"毫无疑问,对久居南京、上海的下江人来说,'路'显然要比'街'更加摩登,更加进步。倘使我们以 1930 年的'首都干路定名图',对照 1942 年的'重庆街道图',可以发现南京成为重庆建设的样本;改主要街道之名称,南京有 48 条街道,重庆有 20 条左右。"重庆街道原无路牌。市政府决定将干路大街之牌,仿上海路牌办法,横立人行道侧,小牌则钉于墙头。门牌用蓝底白字,写明街名,并编号数。②

需要指出的是,更改街名并非仅为满足下江人的需要,也有日机轰炸之后开辟火巷工程的实际需求。1939 年 11 月 16 日,重庆市工务局局长吴华甫提出"本市街道名称自拆除火巷后多已失实,如何整理请讨论案"。为此,重庆市政府决定"组织本市街名拟定委员会由警察局召集派员参加",在举行的第一次会议商讨新开辟火巷命名事宜,当场决定原则:一、化零为整;二、凡新辟火巷之宽度为十五公尺者称为路,十公尺者为街;三、凡称路之命名以新颖及含有抗战建国之意义为准则,凡称街之命名,可酌

① 《关于报送更改街名一览表的呈、指令及附表》(1939 年 1 月 19 日),重庆市档案馆藏重庆市政府全宗,29 目,第 110 卷,第 7—21 页。
② 参见吴济生:《新都见闻录》,第 12 页。

量运用旧有名称。依据上述原则，重庆市警察局拟具命名草案表后于本年十二月七日提交各局代表会议修正通过新命名火巷名称三十条，此次命名仅有"自十八梯通上南区马路之新辟马路奉命暂缓命名"。①

梁侃认为，如果改街为路仅仅是一个抽象概念的转换，那么街道名称的更改则具有政治象征意义。抗战时期重庆更改的路名有下列几种情形：（1）以国民党政治意识形态为标志的路名，有民权路（原都邮街、关庙街、鱼市街至较场口）、民族路（会仙街、小梁子街、龙王庙街、治平街）、民生路（杂粮街、售珠市、武库街、劝工街）。（2）以国民党领袖人物命名的街道，有中山路、中正路、林森路、岳军路等。（3）其他含有政治意义的路名，有中华路、民国路、和平路、中兴路、新生路、凯旋路、五四路、邹容路等。②

1939年11月1日，重庆市工务局局长吴华甫特函呈请重庆市市长贺国光可否准予改用地名，即拟将"两浮支路"更名为"青年路"，因为该地址为"三民主义青年团及本社驻在地，顾名思义似可因地制宜"更名，"以资社会对青年加重注意"③。

改变新都形象，也是川人的愿望。地方人士改变重庆地位的呼声一直不减。1939年7月27日，重庆市临时参议会成立，十月初召开第一次大会，大会中心议题，即"为复兴与建设两问题"。"复兴之意，在迅速恢复日前市面之繁荣，建设之意，在求重庆永久之发达，同时战时之复兴必须联系于永久之建设方有意义。故大多数参议员均集中其注意力于现代化都市之建设，一致认为重庆市未来发展之前途实属无可限量，参议会应对此方面提供建议，故有组织'重庆建设期成会'之决议，建设期成会之目的，在对市政建设做全面之考察与研究，然后协议有系统之建设方案，以

① 重庆市档案馆藏重庆市政府全宗，29目，第110卷，第33—34页。不过，由于日军对重庆轰炸的频繁，开辟火巷工程带来的修改街名也一直续到抗战结束。
② 参见梁侃：《重庆作为战时首都的政治与文化意义》，见《纪念七七抗战六十周年学术研讨会论文集》（上集），第255—275页。
③ 重庆市档案馆藏重庆市政府全宗，29目，第110卷，第31—32页。

奠定重庆为战时首都及战后西南建设中心之地位。重庆市民对市政建设作此种有系统之注意，当此为第一次。"参议会第一次大会还组织了"重庆市地方自治促成会"和"市政考察团"，为谋求地方自治与市政建设积极建言。如建议市政府测量市区工地，发展市区交通，加强防控设备，调整教育事业等。[①]

为推进城市建设，1938年年底，重庆市政府设立工务局，"专司全市建设事业之计划及实施"。1940年4月，重庆市临时参议会第二次大会召开，通过"重庆市建设方案"和"重庆市地方自治方案"。"两案均为重庆市最初出现之有系统的建设性方案。"参议员认为，重庆城市已是"人口稠密，工商业繁盛，市民文化水准较高，组织力量较强，故最易于实现市政民主"。[②] 1942年，重庆市工务局成立四年之际，"关于市区道路网之成立，公园码头广场之建造，公用事业及营造工程之管理以及公共防空洞之改善及增辟，均已积极兴办，粗具规模"[③]。

重庆旧城区及新市区之道路网，经市工务局一年半之调查测量，缜密计划，已于1940年间先后呈奉行政院核定公布施行，总计城郊道路干支线总长为92020.46公尺。尚未完成的计划拟于1943年度起分期完成。在前四年间完成的道路中，"以凯旋路一线工程最为艰巨，该路由扬子江边之储奇门、玉带街盘山而上，已达山顶区之大梁子，全长730公尺，为贯通上下城区之干道，建有石砌拱桥9孔，高耸山际，蔚为大观。此项路工，因地势特殊，施工困难，历时两载，始告落成。市区各马路之路幅，规定干线一律宽22公尺，支线计分18公尺宽及15公尺宽者两种，其两旁人行道，各占3公尺，就地取料，均用菱角石块铺砌而成。车道之宽度，自12公尺至16公尺不等，战时限于经费，暂先铺筑水泥碎石

---

① 《两年来之重庆市临时参议会（1941年）》，《档案史料与研究》2002年第2期，第12—13页。

② 《两年来之重庆市临时参议会（1941年）》，《档案史料与研究》2002年第2期，第14页。

③ 《重庆市抗战四年来之建设状况》，《档案史料与研究》2001年第1期，第48页。

路面，间或采用水泥路面，以利车行。已完成通车各路之养修工作，划分城区、新市区、复兴区、沙磁区、南岸区及江北区等六区，各设工务处管理之，各区道工共计 600 余名，经常担任路面之返修、沟渠之疏浚、溜方废土之清运，并兼办空袭期间抢修道路及维持被炸后之交通工作"①。

在重庆发动的另一个运动，便是国民卫生运动。清洁街道、整顿屠场、改良公共卫生成为此时重庆市卫生局工作的核心内容。1939 年至 1943 年间，蒋介石频繁发布各种手令及手谕，内容涉及"新都"的市政建设、城市景观、公共卫生等诸多细节。此外，同一时期重庆市卫生局、警察局、社会局等机构的档案文献充分展示了这一时期重庆城市卫生状态。蒋介石在重庆时期的众多手谕、手令中，规范战时首都的清洁卫生是一大主题。他有"亲自巡阅重庆市新开辟街道"的习惯。② 汉娜著作援引英文文献，描述蒋介石对于重庆的市容关注度，到了一种近乎苛刻的洁癖地步。③ 1942 年 4 月 22 日正午，蒋介石偕宋美龄巡视黄山各处，竟然"发现污秽之处甚多，公谓甚矣，久未检查竟致于此也，为主管者可不勤慎自持乎"④。同年 10 月 14 日，蒋介石又指示市长吴国桢彻底改善重庆市"各巷弄污秽"。为解决城市乱贴标语、壁画等问题，蒋介石又发布手谕，令"重庆所有标语与壁画十日内洗净重新张贴"，并"令重庆市各种标语一律正楷书写，违者取缔"，甚至还"指示吴国桢，重庆市马车马匹瘦弱，马主应注意喂养，并

① 《重庆市抗战四年来之建设状况》，《档案史料与研究》2001 年第 1 期，第 48—49 页。
② 台北"国史馆"藏蒋中正"总统"文物，档案号：002010300030057，1939 年 12 月 28 日；另见，《蒋介石电示市长吴国桢呈核巡视重庆市各街道及扬子嘉陵江两岸清洁程序》，1940 年 1 月 13 日，台北"国史馆"藏蒋中正"总统"文物，档案号：002010300031010。
③ 参见 Hannah Pakula, The last empress：Madame Chiang Kai-shek and the birth of modern China, New York：Simon & Schuster, 2009, p. 308, p. 318.
④ 周美华编辑：《事略稿本》第 49 卷，1942 年 4 月至 6 月（上），台北"国史馆"2011 年 9 月印行，第 168 页。

检查取缔"。① 这种"规范新首都"的做法，看似是蒋介石个人性格在国家行政管理上"事无巨细"的体现，实则是对想象的新都施加的规范。

战时首都的卫生运动，重点之一是灭鼠。重庆的老鼠之多之大是相当出名的。重庆人甚至因此有了"川耗子"的绰号。下江人于重庆的文字中，有关重庆硕鼠的记载比比皆是。据说鼠害泛滥的一个原因是当地人懒怠心太重，见多而不怪。但是下江人却以为不可容忍，于是就由国民党重庆市党部发动国民卫生运动。其中，畜猫捕鼠也列为竞赛的一种项目。规定凡一家捕鼠二十只者，发奖金一元，各街道联保，以捕鼠最多之三户为优胜者，得奖金五元。凡养猫捕鼠成绩最佳的前三名，除发奖状外，并请有关党政机关传令嘉奖。内迁的武汉大学生物系，更满墙张贴醒目标语，收买老鼠。生者每头二分，死者每头一分。② 不过，该运动的实际结果如何，尚待深入探究。1942 年 11 月 9 日，侍从室唐纵在日记里这样写道："委座忧勤，事无巨细，无不关注。手令各主官如何改进，如何推动，如何查报。但言者谆谆，而听者邈邈。"③ 因此，才有"捕鼠运动，积极者以下江人居多，本地人则习而安之"④。

值得注意的是，无论是更改地名，或是灭鼠卫生运动，还是"新生活运动"的种种举措，以下江人为主体的国民政府，旨在通过这些深入社会的细微的市政改革，展示出入川的中央政府欲以南京、上海为榜样，改变旧重庆城市面貌的决心。然而，战时重庆可以被指责的问题实在太多了，直到抗战结束，重庆市政的问题依旧严重。

---

① 《国民政府蒋中正手令及批示（二）》(1941 年 1 月 23 日至 1948 年 1 月 26 日)，第 42 页，台北"国史馆"藏国民政府全宗，档案号：001000002111A。
② 参见吴济生：《新都见闻录》，第 122 页。重庆的脏乱差、交通条件差等现象在陈克文日记中随处可见。
③ 公安部档案馆编注：《在蒋介石身边八年——侍从室高级幕僚唐纵日记》，第378—379 页。
④ 吴济生：《新都见闻录》，第 122 页。

媒体对于战时首都市政的监督也从未放松过。[1] 1942 年年底，《大公报》刊发社评文章《论重庆市政》，指出重庆存在的问题依旧是路政、卫生、交通和居住环境等基本建设方面的问题。[2]《时事新报》的社评指出："重庆市民最感痛苦的两大问题，一为'住'，二为'行'。"[3] 1944 年，《大公报》批评重庆的市内交通问题。[4] 1945 年 7 月，《大公报》再度发表社评文章《市政感言》，指出："重庆是一个周身伤疤的都市，而市政的设施，永远头疼医头，脚痛医脚……这样一个一百多万人口的都市，身为国际观瞻所系的战时首都，水不灵，灯不亮，路不平，终年闹着偷电抢水的风潮，公共汽车站行列常常拖到半里多长。下了几天雨，下水道的水会冲倒多少所房子，像中一路这样的市区心脏，竟让它污水长流，臭气冲天；而市区惟一的公园，四周都布满着垃圾堆，死老鼠，让细菌自由繁殖散播。这样的市政，怎样会不叫盟友窃笑！怎样会不使安身托命的百万市民不寒而栗！""重庆是一个千疮百孔的都市，它需要彻底的诊治，不要再头疼医头，更不要搽搽红药水就算完事。因此，我们才联想到这'医生'的制度与职责等问题。"[5]

内迁主流媒体对重庆市政的批评声音甚至持续到抗战结束之后。1945 年 12 月 19 日，《时事新报》社评文章指出："重庆的市政，在战时因陋就简，现在理由甚多，人民还可曲以原谅。现在胜利已经四个多月，而目前市政仍未见改善，未免说不过去。战时人口永远在增加，市区不断在扩张，随时有各种因战事需要的紧急措施，物质逐渐缺乏，币值时时低落。现在则至少这几种原

---

① 参见《对于新市长的期待》，《新民报》1939 年 12 月 11 日，第 2 版；邹明初：《再论战时行都的交通问题》，《新民报》1939 年 12 月 30 日，第 2 版；《重庆市建设方案》，《新民报》1940 年 3 月 1 日，第 2 版；《关于陪都建设》，《新民报》1940 年 10 月 25 日，第 2 版；《读者之声"住"和"行"》，《新民报》1940 年 12 月 20 日，第 5 版；《重庆住的问题》，《时事新报》1943 年 4 月 3 日，第 2 版。
② 参见《论重庆市政》，《大公报》1942 年 12 月 14 日，第 2 版。
③ 《重庆市的"行"》，《时事新报》1943 年 4 月 6 日，第 2 版。
④ 《重庆二三事》，《大公报》1944 年 10 月 20 日，第 2 版。
⑤ 《市政感言》，《大公报》1945 年 7 月 21 日，第 2 版。

因及其威胁，已不复存在，则市政不应再坏下去。如果另有使市政坏下去的原因，恐怕只有一个，即政府各部分的大员已陆续东去，上级的监督逐渐松懈，然而这个应该成为原因吗？重庆的市民本不奢望像欧美那样现代化的市政，但是依旧因陋就简，在市民日常生活的必需条件方面切实改善，也并非不可能，因此，我们也只就日常生活的必要条件上说起。第一，市内及郊区交通，越来越不便了……其次是电灯。重庆以前因战时军需生产和工厂用电力多，燃料又缺乏，所以常常停电。现在许多工厂已经停工或缩减，而市内南岸等区仍不少停电……第三，重庆是个两江夹流的城市，而水是市民最大苦恼的原因之一。窃水之风，夏天曾闹得不可开交，有武装窃水，武装保护等戏剧性……最后是门牌。警察先生所谓牌照，也就是贫民最怕换的牌照，新旧不同，一条街名也时常不同。于是重庆市民出门，上坡下坡之不足，又常要在八阵图中上下左右来回找新旧牌照。除了大街以外，门牌的次序是莫名其妙的。挨着的两家可以差数十号，而中间号数又须上下摸索而后得。有的有许多小街共一名称，永不分别，譬如大田湾，上、下、左、右、东旋西转五六条胡同，门牌断断续续多至三四百号，而只有一个街名。市政当局宁可把许多约定俗成以大街的名称改来改去，仿佛只要把'中山''青年''复兴'等等名称用在街上，便算是实行了三民主义，而不肯把许多同一名称的小街标别数字或方向，以便利民。至于清除修理小街的垃圾，厕所，装置路灯这些'鄙事'，似乎更非京兆尹所屑为。"[1] 12 月 20 日，《时事新报》再发社评《谈重庆的市容》，对重庆的市容清洁和公共卫生提出批评。[2]

对下江人而言，这并不是一个能彻底改造的首都。由于地方主义的存在、传统意识的顽固，国民政府似乎没有彻底地拥有过这座城市。白修德说："在这座逐渐被新来者搞得乌烟瘴气的古老城市里，除禁烟以外，其它任何法令都无法实施。在新的外部掩

---

① 《复员后的市政》，《时事新报》1945 年 12 月 19 日，第 2 版。
② 参见《谈重庆的市容》，《时事新报》1945 年 12 月 20 日，第 2 版，

盖下，这座古城继续保持着它旧日的生活方式。"①

不管怎样，举国内迁使重庆出现的"城市即国家"的政治生态，让重庆从此获得了前所未有的发展空间。抵达重庆之后，宋美龄开始在公共场合发表言论，并完成了相当丰富的战时书写。与蒋介石不同的是，宋美龄的言论中几乎没有涉及重庆市政的问题。换句话说，宋美龄更关注的是如何动员重庆地方女性及发掘一切有利于后方支援抗战的精神动力；对于器物层面的城市现代化问题，她采取了不批评、不评论的态度。

第二节　时过境迁："到后方不是逃难！"

新都的"新"与"旧"问题，在某种程度上又体现了中央与地方权力冲突的问题。从蒋介石的日记中，常常可见他对四川的问题充满忧虑；然而，宋美龄似乎并未被这一问题所困扰。当1938 年 12 月 8 日随蒋介石再莅重庆之时，宋美龄已不再是匆匆过客，而是"落户重庆"的国民政府的女主人。此次来重庆，她的心态有了重大改变，她的主要工作将是辅佐夫君完成抗战大业。因此，如何适应重庆的环境，发掘新重庆的魅力，全力维护重庆国民政府的抗战形象，打造全新的战时中国的政治中心的形象，就成为其工作的重要目标。

一、重庆"进步之速，实觉可惊"

宋美龄在《我的宗教观》一文中曾述及自己对旅行中的卫生与安全的看法，她写道："就我和我丈夫旅行的经验说，经过一个拥挤污浊的内地城市，我心中烦扰不安之至，而飞机在云雾迷蒙中，冒险前进的时候倒不觉得什么。个人的安全，我是从不放在心上的。"② 按理说，作为"下江人"，宋美龄对于重庆破旧的景

---

① ［美］白修德：《探索历史——白修德笔下的中国抗日战争》，第 8 页。
② 宋美龄：《我的宗教观》（1934 年 3 月载美国论坛杂志），载王亚权总编纂：《蒋夫人言论集》（上集），第 1 页。

观是不会恭维的,似乎在逻辑上还应该有不少批评的语言。据笔者能够阅读的资料,宋美龄有关重庆的批评话语几乎都集中于内迁前所著的《西南漫游》中,抗战时期宋美龄的文稿、书信中,很难见到类似的文字;相反,在宋美龄重庆时期的书写中,充满了对于西部、对于后方的四川重庆的新希望。这是一种应对抗战建国大业的试图发现西部新气象的努力,少了批评,自然就增添了对于内地民众和资源的信心。

抵达重庆不久,宋美龄在重庆市各妇女团体的大会上致词,她说:"我前四年到过重庆,现在是第二次了。重庆的面目,我已几乎不能认识。进步之速,实觉可惊。"① 短短四年,重庆为何进步如此之大,其进步又表现在哪些方面,宋美龄并未展开来说。从其整篇讲话看,其出发点更多地在于拉近与本地人的距离,为其接下来展开的后方妇女动员奠定群众基础。无疑,宋美龄的这一表态是深受重庆人欢迎的。就重庆城市的景观而言,谈不上发生了翻天覆地的变化。不过,此时重庆作为战时中国的首都,已经开始在以一个城市的空间接纳整个民族国家的内迁。在宋美龄看来,与动员民众参与抗日战争相比,重庆城的所有缺点都是可以忽略的。

随着军政、文教、工矿企业的大量迁入,重庆的城市人口迅猛增长,城市规模急速拓展。② 早在战前十年,重庆市人口即呈逐年递增的趋势,以 1933 年至 1936 年间重庆人口增幅尤为突出。③ 另据重庆市各警署对城市人口的调查结果显示,1929 年城市"中外户数"为四万五千零六十余户,人口约二十三万三千余人(不

---

① 《渝妇女界欢迎大会中蒋夫人训词原文——以六事勖妇女界努力抗战工作》,《中央日报》1938 年 12 月 19 日,第 3 版。

② 据 1945 年重庆市政府统计处编印的《重庆市政府统计提要》表 5 可以看出,1937 年重庆市人口总数亦为 475968 人。参见隗瀛涛主编:《近代重庆城市史》,第 384 页。

③ 参见汤约生、傅润华主编:《陪都工商年鉴》,第一编《陪都概况》,重庆文信书局 1945 年版。另据张肖梅的统计,1934 年重庆城市人口约有 28 万余人。参见张肖梅:《二十三年重庆市人口统计比较表》,《四川经济参考资料》,中国国民经济研究所 1939 年版。另据重庆市警察局的估计,1936 年城市人口有 475968 人。参见贺耀组:《重庆要览》,重庆市政府 1945 年编印,第 19 页。

含长江南北两岸的城市人口）。1935 年至 1936 年，城区人口骤增九万，这是由于 1935 年 4 月警察局将重庆南北两岸正式划入市区范围。随着新市区的日趋繁盛，重庆市公安局又增设了第十区署。① 重庆城市人口的增长势头一直持续到 1936 年。到迁都前，重庆新市区的开拓已基本完成，南区、中区两条干道相继通车，城市建成区面积由民国初年的五平方公里增至十二平方公里左右，城市人口约为三十四万人。

1938 年年底，城市建成区面积达三十平方公里左右，城市人口达五十万人，加上流动人口共六十余万人。据《中央日报》报道，内迁来的"下江人"多分布在重庆周边的乡村。因为那里生活便宜。"江津不比重庆，它有平坦的路，安静的生活环境。因此，流亡入川的难民——下江人——都喜欢搬到江津来住家。"② 这一年，《时代》周刊对重庆的定义也由原先的"鸦片之都"更新为"政府的官方所在地"（officially the seat of the government）、"中国的内陆首都"（China's inland capital）、"官方首都"（the official capital）和国际化都市等。③《基督教科学箴言报》这样描绘此时的重庆：尽管是一个传统与现代景观并存的城市，比如，城市依山而建，长长的石阶蜿蜒于长江和嘉陵江汇合的半岛，街上有最时尚的汽车，也有依靠原始人力的滑竿、黄包车和轿子……④ 早在日军飞机到来之前，这个富饶而人口稠密的四川大都市已经被作为中国复兴的基地。为适应西部商业发展和人口内迁的需要，现代的银行、企业、百货商店和旅馆在重庆随处可见，现代的蒸汽

---

① 参见重庆市市政府秘书处编：《九年来之重庆市政》，1936 年版，第 127—128 页。

② 绿莎：《在江津的难民》，《中央日报》1938 年 12 月 14 日，第 3 版副刊。

③ 《时代》周刊：On To Chicago, Monday, Jun. 13, 1938; Hankow, Monday, Sep. 19, 1938; Insufficient Sacrifice, Monday, Nov. 21, 1938; Detained, Monday, Feb. 05, 1940; Rabbit into Dragon, Monday, Feb. 19, 1940; Prize to Nippon, Monday, Sep. 16, 1940.

④ 参见 Randall Gould, China Flight, The Christian Science Monitor, 1939 - 6 - 28 (20).

轮船在长江上繁忙地运输。①

因为国民政府迁入，重庆的交通进一步拓展。1938 年 1 月 12 日，欧亚航空公司在重庆设立航空站。此后该公司所有自汉口飞往成都、西安、兰州、宁夏的航空班机均在重庆停落。现代通讯也使得新都与外部的联络加强，同年 4 月 20 日，重庆至长沙、汉口间长途电话开放商用。5 月 20 日，中国航空公司开辟渝嘉（重庆经泸州、叙府至嘉定）线，每周一、五对开一班。这一时期，以重庆为中心的现代交通设施建设加快。1939 年 1 月 30 日，新疆与重庆间的无线电话开通。2 月 22 日，中国航空公司飞机由重庆试飞仰光。3 月 1 日，重庆与昆明间长途电话开通。3 月 15 日，重庆至河内间中越航线通航。3 月 24 日，重庆至哈密间航空线通航，可接飞阿拉木图连接中苏航线。11 月 24 日，中国航空公司重庆至哈密线复航，与中苏航线联运欧亚邮件。

1939 年 2 月 22 日，夏度纳抵达香港后对记者谈游渝观感，称"重庆为余九年前旧游之地，其时犹类中古时代之城市，兹已一变为二十世纪之都会，交通便利，新式建筑，在在所见，与上海无异"②。

相对于在南京时期的工作条件，重庆能够为国民政府提供的条件极为有限。"新到的政府几乎占用了重庆及其邻近地区所有的旅馆、半现代化的办公楼和学校场地。然后，随着大批的人蜂拥而至，政府机构又向乡间扩展——搬进了墙壁用竹条编织、抹上烂泥后刷白的棚屋。"尽管如此，人们依旧络绎不绝地来到这个艰苦的西部边城。"不仅是政府官员选择了抗战的道路。在重庆周围几英里以外的几所临到大学逃避的几千名大学生及教授也是如此。沿海地区的许多小商人也不例外，他们来到这里不是为了发财，而纯粹是出于一种民族自豪感，出于一种始终要作为中国人的坚

---

① "*Rich and Populous Szechwan*：*Where China Builds Again. in The Christian Science Monitor*"，1939-6-5（9）.

② 《法作家夏度纳谈游渝观感 人心奋发建设进步》，《中央日报》1939 年 2 月 25 日，第 3 版。

强意志。"①

初到的"下江人"群体，人数不多，却带给战时首都一种"一切无不下江化"的氛围。"下江人"的概念并非仅仅是地理学的意义，在内迁时期的重庆，这一概念本身，已经表明其政治学的意义，即以"下江人"为代表的南京政府意欲改造内地重庆的思路，即变"边缘"为"中心"的政治象征意义。一位到重庆的外国人观察到，"重庆……到处都能看到南京人和南京商店。街头上一个擦皮鞋的就是南京来的难民，他是从南京走到重庆的，走了1500英里"②。唐纵日记里描写了"下江人"的生活状况。1940年7月8日，在日军轰炸后，唐纵"进城理发。踏进南京理发店，见屋顶已对天，昔日陈设已化为乌有，尚有熟人，对着一面小镜子在那里理发，神情如旧"，唐"亦在这破屋中理了发，一样感觉舒服"③。唐纵是湖南人，却习惯于去熟悉的南京理发店，反映出在重庆内迁公务员群体的心态。

北碚地区发行的小报——《嘉陵江日报》的广告因适应北碚内迁新居民的需求出现悄然变化。比如，1938年12月，该报刊出"征求英文打字员"和"洋房住宅出售"的广告。④1939年年初，该报又出现"旅客服务"的广告，工作大要分介绍房屋、引导参观、职业介绍等。⑤还有"出售房屋启事""新建洋房出让"的广告。内迁以后，北碚的房屋租价日益上涨，"房主贪得无厌"导致租佃纠纷增加，为此报纸发表短论《房屋主客纠纷日繁》批评这一现象。报纸还打出醒目广告"下江商店休业卖贱，欢迎参观"，显示了北碚的"下江人"群体在增多。1939年3月28日，《嘉陵

① ［美］白修德：《探索历史——白修德笔下的中国抗日战争》，第9页。
② Notes on a Trip to West China, by a Former Risident of Nanking, March 1939, Albert and Celia Steward Papers, Group No. 20, Box 8 Writings, Talks, 8 - 179, Divinity School Library, Yale University.
③ 公安部档案馆编注：《在蒋介石身边八年——侍从室高级幕僚唐纵日记》，第140页。
④ 参见《嘉陵江日报》1938年12月17日，第2版。
⑤ 参见《嘉陵江日报》1939年1月24日，第2版。人群增多以后，房屋出售广告和医疗开业的广告增加。

江日报》刊出短文，"曝光炒房价者：本市房屋，有人乘机操纵，张正之大发国难财"。文章指出："因重市疏散人口本市房地价值益行上走，一部分无知房主地主，每乘机渔利，如本市张正之者抬高房价年收房租万余，而金佛路有陈某者，亦以租房再佃获利数千，此皆本市抬高房价之鼓动者对于疏散人口多所阻碍，尚希当地政府予以严厉制裁云。"①

1939 年初春，白修德抵达重庆。他观察到了国民政府移驻重庆后的氛围。他写道："每天清晨，处处都可听见凄楚动人的国民党党歌：'三民主义，吾党所宗，以建民国。'当我努力把这首每天把我们从梦中吵醒的歌翻译出来时，西方的来访者都不禁为这又滑稽又严肃的歌词捧腹。但是配曲却是既令人激动又令人感伤的，我一听到它就感到震动。黄昏，当国民党的十二罗经点星旗徐徐降落时，军号齐鸣，传遍了这个城市的每个角落，我也为之感动不已。"②

"新都"处处呈现出国家的景观，也散发出一种英雄主义的气质。白修德写道："这个逃难政府属下的几千名文职官员给予我的第一个印象就是他们英勇气概。他们中间的任何人本来可以像其他成千上万的人那样，留在被占领的沿海地区，奴颜婢膝地屈从于战胜的日本人的颐指气使。可是他们不愿意这样做。他们宁可忍受重庆的酷暑和高温，忍受在既潮湿而又无取暖设备的屋子里度过严冬；他们宁愿眼睁睁地看着孩子们生病，甚至因病夭折，但他们不肯屈服。"这种民族主义的气节，让白修德感动。他说："去采访那些官员却令人感到鼓舞。那个时候，他们的孩子在政府办公楼台阶上嬉戏，他们的太太们把湿衣服晾到办公楼，而他们自己则在集体食堂吃饭，并且教他们的孩子如何对付春雾消散时必然会降临的空袭。几袋大米和一点菜油是公家每月的配给品。

---

①　《嘉陵江日报》1939 年 2 月 1 日、2 月 2 日、3 月 28 日，第 2 版。

②　Theodore H. White, *In Search of History*: *A Personal Adventure*, Harper & Row Publishers, 1978, pp. 71–72.

全家住在公家宿舍的一间屋子里，冬天生炭盆取暖。"①

白修德说，使他倾倒的不仅仅是他们的事业，还有一个明显的事实，那就是他们无处不在的美国方式。② 战时重庆的"亲美"要素，无疑与第一夫人宋美龄有关。毕业于哈佛大学的白修德这样形容："这种渗透由于蒋介石夫人的介入而达到高峰。她受过卫斯理学院的教育，是最高统帅的妻子，就是她劝说丈夫参加基督教卫理公会的。蒋介石的财政部长是孔祥熙，他读过美国的两个大学：奥柏林和耶鲁；蒋的外交部长是1904年的耶鲁毕业生；他的教育部长是匹兹堡大学毕业的；立法院长是孙科，拥有哥伦比亚和加利福尼亚两个大学的博士学位；新闻部长是密苏里新闻学院的毕业生；中国银行总裁是宋子文，后来做过中国的行政院长，是哈佛大学1915年的学生。中国政府中的美国毕业生名单是开列不完的——多得无法计算。从国家卫生署到盐业总局再到外贸委员会比比皆是。中国的驻外使节中，哈佛、哥伦比亚大学的学生也占压倒性优势；驻华盛顿的，是先后就读康奈尔大学毕业生；驻巴黎的威灵顿·郭先生，不仅拿到了哥伦比亚大学的三个学位，还编辑过该校的校报。不仅如此，他眼下正为其儿子成为哈佛大学《克里姆森》——哈佛红杂志的职员而自鸣得意呢。我在哈佛的学位在这里比在波士顿吃香多了。后来，我组织了一个中国哈佛大学俱乐部，其中蒋介石重庆政府里的高官占的数量竟然比日后约翰·肯尼迪入主华盛顿时的哈佛俱乐部的人还要多！"③

国民政府的"美国化"特征并非白修德个人的感受。1942年至1943年在重庆国民政府农林部中央农业实验所工作的美国园艺专家、重庆国民政府行政院农业顾问戴兹创（Theodore Dykstra），有着与白修德相同的判断，他认为，这个十分美国化的重庆政府，

---

① ［美］白修德：《探索历史——白修德笔下的中国抗日战争》，第8—9页。

② 参见 Theodore H. White, *In Search of History: A Personal Adventure*, p. 20. 另参见哈佛大学藏白修德个人档案第54盒有关对国民政府"美国化"的长文。

③ Theodore H. White, *In Search of History: A Personal Adventure*, p. 73. 美国农业专家戴兹创在重庆观察迁到北碚的"中央研究院"内的大部分专家均有美国留学背景。

留美归国博士在政府职员中的比例极高。①

戴兹创的个人档案文献现特藏于美国哈佛大学燕京图书馆,该文献中的信函、日记等是他在重庆时期的工作与生活的珍贵记载。他的记载展现了重庆国民政府农业部官员及研究人员的美国教育背景的普遍化。比如,农业部副部长 Mr. Chien Tien-ho 是康奈尔大学农业种植业博士。他也记录了在农业部工作的美国化方式。农业部招待的晚餐也是美国方式的,包括鱼、鸡肉和猪排,几道特别的菜和蔬菜、李子布丁和甜点。热情洋溢的欢迎和招待给这位美国专家留下了深刻的印象,他赞叹此次接待"办得非常好"。实际上,据作者的记载,农业部另外一名部门副主任也是从康乃尔大学博士毕业,其夫人是密歇根大学的生物学博士。作者描述道:"他们是你可以在任何地方见到的那种既聪明又有文化的人,但就是这样一对夫妻带三个孩子却住在两间没有任何现代设备的房子里。而这就是他们〔在〕这个拥挤的战时小镇所拥有的居所。他们不抱怨,只是说:'现在是战时,而且,在这时我们所要求的是保全健康,而不是其他的。'而在战前,这些人都是住在非常好的砖房里,拥有私人的轿车,以及便利生活的现代设施。"②

此后,在从北碚给家人发回的信件中,戴兹创对这群在北碚工作的内迁职员充满了好感,他对内迁来北碚的科研机构人员的工作态度和精神给予了高度的赞誉,他说:"最让人吃惊的是,这里的人们是如何在缺乏完全的设备条件下能有效率地完成任务,那是一种精神的力量。你从来看不到任何人沮丧的样子,他们的脸上总是充满阳光的笑容。这里的大多数机构都是从南京转移过来,在南京,他们有着宽敞美丽的房子,还有优良的设备。他们大多数在美国、英国、德国或法国接受过教育。现在,他们的一

---

① Diary Entries, December 18 1942, p. 42, Papers of Dr. Theodore Dykstra, 1942-1944, Harvard-Yenching Library.

② Letter of Dr. Theodore Dykstra, Janrary 12, 1943, Peipei, Szechwan, pp. 53-54, Papers of Dr. Theodore Dykstra, 1942-1944, Harvard-Yenching Library.

些实验室却是在泥泞的小茅屋里。"① 戴兹创还细致地描述了在一次宴会上接受蒋介石接见的过程中对蒋介石的印象，以及非常高规格的美式用餐招待细节。②

北碚的状况表明了迁移重庆的知识分子群体的增加，带给重庆不一样的文化氛围，新首都所呈现的是一个国家的文化景观。知识分子大范围深度介入战时宣传运动。《基督教科学箴言报》对于大后方重庆以文学为武器的抗战宣传与动员运动予以了报道。该报道指出，在重庆的"文协"总部，聚集着中国的众多抗日作家。他们发表的多数是现实主义的作品，以适应唤起民众抗战意识的内容需要。战时中国的戏剧也进步飞快，尽管在技巧和内容上都有待改进，但戏剧无疑是最为有效的抗战宣传工具。③ 为推动作家快速出成果，一种有趣的"集体写作"方式也出现了，这种样式和报告文学一起，成为战时中国最重要的文学体裁。大众阅读的印刷日报也刊登诗歌、戏剧和短篇小说。文学出版物以小说、诗歌和戏剧为主，接受专访的郭沫若告诉记者，像这样的现实主义作品，重庆大约每月要出版十部左右。④

日本的媒体更是用刻薄的语言将重庆国民政府的"美式"特征归结到宋美龄及其家族身上。《读卖新闻》载文指出："包括蒋介石在内的宋氏一族外表看起来是中国人，其实本质并不是，说不定宋家人之间聊天时都是用英文而不是用中文。美国文化深入了他们的骨髓里。不仅仅是宋氏一族，包括他们的佣人顾维钧也完全是美国味儿。宋氏一族的中心人物宋美龄，如同霸占中国的九尾金狐，是中国几百年才出一个的特殊人物。中国现在被她掌控，而掌控着她的则是英美人。在披着中国人皮的美国人——宋

---

① Letter of Dr. Theodore Dykstra, Janrary 30, 1943, Peipei, Szechwan, p. 71, Papers of Dr. Theodore Dykstra, 1942-1944, Harvard-Yenching Library.

② 参见 Letter, Dr. Theodore Dykstra to Myrtle, Janrary 22, 1943 Chungking, p. 81, Papers of Dr. Theodore Dykstra, 1942-1944, Harvard-Yenching Library.

③ 参见 Chinese Dramatics, *The Christian Science Monitor*, 1940-4-30 (4).

④ 参见 "China's Anti-Japanese Writers Organized in Major Cities", in *The Christian Science Monitor*, 1940-4-30 (4).

氏一家的支配下，中国连根都快断了。"①

　　内迁的高校带来了重庆城市氛围的变化。重庆的阅读氛围是浓厚的，"每条街道都可以发现一些小书店，那里可供阅读的有小说、严肃的读物，以及杂志和二手的外国图书——通常都是英语读物。众多的顾客中不仅有学生，还有各个年龄层的读者，他们希望通过阅读开拓视野，因为这些年的战争限制了他们的生活空间。阅览室以提供热饮吸引读者，可供借阅的图书馆和很多重庆书店都很受欢迎"。"人们聚集在墙边，在那里，报纸被拼贴到一起，以便那些不能订阅报纸的人阅读……在海外流行的书籍，包括小说和非小说类读物，都迅速地在中国再版，经常同时出现几种翻译版本……海明威先生的《丧钟为谁而鸣》在重庆和其他城市都销售。约翰·斯坦贝克的《愤怒的葡萄》和《月亮下山了》反响很好，后者大概同时有六七种不同的翻译本。"② 1943 年旅居重庆的美国出版商施隆（William Sloane）的私人信函印证了基督教科学箴言报记者的观察。施隆写道："书店里摆满了杂志。多数看起来都是看《国际事务季刊》的那种读者……受教育是中国的知识阶层非常看重的事情。阅读是一件受重视的事情，能给人以知识的东西是好的阅读材料……所以你（是指施隆在美国 Doubleday Doran & Company 的上司 Malcolm Johnson——引者注）要出版和出售的杂志应该是在美国针对教师和研究者阅读的领域。我向你提出这一点是想说明，我们的出版者应该认识到这里的图书需求市场，那就是几乎达到大学出版社水平的理性读物。"③ 的确，当阅读成为一个国家和民族在战争时期的基本需求时，灾难便无法阻止人们前进的脚步。

---

　　① ［日］武藤贞一：《日本刀》中国大陆（二），《读卖新闻》1943 年 1 月 6 日，晨报第 2 版。

　　② "Randall Gould, Chungking Reading Public Intent on Wider Horizons", in *The Christian Science Monitor*, 1943-10-9 (11).

　　③ William M. Sloane Paper, Box 2 Folder 1 (9), CO 236, Manuscripts Division, Department of Rare Books and Special Collections, Princeton University Library.

二、"为四川做事就是为中国做事"①

再入四川，作为新都的女主人，宋美龄注意到了这里的新气象。此时，四川的重庆似乎完全改变了她在 1935 年得到的负面印象。一旦落户重庆，宋美龄开始了"我们西部"的换位思考；更重要的是，在这里，她看到了西部存有中国的"再生力量"。

宋美龄热情、乐观的工作状态与蒋介石批评重庆的情绪形成了较大反差。1938 年 12 月 14 日，蒋介石在日记里记道："甚矣，中央人员之在渝者，苟安自私，而无战时精神与对敌观念为可惧也。"② 与此同时，陈公博等人在《中央日报》上也发表诸多对于"新都"不满的言论。对此，宋美龄则采取了与 1935 年初次入川截然不同的态度，即在首次亮相媒体时，对重庆加以高调的赞扬。这样近乎恭维的鼓励话语，虽显得有些夸张，却拉近了与四川本地人的距离。

12 月 14 日下午，宋美龄在重庆出席中央妇女运动委员会、妇女抗战建国协会、儿童保育院等六个团体举办的盛大欢迎茶会。大会主席沈慧莲致欢迎词，她盛赞宋美龄，说："今天我们真是十二万分的荣幸！我们愉快得好像襁褓里的儿童寻着了慈母！她能指示我们的迷津，纠正我们的错误；我们爱护国家，爱护领袖，同样我们也爱护领袖夫人。""蒋夫人是妇女运动的指南针，是新中国妇女的新生命。"

《中央日报》率先报道了宋美龄在重庆的活动。记者写道："昨天天气晴暖，正像江南的小阳春天气。"将重庆的天气与江南

---

① 从宋美龄重庆时期的信函看，她落款的地址总是：中国四川重庆。1939 年 5 月 6 日，重庆升格为国民政府行政院直辖市。1940 年 9 月 6 日，国民政府明令重庆为陪都。不过，重庆行政地位上的变化并未改变宋美龄概念中的重庆隶属，而其信函落款地址依旧不变。参见美国卫斯理学院档案馆藏宋美龄抗战时期的书信。此外，值得注意的是蒋介石对重庆隶属认同与宋美龄也是一致的。1940 年 6 月 4 日，蒋介石为宋美龄的《我将再起》作序，落款写道："蒋中正序于中国四川重庆市"，见王亚权总编纂：《蒋夫人言论集》（上集），第 128 页。

② 萧李居编辑：《事略稿本》第 42 卷，第 670 页。

相比，无疑让刚刚迁移重庆的"下江人"有一种回家的感觉。那些等待一睹宋美龄风采的人群又是如何的状态呢？记者妙笔生花："参加欢迎大会的人，精神都那样的活泼，而态度却都十分严肃，妇女界正期待着她们的领导人。"就在热烈的期待中，"我们民族伟大的女英雄，在热烈的掌声中和大家见面了"。宋美龄的着装和仪态引起记者的特别注意："蒋夫人穿着黑色旗袍，朴素而有一种单纯之美。蒋夫人的态度娴静。在这样朴素而又娴静中，立足表示出一种无上雍容的仪态。掌声定后就是一片静默，大家在兴奋的情绪中，努力制止自己过于紧张的血脉，来聆听我们这伟大的民族女英雄的谈吐风采。"记者写道："末了，蒋夫人叫全体唱了两则歌，'大刀向鬼子的头上砍去……。'这时会场的情绪，更显得奔腾起来了。就在这雄壮的口号中，送别了我们的领袖夫人！"最后，宋美龄充满激情地说："我们只需要在今日，在现实的每一瞬间，沉着努力……中国的前途，将永远是一片灿烂的光明！"①

《大公报》女记者子冈的报道也生动再现了宋美龄在这"一个小时"演讲中的动员魅力。子冈写道：（蒋夫人）是"刚刚经历过长途奔波，在感冒中来和重庆的姊妹们会见"。宋美龄讲道："我们要作前方将士的后盾，动员起千千万万后方妇女来做抗战工作，应把眼光放大，四川是中国的四川，全中国人民要不分省县的畛域团结起来，共同打退敌人，保卫祖国。日本全国只有七千万人口，我们四川也有七千万人口，只要四川一省，就足以和日本抗战。"在子冈的笔下，宋美龄有一种强大的动员力，她写道："蒋夫人挥着拳头，她的黑衣衬着案上的红花，使人想起铁与血，想起老大民族的新生也必须经过铁血的洗炼。"子冈对宋美龄演讲的报道是细腻的。她写道："蒋夫人又谈到一段莎士比亚的著作，大意是妇女放下针线，拿起枪杆，与战士一同奋斗，'中国的妇女也在抗战中走出家庭与战士一道为祖国战斗，至少这种精神正在孕育。'"子冈最后引用宋美龄演讲的结束语："我们不用问中国有办

---

① 少春：《茶会欢迎蒋夫人》，《中央日报》1938 年 12 月 15 日，第 3 版。

法没办法，因为中国是有办法，要问的只是我们愿意干不愿意干，有抗战到底的决心没有，决定中国生存灭亡的不是敌人，而是我们自己！"随后，"全场唱起了《义勇军进行曲》和《大刀进行曲》两歌，蒋夫人屡次提到歌咏在动员群众慰劳伤兵工作中的力量，她似乎也是一个救亡歌曲的娴习者，在大家高歌的时候，她也在轻声低唱，最末她提议全体高呼中华民族万岁，于是在狂涛般的声浪中散会"。①

12月18日，宋美龄在重庆市妇女界欢迎大会上展开讲述了四川的问题，她说："四川物产丰富，人口众多，可以做复兴中国的基础，是毫无疑义。日本全国只有七千万人口，我们四川一省就有七千万人。只要我们大家抱定决心，共同努力，只要四川一省，就足以和日本抗战，而且最后胜利，一定属于我们的。凡外来的人，应该认识，为四川做事，就是为中国做事。四川人更应该认识建设四川，就是建设中国，要知道我们大家完全是中国人，不应该有省界的观念。我们到外国去，没有人要知道你是那一省的人，只知道你是中国人，所以我们无论生在那一省，都要同心同德，为中国争气。"②

宋美龄感谢华侨妇女的踊跃捐款，感谢各省主席夫人热心地在各地领导棉衣运动，她认为，这都表现了妇女对国家服务的精神。她指出，要使妇女工作有更好的效果，应注意以下六点：

第一，应该认识我们自己是民众的一分子，是属于民众的，无论做什么事，应以服务民众为目的，要爱护民众，不要忘记民众的痛苦。第二，各妇女团体要有合作精神，不必多组团体，分散力量，应该集中人才共同努力。第三，应有宽宏的肚量，不可狭隘。中国科学本来发达很早，指南针、火药、印刷术都是中国发明的，中国医学也很精良，但因中

① 子冈：《蒋夫人印象记》，《妇女生活》1939年第6卷第11期，第26页。
② 《渝妇女欢迎大会中蒋夫人训词原文》，《中央日报》1938年12月19日，第3版。

国人器量狭小，妨碍了科学的发展。第四，我们要服从纪律，有纪律才能使行动敏捷，步骤不乱，才能使工作有效果。第五，我们必须有忍苦的决心和牺牲的精神，只要我们能忍受目前的一切痛苦，抱有牺牲的决心继续出钱，出兵，抗战到底，那末最后胜利一定是我们的。第六，最后一点是中国人的老毛病，就是好讲面子，以为我是太太，就不肯做粗工作，这种习惯应该打破。抗战期间只要有益于国家的，无论粗细工作，都应该去做。凡是有利于抗战的事都很尊贵，做了不但不失体面，而且很光荣。

宋美龄专门谈到重庆的妇女动员工作，她说："现在重庆有很多妇女团体，也做了不少战时工作。我们新生活妇女指导委员会一切都愿意协助，绝不分彼此，四川出征壮丁，每月有几万，我们应该鼓励他们，安慰他们的家属，为他们做寒衣。重庆设立了伤兵医院，我们应该努力协助这件事，使伤兵的生活更加改良，其余就是清除街道，宣传卫生的工作，妇女们也是应该去推动的。"

宋美龄继续说："现在国际舆论，对中国妇女的战时工作，都很赞扬，称中国女子替中国开了一个新纪元，我们应该更加奋发，抱定牺牲决心，不怕死，不要钱，人人能如此，中国自然可以复兴，如果女子没有虚荣心，不怕受苦，丈夫是不会贪钱的，女子能不怕死，丈夫是不会不勇敢的，中国如果灭亡，不是别人的责任，是我们的责任，要知道国家的生存与灭亡，全操在我们的手里。"①

宋美龄带给新首都一种新的气象，重庆的媒体捕捉到了这一信息，并纷纷追逐其行踪。而此时的宋美龄，也似乎在着意营造这样一种"第一夫人"与后方女性"对话"的氛围。12月16日，《中央日报》刊出英国记者对宋美龄的访谈，称宋美龄是武汉时期

① 《渝妇女欢迎会席上蒋夫人之演讲》，《大公报》1938年12月19日，第3版。

"中国妇女领袖最活跃之一人"，"亲见蒋夫人在妇女服务团中，以身作则，洗刷地板，以示团员保持清洁之重要，其次余观彼坐于缝纫机之前，教导团员缝纫之方法，彼又时至伤兵医院，为伤兵换药及洗涤伤口，其工作之精密完善，实属难能"。① 12 月 19 日，《中央日报》又发表少春的"本报特写"，报道重庆市妇女召开盛大茶会欢迎宋美龄抵达重庆的场景。《新民报》也以"蒋夫人再莅重庆"为题，报道宋美龄参加重庆妇女界欢迎大会的消息。②

很快，国民政府党、政、军各机关的女职员及家属被组织起来，抗敌军人家属服务队、民众教育队、救护队、缝制队和宣传队也组建起来，并随即投入了救亡活动。12 月 26 日，宋美龄在重庆《扫荡报》发表《告国民书》，号召全国人民以人力物力贡献国家，为创造新中国而奋斗。③

初到首都的宋美龄是媒体追逐的明星。1939 年的元旦，《中央日报》《申报》等媒体纷纷报道了宋美龄年底出席新年聚餐会的盛况。《中央日报》记者描述了宋美龄抵达重庆后第一个年末的最后亮相。记者写道："娱乐是我们生活上所必具的条件，如果没有娱乐的调解，他的工作，他的事业将远不会有进度。在生活运动的原则上，一方面是祛除赌博，跳舞，那一些不正当的娱乐，同时，在另一方面，积极的提倡一切正常的娱乐，使我们的生活，不致枯燥，工作也可以顺利进行。但是，当我们娱乐我们身心的时候应该怀念到前方的将士，为了我们，冒着敌人的炮火，怎样在作殊死战。战区难胞，辗转流离，也正在度着他们艰苦的流浪的生活。我们应该怎样致力，以促进最后胜利的实现，使全国同胞，

---

① 《英国记者赞誉蒋夫人》，《中央日报》1938 年 12 月 16 日，第 3 版。

② 参见《同心同德为中国争气 蒋夫人对渝妇女讲词 为四川做事就是为中国做事》，《商务日报》1938 年 12 月 19 日；《蒋夫人演讲之战时工作应注意六点》，《商务日报》1938 年 12 月 20 日；《时事新报》也分别于 12 月 19、20 日连载"蒋夫人讲演战时的妇女工作"。《国民公报》1938 年 12 月 19 日第 2 版以"妇女不仅治家育儿也是国家斗士"为题，刊登宋美龄在重庆市妇女欢迎会上讲演全词。北碚的小报《嘉陵江日报》也于 1938 年 12 月 20 日至 23 日连载宋美龄在重庆妇女界欢迎席上的演讲"战时的妇女工作"。这是《嘉陵江日报》首次大篇幅刊登宋美龄的信息。

③ 参见《蒋夫人告国民》，《申报》1938 年 12 月 27 日，第 2 版。

共享太平，共享娱乐。"① 记者描绘了宋美龄亲自支持切开新年的
蛋糕。在聚餐会上，大家踊跃捐输，新运会也准备了一份奖品——
"新运"杯作为捐款最多者的纪念品。在刻有"施比受更为有福"
的小纸袋里，大家塞进了捐助的钱……结果宋美龄捐助最多，自然，
"新运"杯属于她的了，不过，宋美龄主张放弃她的纪念品，她愿意
拍卖，标价最多的人，才是这"新运"杯的主人……

汪精卫的叛变，让蒋介石异常愤怒。唐纵在日记中写道：
"1939 年 1 月 1 日上午，侍从人员同赴委座公馆向委座夫妇拜年，
我们参谋官都换上军服，准备得整整齐齐。委座从国民政府回来
以后，以汪精卫发表致中央军部的和平电报，心上非常气愤，团
拜也停止了。委座又在劳心焦思对于这个问题的处置办法。汪之
艳电是响应近卫文麿养日声明，主张三点：一是和平；二是共同
防共；三是经济提携。下午中央党部临时会议，决定永远开除汪
兆铭党籍，并撤销一切职务。"②

在严峻的形势下，宋美龄的工作热情并未受到影响，她全力
推动重庆市妇女参与抗建工作。1939 年 1 月 10 日下午，宋美龄在
重庆国际联欢社出席国际妇女会主持召开的欢迎会，与会者有中
外妇女二百余人。宋美龄用英语发表了演说，演说中列举了中国
妇女慰劳抗战将士的工作情况，并讲述了来重庆途中所见妇女投
身抗战工作的情形。她指出："中国的妇女已被日本侵略的炮声所
震醒。"并郑重声明："中国永远不会向敌人屈服。"宋美龄发出强
烈的呼吁：中国不屈服！一种典型的形象构建起来。自此，所有
话语都围绕抗战展开，超越了女性的性别。1 月 11 日，重庆《中
央日报》登载美国"中国之友会"致宋美龄的一封信，报告纽约
抵制日货运动的情形，信中称："自抗货运动之后，日本对美德出
口已减少三分之二了。"这种形象的构建和呼吁不是单向的，媒体
营造出来的氛围是来自盟国的道义声援，从某种意义上给予后方

---

① 《捐助银杯义卖》，《中央日报》1939 年 1 月 1 日，第 3 版。
② 公安部档案馆编注：《在蒋介石身边八年——侍从室高级幕僚唐纵日记》，第
82 页。

民众以心理上的抚慰和支持。

为了进一步动员重庆乃至四川全省及国统区妇女投入抗日救亡工作，1939 年 1 月 14 日下午 3 时，宋美龄特地与重庆妇女界领袖见面，演讲《抗战建国中之妇女问题》。① 这次演讲在重庆社交会堂公开举行，一时间轰动山城。《中央日报》刊发特写，称这场"重庆市妇女界的大集会"②，是自妇指会迁移重庆之后的一次重大活动，也是宋美龄首次与重庆本土女性对话。重庆各报纷纷报道，这一新闻给新都带来了"轰动"效应。媒体再次聚焦。记者描述道："离开会还有一个小时，能容纳一千数百人的会场就被想一睹宋美龄风采，聆听宋美龄声音的城乡妇女挤得水泄不通，就连门外扶梯上也站满了人。"宋美龄在演讲中说："每一件事只要于国家有益，于民族有益，我们都得去做，每一个人只要是中华民族的一份子，都应该贡献出整个的力量整个的生命来救国家救民族，动员整个重庆市的妇女，组织整个重庆市的妇女，已经是刻不容缓的事情。怎样来动员呢？正是妇女指导委员会的使命和责任，也是重庆市知识妇女义不容辞的当前重大的工作，重庆市的知识妇女这一次的大集合，正是重庆市妇女团结的象征，动员的先声。""今天到会的都是知识分子，希望先从知识妇女的团结，动员来影响家庭妇女们的同时觉醒起来。"③ 宋美龄用各地战时妇女投入抗战的鲜活实例和富有感染力的演讲，感动了重庆市的一些上层妇女，不到一星期，就组织了抗敌军人家属服务队、民众教育队、救护队、缝制队和宣传队等五个妇女团体，并随即投入了救亡活动。在各种溢美之词和热烈的掌声中，犹如头顶光环的宋

---

① 参见《蒋夫人今对妇女界演讲》，《大公报》1939 年 1 月 14 日，第 3 版。《国民公报》也报道："新运总会妇女指委会今欢迎蒋夫人讲演，讲题《抗战中之妇女问题》。"见《国民公报》1939 年 1 月 14 日，第 3 版。

② 《抗战建国中之妇女问题：蒋夫人昨对重庆市妇女界演讲》，《中央日报》1939 年 1 月 15 日，第 4 版。

③ 《抗战建国中之妇女问题：蒋夫人昨对重庆市妇女界演讲》，《中央日报》1939 年 1 月 15 日，第 4 版。

美龄已经毫无争议地成为全中国妇女界的领袖。①

在演讲中,宋美龄饱含激情地呼吁"中华民族,要求自由平等,中华民国,要求独立生存,只有抗战"。对于汪精卫的投降,宋美龄给予了正面的回应,《大公报》以副标题醒目刊出:"——千千万万同胞为我们牺牲了,他们的血迹还没有干,在前方我就没有听到一个士兵或民众表示向敌人屈服,后方却反而有人谈和平?"②

1939年1月15日,宋美龄为《妇女新运》周刊创刊号撰文,发表《中华民族的再生》一文。她在文章中指出:"伦敦圣保罗大教堂南面入口之前,有一块奇特的石碑,上面铭刻着一个拉丁文,它的意义为'我将再起'。这块碑文的来历是如此的,当这座教堂的穹顶将要落成的时候,建筑师华仑爵士要一块石头来标出这建筑的中心点,使工人们有所鉴别。在一堆废料中偶尔捡到了这块旧的石碑,石碑上就镌有这个拉丁字,它的涵义使那建筑师很受感动,于是决定把这块石碑筑在里面给它一个永恒保存起来,这个碑至今还在那里,凡是看到它的字,对于我们,对于目睹着同胞伤亡,家亡国破的我们,尤其当有特殊的感动,对这有力的字,它将要深深地印刻在我们每个人的心头。""那个不朽的有着预言的拉丁字'我将再起',这个简劲有力的字就是具体地表现了我们中华民族的精神。"

在这篇文章中,宋美龄将国民政府西迁与民族复兴联系起来。她指出:"我们的西部跟当时美国的西部不同之处,就是我们西部并不缺乏人力,而只缺乏技术和交通,换一句话说,只缺乏促进

---

① 就在1月14日,宋美龄致信艾玛,讲述了自己"从白天工作到夜晚"的繁忙状态。参见Letter, May-ling Soong Chiang to Emma Mills, January 14, 1939. Correspondence from May-ling Soong Chiang Jan. 1939-Jan.1945, Papers of Emma DeLong Mills, MSS. 2, Box 9, Wellseley College Archives.

② 子冈:《动员重庆妇女的前奏》,《大公报》1939年1月15日,第3版。《国民公报》也发表新闻《社交会堂中空前盛会 蒋夫人首次公开讲演》,称"唯有抗战到底才是生存途径,妇女应充分发挥自己的力量"。见《国民公报》1939年1月15日,第2版。

开发的推动力。如今这一个大量移民给西部各省带来了不少的工程专家来，航空运输和贯通各省的公路，大大地减少了交通的困难，铁路也在推进，到相当时期，可以跟西方的邻近国家沟通起来。有些人，尤其是侵略我们的敌人，他们以为我国的独立，我国的自主已将到消失的末日，还有人以为我们的颈子上套上那奴隶的桎梏，不过是时间的问题。这些人不管他们悲观或乐观，总是忽略了一个重要的历史启示，中国成为一个民族和国家，只因为她保有一种再生的力量，所以能够克服了几世纪来的天灾人祸，仍然屹立在天地之间，屹然未动。这种再生的力量，我们决不让我们自己这一辈或是未来的一代蒙上那牺牲了民族生存权利的耻辱。我们的同胞将继续奋斗下去，生存下去，并且要把我们的民族复兴起来昌盛起来。"①

宋美龄的言行表现出了落脚西部四川的国民政府对于抗战的信心，与汪精卫的叛逃行为形成鲜明的对比。她说："直迄南京陷落时止，我国人民对于远陲西边的省份向不予以注意。可是，现在却有千万人民——其中有工商业领袖，学术机关的首长，以及他们的职员和学生——都分乘轮船、摩托车、卡车或步行，络绎迁入。由于此一大量移民的结果，四川以及其他西部各省，过去虽经过长期延宕，现在势将促速其开发，甚至在正常时期，须费五十年光阴始能达成的事功，如今只要一年便可完成。"②

宋美龄指出："在我们西部，尽管它僻远，而且一向难于攀越，但该地人口却极稠密，而且自古以来，文明已奠立。不过由于缺乏熟练的劳工，而且除了轮船和帆船在扬子江及其支流沿岸若干地点可以停泊外，仅有的交通工具便是苦力和骡马，由于关山险阻，山径崎岖，亦苦不堪言，以致当地人民竟无法开发他们的天然资源。""现在这批伟大的移民已给西部带来了工匠，而且由于空运及汽车公路的开创，连接了西部各省，经云南往缅甸，

① 宋美龄：《中华民族的再生》，《妇女新运》1939年1月15日。
② 宋美龄：《我将再起——中国的精神》，载王亚权总编纂：《蒋夫人言论集》（上集），第137—138页。

经新疆往欧洲，可直达外在世界，因而，所有人的命运都为之轻松改观了。我们的新铁道更将把西南各省和毗邻西方国家的路线衔接起来。""在西部，我们将以我们所具有的勇敢、刚毅和忍耐力，创造一个新中国——一个在战火中锻炼成的国家，显示着智慧（我如此盼望）、进步、不屈不挠，和大无畏的精神。"①

内迁至重庆的国民政府行政院参事陈克文也认为，在重庆艰苦条件下普通民众所表现出来的坚韧与勇敢，这是一种不屈的抗战精神的象征；而与此同时，国民政府在后方展开的锲而不舍的抗战建国举措，更让这种抗战精神得到升华。② 宋美龄抵达重庆后的抗战实践，正是在重庆精神的基础上，展开了轰轰烈烈的妇女抗战的活动。

女性参与抗战是促成国家抗战胜利乃至建国的重要工作。在1939 年"三八"节演讲词里，《中央日报》记者报道了初到重庆时宋美龄的状态，文章写道："她几乎永远是这样简单地装束着的：黑色的外衣，黑色的腰带，朴素，但是高贵——自然。今天也没有例外。她像一位和蔼的教师，带着喜悦的笑容，安详的态度，出现在大家的跟前。鼓掌、欢呼声，像一阵雷那样轰然响了。有的拼命地摇着手中高举起的标语旗子，不怕摇断。后面的人也顾不得礼貌，只向前拥挤，都想看看这位女中的第一人。"③

此时，宋美龄以极大的热情投入重庆的妇女动员工作，1939年 1 月 14 日，她给艾玛写信，告诉她自己从白天到天黑一直工作，并且"不打算离开重庆"。④ 这一年在重庆的"三八妇女节"纪念

---

① 宋美龄：《我将再起——中国的精神》，载王亚权总编纂：《蒋夫人言论集》（上集），第 138—139 页。

② 参见陈方正编辑·校订：《陈克文日记（1937—1952）》（上册），第 299、380—381 页。

③ 《重庆妇女界昨日纪念"三八"节 蒋夫人讲演纪念意义》，《中央日报》1939年 3 月 9 日，第 3 版。

④ Letter, May-ling Soong (Chiang) to Miss Emma DeLong Mills, January 14, 1939, Correspondence from May-ling Soong Chiang Jan. 1939-Jan. 1945, Papers of Emma DeLong Mills, MSS2, Box 9. 1939 年宋美龄从重庆发出的信，是她此时忘我辛劳状态的最佳写照。又如，Letter, May-ling Soong (Chiang) to Miss Emma DeLong Mills, March 13, 1939, Correspondence, 1934-1939, Papers of May-ling Soong Chiang, MSS1, Box 2, Wellesley College Archives.

会上，宋美龄发表激情演讲，她指出："在现在这个非常时期，国家和国民的祸福利害是一致的。我们若不能求得抗战胜利，我们民众就不能生存，我们建国若不成功，我们任何人就没有一些幸福。今天我们的女界同胞，各人都要量自己知识能力的大小，定责任的轻重，我们要有热情、有毅力、有办法，更要有组织，去担任种种有关抗战的工作。我们要提倡节约，劝导生产，推进社会教育，主持救济事业，鼓励从军杀敌，协助抗战宣传，凡是有益于抗战建国的工作，男子能担当的，我们也要当仁不让的担当起来。尤其重要的是，而且是多数女子都能做的，我以为无过于安慰出征军人家属，和协助出征军人家属，我们要经常慰问前线将士和阵亡将士的家族，使他们精神上得到安慰。我们还要扶助他们能够自理，譬如举办小工业，组织手工业，传授农业生产技术，帮助组织合作社等等，使他们经济和生活不发生困难，并且帮助他们解决子女教育的问题。这样出征军人们没有后顾之忧，一般同胞们，就可以踊跃应征上前线，我们兵役问题有了顺利推行的办法，抗战就一定胜利，国家就得到保障……各位同胞，我们这次抗战，是正义和暴力的战争，是民族存亡的关头也是国家复兴的序幕。"①

三、子冈特写：《蒋夫人会见记》

自抵达重庆之后，宋美龄不仅成为中国妇女的代言人，更在某种程度上成为重庆官方的一种动员符号。内迁媒体与本土传媒对宋美龄的热捧，推动了公众对宋美龄作为战时妇女领袖形象的传播。《中央日报》《大公报》均全文刊载宋美龄在重庆市妇女界欢迎大会上的演讲词，重庆的媒体也纷纷转载，将宋美龄的工作状态生动地呈现在世人面前。《大公报》著名女记者子冈对宋美龄的采访文本，是媒体对宋美龄报道热潮的典型代表。

彭子冈（1914—1988），原名彭雪珍，笔名子冈。子冈原籍江

---

① 《只讲妇女解放还不够 要达到全民族的解放 蒋夫人在"三八"节纪念会演词》，《中央日报》1939年3月9日，第3版。

苏苏州，"生于北京，十二三岁时举家迁回苏州"，毕业于苏州振华女校。在学生时代用"彭雪珍"之名投稿给《中学生》等杂志，写作颇多，很得《中学生》杂志的编辑叶绍钧的赞赏。后考入北京女子师范大学。[①] 1936 年春，子冈在上海沈兹九主持的《妇女生活》杂志担任助理编辑并采写专稿，多有建树。她曾采访过江西革命根据地，探访过囚禁狱中的"七君子"，子冈以史良堂妹的身份采写的那篇《堂姐史良会见记》刊出后，便名声大振。她在北京还采访过女作家冰心，在上海参加过鲁迅的葬仪。

抗战爆发后，子冈撤退到武汉，进入《大公报》任外勤记者。1938 年 9 月《大公报》迁至重庆，她在该报采访部任记者。在宋美龄再度抵达重庆之时，子冈已是重庆新闻界非常活跃的著名记者了。青少年时期与子冈一同从事文学写作的白象评价："子冈的文章，清丽，温醇"，"她有丰富的想像，敏锐的观察，和越写越动人的风格。"[②] 子冈在回顾自己的记者生涯时说："七七抗战以后，千千万万男女青年参加了前后方的抗日工作，离开学校或原来的工作岗位去做抗日阵营的小卒。女孩子们有的受了军训，有的到医院去当伤兵的护士，有的作抗日的歌咏演戏识字种种宣传与民教……我呢，很偶然地在汉口加入了《大公报》，而且一直工作到今天。""我做报纸记者的前身是《妇女生活》杂志的助理编辑，有时也采访名人或作社会调查。但是当我第一次执笔写《送保育院五百难童到重庆去》的时候，我真不知道如何下笔，如何才像一个新闻报道。"子冈说，就是这篇"本报特写"的稿子刊出后，自此注定了她的命运。[③]

1939 年年初，子冈接受张季鸾的派遣，采访抵达重庆不久的

① 参见徐嫣：《被斥为共产党宣传员的女记者彭子冈》，《海风》1946 年第 20 期，第 2 页。
② 白象：《也记子冈》，《集作》1940 年第 1 卷第 2 期，第 13—14 页。
③ 参见子冈：《采访杂忆：当了一名爱国的女记者》，《读书与生活》1946 年第 1 期，第 12 页。

宋美龄。① 子冈以女性的直觉与敏锐、传神的文笔，将此次近距离与宋美龄的对话写成长篇通讯，生动地勾勒出初到重庆时宋美龄的工作形象。

子冈的《蒋夫人会见记》分四个标题，连续两天在《大公报》第二、三版醒目位置刊出。子冈的引言部分十分新颖，且文笔优雅，娓娓道来。她开篇便援引一小段宋美龄的近作《中华民族的再生》中的文字，并称此"全文像一首散文诗，说明了我们四万万多同胞的坚毅不可拔的心志"。接下来，她开始介绍即将要采访的对象宋美龄。她从宋美龄的勤于书写、向海外宣传中国抗战开始谈。她写道："抗战以来，和我们领袖同样为民族辛劳的还有蒋夫人，她不仅仅是贤妻，辅助了蒋委员长料理要公，在抗战的浪潮中，她更站出来，在她的岗位上，作号召全国妇女参加抗战的工作。她在抗战前，就已经是外国很多杂志的特约撰稿者，这一年半之内，她的文章信札更成了外国人想了解中国抵抗日本实际情形的□□，在她隽永清丽的笔锋下，很容易获得外国人的同情心。"如此的描述，子冈究竟要让人们看到一个怎样的宋美龄呢？她写道："虽然从蒋夫人讲演中听到了她对于全国妇女呼唤的热诚，但是在妇女问题之外，对当前的许多

《大公报》记者子冈访问蒋夫人的作品（民国报刊库文献）

① 据说子冈此次采访稿颇受张季鸾的赞赏，称其"颂而不谀，恰到好处"。又因其采访的成功，《大公报》特地为她加薪。与此同时，子冈还有一篇关于宋美龄的报道专稿《蒋夫人印象记》，载于《妇女生活》1939 年第 6 卷第 11 期。

问题她一定还有很多意见,便托了沈兹九先生和她约了一个时间,作一次短谈。"显然,这是一次超越妇女动员问题的采访,子冈设计的议题似乎有去除有关宋美龄新闻同质化的努力。

文章第一个标题用了"异域的中国女孩"。这是一段关于宋美龄留美时期具有想象力和传奇色彩的故事,文字优美,可读性极强。子冈将一个可爱、充满爱国理想和激情的女孩形象传递给大后方的国人,增进了后方民众对宋美龄的认识。她写道:"那个女孩子埋头在文哲书籍中,在十九岁那年毕业了,同学们争读她的文章诗篇,教授们用祥和的笑颜送走了这个中国女孩。她回到了祖国来,慢慢温习着自己已经生疏了的风物。"①

子冈与宋美龄的对话,第一个问题是兵役问题。即《蒋夫人会见记》的标题之二——"各级子弟兵当兵去!"这也是子冈刻意设计并期待了解的问题。对此,宋美龄从欧洲的经验说到了中国的国情,她指出:"在欧战的时候,许多参战国的大学大半关了门,因为学生们大多数从军去了,不从军的也在后方担任了工作,女孩子们也都羡慕穿军装的青年们……我们的国情自然不同,大学生栽培不易,有更大的用处,壮丁很多,大学仍旧可以设立着。可是大学生也要在战时负组织民众的责任才行,书呆子是没有用的。大学是一个国家文化与文明的中心,但这中心非和老百姓联系起来不可,敌人历次轰炸我们的大学,也就是认为大学是推动抗战的马达。"

谈到这里,子冈记录了宋美龄起身的一个细节。她写道:"屋中炉火正炽,蒋夫人站起来推开了窗,接着说:'现在参加兵役的人大多数是工农,这也是兵役问题的一个症结,以后要各级的人都参加兵役才好,如果上中层人参加了,一定可以给工农许多鼓励,如果智识分子参加了,一定可以带动改善许多弊端。'"②"新生活妇女指委会也正在努力优待出征军人家属的工作,先调查,然后筹款办理。对于保甲组织的毛病,蒋夫人摇摇头说:'我们的

---

① 子冈:《蒋夫人会见记》,《大公报》1939年1月21日,第2版。
② 《蒋夫人谈兵役问题》,《妇女共鸣》1938年第8卷第5、6期合刊,第14页。

国家一向太没有组织了，让我们在抗战中改进，用民众的力量来监督吧。'"

宋美龄还以遗族学生赴抗日前线为例，进一步阐释她对兵役问题的看法。子冈写道："蒋夫人致力于遗族学校已经十多年。男生在初中以上的一律送军事学校攻读，现在很多督战的军官是该校的毕业生，他们常常从前方写信给她。先后毕业的男生约有五百人，女生约二百人。'我不愿意这些青年人为了他们父兄用生命换来的光荣而优游享受，他们应该继续父兄们的历史，为了民族的前途，我只好送他们上战场。'这使我们想到很多的高级官员的子弟，他们真应该抛弃了优裕的生活，参加兵役，作老百姓的表率。"①

子冈提出的第二个问题是"请蒋夫人指示战时记者的任务"。子冈以自己作为新闻记者的经验，说"感到本身能力的贫乏，和许多外国记者相形之下，我们实在太不够了"，请教宋美龄该如何"充实我们自己"。这个问题让宋美龄连忙说："啊呀，你这个问题太难人了，兹九，你替我答复好么？""蒋夫人仰伏地笑着，想了一下说：'似乎现在重庆的记者真多，有机会，真不妨多到战地去看看，自然，在后方作一个好新闻记者，也是很好的。说到修养么？我只知道外国的新闻记者大多是专修过新闻学的，我们的却不一定。一个好新闻记者不但知识要丰富，头脑要清楚，而且必需对历史与文学有好的素养，熟悉历史才能引证古今。'"

从子冈的采访记看，宋美龄实际上对于新闻记者的专业素养问题认识颇有见地。子冈写道："对于战地的新闻记者，蒋夫人希望他们跑得更前方些，要在炮火下壕沟里去了解士兵，在欧战中，很多优秀的战地报道文章是出自真在作战的士兵的手，他们是新闻记者，但也是一个兵。'我们每个人都听读，每天读一个小时书。新闻记者尤其必要，外国语对于你们也是很重要的。'蒋夫人往往牺牲了睡眠在读书写文章，一些外国作家时常寄作品给她，

---

① 子冈：《蒋夫人会见记》，《大公报》1939年1月21日，第2版。

她也读了许多中国书。蒋夫人娴习英文法文和拉丁文。"①

最后一个话题是"动员工作"，子冈以"每个人拿出你的力量！"为标题，来描述宋美龄屡次表示对于动员工作的重视。宋美龄说："我们的工作太多，可是太缺人才了，干部太缺乏，许多家庭妇女受过很高的教育，但都为儿女丈夫关在家庭里，人家说我性子太急，但，我实在希望很快地把一切都作好。譬如说扫除文盲的工作吧！真需要大量的人来干。"说到动员工作，宋美龄还委婉地谈到了党派不同的背景下如何团结的问题，应该说，这是对国共合作问题的回应。宋美龄指出："我们的工作要大家合作竞争才行，包而不办，闹摩擦，全是对民族没有利益的，大敌当前，我们要永远不分党派阶层团结工作才行。"宋美龄告诉子冈，她正准备先动员一些高级官长的太太们。②

谈话到此时，子冈又叙述了一个小插曲："这时候仆役来告诉说：蒋先生等着夫人一道出去，蒋夫人没有去，他们是时常出去相偕的，外面汽车声，蒋先生独自出去了。"这里，子冈的文章透露出蒋介石有偕夫人外出的习惯细节。

1939 年年初，重庆尚未遭遇日军的大轰炸。但是，宋美龄已经开始为重庆城市防空举措担忧了。子冈写道："谈到了轰炸，蒋夫人蹙着眉头说：'我们应该多多建筑防空壕，老百姓们在屋子里躲飞机太危险，救护队也不够，这工作应该由卫生署、市政府、防空司令部共同努力。'"

这是一次女性的对话，然而会谈的主题并非妇女抗战的问题。不过，在谈话中，子冈记下了宋美龄对日本女性的认识。她写道："蒋夫人曾到过日本，她说日本妇女是军阀的奴隶，也更是男子的奴隶，日本女人不得到丈夫的签字是不能自由从银行取款的。她们是我们的好姐妹，就可惜受了反华教育。"

在会见即将结束前，《星中日报》记者黄薇来了。黄记者向宋

---

① 子冈：《蒋夫人会见记》（续），《大公报》1939 年 1 月 22 日，第 3 版。
② 参见《妇女共鸣》1938 年第 8 卷第 5、6 期合刊，1939 年 2 月补刊，第 7528 页。

美龄谈到了华侨救亡的热诚，"但是去年自动从南洋日本工厂罢工回祖国的人们，反而受到主管侨务当局的冷遇，蒋夫人听了极惊讶，'委员长听到了该多么痛心啊！'她并且说以后一定要注意。"而当黄薇谈到华北民气的蓬勃，老女人、小孩子也动员起来参加游击区的工作时，宋美龄十分兴奋。

对告别宋美龄，子冈描写的细节也给读者留下意犹未尽之感。她写道："天色暗下来，我们辞出，走出那一幢在警卫中显得有些神秘的小楼的时候，星星似的灯已经远远嵌在夜空中，蒋夫人的黑色的修长身影消失了，那只驯良的小狗也随着她回到屋里去。"①

重庆时期，媒体有关宋美龄的报道以《中央日报》为蓝本，出现了不同程度的新闻同质化现象。子冈的《蒋夫人会见记》无疑是一篇相当新颖而清新的新闻作品，生动地刻画出了中国妇女领袖的神态。

重庆时期的宋美龄，正值女性的中年时期，有一种成熟的美丽。"见过她的人，个个都说她本人比照片里漂亮。她淡施香水，薄搽口红，戴乌黑长耳饰，头发往后拉到颈背盘成髻。少女时代的刘海不见了。她用长象牙烟嘴抽薄荷烟。她浑身散发充沛活力，且领袖魅力强烈，让见到她的人鲜少不为之深印脑海。著名的美国海军陆战队近战兵伊文思·卡尔森虽然同情中国共产党，仍热切说道：'蒋夫人很有魅力……（她有）诞生自内心平和心境的成熟优雅，意识到自己是命运的工具，拥有造福她人民的力量。'著名的瑞典探险家斯文·赫定称她是'世上最了不起的女人'。"②顾维钧也在与宋美龄见面后当天的日记结尾，写下了这样的文字："她极为娴美聪慧，无愧为国家的第一夫人和我国政界一位身负重任的领袖。同她进行了五十分钟的交谈以后，我不禁感到她理应得到那些认识她和没有见过的她的人们的称赞和钦佩。她才华出众办事干练，而不失美丽文雅的妇女本色。她有一副漂亮的容颜和苗条的身材，穿着也很华丽。她有着强烈的爱国激情，是委员

---

① 子冈：《蒋夫人会见记》（续），《大公报》1939年1月22日，第3版。
② ［美］李台珊：《宋美龄：走在蒋介石前头的女人》，第172页。

长这位国家领袖、民族英雄的忠实的妻子。"①

通常，陪都的记者在报道宋美龄时，穿着打扮是非常重要的看点。1939 年 1 月 23 日，宋美龄设宴招待内迁重庆的各机关首长夫人，包括陈诚夫人、何应钦夫人、陈立夫夫人等，"发动家庭妇女参加战时工作"。招待会上，宋美龄"身着黑色袍外罩着红短外衣，在会场上招呼着大家以自助餐的方式用餐"。② 1941 年 7 月 2 日，在妇指会成立三周年纪念聚餐会上，宋美龄致辞勉励妇女界发扬为抗战服务的伟大精神，记者记叙了聚餐会的情形："夫子池新运服务所，二日成为妇女界活动之中心，礼堂四壁悬满各团体呈现蒋委员长及蒋夫人之锦旗，五光十色，与与会女宾服饰交相辉映，织成一幅美丽之画面。新运妇女指导委员会三周年纪念聚餐会，即于当晚八时开始。宾主百余人中，男性仅十余人。"③

子冈对宋美龄形象的描绘，则与众不同，很难看到她从美丽女性的相关特征中去描述宋美龄；相反，在子冈的笔下，通篇文字都散发出一种男性化的工作态度。然而，正是因为这样细腻的笔触，子冈建构的宋美龄有一种内涵丰富、极为独特的工作之美的神韵。在她的另一篇文字——《蒋夫人印象记》中，子冈写道："记得是九一八那一天，武汉各民众团体的中学工作是扩大慰劳伤兵，各伤兵医院及休疗所都去了大批的救护员歌咏队宣传队，大家带去的除了热情以外，还有各界民众赠送的衣裤和慰劳袋，在卢沟桥街的第六十四伤兵医院里也去了几个团体，新生活妇女指导委员会的工作人员全体动员，穿着整齐的蓝色工人服，救护袋挂在肩上，她们给士兵换药唱歌写信，并且三三两两地在战士床前交换着兄妹一样亲切的话语。""在大家正在工作的时候，忽然又来了一位也是蓝色工人服装的女同志，在走廊里的伤兵们没等到介绍便远远地在枕上举手致敬，他们已经认出她就是蒋夫人，

---

① 顾维钧：《顾维钧回忆录》第 5 卷，中华书局 1987 年版，第 110 页。
② 《太太们站起来了》，《大公报》1939 年 1 月 24 日，第 3 版。另，《中央日报》则以"发动家庭妇女参加战时工作"为题于 1939 年 1 月 24 日第 4 版刊发新闻。
③ 《妇女指委会成立三周年纪念聚餐会》，《中央日报》1941 年 7 月 3 日，第 3 版。

她也在颔首微笑地答复，阳光给她映在地板上的影子比平日照片上所见的旗袍装束更矫健。""她在每个床前放下一块毛巾一个罐头一包糖，一边询问着弟兄们的生活状况，之后她替六七个轻伤士兵换药包扎，对于医药方面应改进的地方，细心地嘱咐了院长。"

在武汉，子冈再次见到宋美龄是在新生活妇女指导委员会出发征募寒衣的时候。那时"蒋夫人也在她们出发前给了很大的鼓励，在她们归来的时候，和她们一起开了一个慰劳性质的同乐会，她说：'如果不把我们二万万多妇女动员起来是我们少数知识妇女的耻辱，我们应该做的事太多了，今天的成绩加强了大家的信心，接着好好干吧！'她的眼里闪着欣悦的光芒，她在抗战中接近许多姊妹，她们工作使她兴奋，她恨不得使这许多姊妹个个成为一部发动机，去推动广大的落后妇女群众来参加抗战工作，她相信群众的力量，她相信我们艰苦的抗战，如果有民众去支持是定会胜利的"。①

子冈的新闻职业开始于武汉时期。她回忆说："那时候民情相当活跃，救亡团体成十成百，伤兵医院，难民收容所，保育院，军服工厂，社团与集会……便成了我的活动场所，大轰炸更成了在后方唯一带些烟火味的新闻资料。电线杆上的一条腿，成堆的焦炭一样的尸身，瓦砾堆中爬出来的石灰人。这些激动了我，也激动了读者。如果说别人是在以血肉作战，我就是以感情作战，我在以一个爱国者的澎湃情绪在笔底下战斗。"②

应该说，子冈的新闻特写是战争中国新闻业的一个典型文本；与此同时，她在武汉时期的新闻实践与宋美龄倡导的战时妇女动员有着密切的关系。因此，在重庆采访宋美龄，无疑是子冈的新闻职业生涯中一个时代的代表作。值得注意的是，似乎子冈本人对于自己采访宋美龄的文稿并不是特别满意。1946 年，子冈在谈

---

① 子冈：《蒋夫人印象记》，《妇女生活》1939 年第 6 卷第 11 期，第 25 页。
② 子冈：《采访杂忆：当了一名爱国的女记者》，《读书与生活》1946 年第 1 期，第 12 页。

及个人记者生涯时，间接地透露了当年采访名人的心态，无疑也包括对宋美龄的采访。她说："自然我走访了一些要人、夫人、将军或司令们——那时候到武汉来的游击司令真不少——这些访问直到今日有的我还在后悔：阅世太浅，很容易盲从，歌颂，竟至毫无抉择。渲染一些纸面计划，歌颂一些说说抗战八股的夫人们，想像将军司令们的英勇伟大神秘……事后证明我的记录过火变质，这也许是一个勇于表现的'新'记者容易犯的毛病吧。"①

第三节　聚焦中外观瞻：重庆的"第一夫人"

随着京沪陷落、国民政府的内迁，原在各大城市的全国性的报社、通讯社相继迁入重庆。据统计，战时报业迁移时间集中在1938—1940年间，尤其是1938年到1939年年初。② 当时，"就阵容来说，重庆报业冠于全国；就表现来说，各报的贡献也不算小，尤其是言论方面，在全国报纸中，要起领导的作用"③。作为战时中国新的舆论中心，国民政府最高决策由此发出，实时新闻动态在这里产生，重庆成为了中国新闻业的中心，也是世界舆论关注的焦点。《基督教科学箴言报》观察到了重庆报业的繁荣，刊发文章指出，重庆的纯中文报业，与上海的充斥日文报刊和深受日本文化侵略的状况形成鲜明的对比。不过，尽管路透社、合众社、美联社、哈瓦斯社、塔斯社等世界著名的通讯社和《泰晤士报》《纽约时报》《时代》《巴黎日报》《消息报》等报刊社纷纷向重庆派驻新闻记者，但重庆还不能算是一个高水平的新闻中心，到1939年3月，这里都没有外文的日报发行。④

① 子冈：《采访杂忆：当了一名爱国的女记者》，《读书与生活》1946年第1期，第12页。
② 关于内迁重庆新闻业的统计数据，现有成果的数据有差异。另据1939年10月25日国民党中央宣传部新闻处根据社会部核准登记之报刊统计制作的《重庆报社通讯社一览表》，此前迁至重庆的报社有20家，其中一家为《崇实报周刊》；该统计中，通讯社有6家。参见南京中国第二历史档案馆藏全宗十一，第5882卷。
③ 曾虚白：《中国新闻史》，台湾三民书局1989年版，第422—423页。
④ Chungking Has Dozen Papers, The Christian Science Monitor, 1939-3-1 (2).

初到重庆的报界，逐渐形成以国共两党党报"喉舌"两大鲜明的核心阵营为中心，内迁重庆的主流媒体为主力，本土精英传媒和在重庆国际新闻界并列的舆论格局。① 中外媒体对活跃在中国战时首都——重庆的宋美龄进行了持续关注与深度报道。在白修德看来，宋美龄已然是战时重庆一个不可或缺的符号。② 宋美龄的形象在某种程度上已经成为重庆国民政府形象的有机组成部分。无论舆论阵营的"左"、"中"还是"右"，离开宋美龄，重庆的新闻似乎就缺少了鼓舞抗战斗志的话题。媒体高度关注宋美龄的行踪与活动信息，记录她进出重庆的时间，在重庆的活动频度、活动内容等，勾画出她在重庆的基本工作状态与精神状态。不同立场的媒介从不同的侧面为我们展示了一幅幅宋美龄在重庆时期的抗战形象。

一、欢迎蒋夫人：战时首都的舆论阵营

概括而言，在重庆时期有关宋美龄的新闻报道大致呈现如下阶段性：（1）战时初期，即 1938 年 12 月至 1939 年 4 月；（2）重庆大轰炸时期，即 1939 年 5 月至 1942 年 11 月赴美前；（3）访美归国之后，即 1943 年 7 月至 1944 年 8 月；（4）撤离陪都前的时期，即 1945 年 8 月至 1946 年 4 月。

就重庆的战时媒介阵营而言，《中央日报》《新华日报》《大公报》《时事新报》《商务日报》《新民报》《国民公报》《新蜀报》是传播宋美龄信息的主流媒介。各家媒体在刊布"第一夫人"宋美龄的言论，参与陪都内外重大事务的报道方面，各有特色。有关宋美龄在战时妇女动员、"新生活运动"、轰炸救济、献金募捐、工合运动，以及出入战时首都的官方和民间外交等大型活动等报道，在更大范围内使得"第一夫人"宋美龄的形象植入大后

① 有关战时重庆的媒介生态和舆论阵营的问题，参见张瑾等：《抗战时期中国共产党在重庆的舆论话语权研究》，重庆出版社 2015 年版。

② 白修德在述及战时著名新闻人物时，会把宋美龄作为一个比较的标尺。参见 Theodore H. White，In Search of History of history，p. 78.

方的大众视野。

（一）国民党的"喉舌"——《中央日报》

《中央日报》是国民党中央机关报，1929 年 3 月 1 日在南京创刊，直属国民党中央党部。1932 年 3 月 1 日实行社长制，与中央社同时成为独立经营的新闻单位。1937 年 11 月 26 日，《中央日报》从南京撤退，人员和器材分两路西撤。一路由总主笔张客公、总编辑周邦式、总经理贺壮予率领，抵达长沙。长沙《中央日报》于 1938 年元旦出版。另一路向四川撤退，1938 年 9 月 1 日，重庆《中央日报》出版，长沙版遂改为分版。

迁至重庆后，1938 年 9 月，《中央日报》发表社论《整肃私生活》，提出"防止'偏安'观念，是达成胜利的精神要素"，主张国民应刻苦耐劳，勿贪图享乐。《中央日报》文艺副刊《平明》即出刊。每周日出版《中央日报星期增刊艺文》，增刊多邀名家执笔，就抗战期间的国家建设、国际局势以及日本问题等阐述见解。《中央日报》2 版国内要闻多以国内各战场的战况为头条，另特设《一周战况》和《最后消息》两个栏目，分别综述国内各战区的情况和以数十个字报道战役的最新进展。国内要闻除中央社战况，便是部委消息、任免名单及蒋介石等领导人的动态。其国际新闻多采用"路透""合众"电头的稿件。社论基本上是每日一篇，国际国内局势、国民政府的政治经济政策、日本问题等都有涉及。《中央日报》在重庆出版发行七年，是这一时期发布宋美龄信息的唯一官方媒体，见证了宋美龄的陪都岁月。

除刊登权威的中央社消息外，该报对宋美龄的报道以少春、玉春为作者的系列"本报特写"呈现出宋美龄在重庆期间的激情工作状态。如《一个盛大的茶会——欢迎蒋夫人》（1938 年 12 月 15 日，第 3 版）；《蒋夫人捐助银杯义卖充捐款》（1939 年 1 月 1 日，第 3 版）；《国际妇女会欢迎蒋夫人——中西妇女情谊交融记》（1939 年 1 月 11 日，第 4 版）；《抗战建国中之妇女问题——蒋夫人昨对重庆市妇女界讲演》（1939 年 1 月 14 日，第 4 版）；《救济难胞目击谈——蒋夫人赴收容所慰问》（1939 年 5 月 7 日《重庆各报联合版》第 2 号第 1 版）；《在空军第一防线——蒋夫人慰劳随行记》（1940 年 8 月 2 日，第 2 版）。

（二）共产党的"喉舌"——《新华日报》

《新华日报》是中国共产党党报，1938 年 1 月 11 日在武汉创刊，由中共中央长江局领导。在发刊词中阐明其宗旨："愿在争取民族生存独立的伟大的战斗中作一个鼓励前进的号角"，并在"抗日高于一切，一切服从抗日"的原则下，与全国一切抗战救国之士，互相勉励，共同携手，为驱除日本侵略者争取抗战胜利而奋斗。并"将尽其所能为巩固与扩大抗日民族统一战线而效力"，"愿将自己变为一切抗日的个人、集团、团体、党派的共同的喉舌"，"力求成为全国民众的共同的呼声"。武汉沦陷后，《新华日报》总馆随十八集团军办事处一起迁重庆，在重庆苍坪街和西三街租下原《星渝日报》的房屋和设备，印刷出版。1938 年 10 月 25 日，《新华日报》在重庆出版第一张。1939 年 1 月，中共中央南方局在重庆成立，《新华日报》总馆作为南方局的对外公开机构接受南方局领导。从 1938 年 10 月至 1946 年 3 月，《新华日报》总馆领导成员是：社长潘梓年，总经理熊瑾玎，总编辑先后为吴克坚、华岗、章汉夫、夏衍（代理）。1946 年 4 月至 1947 年 2 月，社长傅钟（1946 年 4 月至 7 月）、张友渔（1946 年 7 月至 1947 年 2 月），经理于刚，总编辑熊复。①

作为中国共产党在国统区唯一公开发行的机关报，《新华日报》是中国共产党在大后方的喉舌。报纸以"本报专电""战地通讯"等形式大量报道了八路军、新四军对日作战的真实情况，以扩大中共抗日武装力量的影响；同时也对正面战场上国民党军队对日作战的战绩进行了如实宣传，激励爱国将士的抗日热忱。在版面上也发表国民党及其上层人物的抗日言论，对其推行抗战所采取的措施予以宣扬。《新华日报》还广泛团结文艺界、工商界、

————————

① 参见南方局党史资料征集小组编：《南方局党史资料》第 2 卷，重庆出版社 1986 年版，第 51—52、70—71 页。

新闻界等各阶层爱国人士，推动和发展进步文化运动，成为国统区进步文化运动的重要阵地和坚决支持者。重庆版《新华日报》也是传递宋美龄信息的主要报纸。

重庆时期，《新华日报》对宋美龄的报道篇幅之多，甚至有超过《中央日报》报道量的趋势。① 据不完全统计，1938 年到 1945 年的《新华日报》标题中出现"宋美龄"的文章共计 364 篇。其中报道主要集中在 1943 年，共计 160 篇。其报道几乎超过 1938 至 1942 年五年的总和（1938 年 1 篇，1939 年 47 篇，1940 年 31 篇，1941 年 34 篇，1942 篇 70 篇）。究其原因，宋美龄当时出国治病，并在期间广泛开展对美、加外交，其言行关乎抗战大计、国际援助，故无论《中央日报》还是《新华日报》对其行踪皆十分关注。而从月份统计看，《新华日报》有关宋美龄的报道，较多地出现在 1 至 4 月雾季期间，因日机轰炸较少，陪都的妇女动员等活动多选择在此期间举行。在版面安排上，宋美龄的相关报道排在第 1 版的有 35 篇，第 2 版 293 篇，第 3 版 65 篇。其报道多集中在第 2 版国内新闻报道，同时第 3 版国际报道中也较多。

概括而言，《新华日报》对宋美龄的报道主要集中在战时妇女动员、"新生活运动"、前线劳军、征募寒衣、慰问抗属、赠药于将士、轰炸救济、难童教养、后方建设，以及陪都外交和争取国际援助等方面的活动。1941 年 7 月 11 日，《新华日报》刊登《宋美龄亲书褒谢状赠美援华人士》。1941 年 7 月 23 日，该报刊登《美妇女界名流函宋美龄致敬，并赞我妇女四年来奋斗精神》。《新华日报》对宋美龄在团结抗战、妇女工作、战时外交、寻求国际援助等方面发挥的积极作用，进行了纪实般的报道。例如，1942 年 3 月 19 日下午，宋美龄出席重庆各界妇女团体在嘉陵宾馆举行的欢迎茶话会。《新华日报》以"百万美人聆听宋美龄广播"为题报道了这一消息，并预报重庆"妇女界将开茶会招待蒋介石夫妇"。之后，陪都盛况空前的"印度日"活动更是将蒋宋访印的宣

① 据不完全统计，《新华日报》有关宋美龄的报道有 364 篇，比《中央日报》有关宋美龄的 264 篇还多了 100 篇。

传效应推向高潮，宋美龄以饱满的热情出现在陪都公众面前，接受大后方的喝彩，各种荣誉也接踵而至。1942 年 4 月 30 日，该报又报道宋美龄慰劳入缅国军，中缅联欢盛会上成立反侵略战争运动协会，宋美龄、巴顿等任名誉会长。

就内迁私营报纸而言，《大公报》《时事新报》和《新民报》都是在重庆时期报道宋美龄的重要媒介。

（三）《时事新报》

《时事新报》1907 年创立于上海，与《申报》《新闻报》齐名，合称为上海三大报纸。1938 年 4 月 17 日，该报自上海迁出，4 月 27 日，《时事新报》在重庆复刊。董事长先是交通银行总经理徐新六，后徐因飞机失事身亡，改由傅汝霖继任，担任常务董事的是财政部参事李毓万，总经理是崔唯吾，总编辑是黄天鹏，总主笔是薛农山。《时事新报》在重庆刊行之初，以报道经济讯息为主，报纸坚持"抗日救国"，在重庆的民营报纸中，声望和销路仅次于《大公报》与《新民报》。该报在资金周转和外汇使用上，比其他民营报纸有较优越的条件。1939 年"五三""五四"大轰炸后，《时事新报》的一台先进的卷筒机承揽了《重庆各报联合版》100 天的印报业务。

与《中央日报》一样，《时事新报》也是刊登宋美龄消息的重要媒体。1939 年 1 月 11 日，《时事新报》第 3 版刊登《蒋夫人昨在联欢社讲抗战中妇女责任》一文。1 月 15 日，该报第 3 版再登载《蒋夫人演讲抗战中妇女问题》。1 月 24 日，报纸第 3 版又发布"蒋夫人昨招待妇女界"的消息。2 月 1 日，该报第 3 版发布"蒋夫人领导组织新生活妇女工作队"的消息。2 月 21 日，报纸第 3版又刊载"蒋委员长及夫人视察新运展览会"的消息。1942 年 10月 10 日，刊发"蒋夫人著《苏小妹》在美出版"的消息，称："蒋夫人宋美龄女士著中国民间故事《苏小妹》一书，于 8 日在此间发行，《纽约时报》以及全国其他主要报纸均刊以广告。"①

---

① 《蒋夫人著〈苏小妹〉在美出版》，《时事新报》1942 年 10 月 10 日，第 3 版。

《蒋夫人对美广播 发生广大影响》：中央社纽约 14 日电，蒋夫人自重庆对美广播所发生之广大影响，可自《纽约时报》近日刊载的读者来信中见之，该读者系罗德岛州人，其函云："一，蒋夫人之声很清晰可听，伊之修辞亦极美妙，□对吾人所述者，实娓娓动听。"[1]

（四）《大公报》

《大公报》1902 年创办于天津，是中国最著名的近代报纸之一。1936 年，《大公报》创办上海版，在津沪两地同时发行。全面抗战爆发后，津沪两版随天津、上海等大城市的相继失陷而被迫停刊，《大公报》在流离中先后创办汉口、重庆、香港、桂林等版。重庆《大公报》创刊于 1938 年 12 月 1 日，发行数最高达十万份，营业始终盈余，政治上也颇有影响，深受中上层人士和知识分子喜爱。初到重庆，《大公报》即发表了一系列呼吁抗战的文章，在重庆版第一天的社评中称："自誓绝对效忠国家，以文字并以生命献诸国家。"次日发表社评《抗战大局》，高呼："我们要彻底觉悟，现在中国只有战斗求生的一条路，绝对没有和平！"《大公报》在国内外特派员人才众多，版面上的专电、特写、特派员通信较他报为多，战地通讯尤为出色。《大公报》以"四不"，即不党、不卖、不私、不盲自称，愿为"公众之喉舌"，是"文人论证"，宣称"为新闻而新闻"且"客观、公正"。张季鸾主持《大公报》时期，其社论中心命题是"国家中心"，时有"刺痛政府"的文字。该报拥有一批名记者，如徐盈、子冈、高集、曾敏之、李光诒等。子冈的宋美龄特写是这一时期有关宋美龄形象的重要文本。

以 1942 年为例，4 月 29 日《大公报》第 2 版，以"蒋夫人之荣誉"为题，报道美国社会科学荣誉学会昨晚以荣誉金鑰赠与宋美龄，"推崇蒋夫人为二十世纪之女政治家，对于中国知识与精神

---

[1] 《〈纽约时报〉刊一读者来函，盛赞此演说娓娓动人》，《时事新报》1942 年 3 月 16 日，第 3 版。

上的复兴贡献特别大"。5 月 24 日，《大公报》第 2 版报道称：蒋夫人又获美国三荣誉学位（获得威斯莱、古桥尔学院及斯梯生大学赠与的荣誉学位），由中国大使胡适代为接受。1942 年 8 月 9 日，《大公报》第 2 版刊发"伦敦盛会 援华募捐展览揭幕"的消息，揭幕会由克里浦斯夫人主持，并函谢宋美龄。中国基金委员会主席何明华主教对宋美龄赞扬备至。1942 年 9 月 5 日，《大公报》登载英国妇女团体致电："在妇女领袖蒋夫人的领导下，所表现之坚忍不拔的精神，实为整个自由世界之感召。"①

（五）《新民报》

《新民报》1929 年 9 月 9 日创刊于南京。创刊初期，经济上主要依靠四川省主席刘湘的资助。1931 年九一八事变后，面对日本的侵华野心，《新民报》本着民族立场和爱国之心，不断发表抗日言论，逐渐成为一份小有名气的报纸。1937 年 7 月 1 日，该报宣布集资五万元，成立《新民报》股份有限公司，请国民党中央社社长萧同兹出任董事长，其他董事、监事也请国民党各派各系的头面人物担任。全面抗战爆发不久，《新民报》决定西迁重庆，改为四开小型报形式。于 1938 年 1 月 15 日与重庆读者见面，成为抗战时期迁至重庆出版的第一份报纸。

在重庆复刊的《发刊词》中，该报宣称："目前任何工作莫急于救亡图存，任何意见莫先于一致对外，凡无背于此原则者，皆应相谅相助，协力共勉。本报以南京旧姿态，出重庆之地方版，相信抗战无前方后方之分，救亡安有中央和地方之别。战局虽促，但我们必须坚定必胜之信念；社会虽不免有摩擦，但吾人则认定民族统一战线高于一切。其原则，在能以反日、反帝、反封建、反汉奸为出发点，而以民主集中一切力量方能肃清内部矛盾，坚强抗战之实力。"②

重庆时期，先后任《新民报》主笔、副主笔的有：罗承烈、

---

① 《英妇女团体电我妇女界表示钦仰》，《大公报》1942 年 9 月 5 日，第 2 版。
② 陈铭德等：《〈新民报〉春秋》，重庆出版社 1987 年版，第 12 页。

赵超构、张恨水、张慧剑、张友鸾、姚苏凤、张先畴、苏海。在重庆，《新民报》与《大公报》都是陪都舆论界中间立场的报纸，不过该报采取了"中间偏左，遇礁即避"的经营战略。重庆版的《新民报》，"最初系四开一张的小型报，继增为四开两张，后改为对开一张的大型报，晚刊始终是四开一张的小型报，以城市市民和中下层公教人员为主要读者对象"。[①] 报纸也看重社会新闻，副刊办得很有特色，并注意讲究版面编排和标题制作，在读者中和新闻界有一定影响。1941 年 11 月 1 日，增出重庆版晚刊。1943 年 6 月 18 日，出版成都晚刊。当时，成渝两地四版总发行量达十万份，成为大后方发行量最大的报纸。

《新民报》是陪都新闻界报道宋美龄行踪的主力军，有关宋美龄的新闻标题十分有特色。比如，宋家三姐妹首度聚首重庆时，1940 年 4 月 2 日《新民报》第 3 版刊登"本报特写"：《宋氏三龄 抵渝后访问》；4 月 8 日，该报第 3 版又发报道，称："小妹妹请大姐姐 蒋夫人手足联欢 渝妇女界空前之盛会"；1943 年的"三八"节，当宋美龄尚在美国访问期间，该报以"重庆妇女界致敬"为题，生动展现了远在美国的宋美龄与战时首都之密切关系。3 月 8 日，《新民报》第 1 版又登载："川妇女界电美 向蒋夫人致敬 请中央任为妇女部长"一文。

就重庆本土的精英媒体而言，战前较有影响的报纸是《商务日报》《新蜀报》《国民公报》《济川公报》《西南日报》等五家报纸，而以《新蜀报》《商务日报》和《国民公报》三家影响最大。[②] 而此三家本土精英报刊，也是记录重庆时期宋美龄历史的重要媒介。

（六）《商务日报》

《商务日报》创刊于 1914 年，由重庆总商会创办。其办报宗

① 何鸿钧：《晚晴》，重庆出版社 2001 年版，第 295 页。
② 文履平口述。重庆的资深老报人文履平先生认为，《新蜀报》《商务日报》和《国民公报》的共同特点是：创办时间最早，运营时间最长，是土生土长的重庆报纸。"要了解重庆的报纸，首先要了解这三家。" 2008 年 10 月 18 日采访文履平口述记录。

旨"在于扩张商务，利国利民，命意立言，不涉党派，不尚偏激"。主要刊载市场商品信息，还有社论，一般评论专文和副刊等。《商务日报》在北京、上海、成都等地，设特派记者，每天将采访或当地报纸载的重要新闻，用专电发回；并订译路透社、德新社的电稿；报纸还酬请重庆邮电局、军事机关人员，抄可供发表的电讯稿；此外，该报同各地的小报、通讯社、期刊交换，从中选用消息。抗日战争爆发后，《商务日报》主张抗战，观点鲜明，其言论深受欢迎。报纸保持每天有评论文章，副刊改名"战鼓"。① 1938 年 10 月 20 日，《商务日报》由三青团负责人高允斌（原复兴社重庆负责人）任社长。不久，《中央日报》社编辑刘光炎接替总编辑。

作为重庆本土的大报，《商务日报》以《中央日报》为蓝本，从刊发"转变历史之女性——蒋夫人言论集出版"的广告信息到对宋美龄出入重庆的动态报道，可谓事无巨细、紧密跟踪；与此同时，该报有关宋美龄报道的标题也注意体现出地方的特色。如1938 年 12 月 19 日，刊登《同心同德为中国争气 蒋夫人对渝妇女讲词 为四川做事就是为中国做事》。12 月 29 日，该报第 3 版刊登《蒋夫人赶赴乐山视察第一保育院 训勉小弟妹长大来救国》。1939年 1 月 15 日，该报刊发"本报特写"——《后方妇女动员起来 蒋夫人昨在社交会堂讲演》。

解读《商务日报》，仅仅从标题看，连续三年的"三八"妇女节，是宋美龄相关文本的高峰期，该报对于宋美龄的后方妇女动员工作进行全程报道，展示出宋美龄在中国最为艰难的抗战时期，成为坚持抗战的官方旗帜。此外，值得一提的是，《商务日报》在1943 年关于宋美龄的文本最多，从 2 月 10 日开始，全程跟踪赴美访问新闻，传递宋美龄在美获得的国民外交胜利以及各种荣誉。该报用一种直播的方式，让本地居民实时跟进了解宋美龄赴美的新闻，为宋美龄所代表的中国抗战形象而骄傲。比如，3 月 8 日报道宋美龄

---

① 参见四川省地方志编纂委员会：《四川省志·报业志》，四川人民出版社 1996年版，第27页。

重返母校的消息，称"魏斯里学院盛会 蒋夫人重游母校 梦克阿菲院长赴车站欢迎"，这是一次美国人欢迎"重庆来的夫人"的盛会。3月9日，该报以"战时中国妇女，协助救济事业促进生产，男女正向平等自由迈进"为题转载蒋夫人在卫斯理学院的演说。

《商务日报》对于宋美龄访美归国的报道也十分热烈。6月30日，预告宋美龄"即将回国"。7月5日，对宋美龄归国时的状况进行报道，称"蒋夫人抵渝 健康恢复面色愉快"。7月6日后，继续报道"蒋夫人访美贡献 阐述我国抗战情形 博得举世无上崇敬"。7月8日，刊载"美报评论蒋夫人访美伟绩 具有历史性动人故事 象征中国发现正义力量"等。

（七）《国民公报》

《国民公报》是四川发刊较早的一家民营报纸，原为《大汉国民报》。1912年4月22日与《四川公报》合并出刊，取名《国民公报》。1936年8月1日在重庆复刊。《国民公报》董事会由于右任、张群、邵力子、李伯申、曾通一、康心如、康心之等七人组成。创刊第一任总编辑为张季鸾推荐的《大公报》驻川特派员杜协民。报纸系金融界集资所办，内容偏重金融和经济新闻，每日辟有"经济版"，发表市场行政及经济动态及有关评论。[①] 该报自称"中间立场""不左不右"，所载消息多转载《大公报》，也重视抗日救国的宣传。

《国民公报》刊载宋美龄演讲言论占据较大篇幅。以1939年为例，1月14日，该报以"新运总会妇女指委会今欢迎蒋夫人讲演 讲题《抗战中之妇女问题》"为题，报道宋美龄在重庆动员妇女的热烈场面。1月15日，该报又以"社交会堂中空前盛会 蒋夫人首次公开讲演"为题，报道宋美龄富于激情的演说场面，报道称宋美龄宣称"唯有抗战到底才是生存途径，妇女应充分发挥自己的力量"。2月28日，《国民公报》也报道了蒋宋夫妇在首都献

---

① 重庆市地方志编纂委员会：《重庆市志》第10卷，西南师范大学出版社2005年版，第936—937页。

金运动中示范捐募的人格魅力，"蒋委员长献金万余元 蒋夫人亦献稿费五千余"。

《国民公报》通过刊载西方对宋美龄的赞誉之词，塑造宋美龄的形象。例如，1941 年 6 月 6 日，该报第 2 版以"蒋夫人诞辰 罗斯福总统夫人等电贺"为题发表消息；6 月 20 日，该报第 2 版登载卢斯在《生活》杂志著文盛赞蒋介石夫妇的话语，称："蒋委员长为康熙以后亚洲之最伟大的统治者，蒋夫人之伟大人格，实超过外界对她所作的一切称赞，称他俩必将留芳于万世。"

二、荣誉等身："战时的中国女英雄"

宋美龄在西方世界的形象，由西安事变和平解决开始显露。柯文教授指出："当这个国民党的领袖最终被绑架后，接下来便是一场棘手的谈判。尽管历史学家现在并不认为宋美龄是解决西安事变的主要角色，但就在蒋介石自圣诞节获得释放后的几个月里，她和她丈夫在美国出版物中被大大地美化了。美国的大众传媒将这个故事加工，并将宋美龄制造成一个基督徒，受过美国教育的英雄，她几乎是赤手空拳地从灾难中救出了她的丈夫。这个在很大程度上被美国化了的故事形象一直持续到第二次世界大战时期，即自由中国（大后方）战时首都重庆与美国成为亲密盟友的时代。命运青睐宋美龄的才干和身家资产，她的形象被亨利·卢斯——这个自诩在中国度过青少年时代的传教士之子——的传媒帝国慷慨地拔高。自 1937 年 7 月日本入侵中国以来，蒋介石和宋美龄二人的照片被亨利·卢斯刊登在美国《时代》杂志的封面上，并授以'年度最佳夫妇'的称号。"①

柯文教授的上述观点也得到了学术界同仁的认同。有学者也指出："蒋夫人最初引起美国公众的关注是 1936 年西安事变的爆发。尽管事变过程的实际解决是复杂的，但蒋夫人安排营救丈夫的故事得到了美国公众的认可。而且，她的个人勇气和广泛被接

① Paul A. Cohen, "Between China and America: the Career of Madame Chiang Kai-shek", *Wellesley Magazine* 88, No. 2 (Winter 2004).

受的她代表丈夫在调停谈判中的角色的文字令人信服，这也因此将她毫不含糊地带入了美国公众的视线。六个月以后，这个耸人听闻的事件已经在美国传媒上广为刊出，实际上这就是蒋夫人和她丈夫回忆的系列文字，她很明显就是作者。不仅是西安事变增加了美国人关于中国事务的知识，也标志着蒋夫人为美国公众撰写的第一篇文字的开始。"①

　　国民政府迁都前，重庆尚无常驻外国记者。1938 年 12 月，国宣处总部随国民政府迁往重庆。此时，随国民政府迁往重庆的仅有路透社的赵敏恒，美国合众社的王公达，法国哈瓦斯社的潘少昂，苏联塔斯社的罗果夫，德国海通社的艾格劳、陈云阁，德新社的谷林甫、姜本恭，美国《纽约时报》的窦奠安等少数外国新闻机构及工作人员。② 太平洋战争爆发后，重庆战略地位提升，成为采访亚洲陆地战场新闻的唯一来源，常驻重庆的外国记者增加，有统计显示，1941 年外国驻重庆记者为十七人，代表二十三家通讯机构，堪称抗战以来"最景气时期"。③

　　战时来华外国记者主要有三类：作为通讯社员工、自由撰稿人、研究者和美国战时新闻局的雇员等"偶然"来到中国的外国人，出于特殊"兴趣"的密苏里新闻学院毕业的"密苏里党"以及因为"浪漫"选择中国的新闻从业者。④ 为给外国记者提供新闻，国宣处每周周五午后 2—5 时举行新闻发布会，同时还不定期地举行记者招待会。据国宣处统计，1939 年 1 月至 1941 年 4 月，共举行外国记者新闻会议二百五十次。⑤ "在遥远的四川腹地的自

①　T. Christopher Jespersen, Madame Chiang Kaishek and the Face of Sino-American Relations: Personality and Gender Dynamics in Bilateral Diplomacy, Chu, Samuel C., ed. Madame Chiang Kai-shek and Her China, Norwalk, CT: EastBridge, 2005, pp. 126-127.
②　参见陈云阁：《抗战初期外国新闻记者在重庆的活动》，《重庆文史资料选辑》第 30 辑，西南师范大学出版社 1988 年版，第 143 页。
③　参见四川省地方志编纂委员会编：《四川省志·外事志》，巴蜀书社 2001 年版，第 509 页。
④　参见 Stephen R. Mackinnon and Oris Friesen: China Reporting: an oral history of American journalism in the 1930s and 1940s. University of California press. Berkeley . Losangeles. London. 1990, p. 3.
⑤　参见四川省地方志编纂委员会编：《四川省志·外事志》，第 509 页。

由中国的新都，供应了最亲切的东西，收容今日世界各地的自由的新闻记者。凡身份可靠的报人，都可以居住在新近开放的记者招待所，每月膳费仅美元一元，房金不到三元。"[1]

太平洋战争的爆发结束了中国孤立抗战的局面，世界反法西斯阵营扩大，欧、美、亚纷纷对日宣战。国民政府于12月9日正式对日宣战，同时宣布与德意处于战争状态。中国成为世界反法西斯战争的重要战场。12月9日，美国总统罗斯福致电蒋介石，对中国坚持抗战四年半重申敬意，并呼吁共同努力打败日本。1942年1月1日，由美、英、苏、中等26国在华盛顿发表《联合国家宣言》，标志着世界反法西斯统一战线的形成。国民政府外交部部长宋子文代表中国签字后，罗斯福总统表示欢迎中国成为四强之一。这是中国四年半来坚持抗战，承受巨大牺牲，英勇顽强抵抗日本侵略者所赢得的国际声望。

太平洋战争爆发后，重庆作为中国的战时首都，成为世界反法西斯战争的远东军事中心。1941年12月23日，中美英三国联合军事会议在重庆举行。1942年1月3日，同盟国宣布蒋介石为中国战区盟军的最高统帅，担任中国、泰国、越南等地区联合部队的指挥任务，重庆成为世界反法西斯战争在远东的指挥中心。自此，宋美龄的舞台更为宽广了。

重庆时期，宋美龄的各种荣誉接踵而至。一方面是同学艾玛·米尔斯将宋美龄来自重庆的通信公开发表，让美国公众从中国第一夫人的工作状态中真切获知战时首都的信息[2]；另一方面，以亨利·卢斯夫人为代表的赞美文章[3]，代表国际妇女界对宋美龄

---

[1] 董显光：《董显光回忆录——记者招待所》，《报学杂志》1948年第4期，第20页。

[2] 参见 Pace4 - Boston Sunday Advertiser, Green Magazine, Sunday, June 25, 1939; China's "First Family" - Gerenalissiom and Mme. Chiang Kai-shek, In Chungking with China's Leader, by Harrison Forman The New York Times Magazine, March 15, 1942; Meet Madame Chiang Kai-shek, May 17, 1942, by Welthy Honsinger Fisher, St. Louis Md. Front Rant, p. 477-478.

[3] 参见 "what one woman can do", Boston Herald Magazine, July26, 1942; "Madame Chiang kai-Shek", sept. 28-October3, 1942, Biorgaphy, pp. 23-24; "The Greatest Woman in the Public Eye", by Mary Hornaday, Christian Science Monitor 1943.

蒋夫人的重庆来信（卫斯理学院档案馆藏）

在重庆的杰出工作的高度认同。1939 年 2 月 6 日，宋美龄接受美国纽约妇女俱乐部联合会所赠送的金质荣誉奖章，该会认为宋美龄"在国难之中，领导全国妇女，从事抗战，其无上果敢之精神，至可景仰"，特别赠奖章，以示崇敬之意。① 同年 4 月 27 日，宋美龄在重庆邀请新生活妇女工作队正副队长及分队负责人茶叙。分赠《蒋夫人言论集》，并借机接受美国纽约妇女协会转赠金牌，彰显领导妇女参加抗建工作的成绩。宋美龄即席发言，称："此金牌

---

① "该会设置此项荣誉章已有 25 年的历史，但各国女杰名流之膺此荣誉者，并计蒋夫人在内，当时仅有 7 人。1916 年获奖者为巴杰特夫人，1919 年获奖者乃为欧战时女护士夏黎女士，1922 年为却泼曼加脱夫人，1924 年为波茨夫人，1926 年为伽莱特海夫人，1929 年则为著名的发明家居里夫人，至今兹更加赠予蒋夫人。"见《蒋夫人之国际荣誉 纽约妇女联合会赠金章》，《大公报》1939 年 3 月 18 日，第 3 版。

实系赠与我全国努力抗战工作之妇女，是我全国妇女之光荣。"[1]
6月4日，赴港就医的宋美龄委托中国驻美大使参事陈长杰接受美国纽约杰赛州大学、美国新泽西女子大学授予之名誉法学博士学位。[2]

1940年10月4日，宋美龄致电美国妇女援华委员会，感谢以罗斯福夫人领衔的美国各界妇女捐款九万美金援助中国抗战，并发起"希望书"运动，从精神上声援中国。电文称："列名于这'希望书'的各位美国女士，对我们中国妇女们表示的不只是深厚的同情，而是承认我们和各位之间有着共同的希望。各位所希望的，正如我们中国妇女所希望

重庆时期的宋美龄——美国《时代》周刊封面人物（1941年6月30日）

的，也就是我们中国正在持久奋斗以求的，在于实现正义与直道的理想，希望是最可贵的。有了希望，什么不可能的事也必能做到，没有了希望，我们任何努力都将无代价，我愿这本'希望书'成为一种高尚的标志，表示着今天全世界有识人士的深思，寄托在普遍永恒的精神价值，而不在一时物质的消长得失。我们中国全体女同胞对于署名本书的各位女士，以及各位所代表的美国妇

① 《纽约妇女协会赠金牌 蒋夫人亲自接受》，《中央日报》1939年4月28日，第3版。

② 参见《赠蒋夫人名誉学位》，《中央日报》1939年6月21日，第3版。

女，敬致无限的谢意。"①

1941 年 3 月 20 日，宋美龄与蒋介石出席重庆基督教女青年会，代表该会赠送精致别针作为纪念品。到会中外来宾有美大使詹森暨美大使馆全体职员、英大使馆参事毛克本夫妇、陈立夫、张治中、何应钦夫人、刘纪文夫妇、董显光夫妇、吴国桢夫妇、冯玉祥夫人、谢冰心等三百余人。美国女青年会全国协会驻华代表哈斯女士致辞称："中美妇女感情素甚融洽，自中国抗战以来，中国妇女参加保卫祖国工作，尤为美国妇女所钦佩。故此项纪念品之敬赠，当为国际妇女团结一致之象征。"宋美龄致辞答谢，她说："该项纪念品实际上为赠予全国抗日妇女者，余代表领谢。"并说："一、美国妇女对我素表同情，多方与我合作，其友谊实足珍贵。二、女青年会之目的，为人类为世界为妇女而服务，创造妇女对社会服务之先例。三、余尽力勉我妇女同胞对国家社会尽责任，多尽服务，勿争权利。"②

对于外部的赞誉，宋美龄还是保持了清醒的头脑。1941 年 8 月 1 日，她在中国妇女慰劳会四周年纪念讲话中指出："我从许多方面接到不少祝贺的信件，赞慕中国妇女卓越的爱国工作，我们决不要因这种称誉而自诩自满，但我们可以藉此更鼓舞其信心和热诚，知道外界已有人承认，中国对于战后的人类，更有具体而永久的贡献。我们对于海内外这种普遍的称誉，觉得很感激很欣幸，可是不能让这些称誉来影响我们的工作，重要的是我们实际究竟怎样，并不是别人心目中所见到的我们怎么样。这一点，我们必须切记在心，我们切不可随着赞美或诽谤而对于自己工作摇摆不定。我们相信，我们的目的是正确的，我们的行动是光明的，我们应当永远固守着我们既定方针。普遍的称誉，在我们稍感疲乏的时候，也许可以当着暖炉一样，藉此稍稍温暖一下我们的身体，振刷我们的精神，但切不可把它看成我们努力战斗争取

---

① 《美国妇女界援华 蒋夫人复电致谢》，《中央日报》1940 年 10 月 4 日，第 3 版。
② 《美女青年会纪念品献赠蒋夫人》，《中央日报》1941 年 3 月 21 日，第 3 版。

胜利所必不可缺的武器。我们所受的困苦很大，但这种困苦并不是没有代价的，凡是信奉人类自由的人们，不流血汗就不能有什么成就，我们应当牢记在心，过去的苦难，使我们的国家兴盛强大，巍然独立于天壤之间，而将来要造成合乎天道的世界秩序，也必赖这种克服艰苦的能力，让我们拿这个思想来磨洗我们的精神，砥砺我们的工作，使之焕然一新。"①

1942 年 6 月 26 日，宋美龄从重庆发出的电文（卫斯理学院档案馆藏）

1942 年 4 月 21 日，美国佛罗里达州斯特逊大学决定授予宋美龄文学博士名誉学位。② 4 月 26 日，美国社会科学荣誉学会在华盛顿举行年会，特颁赠宋美龄荣誉会员资格及荣誉钥匙。颁奖颂词称："蒋委员长夫人，悠久文化的后裔，新文化创立者之一；东西方思想的调和者；人民欢乐忧患时，愉快而勇敢的顾问；二十世纪的女政治家，一个民族的智慧及精神复兴期间一个卓越的参与

① 宋美龄：《中国妇女慰劳总会四周年讲词》（1941 年 8 月 1 日），《蒋夫人言论汇编》卷 2·演讲，台北正中书局 1956 年版，第 56 页。
② 参见《赠蒋夫人学位》，《申报》1942 年 4 月 23 日，第 2 版。

者；对于您，美国全国性的社会科学荣誉学会，特颁赠宋美龄荣誉会员资格，及象征本会最卓越地位的全国荣誉钥匙。该日共颁两枚，另一领受者为麦克阿瑟将军。"① 5月4日，宋美龄发表《人道的钥匙》，称："我知道贵会系欲藉此承认我国数十万同胞在社会工作方面的成就，这些工作实在是社会工作的具体化……这场战争，无可避免的，带来了与其有关的社会问题，同时也给我们开拓出社会服务的新道路。我们在千头万绪中，忽的又要照顾数以百万计的难民，万千出征军人的家属，及无数失去双亲的难童，责任是繁重的，而财力却有限，但后者却因美国及其他友邦的慷慨捐助而宽裕不少，这种善意及富有同情心的举措是我国人民所深切感谢的……这个钥匙象征着社会科学本身，它开启了潜藏在人类心中乐于助人的宝库。"②

1942年11月11日，国民政府授予宋美龄一等宝鼎勋章，以褒奖其任航空委员会秘书长期间，对中国航空事业作出的甚大贡献。③ 1943年12月24日，开罗会议归来后，国民政府授予蒋宋美龄青天白日勋章。④

---

① 《华盛顿举行荣誉金钥赠礼》，《中央日报》1942年4月29日，第3版。

② 宋美龄：《人道的钥匙》，载王亚权总编纂：《蒋夫人言论集》（下集），第1034、1036页。

③ 参见《授蒋夫人一等宝鼎勋章》，《中央日报》1942年11月11日，第2版。

④ 高素兰编辑：《事略稿本》第55卷，1943年10月至12月，台北"国史馆"2011年12月印行，第666页。

WHAT ONE WOMAN CAN DO
Clare Boothe
Los Angeles Times (1923-Current File); Jul 26, 1942;
ProQuest Historical Newspapers Los Angeles Times (1881 - 1987)
pg. H10

Madame Chiang Kai-shek: Her leadership has opened a new life for China's millions

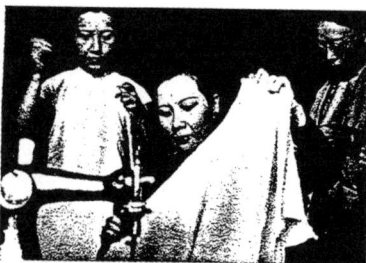

Her energy has built the Chinese Red Cross, recruited nurses, organized hospitals

WHAT ONE WOMAN CAN DO

In today's war, millions of women play important roles. This is the story of one of them: Her job is perhaps the greatest of all

by Clare Boothe

MADAME CHIANG KAI-SHEK is the greatest living woman. Not only as the wife of China's Generalissimo Chiang, the leader of 450,000,000 people, but in her own right she fulfills the conditions of greatness in a leader.

In the long years of revolution and war which have swept over her huge country, she has tirelessly extended comfort, aid and inspiration to the lowliest and most helpless of their victims; she has implacably sought to punish the aggressors, and in all the desperate and heartbreaking conditions which have faced her country, she has been unflinching, intransigent, honorable and cheerful. By her own explosive spirit, she has helped to bring about a vast explosive change in the spirit of her people. And to be able to change for the better the spirit of a whole nation, is, after all, the mark of greatness. Above all, her "personality" excites honest affection, profound interest and deep admiration in other peoples and other nations besides her own.

"Personality" eternally defies analysis. But on 10 simple counts one may delineate, if not explain, the greatness of this 44-year-old Chinese woman.

FIRST: *Madame Chiang is one of the world's best wives.* No one in China curries favor with Mayling ("Beautiful Mood") Chiang by insinuating that she is "the power behind the throne," or the brains behind the Gissimo. She knows that she is, at best, the moon, while he is the sun of China, and that the light that shines from her is his reflected glory. Quite simply, Madame believes that without her husband China today would probably be a Japanese province, but that without *her* Chiang would still be in there fighting, not *so well*, perhaps . . . but still fighting. For 15 long years she has shared — not shouldered — all his disappointments, discomforts and dangers.

After a seven-year courtship — a courtship of which her Christian Chinese mother did not approve because at that time young General Chiang was a heathen. Miss Mayling Soong took Chiang to Christianity. And he took her to the altar. They were married in Shanghai in 1927 by the President of the Y.M.C.A. Mayling wore a beautiful white veil and carried a sheath of lilies, like any Western bride. But unlike any Western bride, from that day

Author Clare Boothe

on Mayling Chiang seldom knew the comforts of a home, or the peace of domesticity.

Bridegroom Chiang had a Communist revolution on his hands: a disunited country to forge into unity, a backward country to awaken to progress, and, later, a terrible foreign enemy to beat. A soldier's wife, she lived with the Generals in bivouacked camps all over China. She flew with him in airplanes over needle-pointed mountain ranges, she slept and ate with him in dugouts among the falling shells. And always she gave him comfort, loyalty and encouragement. So for 15 years she has been Target No. 2 for the assassin's bullet, the traitor's poison and the Japanese enemy's bombs.

The highest tribute that any man could pay to a helpmate, Chiang Kai-shek has paid to his wife. When an interviewer, urging him to send Madame Chiang to America, said, "She would be worth a division to you there." Chiang replied, "Ah, but she is worth 10 divisions to me here, by my side, in China!" Madame Chiang knows as well as any wife alive "what every woman knows" — that to put her husband's interests and aims and dreams first, to guide and never to lead, to counsel and never to command, to suggest and never to insist, is to stay not only supreme in his heart but foremost in his councils. Today everyone in China knows that the Gissimo is the mainspring of China's great war effort and the dynamo of the Chinese Renaissance — but they also know that Madame Chiang supplies much of the electrical energy . . .

SECOND: *Madame Chiang is one of the world's*

best mothers. Perhaps no other woman living has played the role of mother to so many babies, children and young boys and girls. She has personally adopted 40,000 war orphans. She has made it her unique business to see, not only that they are fed and clothed, instructed to read and write, given vocational training, but that like good children of a good mother, they grow up loving one another and — China. She spends hours and days of her time, visiting with them, talking with them, singing and playing with them, planning and hoping for them.

THIRD: *Madame Chiang is one of the world's great organizers.* In the early days of her marriage she started what came to be known as the New Life Movement in China. This movement, ridiculed at first by the intelligentsia, began by fighting for a nation-wide campaign against dirty houses and dirty bodies, against spitting in public places and against frivolities of all sorts among the upper classes. But through the years the movement has gradually widened until it is now a dynamic political and social force in China. Today it has enlisted the aid of Chinese women everywhere — brought Chinese women who have never before been out of their "back yards" into the arena of public life; inspired them to take part in government, to educate the "underprivileged"; to instruct young girls how to be healthy and useful mothers; to institute schools for vocational training, handicrafts and scientific farming; to fight a woman's war against sloth, corruption and ignorance among the masses; to help do away with child slavery, "the scourge of China," and opium smoking (smugglers today are summarily shot in China) — in short, to take a vigorous part in the reconstruction of China, in the very midst of Japan's brutal effort to destroy it. No feminist, Madame Chiang has nevertheless liberated for useful social activity more

members of her sex than any other woman alive.

FOURTH: *She is the nearest thing to a Joan of Arc that this decade has produced.* For a long time she was Chief of China's Air Force. She was one of the first in China to see the importance of air power in modern combat. With her air generals she plotted the campaigns of China's young air service until, when the World War broke over Europe, her air force, getting no further reinforcements from Germany or Russia, was whittled out of the skies by the vastly superior Jap planes. When at last China constructed its own plane factories and began to build up its own air force again — she turned the job over to generals who had at last become so belligerently air-minded as she was. She has visited the front lines under shell-fire time and time again with the Gissimo and, in the many bombings she has undergone, she is the first to leave her shelter and go among the soldiers and citizens to rally them.

FIFTH: *She is also the nearest thing to a Florence Nightingale that this decade has produced.* She has worked incessantly to develop a strong and well-equipped Chinese Red Cross. In a land where Chinese ladies were taught throughout the centuries never to "lose face" before the lower classes by serving them, in a land traditionally indifferent towards wholesale suffering, she has herself washed the gangrened feet of farmer-soldiers, and bound the wounds of peasants caught in air raids. Her example has aroused the people — particularly the upper classes — to a belated appreciation of the sufferings and sacrifices of their soldiers and civilians.

SIXTH: *She is one of the world's most influential missionaries.* Both her American-educated Chinese father, Charles Jones Soong, and her

Her mercy has awakened China to the brave sacrifices of its farmer soldiers

Chinese-born mother, Katherine Nyi Soong, were devout Methodist Episcopal missionaries and she has carried on the spirit of their work in China. Her greatest triumph was, of course, the conversion of the Gissimo. Since then, many of China's leaders have adopted Christianity because in Madame Chiang and the Gissimo, they have seen that Christianity seems to work certain miracles that had not seemed possible in China before. She has promulgated Christian teaching and education in the great Chinese universities and missionary work among the people. Every member of Mayling Chiang's powerful family is a Christian. Her dead brother-in-law, Dr. Sun Yat-sen, the founder of the present Chinese Republic, was also a Christian.

SEVENTH: *She is one of the world's most famous bi-linguists.* She spent the formative years of her life — from the time she was 10 years old to the time she was 19 — in America, largely in the South. She was graduated from Wellesley College in 1917. Her English (she calls it her American) is flawlessly idiomatic — spoken with a soft Southern accent. Indeed, she had to learn to speak Chinese when, as a young woman, she at last returned to Shanghai. She learned it by translating Chinese classical verses into English poetry of a pretty high order. Today she writes and speaks both languages so well that if she had no other claim to fame she would be well-known in both countries as an orator and a writer.

EIGHTH: *She has done more than anyone living or perhaps than any human being that ever lived to bring to the peoples of the East a knowledge of the West, and to the people of the West a knowledge of the East.* The marked trend in free China today towards Western culture. Western methods and a Western "outlook" can be largely traced to her influence, not only on the Gissimo — who has never been out of the Orient and who speaks only one word of English, "darling," which he uses to his wife — but also to her influence on all of China's key men, and, most directly, on the people themselves. To the people she is ever and again extolling the merits of Western progressivism and industrialism. Her vigorous "Western approach" to the historic question of disease, poverty, suffering and death has done much to kill the fatalism and resignation that have so long imprisoned the Chinese spirit. Conversely, in her writings, her speeches, her short-wave broadcasts to this country, and by the supreme example of *herself*, she has shown America and Europe not only the vast political and military import-

ance of China to the West, but the spiritual and cultural values of her country. One has only to imagine how much less we would know of Free China today if Madame Chiang had not warned us, over and over, not only of the Japanese military peril, but of future political and spiritual dangers to the West if we do not once and for all forget our outmoded ideas of the "white man's superiority" when dealing with nations as ancient, as civilized, as heroic and as *new* progressive as China.

NINTH: *She is one of the world's most skilled women diplomats, politicians, enlightened statesmen.* Throughout the years when China was fighting alone against Japan, China was never completely without friends. Madame Chiang always counseled the Gissimo, in spite of his anti-Communist bias, to keep Russia an active unofficial ally and, also, to keep her well-loved America a potential ally. Embittered as she also must have been with the West's appeasement policy of militarily and economically aiding Japan at the very face of facts that screamed to be recognized, Madame Chiang and the Gissimo seldom lost their patience, recriminated or threatened, and never, never sold out, or made deals with other Axis powers — although the history of the past five years in China is full of pages showing the pressure that was applied on the Gissimo, and Madame Chiang, to do so.

TENTH: *She is one of the world's most beautiful and charming and human women.* She is about five feet, four inches tall. She has a slim figure, great black eyes and lovely little hands. But no photograph, as the expression goes, ever "does her justice." Her beauty does not lie in feature or form, but in movement and color. You know no more about the beauty of Madame Chiang by looking at a photograph of her than you would know, from a photograph, about the beauty of a bird if you had never seen one fly. Madame Chiang Kai-shek is a dynamic spirit, a woman of so many expressions and moods that they would be only in the range of a Duse or Bernhardt. Because she's human, she often looks a little ill and very tired — after a big bombing of Chungking, or many hours in a car driving over muddy roads. Very, very often she feels thwarted and miserable and unhappy. But in the final analysis, her discontent and unhappiness are usually the measure of her boundless hopes for China, which are greater, alas, than even she can hope to see fulfilled. This is her fate. Because, like all truly great people, she is something of a tragic figure, too.

The End

Mayling (Beautiful Mood) Chiang. Clare Boothe calls her the greatest living woman

《洛杉矶时报》整版报道宋美龄在后方的抗战建国实践（哈佛大学图书馆藏）

第三章　战争与中国女性：蒋夫人的"宣传战"

张宪文教授指出："宋美龄女士，是近代中国历史上杰出的女性、著名的政治家、中国妇女运动的推动者和指导者。"[①] 重庆时期，宋美龄以其卓有成效的工作方式，阐释了"边缘"影响"中心"的历史。从军事慰劳到保育儿童，宋美龄从抗战支援出发，配合国民政府的实际需要，发挥妇女特有的优势，动员广大妇女投身抗战事业。一大批妇女在军事动员和儿童保育的实践中从家庭的羁绊中解放出来。[②]

与此同时，重庆时期，宋美龄以极大的热情从事战时书写。从某种意义上说，这是一场对新首都形象的塑造运动，更是对战时中国抗战形象的塑造。宋美龄以富有创造性的宣传方式，将重庆与战时中国融为一体，从而也构成了她概念中的抗战与建国。本章以宋美龄的战时书写、信函，以及中外媒介文本等第一手文献为基础，系统梳理宋美龄在重庆时期的妇女动员实践。

第一节　后方妇女动员起来！

宋美龄指出："一个国家和一个人一样，在大困难之中，正是

---

① 张宪文、姜良芹等编著：《宋美龄、严倬云与中华妇女》，台北黎明文化事业股份有限公司 2012 年版，序第 3 页（张宪文作序）。
② 参见秦孝仪主编：《"中华民国"重要史料初编——对日抗战时期（四）》，台北中国国民党史委员会 1981 年版，第 732 页。

大成就的开始，我们生在这个时代，要能够耐得住非常的艰难，牺牲自由和幸福，贡献所有的能力才能在民族复兴之后，做一个健全独立俯仰无愧的国民，那些自私自利爱好虚荣计较地位报酬，只求个人安逸享受的心理，已经证明为时代的渣滓，如果现在还要以个人本位作打算，那必然无益于国家，无益于自身，无益于抗战中的工作，新中国的女性，定不如此。"①

成为重庆国民政府的第一女主人，从抵达战时新都的第一天起，宋美龄就饱含激情地投入到大后方的抗战动员与救济工作中。此间，多病的她，实际的工作状态却是精力异常充沛。最得心应手的工作，便是以妇指会为中心的妇女动员。

一、"太太们站起来了"：自上而下的机制

（一）动员官太太

女性是传递国家政策的媒介，是抗战建国的重要力量。官太太群体则是宋美龄建构战时妇女动员工作的上层组织保障。为配合《抗战建国纲领》的实施，进一步推动妇女抗战动员，1938年5月，宋美龄邀集48名妇女领袖汇聚庐山，畅谈全国妇女的动员筹划工作，经多方协商制定出《动员妇女参加抗战建国工作大纲》。《大纲》在"妇女在抗战建国中的任务"一项中，对妇女应负担的战时工作和生产事业作了详细规定，明确战时妇女工作应包括救护、慰劳、征募、救济、宣传组训、儿童保育、战地服务以及铲除汉奸、肃清敌探、动员壮丁上前线等。②

7月1日，根据庐山妇女谈话会精神，"新生活运动"促进总会妇女指导委员会（简称妇指会）进行改组与扩大，并正式在汉口三教街第五小学办公。为适应抗战建国的新使命，妇指会组织机构进行改组，"照顾到全国各方面"，机构内各负责人均由"有认识、肯实干、能合作的妇女界先进来担任。她们必须能够发扬

---

① 宋美龄：《告女界青年书》，《中央日报》1940年9月20日，第3版。
② 参见《动员妇女参加抗战建国工作大纲》，载妇女谈话会编：《妇女谈话会工作报告》，1938年版，第60页。

庐山谈话会的精神，实行庐山谈话会的决议，完成庐山谈话会交托的使命"①。

改组扩大后的妇指会仍由宋美龄担任指导长，指导委员会由 7 人增至 36 人，增设了由李德全、沈慧莲、邓颖超、孟庆树、康克清、曹孟君、黄卓群、赵清阁 8 人组成的常务委员会。机构包括总务组、训练组、文化事业组、生产事业组、生活指导组、儿童保育组、慰劳组、战地服务组和联络委员会等。各部门负责人"都是由该会指导长蒋夫人征求了各方面的意见，而在妇女界中选拔任用，不仅打破了狭小的人事的关系，更超越了党派的限制"②。其中慰劳组组长唐国桢、战地服务组组长陈逸云是国民党中央党部妇女运动委员会的委员。由救国会方面负责的有联络委员会，主任史良；训练组组长刘清扬；文化事业组组长沈兹九。无党派人士俞庆棠担任生产事业组组长。天主教徒组纽珉华担任儿童保育组长（后由陈纪彝接替）。总务组由谢兰郁担任组长。

此时，宋美龄身兼中国妇女慰劳自卫抗战将士会、新运妇女指导委员会、战时儿童保育会三个全国性妇女组织的最高领袖。她说："我们的工作，只是要发动我们爱国的天良和责任，我们不希望夸耀、赞扬、鼓励，而更要埋头努力实际的工作，不求个人的荣誉，求的国家民族的荣誉，这样我们必定能够从实际工作中提高妇女地位，达到我们最高的目的。"③ 在宋美龄的领导下，妇指会以"指导全国妇女从事抗战建国工作，并提倡善良风向，改进民众生活，共负服务社会复兴民族之责任"为宗旨，致力于动员广大妇女以各种方式进行抗战支援工作。④

自上而下的组织动员，先从官太太们开始，搭建工作班子。

---

① 《我们在烽火中诞生：庐山妇女谈话会》，载新运妇女指导委员会编辑：《工作八年》，南京印书馆 1946 年版，第 2 页。

② 史良：《妇女工作的回顾与展望》，《妇女生活》1939 年第 6 卷第 11 期，第 1 页。

③ 《只讲妇女解放还不够 要达到全民族的解放 蒋夫人在"三八"节纪念会演词》，《中央日报》1939 年 3 月 9 日，第 3 版。

④ 参见《我们在烽火中诞生：我们改组扩大了》，载新运妇女指导委员会编辑：《工作八年》，第 2—3 页。

"新都"重庆为宋美龄提供了一个自上而下的"亲历现场"的全新舞台。1939 年 1 月 23 日，宋美龄以妇指会指导长名义招待中央各院部长官夫人及妇女界领袖，商讨组织事宜，计划发动家庭妇女参加战时工作，决定组织妇女工作队，出席会议者计八十余人。宾客中大半是高级长官的夫人们。① 1 月 31 日下午 2 时，宋美龄又召集行政、学术、经济等机关主管长官夫人，商讨动员各机关职员眷属参加抗战建国工作，落实新生活妇女工作队组织成立的分工及责任，商讨动员各该机关职员眷属的办法，政治部陈诚部长夫人谭祥等二十余人与会，会中"通过组织新生活妇女工作队，以每一机关为单位，直隶属于妇指委会"，准备从事："（一）征募，（二）缝制慰劳品，（三）组织宣传队，（四）组织救护队，（五）协助出征军人家属，（六）协助救济难童，（七）协助扫除文盲，（八）协助手工业生产。"当天成立 28 个工作队，会后宋美龄恳切表示，希望大家"以身作则，实事求是，尽力发动女同胞，共同参加抗建工作，以期对国家民族有所贡献"②。召集官太太们开会，成了重庆时期宋美龄动员上层妇女的一种常规的工作方式。

国民政府行政院参事陈克文在日记里记录了官太太们的参与情况。1939 年 2 月 4 日，他写道："蒋夫人召集了一次高级公务员的太太们开会后，各机关的太太们连日开会讨论参加抗战工作。之迈的太太昨日往陈立夫太太的寓所开会，振姊亦往张纯明太太

---

① 　参与此项组织工作的有陈立夫夫人（教育部）、谭惕吾夫人（内政部）、潘光迥夫人（交通部）、陈诚夫人（政治部）、马洪焕夫人（铨叙部）、马超俊夫人（中央党部）、何谦夫人（农本局）、徐纬明夫人（中国银行）、张继夫人（党史编纂委员会）、罗家伦夫人（中央大学）、谢纬鹏女士（金陵女大）、蒋志澄夫人（重庆市政府）、焦易堂夫人（最高法院）、何应钦夫人（军政部）、王世杰夫人（参政会）、姚琮夫人（军委会）、张静愚夫人（禁烟督察处）、邓季惺女士（新闻界）、陈继承夫人（中央军校）、赵懋华女士（立法院）、张纯明夫人（行政院）、李青选夫人（财政部）、周守良夫人（中央银行）、沈青山夫人（交通银行）、康心如夫人（美丰银行）、程静观夫人（农民银行）、陈果夫夫人（中央政治学校）等中央政府及重庆地方的官太太们。

② 　《动员家庭妇女参加抗建工作》，《大公报》1939 年 2 月 1 日，第 3 版；《新生活妇女工作队组织成立》，《中央日报》1939 年 2 月 1 日，第 4 版；1939 年 1 月 31 日，《商务日报》刊发"妇女工作团积极进行 蒋夫人召开首次团长会议"；2 月 1 日，该报再度跟踪这一会议，"迅速开展妇女工作 蒋夫人昨召集会议——各工作团分别发动公务员家属"。

的寓所开会。之迈的太太说：'中国真是有救了，连我们都被动员起来了。'"不过，陈克文对此项运动并不乐观，他写道："不过我看太太们的工作不会有多大的成绩的。抗战工作团应该参加，但是抗战中的家庭工作亦十分重要。太太们能够好好的处理家庭事务，则也等于参加抗战工作了。我以为与其做有名无实的抗战工作，倒不如希特勒的'妇女到厨房去'的口号来得实际。"①

　　新生活妇女工作队的组织构架也典型地体现了宋美龄动员官太太的工作机制。新生活妇女工作队的正副队长都是各机关的首长夫人，各队工作主要开展征募、慰劳、协助征属、救济难童、提倡手工艺、扫除文盲等工作。由每个机关的首长夫人负责组织其属下的妇女，在每队之下还有许多分队，"队员则除职员眷属外，尚包括各机关女职员或一般妇女"②。例如，军政部的工作队，参加妇女就有25000人，在它的直接指挥下，分散在全国各地还有50个分队，部长或其他机关首长的夫人，都须负责她丈夫手下属员的妻子。③1940年1月26日，宋美龄设宴招待各妇女工作队队长，一年来，在宋美龄的发动组织下，重庆各机关、团体职员、眷属在各部、处长官夫人倡导下，共建立新生活妇女工作队33队，支持抗战、组织募捐、慰劳将士等。④

---

①　陈方正编辑·校订：《陈克文日记（1937—1952）》（上册），第365页。
②　《工作动态：新运妇女工作委员会及新生活妇女工作队的介绍》，载新运妇女指导委员会编：《新运妇女指导委员会三周年纪念特刊》，重庆新运妇女指导委员会1941年版，第65页。
③　参见宋美龄：《我将再起——中国妇女工作》，载《蒋夫人言论汇编》第1卷，台北正中书局1956年版，第179—194页。此外，重庆市档案馆藏档案显示，为响应宋美龄推动的"太太动员体制"，军政部兵工署第二十五兵工厂特推选工务处处长唐汉宗夫人金女士出任该厂妇女动员工作小队长。参见《推动公务人员眷属参加妇女各项工作》，1939年2月22日，重庆市档案馆藏0719全宗，1目，第126卷，第21页。
④　参见《蒋夫人昨设宴招待各妇女工作队队长》，《中央日报》1940年1月27日，第3版。另据《联络工作：动员各机关女职员的新生活妇女工作队》，载新运妇女指导委员会编辑：《工作八年》，第191页，"以每一政府机关为单位（包括国民政府、立法院、行政院中央机关在内）共成立了37个新生活工作队"。

宋美龄领导妇指会同仁亲为前线将士缝制军衣（卫斯理学院档案馆藏）

1940年4月，宋美龄将两位姐姐——孙夫人、孔夫人同时召唤到新都。宋氏三姐妹集体亮相重庆，可以看作是宋美龄将自上而下的官太太体制推向极致的一个典型，即以精英女性的号召力推动妇女动员工作，并以首都重庆为中心，覆盖大后方其他城市。三姐妹联袂出入重庆及周边的大后方各地，奔赴成都等后方大城市等，影响深远。

4月7日下午，宋美龄在官邸举行盛大的欢迎茶会，招待孙、孔两夫人，中外妇女界二百余人出席，蒋介石亲临茶会。到会者除宋氏三姐妹外，还有何应钦夫人、冯玉祥夫人、马超俊夫人、吴国桢夫人、董显光夫人，外宾有英国大使卡尔夫人、法国大使馆中文参事丰康栋夫人、美国大使馆参事贝克夫人等。报界称此茶会"堪为战时首都之盛会"。这是一场非常美式的下午茶会，"新运会妇女指导委员会派员专事招待"。"众人先自取茶点，陆续在室内见过孙、孔夫人及主人后，热烈的在草地上相互闲谈"。茶会于4时正式开始，蒋介石致辞称："孔、孙两夫人此来，非仅重庆各界极表欢迎，即全国人士亦莫不快慰。"

宋美龄先后用中英文致辞，她说："孙孔两夫人非仅本人之姐，且为吾侪之同志，而夫人协助抗战工作，厥功甚伟，尤为吾侪忠实之同志。孔夫人在港沪两地工作卓著成绩，犹忆淞沪作战时，孔夫人及友人数辈，曾设立医院所，救护伤兵达一千人，受伤官兵因救护得宜，痊愈以后，大半均能重返前线，为国效力。本人服务航空委员会时，孔夫人曾捐献卡车四十辆，吾忠勇空军之交通问题，赖之便利甚多。本人此次赴港时，孙孔两夫人复在港组织香港伤兵之友协会，由孔夫人担任会长。今日得与两夫人欢聚，本人以及诸君衷心之愉快，自不言而喻。本人对两夫人，惟有一项请求，即希望两夫人可以留居重庆，领导妇女工作，共同争取最后之胜利。两夫人苟能对此接受，实属私心默祷者也。"

茶会上，三位夫人的发言及气质性格、举手投足差异迥然，给与会者留下了深刻的印象。二姐宋庆龄向媒体透露的信息，与宋美龄有着不同的观念趋向，抗战建国的目标，在宋庆龄看来是民主政治的建设。在这场欢迎会上，宋庆龄致辞说："我们妇女不要只从事表面文章的工作，要切切实实地去教育一般妇女。民主政治是和妇女非常有关系的，国民代表大会妇女一定要参加。希望我们大家来努力实现民主政治和坚持抗战工作！"大姐宋霭龄向在场的宾客表示："孙夫人和我虽然初来重庆，见些旧交，认识些新知，其实我们的精神和心始终是连接在一切的，就是为了建设一个强有力的新中国而奋斗。"她强调大家要合作，"因为合作才能团结，团结才能使工作进行顺利"。①

4月8日，宋美龄陪同孙夫人、孔夫人到嘉陵江北岸"中国伤兵之友医院"慰问伤兵。爱茉莉·海描绘了这一天的开始，她写道："欢迎宋氏二姐妹的一群女孩子的欢呼和掌声传过了三条街，

---

① 《中央日报》和《大公报》分别在第二天长文报道宋氏三姐妹的团聚，见《蒋夫人昨招待孙孔两夫人 蒋委员长亲临参加》，《中央日报》1940年4月8日，第2版；《蒋邸昨日盛大茶会欢迎孙孔两夫人》，《大公报》1940年4月8日，第3版。《新华日报》在头天就报道了"宋美龄欢宴宋霭龄、宋庆龄"；《新蜀报》也在4月7日预告了"蒋夫人明召妇女代表讲话 孙孔两人均出席"。

还听得很清楚。我们见到他们排着队走回学校去，有好几百人穿了制服。宋氏三姐妹就出发参加另外一个约会，要去伤兵医院里去探望伤兵。她们先到了俘虏营去望了俘虏。他们睡在床上呆望着她们。"①《大公报》报道说："三姐妹身着短衣，戴川产草帽，素装简行。在伤兵医院她们俯身向伤兵致慰问之意，并一一送上慰问品。"②

动员冰心从昆明来重庆参与妇指会的工作，是宋美龄发挥太太们的影响力的另一个例子。1940年夏，冰心应邀专程到黄山官邸见宋美龄。她后来回忆了宋美龄的说服力："夫人希望我也能参加她主导的妇女指导委员会，并且劝我来重庆和她一起工作一个月。夫人这样对我说：'谢女士，国难当头，我们必须一个不漏地动员所有的国民。你应该利用自己的影响力指导青年团体。不能再闲居在昆明郊外的小城市里了。'"

（二）组训女干部

庐山妇女谈话会制定的《动员妇女参加抗战建国工作大纲》部署了战时妇女训练的具体方式，即：（1）由总会的机构，训练各省的干部，由省的机构，训练县的干部。（2）广设妇女民众学校，用教育方法使大众妇女均有政治认识，并提高其文化水准。（3）设立战地服务人才训练班，授以实际智能，必能从事战地服务。（4）设立各县生产技术人员训练班，培植农业推广、合作指导、工业、农业、手工业等生产事业干部人员。③庐山谈话会后，妇指会开始了大规模地训练妇女干部。

---

① ［美］爱茉莉·海：《宋氏三姐妹》，复泰译，万象杂志社1946年版，第125页。据该书译者按语："作者海小姐，侨居中国有年，对于中国之风土人情，亦甚熟悉。与宋氏三姐妹，具有诚挚之友谊，是以所言俱甚切。作此书时，重庆累遭空袭，作者虽居防空洞壕中，亦手不停挥，足见其钦仰宋氏姐妹之深；切望世人能自其文中，知悉此中国之三大女性也。"

② 据《大公报》记者报道，慰问品"每一袋内计有甜柑、咸蛋各两枚，手巾一条及饼干糖果等"，宋美龄在视察后，指示该院尚应添置伤兵睡衣，提供给伤兵更完善的医疗和协助。参见《孔孙蒋三夫人昨慰问伤兵》，《大公报》1940年4月9日，第3版。

③ 参见《动员妇女参加抗战建国工作大纲》，载妇女谈话会编：《妇女谈话会工作报告》，第61—62页。

1938 年 12 月 14 日下午，宋美龄在重庆出席中央妇女运动委员会、妇女抗战建国协会、儿童保育院等六个团体举办的盛大欢迎茶会。会后在接受记者采访时表示，她最近计划训练 600 名学生来充实妇女训练班，借以增强妇女抗战的力量。[①] 据统计，从 1938 年 7 月至 1943 年 12 月，妇指会共开办 15 次妇女干部训练班。[②] 从时间段来看，这些工作都是在妇指会迁到重庆之后完成的。

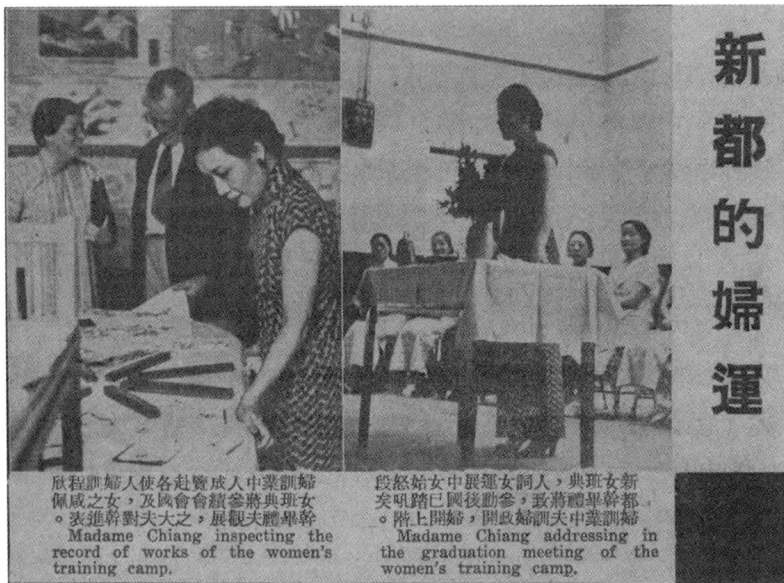

宋美龄训练后方妇女（民国报刊文献）

妇女干部训练是一个系统工程。其大致类型有：（1）为期 1—3 个月的短期普通训练班，主要训练内容是救护、组训、宣传、保育难童等技能，而学员毕业后的去向主要是各乡村服务队、战地服务队和儿童保育院。该训练班的人员构成主要是高中毕业女生，宋美龄认为她们"愿意为国家牺牲一切"，但是"缺乏实际经验以发挥她们的才干和知识"。因此，宋美龄规定她们必须学习"如何接近农村民众；如何提倡公共道德；如何改善人民生活；如何保

[①] 参见《一个盛大的茶会欢迎蒋夫人》，《中央日报》1938 年 12 月 15 日，第 3 版。
[②] 有关训练班的统计，参见洪宜嫃：《中国国民党妇女工作之研究（1924—1949）》，转引自张宪文、姜良芹等编著：《宋美龄、严倬云与中华妇女》，第 84 页。

障人民利益；如何鼓舞人心争取抗战胜利"。（2）高级妇女干部训练班，为期三个月，只开办过一次，主要为国民党内妇女工作人员提供短期培训，让她们回到所在省份训练青年工作人员，以充实全国各地妇女机构。在宋美龄看来，举办高级训练班是将妇女训练工作"遍及各省"的一种做法。（3）各种专业人员训练班，例如救护人员补充训练班、妇女工厂服务人员讲习班等。①

基于加强妇女工作能力训练的宗旨，训练班的课程通常分为理论课与工作常识课。训练组组长刘清扬回忆第三期培训的课程就有：钱俊瑞的农村经济、陶行知的战时儿童教育、张友渔的抗战形势、黄薇的宣传技术研究、沈兹九的妇女问题、应云卫的街头话剧、唐国桢的伤兵教育、黄佩兰的民众生活改进研究、陈文渊的新运要义，以及文幼章的军民合作方法。② 每期培训班，宋美龄都亲自开设人格教育课程。她认为"国民没有高尚的人格，国家就是没有高尚的风格，一个优良的干部最必要条件，就是高尚健全的人格"，"一个国家要想提高国际地位必须具有高尚的国格，高尚的国格首先从国民人格的修养做起"；而"训练学生用科学头脑，纠正学生起立行坐的姿态，指导学生洗碗抹桌，收拾房屋，清洁内务，带领学生游戏讲故事，提起学生阅读的兴趣，她想尽方法把愉快、言悦、纯真、热忱、合作、互助、人类高尚的美德和情感，渗透到每个学生的血液里，使她们向上求进步"。③

宋美龄注重学生的人格训练。据后来成为战时儿童保育会教

① 参见张宪文、姜良芹等编著：《宋美龄、严倬云与中华妇女》，第84—87页。
② 参见刘清扬：《回忆新运妇女指导委员会训练组》，《武汉文史资料》2005年第8期，第6—7页。
③ 《训练工作：我们训练内容》，载新运妇女指导委员会编辑：《工作八年》，第169—170页。1939年12月底，妇指会主办的第四届新运妇女干训班结业，宋美龄亲临向170名学员做人格讲话，勉励同学"吃苦耐劳，抱定服务精神、精诚团结，与地方当局诚恳合作，以达抗建工作深入民众之目的"。随后全体学员分发至各县实习宣传、组织、保育、救护、生产等工作。参见《蒋夫人勉学员为民族尽忠》，《大公报》1939年12月30日，第3版。另外，此间媒体也跟踪报道了宋美龄培训女性干部的工作，如1940年1月26日，《新华日报》和《中央日报》刊载《宋美龄招待各妇女工作队长》；1940年5月1日，《中央日报》登载《妇女高级干训班举行结业典礼，蒋夫人助勉五点》。

师的杨先知回忆，当她从安徽逃难来到重庆后进入妇指会组织的培训班，"蒋介石夫人宋美龄亲自负责这个项目，几乎每天都要到我们训练中心来。我记得在一次集会上，蒋夫人告诫我们说，道德品质的进步和学习文化知识同样重要。她告诉我们，一个人如果光有知识而没有良好的道德品质，将对社会造成巨大的危害"①。而刘清扬的回忆显出了宋美龄训练学生的另一个细节，她说："在重庆华贵的嘉陵宾馆请第三期学员四百多人吃西餐"，是为了训练学员们"如何吃西餐"，"她高站在椅子上，说明使用刀叉、汤勺、切面包、吃沙拉、喝汤的种种规矩"。当时，孙夫人也在场，她转过头来对刘清扬耳语说："你们指导长要把学生训练成大使夫人啦，其实美国穷人吃饭也用手抓。"②

　　重庆的酷暑是难熬的，此间正是日军对重庆的残酷轰炸季。宋美龄写信告诉艾玛，说这里"又热又使人感到虚弱无力"。而更让人沮丧的是，对于中国的抗战，"那些民主国家正袖手旁观"。尽管缺乏海外同情与鼓励，宋美龄向艾玛展示的依旧是一幅重庆不屈的抗战图景：她推动完成训练了 450 位青年女性社会工作者，并把她们送到了前线。她们正在经历三个月的实践期，如果她们能够经历基督教的血与火的洗礼，能够战胜夏天的疾病的话，就可以得到毕业证书。③ 在 1939 年八九月间的信中，宋美龄对艾玛谈论的依旧是海外募捐资金事宜。在信中，她感激并最关注的是艾玛帮助她的 2 万个孤儿在海外的募款状况。④

　　妇指会在重庆期间，开办了新运妇女干部培训班和新运妇女高级干部培训班、指导员训练班、救护人员训练班、工厂服务人

① 李丹柯：《女性，战争与回忆：三十五位重庆妇女的抗战讲述》，香港中文大学出版社 2013 年版，第 130 页。

② 刘清扬：《回忆新运妇女指导委员会训练组》，《武汉文史资料》2005 年第 8 期，第 8 页。

③ 参见 Letter, May-ling Soong Chiang to Emma Mills, July 14, 1939, Correpondence from May-ling Soong Chiang, Jan. 1939-Jan. 1945, Papers of Emma DeLong Mills, MSS. 2, Box 9, Wellesley College Archives.

④ 参见 Letter, May-ling Soong Chiang to Emma Mills, September 10, 1939, Correpondence from May-ling Soong Chiang, Jan. 1939-Jan. 1945, Papers of Emma DeLong Mills, MSS. 2, Box 9, Wellesley College Archives.

员讲习班、乡村服务人员讲习班、荣军服务人员手工艺讲习班等。经过培训的妇女干部，以重庆为中心，深入到农村、工厂、保育院、伤兵医院、生产事业实验区。据战时儿童保育会教师杨先知的回忆，"我们这个培训团毕业的学员大多数都被送了中国战时儿童保育会的保育院工作。我毕业的时候被分配到了重庆江北的第八保育院"①。

妇女干部是播种机，执行和传播着宋美龄的战时妇女动员思路，也放大了重庆抗战的正面效应。受训的妇女干部，陆续被派往重庆周边的乡村。1939 年 7 月，妇指会训练出的 100 名妇女工作干部，组建成 9 支伤兵服务队，分驻四川涪陵的第八修养院、第一二一后方医院，万县的第四修养院、第一临时残废教养院、第十陆军医院、第十重伤医院、第八十六后方医院及第九十八收容所，以应救护伤兵之急需。1939 年 5 月 10 日，宋美龄在给艾玛的信中，高度赞誉了这批受训后的女性参与到大轰炸后的救济行动。②

1939 年 12 月，妇指会将湖南省各县的战时乡村服务队全部调川，与原"伤兵服务队"混编成"战时服务队"，充实服务伤兵的阵容。③ 1940 年 2 月，妇指会成立"训练各省动员妇女工作干部班"，为各省开展妇女工作培训了中坚力量。④ 此外，妇指会为补充前线伤兵医院人力所需，举行"新运妇女救护人员补充训练班"；为协助各区临时教养院，举行"荣誉军人服务人员手工艺讲习班"；为帮助开展巴县妇女工作，进行"巴县妇女工作实施人员训练班"等。⑤ 据统计，截至 1943 年 12 月，新运妇指会共开办了

① 李丹柯：《女性，战争与回忆：三十五位重庆妇女的抗战讲述》，第 130—131 页。

② 参见 Letter, May-ling Soong Chiang to Miss Emma DeLong Mills, May 10, 1939, Correspondence from May-ling Soong Chiang, 1934—1939, Papers of May-ling Soong Chiang, MSS. 1, Wellesley College Archives.

③ 参见新运妇女指导委员会慰劳组编：《荣誉军人服务工作纪实》，重庆新运妇女指导委员会 1944 年版，第 1—2 页。

④ 参见《训练工作：新运妇女高级干部训练班》，载新运妇女指导委员会编辑：《工作八年》，第 165—166 页。

⑤ 参见《训练工作：新运妇女乡村服务人员讲习班》，载新运妇女指导委员会编辑：《工作八年》，第 167—168 页。

15 次妇女干部训练班，培训妇女干部千余名。①

重庆是迁川工厂的重地。1940 年 1 月，妇指会共成立了 6 支工厂服务队深入到申新、裕华、豫丰以及支厂，军政部纺织厂、制呢厂服务，"由于队员的正义、热心，博得了工人及厂方的信任"，工作取得了一些成果。② 为帮助内迁妇女解决困难、增进福利，生活指导组特地成立了妇女咨询处。咨询处按照职业介绍、升学指导、法律指导、医药指导协助分类，并"经常与其他同性质的机关和团体取得联系商议与探讨，例如咨询处与中央建教合作委员会、新运服务所、社会部社会服务处、人才调剂协会、社会部重庆职业介绍所、基督教女青年会职业介绍部、青年团女青年处法律咨询处等多处机关合作，定期举行座谈会，交换工作意见，藉求圆满达成任务"③。

在自上而下的官太太动员体制下，宋美龄也强调妇女工作者的眼光要向下，要关注百姓民众。1939 年 2 月 24 日中午，宋美龄在新运会主办的自助食堂宴请四川省中等以上学校教育行政部门受训的女校长，到会者五十余人。宋美龄即席致辞，说"新生活真正之目的在解除老百姓之痛苦"，而妇女干部训练的目标就是要"能训练学生切实明了新运真谛，努力实行新生活，真正爱护老百姓，本人并应以身作则，以自己人格为后盾"，新运妇女指导委员会是一个"帮助民众，为民众服务的团体"。④ 在 1939 年"三八"节纪念会上，宋美龄更是明确指出："我们是属于民众的，不是民众属于我们的，我们做一切活动的时候，切不可自认为我们可支配民众，而要自认为民众的仆役，我们要接近民众，深入民众中间，诚心诚意的为同胞服务，去教育他们，扶助他们，解放他们的痛苦，创造他们的幸福。"

---

① 参见张宪文、姜良芹等编著：《宋美龄、严倬云与中华妇女》，第 84 页。

② 《工作动态：生活指导组的工作点滴》，载新运妇女指导委员会：《新运妇女指导委员会三周年纪念特刊》，重庆新运妇女指导委员会 1941 年版，第 39 页。

③ 《生活指导：有一份力尽一份力》，载新运妇女指导委员会编辑：《工作八年》，第 100 页。

④ 《蒋夫人设宴招待川省听训女校长》，《中央日报》1939 年 2 月 25 日，第 4 版。

1940 年 9 月 20 日，宋美龄指令"新生活运动"委员会妇女指导委员会训练组举办第五期妇女干部训练班，并发表《告女界青年》。她指出，一个教育良好的、常识丰富的工作人员要具备三种能力：一是独立处理事务的能力，二是领导人的能力，三是影响力，"能以一个人影响到几十几百人"。强调"当此抗战期间我们应尽的国民贡献和神圣的义务"。① 从 1939 年秋至 1942 年秋，仅在四川，乡村服务队在 56 个县开展了工作。②

在 1941 年新运妇女干部讨论会上，宋美龄要求妇女工作"下基层"。她指出："在我们中国目前的环境中，去做妇女运动，不是一件容易的事情。我们不能只靠笔头和口头去宣传，而是要脚踏实地深入民间去工作，只有实际工作的成绩才能叫人真正相信你所说的是真理。我们的工作不仅在唤醒二万万女同胞，而是要帮助她们，辅导她们，提高她们的觉悟来提高她们的地位。因此我们最要紧的必须有耐性，我们不能舍难就易，不能要求速成，我们要不怕烦难，不避劳怨，不灰心，不消极，继续不断的来努力直到成功为止。"③

经过培训的妇女干部，成为"军民之间桥梁"。④ 宋美龄鼓励妇女干部"去做群众中的盐……用你们（的）热情与勇敢去担当起艰苦的垦荒工作"⑤。应该说，身处大后方的宋美龄，并不缺乏了解基层民众实际状况的环境。她亲历了日军大轰炸所造成的灾难，也见证了内迁涌入重庆的群体；作为内迁的"下江人"，她有从沿海优裕的生活到大后方不堪回首的艰难岁月的体验。1941 年，

① 《蒋夫人发表告女青年书 为举办五期干训班》，《中央日报》1940 年 9 月 20 日，第 3 版。
② 参见《附录：新运妇女指导委员会历年乡村服务队工作统计表》，载新运妇女指导委员会编辑：《工作八年》，第 307 页。
③ 《蒋夫人训词》，载中央组织部编印：《妇运干部工作讨论会纪要》，1941 年 8 月，第 2 页。
④ 参见宋美龄：《我将再起——中国妇女工作》，《蒋夫人言论汇编》第 1 卷，第 180 页。
⑤ 《乡村服务：我们不甘心啊》，载新运妇女指导委员会编辑：《工作八年》，第 72 页。

宋美龄在向十四航空队及附属单位致辞中，谈及战时中国的复杂状况，即基本国情的问题，她说："现在，你们亲自看见中国了。你们看见了中国学者、艺术家和工人阶级的特质，你们也看见了他们在坚持奋斗中不屈不挠忍让乐观的精神。同时我们相信你们对于这些特质与精神，都已有了同情的了解……中国的情形，决不可以西方的标准来遽作判断。这不是说你们看到了战时中国的若干部分，便可能成为了解中国一切的专家，或已能洞悉中国复杂社会的本质，而是说你们所了解的情形，足以鼓励你们切实研究中国，以及中国与世界安全的密切关系。"基于对战时中国国情的了解与判断，从宋美龄有关妇女工作的话语文本看，从以重庆为中心的大后方战时妇女工作的实践考察看，以官太太为依托的"自上而下"的体制并非仅仅停留在顶层设计之上，而是在努力走一条"基层路线"。

这种"深入民间"的思路，毫无疑问与新运妇指会高层人士内具有的多党派政治背景有关。史良回忆了重庆时期"和宋美龄一起工作"的情形，述及妇指会作为"妇女界的统一战线性的组织"的功能。[①] 她认为，妇指会实际上"是由宋美龄掌握领导大权的妇女组织"，但"在妇女指导委员会里，斗争是尖锐的，主要表现在宣传工作和联系群众工作方面。每年三八节，都要为宣传口号问题发生严重的争论，国民党的唐国桢、陈逸云等人，连全国妇女动员起来参加抗战口号都要反对，因为动员起来，就要唤醒起广大妇女群众，而他们最害怕群众的。在组织乡村服务队问题上也发生过争论，但每次争论我们都胜利了。国民党里的人虽然

---

① 在宋庆龄看来，妇指会"是一个真正的统一战线的组织"，"国民党、共产党和无党无派的妇女站在平等的地位，参加会议的讨论"。而改组后的妇指会及其下属各类妇运组织，共产党员成为其中的活跃分子。总会中，孟庆树、邓颖超以公开身份活动，而沈兹九、曹孟君、安娥、徐镜平等则在不同时期也加入了共产党。保育会系统之中，有一批中共党员担任院长和教师，如李昆源、罗叔章、赵君陶、钟少华、沈葆英等。中国共产党还与新运妇指会中间力量保持着密切关系，例如刘清扬、史良等。不少训练班和妇女团体也都受到中国共产党的影响，例如《妇女生活》杂志社、难民妇女服务团、重庆妇女慰劳分会和回民救国协会妇女组织等。参见张宪文、姜良芹等编著：《宋美龄、严幼云与中华妇女》，第74—75页。

和我们争得很厉害，但宋美龄本人却从不表示态度"。①

　　早在 1938 年 5 月 20 日庐山谈话会期间，当外国人问及国共关系问题时，宋美龄的回答是："我个人认为我国现在最大的需要是各党各派以及社会各部门的团结合作，国家的利益高于一切，不论有什么党派的偏见，为顾全国家的利益，都应该祛除净尽。在今天的中国，以促成团结为第一件要事，而促成团结，要从密切联络相互认识做起。就我们今天的会议来说，我们今天的目的，就是要使妇女界的领袖分子能够聚首一堂，大家认识。许多误会的发生，往往由于大家虽在做着同一的工作，彼此却并不认识，私人的接触和认识，实在足以促成有效的合作，在许多方面，我们女子可以影响男子，要是我们女子能够表示合作，以团结的精神来感应全国，我敢信全国同胞就更不得不和衷共济，为国家利益共同奋斗了。"②

　　1943 年 4 月 4 日，宋美龄在美国洛杉矶发表演说时，再次声明了她的观点。她指出：

　　　　全国各地妇女志愿服务之组织，随战事而发展，相继成立。但有系统之联系，尚属缺乏，故不免发生工作上之重复与纷歧。其后在牯岭召集会议，参加者代表全国各方面之妇女领袖五十人。在十日之会期中，奠定全国妇女指导委员会之基础，并一致承认该会为指导全国妇女战时努力之最高机构。

　　　　会内分设各组，以应战时之急需，于现有之组织，并不妨碍，而于各地方之工作，予以协助与配合。训练妇女，为伤兵与难民服务，为军民作联系，乃至保育战时难童，增加生产，凡此工作，均予以应得之重视。

　　　　全国妇女对于此项运动，热烈响应。旦夕之间，各地分

---

①　史良：《史良自述》，中国文史出版社 1987 年版，第 48—49 页。
②　蒋宋美龄：《妇女谈话会演讲辞》，《妇女生活》1938 年第 6 卷第 3 期，第 6—7 页。

会，犹如雨后春笋，迅速成立。各种不同之意见，均得自由发表，热烈讨论；但全国妇女指导委员会作最后之决定。

余根据此项经验，深信妇女确能团结一致，共同工作，只要有正大之目标，应尽之义务，则凡属妇女，不论其宗教信仰，与国籍为何，必能、必将、且必须团结一致，共同工作。①

这或许是宋美龄对武汉时期妇指会内的"不同声音"发表的最明确的看法。

重庆时期，宋美龄则是以"抗战高于一切"的思路应对妇指会不同理念的。她说："各位同胞，我们这次抗战，是正义和暴力的战争，是民族存亡的关头，也是国家复兴的序幕。我们现在一切不问，一切不顾，专心一致的求得抗战的胜利。"②

对于妇指会内的所谓"党派之争"，宋美龄是清楚的。钱用和回忆说："看指导会各组长与主任人选，有国民党党员，社会贤达与倾共分子，真是抛弃政治思想的分歧，熔汇一炉。"她对此颇有微词，而宋美龄则提醒她："你是我的秘书，与人谈话要谨慎。"到1941年，妇指会内的"国共关系"困扰着钱用和，以至于"感到对妇女工作心余力拙，徒劳无补，不如跳出圈子，还我自由为善，坚决向夫人辞职。夫人请吴贻芳院长问我辞职原因，我答：'夫人待我深恩，当永铭肺腑，但对秘书工作，不易做好，毫无兴趣，请夫人垂谅，准我辞职，后日当再图报。'夫人宽大，让我去白沙去任教。可是我在《大公报》忽然看到浦熙修女士发出'钱用和悄悄到白沙去任教了'的消息，我很惊异！向来我的姓名不

<hr />

① 宋美龄：《在洛杉矶演说》（1943年4月4日），载王亚权总编纂：《蒋夫人言论集》（下集），第1114—1115页。
② 《只讲妇女解放还不够 要达到全民族的解放 蒋夫人在"三八"节纪念会演词》，《中央日报》1939年3月9日，第3版。

见报纸，这却是第一次，其实是左派分子表示胜利的宣传"①。

宋美龄对于妇指会内的党派之争不表态，也可从蒋介石侍从室幕僚唐纵的日记里得到印证。②面对国民党内不同的"声音"，宋美龄曾对训练组组长刘清扬说："只要是训练能够开展妇女工作的干部就行，陈立夫他管不了我们的事情，你做你的好了。"不过，皖南事变后，宋美龄对刘清扬的态度似乎有些变化。鉴于刘清扬在训练中有"宣传主义"的行为，宋美龄以"委员长说训练班不能再请以前的教员了"，"今后要训练干部的话，要让浮图关上的中央训练团的教员来训练了"为由，指示刘清扬只须负"视察、督导"之责即可。③

中国共产党人是"新都"重庆最为亮丽的政治风景线，从某种程度上看，重庆就是延安的窗口。总体而言，宋美龄对于妇指会内部的国共分歧持宽容的态度。1941年8月，宋美龄在妇女干部工作会议上发表讲话，她说："必须有宽宏的气度，我们的眼光

<hr />

①　钱用和：《钱用和回忆录》，东方出版社2011年版，第47页。钱用和（1897—1990），又名禄园，字韵荷，江苏常熟人。1923年毕业于北京女子高等师范学校，受聘为江苏省立第三女子师范学校校长。1925年赴美留学，先入芝加哥大学，后转哥伦比亚大学。1929年回国，受聘于上海暨南大学。1931年担任国民革命军遗族女校校务主任，本年末，任宋美龄私人秘书，此后一直追随宋美龄左右。1938年3月，任中国战时儿童保育会常务理事，12月，当选国民参政会参政员。此后直至1948年，担任过国立交通大学教授、监察院监察委员等职。1949年去台湾，任"监察院监察委员""中央评议委员"等职。

②　1941年3月13日，唐纵在日记中记道："下午党政军联席会报，讨论邹韬奋为生活书店辞职参政员问题。何总长报告女共党在重庆之集中所，一为儿童保育院，一为妇女指导委员会。"参见公安部档案馆编注：《在蒋介石身边八年——侍从室高级幕僚唐纵日记》，第195页。1942年2月12日，唐纵记道："下午联席会报，各方报告保育院为中共把握情形，决定请蒋夫人改组，并在各院成立三青团组织。讨论特种宣传问题，即根据委座之批示，嘱加强对共党之宣传。凡事不经委座批示，各部负责人即不知道推动，言之甚为浩叹！"参见公安部档案馆编注：《在蒋介石身边八年——侍从室高级幕僚唐纵日记》，第256页。

③　刘清扬：《回忆新运妇女指导委员会训练组》，《武汉文史资料》2005年第8期，第5、6页。不过，在李台珊的著作中，援引1939年英国记者佛莉妲·尤特利在重庆访问宋美龄时的观察，认为宋美龄有对共产党人"心怀的仇恨"和不愿意正视共产党优点的心态。尤特利指出这种对共产党的仇恨心态，"蒙蔽了她在其他方面表现得非常锐利的政治判断"。同样的，她的基督教信仰"使她看不到与她有同样信仰或者看来与她有同样信仰者的缺点"。参见［美］李台珊：《宋美龄：走在蒋介石前头的女人》，第166—167页。

要远大，胸襟要开阔，要避免旧时代所容易犯的琐碎，狭窄，分别彼此，斤斤较量的弊病，我们不但不计较得失，而且要能够以荣誉地位归之他人，劳苦艰难归之自己，这样我们必定能吸收广大的同志来参加我们的工作，而且一定能联系现有的团体和机构来扩大我们的力量。"①

与此间蒋介石日记中对中共问题的高度关注不同，宋美龄在重庆的书写几乎未涉及中共的话题。究竟宋美龄对中共问题是熟视无睹，还是她回避问题而"不想说"？有一点可以肯定，当宋美龄领导的妇指会在走上层官太太路线时，以《新华日报》《群众》为媒介的《妇女之路》栏目及其走向民间的方式，从最基层动员产生的强大力量，与宋美龄倡导的"自上而下"的动员方式产生了相当大的差异。

二、献金与劳军

1939 年年初，国民党五届五中全会决定发动"国民精神总动员运动"，"以使思想意识的统一与权力的集中相一致"。3 月 11 日，国民党中央决定在国防最高委员会之下，设立精神动员委员会，由蒋介石任会长。3 月 12 日，国民政府公布《国民精神总动员纲领》《精神总动员实施办法》及《国民公约誓词》等，规定了国民精神总动员实施的目的、要求和办法。4 月 19 日，宋美龄出席

---

① 《蒋夫人训词》，载中央组织部编印：《妇运干部工作讨论会纪要》，第 2—3 页，台北中国国民党党史会藏档案，档案号：495（99）。严倬云女士在讨论宋美龄的宗教情怀问题时指出："她从来不把遭遇到的困难挫折，向别人吐诉；做得好的事情，她也不向别人提起表功，总是坚守着《圣经》中耶稣基督所说'左手做的事不要让右手知道'。也因此，蒋夫人一生受到了许多莫须有的批评和攻击，她也从来不去辩白。蒋夫人说：'当我向上帝祈祷的时候，他就把我高高地升到空中，在那里就一切厘然，尽在眼底了。'她以宗教的情怀和高度的信心，来看人世间的是非，所以她能跳脱窠臼，超然物外，不计名利，不较得失。"参见胡春惠、陈红民主编：《宋美龄及其时代国际学术研讨会论文集》，序二第 4 页。晚年的宋美龄，悄然退出"政坛"，历经了南京时期、重庆时期，乃至台湾时期的她，对"国民政府的内战外交"有太多的发言权，她却采取以"沉默"应对一切好奇者。或许，宋美龄晚年的"沉默"源于重庆时期。不过，至少从宗教信仰的视角，不失为解释宋美龄在重庆时期处理"党派纷争"的"不说"态度。

重庆妇女界举行的国民宣誓大会，她致辞说："对国民公约的宣誓的意义，就是表示个人对于爱国有了基本的认识，亦就是实行精神总动员的起点。要认识国格，就是爱国的精神，我们抗战已经二十二个月了，我们的目的最要紧的，在于求国家的独立、民族的生存。由精神动员达到最后胜利，大家要一传二、二传四地去勉励其他的同胞，……我们要将我们的一切人力物力贡献给国家。"①

（一）妇女节的献金运动

贡献金银就是为国出力、为抗战出力。早在上海时期，宋美龄就显示出她特有的募捐能力。在给艾玛的信中，她讲述了自己的有效做法。② 当再次抵达重庆之后，宋美龄充分发挥其募捐的号召力，为动员大后方妇女为国出力而振臂高呼。1938 年 12 月 31 日晚，宋美龄参加重庆市新运协进会四百余人的新年除夕聚餐会。该聚餐会由新运会总干事黄仁霖主持，会上，黄仁霖宣读了蒋介石题为"提倡正当娱乐与振作国民精神"的训词。宋美龄因捐款一千元获得"新运"纪念杯。宋美龄主张当场拍卖纪念杯，标价最多的人为该杯的主人，最后民生公司董事长卢作孚以三千元的代价获得"新运"杯。在聚餐会上，宋美龄以其个人魅力，呼吁名流参与捐款，捐款总数 365140 元全部用于支持抗战。

在重庆，宋美龄要求四川的妇女努力为国尽劳。她说："至少可设法改善伤兵之生活状态，参加街道整洁运动与公共卫生事业。"③ 四天以后，日本《朝日新闻》援引路透社特约稿，以"募集义款的竞卖 宋美龄大声呼喊 重庆的除夕"为题，报道了宋美龄在重庆的除夕这一天的妇女动员活动。报道称："除夕这天，蒋介石哪儿也没去，以窝在书斋看文件的方式迎来新年，然而他的爱

① 《渝妇女界昨举行国民公约宣誓》，《中央日报》1939 年 4 月 20 日，第 3 版。

② 参见 Letter, May-ling Soong Chiang to Emma Mills, December 9, 1918, Correspondence from May-ling Soong Chiang Sept. 1918-Dec. 1918, Papers of Emma DeLong Mills, MSS. 2, Box 9, Wellesley College Archives.

③ 《宋美龄请四川妇女为国尽力》，《申报》1939 年 1 月 1 日，第 3 版。

妻，宋美龄在元旦出席了新生活运动协会主办的晚餐会，并募集了捐款，非常活跃。这次新生活运动晚餐会有约四百人出席，用欧美的庆祝方式，合唱了《萤之光》欢送一九三八年，席上还朗读了蒋介石的问候文，同时说明了新生活运动的目的……晚餐结束后，宋美龄进行了即兴演讲，号召大家重新认识中国国旗的含义。这一番演说后，她为现在沿扬子江下行的川军遗属募集捐款一万二千四百五十元。捐款一结束，宋美龄便起身拿起装饰在巨大果盘上银质小茶杯，高声说道'现在开始拍卖，拍卖所得将全部纳入捐款中'。话音刚落，现场就变成了拍卖市场。这个小杯子先被蒋介石的顾问端纳以二千五百元拍得，这时交通部长卢作孚喊出三千元高价，最终落入他手中。承办当日宴会的饭店看到此场景，受到感动，于是当天的宴会费用全部免除。"①

1939 年，重庆的献金劳军运动声势浩大。2 月 16 日下午，宋美龄在重庆召开全市妇女界代表会议，商讨妇女界献金办法。到会的有妇指会各工作队的队长、重庆各团体和女校的代表，包括官太太在内的六十多位。会议决议由陈诚夫人、焦易堂夫人、蒋市长夫人、李兰女士（妇女慰劳分会）、张女士（女青年会）、任培道女士（妇女抗战建国协会）、曾女士（教育学院）七人合组委员会，与新运妇指会的联络委员会共同筹商推动全市各阶层妇女献金办法。在这次会议上，宋美龄说，希望"这次献金，我们要给世界各国看看，更要给敌人看看，中国的妇女是多么热爱她们的国家！"她强调："国家民族走上了好运，个人才有好运，这个妇人的义气也就是新生活运动中礼义廉耻的'义'！国家兴亡'匹妇'也有责的！我们不但要先公后私，而且要大公无私！"② 会后，宋美龄巡视了新运五周年纪念会场。③

献金运动，不仅是动员他人，蒋介石夫妇也以身作则，捐献

---

① 《朝日新闻》1939 年 1 月 4 日，第 11 版。另外，日本人认为，西历的 1 月 1 日就是除夕。

② 《节约献金妇女界踊跃参加》，《大公报》1939 年 2 月 17 日，第 3 版。

③ 参见《新运五周年各业准备热烈献金》，《中央日报》1939 年 2 月 17 日，第 4 版。

个人财物。1939 年 2 月 27 日，蒋介石召见总干事黄仁霖，个人捐献 10630 元，并指示平日宴客，即以不超过 1 元为标准，而新运总会所提倡之自助餐宴客，每份所费仅四五角，将历次宴客节余数额 270.5 元，亦已一并作为献金。宋美龄则将为报章杂志撰文，所得稿费 5650 元，全部捐献，希望各界能效仿，踊跃捐款。2 月 28 日，《中央日报》《大公报》和《新华日报》分别以"蒋委员长既夫人提倡节约献金捐献一万五千余元""蒋委员长夫妇倡导献金""蒋介石宋美龄献金一万余元"为题加以报道。当天，《新蜀报》的报道称，蒋宋夫妇倡导献金后，"昨献金数字陡增，一日收达二万一千一百余元"。为"三八"节的到来作了很好的铺垫。

1939 年 3 月 4 日，宋美龄在重庆妇女献金大会上演讲（卫斯理学院档案馆藏）

妇女献金运动，乃是一场政治动员。3 月 5 日的献金活动包括捐献现金、首饰和物品，由宋美龄亲自主持。《大公报》以"妇女界献金盛况"为题，报道了当天献金会场的热烈场面。文章说，宋美龄首先打开皮包，大声疾呼，顷刻之间，现场捐献了 696.28 元。接着黄仁霖总干事开始爽朗的广播，报告着每一工作队献金的数目，捐款数随着宋美龄丢向献金箱里的一个个金银对象和硬币而不断增加。在场的外国记者们也慷慨解囊，捐了140多元和一些英镑、美金。蒋委员长为了支持宋美龄的工作，亦于下午5时莅临现场，蒋"当日着草绿色中山装，带着白手套频频向欢声雷动的人群挥帽微笑，他在场亲闻献金已达42万，宋美龄和孔祥熙夫妇并允捐宋太夫人遗产15万元。接着财政部、中央党部、中央银行、各工作队，各加认捐款一万元，军政部、政治部、中央军校三部共加认捐款二万六，在众人的赞助下，妇女界的捐款顺利突破62万元的预期目标"①。

蒋介石满面笑容地致训辞："恭贺女同胞们，我早说过中国妇女的力量如果好好地去发掘出来，是会超过男子的。我代表全国军队谢谢你们的辛劳，你们这种精神在抗战建国时期中需要发扬光大！"末了，他高呼"中国女同胞万岁！"群众报以"蒋委员长万岁！"并热烈鼓掌达三分钟之久。接下来，由宋美龄致辞，她表示："这次妇女献金的成绩说明了（一）妇女是有工作能力的，从此可以自信；（二）有了组织，散沙一样的人才可以团结合作；（三）男同胞给我们的助力不小，盼望以后男同胞还要鼓励帮助妇女去为民族工作。重庆妇女这样做，不仅可以推动全国人民努力，安慰前方将士，而且可以给敌人看看，我们妇女的力量是多么庞大，中国是人人同仇敌忾的！但是我们只作显著的工作还不够，更要经常埋头苦干！"②

在当天的日记里，蒋介石写道："参加妇女献金运动，妻之兴奋提倡，一日竟得六十三万六千余元之数，此为妇女界破天荒之佳象，足以自诩于世界矣。"③

献金与劳军，是宋美龄领导的大后方妇女动员的重要内容。宋美龄的激情演讲、妇女们以"三八节"为契机的街头宣传，将

---

① 妇女界的捐款总数是632359.36元，超过了银行界的60.5万多元。参见《妇女界献金盛况》，《大公报》1939年3月6日，第3版。

② 《妇女界献金盛况》，《大公报》1939年3月6日，第3版。

③ Chiang Kai-shek Diaries, March 5, 1939, 40.6, Hoover Institution Archives, Stanford University.

地理学意义上的边缘首都变成了国际瞩目的中国抗战中心。在重庆主流媒体的参与下，宋美龄不仅成为重庆妇女的代言人，更成为战时新都重庆官方的一种动员符号。① 此后，重庆每年的“三八”国际妇女节，妇指会均提早制定“三八”宣言和歌谱，并在重庆各大报副刊刊登“三八”纪念特刊，“对于政府的每一个号召，例如劳军运动、筹备运动、劝募公债运动等等，无不热烈响应，并且尽最大的努力推动其他妇女团体参加。”②

（二）到前线去劳军

抗战就是建国，妇女天然是抗战建国的主力军。以重庆为中心的自上而下的妇女动员，还贯穿于奔赴前线的视察与慰问活动之中。到前线去劳军，是宋美龄动员和激发广大民众的抗战热情、鼓舞战斗意志的重要方式。

1939 年 2 月 28 日，宋美龄委托史良代表其出席慰问出征军人家属游艺大会并致辞，号召军人家属尽全力支持前方将士抵抗奋斗。③ 3 月，宋美龄派刘清扬携数千件衬衣、毛巾、肥皂等用品赴桂林慰问伤兵。④ 10 月 28 日，宋美龄从重庆到桂林，在陪同蒋介石巡视中央陆军军官学校桂林分校后，即转赴南岳。此间，宋美龄与“全国妇女慰劳总会”“湖南新生活运动妇女工作队”的几位代表一起，到湘北前线的伤兵医院去视察工作，慰问受伤战士，检查医院的医疗设施。蒋介石称赞妻子在衡阳、邵阳慰问伤兵官员时，“于赏给食品、衣物必亲手料理，丝毫不苟，其诚心尤可佩

---

① 参见以下文本：《一个盛大的茶会欢迎蒋夫人》，《中央日报》1938 年 12 月 15 日，第 3 版；《渝妇女节欢迎会席上蒋夫人之演讲》，《大公报》1938 年 12 月 19 日，第 3 版；《蒋夫人今对妇女界演讲》，《大公报》1939 年 1 月 14 日，第 3 版；《蒋夫人会见记》，《大公报》1939 年 1 月 21 日；《抗战建国中之妇女问题》，《中央日报》1939 年 1 月 15 日，第 4 版。
② 张蔼真：《三年工作总结》，载新运妇女指导委员会编：《新运妇女指导委员会三周年纪念特刊》，重庆新运妇女指导委员会 1941 年版，第 26 页。
③ 参见《蒋夫人代表史良致词》，《中央日报》1939 年 3 月 1 日，第 4 版。
④ 参见《蒋夫人慰劳桂林伤兵》，《申报》1939 年 3 月 24 日，第 2 版。

焉"①。

1939 年 11 月 10 日，宋美龄从前线回到重庆的第二天，就写信给美国的同窗好友艾玛。她告诉艾玛，这是一次"艰苦的旅行"，这也是一次危险的旅行。她说："我们乘坐飞机飞行了两个小时，飞行距离有 2000 英里。接下来的路程就是乘坐汽车、滑竿和舢板小船，以及步行，我们使用了各式各样的交通工具，而且所有行程都是在日军轰炸机的威胁下进行。好几次我都不得不躲进沟里和山洞中，以躲避日军的机关枪。"② 在信里，她还叙述了长沙伤兵医院的状况，她说湘北前线的伤兵医院让她感到欣慰，因为这里的情况比起一年前"至少改进了六七成"。③ 医生、护士对病患更友善。这封信的内容后来被写进了她的《湘北劳军》一文。在文中，宋美龄写道："各处都充满着竭诚爱护与专心工作的空气……我从那些伤兵的言语和态度上，都可以看见他们很信任医院的当局，同时并很能了解医院中人对他们服务的精神，真的，我到各处视察的时候，根本就不曾听见一个伤兵对医院有半句抱怨的话。"④

1940 年 2 月上旬，宋美龄作为"伤兵之友"社名誉社长，决定拨用妇女慰劳总会所收捐款十万元备用，推动伤兵之友运动。⑤

1941 年 10 月，宋美龄再次赴湘北前线慰劳将士。⑥ 10 月 4 日，宋美龄与蒋介石由重庆飞桂林，随后经衡阳抵南岳。10 月 14 日至 15 日，宋美龄率中国妇女慰劳抗战自卫将士总会委员张蔼真、唐

---

① 王宇高、王宇正编：《蒋中正"总统"五记·爱记》卷 17，1939 年 10 月至 1940 年 1 月，第 195 页。

② Letter, May-ling Soong Chiang to Miss Emma DeLong Mills, November 10, 1939, Correspondence from May ling Soong Chiang Jan. 1939－Jan. 1945, Papers of Emma DeLong Mills, MSS. 2, Box 9, Wellesley College Archives.

③ Madame Chiang, "Hospitals on the Changsha Front", January 10, 1940, Wellesley College Archives.

④ 蒋宋美龄：《从湘北前线归来》，《战时妇女月刊》1940 年第 4 期。

⑤ 参见《伤兵之友运动》，《大公报》1940 年 2 月 11 日，第 3 版。

⑥ 参见《中央日报》1941 年 10 月 15 日，第 2 版；《慰劳湘北壮士》，《大公报》1941 年 10 月 15 日，第 3 版。

国桢、吴祺真等到湘北视察，并慰问湘北会战将士，拨款五十五万元犒赏前线将士。① 10月16日至22日，在南岳军事会议期间，宋美龄视察湘北的伤兵医院及若干难童保育院。南岳军事会议结束后，与蒋介石乘火车离开南岳转桂林。10月25日，结束湘北视察及慰问，由湘抵渝，此行宋等曾涉足各伤兵医院及湘北前线。② 从前线带回的斗志士气，成为动员后方的一种资源。三周后，宋美龄返回重庆时，《大公报》报道："蒋夫人虽经历三周劳顿，然而精神健朗愉悦，津津乐道我英勇将士之抗敌故事。"③

1942年4月30日，宋美龄代表中国妇女慰劳总会亲往慰劳入缅作战、解救友军出困，使战局发生转折的全体受伤将士，并发放了慰问金。由该会拨款55万元，委托昆明中国妇女慰劳分会代制汗衣，以资入缅军官兵。④ 6月21日，宋美龄出席成都各界妇女欢迎会并致辞，她希望成都市的妇女今后要特别注意于生产事业，尤须时时顾念前方浴血奋战之将士，及后方出征军人家属之生活，应联合各界妇女为征属服务，从事慰劳救济等工作。宋美龄当场提议发起省会妇女界百万献金运动，得到与会全体的一致赞成。在会上，宋美龄带头认捐5万元，各首长夫人亦均自动认捐。会后，成立四川省会妇女界"七七"献金筹备委员会，推定张群夫人为主任委员，邓晋康夫人、潘仲三夫人、向付义夫人等为常委。⑤

重庆时期，妇女慰劳总会的工作，除以前线慰劳和服务伤兵、难胞等工作外，还依托重庆为中心，在大后方增加了征属、新兵和荣军的服务工作。为配合国家的兵役动员，妇女慰劳总会在重庆开始组织募捐队，"有钱出钱、有力出力"，捐募金钱、衣服、

① 参见《蒋夫人赴湘北》，《申报》1941年10月16日，第2版。
② 参见《宋美龄等由湘返渝》，《申报》1941年10月26日，第3版。
③ 《慰劳湘北将士归来 蒋夫人昨返抵渝》，《大公报》1941年10月26日，第3版。
④ 参见《慰劳入缅军》，《中央日报》1942年4月30日，第2版。
⑤ 参见《蒋夫人在蓉发起妇女界献金运动》，《中央日报》1942年6月28日，第5版。

粮食等帮助抗属；或在劳动力上感到困难的，组织义务耕田队、杂务队等，帮助抗属耕田、收割、担水、砍柴；如子女无法教养者，除设法送至战时儿童保育院外，还组织抗日军人子女托儿所，以减轻抗属对子女的负担。

1939 年 10 月 1 日，宋美龄率新运妇女指导委员会委员、女参政员一行十余人前往永川松溉纺织实验区视察。实验区成立一年来，运用合作组织，动员农村妇女，从事纺织生产，为抗战前线提供军需纱布、药棉、军毯、毛线、毛巾及松溉土布等物品。具战时生产推广意义。①

1940 年，妇女慰劳总会在重庆组设"重庆市各区征属互助会"，先后开办了白沙征属纺织工厂、北碚征属纺织工厂、慰劳品缝制工场，吸收后方抗属从事生产。1940 年春设立的北碚征属纺织工厂，主要织造如布、纱布、毛巾等慰劳品，工厂规定凡是"具有证明文件者"，"并以年龄十六岁以上五十岁以下身体健全无不良嗜好为合格"的征属均可"到厂报名或请总会介绍参加报名"②，以解决抗属妇女们的生活困难。

1941 年 2 月 15 日上午，宋美龄由张蔼真陪同自港回渝。2 月 22 日下午，宋美龄出现在新运总会举行的新运妇女工作竞赛日和"慰问抗战军人家属及招待难童大会"，宋美龄陪同蒋介石出席大会，并在蒋介石训勉之后，接着致辞指出："本人离渝四月，与大家许久未见，今在此相聚，心中非常快慰。国家正需要妇女们去贡献力量，我们妇女应该切实努力。"③

为了培养荣军的生活自料能力，1941 年，妇女慰劳总会拨款 300 万元筹建荣誉军人村，收容荣军施以教育及技能训练，使其从事农、工、渔、牧等生产事业，由自给而达于自治。8 月 1 日，宋美龄主持中国妇女慰劳自卫抗战将士总会成立四周年纪念大会并致辞。宋美龄指出，安顿后方残疾军人，就是建设未来中国的事

① 参见《蒋夫人前往视察并致训词》，《中央日报》1939 年 10 月 3 日，第 2 版。
② 《(工作概况) 征属服务》，《中国妇女慰劳总会专刊》1943 年版，第 19 页。
③ 《新运妇女日宋指导长指导工作竞赛》，《大公报》1941 年 2 月 23 日，第 3 版。

业。她提出将安顿残疾军人作为妇女慰劳总会的年度工作，她说："我们要使他们有安适的生活，快乐的家室，要使他们自身及他们的家属准备生产事业，这样方能使这些有大功于国的战士，得到新的生活，新的工作，使他们的生活，能够自足自给，以使他们更觉得自己的功绩可尊可敬。他们对我们民族的贡献，实在是太大了，国家要求每一个同胞都有牺牲的勇气与决心，而士兵是首当其冲的牺牲者，因此给他们安排，使他们适应新环境，非但是我们的责任，也是我们光荣的义务。这些志士曾经出生入死乃至牺牲肢体，抵御敌寇，来保卫祖国，因之我们建设新中国大业中，也必须使他们有贡献的机会。"① 宋美龄还指示派发 10 支征属慰劳队，携慰劳款 4 万元至重庆市及近郊慰问征属，每位征属发放国币10 元。②

1942 年 6 月 11 日，在传统佳节端午来临之际，宋美龄特拨巨款购买大量食用物品，"饬由中国妇女慰劳总会骨干率该会职员，携带慰劳信及食用物品在重庆分区挨户慰劳抗属"③。1943 年 10 月17 日，北碚荣誉军人自治实验区正式成立，宋美龄亲自到北碚去主持开幕典礼，并发表演讲。④

（三）后方募捐运动

妇指会改组后，战时征募劳军工作即由妇女慰劳总会与妇指会下设的慰劳组共同负责。重庆时期，在宋美龄的领导下，妇女界发动的大规模征募运动有：1939 年"五十万件棉衣运动"、1940 年"百万单衣、布鞋、布袜运动"、1940 年 8 月至 1941 年3 月"药品运动"、1942 年"七七百万献金运动"、1943 年"妇女节献金运动"、1943 年 6 月至 1944 年 2 月"鞋袜劳军献金运动"、1944 年"献金运动"、1944 年 8 月"十万巾帕慰劳衡阳缅

---

① 宋美龄：《中国妇女慰劳总会四周年讲词》（1941 年 8 月 1 日），《蒋夫人言论汇编》卷 2·演讲，第 55—56 页。
② 参见《蒋夫人致词》，《中央日报》1941 年 8 月 2 日，第 3 版。
③ 《蒋夫人拨巨款慰劳全市抗属》，《中央日报》1942 年 6 月 11 日，第 5 版。
④ 参见《北碚荣誉军人新村》，《新华日报》1943 年 10 月 17 日，第 3 版。

甸将士运动"和 1944 年 12 月至 1945 年 1 月"慰劳过境国军征募运动"。①

1939 年 8 月，"鉴于前线抗战将士风餐露宿，藉此夏秋之父，疟疾流行，需要药物甚殷"，宋美龄指示，将国外侨胞捐献的专门治疗疟疾特效药奎宁丸 345 万粒，交由新运总会军委会战地服务团和妇女指导委员会，妥筹支配分发。负责此项工作的战地服务团黄仁霖主任说："此次分发奎宁丸以连为单位，每连五百粒，依此估计，当有六千九百连抗战将士足供治疗。"②

9 月中旬，严冬将至，宋美龄又发起征募棉衣运动，以慰劳前线英勇抗敌的将士。9 月 17 日，她致电各省主席夫人、各地妇女工作委员会、慰劳分会、各妇女团体及海外侨胞，发起征募棉衣五十万件运动。③ 征募寒衣运动，得到海内外人士的热烈响应，包括美国驻华大使约翰逊（Nelson Trusler Johnson，1887—1954）都亲自捐赠，购买妇女工作队为捐募寒衣所举行的公演入门券 80 元，并认捐 100 元，其中又以海外侨胞捐款为最踊跃。期间，宋美龄、李德全带头捐赠棉衣分别为两千件、一千件。在各地妇女界的支持下，仅几个月的时间即募集了一千万元捐款、五十万件以上的棉衣和棉背心以及五十万双棉鞋，并全部分发给前方部队。④

10 月 11 日至 17 日，宋美龄应成都市妇女团体之邀，以全国"新生活运动"总会妇女工作指导长的身份，到蓉指导妇女运动工作，并讲话。17 日返回重庆。10 月 18 日，《中央日报》报道"蒋夫人领导下募衣成绩惊人，两周内得捐款二百余万元"。⑤ 10 月

---

① 征募和慰劳工作是妇慰总会的核心职能。需要指出的是，抗战期间，在宋美龄的领导下，妇女界共发动 12 次大规模的征募运动，其中 10 次都是战时首都重庆完成的。统计数据参见张宪文、姜良芹等编著：《宋美龄、严倬云与中华妇女》，第 94—95 页。

② 《蒋夫人嘉惠前线》，《大公报》1939 年 8 月 23 日，第 3 版。

③ 参见《蒋夫人发起征募寒衣》，《申报》1939 年 9 月 18 日，第 2 版。

④ 参见宋美龄：《我将再起——中国妇女工作》，《蒋夫人言论汇编》卷 2·演讲，第 190 页。

⑤ 《蒋夫人领导下募衣成绩惊人》，《中央日报》1939 年 10 月 18 日，第 3 版。

20日,宋美龄拨款20万元交由中国工业合作协会,负责落实缝制棉大衣,供抗战前线将士御寒。① 11月7日,从桂林前线归来的宋美龄,很快向在重庆的媒体发表谈话,为前线士兵募集跑鞋。截至11月上旬,汇交宋美龄之棉衣捐款,已逾150万元,其直接汇交妇女慰劳总会及电告募得数目而未汇到者,尚不止此数。宋美龄向记者表示,"前线士气,非常旺健,民众与士兵打成一片,最后胜利,确有十二分把握"。因物资匮乏,补给困难,"前线士兵,缺乏跑鞋,爬山越岭,颇感不便",宋美龄表示已订制跑鞋数万双,以应前线继续,但尚需各界热心捐款。②

1940年1月21日,宋美龄决定发起征募百万夏衣鞋袜运动,发函各地分会及妇女团体响应制作,并于重庆筹设缝制工场,聘雇抗属和难民妇女加入工作。③ 2月19日,宋美龄以中国妇女慰劳自卫抗战将士总会主任委员名义,公布《中国妇女慰劳自卫抗战将士总会所经收棉衣捐款及分配报告》,称:"自二十八年九月二十二日迄二十九年一月三十一日,我们为前线将士征募的寒衣捐款,各方认捐的总数共国币四佰柒拾贰万伍仟零捌拾捌元柒角玖分。"报告详细列出收支数据并附有一张表格,说明棉衣是如何分配的。"在分配之初,我们先和战区长官商讨过,大体上我们都是接受了他们的意见,为了节省运输的费用,所有寒衣,我们尽量设法就军队所在地分别缝制,并不集中一地制造。""我们在支出方面,曾经抱定一个决心,竭力谨慎,务使每一文捐款都直接用到寒衣上去,不作别的浪费。"④

1940年3月,宋美龄派金陵女子文理学院院长吴贻芳代表慰

① 参见《蒋夫人捐廿万元 为伤兵缝制寒衣》,《中央日报》1939年10月21日,第2版。
② 参见《蒋夫人前线归来谈前线士兵缺乏跑鞋》,《大公报》1939年11月8日,第3版。
③ 参见《蒋夫人发起夏衣运动》,《大公报》1940年1月21日,第3版。《中央日报》《新华日报》当天也对此事加以报道。
④ 蒋宋美龄:《中国妇女慰劳自卫抗战将士总会所经收棉衣捐款及分配报告》,《中央日报》1940年2月19日,第1版。

劳成都部队，并送上慰劳品及"我武维扬"锦旗，激励官兵士气。① 5月15日，宋美龄设午宴招待英国驻中国大使卡尔夫人，并接收公映募款捐助中国战时儿童保育经费一万六千余元。②

8月初，宋美龄以主任委员的名义，指示中国妇女慰劳自卫抗战将士总会，发起征募药品及药品代金运动，呼吁海内外捐赠药物，特别是有关治疗伤疝鼠疫及各流行症等药品。并"规定由总会，国内外各地分支会，或妇女会民众团体，组织征募队，向各界征募。所得药品或代金，得由分支会直接送交邻近战区，或者送总会转赠"。8月5日，宋美龄率重庆妇女界名流前往郊区某飞行基地，慰劳空军官兵，并检阅高射炮队。③

募捐的成果总是令人兴奋的。入夏之后，秘书钱用和随宋美龄到黄山官邸工作，她回忆在官邸工作到深夜，梳理海内外各种募捐账目的情况。她写道："每晚回云岫，为夫人复各方函件，并登记慰劳将士及保育儿童捐款，汇票和支票，不厌详尽，所有银行名称，借款人姓名，地址，数目，日期，汇票及支票号码，一一录入簿册。另照抄一纸，待夫人于汇票或支票签名后，交信差送回曾家岩官邸，转古兆鹏（达程）秘书检收，即在照抄纸上请他签名作为收据退还。"④

8月28日，宋美龄为筹建重庆"新生活运动模范区"，核准批建并首拨8万元，以资创导。⑤ 9月9日，新运模范区选址夫子池开始工作，《新华日报》报道"宋美龄、孔祥熙均捐赠巨款"。9月23日，宋美龄通电号召征募药品送前方，妇慰总会制定征募办法。⑥ 12月25日，她致函全国荣誉军人，对抗战中负伤患病的

---

① 参见《蒋夫人慰劳驻蓉部队》，《中央日报》1940年3月14日，第2版。
② 参见《英大使夫人助我保育事业》，《中央日报》1940年5月16日，第2版。
③ 参见《蒋夫人慰劳空军人员》，《申报》1940年8月6日，第4版。
④ 钱用和：《钱用和回忆录》，第52页。
⑤ 参见《"新运模范区"日内即可兴工，蒋夫人拨款8万元》，《中央日报》1940年8月29日，第3版。
⑥ 参见《宋美龄通电号召募药品送前方，妇慰总会制定征募办法》，《新华日报》1940年9月23日。

中国将士表示慰勉，并且赠每位负伤将士 10 元，患病将士 5 元。托军事委员会慰问组黄仁霖寄往各地。①

1942 年 1 月 13 日，宋美龄致电印度尔邦国王，感谢捐赠印币 5 万元。按其授权将此款四分之一慰劳长沙守军，其余分配予保育院等机构。② 2 月 22 日，宋美龄随蒋结束访问印度之行，乘飞机离开印度飞抵昆明。③ 2 月 27 日，出席昆明妇女界举行的欢迎集会并致词，勉励各界妇女继续努力，担负抗战救国的责任，发起对香港、新加坡沦陷后的难胞给予切实的救助。现场各界认捐 25 万元，有的妇女摘下首饰、耳环用于抗战捐助。④

1943 年 3 月 18 日，《新华日报》刊登"美人关怀我国难童，宋美龄收到捐款三十万"；4 月 17 日刊登"英联合援华募款运动又捐十万镑助中国抗战，并遵宋美龄之意予以分配"；9 月 2 日刊登"英援华捐款汇到一批，宋美龄拟好分配计划，全英各地继续响应捐款运动"。

在宋美龄的动员下，成都的妇女界"响应蒋夫人七七献金百万运动，决定召开理事会，发动工界家庭妇女，扩大募捐"⑤。《中央日报》称"各首长夫人纷纷响应，七七献金可圆满完成"。7 月 2 日，宋美龄亲临妇女指导会四周年纪念，并发表讲话；7 月 5 日，宋美龄拨款劳军，纪念七七激发将士。《新华日报》等均跟踪报道。

1943 年 7 月 1 日，宋美龄在陪都夫子池新运服务所举行妇女捐献鞋袜劳军大会，到会各区抗属代表、新运妇女指导委员会、妇女慰劳总会及重庆分会、妇女辅导院等妇女团体代表及各界妇女代表等达六百余人，并决定将 7 月 1 日定为"鞋袜劳军妇女日"。捐献当天，"一会儿的工夫，主席台前鞋袜堆成一座小山。

① 参见《元旦犒劳荣誉军人》，《中央日报》1940 年 12 月 5 日，第 3 版。
② 参见《印度尔邦国王捐巨款援华》，《中央日报》1942 年 1 月 13 日，第 2 版。
③ 参见王宇高、王宇正编：《蒋中正"总统"五记·爱记》卷 23，1942 年 1 月至 2 月，第 249 页。
④ 参见《昆明妇女界欢迎蒋夫人》，《中央日报》1942 年 3 月 1 日，第 2 版。
⑤ 《蓉妇女界响应献金运动》，《大公报》1942 年 6 月 29 日，第 3 版。

计有各区抗属们送的鞋袜，裕华厂全体职工捐献鞋袜代金 25000 元，妇女指导委员会献鞋 450 双，军政部妇女工作队代金 25000 元，邮局女职员献布袜 100 双，军政部女同仁献布袜 107 双，妇女慰劳总会献布袜 1000 双，妇女慰劳总会重庆分会献布袜 100 双，国民党中央党部女同志献布袜 100 双，中苏文协妇女工作委员会献布袜 60 双，四川教育学院女同学献鞋 8 双，《新华日报》女职工献布鞋 60 双，贺夫人、谷夫人、陈逸云女士、唐国桢夫人等也都捐献布袜多双，截至下午三时半止，共收到代金 78512.6 元，鞋 1219 双，袜 2445 双"①。"军政部长何应钦夫人王文湘领导的新生活妇女工作队，除在妇女日募集代金 28237.6 元外，在 4 日又增献 18128 元。"②

三、设立"蒋夫人文学奖金"

抗战时期的重庆，文学已经成为动员民众的重要武器。1940 年 3 月，妇指会"为奖励妇女写作及提拔妇女作家起见，以纪念三八妇女节"，特别设立"蒋夫人文学奖"，公开向社会妇女征文。宋美龄的秘书钱用和参与了这项工作。钱用和回忆说，这一工作"由文化事业组长谢冰心女士主持，夫人嘱我任秘书协助办理"。③文学奖"征文分两种，甲种论文及乙种文艺创造，作者资格以 30 岁以内的女性为限，并设立了总额 3200 元的奖金"④。该奖金设立后，消息随即在《中央日报》等报刊出。⑤

1940 年 6 月 30 日，《中央日报》再度刊出"新运妇女指导委

---

① 《陪都妇女们的礼物》，《新华日报》1943 年 7 月 2 日，第 3 版。
② 《鞋袜劳军 今日是保甲日》，《新华日报》1943 年 7 月 5 日，第 3 版。
③ 钱用和：《钱用和回忆录》，第 44 页。
④ 《工作动态：文化工作动态》，载新运妇女指导委员会编：《新运妇女指导委员会三周年纪念特刊》，第 36—37 页。
⑤ 参见《渝市纪念"三八"妇女界 蒋夫人特举办文学奖金 奖励妇女写作选拔新进作家》，《中央日报》1940 年 3 月 8 日，第 3 版；《蒋夫人文学奖金简则》，《中央日报》1940 年 3 月 8 日，第 3 版。随后，《中央日报》对此文学奖金也进行了宣传，1940 年 3 月 20 日的《中央日报》第 2 版登载《薛主席夫人响应蒋夫人文学奖金》；1940 年 3 月 25 日的《中央日报》第 4 版《妇女新运》周刊刊载《蒋夫人文学奖金与女作家》。

员会文化事业组"告示，称："蒋夫人文学奖金自本年三月八日通告开始报名以来，各地应征者极为踊跃，报名截止期限原定为六月底，兹因各方来信要求展期者极多，报名日期特延至本年八月底止，缴稿至十月底止，三十年元旦揭晓。"① 到 8 月，妇指会再次延长了征文截稿时间，告知："蒋夫人文学奖金自定于八月底截止报名，及十月底截止缴稿后，因报名与缴稿期间仅隔两月，时间过促，各地应征人要求延期者甚多，兹特将截稿期（即稿件寄送到日期）再予缓延至本年十二月三十一日。"②

这项文学奖，由宋美龄"亲自聘任评判员十人组织评审委员会"。评审委员会组成是：论文组由吴贻芳、陈衡哲、陈布雷、罗家伦、钱用和等组成评阅人。文艺组则请郭沫若、杨震声、朱光潜、苏雪林、谢冰心等组成评阅人。1941 年 1 月 8 日，《新华日报》刊登"宋美龄文学奖金，聘定评判委员"。同年 7 月 3 日，公布宋美龄文学奖金于头一天揭晓。钱用和回忆说，在此前后，各报均揭晓评审结果。这次活动，"当时应征者 552 人，实收到稿件 360 份，其中甲种论文 146 名，乙种文艺 224 名，初审后选录 120 名"。最终评选结果，"共计取论文第一名 1 人，第二名 3 人，第三名 4 人，文艺第一名因无标准分数故缺，第二名 3 人，第三名 2 人，第四名 4 人"。③

在此次应征者中，论文组人数较少，但成绩较好，最高分达到八十余分，在 146 件作品中取录 11 名。文艺组最高分仅七十余分，故缺第一名，录取 8 名。记者询问论文组得奖个人作品之题目，欲借以熟悉一般青年妇女心目中之重要问题，据答：第一名

①《蒋夫人文学奖金延期报名启事》，《中央日报》1940 年 7 月 2 日，第 1 版。
②《蒋夫人文学奖金延期截稿启事》，《中央日报》1940 年 10 月 31 日，第 1 版。1940 年 10 月 30 日，《新华日报》第 2 版也刊载"宋美龄奖金（征文）年底截止"的消息；12 月 26 日，该报第 2 版预告"宋美龄文学奖金即将截止"。
③ 钱用和：《钱用和回忆录》，第 44—45 页。需要指出的是，据《中央日报》讯，在蒋夫人文学奖得奖者揭晓的名单中，论文组还有第四名三位，文艺组第二名获奖者仅有两位。此外，应征人数等均与钱用和回忆录记载有差距。见《蒋夫人奖学金得奖者昨揭晓》，《中央日报》1941 年 7 月 3 日，第 3 版；《蒋夫人文学奖金办理经过 应征者遍及全国》，《中央日报》1941 年 7 月 4 日，第 3 版。

之题目为《妇女修养》，第二名三篇为《文艺中的女性》《我国青年妇女的心理健康问题》《时代妇女应有的自觉和解放》，第三名三篇为《从中国妇女在礼法上的今昔地位以瞻其解放的前途》《家庭教育上的两个基本问题》《中国新女性与民族文学》。由上述题目看来，足见当时妇女颇注意于妇女之解放与修养。记者又询及应征人之地区的分布，据谓现时交通虽不方便，应征者却几乎遍及全国，如论文组第一名陈廷俊女士系在上海，文艺组第二名二人均在湖南，此次渝市得奖人则仅有一二人。记者询及蒋夫人文学奖金筹设经过及今后是否继续举办问题，答谓：蒋夫人文学奖金系始于去年二月，原定去年双十节揭晓，因诸种原因展期至于最近，此次奖金系由蒋夫人付给，基金犹未有，以后是否再办，尚未确定。①

此后，获奖文章以"蒋夫人文学奖金征文"专号刊登在《妇女新运季刊》第3卷第3期。1941年3月10日，冰心关于"由评阅蒋夫人文学奖金应征文卷谈到写作的练习"的演讲文稿发表于《中央日报》第4版的《妇女新运》副刊上。冰心从文学专业的角度，对"蒋夫人文学奖金"征文的优缺点进行点评。在此后，文化事业组经常举办征稿活动，"举凡关系妇运理论，工作经验，地方通讯，文艺创作，随笔杂感，学习指导，工作特写，一切有关于妇女生活等均受欢迎"，并在各刊物中设有写作园地一栏，以供各地初学写作的妇女投稿。②

设立文学奖，或许是出于宋美龄个人对于文学写作的热爱。在宋美龄与同学艾玛·米尔斯的早年书信中，依然可以反映出其对于文学的热爱。她在说服艾玛到上海来时说："也许和我一道做一点中文小说的英译工作。"③ 1940年5月7日，宋美龄在给艾玛

---

① 参见《蒋夫人文学奖金办理经过 应征者遍及全国》，《中央日报》1941年7月4日，第3版。

② 《文化事业：写作鼓励》，载新运妇女指导委员会编：《工作八年》，第162页。

③ Letter, May-ling Soong Chiang to Miss Emma DeLong Mills, August 10, 1921, Correspondence from May-ling Soong Chiang Jan. 1920-Aug. 1921, Papers of Emma DeLong Mills, MSS. 2, Box 9, Wellesley College Archives.

的信里谈论过写作快乐的问题。她在讲述重庆艰苦的生活时，总是憧憬未来的和平岁月，她写道："在那之后，我保证你，我将去度一个长假，好好休息，并且真正地去学习和写作。"她还写道："如果你还记得，我们总是有一些想法，那就是你和我将来要写一部关于 20 世纪的伟大小说。或许，它也不是小说。但是，不管怎样，它都不会削弱我们的那些想法，即：写下那些不朽的词语。我嫉妒你可以休闲，如果你有的话，会是读书和聊天。我相信那就是我最怀念的：可以和自己心灵交流的时间。当然，我正在假设我有一个想法值得深入研究。"①

这一年夏天，冰心应邀去黄山官邸见宋美龄，此行目的正是为"蒋夫人文学奖"的事宜。冰心回忆与宋美龄见面时她脸上洋溢着对于写作的热爱状态。她写道："夫人乐滋滋地谈起了她的著作，还给我看了二三篇她刚写完的有关中国抗战的文章。这些都是用英语写的，将要向美国、英国的新闻杂志投稿。夫人还带我去了二楼，给我看了她的书斋。墙上塞满了书，使人眼花缭乱。我们俩谈了许多有关近代文学的作品，无论是中国的还是外国的，夫人看过大量的书，见解也很缜密、广阔。'我也真的想过以写作为生。很遗憾，这还无法实现。我在大学的时候，所学的主要的科目是文学。你知道吗？'夫人这样问我。"②

1941 年 7 月，宋美龄出席"新生活运动"妇女工作辅导委员会文艺比赛并致辞，讲话的主题是鼓励女青年从事文学创作，话语之间则体现出她对于女性与文学关系的基本认识。她指出："我国受过教育的妇女，所占的比例数字很小，至于能以写作来充分发挥自己的妇女，更是少得可怜。但在我国走向国际舞台，从事世界政治的今日，国内亟应有思想开明畅达民意的舆论。就陶冶国民性情而言，亦再没有比文学更为重要的工具。无线电和有声

---

① Letter, May-ling Soong Chiang to Miss Emma DeLong Mills, May 7, 1940, Correspondence from May-ling Soong Chiang Jan. 1939–Jan. 1945, Papers of Emma DeLong Mills, MSS. 2, Box 9, Wellesley College Archives.

② 谢冰心：《我所见到的蒋夫人》，《中国现代文学研究丛刊》2006 年第 6 期。

电影固系确能影响人民生活的重要因素，但迄未取得报章杂志和书籍的地位，实则报章杂志的销路，自从有了这些新的发明，反而拥有了更多的读者。"宋美龄说："任何人都可能成为良好的作家。但往往有人将一件神秘的外衣，套在西方国家的作者和写作上，使人相信这些男女作家们都是得天独厚的创作天才。一般说来，实情并不如此。写作之于吾人，和说话、阅读、走路一样容易，同是可以力致的艺术。至于如何才能正确的获得这些艺术，就非运用我们的智力来努力学习不可。但看大多数人在写作上的努力，就足以证明凡是身体或智力没有缺陷的人，无不具备有获致这些艺术的能力。"在宋美龄看来，只要努力，人人皆可成为"好作家"，她说："我所谓好作家，并非指天才作家而言。不论在油画、雕刻、诗歌等各种艺术的哪一方面，都有若干出类拔萃的名家，他们放出的光芒，俨如群星中的行星。但我们万不可因为行星的光辉灿烂，就低估了较次星光的用途。要知道在这神圣的天体循环之中，次要星宿也有它们的地位。""不论天才作家或一般男女作家而言，任何良好作品，都是刻苦、耐劳、与恒心的结果。像拜伦那样一觉醒来即已誉满天下的作家，真是凤毛麟角，至若其他千千万万作家的成名，都是从多年精心揣摩钻研奋斗中得来的。事实上，若干最伟大作家的作品，往往过了几个世纪才被人誉为杰作。"最后，宋美龄鼓励比赛中未能当选的文学女青年说："千万不要气馁。确能在初步比赛中获得文艺成就的，实在太少了……我中华民族向以刻苦、耐劳、有恒著称，我深信你们必能克制因缺乏初步成功而一时感到沮丧的心情。你们务必记住，成功永远属于那些真正当之无愧的人。"①

四、演讲与广播

1939 年 1 月 10 日下午，宋美龄在重庆国际联欢社参加国际妇女会主持召开的欢迎会，与会者有中外妇女二百余人。她用英语

---

① 宋美龄：《向参加新生活运动妇女工作辅导委员会文艺组举办文艺比赛人员训词》，载王亚权总编纂：《蒋夫人言论集》（下集），第 733—735 页。

发表了演说，列举中国妇女慰劳抗战将士的工作情况，并报告来重庆途中所见妇女投身抗战工作的故事。并告诉外国妇女朋友："中国的妇女已被日本侵略的炮声所震醒"，重申"中国永远不会向敌人屈服"。①

　　1月14日，宋美龄参加新运会妇女指导委员会主持召开的重庆市妇女界集会，作了《抗战建国中之妇女问题》的演讲。指出"每一件事只要于国家有益，于民族有益，我们都得去做，每一个人只要是中华民族的一份子，都应该贡献出整个的力量、整个的生命来救国家救民族，动员整个重庆市的妇女，组织整个重庆市的妇女，已经是刻不容缓的事情。怎样来动员呢？正是妇女指导委员会的使命和责任，也是重庆市知识妇女义不容辞的当前重大工作。重庆市的知识妇女这一次的大集合，正是重庆市妇女团结的象征，动员的先声"。她用各地妇女投入抗战的鲜活实例，富有感染力的演讲动员重庆各界妇女一起开展抗日救亡活动，取得了良好的效果。不久，重庆各界妇女便组织起抗敌军人家属服务队、救护队、缝制队、民众教育队和宣传队等妇女团队，救亡活动在重庆掀起高潮。②

　　宋美龄有极富魅力的演讲天赋。这种充满激情的动员方式，在她抵达重庆的初期表现尤为突出。1939年的"三八"节，是宋美龄抵达重庆后的第一个妇女节。在为《妇女新运》周刊的"三八"纪念特刊题字时，她写道："动员全国妇女参加抗战建国工作才是真正的纪念'三八'。"③3月8日下午，宋美龄出席重庆妇女界纪念"三八"节大会，并在会上演讲。她强调："只讲妇女解放还不够，要达到全民族同胞的解放才算尽到我们的责任。"她又

---

　　①　《国际妇女会欢迎蒋夫人》，《中央日报》1939年1月11日，第4版。宋美龄在重庆时期用英语演讲也是常有的事。93岁的杨钟秀老人回顾了当年在南开中学读书时聆听宋美龄演讲的情形，他说："宋美龄喜欢用英文演讲，听不懂。"（杨钟秀口述，2012年12月21日，笔者在杨老的上清寺重庆家中的访谈。）

　　②　宋美龄：《抗战建国中之妇女问题》，《中央日报》1939年11月15日，第4版。

　　③　《蒋夫人在"三八节"纪念会演词》，《中央日报》1939年3月9日，第3版。

说："现在或者有人以为女子参与政治，是求得女子解放的第一步，这句话，也许是对的。现代的国家都不能否认女子要有参政权，可是女子解放真正的意义，并不是求得女界少数人得到政治上和经济上的地位，乃是要解放大多数妇女的痛苦，改善大多数女同胞的生活……只讲妇女解放还不够，还要用我们妇女的力量，来达到全民族同胞的解放。"①

1939 年，宋美龄在重庆"三八"妇女节上的演讲

　　在写给卫斯理学院同学的信中，宋美龄也兴致勃勃地讲述了重庆"三八"节妇女动员与募捐的盛况，也讲到了自己演讲的效果，她说："如果从受众的欢呼声判断，演讲是相当成功的。"她还形容自己演讲时挥动手臂的样子，像街头宣传的演说家一样。②在宋美龄的母校——美国卫斯理学院的档案馆收藏的宋美龄个人档案中，有部分她在重庆演讲时的照片，十分珍贵。比如，1939年在重庆"三八"节上的演讲，照片显示现场的气氛热烈，蒋介

---

① 《妇女界纪念会蒋夫人致词原文》，《大公报》1939 年 3 月 9 日，第 3 版。

② Mme, Chiang to Miss Manwaring, Chungking, March 13, 1939, Correspondence, 1934–1939. Box2, Papers of May-ling Soong Chiang, MSS. 1, Wellesley College Archives.

石站在她后面听她演讲。宋美龄还特别在信中描述了站在她背后的那位戴帽子的老妇人。她说："这位太太已经70岁了，她走了六英里的路来听我的演讲。"而在她身边的那位戴墨镜的女性则是一位韩国妇女协会的代表。就是在当天，重庆的妇女们以献金的方式"来抵抗日本侵略者"。在这份档案中，还保存着1939年3月8日在重庆各界妇女"三八"纪念大会上，宋美龄舞动双手演讲的一张照片。在照片的背面，有宋美龄亲笔的字迹："四川重庆，1939年3月8日，国际妇女节，在一个5000人的聚会上的演讲。"①

4月18日，宋美龄从香港返回重庆，妇指会主持召开重庆市各界妇女国民公约宣誓大会的第四次筹备会，并于19日下午3时在重庆市商会举行国民精神总动员的宣誓和宣传大会，由宋美龄以监督员身份训话。她指出："虽然我们有四万五千万的人口，但我们的国际地位非常低落。这是我们大家的耻辱，原因是大家缺乏爱国精神和没有团结的缘故。可是抗战以外，前方将士浴血拼命，后方民众也热烈地在参加建国工作，像今天的诸位一样，这是我中华民族已有人格的表示，也就是我们国格的表现，我们已在艰难困苦中获得了国际人士的赞誉。我们女同胞，过去是家庭中的中心人物，责任在维持家庭，现在我们的责任，已不仅是家庭，我们对国家民族也有负责任，因此我们不仅是家庭的中坚分子，而是国家的中坚了。"②

8月1日，宋美龄出席全国慰劳自卫抗战将士总会成立两周年纪念会，并发表演讲，提出该会今后工作的四项要求：第一，应普及我们组织，要求各省分会成立各县的支会。第二，应该作访问伤兵医院的工作。第三，从本年度起，本会应该积极襄助抗战将士家属和被难同胞的家属。第四，重视对抗战将士精神上的鼓励，战争的持久制胜，士气的奋发旺盛，一大半靠精神的振奋。

---

① General/Biographical, C. Photographs, Generalissimo and Mme, Chiang Kai-shek in China, Papers of May-ling Soong Chiang, MSS. 1, Box2, Wellesley College Archives.

② 《妇女界宣传日蒋夫人慷慨训词》，《大公报》1939年4月20日，第3版。

会后，宋美龄率领全体人员赴各伤兵医院，慰劳受伤将士及被炸受伤同胞，并向他们赠送了慰问品。①

10 月 26 日，宋美龄应《纽约前锋论坛报》妇女座谈特刊约请，向美国人民发表英文讲演《向文明挑战》。宋美龄先强调了中国的抗战决心，她说："日本这种罪恶的暴行加于我们者，已两年二月于兹，在这一段时期之内，我们奋起抵抗并依赖外力的援助，我们以实力薄弱的国家，对付坚强的暴力；但我们毕竟给敌人以严重的打击，我们仍在抗战而且要继续抗战下去。"在广播中，宋美龄提醒美国民众注意："当侵略者的日本已经公开向文明挑战，而只有我们在作孤独抗争的时候，我们觉得民主国家对于文明的命运，实在漠不关心！谁能说我们这种感想是过分的呢？当美国不断供给日本以汽油煤油等若干飞机和机械的部队所必需的物质，让它们来残杀我们的同胞，毁灭我们的家室；我们知道美国这种实际帮助强暴的事实以后，请诸位想想将使我们中国同胞得到怎样的结论呢？"

宋美龄继续指出："美国只要对日撤销一切供给物资的便利，禁绝日本以前用来推行野蛮残杀的工具的接济，就可以使得警告日本的宣言，发生实际的力量，而不致徒托空言。"她说："我们觉得我们的要求是合理的，因为美国若要不这样做，就等于承认文明已成灰烬，就等于承认人类的心灵中，趋利而忘义的魔鬼已夺了美国一向信仰的上帝之地位而代之了。"②

对于宋美龄充满激情的抗日演讲，日本传媒总是十分痛恨。③ 3 月 10 日，《朝日新闻》晨报发表"宋美龄的哀歌 妇女节呼吁团结"一文，报道宋美龄在重庆第一个"三八"节的激情演说。④

---

① 参见《妇女慰劳总会》，《中央日报》1939 年 8 月 2 日，第 3 版；《蒋夫人训词》，《中央日报》1939 年 8 月 3 日，第 2、3 版。

② 《向文明挑战——蒋夫人向美国广播讲演》，《中央日报》1939 年 10 月 28 日，第 2 版。

③ 中日战争爆发以来，日本主流媒体一向对蒋夫人坚定的抗日决心予以负面的报道，用词充满恶意。如《怀揣宋美龄照片的残败的少年士兵们》，《朝日新闻》1937 年 11 月 22 日，日报第 7 版。

④ 《宋美龄的哀歌 妇女节呼吁团结》，《朝日新闻》1939 年 3 月 10 日，第 2 版。

同年 10 月 29 日，《朝日新闻》再次报道宋美龄在后方的动员活动，称宋美龄对美广播是"利用她三寸不烂之舌"以博得美国民众，尤其是妇女的同情。①

只要是在重庆，"三八"节的演讲就是宋美龄必然参与的重要活动。1941 年 3 月 8 日，宋美龄出席重庆妇女界纪念三八国际妇女节大会，勉励全国妇女同胞从事耕稼，推销战时公债，厉行节约储蓄。"男子以出征当兵为荣，女子应以务农耕稼为荣"，"男子应当兵争取军事胜利，女子应务农参加经济生产"。② 1942 年 3 月 8 日，宋美龄被重庆市各界妇女"三八"节纪念大会主席团推选为主席，主席团成员有孙中山夫人、孔祥熙夫人、冯玉祥夫人、孙科夫人、张继夫人、何应钦夫人、马超俊夫人、商震夫人、黄兴夫人等 13 人。并请吴铁成、朱家骅、谷正纲、吴国桢、刘峙等讲演，同时请宋美龄向全世界广播，冯玉祥夫人、马超俊夫人向全国广播，黄兴夫人、商震夫人、吴国桢夫人向南洋广播，张默君女士向日本广播。③ 在会上，宋美龄发表题为"打倒轴心，解放妇女"的致辞，她指出："世界风云如此紧急，轴心强盗如此横行，我们要挽回人类的浩劫，惟有我们，每一个男女同胞，各竭其能，各尽其职，从实际工作上加紧努力。"她呼吁："我们的女同胞们，更应该负起当仁不让的责任。"相信"侵略暴力必须打倒，人类文明必须获得，而我们这一代的妇女，应该对于这一次反侵略的义战有更大的贡献"。④

通过无线广播，传递战时中国抗战的信息，是宋美龄在重庆的日常工作。1937 年 12 月，中国国民外交协会在汉口成立。外交协会协助汉口广播电台以国民外交立场对国际广播，向国际呼吁主持正义，宣传中国的抗战决心，驳斥日本对中国的歪曲宣传。1938 年年初，国际宣传处与汉口广播电台和汉口交通部无线电台

① 《宋美龄向美方哭诉》，《朝日新闻》1939 年 10 月 29 日，第 3 版。
② 《妇女应务农参加经济生产》，《中央日报》1941 年 3 月 9 日，第 3 版。
③ 《陪都纪念妇女节》，《中央日报》1942 年 3 月 9 日，第 2 版。
④ 《蒋夫人致词全文》，《中央日报》1942 年 3 月 9 日，第 3 版。

合作，以英、法、日、德、俄五种外语对外广播。1938 年 12 月，汉口广播电台西迁重庆，国宣处播音员刚抵达重庆便借助重庆交通部的电台恢复国际广播，用英、日、俄、法四种外语播音。1939 年 2 月 19 日，由中央广播事业管理处建设的中央短波广播电台在重庆正式播音，功率达 35 千瓦，使用 10 余种方言及少数民族语言，20 余种外语，对北美的广播呼号为 XGOX，对欧洲及亚洲呼号为 XGOY。1941 年 1 月，该台正式定名为中国国际广播电台，由国际宣传处和广播事业局管理。重庆时期，国际广播电台是传播重庆国民政府官方信息的重要途径。宋美龄发出的声音，在相当程度上成为战时中国政府的代言人。①

1939 年 7 月 7 日，宋美龄在重庆用英语代表蒋介石向全世界广播演讲。② 7 月 8 日，她应美国反侵略委员会之请，向美国作广播演说，吁请各国执行条约原则，对日本实施经济制裁，并以物资援助中国，将使日本早日趋于崩溃。③ 次日，宋美龄又致电丹麦哥本哈根国际妇女平权参政会，代表中国妇女致庆贺之意，并吁请援助中国抗战。④

1940 年 1 月 8 日，马来亚妇女界联名通电美国妇女，"拥护蒋夫人对美广播"，吁请美国对日施行经济制裁。⑤ 4 月 18 日上午 7 时 45 分，宋美龄与两位姐姐在重庆通过美国 NBC 电台向全美发表广播讲话。⑥ 7 月 8 日，清晨 6 时 45 分广播开始，蒋介石在日记里记录了这次播音的细节，他写道："在重庆国际电台对美国民众广播由夫人翻译。美国全国广播公司当即转播全美。其时恰为美国七日下午六时四十五分，适当美国一般民众工作之余，故听众

---

① 有关国际广播电台迁至重庆后的播音及工作状况，参见重庆市档案馆藏国际广播电台、重庆市政府、国民党中央宣传部、重庆市社会局、重庆市工务局、重庆市财政局等全宗。
② 参见《蒋夫人用英语代播》，《申报》1939 年 7 月 8 日，第 3 版。
③ 参见《蒋夫人对美广播演说》，《申报》1939 年 7 月 9 日，第 3 版。
④ 参见《宋美龄驰电致意》，《申报》1939 年 7 月 9 日，第 2 版。
⑤ 参见《马来亚妇女界拥护蒋夫人》，《中央日报》1940 年 1 月 8 日，第 2 版。
⑥ 参见《孙孔蒋三夫人对美广播》，《大公报》1940 年 4 月 19 日，第 3 版。

估计在二千万人以上，旋得菲律宾马尼拉来电，称收听成绩甚为良好。"①

10月6日下午，宋美龄飞赴香港疗养。10月20日，她利用香港的电台对美广播，向美国民众提出感谢和诚恳的呼吁，对美国著名作家赛珍珠发起成立的美国援华委员会（The United China Relief）的创设表示祝贺与敬意。② 美国援华委员会是一个由美国著名作家赛珍珠发起，罗斯福总统夫人任主席的美国援华机构，自1940年6月成立以来，从精神、物质上对中国抗战妇女给予了热心的支持。11月中旬，该组织拟在美发起扩大募捐运动，募集美金100万元，作中国医药救济及慈善事业，特约宋美龄对美演讲广播。

1940年11月20日，宋美龄在重庆对美广播，感谢美国朋友的援助。她说："由于诸位博爱无私的努力，赛珍珠女士及其同志们所锡嘉名为'援华委员会'的组织得以成立；同时，你们还会以'希望之书'见赠，这本书寄托着深远而崇高的用意，也使我们感到无限欣幸。诸位既给我们以物质的援助，又给我们以精神的鼓励，你们信赖我们抗战的立场，了解我们所奋斗的目标，对于世界命运息息相关的重要性，这两点我觉得意义尤属重大。我们中国需要一切对我们的表示善意的国家援助，而这种援助若是一种含有积极性的鼓励，不仅是消极的周济，则我们将加倍地欢迎。"

在广播演讲中，宋美龄告诉美国朋友中国政府已经付出的努力，她指出："经过了三年又四个月的战争，我们中国海内外的同胞，虽都收入锐减，仍旧踊跃输将，以作救济事业之用。例如，全国妇女救济协会，自抗战军兴以来，所捐输的金钱与物资，共达国币五千万元，因为救济费用的好大，上述数字，在总数之中，也只能算作沧海一粟而已。抵抗日本侵略第四个冬天，现在已到

---

① 薛月顺编辑：《事略稿本》第44卷，1940年7月至11月，台北"国史馆"2010年7月印行，第30页。

② 参见《蒋夫人对美播讲》，《大公报》1940年11月21日，第2版。

面前，而这将是一个最艰难的时期。随着战争的延长，我们当然要受更深的辛苦，同时也损失更多的生命与物资。可是我们全国同胞，都有坚定的决心，为了人类的自由、正义、平等而继续奋斗。这所谓自由、正义、平等，也正是新大陆贵国人民所信守不渝的。为了实现这些原则，必须我们人人都能不断努力，踊跃牺牲，勇敢奋斗。诸位，美国的朋友们！任何救济我们伤病同胞的举动，我们都表示着无限的感谢。"据赛珍珠女士来电称，宋美龄的广播使美国妇女界深受感动，因此捐款甚众且踊跃。①

1941 年 4 月 28 日上午，宋美龄应英国广播公司（BBC）之请，对英播讲。演讲中，宋美龄感谢英国热心捐款，英国友人通过国际红十字会及中国红十字会，提供医生与医疗器材，协助伤兵和难民的救助。宋美龄指出："世界上没有每战必胜的军队，也没有每地必胜的军队。只要一国的士气不衰，人民的意志不摇，一定能获得最后的胜利。你们可以继然相信：在正义尚未重申之日，中国决不会放下它的武器来。只要如此，我们就可以告慰那些作崇高牺牲的同志们的英灵。"②

6 月 1 日凌晨，应美国陆军部邀请，宋美龄随同蒋介石赴重庆广播大厦，对美广播。2 时 54 分，由蒋先行主讲，由美国国家广播公司驻重庆代表向纽约介绍，称谓"我们中国联军的统帅"。宋美龄为蒋介石的演讲翻译，并作简短演讲。她讲道："刚才委员长声明我们虽经长期抗战，对最后胜利的信心更见坚强。"强调"中国必能善尽责任"，并痛斥敌人造谣："敌人说，中国拥有大量的武器，现在故意按兵不动，使美国来替它争取胜利，这显然是一个挑拨离间的阴谋，目的在毁坏我们亲睦的邦交，这种欺诈伎俩，当然用不着我提醒你们。中国向来注重发挥自己的力量，自将继续尽它应尽的责任。""敌人屡次向我们求和，暗示欧美民主国家利用中国为工具，而日本却愿与中国合作，并以平等相待来欺骗

① 《蒋夫人播讲 致谢美国妇女界捐款援华》，《中央日报》1940 年 11 月 21 日，第 2 版。

② 《蒋夫人对英播讲》，《中央日报》1941 年 4 月 29 日，第 2 版。

我们，中国断然拒绝了这种和议，就这一点事实，已足证明我们
对美国诚意信心是不可动摇的。"① 与此同时，蒋宋夫妇在广播中
呼吁美援，强调说："我们同盟国要对倭寇得到最后的共同胜利，
就非供给我们以机械化的重武器不可。"②

　　7 月 7 日，宋美龄向马来华侨发表广播演讲。吁请海外华侨继
续发扬爱国主义精神，对于振发民族精神给予实际援助，争取胜
利尽速达成，并表示中国已抱有希望与信任，转入战争第五年。③

　　11 月 10 日，宋美龄对美播讲《答谢美国友谊》，感谢美国联
合救济中国难民协会对中国救济工作的支持。并用她在湘北前线
视察伤兵医院及若干难童保育院"见到了很多具体的明证"，"你
们以接济医药器材""把营养的食品捐给中国的难童"所表示出来
的"仁爱之心"，使我们"真有无穷的感动"。"我们中国为了正
义与人道流血斗争，迄今已四年半了。因此我相信，我中美两国
的友谊是建基于一致的理想之上的。""今天经蒂文先生，我们很
愉快地赠送美国这一对肥大滑稽的黑白相间长毛茸茸的熊猫，聊
表感谢的微忱。"④《纽约时报》对中国政府在重庆举行熊猫赠予
仪式进行了报道。

　　12 月 4 日，宋美龄对美播讲《民主中国的贡献》，她讲道：
"数千年以来我们中国同胞的公众生活，一贯地符合于民主主义人
才发展，机会均等的原则……这个精神，到科举制度废除专制政
体推翻以后，一些没有改变，而且更谋推进。我们今日所努力求
取的，尤其在最近困苦艰难中所奋斗以求民主主义，乃是现代的
民主主义。"在谈到中国的抗战前途时，宋美龄指出："因为我们
民族酷爱独立自由与平等，所以我们今日对于侵略暴力，能作如

---

　　① 宋美龄：《对美广播》，载王亚权总编纂：《蒋夫人言论集》（下集），第 1037—
1038 页。
　　② 《充实中国武器配备 争取时间击溃敌人》，《中央日报》1942 年 6 月 2 日，第
2 版。
　　③ 参见《蒋夫人向华侨广播演讲》，《申报》1941 年 7 月 8 日，第 2 版。
　　④ 宋美龄：《答谢美国友谊》，载王亚权总编纂：《蒋夫人言论集》（下集），第
1007、1010 页。

此勇敢的奋斗。""我们跟全世界的民主国家是存亡相共的"，"我们无怨无尤地担起这个艰辛的责任，使其他民主国家无数的人民，得到我们的感应，并获得宝贵的准备时间，以捍卫人类的光明"。她借喻黄河奔腾入海，说明"我们自由中国的这条黄河"东入太平洋的时候，"也就是我们完成创造民主世界工作的时候。这个世界对于你们，对于我们中国以及一切的民主国家，都将是一个宝贵的贡献"。①

太平洋战争爆发后，宋美龄更是全面转向重庆国民政府的对外事务。1942年，是宋美龄在重庆时期工作日程最为繁重的一年。她抓住每个机会，对中外媒体呼吁中国独立抗战对于世界的意义，这就是中国人是在为美国而战斗，是在为全世界战斗。

1942年3月17日，宋美龄访印归来后，在重庆向印度人民广播致敬，答谢访印期间印度人民给予的优渥款待。并呼吁印度人民："让我们拿出勇气和决心，不论敌人从何处进去，一律要抵抗到底。未来亚洲的和平与繁荣，将有赖于中印两国抵抗侵略的伟大力量。"

5月30日，陪都庆祝联合国日，重庆国民政府中央筹备庆祝事宜，宋美龄再次对美广播。6月1日，蒋介石夫妇应美国陆军部之请，通过美国NBC广播公司无线广播《军队时间》栏目，对美国军民广播，"驳斥日寇离间中美邦交谰言"。② 宋美龄为蒋介石翻译。蒋介石强调了中国的抗战需要精神和物质上的援助，他说："我们抗战五年，没有飞机大炮来抵抗拥有重武器机械化装备完整的敌人，是用磁铁战术，以有利的地形与敌人争取时间，以民族主义和爱国精神与敌人始终周旋。但精神奋斗固然重要，若有机械装备，方能达到胜利的目的。"③ 在蒋介石演讲结束后，宋美龄

---

① 《宋美龄对美广播：我为民族生存人类自由而抗战，努力求取现代民主主义之实现》，《新华日报》1941年12月5日，第1版。

② 参见《宋美龄陪同蒋介石向美广播演说辞》，《新华日报》1942年6月2日，第2版。

③ 公安部档案馆编注：《在蒋介石身边八年——侍从室高级幕僚唐纵日记》，第282页。

利用剩余的一分钟时间发表了自己的观点，她讲道："敌人说：'中国拥有大量的武器，现在故意按兵不动，因为她想靠美国来替她争取胜利。'这显然是一种挑拨离间的阴谋，目的在破坏我们两国的邦交，用不着我来提醒，你们都晓得这是一种含有恶意的欺诈。中国向来自食其力，自将继续尽其应尽的责任。在过去中国对于同盟国家的共同前途，曾经毫不迟疑地贡献出整个的国力，现在和将来，当然也不会有迟疑。"她指出："中国立国达五千年，就是因为她能坚守某种道德信条，使她永远保持光明的态度"，她最后呼吁："我们的目的一致，又互信互助，所以，让我们并着肩，在自由的光辉旗帜之下，向必胜的前途迈进吧。"① 同年 6 月 15 日，为答谢卫斯理学院设立宋美龄奖学金，宋美龄对美广播演说。②

　　1943 年 8 月 20 日晚，蒋介石宴请国民参政会参政员。宋美龄发表演讲，蒋赞誉道："吾妻演讲，甚得体，可喜。"③ 爱茉莉·海对宋美龄的演讲天赋有一段描绘，她写道："她对于翻译的艺术很有深造。她空的时候常读些中国历史，同时她可以把想像中的一切忘去，而把这件掌故译成英文。两种语文都能吸引她，她而且常常把这两种语文溶在一起。她喜欢告诉这种故事，她讲得又非常紧张生动，很是动听；她的丈夫虽然把这些掌故已经读过几千遍，他却喜欢听她口里传出来的，同新的一样有兴趣。她的眼睛，她的手势，她对于她说的故事，如有很深的心得。而结论方面往往能指出这个故事的大旨在什么地方——效果是很惊人的。"④ 宋美龄的对外广播，从某种程度上看，是在苦撑重庆国民政府的抗战形象，而宋美龄独具的讲故事天赋，无疑对于西方世界理解重

　　① 宋美龄：《对美国军民广播》（1942 年 6 月 1 日播讲），载王亚权总编纂：《蒋夫人言论集》（下集），第 1037—1038 页。
　　② 参见《美魏斯利学院设立蒋夫人奖学金》，《新华日报》1942 年 6 月 15 日，第 2 版。该消息援引"中央社华盛顿电"。
　　③ 王宇高、王宇正编：《蒋中正"总统"五记·爱记》卷 29，1943 年 7 月至 10 月，第 295 页。
　　④ ［美］爱茉莉·海：《宋氏三姐妹》，第 123—124 页。

庆的抗战努力是极有帮助的。

1943 年 3 月 7 日，宋美龄访美期间重回母校，在那里，她以"重庆来的夫人"身份发表演说，骄傲地讲述了中国妇女支援抗战的成绩，她指出："在过去五年半之抗战中，中国妇女对于实现真正平等，尤有飞跃之进步。在中国各省，包括沦陷区在内，均设有妇女指导委员会，通常由省主席夫人任指导长。所有此等分会均受全国总会之最高指导。以言其工作，广布全省各地，包括救济难民，照料受伤军民，保育战时难童，促进生产（此项工作十分需要，因除空运外，目下中国与外界完全隔绝），训练妇女，分发各区，使当地妇女了解抗战之意义与继续抗战之重要，以及吾人对其他民族负有重大责任之认识。所堪注意者，即以往中国妇女之地位，系以其丈夫之社会经济与政治地位为准绳。今日中国之妇女则以各本人之自立而得社会承认其应有之地位。"①

第二节 "谨为难童请命"

战时难童，又称战争孤儿。关怀战争孤儿，推动战时儿童保育工作是重庆时期宋美龄的重要工作，是"宋美龄在抗战中影响最为深远，也是最为广大民众铭记的贡献"。② 在重庆，宋美龄精心呵护下的战争孤儿，成为国民政府呼吁外援的一个最能打动人心的理由。

一、"孩子们到四川去了"

1938 年年初，为筹备战时儿童保育会，已经抵达重庆的钱用

---

① 宋美龄：《在母校魏斯里大学演说》（1943 年 3 月 7 日），载王亚权总编纂：《蒋夫人言论集》（下集），第 1084—1085 页。

② 张宪文、姜良芹等编著：《宋美龄、严倬云与中华妇女》，第 107 页。此外，宋美龄从重庆发出的信函中，为难童工作是其中的重要内容。比如，1941 年 3 月，蒋夫人从重庆致纽约 Vickrey 先生，信中谈及最近刚回到重庆，为战时孤儿做事的问题。参见 Letter, Madame Chiang to Mr. Vickrey, March 28, 1941, Correspondence from May‑ling Soong Chiang Jan. 1939-Jan. 1945, Papers of Emma DeLong Mills, MSS. 2, Box9, Wellesley College Archives.

和又被宋美龄特别召回武汉。钱用和回忆说："民国二十七年三月，我由教育部任命为国立四川女子中学校校务委员，助校长江学珠办理该校校务，迁往北碚。忽接蒋夫人来电，嘱即赶回汉口，我立刻赴渝，乘轮东下，抵达汉口，悉夫人住武昌，每日渡轮晋谒，蒙夫人指示在汉口开展难童救济工作。"

国民政府行政院成立赈济委员会作为难民救济的最高领导机构，由行政院院长孔祥熙任主任，"办理难童救济及教育事宜"。钱用和任科长，"住在汉口女青年会，每日到赈济委员会办公，并和保育会经常联络，推行工作，尚称顺利。赈济委员会在后方设立难童教养院外，其他各救济慈善团体亦纷纷在各地收容难童，设院教养，西南西北各省，其均先后成立难童教养院或保育院，由赈济委员会补助经费，全年预算达二百余万元"①。

此时，宋美龄辞去了航空委员会的职务。在给纽约某博士的信中，她解释说："因为航空委员会费去我太多时间，所以辞去了该会的职务，俾有充分余暇去从事救济难民，尤其是救济难童，以及别种工作。我把航空委员会的职务让给家兄子文，于是自己好从事别方面的工作了。"②

1938 年 3 月 10 日，中国战时儿童保育会成立。宋美龄亲临致辞，说："不单是为人道，我们应该如此做，为救国，我们应该如此做，为支持与建立战后的新中国，我们更应该如此做！现在的中国，正是一个多难的大家庭，而战时流离困苦的失教失养的儿童们，这中间正有不少可以磨琢成功的精金和美玉，我们只要能够周到的保护、尽心的教养，这一批儿童，自小就知道困难是怎样一回事，战事是怎样一回事，自小就知道自强自立是怎样的重要，自小就以吃苦为常事。再不会怕危险，再不会堕落，再不会不努力，而且这一批儿童一定能够理解互助的价值，一定具备很丰富的同情心，一定能够知道不奋斗就不能生存，一定能够打倒

---

① 钱用和：《钱用和回忆录》，第 38 页。
② 宋美龄：《复美国纽约某博士书》，载王亚权总编纂：《蒋夫人言论集》（上集），第 546 页。

列强，争取国家民族光荣为终身的责任。"①

3月13日，保育会在武昌召开第一届理事会，"推定蒋夫人等为常务委员"，选出17名常务理事，即宋美龄、李德全、黄卓群、邓颖超、史良、曹孟君、沈兹九、安娥、孟庆树、张蔼真、陈纪彝、郭秀仪、唐国桢、舒颜召、任培道、徐阆瑞和陈逸云。选出徐镜平、刘清扬、庄静、吕晓道和朱纶5名候补常务理事会。此外，保育会还聘请了286位名誉理事，包括蒋介石、林森、冯玉祥，以及毛泽东、周恩来、朱德等国共政治领袖。各界知名人士，如沈钧儒、邹韬奋、郭沫若等；国际友人，如埃德加·斯诺（Edgar Snow）、史沫特莱（Agnes Smedley）、司徒雷登（John Leighton Stuart）。②

从组织构架看，保育会最高领导机关是理事会，理事会设理事长1人（由宋美龄担任），副理事长1人（李德全），主持该会工作。保育会设有总干事，负责该会各项具体事务。贯穿其中的，依旧是宋美龄的自上而下的"太太体制"。据钱用和回忆，战时儿童保育会的人员"大都系倾共分子"，她说："夫人嘱咐我草拟章程，设理事长、常务理事、理事、总干事等，推进抢救战区难童工作，我感与会人员性质相当复杂，向夫人陈述抢救难童，着重教育设施，不带政治色彩为尚，夫人谓国共合作，没有妨碍。"③史良也指出："儿童保育会能把全国各方面的力量都集合起来，这不能不说是全国妇女大团结的先声。"④

保育会成立后，确定了工作的原则，即：（1）保卫儿童生命之安全，使之成为健全之国民；（2）依照抗战时期的经济条件，以最经济之方法，合理之教养，加强儿童之健康；（3）在教育上则实行三民主义，争取民族之独立自由，启发儿童爱国思想与发

---

① 《蒋夫人人亲临致辞》，《新华日报》1938年3月11日，第2版。
② 参见郭秀仪：《我与抗战时期的儿童保育会》，《今日中国》1995年8月，第51页。
③ 钱用和：《钱用和回忆录》，第39页。
④ 史良：《儿童保育会的成立和妇女界大团结》，中国妇女出版社1991年版，第64页。

扬民族精神；（4）自集体之保养与教育中，使儿童有集体生活之习惯，并养成处群的能力；（5）注重劳作，养成儿童独立之精神，采取诱导方式，切忌打骂恶习；（6）为使上列原则之实现，必须联络各界妇女襄助完成，用考试制度征集教育人才，并施行短期训练，使成为保育儿童之专门干部。①

　　1938 年 5 月 1 日，"战时儿童保育会第一临时保育院"在汉口成立，宋美龄任命李昆源出任院长，主要负责接受从前线抢救来的五百余名难童。5 月 1 日上午，宋美龄邀请蒋介石、冯玉祥、周恩来等出席第一临时保育院的开幕典礼。② 经过一个多月探索性的抗战教育训练，孩子们在开幕典礼上的表现着实让宋美龄兴奋，她对孩子们说："小朋友们，你们有机会到这里来，便应该在这里努力学习……国家的一切耻辱，都要靠你们将来去洗雪的，我们要打倒侵略我们的日本帝国主义，我们要想做幸福的国民，一定要建立一个自由独立的国家。"③

抗战建国与保育儿童（民国报刊库文献）

　　早在 1938 年 3 月，宋美龄在《妇女生活》

---

　　① 参见《关于战时儿童保育会八年工作报告》（1945 年），转引自张宪文、姜良芹等编著：《宋美龄、严倬云与中华妇女》，第 113 页。
　　② 参见《儿童保育会第一保育院开幕》，《大公报》1938 年 5 月 2 日。
　　③ 方秀芝：《儿童保育会第一临时保育院开幕那一天》，《妇女生活》第 6 卷第 2 期，1938 年 5 月 16 日。

杂志上发表《谨为难童请命》一文①，阐明救助难童的重要性与迫切性。她写道："现在成千成万儿童，有的父母死亡，成了流浪孤儿，有的虽有父母，但他的家庭已经穷无立锥之地，衣食都成问题，这些儿童要我们去照顾的，怎样解决他们的衣食问题和教育问题，全是我们的责任。他们都是未来中国的壮丁，也就是支持国家实力的一部分，我们怎能任他们去流浪，变成乞丐，变成匪徒，变成嗷嗷待哺饿殍。为了民族的荣誉打算，我们断不能让这种惨象扩大，就我最主要的，为完成我们保全国家实力的任务起见，我们更不能坐视这些儿童被难而不救。"

为筹措经费，宋美龄呼吁："我们大家尚回想到自己做孩子时候的情景，父母怎样爱护我们，家庭团聚在一起是怎样的安全欢乐，在学校里读书又是得到怎样的智慧和乐趣，现在，在看着这群难童，谁不应该抢着去救济他们，救他们跳出水深火热的苦难，帮助他们成为有作有为的国民，将来也负担起捍卫国家复兴民族的一部分责任呢？"

如何救济？宋美龄给出了具体的方案，"现在战时儿童保育会正在进行募款运动，我们估计每一个儿童一年最简单的衣食住及教育费，要有六十元，现在我们请求同胞们每一个人量力认定几个儿童的保育费。我们最初的目标，想保育两万个儿童，将来经费扩大，保育儿童的数目当然也就跟着扩大了"。至于如何安置这批难童，她说："我们正计划着把这些儿童送到后方最安全的几个中心，布置适当的房屋，派定负责的人去照顾他们。他们在生活上和一切待遇上，要尽可能的使他们安适，给他们职业训练，养成他们自立求生的本能；等他们到了可以工作的年龄，就按照他们的能力辅助他们，使他们到了适当时期，就可以照顾自己的生活。"

在《谨为难童请命》一文里，宋美龄将救助难童与公民帮助

① 蒋宋美龄：《谨为难童请命》，《妇女生活》1938 年第 5 卷第 10 期，第 1—2 页。此后，1938 年 4 月 9 日出版的《益华报》（周刊）第 2 卷第 14 期也刊出了宋美龄的这篇文章。

国家渡过战争的难关联系在一起，她指出，救济难童的运动"实在有很大的意义，凡是应募捐款的人，应感到他拿出这一笔钱来，是确确实实直接帮助国家挽救人力的消耗和损失，间接帮助国家建设起一个坚强有为的新民族"。在武汉，她自己率先垂范，慷慨为难童捐资。据郭秀仪回忆："从 3 月 11 日起，在武汉掀起了颇有声势的为拯救难童的募捐和宣传活动，我主持了汉口的献金台，蒋夫人和保育会同仁带头捐献，蒋夫人认捐了两万六千多元和负担了二四五九名儿童当年的生活费……蒋夫人在对外国联络和宣传中，也给保育会募集来许多经费，其中美国援华会一次就捐赠给保育会四一八零多万元。"① 从 1938 年 3 月 10 日至 4 月 2 日，保育会共募集款项 94845.23 元，其中宋美龄在个人捐款数额上位居榜首。②

4 月 23 日，宋美龄从武昌致函"美国纽约某女士"，她写道："我们已着手救济难童，现在有无数儿童，他们的父母或死于敌人的枪炮，或死于敌机的炸弹，孤苦无依，流离失所。我们第一步先保育两万个难童，尽可能在国内筹募经费，以作这些儿童衣食教养之用。我们一方面把他们分别送到各教会的孤儿院去，一方面自建院所保育他们，一名儿童一年所需，约计美金二十元。直到现在，我们这里已有很热情的反响了。"③

宋美龄的劝募宣传赢得了国际社会的广泛同情。5 月 5 日，英国一位女士给保育会捐献 500 英镑，她亲自写信回复表示感谢，她说："您捐给我们 500 英镑救济难童的费用，敬已收到，我很愉快地附奉收据一纸。该款合华币 8421.05 元，受惠良多。"④

1938 年 5 月，日军对武汉的轰炸越来越频繁，保育会开始分

---

① 郭秀仪：《我与抗战时期的儿童保育会》，《今日中国》1995 年 8 月，第 51 页。

② 参见谷鸣：《宋美龄领导抢救抗战中的难童》，《炎黄春秋》2003 年第 6 期，第 36 页。

③ 宋美龄：《复美国纽约某女士》（1938 年 4 月 23 日自武昌发），载王亚权总编纂：《蒋夫人言论集》（上集），第 576 页。

④ 宋美龄：《复英国伦敦某君书》（1938 年 5 月 5 日自武昌发），载王亚权总编纂：《蒋夫人言论集》（上集），第 584 页。

批将聚集在武汉的难童向后方转移，主要目的地是重庆。① 由于战时条件有限，交通工具严重缺乏，难童的转运除了依靠火车、汽车、轮船等交通工具外，主要由保育会工作者带领集体步行转移。难童的转运主要沿着以下几条路线：一是由汉口至沙市至宜昌巫山至万县抵达重庆；二是由汉口至长沙至湘西至宜昌至万县抵达重庆；三是由汉口至均县至宜昌抵达重庆。少部分难童的转移路线更为曲折，即从汉口至长沙至广州过境香港至贵州再抵达重庆。②

此时，保育会常务理事安娥发表《孩子们到四川去了》一文，讲述了难童转移至重庆的故事。她写道："当人们每一次走过汉口一元路'战时儿童保育院'的院址时，远远就听到一片天真的歌声。窗口铁栅上布满了纯洁的小眼睛们，东张西望有趣地注视着每一件路上静止的或移动的事物。但最近两星期来，歌声忽然疏落了，窗口纯洁的小眼睛们也突然减少了。原来这些时候来，陆续已有五百儿童送到重庆第一保育院去了。""重庆，这人人希望中的逃难的安全地，在需要逃的人们听到这个名字，该是多么欢迎啊！""现在，日本帝国主义正在我们的领土内疯狂地轰炸，我们绝无抵抗力的幼年主人每天遭受着炮火的损害。为了保存中华民族的元气，为了培养第二代主人的智慧与健康，我们不仅要从敌人的炮火中救出我们天真纯洁的孩子，并且要送到最安全的地方去保养与教育，来答复敌人无耻的屠杀与毒害。"③

1938 年 6 月 1 日，宋美龄从武昌回复美国纽约某女士一封长信，详细介绍了"如何一步一步地从广大战区里收集难童。先把他们就近派在若干临时的收容所里，然后分遣到安全的后方去"

① 1938 年 4 月 16 日的《新蜀报》报道，战时儿童保育会四川分会受保育总会之命，在重庆筹建第一保育院的情况。参见四川省战时儿童保育会历史研究会编：《战时儿童保育会歌乐山保育院纪念·研究专集》，2012 年 9 月，第 33—34 页。

② 参见张宪文、姜良芹等编著：《宋美龄、严倬云与中华妇女》，第 118 页。此外，有关难童向重庆转移的细节参见四川省战时儿童保育会历史研究会编的《战时儿童保育会歌乐山保育院纪念·研究专集》一书。

③ 安娥：《孩子们到四川去了》，《抗战文艺》1938 年 6 月第 1 卷第 8 期，第 91 页。

"永久保育的地点"的艰苦工作。[①] 12 月 8 日，战时儿童保育会在宜昌设立难童接运站，将前方收容的大批难童集中于该站，并通过万县民生公司的轮船转运至重庆。[②]

1939 年 4 月 4 日，中央社刊发襄阳 1 日电，称中国战时儿童保育会理事长宋美龄，"为抢救鄂省难童，特令该会宜昌站加紧办理，运送后方保育"[③]。重庆是接纳难童的后方中心城市。将难童疏散到内地的工作，一直持续到抗日战争的后期。

94 岁的秦玉声，是歌乐山保育院的第一批保育生，他的回忆生动地再现了难童转移重庆的艰辛历程。从安徽符离集老家随哥哥逃难的他，日军轰炸武汉时成为流落街头的孤儿。"一天，我正瑟缩在街头，一位仁慈的阿姨走过来拉住我的手……我进了中国战时儿童保育院汉口临时保育院。""到了保育院，老师首先让我洗澡、换衣，然后发给我碗筷、牙刷，并安排我睡觉的地方。我记得最清楚是在保育院吃的第一餐饭，有馒头、米饭和猪肉烧豆腐，这对一个朝不保夕的流浪儿来说，是何等的幸运啊！第三天，我们由老师带领到维多利亚电影院去看电影。此时的保育会，收留了一批又一批无家可归的难童，把我们分批转移到内地去，我是第九批由汉口辗转送到四川重庆的。"

秦玉声回忆到达重庆之后："重庆临时保育院设在陕西街万寿宫。那里是一座古刹，斗拱琉璃瓦建筑，宫殿式房舍宽敞明亮。虽然房间不少，但因为难童太多，仍然满足不了需要。因此，在大门左侧相距十余公尺的红十字会的房子也住满了难童。其实红十字会的房子也是万寿宫的房子，不过是一个房主两个机构。万寿宫仍然是一个临时转运站，我们在这里没有正式上课，只安排简单的唱歌和讲故事，等待分发到各地的保育院去。这里的院长

---

① 宋美龄：《复美国纽约某女士书》，载王亚权总编纂：《蒋夫人言论集》（上集），第 635—643 页。

② 参见《战时儿童保育会致万县民生公司的函》（1938 年 12 月 8 日），重庆市档案馆藏 0328 全宗，1 目，第 32 卷。

③ 《抢运鄂省难童 蒋夫人令宜昌站办理》，《中央日报》1939 年 4 月 4 日，第 3 版。

是赵懋华女士，每天她都来安排工作，然后离去。据说她是中央的什么委员……后来我们由万寿宫迁到两路口通惠中学，在那里暂住。"①

保育生张庄宏，出生在广州市区，父亲从中山大学毕业后在中学教国文，后投笔从戎，广州沦陷前父亲穿戎装回家，这是他记忆中对父亲的最后印象。母亲带着他们兄弟三人逃难，听说香港有收容抗战军人子女的保育院，于是逃难去了香港。他回忆说："哥哥与我分别进入香港的第一、第三保育院。1941 年后，香港不安全了，香港保育院奉总会指示分批前往内地。我们小的是最后一批撤离香港，经过衡阳、桂林、贵阳，一路躲警报，最后到达桐梓保育院时已经是冬天。这时生活立刻变得艰苦，吃不饱，穿不暖……1945 年年初，日寇快打到独山时，我们由桐梓迁入四川璧山八塘。在八塘直四院的一年多，是我的人生观建立的关键时期。"②

二、《致美国的小朋友》

1938 年 10 月下旬，保育会撤离武汉迁至重庆，总会设于上清寺求精中学，距离城内的曾家岩官邸很近，中间隔了一条马路。救助和教养难童是宋美龄在重庆从事抗战建国事业的重要工作，保育会所在的办公地也是她日常工作的地点。

抗战期间，保育会在重庆和四川先后建立了 11 所直属保育院，保育院的选址，主要根据安全的原则，大多数保育院设在乡村，院址多利用旧庙宇、祠堂，略加修缮以应所需。迁至重庆办公的保育总会下辖有 10 个直属保育院，建置信息简述如下：

> 直一院（院址：四川合川，1939 年 10 月创建，首任院长罗叔章，前身是汉口第一临时保育院，1942 年解散，女童并入直三院，男童并入直五院）。

---

① 秦玉声：《火网尘烟忆当年》，《摇篮》2011 年 6 月总第 54 期，第 67—68 页。
② 张庄宏口述，2012 年 11 月 11 日笔者在重庆市保育生联谊会办公室采访。

直二院（院址：四川北碚，1939 年创建，首任院长汪学筬，1942 年 3 月并入直八院、直五院和直三院）。

直三院（院址：重庆江北，1938 年创建，首任院长赵君陶，1941 年改制为女童院，男童并入直四院和直五院）。

直四院（院址：四川璧山，1939 年创建，首任院长傅岩，1941 年改制为男童院）。

直五院（院址：四川璧山，1939 年 9 月创建，首任院长黄湘，前身是 1939 年 7 月迁往四川的湘二院，1941 年改制为男童院）。

直六院（院址：四川省松溉实验区，1939 年创立，首任院长陈润之，1942 年并入直七院、川二院和川八院）。

直七院（院址：四川南川，1939 年 7 月创建，首任院长夏一之）。

直八院（院址：四川省万县，1939 年 6 月创建，首任院长孔孟德，前身是 1938 年 4 月在汉口成立的博学临时保育院）。

直九院（院址：四川巴县，首任院长彭训，1940 年创建，该院男童于 1941 年 7 月并入直四院，女童并入直一院）。

直十院（院址：重庆江北，1940 年创立，首任院长岳恪霖，该院一直得到美国友人杜宾思克的捐助，主要接收年龄较大的男童实行职业教育，1945 年 5 月改名为思克职业学校）。①

1939 年 2 月 18 日，宋美龄从重庆写信给美国的小朋友，即《致美国的小朋友》。该信刊载于 4 月 1 日出版的《妇女生活》第 7 卷第 4 期上，全文字数约有 5200 字，主题涉及战区难童的抢救、

---

① 参见《战时儿童保育会第一保育院史实辑要》，《战时儿童保育会歌乐山保育院纪念·研究专辑》，四川省战时儿童保育会历史研究会、《摇篮》编辑部、重庆保育生联谊会 2012 年 9 月印刷，第 298 页。

转移后方、保育院的困境及其在后方大轰炸中的生存状况等
内容。①

蒋宋美龄的《致美国的小朋友》的信（民国报刊文献）

　　自幼在美留学的宋美龄，在信的开篇即写道："我不知道你们
能不能够想像，一万八千个儿童是什么一个样子。你们以为都住
在一块儿的吗？不，他们是一处一处分开的，每处有小的有大的，
人数的多少也没有一定，大约几百名。请闭上你们的眼睛，想像

<hr>

① 宋美龄这封《致美国的小朋友》后来分三次连续刊载于《中央日报》第 4 版
的《妇女新运》周刊，即：1939 年 4 月 2 日《妇女新运》（第 12 号）、1939 年 4 月 9 日
《妇女新运》（第 13 号）和 1939 年 4 月 16 日《妇女新运》（第 14 号）。需要说明的是，
在 1939 年 11 月、1940 年 3 月和 4 月，重庆中国新闻出版公司连续四次出版宋美龄亲笔
签名的英文信单册本。该书配上难童的图片及说明文字，也增加了向海外募捐的相关广
告信息。由于发行版次的时间不同，宋美龄在信函中落款的时间有差异，其中有关难童
的数量也由 18000 名改为 20000 名。

一下看。那末你们就可以看见许许多多男男女女的中国孩子。"①
她以其特有的行文方式，启发美国孩子们的"想象力"，希望他们
能读懂她讲述战争环境下中国难童的故事。

玩耍游戏是儿童快乐天性最典型的表现。以此为主题，无疑
是沟通两国儿童的重要纽带。《致美国的小朋友》叙述的故事，首
先从这群与美国的小朋友年龄相仿、天真烂漫的中国小朋友们的
各种玩耍姿态来展开描述。宋美龄连续以问句的方式，引导美国
的小朋友想象发生在遥远中国的事情。她指出，在这"一万八千
个儿童"当中，有"小的不会走路呢"，这些小孩子是"站在像桶
子那样的小木器里"。这种"孩子桶"又称作"立桶"；还有一些
则是"摇摇摆摆学着走路的小朋友，他们满屋子乱跑乱窜，正像
你们刚会走路那个时期一样"。有趣的是，这些孩子的"头顶上那
三根矗起"的东西叫着"小辫子"。本来，"辫子照例是向下拖垂
着的，可是它们却笔直地矗立着"。

"那些大一点的孩子"，显然他们游戏的玩法是多种多样的。
其中有的"在玩着铁环，在跳绳，在踢球"，还有的"在玩着小石
子"，也"有玩弹弓的"，以及玩"踏高跷的"。关于"踏高跷"，
宋美龄又引出一段中国古老的传统习俗的说法来。联想到美国的
小朋友们或许有不明白之处，她说，如此，你们还可以去"问问
你的爸爸和妈妈看"。事实上，在宋美龄看来，中国小朋友所玩耍
的游戏，与美国孩子"会玩各种各样的游戏"是一样的有趣，她
甚至以反问的方式"你们试过没有？"来激发美国小朋友的好
奇心。

女孩子"踢毽子"很有意思。宋美龄栩栩如生地描绘了这种
古老游戏的玩法，她说，这与你美国孩子们的玩法是不一样的。
她写道："你们的羽子是用拍子拍的，中国的毽子是用脚踢的，我
可以告诉你，他们踢得非常巧妙。大家站了一个圈子，踢得一忽

① 蒋宋美龄：《致美国的小朋友》（1939 年 2 月 18 日自重庆发），《妇女生活》
1939 年第 7 卷第 4 期，第 1 页。

儿高一忽儿低，一忽儿左一忽儿右，使别人不容易接到。全中国的孩子都玩这个游戏，这可以训练他们的眼睛、腿和肺部。"不仅如此，中国小朋友玩耍的某些游戏，诸如"拉陀螺"，也是美国的小朋友无法想象的，因为"这些孩子玩着许多你们所没有的玩意儿"。

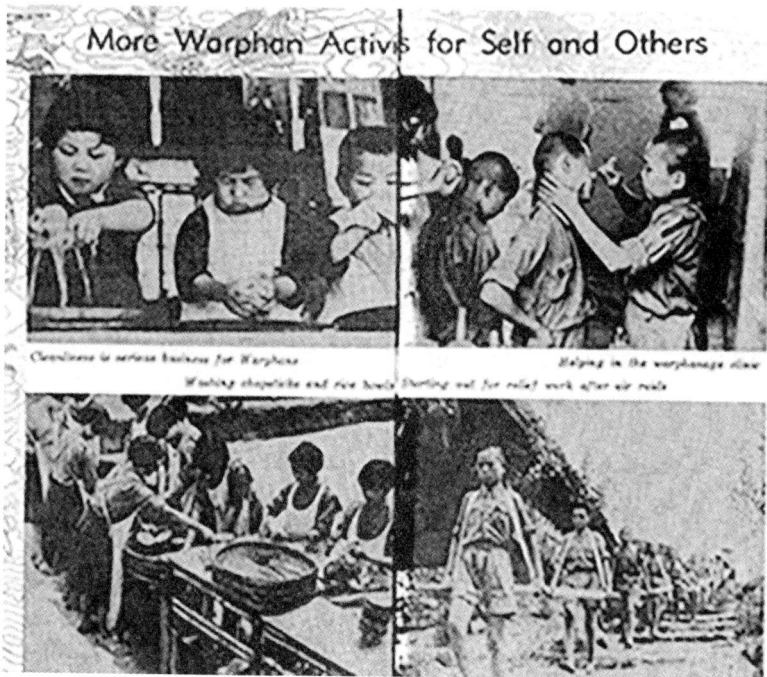

战争孤儿的日常生活（卫斯理学院档案馆藏）

可是，这些原本可以无忧无虑地过着幸福童年的孩子，因为战争的灾难，现在却成了最可怜的战争孤儿。对美国的孩子来说，入睡前通常是一天最温馨的时光。因为，每当夜晚入睡前，往往会有父母亲的故事陪伴；而这群中国的战争孤儿，对黑夜则充满了恐惧。宋美龄写道："夜，在孩子们是一天中最坏的时间。因为白天他们又要读书，又要游戏，小心眼儿忙得把以前经历的可怕景象完全忘记了。夜的阴影又勾起了他们的记忆来，又重复回到了那样恐怖境界里，想起了他们的爸爸，他们的妈妈，和永远不能再见的家庭，于是就呜咽哭泣。这一万八千名西迁的小朋友，他们都是这样怪可怜的。"①

写到这里，宋美龄又开始发问了，她说："我听见你们在问，这些孩子从什么地方来的呢？为什么白天玩得那样高兴，晚上却在寝室里这样的悲哀？他们的家呢？他们的爸爸和妈妈呢？"原来，"很多孩子是从被日本军队用大炮轰毁了的城市或乡镇上来的。这些日本兵把房子一幢一幢地放火烧掉。还做了许多我所不能形容的恐怖事情，而这些小朋友却亲眼看见的呢。我祈祷着——你们也应当这样祈祷着——你们，你们的妈妈和爸爸，永远不要碰到这样的情景。这些孩子，他们脑子里深深地刻进了这种可怕的残酷印象，所以在夜的黑暗中，就惊恐而哭泣了"。

这是一群饱受日军侵略战火之苦的战争孤儿，宋美龄写道："日本军队在我国广大的区域里，残害我们无辜的同胞，焚烧我们民众的家室，于是造成了无数难童。这里只是得救的一小部分罢了。他们都是远远地从我国东部救出来的。"宋美龄说："你们无论怎样都想像不出这种燃烧是何等厉害，也从不会听见过这种爆炸声响，见过这种毁灭景象，连在电影里也都没有见过。"当日军轰炸机的"飞机的声音过去之后，这些可怜的孩子就爬出来，吓得牙齿震颤，身体发抖，看看周围已经完全换了样子，处处是烟和火，塌掉了的墙壁，粉碎了的瓦片——我希望你们永远不会看到这种景象。他们的心，恐怖与苦痛得蹦蹦乱跳，简直惊惶得要发疯了。他们这种惊恐失措的样子，我已看到许多次数了。没有了家，没有了妈妈，没有爸爸，只看见燃烧的火焰，奔来奔去的人，大家在叫喊，在挣扎，在救火，尽可能的在作一切善后工作。"这种战争的恐惧，与她在信的开头描述的儿童欢快游戏的场景形成了极大反差。

从日军的炮火下抢救儿童是第一步。尽管不少孤儿死在了日机的轰炸下，宋美龄告知美国的小朋友，幸运的孩子们都被抢救出来并向后方的内地转移。她细致地描述了如何转移难童的过程。

① 蒋宋美龄：《致美国的小朋友》（1939 年 2 月 18 日自重庆发），《妇女生活》1939 年第 7 卷第 4 期，第 2 页。

她写道："凡是火车可通的地方，我们往往先把他们送到汉口。让我把有一次看见的情形告诉你们一个大概。那列火车里面装满着从远地运来的孩子。他们都是脏得可怕，而且又饿又渴。因为敌机的空袭这车子等了二十个钟头不能靠站，因此水和食物的供应都断绝了。后来火车到了汉口，这一群不幸的孩子像潮水似地涌了出来，看见站台上积水的小潭就奔上前去，用手掌捧水吃，或像疯狂的野兽似的用舌头去舔着吸饮，有些落在后面，像水槽旁边的小牛似的，渴得实在不耐烦了，拼命把小身子往前攒去。我们这些去迎接他们的人，看了这种景象真有些诧异得出乎意外。但接着我们就把这些孩子送到临时收容所去，给他们东西吃，给他们洗澡换衣，检验身体，并且一一登记。是的，我们把每个孩子都加以登记，而且力求详细，有的却实在调查不出什么过去情形来。这差不多是每个临时收容所相同的工作。几天之后，一切准备就绪，他们也休息足够，再送他们到内地去，在那里他们可以受到教育和赡养。"①

转移难童是一件十分艰巨的任务。宋美龄向美国的小朋友讲述了从陆路转移难童的故事。她写道："如今这些难童都从陆地而来，那真是一个累人的旅程，可是他们一路有人照顾。起初，你们一定想像得出，我们很不易使许许多多

保育院的孩子（卫斯理学院档案馆藏）

的小孩了解一切事情，而且他们都互不相识。因为各省方言的不同，有的还没办法和大家谈天，谁都不会说英国话。但有些年纪大一点的很快地知道了我们所要做的一切，年纪小的也向大家学

---

① 蒋宋美龄：《致美国的小朋友》（1939 年 2 月 18 日自重庆发），《妇女生活》1939 年第 7 卷第 4 期，第 3 页。

着。他们对他们新的家也喜欢起来。因此有一次在汉口，四个从火车运来的孩子突然不见了。我们满城去找寻，连一点踪迹都没有。警察也帮我们找寻，大家都出力帮忙，结果还是毫无结果，他们莫非跳了江吗？我们只好这样猜想。后来，有一天，他们出乎意料地都回来了，并且带了十七个孩子来，都是肮脏得利害，拖泥带水，憔悴得怪可怜的。是什么原因促使这四个流浪儿逃跑后又归来呢？原来保育院太好了，因为这里'有吃有穿'，于是他们'想到别处还有许多无家可归的饥饿孩子'，跑出去是为了要带他们的朋友来分享这里的幸福生活。"

当孩子们转移到内地时，远离战火的他们，似乎是安全了。①可是，在后方的保育院，孩子们的日子很艰辛。在信里，宋美龄通过几则孤儿"饥饿"的故事，委婉地表达了中国的战争难童十分需要美国的帮助。她写道："这些从辽远战区救来的孩子，初到时都饿得像发了疯。他们吃了还要吃。有一批孩子，他们的食量足足够得上两个大人吃的。他们还溜到厨房去要东西吃，当厨夫笑他们的时候，他们就随手抓起东西来打那厨子。这种风潮，差不多时时会发生，那可怜的厨子成了众矢之的，真弄得有些没法应付。""其中有一位却更加乖巧了。开饭时，他拿着饭碗站在行列里，让人家给他装满。他立刻狼吞虎咽把东西吃完，然后擦干净饭碗，偷偷溜到后面的行列去，于是又得了满满的一碗，到第三次却给人拆穿了。他说他没有办法，似乎他的饭碗容留不住东西，而肚子里也永远有难于填满的空隙。我很了解这孩子。我也有这样的经验，我想你们也有的。我从前在美国读书的时候，饱餐一顿之后，还要拿几个钱去买闲食。你们若是没有这种经验的话，除非现在的情形改变了。"笔者采访过的秦玉声老人的回忆生动地印证了宋美龄讲给美国小朋友的故事。

----

① 宋美龄的这封信完成于日军开始频繁恐怖轰炸重庆之前。此间，普遍认为距离和雾季的气候都是重庆安全的要素。就在本封信完成之后不到三个月，重庆就遭遇了空前恐怖的"五三""五四"大轰炸。刚刚抵达重庆不久的难童们不得不在日军轰炸下艰难生存。

保育院孩子们的午餐时间（卫斯理学院档案馆藏）

在信里，宋美龄指出："不幸战区里正有无数的难童源源而来。一天一天地，他们像潮水似的经过了万山重叠的道路流到这里。幸而中国、美国、英国以及其他国家的慈善家踊跃捐钱来教养他们。若不是这样呢，其中大半早已倒毙道旁，或是成了田野的饿殍了。因为得了救，于是有各种的玩具，共同的游戏，有趣的课程，给他们生命中带进了欢愉的情绪。将来，其中一定有些会到美国大学来读书的。"宋美龄在用一种委婉的方式传递战时保育院的困境。

毫无疑问，《致美国的小朋友》的核心主题是为战时难童筹募海外资金。在重庆，宋美龄始终不懈努力地宣传中国政府的难童救济事业。她通过致信同窗好友艾玛，在美国为中国的战争孤儿募捐成效显著。①《致美国的小朋友》是她在重庆初期向海外宣传救济难童事业的重要文本。

纵观全文，宋美龄呼吁救助的方式是间接而委婉的，仅有三次使用了直接呼吁"救助"中国难童的话语。分别出现在文字的首尾之处，在信的开头，她写道："亲爱的美国小朋友们：你们都

---

① 参见美国卫斯理学院藏宋美龄与艾玛个人档案：MSS. 1 Papers of May-ling Soong Chiang, 1916-2004, MSS. 2 Papers of Emma DeLong Mills, 1888-2007.

宋美龄向国际社会呼吁救助中国难童（卫斯理学院档案馆藏）

在想帮助中国的难童吧，这里让我来告诉你们一个真实的故事。"
在信的末尾，她又写道："但是当你听到日本扬言着轰炸或占领更
多中国城市的时候，你就可以推想到又有无数的儿童乘龙登天，
或失去了父母而孤苦无依，他们只有靠着全世界慈善家的仁爱与
援助，方可免于冻饿。"在这里，宋美龄再次运用她富有智慧的语
言，向全世界呼吁："中国的难童等待你们的救助。"全文最后一
句话，她以答谢的方式写道："我谨代表难童，为了你们一切的帮
助而祝愿你们。"

与 1935 年的《致遗族女学校同学书》一样，《致美国的小朋

友》是宋美龄又一次用写给孩子们的长信的方式讲述国家的大事。所不同的是，这次的阅读对象是美国的小朋友。这封信体现出宋美龄高超的讲故事技巧和文学素养；与此同时，有着自幼年即在美留学与生活的经历，宋美龄讲的故事很符合美国小朋友的阅读习惯。

在重庆期间，宋美龄投入了极大的精力关注战争孤儿的保育问题。1939 年 9 月 6 日，宋美龄为救济战时两万孤儿，拟举办慈善舞会，呼吁各界支持，将收入所得，充作难童生活维持费。① 战时，重庆的媒体更是将宋美龄的救济难童举措作为报道的重点，如《时事新报》刊载"蒋夫人关怀渝市流浪儿童"②；《商务日报》报道"蒋夫人昨亲临新运儿童健康比赛"的消息③；《国民公报》也发表"呼吁捐助战时难童，效果明显"。1939 年 11 月，暹罗华侨张凤桂向宋美龄献旗，并以巨款献儿童保育会。④ 1940 年 7 月 29 日，陈嘉庚率华侨慰劳团访问重庆期间，应邀赴黄山官邸晋见蒋委员长，陈嘉庚回忆宋美龄对他的再三叮嘱，他写道："蒋夫人再三致意，望华侨多捐助难童费。"⑤

与此同时，宋美龄通过致信同窗好友艾玛·米尔斯，为中国的战争孤儿争取募捐资助而努力。在美国，艾玛被宋美龄的热情调动起来了，每周她会有 12 个小时以上做这项工作，她还被推选为战时中国筹款组织里的妇女委员会执行副主席。⑥

1940 年 11 月 20 日，宋美龄在对美广播中，讲道："我将利用今天这短短的时间，先说一说我们难童的状况，与中国妇女对于难童的关心和贡献。我们战时儿童保育院目前的经验和成就，在儿童教育史中可说是没有先例，因为生活程度的高涨，这个快乐

① 参见《宋美龄为孤儿呼吁》，《申报》1939 年 9 月 7 日，第 2 版。
② 《蒋夫人关怀渝市流浪儿童》，《时事新报》1939 年 2 月 25 日，第 3 版。
③ 《蒋委员长夫妇倡导献金后献金竞赛愈趋热烈 昨突破两万》，《商务日报》1939 年 3 月 1 日，第 3 版。
④ 《向蒋夫人献旗》，《国民公报》1939 年 11 月 8 日，第 3 版。
⑤ 陈嘉庚：《南侨回忆录》，第 219 页。
⑥ 参见 Thomas A. DeLong, *Madame Chiang Kai-shek and Miss Emma Mills: China's First Lady and Her American Friends*, Mcfarland & Company, Inc., Publishers, 2007.

的小集团，在政府的救济以外，如今更迫切地需要外界的援助。"①

1941 年 3 月，宋美龄刚从香港治疗完回重庆，身体尚未恢复即投入到战时儿童保育会的工作中。3 月 11 日，《新华日报》报道了宋美龄召集在重庆遗族学生聚餐活动。3 月 28 日，她特别致信美国纽约金规基金会 Vickrey 先生，感谢他为中国的战争孤儿募捐 7000 美元的善款。② 4 月 4 日，宋美龄于儿童节拨款 150 万元，由中国妇女慰劳自卫抗战将士总会补助战时儿童保育会，作为儿童教养费，以增加培植幼苗。③

4 月 28 日上午，宋美龄应英国广播公司（BBC）之请，对英播讲。演讲中，宋美龄呼吁救援孤儿，她说："我们从战区救出的二万五千名难童，也正施以教养，希望他们在慈祥的保育之下，渐渐忘记过去的惨痛经验，恢复他们在儿童时代应有的快乐和天真。如果我们有充足的工具与设备，也许所救护的难童还不止此数。"④

同年 11 月 10 日，宋美龄又对美演播《答谢美国友谊》，"我此次并且视察了若干难童保育院，当我问他们提到我们的友邦美国的时候，那些孩子们的眼睛就突然明亮了起来，耸耳凝神，倾听我的讲话。那种愉快乐观的神情，真令人觉得无限感动。他们都知道美国的小朋友们省下的一分一角的冰淇淋或糖果之费，为

---

① 宋美龄：《感谢美国妇女踊跃援华》（1940 年 11 月 20 日对美播讲），载王亚权总编纂：《蒋夫人言论集》（下集），第 991—992 页。在宋美龄给艾玛和美国朋友的信中，她多次提及为战争孤儿筹措经费的事，如：Letter，May‐ling Soong Chiang to Miss Emma DeLong Mills，November 1，1940，Correspondence from May‐ling Soong Chiang Jan. 1939‐Jan. 1945，Papers of Emma DeLong Mills，MSS. 2，Box 9，Wellesley College Archives；Letter，May‐ling Soong Chiang to Mr. C. V. Vickrey，March 28，1941，Correspondence 1940‐1948，Papers of May‐ling Soong Chiang MSS. 1，Box2，Wellesley College Archives.
② 参见 Letter，May‐ling Soong Chiang to Mr. C. V. Vickrey，March 28，1941，Correspondence 1940‐1948，Papers of May‐ling Soong Chiang MSS. 1，Box2，Wellesley College Archives.
③ 参见《纪念儿童节蒋夫人拨款补助保育院》，《中央日报》1941 年 4 月 4 日，第 3 版。当天《新华日报》也报道了"宋美龄拨款补助保育会"。
④ 《蒋夫人对英播讲》，《中央日报》1941 年 4 月 29 日，第 2 版。

了要把营养的食品捐给中国的难童"①。拉铁摩尔在回忆录里也有提到："蒋夫人最热衷的慈善事业是为战时孤儿筹集基金。拉铁摩尔因为将300美元捐献于此基金会，蒋夫人对他第三次捐助表示感激，并且邀请他共进午餐。"②

三、歌乐山模范保育院

(一) 院长是妈妈

重庆歌乐山保育院就是贯彻宋美龄战时儿童保育理念的典范。从2012年11月至今，笔者多次访谈当年曾在重庆地区和歌乐山儿童保育院的保育生，他们的故事，让历史文献中的"蒋妈妈"——宋美龄在重庆抚慰战争孤儿的情景清晰而鲜活起来。③

1938年7月16日，中国战时儿童保育会四川分会歌乐山第一保育院成立。保育院的院长被难童称为"妈妈"。这是一群宋美龄精心选择、训练出来的出色的战时儿童保育工作者。按照保育会组织简章规定，保育院院长需大学毕业或有同等学力，年龄大于25岁，并且热心社会事业，有两年以上教育行政经验。当时国内有一批满足此条件的中国妇女精英正在积极地从事抗战救国工作，宋美龄利用自己的影响力对她们进行了邀请。

1939年10月20日，宋美龄出席战时儿童保育会院长会议并致辞，她指出："这一次集合我们全国儿童保育院院长来此开会，各位都不远千里而来……在开会期间，我们不但要交换工作的经

① 宋美龄：《答谢美国友谊》(1941年11月10日对美播讲)，载王亚权总编纂：《蒋夫人言论集》(下集)，第1008页。

② Robert. P. Newman, *Owen Lattimore and the Loss of China*, Berkeley：University of California Press，1992，p. 77.

③ 2012年11月11日，笔者在重庆保育生联谊会与当年曾在歌乐山保育院生活过的多位保育生座谈。其中，93岁的秦玉声、83岁的李家琼、78岁的童晓东老人的故事十分生动。2013年3月13日，笔者应邀参加"中国保育会成立70周年联谊会活动"，认识了更多当年曾在重庆的保育生。此后，重庆大学退休实验室技术员童晓东老师多次到笔者办公室来，讲述他曾经所在的歌乐山向家湾保育院的故事；童老师还热情地提供健在的重庆同学信息，他将自己赴台湾参加保育生联谊会时台湾"妇联会"主席辜严倬云女士赠送的《宋美龄画册》，以及他收藏的《摇篮》与《保育生通讯》等资料赠与笔者，在此一并深表谢意。

验，讨论改进办法，而且我认为如此聚首一堂，在我们本身也不啻是一种实际的训练。"她说："我们在国家遭受如此侵略蹂躏中间来保护国家未来生命的儿童，培养民族新生的幼苗，这个使命是最神圣的。从战争火焰中，必须锻炼出特别精粹的国民，而后国家始有丰富的前途，战时教育的着眼点在此，儿童保养院的工作重心，尤其应该注重于此。"

宋美龄对保育院的院长们提出三点意见：第一，我们必须注意儿童的健康和生活习惯。病重的看护，疾疫的预防，蚊蝇的驱除和隔离，餐堂和居室的整齐清洁，都要必须用科学的头脑，想尽方法，使做到尽善尽美。第二，我们要培养儿童的人格、启发儿童的义务观念，我们必须要使受保育的儿童能自爱自立，具备高尚的人格，富有牺牲的精神，摒绝他们的倨傲心和依赖性。要教导这些儿童们能劳动、能制造、能贡献、能为保卫国家民族和拯救同胞困苦而牺牲，这才是我们教育和训练的要旨。第三，我们要使儿童们知道国家困苦和物力艰难，要使他们特别刻苦和俭约。[1] 这些教养理念都被历任院长们贯彻进了歌乐山保育院的教学之中。

重庆歌乐山保育院分为两个时期，共计有 8 位专兼职院长"妈妈"。各任院长简况如下：[2]

1. 第一保育院川一院时期（1938 年 7 月 16 日—1938 年 9 月）

赵懋华院长（任职时间 1938 年 7 月 16 日—1938 年 9 月），北京大学首批女生，留学德国柏林大学，获哲学博士。1935 年 1 月担任国民政府立法委员。1938 年 4 月担任保育院四川分会主任，受命为汉口第一保育院迁移重庆筹款选址勘察设计建院。并于1938 年出任第一保育院院长。1938 年因病辞去院长职务。

① 参见宋美龄：《对儿童保育会院长会议致词》（1939 年 10 月 20 日讲），载王亚权总编纂：《蒋夫人言论集》（下集），第 723 页。
② 参见四川省战时儿童保育会历史研究会编：《战时儿童保育会歌乐山保育院纪念·研究专辑》，第 288—292 页。

曹孟君（任职时间 1938 年 9 月—1939 年 7 月），北京大学求学期间加入中国共产党，全国救国会常委，南京救国会负责人。战时儿童保育会常务理事。她在歌乐山保育院任职期间，主持推行陶行知倡导的抗战教育、实验保教法，为办院及难童教育做出了显著成绩，被理事长宋美龄誉为"堪称模范保育院"，是抗战胜利勋章获得者。

刘尊一（任职时间 1939 年 7 月—1940 年 10 月），毕业于北京大学、上海大学，早期共产党人，担任北大救国会宣传部部长。1932 年—1935 年留学于伦敦牛津大学。抗战爆发后在多个大学任教，广东保育分会负责人，是抗战胜利勋章获得者。

代理院长姜榆之（任职时间 1940 年 11 月—1941 年 3 月），情况不详。

张希文（任职时间 1941 年 3 月—1942 年 1 月），毕业于北京辅仁大学，留学日本。任职期间，经济困难，房舍破陋更甚，终至 1942 年 1 月部分房舍开始坍塌，乃建制撤销，宋霭龄筹资重建，改隶总会。张调任沙坪坝新运工艺社院长。

2. 第一保育院直一院时期（1942 年 1 月—1946 年 6 月）

兼任院长周之廉（任职时间 1942 年 1 月—1943 年 12 月），天津北洋第一女子师范学校学生总代表。与周恩来、郭隆真、邓颖超等共同组织觉悟社。毕业于北京师范大学，庚款留学生。1933 年考取哥伦比亚大学教育系，获教育学硕士学位。1938 年应周恩来、邓颖超邀请回国担任战时儿童保育会理事、常务理事会保育科主任、保育会教育顾问、北泉慈幼院院长。1942 年 1 月兼任歌乐山直一院院长，是抗战胜利勋章获得者。

赵小梅（任职时间 1942 年 1 月—1944 年 3 月），毕业于北平国民大学教育系。1942 年 1 月由筹款人指定担任直一院院长，因保育会总会常务理事会决定由周之廉兼任直一院院长，故赵到职时间延迟到 1944 年 3 月新宅落成之时。赵任职期间，推行"家庭化姊妹制度"，即李家琼回忆的同学即"姊妹"时期。

徐篆（任职时间 1944 年 11 月—1946 年 9 月），毕业于济南女子师范。1938 年 3 月先后在汉口链式保育院、重庆临时保育院、川七院、川一院、直三院、歌乐山直一院工作，与中共党员接触密切，是抗战胜利勋章获得者。

需要指出的是，在第二次国共合作的体制下，歌乐山保育院的院长们，有中共的地下党员，也有受中共影响的党外人士，她们对于该保育院的模范业绩以及保育生未来的发展道路也产生了相当大的影响力。①

（二）保育院是学校

抗战初期，难童的抢救、转移与收养是第一要务，保育会首先做到了"收容难童并保持其健康"。当大量难童转移至重庆及后方较为安定的地点后，如何做好儿童的育养工作提上议事日程。根据《战时儿童保育会保育院简章》，规定"本院以教养因抗战被灾儿童为宗旨"，教养的对象主要包括阵亡将士与抗战将士的子女、救亡工作人员的子女以及战区的灾童，年龄"暂以十五岁以下为原则"。各保育院根据收容儿童的年龄设婴儿、幼儿、小学三部，按照不同的年龄实行不同的教育。② 战时儿童保育会还制订了养育目标——《儿童教育实施办法大纲》，规定保育院是把学校和家庭结合为一体的教育组织，肩负着家庭和学校的双重责任。③

钱用和说："难童教育，与一般普通教育不同，既是程度参

---

① 离开歌乐山保育院后，1939 年六七月间，秦玉声考入陶行知办的育才学校，后来加入了中国共产党。据他回忆，曹孟君任院长期间，是歌乐山保育院最辉煌的时期，也是老师中地下党人数较多的时期。教导主任、班主任都是地下党人。言谈中，他表现出对于第七任院长赵小梅的不喜欢之情，事实上这也是歌乐山保育院历史研究文集回忆文章中所表现出的一种集体的情绪。不过，有意思的是，保育生们对于蒋宋美龄的感情却十分特殊。甚至，在老人们的心里，蒋夫人与国民党政府似乎是两个概念，她是孩子们永远的"蒋妈妈"。秦玉声坦言，该书以及部分保育院历史中对于宋美龄的评价不够客观，他向笔者历数了蒋夫人在抗战时期对于儿童保育院的贡献（秦玉声口述，2013 年 3 月 10 日，笔者在战时中国保育会成立 75 周年重庆联谊会活动期间采访记录，重庆市上清寺）。

② 参见《战时儿童保育会保育院简章》，载《纪念中国战时儿童保育会文选》，第 320 页。

③ 参见《儿童保育会儿童教育实施办法大纲草案》，中国第二历史档案馆藏档案，全宗卷 11，案卷号：3492。

差，又是生活散漫，打架，骂人，抢物，偷窃，随地吐痰及大小便，如野马山猿，不受拘束，训导困难。"而"抢救来的难童，有已受过相当教育，有竟年长失学，有为家庭爱子，有为街巷小乞，良莠同堂"，加上"还有病患儿童，大成问题，在偏僻乡间，所设的难童教养院，或保育院，物质有限，医药缺乏，设备简陋，又无护士。我曾经见到数百囚首垢面的儿童，或蹲阶晒日，展开褴褛的胸襟，扪虱谈天，更有普通的病症"①。

从卫斯理学院所藏宋美龄的重庆信函看，歌乐山保育院的保育生大概是精心挑选出来的。1941 年 3 月 28 日，宋美龄致函纽约金规基金会 Vickrey 先生，她写道："刚刚庆祝过保育会的第三周年，我们根据孩子的年龄、受训练的程度、能力和天资进行分类挑选。我们已经在开始这样做这项计划。在我们的 49 家保育院中，有 20 家坐落在四川。我们希望到秋天在四川所有的孩子将全部被分别安置在最适合于他们需求的家。"宋美龄的这一说法，表明四川各地保育院的保育生是在有计划地归口各院进行教养；而歌乐山保育院的孤儿们或许是作为"模范窗口"设计的一种最理想的"生源"。宋美龄在信里还说："在战时儿童保育会第三周年纪念大会上，理事会成员全体一致认为我们应该考虑到孩子的个体差异，并尊重个性，而不是把他们看做是被收容的机构。"②

秦玉声是最早进入歌乐山保育院的一批保育生之一。1938 年 8 月中旬，他由通惠中学迁到歌乐山。他回忆道："这里环境幽静，松树成荫，虽是盛夏酷暑，也凉爽宜人。""保育院设在山麓下，有房屋几十栋，平房一百五十余间，这些房屋宽敞舒适。房屋原是盐务总局建造，用来躲避敌机轰炸和办公居住用的。由于蒋夫人要在这里设立保育院，盐务总局将房屋设备全部赠送。"在保育院，"师生都在一个食堂吃饭，菜饭丰盛。我们的衣服、鞋袜、被

---

① 钱用和：《钱用和回忆录》，第 40 页。

② Letter, May-ling Soong Chiang to Mr. C. V. Vickrey, March 28, 1941, Correspondence 1940 - 1948, Papers of May-ling Soong Chiang MSS. 1. Box2, Wellesley College Archives.

褥全是新的，牙刷、牙膏细小用品也不缺，宿舍则是一排排整齐明亮的房子。每排房子的两端部分住有班级老师和保育员。另外有一个大操场，全院师生每天早晚都在这里举行升降旗仪式，做早操、开朝会、检查个人卫生"。他说："医疗保健也很完善，卫生署派来了一位医生、一位护士长、三位护士、一位药剂师和一位医务工友。设有门诊室、药房、病房、隔离室，可以说是一个小医院。"①

1939年年初，保育生陆慧英进入歌乐山保育院，在那里生活了一年多。她印象中的"宿舍是红漆地板，脱鞋进屋……门外走廊有一排盥洗架，整齐的放着漱洗用具"。"在保育院的外面，有一个大池塘，我们可以去洗澡、游泳、洗衣服，我就在那大池塘里学会了狗爬式游泳。"② 同年秋天，保育生魏福茂随二百四十余名保育生抵达歌乐山。他对于保育院内的小工厂、小农场（饲养猪、鸡、鸭、羊、兔）、车衣教学坊、大小操场、简易洗澡房等记忆深刻。③ 保育生穆淑兰描绘的歌乐山保育院图景完整而细致，她写道，保育院的大门"正对古镇高店子，进门是一条长长的由西向东直通大操场的石板路，它把保育院分隔为西区和东区。西区由下而上有小花园、凉亭、医院、老师宿舍、6排教室、办公室、实验室、图书馆，东区是草顶长方形无壁礼堂可作为500个儿童的简易餐厅、厕所、幼儿园；8排学生宿舍——每间有4张双人床、住8人，第一间是班主任宿舍，第8间是保育院的宿舍，白色泥墙红地板。宿舍前有一排木制的洗脸架，每排宿舍后面都有一个小操场，可以滚铁环、打秋千、踢毽子。最后一排宿舍后面是全体

① 秦玉声：《火网尘烟忆当年》，《摇篮》2011年6月总第54期，第68页。另外，笔者曾于2012年11月11日、2013年3月10日、2014年1月12日三次采访秦玉声老人，他叙述的故事与上述回忆文章线索基本一致。不过，针对笔者的问题，每次采访中老人的口述更生动和细致。

② 陆慧英：《歌乐山保育院——抗日战争中流浪儿的新家》，载四川省战时儿童保育会历史研究会编：《战时儿童保育会歌乐山保育院纪念·研究专辑》，第128页。

③ 参见魏福茂：《忆在川一院发生过的事》，载四川省战时儿童保育会历史研究会编：《战时儿童保育会歌乐山保育院纪念·研究专辑》，第94页。

儿童每晨升国旗的大操场，还有小牧场和制作肥皂的小工厂"①。

对于这群战争孤儿来说，歌乐山保育院的环境无疑是"天堂"。1938年9月从安徽六安辗转来到歌乐山的曹理之说："这里，是我们金色童年的开始，我们享受着正规的小学教育。""每天我们书声琅琅，欢声笑语，生活在欢乐中。"②

保育院一天的生活从战时儿童保育院院歌开始。每天，从歌乐山保育院里传出了孩子们的歌声："我们离开了爸爸，我们离开了妈妈……我们的大敌人，就是日本帝国主义……我们要打倒它……才可以看见爸爸妈妈……打倒它，才可以建立新中华!"③ 通常，院歌都是由天生嗓子好的保育生领唱，每到此刻，"同学们都止不住落泪"。

保育院的作息制度十分有规律。进入保育院的儿童从几岁到十几岁不等，大多数处于小学阶段。按规定，保育会各直属保育院基本实行统一的作息时间，儿童们早上6时起床，洗漱并打扫卫生；7时至7时30分举行升旗早操；7时30分至8时是早餐时间；8时至12时儿童们分年级接受小学课程教育；12时至下午2时是中餐和午休时间；下午2时至4时是一般小学活动；下午4时至6时儿童们必须参加保育院举办的各种活动；之后是晚餐时间。晚间，高年级儿童须自习1小时。周六下午和周日，由保育院组织各种团体活动，或参加当地社团活动，或由各院自行组织同乐会、旅行团及演讲、读书、音乐、戏剧等各类研究会。有少数保育院利用荒地开辟农场，由儿童种植，补贴日常伙食。④

歌乐山保育院战时教育特色突出。由于难童大都有着家破人亡、四处流浪的惨痛经历，保育院因势利导，"增设战事常识课，根据报

① 穆淑兰：《我记忆中的歌乐山保育院》，载四川省战时儿童保育会历史研究会编：《战时儿童保育会歌乐山保育院纪念·研究专辑》，第125页。
② 曹理之：《金色的童年 黑色的梦》，载四川省战时儿童保育会历史研究会编：《战时儿童保育会歌乐山保育院纪念·研究专辑》，第110页。
③ 魏福茂：《情系歌乐山》，载四川省战时儿童保育会历史研究会编：《战时儿童保育会歌乐山保育院纪念·研究专辑》，第102页。
④ 参见《儿童保育》，南京行政院新闻局1947年7月印行，第7—8页。

纸讲解抗战形势、抗敌故事与英雄人物小传等，以加强爱国主义思想和发扬民族精神的教育，把他们培养成追求真理的小学生、反抗侵略的小战士"①。爱国主义的教育是引发保育生产生强烈共鸣，且记忆深刻的内容。学习的课本，大都是老师自己编，由保育会工作者编写的《抗战建国读本》成为各院广泛使用的教材②。"在学习安排上，大班共分四个团，按'抗战必胜，建国必成'的口号命名，即'抗战团'是六年级；'必胜团'是五年级，'建国团'是四年级；'必成团'是三年级。小班则是一二年级，课程置有国语、算术、音乐、美术、自然、党义、手工、武术、戏剧等，并配有专职教师。然而，最受同学欢迎的是周键老师所主讲的国语课，她从来不用课本，她的教材采用《新华日报》的社论，或者某些专论文章，课堂里座无虚席，其他班的学生也趴在窗口上旁听。""课外活动多为排戏、做手工、开辩论会、学武术、办墙报等。周键老师协助我们办起了抗战专题《小战士》墙报，每周末出一期，大受欢迎。记得我写了一篇《梦打希特勒》曾被一位香港女记者采用。她说'请国际友人看，中国儿童是怎样反法西斯的'。"③

　　歌乐山保育院的新式教育体制，既培养了一群不同特色的保育生，也养成了孩子们的自豪感。首先是学习成绩好的才能留在保育院。热爱学习的李家琼自认为属于"成绩好"的学生。在几次访谈中，她都自豪地说："我从小就喜欢读书，我一直成绩好，我喜欢那里！"她说："只有成绩好的保育生才能继续留在歌乐山保育院。成

---

　　① 沈兹九、罗叔章、季洪：《在抗日烽火中培育民族后代》，中国妇女出版社1991年版，第18页。

　　② 参见《五个月来的战时儿童保育会》，《妇女新运》1939年第3期，第31页。另据在歌乐山第一保育院担任过教师的杨先知回忆，给学生们上文化课"使用的是一套叫《抗战丛书》的课本。这套书很适合难民儿童，因为他们都是日本侵略的受害者，书里的内容和他们的亲身经历息息相关"。"我记得一年级语文课本的第一课是教孩子们认识几个汉字，其中就有'火'字。教材把这个'火'字放在日军大轰炸的背景下，'火，火，火，日本人的轰炸使四周都燃起了熊熊大火'，课文就是这样开始的。"见李丹柯：《女性、战争与回忆：三十五位重庆妇女的抗战讲述》，第133页。

　　③ 秦玉声：《火网尘烟忆当年》，《摇篮》2011年6月总第54期，第68页。

绩不好的会被分出去，又让其他保育院的学生进来。"① 李家琼的口述可以从该保育院的老师的回忆中获得印证。曾在第八保育院教过三年书的杨先知后来转到了歌乐山第一保育院，她回忆说："在第八院，因为经费不够，所有的学生和老师都得参加劳动。至少所有的师生都得兼职劳动，来为保育院赚取足够的收入，以保证大家的生存和生活。而在第一院，师生们的注意力主要是放在文化学习上。学生们把大部分时间都用在文化知识的学习上。而劳动则只是要把孩子们培养成全面发展的人而进行的体育教育的一部分。"②

歌乐山保育院注重孩子们实践能力的培养。鉴于抗战时期物资匮乏，宋美龄主张儿童们应自己劳动弥补缺乏③，鼓励他们养成为公众服务与合作的观念，将来做一个良好的公民，使他们成为国家的有用之才，使他们成为建造新中国的匠手。④ 为提高难童的社会服务意识，保育院还组织儿童参加大量社会活动。通常，下午是难童们参加生产劳动的时间。这些活动通常与"生活有关，切合儿童生活的需要，如运粮、担煤、缝衣做鞋、搬沙、筑路、平操场、打草鞋、烹饪、采购、帮厨、植树、浇花、除草、捉虫施肥、洗衣、洗被、大扫除等等"⑤。重庆地区曾组织伤兵之友服务训练班训练难童，使其为伤兵服务。受训者以 15 岁以上的保育生为主，经过两周训练后，便分到长江下游各陆军医院工作。⑥ 歌乐山保育院高年级的孩子还要下山到磁器口码头背米运豆。

在保育院的课程设置中，国民素质教育占据相当高的地位。宋美龄指出："手工的活动可以消耗去儿童部分的旺盛精力，本来

① 李家琼口述，2012 年 11 月 11 日，笔者在重庆市上清寺战时儿童保育会重庆联谊会办公室采访。李家琼，江苏镇江人，武汉时期参加了保育院，一家人都在保育院。1943年年底进入歌乐山保育院时才四岁半。从 1943 年至 1953 年，她在保育院生活 10 年。笔者先后两次采访她。

② 李丹柯：《女性，战争与回忆：三十五位重庆妇女的抗战讲述》，第 134 页。

③ 参见《怎样使儿童成为健全国民——蒋夫人指示三点》，《中央日报》1939年10 月 22 日，第 3 版。

④ 参见《五个月来的战时儿童保育》，《妇女新运》1939 年第 3 期，第 62 页。

⑤ 沈兹九、罗叔章、季洪：《在抗日烽火中培育民族后代》，第 18 页。

⑥ 参见《难童服务伤兵》，《大公报》1939 年 4 月 6 日，第 3 版。

好做恶作剧的空闲的双手，现在亦有正式用途。"[1] "当时负责的大夫王诗锦先生还给我们进行战时救护教育，教我们怎样抢救伤员，教我们急救措施和消毒包扎方法，他还给我们做示范表演。"[2] 李家琼回忆道："在歌乐山保育院没有寒暑假，一年四季读书，做工，学会了很多手工，做针线，铸石膏像。"她说："我现在八十岁了，会绣花，做手工，都是保育院教我们的。"[3] 保育院"还开办了小工厂、小农场，学做肥皂、养猪、种菜，以培养我们坚韧、勤劳、不怕艰苦的品质"[4]。

据秦玉声的回忆，年纪大的保育生也会自己出壁报、谈心得，关心同学、集体乃至国家大事。当时，每日的自治晚会，是开展批评与自我批评的时候，"重要事情要进行公决"。孩子们直接参与到抗战动员之中，老师"妈妈们"带领抗日工作团到街头演讲、演出、抗日宣传、义卖《新华日报》，支持政府抗战到底。

当保育生李家琼进入歌乐山保育院时，已是抗战后期了。那时，歌乐山保育院进入第二个时期，保育院内仅收留女生。当时，保育院卫生条件依然很好，李家琼说："保育院没有死过人，卫生室、疗养院、中央医院均在附近。"她还清楚地记得，保育院内房子的名称是"忠孝仁爱，信义和平"八个字，每个字就是一家人，

---

① 宋美龄：《我将再起——中国妇女工作》（1940年6月），载王亚权总编纂：《蒋夫人言论集》（上集），第206页。

② 秦玉声：《火网尘烟忆当年》，《摇篮》2011年6月总第54期，第68页。

③ 李家琼口述，2012年11月11日，笔者在重庆上清寺战时儿童保育会重庆联谊会办公室采访。此外，有关歌乐山保育院的良好条件，还可从1945年年中由第三儿童保育院合并到歌乐山第一保育院的赵知难回忆中得到印证。她说："这里的生活比我以前待过的任何一个儿童保育院都要好很多很多。在这里，我们能用上美国产的羊毛毯子、铜器，穿上罗斯福布做的制服，女孩子还能穿上花裙子。"而在保育院当老师的杨先知也回忆说："第一保育院是蒋夫人的样板工程，经常接待中外人士来参观访问，因此这里的生活也要好很多。在这里，食物不仅充足，而且还很优质。每周我们都能吃上肉，这里的孩子们还能吃到来自美国的奶粉和糖果。我们住的是新建的宿舍，还有外国捐助的制服和毛毯子。在夏天，第一院的小女孩儿们还能穿上花裙子。蒋夫人也经常来这里视察，还带来生日蛋糕和孩子们一起开生日派对。"见李丹柯：《女性、战争与回忆：三十五位重庆妇女的抗战讲述》，第127、133页。

④ 曹理之：《金色的童年 黑色的梦》，载四川省战时儿童保育会历史研究会编：《战时儿童保育会歌乐山保育院纪念·研究专辑》，第110页。

院内共有八家。院内还有 1 个会议室、1 个客厅、4 个寝室。每个寝室，上铺住姐姐，下铺是妹妹的。"保育院的老师，我们都称妈妈。每一家有 32 个姐妹，每个家有一个家长，就是老师。"①

1939 年 10 月，在重庆举行为期 10 天的战时儿童保育会全国各院院长会议上，宋美龄指出："我们现在保育二万个儿童，每月经费二十五万，除国家补助大约四分之一以外，大部分都是辛辛劳劳捐募得来的。这些捐款来自热爱赞助我们的外国人士，来自我们在海外辛勤工作的侨胞，也有国内外儿童们，以自己劳力和贩卖所得而捐助的。这中间出钱的多不是有钱的人……我们主持保育院的同人，必须使儿童们知一粥一饭来处不易，要他们能感激知恩，长大了必须努力报国。我们持久抗战，国家财政一天天的艰难，而我们保育儿童的事业，仍必须维持下去……要知道中国境内还有几十万几百万流离困苦的儿童，哪里能人人过保育院这样的生活，所以一切应该习于简陋，自知勤苦，一切设备能利用废物的就应该尽量利用，能使用自己劳力来生产的，就要尽量生产。"②

保育院重视美育，自然引起孩子们的极大兴趣。从直三院转到歌乐山保育院的高珍回忆说："在歌乐山保育院，我们受到了德、智、体、美全面的教育，我记得音乐徐老师，他唱起歌来真是好听极了，他教我们唱《还乡记》，我至今都记忆犹新，徐老师那优美的歌声仍在耳边回响。"③

在给纽约金规基金会的 Vickrey 先生回信中，宋美龄专门谈到如何训练这批有音乐天赋的难童，她写道："你会很高兴知道我们 40 位男孩子刚刚完成了一个在音乐上的特别训练课程……他们是在教育部建立起来的音乐学院受训的。这些孩子将在国内巡回演出，以鼓舞人民的抗战斗志。当他们离开音乐学院时，40 多个有

① 李家琼口述，2012 年 11 月 11 日，笔者在重庆上清寺战时儿童保育会重庆联谊会办公室采访。
② 《蒋夫人亲临致训》，《中央日报》1939 年 10 月 30 日，第 3 版。
③ 高珍：《难忘歌乐山——一个八十岁保育生的感恩回忆》，载四川省战时儿童保育会历史研究会编：《战时儿童保育会歌乐山保育院纪念·研究专辑》，第 239 页。

音乐天赋的孩子将在这里接受相同的训练。"① 在保育生的回忆中，有提到他们不仅为来保育院参观的贵宾表演，而且他们也走出保育院，如"到重庆街头演出、广播电台广播，演唱的歌曲有《救亡进行曲》《大刀进行曲》《义勇军进行曲》等"，引起听众的强烈共鸣。李家琼说，自己是一个不善歌舞的学生，那些擅长歌舞的同学总能在宾客参观保育院时"大出风头"。1942 年 10 月 4 日，宋美龄主持在外交部举行的欢迎威尔基大会，"儿童保育院儿童表演歌舞高呼口号，威氏笑容满面食以糕点并吻颊示爱"。② 李台珊说，重庆国民政府在迎接美国总统候选人威尔基 6 天的访问中，战争孤儿是宋美龄的重庆形象工程。③

四、记忆中的"蒋妈妈"

钱用和回忆说："重庆附近歌乐山保育会设立第一保育院，由曹孟君、刘尊一女士等先后任院长，被认为是模范保育院。理事长蒋夫人常去指示一切，儿童称她'蒋妈妈'。"④

至今健在的保育生，当回忆起在歌乐山保育院的生活时，几乎不约而同地认为自己是战争时期的"幸运儿"。当年的战时首都重庆，是安抚饱受战火摧残的战争孤儿心灵的家。保育生赵金荣说："重庆，是我们战时儿童保育总会的所在地，保育总会是我们保育生的家呀！""我们保育生既是战争的受害者，也是战争中的幸运儿。没有保育院的教养，也就没有今天的我们。"⑤ 保育生王为说："尽

---

① Letter, May-ling Soong Chiang to Mr. C. V. Vickrey, March 28, 1941, Correspondence 1940-1948, Papers of May-ling Soong Chiang MSS. 1, Box2, Wellesley College Archives.

② 《蒋夫人欢迎威尔基》，《新蜀报》1942 年 10 月 5 日。

③ 参见 Laura Tyson Li, *Madame Chiang Kai-Shek*: *China's Eternal First Lady*, New York: Atlantic Monthly Press, 2006, pp. 183-184.

④ 钱用和：《钱用和回忆录》，第 40 页。参见李家琼等人在《战时儿童保育会歌乐山保育院纪念·研究专辑》上的回忆文字。丁惠如回忆了 1944 年春宋美龄参观歌乐山保育院的场景，《大公报》头版报道了这一消息。

⑤ 赵金荣：《重庆六五大会有感》，载四川省战时儿童保育会历史研究会编：《战时儿童保育会歌乐山保育院纪念·研究专集》，第 447 页。

管我在歌乐山保育院的时间并不长，但在我苦难的童年中却留下了美好的记忆。"对他们来说，歌乐山保育院简直是"人间天堂"①，在这里，他们"过着衣食无忧、安定有规律的生活"②。

保育生记忆里的"蒋妈妈"，总是与家的温暖联系在一起。李家琼回忆说："是歌乐山保育院给了我幸福。"保育生赵金荣回忆道："当我乘车登上我们歌乐山保育院大门前的那一瞬间，如同阔别几十年的游子重返生我养我的家时，激动地流出了眼泪。我在想：此时此刻我若能再见到我们的院长曹孟君妈妈，以及和我同窗共读的兄弟姐妹，那该是多好的啊！还有前不久去世的宋美龄，我们的蒋妈妈，她每年的圣诞节都会带着糖果来我们保育院看望我们……"③《时代》周刊报道说："蒋夫人自己没有孩子。在1939年重庆大轰炸后，蒋夫人把照顾中国的孤儿作为她的工作。一个孤儿在墙上写道'夫人就是我的母亲'。"④

看望孤儿、视察保育院是宋美龄在重庆的日常工作之一。秦玉声至今都记得宋美龄给保育院赠送大量的玩具和图书的场景。他回忆说，蒋夫人会依次"询问我们的生活情况和学习情况。摄影师拍摄了我们的一些生活片段"⑤。1939年7月，蒋介石、宋美龄来院视察，还特意与演讲比赛前三名获奖儿童合影。⑥ 当时李家琼年仅四岁半，记忆中的"蒋妈妈"对孩子们总是轻言细语，和

① 王为：《回忆在歌乐山保育院的日子》，载四川省战时儿童保育会历史研究会编：《战时儿童保育会歌乐山保育院纪念·研究专辑》，第82—83页。另据李家琼说，歌乐山保育院"因为是给别人参观的，又被称为'贵族保育院'"。李家琼口述，2012年11月11日，笔者在重庆市上清寺战时儿童保育会重庆保育生联谊会办公室采访。

② 刘力生：《我对战时儿童保育工作的补述》，《重庆党史研究资料》1984年第3期；陆慧英：《歌乐山保育院——抗日战争中流浪儿的新家》，载四川省战时儿童保育会历史研究会编：《战时儿童保育会歌乐山保育院纪念·研究专辑》，第128页。另参见该书中李家琼、丁惠如、杨忠英等的回忆文章，其均提及保育院"无忧无虑的生活"环境。

③ 赵金荣：《重庆六五大会有感》，载四川省战时儿童保育会历史研究会编：《战时儿童保育会歌乐山保育院纪念·研究专集》，第447页。

④ CHINA: Madame, *The Times*, 1943. 3. 1.

⑤ 秦玉声口述，2013年3月10日，笔者在中国战时儿童保育会成立75周年重庆保育生联谊会上采访记录。

⑥ 参见王国桢、马健德、欧阳群：《模范保育院——川一院》，载四川省战时儿童保育会历史研究会编：《战时儿童保育会歌乐山保育院纪念·研究专辑》，第93页。

蔼可亲。她说："她很好。因为她一来就给我们吃的。""蒋夫人从不骂人。"（此处四川话的"骂人"是指"批评人"——引者注）"她看到有同学把蚕豆壳吐了，她都没说重话，只是说'蚕豆壳有营养！'"[1]

孤儿领养制度，是宋美龄在为孩子们找家。宋美龄此举带动了国民政府的太太们认养战争孤儿。秦玉声回忆说："临时保育院院长赵懋华女士，约三十多岁，她衣着讲究，举止端庄文雅，待人友好和善。一天，赵院长和教师要我们穿上保育院的服装，带领我们到了青年会礼堂，我们以为是看电影，但过了不久，来了很多西装革履的先生和他们的太太。原来他们是来响应蒋夫人的号召，到

歌乐山保育院的孩子们"跑警报""躲空袭"（卫斯理学院档案馆藏）

这里来挑选和认养儿童的，也就是说被选的儿童将由认养人负担生活和教育费……那天承诺认养我的是川康银行的丁次鹤先生，我每年的费用由他汇到保育会，再拨发给保育院。"[2]

歌乐山附近，是国民政府高官要员聚集之地，在宋美龄的动员下，太太们也常常来关怀孩子们，送来吃的穿的，让孤儿们有

---

[1] "下江人"与本地人在"吐壳"问题上的习俗差异，可与当年在复旦大学读书的何鸿钧所述印证。所谓"蚕豆壳"（即蚕豆皮）有营养之说，可以从康国雄在黄山官邸吃蚕豆的回忆中获得印证。"下江人"的烹饪方法可以让蚕豆酥软而不至于"吐掉蚕豆皮"。

[2] 秦玉声：《火网尘烟忆当年》，《摇篮》2011年6月总第54期，第68—69页。

家的归属感。中共中央南方局负责人周恩来、邓颖超是保育院的常客。战时儿童保育会副理事长李德全夫妇，与川一院一篱之隔，更是川一院的常客。保育生李家琼至今都念念不忘歌乐山保育院这个特别的"家"。她对太太们送来的温暖毛衣记忆尤深。①

跑警报、躲空袭的经历对歌乐山保育院的孩子们来说，记忆深刻。保育生王为记得，"在歌乐山保育院，老师经常带我们躲警报，碰到半夜空袭，我们在熟睡中，每个老师让我们互相捏鼻子，唤醒睡着的人，避免大喊大叫慌乱，然后有秩序地躲到山坡下的山沟里。"② 秦玉声记得，"有一次日本飞机狂轰滥炸，使大家都吃不上饭，宋美龄女士知道后，立即用她自己的轿车，给我们送来了大量的馒头。"③

歌乐山保育院也是"一个向中外人士显示中国妇女拯救战区难童的保育事业，供中外高层人士参观，以使他们对保育事业提供支持和帮助的窗口保育院"④。谈到中外各界著名人士来保育院参观，保育生们个个眉飞色舞，兴奋、幸福。这是他们给宾客表演、展示各自才艺的时候。宾客们到了，就是孩子们的节日，因为那时可以"穿新衣，打牙祭，少不了又要郊游"⑤。

1938 年 12 月 28 日，宋美龄带领新运总会人员，及外宾端纳、牧师恩波等人第一次视察歌乐山保育院。《中央日报》的通讯描绘了宋美龄一行的细节，"下午一时许，山谷间突然一阵阵欢迎蒋夫人、欢迎国际好朋友、中华民国万岁、蒋委员长万岁、蒋夫人万岁之清脆口号声。自院门口至山上，均由难童自行站岗，向蒋夫

---

① 参见王国桢、马健德、欧阳群：《模范保育院——川一院》，载四川省战时儿童保育会历史研究会编：《战时儿童保育会歌乐山保育院纪念·研究专辑》，第93页。

② 王为：《回忆在歌乐山保育院的日子》，载四川省战时儿童保育会历史研究会编：《战时儿童保育会歌乐山保育院纪念·研究专辑》，第82页。

③ 秦玉声口述，2012年11月11日，笔者在重庆保育生联谊会保育生座谈会上的采访记录，重庆市上清寺。

④ 魏福茂：《忆在川一院发生过的事》，载四川省战时儿童保育会历史研究会编：《战时儿童保育会歌乐山保育院纪念·研究专辑》，第95页。

⑤ 参见王国桢：《难忘的儿童节》，载四川省战时儿童保育会历史研究会编：《战时儿童保育会歌乐山保育院纪念·研究专辑》，第89—90页。

1938 年 12 月 28 日，宋美龄携端纳到访歌乐山儿童保育院为难童发圣诞礼品（卫斯理学院档案馆藏）

人致敬。一行人上山后，即由该院院长曹孟君召集全体难童，听蒋夫人训话"。"蒋夫人态度和蔼，演词亲密，略谓：小弟弟小妹妹，我早就想来看你们，因为你们是建设新中国的小国民啊，我很关心你们，你们之中，有不少已都是没有父亲母亲，失去了家乡，丢了家庭的人，幸喜你们已经被我们抢救到了后方，有这样好的地方，保育会的理事们，此地的先生们，可以说都是你们的父亲母亲，保育院就是你们的家。过去你们只有一个父亲母亲，现在你们有许多父亲母亲，大家出钱出力来教你们，养你们，你们应该很高兴，很快乐，练得好身体，长大来救国。"宋美龄在演说时用问答式，难童们均能众口一致来对答。接着，由朱博士演讲耶稣的故事。宋美龄为孩子们带来了圣诞节的礼物，"每人一包糖果，及教育玩具"。接下来，由难童代表答词，并表演。孩子们演出了"唱流浪儿歌及难民打日本鬼子"等节目。"饰日本鬼子之难童，见群众怒吼打倒日本帝国主义时，抖索匍伏在地上，惨叫哀求，博得母亲们之热烈掌声与欢笑。"此行活动，一直持续到傍晚，"歌乐山随着幕之渐渐下盖，孩子们之送妈妈声，母亲们之叮咛别声里，歌乐山随之而静止"①。

秦玉声撰文回忆了 1938 年自己在歌乐山保育院过的圣诞节。他写道："歌乐山保育院大门口沿途都挂满了花花绿绿的彩带。下午两点左右，驻保育院的巡官（相当于排长——回忆者注）忙极了，只见三步一岗、五步一哨，他不停地来回走动着，忽然听到他一声喊：'立正，敬礼！'随后就见一位中年妇女身着黑色羊皮大衣，高跟黑皮鞋，前呼后拥的跟随着一大群人，其中还有几个

宋美龄看望歌乐山儿童保育院的孩子们（卫斯理学院档案馆藏）

外国人，他们一会儿朝前，一会儿退后的忙着拍摄纪录片。我们紧急到大操场集合，由曹孟君院长作了简单的致辞，她介绍道：蒋夫人到这里，是为了和大家共度圣诞节。我们激动万分，用热烈的掌声欢迎她。宋美龄只说了几句话，随后她就伸手摸摸小同

---

① 《蒋夫人视察第一保育院》，《中央日报》1938 年 12 月 29 日，第 3 版。《时事新报》也于 1938 年 12 月 29 日第 3 版报道了"蒋夫人昨参观歌乐山保育院"的消息。后来，宋美龄将这次圣诞节见孤儿们的照片寄给了艾玛，照片上可见宋美龄面带笑容给孩子们分发圣诞节礼品，"圣诞老人"端纳也在孩子们中间。保育院的孤儿们着装统一，脚穿崭新的草鞋。艾玛说，这些照片和信函对于推动在美国为孤儿们募捐起到了极好的作用。参见 Thomas A. DeLong, *Madame Chinag Kai - shek and Miss Emma Mills: China's First Lady and Her American Friends*, Mcfarland & Company, Inc., Publishers, 2007, p. 119.

学的棉衣，关心地问：'冷不冷？'接着，她和我们一同观看了圣诞老人的表演。扮演圣诞老人的是宋美龄的顾问——端纳先生，他是美籍加拿大人，中国话说得非常流利，他风趣地说：'我老公公是西伯利亚来的，那里很寒冷，亲爱的孩子们，我老公公给你们带来的圣诞礼物，你们高兴吗？'有人用手杖在他身上一打，他就从怀里掏出许多玩具，有小狗、小老鼠、小皮球、橡皮娃娃，橡皮小老鼠用手一捏就会叽叽叽的叫，引起孩子们大声欢叫。"①

1939年8月28日，宋美龄邀请蒋介石、孔祥熙、宋霭龄和印度国大党领袖尼赫鲁参观重庆歌乐山川一院，展示并介绍中国儿童的保育工作。保育生赵金荣写道："我记得一次她陪同印度总理尼赫鲁，一次是陪同一位不会说中国话的中国人，而且是由她亲自当翻译，这位中国人就是华侨名人陈嘉庚先生。"② 陈嘉庚也是保育会的名誉理事，南洋巨商爱国华侨，曾经多次来院参观。歌乐山保育院成为"分发陈嘉庚赠予各院药品的场所"③。

1940年4月3日，宋美龄陪同两位姐姐来到歌乐山川一院看望孩子们。三姐妹一同到歌乐山是最让孩子们激动的。保育院在广场上举行欢迎会，欢迎三位"妈妈"到临。保育院五百位难童，由男童张宝玉代表致辞，感谢三位"妈妈"赐给战区数万难童在后方受教育的机会。院童又进行表演游艺、合唱"打倒汪精卫"歌曲，并纷纷与三位夫人合影。宋美龄称许"保育院儿童均极健康，寝餐室中病孩甚少"，故"允今日送糖果去"，鼓励院童。④

---

① 秦玉声口述，2013年3月10日，笔者在中国战时儿童保育成立75周年重庆保育生联谊会上采访记录。

② 赵金荣：《重庆六五大会有感》，载四川省战时儿童保育会历史研究会编：《战时儿童保育会歌乐山保育院纪念·研究专辑》，第447页。

③ 魏福茂：《忆在川一院发生的事》，载四川省战时儿童保育会历史研究会编：《战时儿童保育会歌乐山保育院纪念·研究专辑》，第95页。

④ 宋氏三姐妹视察歌乐山保育院，各报均进行了报道。《中央日报》1940年4月5日第3版发表题为"渝热烈庆祝儿童节 孔孙两夫人赠难童糖果"的中央社讯。张宝玉在《我的成长之路》回忆了这一细节，载四川省战时儿童保育会历史研究会编：《战时儿童保育会歌乐山保育院纪念·研究专辑》，第274页。

宋氏三姐妹在重庆视察战时儿童保育院（卫斯理学院档案馆藏）

保育生王国桢回忆说，"我们的队伍在大操场围成了半圆形，"高唱着《保育院院歌》来欢迎客人。"蒋夫人含笑点头向我们说：'小朋友们好！我今天特别高兴，看见你们长得白白胖胖的，感到很可爱，雄赳赳的像一群小老虎。由此我想到你们平时的生活、学习都会比较好，都会很有规律。在学习中涌现了不少的好学生，还有不少发明创造。有个小朋友用竹子做的自来水笔，在保育总会我们已经看到了。这很好嘛！不知道这位小朋友在队伍中吗？'这时邹东方同学站出了队，让她看看，她笑着点头：'好！听说男同学会打草鞋，女同学会刺绣，有自力更生的精神！你院的文化生活也很活跃，经常出板报，开运动会和娱乐晚会。成立了宣传队、歌咏队、篮球队等等。你们生活在的这所保育院，既是一个大家庭，也是一个大学校。你们这个保育院堪称模范保育院。曹院长和老师，为你们呕心沥血，千辛万苦，希望大家都尊敬她们。她们既是你们的老师，也是你们的妈妈。要听话，当一个德、智、体全面发展的好学生。今天我和两位姨妈来看望大家，愿小朋友们过一个愉快的节日。"①

保育生张达尊印象最深的是"蒋妈妈"陪同美国大出版商卢斯及夫人来院参观，还带来了新院长张希文就任。"蒋妈妈"介绍新院长后，就请卢斯夫人讲话并亲自翻译，大意是：中国有位杰出的女孩，不仅聪明美丽，并有博爱之心，立志为人民服务，她爱人们，人们也都爱她，特别是孩子们，到处追随拥戴着她，小朋友，你们知道她是谁吗？卢斯夫人说着说着就哈哈大笑起来，"蒋妈妈"开始还认真地一句一句地翻译，后来听出来这是在赞美她，就咯咯直笑，不肯翻译了。卢斯夫人抓住"蒋妈妈"的手指着她的鼻子，小朋友看了都乐得大嚷大叫："是蒋妈妈，是蒋妈妈！"全场沸腾，欢声雷动。② 1940 年 5 月 20 日，《新民报》以"世界最美丽之夫人 卢斯夫人赞誉蒋夫人"为题报道了这一消息。③

后期进入保育院的李家琼也说："我见过很多次宋美龄，她好像是我们保育院的常客。"在保育院，她还"见过很多名人，我见过林森、蒋介石，许多中外人士"。她回忆说，当时，保育院有一位叫戴妃玛丽的（牧师），每周六来讲宗教。保育院老师说，"（宗）教可以不信，但要去听，因为我们要靠它吃饭。听的时候还可以偷跑出去玩一会儿。但是，每一次去了就有吃的，或者有礼物发给我们"④。

不过，在重庆，并非所有的保育院都像歌乐山第一保育院那样幸运。童晓东老人对笔者讲述了同在歌乐山的另一个保育院——向

① 王国桢：《难忘的儿童节》，载四川省战时儿童保育会历史研究会编：《战时儿童保育会歌乐山保育院纪念·研究专辑》，第 89—90 页。
② 张达尊：《常忆歌乐山》，《摇篮》2010 年 12 月总第 53 期，第 31 页。1938 年，十多岁的张达尊在武汉读小学，母亲是小学教师，应召参加了保育总会难童站的抢救工作，她和同事们领着二十多个难童乘船到了重庆，分配在歌乐山保育院任教师。张达尊和弟弟随舅父逃难辗转乘船抵达重庆，次年进入歌乐山保育院。
③ 《新民报》1940 年 5 月 20 日，第 3 版。
④ 李家琼口述，2012 年 11 月 11 日，笔者在重庆上清寺战时儿童保育会重庆联谊会办公室采访。

家湾保育院的故事。① 饥饿是童晓东当年最刻骨铭心的感受。此间已经是重庆面临全面的通胀和困境时期，导致保育院发生困难。

1941 年 8 月 1 日，宋美龄视察重庆儿童保育院②

1940 年春季，陈嘉庚抵达重庆时，受妇指会的邀请参加茶会，"欲商本年再募寒衣事，及报告难童逐月增加，各物又贵，经费不足等项"③。钱用和在回忆录中也提及保育院的困难问题，她写道："生活程度飞涨，给予难童的伙食费，不足三餐饱食，营养更谈不上，致儿童多有菜色，并患夜盲。又因棉布昂贵，冬令已届，儿童所穿尚是单衣薄裤。这样饥寒交迫的生活，虽是可以训练儿童

---

① 童晓东口述，2012 年 11 月 11 日，笔者在重庆市保育生联谊会座谈会上采访。童晓东，重庆大学材料学院实验室退休职工。1944 年 5 月，他从湖南衡阳教养所辗转向重庆转移。1944 年 12 月到重庆歌乐山向家湾保育院，直到小学毕业。据童老师的讲述，向家湾保育院的"中共地下党人"不如"模范保育院"多，因此，新中国成立后这个保育院没有得到足够的"宣传"。他告诉笔者，他自己不会写作，也很少看到有介绍这个保育院的文字。他的故事，让笔者了解到宋美龄关怀歌乐山另一个保育院的故事。"蒋妈妈"依旧鲜活地活在他的心中。他反复强调歌乐山的两个保育院都是"蒋妈妈"关心的，"蒋妈妈到歌乐山第一保育院参观考察，一定也要到我们这里来的，我见过宋美龄"。

② 张宪文、姜良芹等编著：《宋美龄、严倬云与中华妇女》，第 129 页。

③ 陈嘉庚：《南侨回忆录》，第 146 页。

刻苦耐劳的精神，锻炼他们的筋骨心志，但终究对发育时期的青年身心有所妨碍。"①

抗战胜利后，1945 年 9 月，儿童保育会决议复员南京。② 1946 年 3 月 10 日，宋美龄宣布在 6 个月内结束儿童保育会工作。③ 9 月 15 日至 21 日，保育总会在《新华日报》上连续刊登"战时儿童保育会结束启事"，称"我会因抗战胜利，战时保育任务已完。半年来，本会及各分会除将有家之在院保育生及习艺生商经善后救济总署协助遣送还乡外，其无家可归者，已分别移交社会部各省社会处育幼院继续教养。关于升学保育生，有家者，亦已遣送回乡；无家者仍继续留川攻读，均由教育部负责公费供应到高中毕业。所办思克职业学校，已交重庆市政府接办。本会业于九月十五日结束，一切收支即行截止。特此公告！"至 1946 年保育会结束，共计收容、收养儿童 29486 名。④

在还都南京后，宋美龄依旧牵挂重庆战争孤儿的后续安置问题。1946 年 9 月 30 日，蒋经国从重庆致电南京宋美龄，他向母亲大人报告说，"保育院留渝儿童已全部运输完毕"⑤。

张治中将军的女儿张素我在回忆当年与宋美龄共同工作的情景，指出："蒋夫人是抗战时期妇女的卓越领袖，是最有才干和最有魅力的外交家，更是战时难童慈爱的守护神。她的博爱和远见卓识，使人永志不忘。"⑥

1941 年，当战时儿童保育会成立三周年之际，冯玉祥赋诗一首，高度赞誉宋美龄领导下的战时儿童保育会在重庆的成绩。他

① 钱用和：《钱用和回忆录》，第 40 页。
② 《战时儿童保育会常务理事会第 104 次会议记录》，中国第二历史档案馆藏，全宗卷 11，案卷号：546。
③ 《儿童保育会八周年纪念蒋夫人致词全文》，《中央日报》1946 年 3 月 12 日，第 3 版。
④ 参见《战时儿童保育会八年来工作总报告》，中国第二历史档案馆藏，社会部档案全宗卷 11，案卷号：561。
⑤ 《蒋经国书信集：与宋美龄往来函电》（上），台北"国史馆"2009 年印行，第 54 页。
⑥ 张素我：《我在抗战中认识的宋美龄》，《黄埔》双月刊 2004 年第 1 期，第 34—35 页。

写道：

　　儿童保育院，创办已三年。

　　此种新事业，战前所未见。

　　多少好姊妹，努力能苦干。

　　美龄夫人来领导，几经辛苦方实现。

　　大家不畏苦，并且不怕难，还是不怕有闲言。

　　小妹妹，小弟弟，得把自由中国见。

　　若是这几万，不能运到后方来训练，我们不但少了好青年，敌人反增作战汉。

　　许多小主人，今天很健康。知识增不少，道德基础健。

　　从此再努力，将来定有大表现。

　　这是国家事，同胞们不应该袖手旁观。

　　我们要高声呐喊，用大力量帮助儿童保育院。

　　这是抗战的工作，大家都要热心干。

　　有钱要办，无钱亦要办。

　　抗战的基本事，这也是其中的一大件。

　　我希望明年再增儿童三五万。

　　这是中华民国的子女，这是中华民国的男儿。

　　我恭贺你们三周岁满，我恭贺你们打破一切困难，努力向前，干！干！干！①

宋美龄的保育工作在稳定后方社会、培养国家接班人等方面得到了国民政府的肯定。1945 年 10 月 10 日，国民政府发布"国府授勋令"，表彰"抗战有功文武官员"及为抗战作出贡献的"社会领袖人士"。② 同日，宋美龄获得国民政府授予的"忠勤勋章"

---

① 冯玉祥：《贺战时儿童保育会三周年纪念会》，《中央日报》1941 年 3 月 24 日，第 4 版。

② 《抗战有功文武官员国府授胜利勋章》，《中央日报》1945 年 10 月 10 日，第 3 版。

和"胜利勋章"。①

第三节　战时书写：从重庆发出的声音

柯文（Paul A. Cohen）教授指出："战争期间，蒋夫人在她丈夫和在华美国军方上层人物之间扮演着重要的角色，她也曾作为翻译和顾问于 1943 年年底陪伴蒋介石赴开罗与罗斯福和丘吉尔的会议。但是，她最重要的角色还是一名女性的宣传机器，向美国公众传播她所肩负的国家事业。这个角色部分是通过书籍、杂志文章和越洋广播来完成的。"②

重庆提供了宋美龄讲故事的重要舞台和广阔的空间。在重庆的艰苦环境中，宋美龄勤于笔耕，完成了若干战时宣传的书写。从 1938 年 12 月 8 日至 1946 年 4 月 30 日，宋美龄完成于重庆时期的文本以演讲、论著、信函、电文为主。其讲述的重庆故事的主人翁通常是大后方的女性、难童，以及在日军狂轰滥炸中饱受苦难的普通民众，他们与不屈服的重庆国民政府一道构成了宋美龄笔下牵动人心的战时中国抗争的悲情画卷。在宋美龄的"重庆呼喊"中，重庆的抗战故事与国民政府的战时宣传有时候高度地融合在一起，体现了重庆英勇不屈的抗争形象。

一、《中国工业合作运动》

中国工业合作运动（简称工合运动），是一场旨在补充战时经济，重建中国工业的生产自救运动，也是抗战时期中国经济抗战

---

① 参见《国民政府忠勤勋章》，台北"国史馆"藏，典藏号：001-3527A；《国民政府胜利勋章》，台北"国史馆"藏，典藏号：001-3527A。

② Paul A. Cohen, "Between China and America: the Career of Madame Chiang Kai-shek", *Wellesley Magazine* 88, No. 2（Winter 2004）. 在抵达重庆不久，宋美龄的言论已经辑集出版。1939 年 4 月 30 日，国民出版社发行《蒋夫人言论集》，将 1938 年 6 月以前的"夫人战前战时之言论编纂成书"，"其中大半且系未经发表之作"共计"二十五万余言"。

的主要方式和重要内容。被誉为"保卫中国的工业后防线"。①
1938 年 8 月 5 日，中国工业合作协会在武汉成立，国民政府行政
院院长孔祥熙兼任总会理事长，宋美龄被推举为名誉理事长，宋
庆龄为名誉理事，宋霭龄为顾问。冯玉祥、邵力子、王世杰、翁
文灏、蒋廷黻、张治中、吴铁城、朱家骅、谷正纲等人担任工合
理事。1938 年 12 月，工合理事会及工合协会的办事机构迁至重
庆，工合运动开始进入实质性的开展阶段。这场运动持续约六年
多时间，其组织除遍及沦陷区外，包括共产党抗战根据地在内的
中国西北、西南的十多个省。②

　　1939 年 5 月 25 日，宋美龄撰写《中国工业合作运动》一文③，
全面阐发了她对工合运动的兴起、意义及其前途的认识，这是宋
美龄战时书写中有关战争与后方生产之关系的重要文本。宋美龄
指出："中国工业合作社运动，正如新生活运动俱乐部内生产部所
设的工业合作社一样，同是日本侵略中国的产物，这些工业社并
非是想用来代替其他工业企业，他们只是供给目前的需要的。"她
说："日本军阀残暴确是可怕，他们是有计划、有组织地破坏中国
工业和工厂。他们以为中国民众就可以这样贫困下来，失望起来，
结果使抗战精神全部萎颓下去，然而日本军阀是失望了。"

　　宋美龄指出，工业合作社为因战争产生的难民提供了工作的
机会，"使他们加入生产，而不依赖慈善性质的施舍来过活。它们
使兵士的家庭能够获取生活的资料，同时把多余的生产品卖出来，
没有其他的东西能像这样地提高民众对于抗战最后胜利的信念了。
自尊，和自给自足的国民因所创造出来了，好的工人和必需的物

　　① 参见 Nym Wales, "China's New Line of Industrial Defense", *Pacific Affairs*, Vol. 12, No. 3 (Sep. 1939), pp. 285-295. 此外，尼姆·威尔士有关战时工合运动的文稿参见收藏于美国斯坦福大学胡佛研究所档案馆档案（NYM Wales papers）。
　　② 参见申晓云：《宋氏姐妹与战时工合运动》，载胡春惠、陈红民主编：《宋美龄及其时代国际学术研讨会论文集》，第 199—214 页。
　　③ 宋美龄：《中国工业合作运动》，《华美》1939 年第 2 卷第 7 期，第 165 页；此外，本文也刊发于《工业合作》1941 年第 1 卷第 5、6 期合刊。本书引文见王亚权总编纂：《蒋夫人言论集》（上集），第 125—127 页。

品也因此被制造出来了"。她在文章中指出，中国工业合作社的优点在于，"不仅它是一种谋生的好方法，同时也是谋利，造福社会的一个媒介"。

宋美龄指出："工合社制造出来的东西，都经工合社商店发售。这些商店都是顾客们所最感兴味的地方，工合社的工人都了解，如果要得到好的销路，制造品必需精美，同时顾客们也好喜欢这些货品，它们都是把当地的原料用新的方法制造出来的。"与此同时，伴随工业合作社运动的推广，工合社"也是解决难民和伤兵问题的一个最好的工具"。

宋美龄呼吁外界的支持，"中国是为正义而抗战，凡是慷慨的人士，或是为人道正义而愿意帮助中国的人们，则中国工合社和新生活运动内的生产部，是接受这种帮助的一个最实际的地方。这是一个最好的机会来帮助中国的难民，来发展他们自己的力量，他们自己的原料，使他们能够成为自尊的民众，使他们能够自给自足。使在日本残暴行为中受难的人们，能因国际爱好正义公理人士慨然帮助，而成为自尊的国民"[1]。

二、《我将再起》

1939 年 1 月，《中央日报》在周六版开辟《妇女新运》周刊专栏。宋美龄应邀为该刊撰稿。从 1 月 15 日至 3 月 19 日，她以"中华民族的再生"为题，连续 10 周刊登 10 篇专稿。这一"中华民族的再生"系列文章后来被修订并补充若干篇，以"我将再起"为题，由蒋介石作序，于 1940 年 6 月辑集出版。

《我将再起》是宋美龄又一篇重庆时期的重要书写。在该书的前言中，宋美龄阐明了文章的初衷。她写道："本书第一编中的文字原系中文，披露于重庆《中央日报》。""第一章系为新生活运动所创办的《妇女新运》周刊而撰写。当时极获读者欢迎，使著者深信以'我将再起'为题撰写若干篇文字，或能有助于鼓舞纯正

---

[1] 宋美龄：《中国工业合作运动》（1939 年 5 月 25 日），载王亚权总编纂：《蒋夫人言论集》（上集），第 125 页。

的爱国主义，并为强大复兴的中国奠定在一不可动摇的基础上，铺筑一条正确的路线。"这些文稿"都是在会议、讲演、空袭，甚至陪同蒋委员长巡视前线期间，趁公余之暇，潦草撰就的，这一点从文章内容之零乱，已经可以概见。虽然，我决定保留其本来面目，因为这种潦草，正是当前苦难的岁月中，我们大部分物质建设草率粗陋的象征"①。

Chiang's Wife Writes of Her China Frankly
GEORGE SCHARSCHUG
Chicago Daily Tribune (1923-1963); Jan 22, 1941;
ProQuest Historical Newspapers Chicago Tribune (1849 - 1987)
pg. 14

Does New Book

Chiang's Wife Writes of Her China Frankly

"China Shall Rise Again," by Mme. Chiang Kai-Shek. [Harpers, $3.] To be published tomorrow.

BY GEORGE SCHARSCHUG.

Mme. Chiang, who as the wife of the Chinese generalissimo and dictator has played so important a part in China's struggle to stave off domination by the Japanese invader, writes of her country and her people with a charming frankness. She does not quibble about the weaknesses which have brought this 5,000 year old nation into a struggle for the right to live.

She points to each one of what she calls China's "Seven Deadly Sins." Her attack on the world-famed, or, perhaps better called notorious,

Madame Chiang Kai-Shek, author of "China Shall Rise Again," reviewed in adjoining column.

《芝加哥每日论坛报》报道宋美龄的《我将再起》（哈佛大学图书馆藏）

蒋介石也在序言中指出："作者于撰写此书时，由于她的宗教热忱和爱国心驱使，曾极力指出中国民族的许多缺点，盖欲求中国复生，这些缺点是必须要加以匡正的。掩饰和隐藏她的同胞的弱点的诱惑并非没有，但她的良知不容许她那样作。"基于此，蒋介石对读者建议："我希望读者勿以等闲马虎的态度来读它。作者撰写本书的态度极为真挚，读者亦应以同样的热诚去阅读。"②

宋美龄本人也说，在书中"所揭穿的我们民族的弱点和瑕疵，是不为我的若干爱国同胞所完全喜悦的。对于我的公开扬恶的举动，他们看不出有什么裨益，就他们看来，尤为愚蠢的是，我所

———————

① 1939年3月13日，宋美龄在给卫斯理学院同学的书信中提及，《我将再起》系列文章是为重庆《中央日报》妇女的新生活专栏写作的。共计有10篇文章，迄今9篇已经写完。这些文章的目标是试图指出我们最为明显的民族缺陷以及如何消除这些缺点。我也希望，这样的内省能够导致必要的改革。见 Mme, Chiang to Miss Manwaring, Chungking, March 13, 1939, Correspondence, 1934 - 1939, Box2, Papers of May - ling Soong Chiang, MSS. 1, Wellesley College Archives.

② 蒋介石：《我将再起》（序），载王亚权总编纂：《蒋夫人言论集》（上集），第128—130页。

指明的那些作为中国人特征的缺点原非我中华所独有，而是人类的通病。更坏的是，蒋委员长不惮其烦，将其中若干篇剪辑成册，寄往他认为能收获良好效果的各个地区"①。

三、《如是我观》

1942 年 4 月 19 日，应《纽约时报》之邀，宋美龄撰文《如是我观》（*First Lady of the East Speaks to the West*），本文概述了中国与西洋人之间关系发展的三个时期。

第一个时期是西洋人暴力掠夺中国的财富，制定不平等条约。宋美龄指出，西洋人以武力侵略中国，"枪口对准着我们，使我们一再蒙受耻辱"，结果造成了中国的故步自封，"退缩到了象牙之塔里"，使中国"不屑学习西法，认为这种政策、方法与行为是有损我大国风度的卑劣行径"。这就"使中国与近代科学工业的进步不发生关系，而与一日千里瞬息万变的世界脱了节"。

第二个时期是抗日战争爆发后，"中国这条蛰伏的潜龙，其惊天动地地奋发起来，使西洋人不得不认识中国有一种卓异的精神"，"西洋人完全认识了中国这种英雄史诗式战斗的重要性"。不过，宋美龄指出，西洋人认识到中国具有卓越的精神，赞美中国抗日，但在淞沪会战时不允许我军设防，而允许日本人以上海作为海陆空根据地。

第三个时期是太平洋战争爆发后，西洋人目睹日本人力量之狠毒，认为中国之不败有外人所不知道的秘密武器。而这种武器就"是我中华民族的精神遗产"。宋美龄希望西洋人将来能改变他们对东方的观念，希望"在我们所要创建的未来世界里，不应当再有谁是优秀谁是低劣的思想存在"，未来的世界格局"应当人人平等，全世界各民族的男男女女大家携手往崇高的理想迈进"。与此同时，宋美龄反对闭关锁国，她说："不论东方西方谁欲闭关自守，自给自足，都是愚蠢的念头，是不会成功也不能成功的"，

---

① 宋美龄：《我将再起》，载王亚权总编纂：《蒋夫人言论集》（上集），第 133—247 页。

"各民族有各民族的长处，可供相互的借鉴"，她希望西洋人了解中国的"精神力量的价值"，而"我们中国也应当学习西方的科学进步"。她渴望不论是东方人或是西方人，"让我们各尽各的力量，对于文化、科学以及精神的进步也做不断的贡献，这是人类共同的宝藏，也是世界真正的财富"。在文中，宋美龄特别强调，"日本以全力侵略中国，使中国不得不起而抗战"。批评西洋人的"关心与同情，仍也带着参观足球比赛时的情绪"。她指出，"过去五年之中，中国军队完全没有对敌投降"，中国士兵会抵抗至"最后一弹，最后一人"。①

无疑，这是一篇颇为鼓舞中国人士气的文字。唐纵在日记里高度赞誉了宋美龄的这篇文稿，他写道："其英文本也于本年四月十九日刊载该报，中文本四月二十六日在重庆各报发表。该文首先指出西洋人对中国歧视观念与优越感的错误，到了抗日战争发生之后，西洋人才认识到中国精神的伟大。上海没有设防，我们战斗了三个月，新加坡设防十四年，两个星期为敌人占领了，谁优谁劣，不言而喻。对于讽刺英国人，大快人心。同事谈起此文，乃急起取而阅读。公开的正式的批评外国人尤其英国人，这是近年来的第一次。国际宣传处，应该惭愧。"②

1942年4月24日，《大公报》第2版发表社评文章《读〈如是我观〉感言》，指出宋美龄文字具有三大要旨：第一，说明西洋人以往对华观念错误与行动不当（回溯历史，日本效仿西洋人与华签订不平等条约，并因为西洋人优越感的存在而得到了英国的支持，后日本侵略中国，反噬英国）；第二，说明中国成仁取义牺牲奋斗的精神应为西方人所重视与取法（抗战五年辉煌战绩的基本因素，同时勉励同胞要承担责任，而且不容丝毫懈怠）；第三，今后应摒除差等观念，世界各民族平等合作，以创建新世界（中

① 宋美龄：《如是我观》（1942年4月23日），载王亚权总编纂：《蒋夫人言论集》（上集），第248—257页。
② 公安部档案馆编注：《在蒋介石身边八年——侍从室高级幕僚唐纵日记》，第272页。

国应放弃闭关自守，接受科学进步，西洋人也应抛弃优越感，承认中国之精神，通力合作）。文章最后称赞宋美龄的文章"立言正大，词旨有力，我们读了很有感慨"。

1942 年 4 月 25 日，《新华日报》在第 2 版刊出两篇专评文章，即《读宋美龄近作》（短评）和《读宋美龄近作〈如是我观〉》（短评）。文章指出："蒋夫人近作《如是我观》，生动的阐明了我中华民族怎样以自力更生，抵抗日寇的战争，争取自己在国际上的地位，改变了对我轻视之外人的观感，并提出发挥积极抵抗侵略为战争致胜之途，民族平等合作为获致和平之径。的确，中国今天的民族地位，是我五年来的血战争取得到的。前线及敌后的弟兄们牺牲的生命，流的血，后方人民的一切努力，应该使我们认识，必须全国团结无间，和谐合作，方能渡过困难，走向胜利，不断增高国际地位。而积极抵抗及民族平等，则正是英美等国现在就亟须采取的政策。" 4 月 27 日，《新华日报》又转载了美国媒体对宋美龄文字的赞扬信息。

四、《新中国的出现》

早在武汉时期，宋美龄就曾写下憧憬未来新国家的话语，她说："日本把我全国化为灰烬，化为瓦砾场，我们就在这灰烬，在这瓦砾场中，建造起个伟大崭新的永远统一的民族。我们有过这志愿，必能完成这个任务的。我们若能抱定决心，大家手携手地联合起来，尽我们的力量，帮助前线抗战的兄弟，继续抗战下去，帮助后方被难的同胞，发展他们的生产力量，我们打退侵略者，实在是不成问题的。我们只要现在下个决心，决心尽我们的责任，决心鼓起勇气战败我们的敌人，当然我们就能把新中国建设起来。"①

到重庆后，宋美龄又撰文讨论抗战前途，她指出："经过了这次外来的苦难，我们就有机会建立起一个新的国家来，得到全世

---

① 宋美龄：《从艰苦中缔造崭新的民族》（1938 年 3 月 18 日），《蒋夫人言论汇编》卷 1·论著，第 97 页。

界的尊重，并且能永远保持这种尊荣……我们已经教训了敌人，并且展示给一切的旁观者，我们没有辜负祖先，没有辱没民族的历史，同时也值得举世友邦的尊敬……我们每一个人都有我们的责任，我们预期的日子终有一天会到来的，让我们贡献所有的精力到抗战建国上面，以加强国家的力量，巩固统一和团结，使我们这一代终于能够保卫祖先几千年来遗留给我们的遗产，不作历史上的千古罪人，同时让我们再下一个决心，决不辜负抗战捐躯的先烈和不幸遇难的同胞。"①

在描绘"新中国"的宏伟蓝图时，宋美龄强调"建国"重要前提是"国家至上"，她指出："我以为最关重要的，是国家至上的信念，我们要知道我们每一个同胞的生存，无不是已死军民先烈牺牲所赐予，所以，我们应当为中国而生，也应当为中国而死。我们应当尽我们的力量，为实现最后胜利而不断努力，我们立定志愿，要从胜利中产生出一个新的中华民国，这一个新中国，对人类进化有坚强的信念，对维护国际正义与人道原则，有不屈不挠的决心，对未来世界的命运，有充足的勇气与力量，披荆斩棘，去承接来日的光明！"②

1942 年 5 月，宋美龄发表《新中国的出现》，载于美国《大西洋月刊》上。③ 这是宋美龄第一次系统地阐述战后中国重建的理念。那么，未来理想的新国家将是一种什么样的制度呢？宋美龄在文中述及了规划中战后的"新中国"。她阐释道："我们正努力建立一发展政治经济的富有弹性的制度。这对于目前和将来都是很有用的……一种新的以民主思想为基础的中国社会主义。这并非专事抄袭西方的社会主义。中国所接触的东西往往都带有我们中国的色彩。我们不一定拒绝一切西方所有的东西，我们倒是愿

① 蒋宋美龄：《抗战前途的探讨》（原载 12 月 25 日《扫荡报》），《妇女共鸣》1939 年第 8 卷第 3、4 期，第 7503—7504 页。
② 蒋宋美龄：《抗战建国三周年纪念日致辞》，《中央日报》1940 年 7 月 7 日，第 2 版。
③ 宋美龄：《新中国的出现》（1942 年 5 月），载王亚权总编纂：《蒋夫人言论集》（上集），第 258—267 页。

意听现代社会主义者的言论，特别是其中有许多主张与我们国父孙中山先生的三民主义中的民生主义不谋而合的地方。我们整个的政治思想原是以三民主义为依据的。"① 文章指出："我们已经选择了将来要走的路，我们痛下决心今后将永不再有列强剥削中国之事……而在一国之内，我们一样决心不容忍有国家或社会的某一阶层去剥削另一阶层之事。富有资产并不能使富人有权去侵犯贫苦的人。而另一方面，中国这个国家并不相信共产主义，或是希望在国内有共产主义产生。"

在经济制度方面，她指出："在战后的中国，我们虽不再容许国际或国内的剥削，但我们将使私人资本得到合法的地位，因私人资本可发挥个人的创造力。同时我们中国人重视现实，充分认识这些基本事实……但是任何人都不得损人而利己，人民的权益应由累进税率而得到保障。我以为个人的收入超出合法的需要及免于匮乏的合理程度时，其余的都应归公，在另一方面，私人资本一定要予以种种鼓励，使之能发展国家的资源及企业——但是这一切都须与劳方合作才行。至于一切公用事业则需由国家经营。"

在民主代议制方面，宋美龄指出："一九三八年在战争进行中，国民参政会即正式成立，而为国民议会的前驱……参政会有修改及建议之权，现已成为国家生活的重要一股因素。该会最显著的成就之一便是通过以县为地方自治单位的议案……这种以县为地方自治单位的新制度，其目的在使人民选举他们自己的代表到地方机关去，以处理他们本县的各种事务，一旦地方自治的方案付诸实施，人民便可自由选举他们的县长。再者这种完全由民选代表组成的各级参议会将来亦可推选代表参加国民大会，以采行并颁布永久性的宪法，并选举本国的总统。将来自最基层以至

---

① 宋美龄：《新中国的出现》（1942 年 5 月），《蒋夫人言论汇编》卷 1·论著，第 219—220 页。

最高的政治机构，都会由人民自己去建立。"①

她指出："我以为民主政治的意义就是代议政治。而'代议'这个字眼，我以为是代表人民坚定不移的意志，而与一般政客的那种毫不负责、煽惑人心的口号迥然不同。此外在一个真正的民主国家中，少数党是不能不顾到的。我反对任何一种让一个政党永久享受绝对权力的制度。""我们中国的民主制度虽然无疑的受了杰弗逊总统的机会均等与个人权利说的影响，但将不会纯粹是美国民主制度的抄袭。它将有我们本国的泥土味，并表现出中华民族的智慧。它必须符合中国本身的需要，适合于我们目前的环境，而目前的环境必然是与我国过去最好的传统相关联的。战争的机运已使中国第一次得与列强并驾齐驱，而由于持久不屈的抗战，我们终于赢得了这个头等国的地位。此后我们自当更致力于改善世界秩序以保持这种成果。"②

在文章结尾处，宋美龄充满期待地反问："当此黎明将临的新时代，难道我们不能同心协力，共谋政治的修明，获致全人类永久的幸福，因而创造以充满新希望与更崇高的新世界吗？"③

重庆时期，宋美龄是一个忙碌而勤奋的书写者，其著述包括信函、文电、广播演讲稿、文电及杂志文章等体裁。妇女、难童、轰炸废墟以及大后方民众抗战的状态，构成了宋美龄文字中重庆形象的标志性符号。④毫无疑问，宋美龄的书写带有浓厚的国民政府战时宣传的特色，且多面向西方世界的受众。1940年5月10日，《新民报》刊发"蒋夫人近作 中国不屈膝 刊载美国杂志 港各报多

① 宋美龄：《新中国的出现》（1942年5月），《蒋夫人言论汇编》卷1·论著，第221—223页。
② 宋美龄：《新中国的出现》（1942年5月），载王亚权总编纂：《蒋夫人言论集》（上集），第258—267页。
③ 宋美龄：《新中国的出现》（1942年5月），《蒋夫人言论汇编》卷1·论著，第223—225页。
④ 《〈蒋夫人言论集〉已印就》，《中央日报》1939年4月30日，第3版。1939年5月3日，《大公报》头版巨幅广告"蒋夫人言论集"，称"本书汇集蒋委员长夫人言论百余篇……夫人议论警策，辩才雄迈，其著作早有世界地位，欧美各大报纸，往往誉为一代国论。华文言论全集，向未刊行，本书尚属创举，凡欧美国人，均宜人手一册"。

译载"的消息。1942 年 4 月 19 日，美国畅销期刊《纽约时报》周刊、《大西洋月刊》先后刊载宋美龄文学稿一篇和题为"新中国的出现"的文章，并发表评论称，前刊所载"蒋夫人之文字，发挥其独擅之专长，即承继并融合东西洋之文化"，论文《新中国的出现》内容说明中国之地位与愿望，以及中国反对外力剥削之决心。[①]

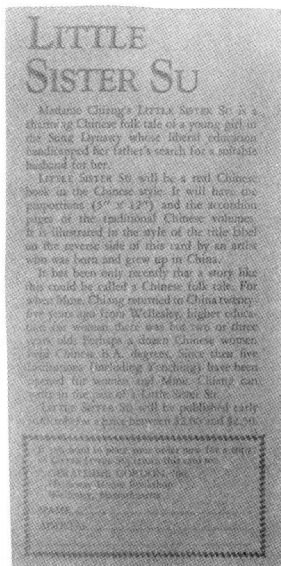

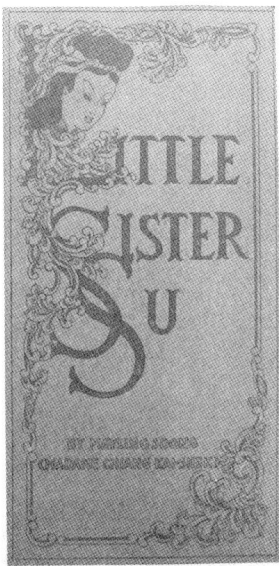

宋美龄的著作《苏小妹》英文版（卫斯理学院宋美龄档案）

重庆时期的书写，是在相当艰苦的环境中完成的。在给母校同学的信中，她写道："教育部希望我写 12 篇文章，但由于其他的工作，几乎是不能继续下去。要试图在会议和活动之间，从这里或那里挤出一个小时来潦草写上几笔简直是太紧了。"[②]《读卖新闻》也注意到重庆国民政府的女主人此间的写作问题。1940 年 8 月 22 日，该报报道指出："蒋介石夫人宋美龄自抗日战争（原文

① 参见《美刊物竞载蒋夫人论文》，《中央日报》1942 年 4 月 22 日，第 2 版。
② Mme, Chiang to Miss Manwaring, Chungking, March 13, 1939, Correspondence, 1934-1939, Papers of May-ling Soong Chiang, MSS. 1, Box2, Wellesley College Archives.

"支那事变"）爆发以来，在英美报刊杂志发表的评论、感想以及素描合集《我们中国》（*This is our China*）近日在纽约哈泼书店发行。内容大部分为关于抗日战争的进展、与国民政府一同转移以及关于四川省奇异风光的感想文，尤其大量介绍了中国西南的风土民情。值得注目的是，她强调说中国最后的命运居然掌握在此等无知蒙昧的中国庶民之手。"①

写作成为宋美龄重庆生活的重要组成部分。她始终有一种写作的激情和冲动，事实上，她的写作范围已经超越了政治宣传。重庆时期，宋美龄出版过如《苏小妹》（*Little Sister Su*，1942年，美国出版）②和《蝴蝶梦》（1943年，美国杂志）③之类的作品。

①《宋美龄的新作》，《读卖新闻》1940年8月22日，日报第4版。
② 参见《蒋夫人著〈苏小妹〉在美出版》，《扫荡报》1942年10月11日，第2版。该书乃根据《今古奇观》之苏小妹三难新郎一节编撰而成的中国民间故事读本；《新华日报》也在1942年10月10日刊发"宋美龄著《苏小妹》在美出版"的消息。
③ 参见《宋美龄新著〈蝴蝶梦〉，将在美国杂志发表》，《新华日报》1943年11月4日，第2版。

第四章 废墟上的"救赎"：大轰炸时期的宋美龄

抗战时期，日军对重庆实施了长达五年半的大轰炸，而 1939 年至 1941 年，则是灾难深重的三个年头。[①] 日军恶意的狂轰滥炸使得大后方的重庆顷刻间成为战争的"前线"。日军的大轰炸改变了重庆地区，乃至整个后方的社会生活状态，轰炸成为市民日常生活的一部分。对民众而言，这是一种持续的灾难与痛苦。

作为亲历者，宋美龄在第一时间从轰炸废墟上发出了救济呼吁，并通过各种渠道谴责日军的暴行，轰炸重庆就是轰炸中国，苦劝盟友慷慨相助，努力将政治"边缘"的重庆变为国际聚焦的中心，为推动重庆国民政府获取更为广泛的国际同情与各方的援助作出了贡献。本章以宋美龄在重庆的救济工作为分析点，以 1939 年、1940 年和 1941 年为主要分析时段，运用丰富的中外文第一手档案文献，讨论宋美龄在大轰炸期间的救助实践、效果及意义。

---

① 据不完全统计，迄今为止，有关重庆大轰炸的文献记载及幸存受害者的口述，时间上以 1939 年至 1941 年重庆遭遇轰炸最惨烈的年度为主；被炸空间则主要集中于市民聚居地、商业中心、学校及文化宣传机构、街市等区域。就笔者近二十年来在海内外所查史料看，有关重庆大轰炸的文献主要收藏于中国重庆、南京、台北，以及美国普林斯顿大学、哈佛大学、耶鲁大学、斯坦福大学、卫斯理学院等的图书及档案机构。这些史料主要出自当年旅居重庆的传教士、商人、旅行者、外交官、知识分子、新闻记者、政治家等群体，印证了重庆大轰炸幸存受众者的口述。此外，就加害方日文文献看，除日本军方的历史记录外，日军对重庆无差别大轰炸的事实还可从当年《读卖新闻》与《朝日新闻》的跟踪报道文本中得到印证。

第一节　1939 年，战斗在大后方的"前线"

1939 年，是宋美龄抵达重庆的第二个年头。这一年，重庆遭遇日军最为惨烈的大轰炸。国民政府在轰炸后第一时间决定提升重庆的城市地位，"重庆直辖"意味着这个城市已经成为"国家"的象征和不妥协的信号。在"五三""五四"大轰炸期间，面对灾难，宋美龄坚守在重庆，她所表现出来的坚韧不屈与勇敢，成为战时重庆抗战精神的典型代表。

一、"五三""五四"大轰炸

1938 年 2 月，日军首次轰炸重庆。对于这次空袭，《读卖新闻》进行了夸张报道。2 月 18 日，上海同盟社发布消息，称："这次的轰炸无疑给了中方巨大的精神上的打击。现在我军海军防空队几乎已获得全中国的制空权，要想免遭空袭，只能去青海、西康等边远地区。"2 月 19 日，又称："据重庆发来的电报，我空军首次轰炸重庆已达到超预期效果，长江上游一带地区近期雾霭严重，中方称近二三月内应该不会遭到日机空袭，因此此次轰炸使中方受到严重冲击。警报响彻全市，不仅是

《读卖新闻》报道"五三""五四"大轰炸

市民，连军队都仓皇失措周章狼狈，无头苍蝇似的逃入不知安全与否的防空壕。轰炸结束后直到我机返回，重庆街道仍一片死寂，

完全没入我军荒鹫①战机的阴影之中。两小时后逐渐解除警报，市民才放下心来。"

从 2 月到 11 月，日军对重庆周边到主城区域进行多次试探性的轰炸。10 月 4 日，国民政府行政院参事、立法委员陈克文在日记中记载："回到院里，坐下不久忽闻空袭警报音。初时还不敢十分相信，不久便知是真的。到得上清华园，已闻炸弹声，这是敌机第一次袭渝。"② 12 月，日本陆军以天皇名义下达的"大陆命令第 241 号"及"大陆指第 345 号"命令，对重庆实施"战略轰炸"，"攻击重庆市街，震撼敌政权上下"，以摧毁敌人的战略和政略中枢为目标。③

因远离战区，重庆被一般百姓视为安全之地。宋美龄机要秘书钱用和回忆说，经过千辛万苦跋涉辗转的内迁群体，初到陪都，尽管重庆的"物资缺乏，生活非常艰苦，可是不必逃警报，晚上安心酣睡，得补偿关河跋涉的辛劳"④。而重庆自然的雾季，让人更觉得这里有了一道抵御敌机的天然防护网。

1938 年的冬季，的确给了初迁重庆的国民政府以"喘息的机会，使新迁来的政府各机关布置就绪"⑤。在重庆的传教士也说：

---

　　①　"荒鹫"是当时的日本人对日军陆军和海军战斗机队的爱称，其中陆军的战斗机队又称"陆鹫"，海军的称"海鹫"。本书所引用的《读卖新闻》与《朝日新闻》的报道文本由笔者指导的重庆大学新闻学院硕士研究生唐思蜀翻译。

　　②　陈方正编辑·校订：《陈克文日记（1937—1952）》（上册），第 295 页。国民政府行政院参事陈克文于 1938 年 8 月 16 日抵达重庆，故这是他所经历的第一次轰炸。上清华园时为内迁至重庆的行政院办公场所。10 月 5 日，《纽约时报》以"空袭中国新首都"为题，报道了日军的这次轰炸行动。见"Airplanes Attack New China Capital"，By F. Tillman Durdin，*New York Times*，Oct 5，1938.

　　③　参见［日］前田哲男：《从重庆通往伦敦、东京、广岛的道路——二战期间的战略大轰炸》，王希亮译，中华书局 2007 年版，第 55 页。

　　④　钱用和：《钱用和回忆录》，第 37 页。

　　⑤　董显光：《蒋"总统"传》（中册），第 325、329 页。另外，据当时在重庆的美国农业专家的观察，"这里几乎很少有阳光灿烂的日子，每个月大约有三到四次晴天，其余则是雾蒙蒙的阴天，天气寒冷，并且寒风刺骨，但很少有零下的气温。"参见 Papers of Dr. Theodore Dykstra，1942 - 1944，pp. 53. Harvard - Yenching Library - Letter of Dr. Theodore Dykstra，January 12，1943 *Peipei*，*Szechwan*. 美国人施隆在给妻子的信中对重庆的雾季有较多的描述。参见 William M. Sloane Papers CO236，Box 7 William M. Sloane Trips 1943-1944，Folder 1 Aug-Nov 1943，China，November 14，letters to Jessie.

"重庆十分安全。因为城市几乎被非常完美的雾霭所笼罩着，尽管此时这里并没有足够的防空洞可以庇护全市的人口。这座城市下面的坚固岩石里，有许多洞子已经被挖掘出来，加上地下人行道，最终应可提供足够的空间供人们躲避空袭。"①

然而，雾季可以庇护重庆免受轰炸之说并不可靠。1938 年 10 月 5 日，陈克文在日记中写道："上午又闻空袭警报，但敌机未到。天气并不晴朗，大家都以为这是重庆的天然保障，到底也靠不住了。"1939 年 1 月 10 日，他又记："上午大雾，咫尺不见人。但十时过后，忽闻空袭警报，转瞬又变紧急警报。敌机嗡嗡之声已达市空，惟未投弹，亦未放高射炮。重庆赖天然之保护，时间恐怕亦不会再长了。"1 月 15 日，日军首次以重庆为目标发动空袭，"被炸地点即在政院与国府周围附近"。②

1 月 14 日，宋美龄给同窗好友艾玛·米尔斯写信。这是她从重庆发出的第二封信，这封信长达四页，分两天才写完。在信里，她对日军空袭的威胁隐隐约约有一种忧虑，她说："昨天日本人的轰炸机侵入这个城市，发现这里的云已经散了。他们有能力在这个城市的很多区域扔炸弹，那样会炸死大量的人，还会伤及更多，造成无家可归和贫困。一枚炸弹就可以杀害一个家庭里的 17 个人。迄今为止，日本人还不能到达这里，是因为有雾，但是我们可以预期，当来自南方的风将云雾吹散之后，日机就会不断地来轰炸了。轰炸总是要让我们的工作强度增加，同时，也会增加我们的责任，并且，轰炸也会需要更多的救灾资金。"③

2 月 8 日，宋美龄再次致信艾玛说，日本人正开始越来越密集

---

① John Hersey Papers Group No. 145, Box 4-1, Chungking, China's New Capital, by George A. Fitch, February 12, 1939, Divinity School Library, Yale University.

② 第二天，陈克文"乘轿子到政院，路过国府，才知国府一部分房屋被炸毁。政院附近，淑德女子中学旁边被炸死的老百姓，死尸陈在床上，尚未殓葬"。见陈方正编辑·校订：《陈克文日记（1937—1952）》（上册），第 354—355 页。

③ Letter, May-ling Soong Chiang to Emma Mills, January 14, 1939, Correspondence from May-ling Soong Chiang Jan. 1939-Jan. 1945, Papers of Emma DeLong Mills MSS. 2, Box 9, Wellesley College Archives. 这封信的末尾，于 1 月 16 日又补记了一段，本文所引为 16 日补记内容。

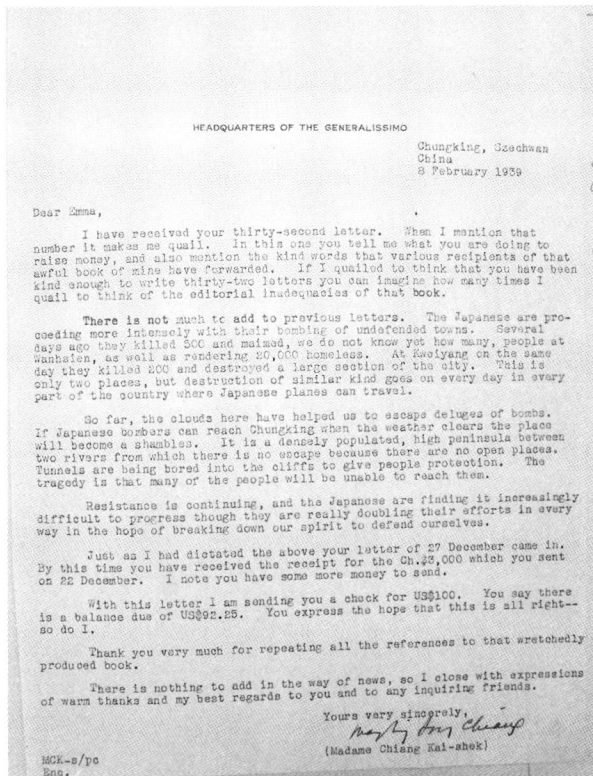

HEADQUARTERS OF THE GENERALISSIMO

Chungking, Szechwan
China
8 February 1939

Dear Emma,

I have received your thirty-second letter. When I mention that number it makes me quail. In this one you tell me what you are doing to raise money, and also mention the kind words that various recipients of that awful book of mine have forwarded. If I quailed to think that you have been kind enough to write thirty-two letters you can imagine how many times I quail to think of the editorial inadequacies of that book.

There is not much to add to previous letters. The Japanese are proceeding more intensely with their bombing of undefended towns. Several days ago they killed 500 and maimed, we do not know yet how many, people at Wanhsien, as well as rendering 20,000 homeless. At Kweiyang on the same day they killed 200 and destroyed a large section of the city. This is only two places, but destruction of similar kind goes on every day in every part of the country where Japanese planes can travel.

So far, the clouds here have helped us to escape deluges of bombs. If Japanese bombers can reach Chungking when the weather clears the place will become a shambles. It is a densely populated, high peninsula between two rivers from which there is no escape because there are no open places. Tunnels are being bored into the cliffs to give people protection. The tragedy is that many of the people will be unable to reach them.

Resistance is continuing, and the Japanese are finding it increasingly difficult to progress though they are really doubling their efforts in every way in the hope of breaking down our spirit to defend ourselves.

Just as I had dictated the above your letter of 27 December came in. By this time you have received the receipt for the Ch.$3,000 which you sent on 22 December. I note you have some more money to send.

With this letter I am sending you a check for US$100. You say there is a balance due of US$92.25. You express the hope that this is all right-- so do I.

Thank you very much for repeating all the references to that wretchedly produced book.

There is nothing to add in the way of news, so I close with expressions of warm thanks and my best regards to you and to any inquiring friends.

Yours very sincerely,

(Madame Chiang Kai-shek)

MCK-s/pc
Enc.

重庆的"雾季"不安全——1939 年 2 月 8 日，宋美龄
从重庆致信艾玛（卫斯理学院档案馆藏）

地轰炸中国不设防的城镇。她说，就在几天前，日军在万县炸死 500 人，炸伤人数尚未知晓，导致无家可归的人达 2 万人。同一天，在贵阳，他们炸死了 200 人，毁掉了这个城市的一大部分。这仅仅是两处，但是，在这个国家的每个角落，只要是日本人飞机能够到达的地方，各种相同的建设每天都在进行。宋美龄又一次表达了对重庆雾季结束后的担忧，她指出："到目前为止，天空的云还可以帮助我们逃过日军的狂轰滥炸。当天空的云雾消失之时，日本人的轰炸机如果飞入重庆上空，这个城市将化为废墟。这个一个人口高度密集，两江环绕的山城，在这里几乎没有出逃的地方，因为这里就没有空旷的平地可去。镶嵌在山崖中的防空洞可

以庇护民众。悲剧是许多人将不能到达这种安全之地。"①

　　事实上，正如宋美龄所预言，1939 年 5 月，"在入春大雾消散后，日机便源源来袭，展开一个恐怖时期。"② 5 月 3 日午间，27 架③日机从武汉起飞空袭重庆，对基本未设防的重庆市中心区域实施狂轰滥炸，共投弹 166 枚，其中爆炸弹 98 枚，燃烧弹 68 枚，空袭时间长达 1 小时 50 分钟。下半城老城区朝天门、陕西街、望龙门、太平门和储奇门等 41 条街道被炸起火，银行林立的金融区遭受毁灭性打击，成为一片废墟。"大火蔓延，至夜不息。"④

　　5 月 4 日傍晚 17 时 17 分，27 架日机再度对重庆实施更大规模的空中屠杀。此次狂炸目标锁定上半城的商业中心，被炸区域包括会仙桥、上下都邮街、劝工局街、苍平街、至诚巷、鸡街、蹇家桥、代家巷、石板街，以及通远门外中山一路一带。共投弹 126 枚，其中爆炸弹 78 枚，燃烧弹 48 枚。上半城 38 条街道被炸起火，驻重

"五三""五四"大轰炸后的重庆惨状（"支那事变"画报第六十辑）

---

① Letter, May-ling Soong Chiang to Emma Mills, February 8, 1939, Correspondence from May-ling Soong Chiang Jan. 1939–Jan. 1945, Papers of Emma DeLong Mills MSS. 2, Box 9, Wellesley College Archives.
② 董显光：《蒋"总统"传》（中册），第 325—327、329 页。
③ 一说 36 架，另据蒋介石日记记载为"40 余架"（《蒋介石日记》未刊手稿本，1939 年 5 月 3 日，斯坦福大学胡佛研究所藏）。但国民党重庆新闻委员会的出版物数据，认为 27 架日机的说法可靠，见 Air Raids upon Chungking: Japan's Policy of Terrorism, published by The China Information Committee, Chungking, China, 1939, p. 4。
④ "重庆房屋，本来多是木架，加上街巷狭窄，一房起火，极易连烧。"见吴国桢手稿，黄卓群口述，刘永昌整理：《吴国桢传》（下册），第 307—308 页。

庆英、法、德使馆均遭受不同程度的损失。当天，蒋介石在日记中记道："敌机今日傍晚来渝轰炸，延烧，实为有生以来第一次，所见惨事，目不忍睹。"①

据当时在重庆的陈纳德观察，"日本二十七架轰炸机列成 V 字形队伍，将要投弹时，他们并肩排列一行，其神速精密，很使我敬佩，炸弹落下，数百燃烧弹掀起全城大火，延续三日未熄。我前往火烧的市区协助救火队用手摇抽水机扑灭火焰，当时情形实如花园中的水管带来救森林的大火。竹屋木房的爆炸，使火焰扩大，直烧至江边为止"②。

刚到重庆不久，在国民政府宣传部任职的白修德目睹了这场惊心动魄的灾难，他花了两个小时写出长信，向母亲叙述"无法忘记的""五三""五四"大轰炸的详情，还给《亚洲》投去另外一篇"全面"反映重庆被轰炸的文稿。③ 现收藏于哈佛大学档案馆的白修德个人档案对日军轰炸重庆有相当细致的记载，其中尤其以 1939 年"五三""五四"大轰炸的记录为珍贵。从 1939 年 5 月 3 日开始，白修德就以信函或撰写文章方式，向亲友和媒体传递重庆遭遇的这场巨大灾难的信息。④

5 月 5 日，《纽约时报》头版报道："日本侵略者昨天对中国新首都实施了中日战争以来最为猛烈的轰炸……空袭警报让这座城市几乎一整天都处于恐慌之中。"⑤ 次日，《纽约时报》又以

① Chiang Kai‑shek Diaries, May 4, 1939, 40.8, Hoover Institution Archives, Stanford University.

② 陈纳德：《陈纳德将军与中国》，陈香梅译，台北传记文学出版社 1978 年版，第 86 页。

③ Theodore H. White Papers HUM 1.10. Series 1：Correspondence 1931-1939, Papers 1922-1986 Box 1 of 232 fol. 18, correspondence, outgoing, 5/1939, letter to Mr. Richard Walsh, May 10, 1939, Harvard University Archives.

④ 此间有关重庆所遭遇日军极端野蛮而恐怖的轰炸，参见 Papers of T. H. White, HUM 1.10, Box 1, Box 2, Box 3, Box 51, Box 53（folder 10：Chungking Air Raid; folder 11：Chungking Air Raids; folder 12：bombing of Chungking; folder 14：Bombing of Chung king;），Box 54（folder 5：Chungking Bombings）。此外，档案中还有日军轰炸中燃烧的城市，轰炸后满目疮痍的城市等记载，见 Papers of T. H. White, HUM 1.10, Box 221, Folder 2, Photographs Album, 1939-1940。

⑤ "Embassies Ruined in Chungking Raid", *New York Times*, May 5, 1939.

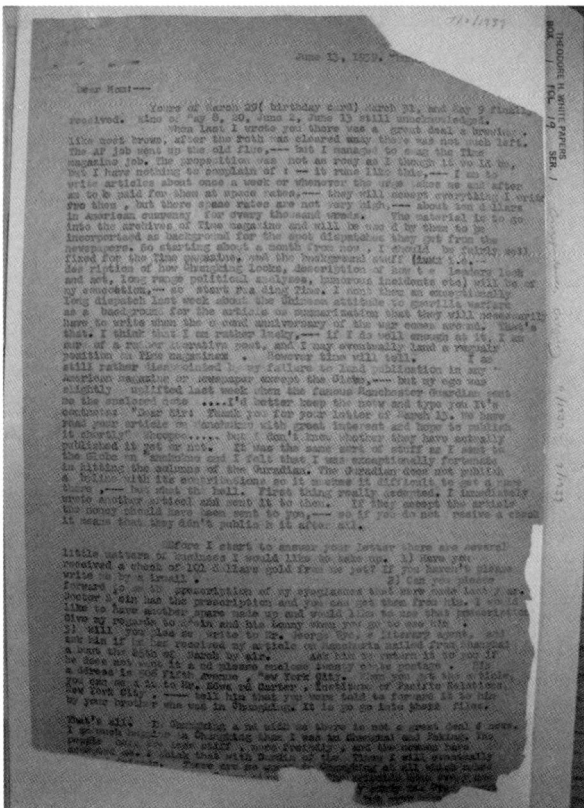

重庆大轰炸期间白修德的家书（哈佛大学白修德档案藏）

"重庆与日军轰炸引起的大火搏斗"为题，长文报道轰炸引发的灾难场景："火光和烟雾继续笼罩着狭窄弯曲的城墙，城市变成了血红的棺材，重庆在与日本前两天袭击造成的苦难搏斗。穿过城市中心的火焰在一个接一个的街区蔓延，消防员、战士和志愿者将其扑灭之后，大片田地仍在燃烧。救援队伍努力为伤残人员找医院，竭力解救被困人员，并集中埋葬死去的同胞……估计有20万人已经逃出城去了。街道上整天聚集着带着包裹和储藏物的人。有钱人的家当堆得很高，手推车和轿子上载满了零碎的物品。舢舨和汽船运送逃亡者渡过嘉陵江和长江。通往西部的公路挤满了难民。乘坐舢舨的费用由1.5美分增加至了6美元。几乎所有的商店都关门了，食物短缺相当严重。很多地区缺水增加了痛苦。许多医院没有水给病人用……100 个妇女小孩和老人在城墙避难时，统统被大火烧死了。多数外商和一些传教士的住所已经搬到南岸山上。蒋介石大元帅命令指挥所有的车辆帮助群众疏散。"①

5 月 6 日，炫耀日军轰炸胜利的《读卖新闻》称 5 月 4 日的轰炸，"造成该地死伤八百至一千名，我荒鹫部队飞走后重庆全市陷入黑暗中，电灯电话都被切断，数千难民流落街头，主要城区化为死城"②。

从 5 月 3 日至 13 日的一周多时间内，《基督教科学箴言报》在头版的世界各地战况栏目中，连续采用了美联社的 7 篇消息来报道"五三""五四"大轰炸。5 月 8 日发表题为"狂轰滥炸"的评论文章，谴责日军的暴行。③《时代》周刊、《华盛顿邮报》和《洛杉矶时报》等西方主流媒体均不同程度地跟踪报道了"五三""五四"轰炸灾难。④

"五三""五四"对重庆的新闻界而言，是一场可怕的浩劫。5 月 3 日，日军对重庆投下的弹雨"相继炸毁《大公报》《新华日报》《新蜀报》《四川日报》⑤ 等宣传抗日的报社"；5 月 4 日，日军又充满仇恨地对"中央通讯社国际广播电台投下了直击弹，将其变为废墟"。就是这一天"日本空袭重庆引起的火灾烧光了有二十万市民居住的区域，他们都舍弃自家房子彻夜逃命。五日早上只有一家报纸发行，而且只有一页纸。⑥ 中央通讯社本部房屋被夷

① "Chungking is Fighting Vast Fire, Started by The Japanese Bombings", *New York Times*, May 6, 1939.

② 《重庆再遭空袭 荒鹫两次空袭 敌都成死城》，《读卖新闻》1939 年 5 月 6 日，晚报第 1 版。

③ 参见 "Bombs and Bombshells", *The Christian Science Monitor*, May 8, 1939, p. 26.

④ 参见 "Bombs Rained on China Capital", *Los Angeles Times*, May 5, 1939, p. 2; "Air Bombers Set City Afire", *Los Angeles Times*, May 6, 1939, p. A; "Japanese Bomb Chungking; 3000 killed, wounded", *The Washington Post*, May 5, 1939, p. 1; "Third Year", *Time*, Monday, Jul. 17, 1939.

⑤ 《四川日报》疑为《西南日报》，引者注。

⑥ 实际上，所有的早报在第二天坚持出版，尽管比平常的版面压缩了很多。晚报在第二天的晚上也出版了。参见 Air Raids upon Chungking: Japan's Policy of Terrorism, p. 11.

为平地，经理河思源受重伤；中央通讯社社长萧同兹和总编辑陈溥贤（毕业于早稻田大学，同时是本社特派员）也被埋在废墟内，一度生死不明，但后发现他们奇迹般的只受了轻伤，满身灰土从废墟中爬了出来。"①

另据国民党重庆新闻委员会的统计，在两天的轰炸中，六家报社，其中四家早报和两家晚报在5月3日的轰炸中被炸毁。中央通讯社的战区电台主任刘柏生殉难。② 位于主城区的《中央日报》、《时事新报》、中央社、《国民公报》、新华日报社均不同程度被毁。中央日报社损失最惨，编辑部和印刷厂

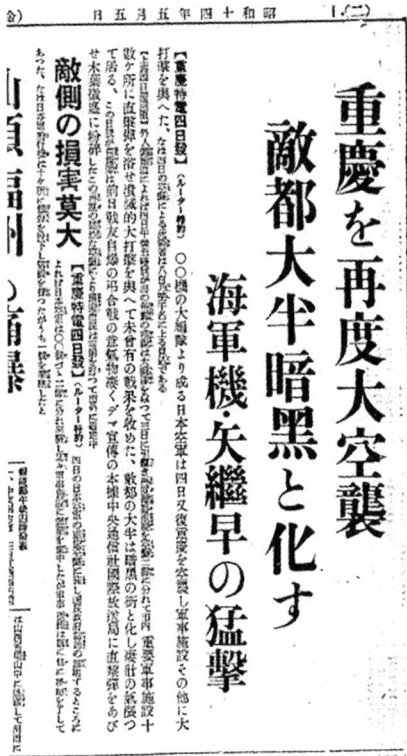

《朝日新闻》关于1939年"五四"大轰炸的报道

被摧毁殆尽。社长程沧波在给中央宣传部的长篇呈文中，称该社"所受损失颇为重大"，并细致描述了报社的损毁状况。③ 《大公报》的办公楼部分被日军的燃烧弹烧毁，一颗炸弹就扔在办公楼的附近，将印刷厂炸得面目全非。只剩了点"印刷器材书籍和存稿"④，看守器材的工友王凤山遇难，其他人员被炸弹碎片炸伤

① 《史无前例的大规模连续轰炸》，《朝日新闻》1939年5月5日晨报，第2版。
② 参见 Air Raids upon Chungking: Japan's Policy of Terrorism, p. 10.
③ 参见《中央日报社社长程沧波呈中央宣传部文》，1939年5月9日，台湾国民党中央党史馆藏档案5.3/122.25；此外，"五三""五四"大轰炸后重庆各报社所受损失情况可参见重庆市档案馆藏重庆市工务局全宗，5目，第447卷、第649卷、第659卷；重庆市工务局全宗，6目，第29卷；重庆市工务局全宗，7目，第28卷。
④ 子冈：《"五三"的血仇更深了》，《大公报》1939年5月4日。

……在《国民公报》的帮助下，5 月 4 日得以按时出版，但版面压缩到原来的一半。① 但就在 5 月 4 日，《大公报》的社址"再遭蹂躏，几乎被夷为平地"。② 中国共产党的机关报《新华日报》的办公楼被两颗燃烧弹击中，"编辑部、营业部、印刷厂被炸，燃起大火"③，在重庆其他报纸的帮助下，经过报社员工的通宵工作，该报在第二天按期出版，由"原来对开一大张改为半张"。④ 重庆本地的《新蜀报》办公楼部分被炸毁。《西南日报》也被日机扔下的爆破弹炸毁，该报印刷厂印刷用的铅字模板被炸翻，陷入一片混乱。

"五三""五四"大轰炸，开启了日本军国主义对中国无差别轰炸的恶例，日军轰炸的目标锁定都市的商业区、公共空间及平民生活区，国家宣传及文化机关遭受重挫。"五三""五四"大轰炸给重庆人留下了永远的创伤。此间《重庆各报联合版》（以下简称《联合版》）刊登的焚毁启事、遗失声明、寻人启事、讣告、代讣、电报招领等类广告记载了日军对重庆的暴行。据不完全统计，"五三""五四"大轰炸造成了人员伤亡 6314 人，其中死亡 2646 人，重伤 3668 人，损毁房屋 3686 栋，1185 间，直接损失近 200 万元（按当时的币值计算）。⑤

二、全力赈灾：第一时间的应对

疏散人口是"五三""五四"大轰炸后的重大举措之一。事实

---

① 参见 Air Raids upon Chungking：Japan's Policy of Terrorism，p. 11.
② 方汉奇：《抗日战争时期的大公报（下）》，《青年记者》2006 年第 1 期。
③ 西南师范大学重庆大轰炸研究中心编著：《重庆大轰炸》，西南师范大学 2002 年版，第 234 页。
④ 参见韩辛茹：《新华日报史》（1938—1947），重庆出版社 1990 年版，第 97 页。
⑤ 参见重庆人民防空办公室编：《重庆市防空志》，西南师范大学出版社 1994 年版，第 97—98 页。关于"五三""五四"大轰炸伤亡人数有不同的说法，另据《中华民国史事纪要》第 545—546 页记载：5 月 3 日"死伤平民数百名"，5 月 4 日，"市民死亡四千四百余人，受伤三千一百余人，房屋被炸毁一千二百余栋"，两天的"死伤总数当在八千人以上"。另据国民党重庆市新闻委员会的统计，5 月 3 日、4 日轰炸的伤亡数字是 5014 人，其中有 3000 人以上死亡，被炸毁的建筑物共计 2391 栋。见 Air Raids upon Chungking：Japan's Policy of Terrorism，p. 4.

上，国民政府移驻重庆不久，即有应对日军空袭重庆之部署。"当局早就想到消极防空极端的困难，多方宣传，居民应自动疏散。但是一旦变成战时首都，来的人比疏散的多。"[1] 1938 年 10 月 1 日，军事委员会委员长重庆行营公布"疏散渝市人口办法"。

1939 年 1 月 31 日，蒋介石在日记中拟下"重庆市房疏散之计划"[2]。此间，在接受《大公报》记者子冈的采访时，宋美龄也谈及预防空袭应多开辟防空洞与救济措施的问题。2 月 2 日，蒋介石电示张群，要求"重庆成都各处应订定人口及民房疏散办法"[3]，同时，又电令重庆市长蒋志澄"限期迁移重庆商户住户及外省来者"[4]。2 月 6 日，蒋再"速催重庆市政府疏散民众以避敌机滥炸"[5]，2 月 15 日，他又督促实施"限期疏散"。[6] 2 月 24 日下午，宋美龄召见重庆市警察局局长徐中齐，"要求从速开始收容，至于教育管理事项，可会同教会、妇女工作指导委员会办理，并以本市街头野犬较多，到处狂吠，如遇空袭，更为可虑，嘱徐局长立即着人捕杀，徐表示切实遵办"[7]。

3 月 4 日，重庆市社会局颁发《告民众书》，敦促公务人员眷属、老弱妇孺、一切不必留在市区之团体、住户、商店、工厂、堆栈仓库，立刻自动疏散，并定期强迫执行。[8] 与此同时，国民政府令中央、中国、交通、农业四家银行沿成渝、川黔公路两侧修

① 吴国桢手稿，黄卓群口述，刘永昌整理：《吴国桢传》（下册），第 308 页。

② Chiang Kai-shek Diaries，January 31，1939，40.4，Hoover Institution Archives，Stanford University.

③ 《筹笔——抗战时期》（二十）1939 年 2 月 2 日，台北"国史馆"藏蒋中正"总统"文物，档案号：002-010300-00020-020。

④ 《筹笔——抗战时期》（二十）1939 年 2 月 2 日，台北"国史馆"藏蒋中正"总统"文物，档案号：002-010300-00020-036。

⑤ 《爱记初稿（二）》1935 年 1 月 9 日至 1941 年 8 月 31 日，台北"国史馆"藏蒋中正"总统"文物，档案号：002-060200-00017-006。

⑥ Chiang Kai-shek Diaries，Feb. 11，1939，Feb. 15，40.8，Hoover Institution Archives，Stanford University.

⑦ 《蒋夫人设宴招待川省听训女校长》《蒋夫人关怀流浪儿童》，《中央日报》1939 年 2 月 25 日，第 4 版。

⑧ 参见周开庆编著：《民国川事纪要》，第 67 页。

建平民住宅，并划定巴县、璧山、合川、綦江等县为疏散区。①
3 月底，国民党中央、国民政府机关组成迁建委员会，决定各机关
迁散至重庆周围 100 公里以内，同时决定将成渝、川黔公路两侧、
重庆周围 80 公里范围划归重庆，以后各党政机关陆续迁至郊区和
迁建区办公。②

5 月 1 日、2 日，蒋介石连续两天在日记里记下"追问疏散程
度与小组会议成绩"③ 事项。然而，据《陈克文日记》记载，从
1939 年 1 月至 4 月，他参与的国民政府军事委员会、行政院、重
庆市政府等各级部门召集的政府机关疏散会议，有关国民政府的
疏散规划多停留在讨论办法的层面，甚至在相当程度上成为一种
流于形式的宣传。④

"五三""五四"大轰炸后，重庆进入了紧急的战争状态。
5 月 3 日，蒋介石在警报解除后，立即赶往市区视察灾情，抚慰难
胞，并督促抢救工作。宋美龄也于空袭后第一时间出现在灾难现
场。5 月 4 日，警报一解除，宋美龄随即带领新运总会指导委员会
暨妇女慰劳总会沈慧莲、唐国祯等十余人，携带衣物赴各医院慰
问受难同胞，并派妇女慰劳救护队前往医院协助救护工作。⑤ 日本
《读卖新闻》报道了宋美龄奔赴灾区现场的情景，称："宋美龄、

---

① 疏散区是"迁建区"的另一种提法。有关疏散区域的分布可从重庆市卫生局档
案中有关医疗卫生服务区的拓展史料中获得旁证，如"重庆市公私医院诊所一览表"
（1940 年 8 月），包括：鹅公岩、付家沟、沙坪坝、黄沙溪、浮图关、马家寺、歌乐山、
李子坝、新桥、老鹰岩、三圣庙、青木关、歇马场。见重庆市档案馆藏重庆市卫生局全
宗，1 目，第 3 卷，第 162 页。

② 政府机关及市区人口疏散至歌乐山、青木关及北碚之间的"迁建区"。行政院
迁至歌乐山乡间，立法院和司法院迁至北碚歇马场，监察院迁至金刚坡，考试院迁至中
梁山华岩寺，教育部迁至青木关，内政部迁至青木关陈家桥，蒙藏委员会迁至歌乐山
等，仅在市区设办事处对外联系。迁建区的形成使城市区域随之扩大，东起涂山脚下，
西到沙坪坝，南抵大渡口，在两江半岛市区周围形成若干卫星城镇。《陈克文日记》是
中央机构"迁建区"建设最生动的历史记载。

③ Chiang Kai - shek Diaries, May 1, 1939, May 2, 40.8, Hoover Institution
Archives, Stanford University.

④ 参见陈方正编辑·校订：《陈克文日记（1937—1952）》（上册），第 320、354、
375、392 页。

⑤ 参见《蒋夫人关怀被炸难胞派员慰问并散发药物》，《中央日报》1939 年 5 月 7
日，第 3 版。

孔祥熙在我军此次空袭前视察头一天日军空袭的情况，无言徘徊于重庆城内"①，《朝日新闻》报道蒋宋在轰炸前后的行踪，从另一个侧面透露出他们在现场指挥救灾的状况，报纸称："也就是说在三日第一次轰炸当天，蒋介石夫妇早已得知我军将要空袭，直到在下午二时荒鹫群的英姿出现在上空之前，他们从自家赶到重庆行营公舍，开始疯狂地指挥对空防御和军民避难，但是我荒鹫军开始投下百发百中的炸弹时他们开始发慌，与亲信一同逃入防空壕的深处。四日第二次空袭之前，蒋夫妇整日都在视察前一天在轰炸中受害的市内各处，下午八点三十分左右乘车回到宅邸的那一刹那，我军果断发动的出其不意的'傍晚大轰炸'的一个炸弹，如同冲着宅邸疾驰的汽车一般，在宅邸附近落下爆炸。据说他们仅仅保住了性命幸免于难，宅邸被炸。"②

第二天，当宋美龄再次来到市区轰炸废墟视察时，路遇向郊外转移的难童队伍，"宋美龄了解情况后，立即帮助拦截车辆运送儿童，又让随从找食品给孩子们充饥，一路随行保护师生们乘车顺利到达大田坎"③。美国作家爱茉莉·海描述了宋美龄在重庆街头指挥护送难童的细节。她写道，5月5日，"一夜未睡"的宋美龄，又赶到废墟现场，"从这一处火赶到那一处火，并且速决了许多应救济的各种事"，一直到下午，她才有时间想到那群战争孤儿。当她赶到"城外村子外面才见到了那一队被遗弃的孩子。这一群孩子不断地前进，走乏了，在路旁略事休息，就再继续前进。年大的扶着年小的走，几个人背着一个走。他们是一队疲乏了的小军队，可是没有一个人哭泣过。在离城几里外的一个地方，他们的暂时休息处预备好了。现在的问题是住和食两件事了，因为

---

① 《重庆再遭遇空袭 荒鹫两次空袭 敌都成死城》，《读卖新闻》1939年5月6日，晚报第1版。

② 《蒋轰炸中幸存》，《朝日新闻》1939年5月7日，第3版。

③ 谷鸣：《宋美龄领导抢救抗战中的难童》，《炎黄春秋》2003年第6期，第38页。1939年5月10日宋美龄给艾玛写的长信中，详述了"五三""五四"大轰炸，其中谈及救助孤儿事宜。参见 Letter, May-ling Soong Chiang to Emma Mills, May 10, 1939, Correspondence from May-ling Soong Chiang Jan. 1939-Jan. 1945, Papers of Emma DeLong Mills, MSS. 2, Box 9, Wellesley College Archives.

这时候已经是下半天五点钟了"。"蒋夫人决定停止一切经过的车辆，这些都是逼令遣散人口所用的车子。现在他们的任务已满，就驾空车子回到城里去，她想可以叫这些车子来运送这群孩子。她就走到大路当中，用手向前面的驾驶的车子挥舞着；那驾车者立刻刹住了车子。她告诉他原委之后，他把头摇摇，继续向前进，没有知道刚才和他谈话的是委员长的夫人。这个也难怪他，因为当时的蒋夫人脸上满是尘土，穿的衣裳也是非常不洁。其余的人，也都是这样儿，她的护士又被差出去替那些饥饿的孩子觅食去了。有许多车辆都这样地过去了，因为那些车夫都不相信这是委员长的夫人。到后来，她算是召集了足数的汽车，这群孤儿总算被带到了目的地，有吃有睡，什么事总算齐备了。"①

5月10日，宋美龄给艾玛发出一封长信，回顾了"五三""五四"大轰炸亲历灾难现场的状况。"我在空袭过后出去视察救援工作。受害地区仿佛炼狱……攀附在山坡上的房子绝大多数是木造房屋，底下以长柱顶住，一烧即成燎原之势……重庆这个城市房屋稠密，堆积在一个又长又高的地岬上，周遭都是峭壁。房子从坡地一路往山顶攀爬。它们靠狭窄的石头巷路连通，每户房子只有一个门。当燃烧弹把前门烧了，老百姓就没有后门可以逃生……为人父母的只能眼睁睁看着子女活活烧死。有些子女看着父母亲奋力想要从烈火中冲出一条生路，却被落下的梁柱吞噬。垂死者的哀嚎，受伤者夜里的呻吟，惟有因不间断的大火才被掩盖下去……恶臭日益上升，住在附近根本无法忍受。"在这封信里，宋美龄高度赞扬了重庆的训练有素的妇女工作者。她写道："我们的妇女们真是太棒了。将近两年的战争岁月，她们是有恰当的理由屈服于高度紧张的战争工作状态的，她们都一直在乐于做事，并不知疲倦地努力去救济那些不幸的人们。……你尽管相信，那个轰炸的晚上，我是将她们疏散到了郊区。但是，第二天的黎明，全部的工作人员又都回到城里来，她们来到各个救济站做起

———————
① ［美］爱茉莉·海:《宋氏三姐妹》，第116—117页。

了服务的工作，帮助收留那些遭遇轰炸的难童们。"①

5月5日，国民政府发布改重庆为行政院直属之甲种市的明令："查重庆市现经改为直隶于行政院之市，应即通行饬知。除明令公布并分令外，合行令仰知照并转饬所属一体知照。此令!"②"重庆直辖"是对日军残暴轰炸的回答，意味着这个城市的"国家"象征和不妥协的信号。当天，蒋介石手令政府机关采取紧急措施，全力展开重庆救难工作。何应钦受命督办重庆民众疏散事宜，周至柔为全国航空委员会主任。疏散委员会有权直接征用一切公私车辆及交通工具，蒋宋夫妇的"私人汽车亦被置于征用之列"③。"党政军各机关文官兼任以上，武官校官以上之职员，至少捐薪一月，作救济难民之用。"④ 5月7日，《重庆各报联合版》刊出头条新闻："中央政府增拨百万开辟渝市火巷"；5月9日，内迁重庆的中央党政各机关被动员起来，组成"永久性服务队，维持交通秩序，协助难胞疏散"。⑤

5月11日，国民政府任命贺国光为重庆市市长。⑥ 5月20日，国民政府又任命贺国光兼重庆卫戍副总司令。同时，改组防空司令部，由重庆卫戍总司令刘峙兼防空司令，建立负责防护、消防、救护和工务等工作的防护总团及有关空难救济机构，逐步形成一

---

① Letter, May-ling Soong Chiang to Emma Mills, May 10, 1939, Correspondence from May-ling Soong Chiang Jan. 1939-Jan. 1945, Papers of Emma DeLong Mills, MSS. 2, Box 9, Wellesley College Archives. 需要说明的是，在卫斯理学院档案馆藏宋美龄档案的第2盒（Correspondence, 1934—1939, Papers of May-ling Soong Chiang, MSS. 1, Box 2）中，也收藏这一封宋美龄给艾玛的信，时间为同一天，内容稍有个别句段的差异。其中，保存于艾玛档案中的这封有宋美龄的亲笔签名以及在信末手写的补充话语。据此推测，艾玛档案第9盒中的这封信应是宋美龄最终发出的信。

② 《行政院为奉转重庆市为院辖市给重庆市政府的训令》（1939年5月11日），重庆市档案馆藏重庆市政府全宗，2目，第274卷。

③ 董显光：《蒋"总统"传》（中册），第325—327页。

④ 《重庆各报联合版》1939年5月7日，第2号第1版。

⑤ 参见1939年5月6至9日《重庆各报联合版》第1至4号各版头条消息。

⑥ 参见《国民政府公报》，1939年5月13日，渝字第152号。《读卖新闻》将重庆市长更换解释为其轰炸取得胜利的结果，称"轰炸造成了巨大损失，因此重庆市长被革职，歪打正着呀"。见该报1939年5月13日第二晚报第1版"读卖直言"。

个以防空司令部为基本队伍,包括广大民众团体的防护系统。① 因政府"强行疏散",重庆市区人口锐减为 28 万。②

开辟火巷也是政府的重要防空举措。重庆市工务局早在 1939 年 4 月先后在市内房屋密集之区,开辟 10 公尺宽之火巷人行道 69 条线,共计长度为 14831 公尺,及 15 公尺宽之火巷马路 14 条线,共计长度为 6262 公尺。6 月底,市区的火巷建设工程"全部竣工","拆卸房屋面积达 103200 余方丈,共拆除大小平房,楼房 9600 余户。上项火巷马路,经清运废土整理路基后,先行土路通车,其堡坎人行道及路面工程,亦已于同年 7 月陆续发包兴筑完成"③。为减少轰炸损失而实施的疏散计划,给城市空间的拓展提供了条件;政府陆续出台的种种政策,如规划通往周边的公路和隧道建设,疏散都市人口和学校机关,安置难民生活等等,逐渐演变为应对日军大轰炸的一种建设机制。

大规模的开辟火巷工程,导致城市空间结构开始改变;而政府主导的人口疏散举措,又带来以重庆为中心的城乡互动式的人口流动。这种因轰炸而产生的"双向"性流动成为战时重庆的日常生活样态,改变着这个新首都社会生活的方方面面。1939 年 5 月,重庆市将原有的 6 个区设置为 12 个区,半岛的老城里有第 1、2、3 区,都是商业区、居住区。半岛西郊建立第 8 区,江北老城区有第 9 区,郊外有第 10 区,长江南岸建立第 11、12 区。1941 年 3 月,从巴县划出几个乡在半岛西郊部改置为第 13、17 区。将

---

① 此间国防最高委员会、行政院、军事委员会等先后采取了若干重要应急举措。参见台北"国史馆"藏蒋中正"总统"文物《一般资料——呈表汇集(八十九)》,《刘峙呈蒋中正办理重庆市居民居住证及措置情形文电日报表》(1939 年 5 月 25 日至 1939 年 7 月 29 日)、《重庆市市民居住证换领缴销办法》《重庆市户口迁入限制标准》《换给重庆市市民居住证办法》《换给重庆市市民居住证实施细则(44 条)》;台北"国史馆"藏国民政府《重庆市户口管制办法》(1939 年 6 月 26 日至 1941 年 1 月 15 日)。

② 参见《重庆市警察局民国二十九年度统计年鉴》1941 年刊,第 23 页。另据重庆市新闻委员会的统计资料,1939 年 5 月 3 日前重庆市人口为 70 万。参见 Air Raids upon Chungking: Japan's Policy of Terrorism, p. 8.

③ 《重庆市抗战四年来之建设状况》(1942 年),《档案史料与研究》2001 年第 1 期,第 48 页。有关此间开辟火巷工程可参见《重庆各报联合版》的相关报道。

原巴县划入已置为沙磁区正式建置的第 14 区，从江北县划出几个乡改置为江北第 16 区，从巴县划出几个乡改置为南岸第 15 区。报道宣称："中国战时首都的版图已经拓展了三倍。经过日军几个月异常残酷的空中打击，重庆不仅没有被毁灭，而且进入了一个明显的扩建时期。"为适应城市不断扩张的需要，政府将增加 400 万元的建设经费预算。

1940 年年初，一项耗时三年、耗资 1000 万元的环绕旧城的公路建成。① 3 月 29 日，《基督教科学箴言报》以"古老的重庆再次规划建设，修复轰炸带来的损失"为题，长篇报道"五三""五四"大轰炸后不到一年的城市建设情况：成渝间的现代高速公路正在兴建，通往郊区的公路在建设中，新修的防空洞，以及都市的公共设施等工程陆续启动，到处都是重建的景象。②

在重庆公开发行的中国共产党理论刊物《群众》发表时评，称："人口疏散以后由于党政军民的一致努力，最近战时首都的人口疏散问题已经有了相当的解决。尤其是敌人狂炸暴行后的几天，党政军各方面对于清除、救济、服务等项工作所表现的积极精神与周密的注意，至堪钦敬。"③ 白修德也描述说："这个政府既给重庆带来了新的局面，但也招致了日本的连续轰炸；它对保护人民是认真负责的。渐渐地，重庆的政府和人民走到一起来的。"④

三、"轰炸季"开始

"五三""五四"大轰炸开启了日军长时间恶意轰炸首都重庆的历史。自此，重庆每逢秋冬雾季一结束，就开始遭受日军更加疯狂和无休止的狂轰滥炸，日军对重庆实施春夏季节"轰炸季"

---

① 参见 "China's War Capital Expands Despite Raids", *The Christian Science Monitor*, 1940-1-13 (4).

② 参见 "Ancient Chungking Plans Anew. As Its repairs bombing damage", *The Christian Science Monitor*, 1940-3-29 (5).

③ 《时评》，《群众》1939 年第 3 卷第 1 期。

④ Theodore H. White, *In Search of History: A Personal Adventure*, Harper & Row Publishers, 1978, pp. 22-26.

战略，其目的在于意欲摧毁国民政府及民众的抗战精神。

5月6日，在国民党中央宣传部的组织下，《重庆各报联合版》公开出版。《联合版发刊词》庄严宣称："重庆各报联合版，今天开始发刊。这个联合版参加的分子，是重庆全体日报，联合版发刊的日期，在重庆大轰炸后的第二日。""联合版所表现的精神，最显著的是团结"，"敌人对我们的各种残酷手段，我们的回答是加紧我们的组织，我们要拿组织的力量，去粉碎一切阴谋诡计。"①

《联合版》发行的100天，是重庆遭遇日军连续、残酷的轰炸高峰时期。据统计，5月4日至8月12日，日军对重庆的轰炸次数达12次之多，每次轰炸的敌机架次为18—39，来袭批数最多的有每天4次。② 5月12日，27架日机袭击主城区嘉陵江北岸的江北区。5月13日，《纽约时报》报道："日机今天再次造访重庆，和上周的袭击一样，把这座城市另一区域变为火海。"③ 5月25日，重庆再度遭受日军狂轰滥炸的重创，日机在重庆"商业中心点约四分之一里宽、二分之一里长之区域中，投下炸弹一百余枚之多"④。6月11日，日军飞机再次袭击重庆。6月12日，当蒋介石返回市区时，见到的是一片废墟和混乱的景观，他在日记中记道："以后方车辆之拥挤毁败、秩序之紊乱，见之心寒。比前方之败兵情形更为严重。"⑤ 7月6日、7日两天，重庆"通宵都不能解除警报。日本人还采用了新的轰炸战术，即伴随月光的半夜轰炸。尽管在朦胧的月光下要轰炸军事目标几乎是不可能的，但日军的明显意图是让重庆市民长时间处于警报期，而得不到休息。这种半

---

① 《发刊词》，《重庆各报联合版》1939年5月6日，第1号第1版。日本《朝日新闻》也报道，这次"最大的轰炸"，导致了"重庆九报合成一份报纸发行"，"重庆九份日刊报纸在六日共同在一张报纸上刊出社论。社论说道，这可能是支那新闻史上最悲惨的一页，但是这显示出了不管接下来发生什么事情都要坚持抗战的支那人的决心"。见《重庆特电》，《朝日新闻》1939年5月6日。

② 参见《重庆空袭次数总表（二十七—三十年）》，《重庆大轰炸档案文献史料丛书》第1编第1卷《伤亡人员档案》，重庆出版集团2007年版，第54页。

③ "Japanese Invade a Concession Area"，*New York Times*，May 13, 1939.

④ 《渝市再遭空袭》，《申报》1939年5月27日，第3版。

⑤ Chiang Kai-shek Diaries，1939年6月12日，Box 40, Folder 9, Hoover Institution Archives, Stanford University.

夜轰炸政策的最高峰是 7 月 31 日至 8 月 4 日的 4 次半夜的恶意轰炸"①。当时在重庆的外国传教士见证了这个夏天灾难的历史。②

面对日军疯狂残暴的轰炸，重庆国民政府"第一夫人"宋美龄在第一时间到达灾区现场，组织救护，表现她的勇敢与镇静。5 月 7 日，《联合版》头版大幅刊登"蒋夫人关怀被难同胞 派员慰问并散发药物"标题新闻，报道宋美龄在灾后第一时间指示妇指会与慰劳总会同仁"携带衣物赴各医院慰问被灾害同胞"，并派出"妇女慰劳总会救护队至一重伤医院协助救护，该队员精神振奋，日夜工作，不感疲劳"。5 月 4 日，宋美龄又"派员携带药品，继续工作及往各被灾区域慰问难胞"。当天同一版，发表了"本报特写"，报道"蒋夫人赴收容所慰问"。报道称："委员长夫人宋美龄女士整天在×××收容所里慰问难民，极其辛勤。"③

5 月 9 日，下午 6 时 20 分，宋美龄在重庆用英文向澳洲发表广播演讲，痛斥日机轰炸重庆，滥杀和平居民，她指出："我正在一个悲哀沉痛的地点，向诸位演说。这里，几天以前，还是重庆城中繁荣热闹的一角，如今我的周围却尽成了残破的废墟……我改变了你们要求我广播时所定的题目，来报告一些有关敌机空袭的事情，以轰炸来大规模屠杀无辜平民，真是这文明时代所产生的最可怕的发明，民众们远离战区，可是生命的安全仍然随时受到威胁，然而交战的国家，决不能藉轰炸以获得胜利。"

---

① Papers of T. H. White, China and Asia Correspondent Papers, 1939-1948, Chungking Air Raid, 1939, Folder 10, HUM 1.10, BOX 53, Harvard University Archives. 此外，白修德档案中保存了大量 1939 年春夏期间日军轰炸重庆的文字记录。其中有一张拍摄于 8 月间夜晚轰炸重庆引发的大火场景图；有关日军对重庆极端野蛮而恐怖的轰炸记录，参见白修德档案：Papers of T. H. White, Box 1, Box 2, Box 3, Box 51, Box 53 (folder 10：Chungking Air Raid；folder 11：Chungking Air Raids；folder 12：bombing of Chungking；folder 14：Bombing of Chungking), Box 54 (folder 5：Chungking Bombings)。
② 有关 1939 年"五三""五四"大轰炸及这一年夏天的轰炸情况，参见耶鲁大学神学院收藏的传教士档案，如：John Hersey Papers Group No. 145, Box 4-1, Chungking, Excerpt from Letters of George A Fitch, October 7, 1939, Divinity School Library, Yale University；China Record Project：Miscellaneous Personal Papers Collection, Group 8, China Missionary Oral Historical Collection-4, Box 228-5, p. 53-62, Divinity School Library, Yale University。
③ 《重庆各报联合版》1939 年 5 月 7 日，第 2 号第 1 版。

在演讲中，宋美龄指出："我曾亲见全国许多城市的被轰炸，我曾连日巡视过两旁满目残破的街道，我曾见过无数仓皇惊恐，对自己命运毫无把握的民众，喘喘地奔向山中的人们，仍旧遭了敌机冷酷的扫射"，但是重庆的情景如何呢？她说："重庆，位于距大江入海处一千四百英里的上流，此刻，在我演讲的此刻，鼻子里面还嗅到被轰炸后的难闻的气息，这里被轰炸的酷烈，被燃烧的惨厉，是现代史上所空前未有的，我由衷地希望，世界上任何城市，不要再受到同样的灾难。冬天几个月来，这里有浓雾掩盖，可是我们早知道残酷的敌人在等待时机，先把那里造成死亡的陷井，然后蔑弃了人道的德义，用轰炸机把一切都毁成灰烬。敌人向世界夸示着他们所采取的行动，并且还声言要完成这种毁灭工作，即以前几天而论，敌机几分钟的匆匆掠过，已把全城最繁盛的大部分区域造成了基督受难的考而高萨，然而敌人的这种自诩为胜利的暴行，不过是以前对中国无数城市散布恐怖手段的重演，但程度更加残酷而已。这是他们故意要把中国毁为荒漠，使中国人民无以生存，而沮丧他们的勇气的政策之一。"①

宋美龄说："中国是农业国家，都市并不会集中着我们全部的资产，都市的摧残，不足使我们失去生存的根据，不足使我们向残酷的敌人屈服，所以，敌人不能用这种方法来征服我们。并且，我们的抗战，是为了保卫我们的大地河山，我们的主权，和我们的自由，除非我们的领土，浸透了四万万七千万同胞的碧血，敌人是不能使我们屈服的。"②

5月10日，宋美龄给艾玛发出一封长信，控诉日军对重庆犯下的残暴罪行，并批评美国政府对日的妥协。宋美龄写道："这些轰炸是日本人迄今所能犯下的冷血集体谋杀罪行，最恶劣的展现……他们投下破坏弹和燃烧弹……最近一次空袭距今天已六天，每一堆

① 《蒋夫人向澳洲播讲痛斥敌机暴行》，《重庆各报联合版》1939年5月11日，第6号第1版。
② 《蒋夫人向澳洲播讲痛斥敌机暴行》（续），《重庆各报联合版》1939年5月12日，第7号第1版。

瓦砾前仍摆着一排又一排的棺木——有钱人用华丽的棺材，穷人用木箱。但是炸弹把贫富、贤孝打成同一地位——全是以钳子从冒烟的瓦砾堆下捡出的焦肉。"在信中，宋美龄传递了重庆人面临灾难的态度，她写道："但是，人们的精神是高尚的，他们没有怨言，甚至一句不满话都没有。仿佛我们人民的身体正被钉在在十字架上，但精神已经接受了血与火的洗礼。"她接着写道："如果日本人认为他们以这种不人道和深思熟虑的冷血谋杀可以吓到我们，那他们就大错特错了。我们的政府和人民已经团结一致。"在这封长信的末尾，宋美龄恳请艾玛："请尽你所能让美国人民了解，这场降临在中国的死亡与浩劫是因为有了美国对日本的汽油、石油和制造炸弹的材料帮忙制成的炸弹。必须认识到孤立主义不会让美国远离同样的命运，或许这样的厄运就会发生在你们的下一代身上。美国的唯一捍卫自身安全寄寓于鼓起勇气，坚决果断而积极地站在反侵略国家的一边。"[1]

正如宋美龄所描述的，初次经历恐怖大轰炸的重庆人民，表现出顽强的抗争精神。5月14日，陈克文从南开中学到歌乐山的途中，"一路上看见许多避难的同胞在成渝路两旁盖起临时的茅草窝，姑且安身。许多工厂的器材，许多行政机关的东西，都散布在路的两旁。他们正在那里收拾安顿，建筑房舍，情形无疑是十分凄凉。可是大家都有一种咬定牙根，从困苦中建起未来伟大事业的精神。他们没有颓丧，没有失望，他们都在动手做，都在奋斗。敌人无论怎样的残暴，决没有方法可以消灭我们这种精神，更没有办法可以炸毁我们这种到处散布存在的，不断生成的建国事业"[2]。

6月13日，《基督教科学箴言报》发表通讯"重庆在轰炸中生存"，文章指出，夏日天空的晴朗，让重庆的无辜百姓又开始遭

① Letter, May-ling Soong Chiang to Emma Mills, May 10, 1939, Correspondence from May-ling Soong Chiang Jan. 1939-Jan. 1945, Papers of Emma DeLong Mills, MSS. 2, Box 9, Wellesley College Archives.
② 陈方正编辑·校订：《陈克文日记（1937—1952)》(上册)，第420页。另参见熊式辉：《海桑集——熊式辉回忆录》(1907—1949)，第142页。

受日军野蛮的狂轰滥炸。尽管如此，这场灾难并不能改变重庆发展城市和郊区的计划。将稠密的人口和工业疏散到郊区，是避免更惨重损失的途径。①

6月20日，宋美龄又致函母校美国卫斯理学院的学生，再次揭露日机在5月3日滥炸重庆犯下的滔天罪行。她指出："若非美国坚决反抗侵略行动，则美国人民必难逃于今日中国人民之所遭遇。"②

7月14日，宋美龄致信艾玛，她对艾玛将自己信中关于日军轰炸的事情传播出去很高兴。她写道："上周我们遭遇了几次半夜的空袭。由于大多数民众住在远离防空洞的地方，而且空袭从午夜12点持续到凌晨三点，你可以想象缺乏睡眠每个人是多么的疲惫。"③

因为轰炸，西部中国的重庆迅速成为国际舆论的聚焦点。7月17日，《时代》周刊的报道说："重庆的情况似乎更加光明，尽管有一半的居民因为恐惧轰炸而疏散离开城市。那里有一些群众性的集会，轰炸后的城市，满目疮痍，在残垣断壁的废墟上，代之而起的宣传抗战的战争卡通与口号。那一晚日本轰炸机乘月光来空袭，50人在轰炸中死亡，长江上停放的英国兵舰也被炸毁。但是，轰炸并没阻止中国领导人在广播中的乐观而高昂的斗志。在美国接受教育的，'委员长最信任的助手'宋美龄宣称：中国人民的抵抗实际上消耗了日军。她呼吁西方国家应'尽快'对日本实施经济制裁。"④

《基督教科学箴言报》也发表评论，写道："重庆精神，对所有困难和损失都保持乐观和坦然的态度，很难让人抗拒或者视而

---

① 参见 "Chungking Survives Raids"，*The Christian Science Monitor*，1939-6-13（4）.

② 《蒋夫人致函美大学 述敌机炸渝暴行》，《重庆各报联合版》1939年6月21日，第47号第2版。

③ Letter，May-ling Soong Chiang to Emma Mills，July 14，1939，Correspondence from May-ling Soong Chiang Jan. 1939-Jan. 1945，Papers of Emma DeLong Mills，MSS. 2，Box 9，Wellesley College Archives.

④ "War in China：Third Year"，*Time*，Monday，Jul. 17，1939.

不见"，"对中国现在的时局保持夸张的乐观主义可能是荒谬的。毫无疑问，中国还在经历着各种各样的麻烦和倒退。但我可以想象得到，在重庆经历了这么惨烈的轰炸之后，能够很快有效地重建，生活继续前进。轰炸不能赢得对中国的战争。""如果明天和平就到来，建设这个西部省份的工作会像今天一样继续下去，只是速度更快。这块古老土地现在焕发的活力，是完全让人吃惊的，她钢铁般的意志也是如此。"① 8 月 14 日，记者子冈在《大公报》发表《重庆怎样抵抗轰炸》一文。她写道："在蒋夫人的领导下，一个月中完成了第三期妇女干部训练班，人数是四百四十四个人，比在武汉训练的前两期的总人数还加两倍，她们现在已经分发到伤兵医院，保育院和四川数县去工作了，保育院在轰炸中添了六七个分院。"②

一贯对宋美龄带有敌意报道的《读卖新闻》，也刊发从正面角度叙述宋美龄组织反空袭救济的通讯报道。该通讯援引当时在重庆的美国女士采访宋美龄的手记，并配有两幅照片，一幅是被轰炸后的满目疮痍的重庆，一幅是微笑着在街头分粥的宋美龄。③ 该通讯引用 Joy Homer 女士的话语，述道：

> 我最想见的就是蒋介石夫人宋美龄。在她的私邸见了一次，沉着冷静，在近代风格装潢的房间里穿着华美的旗袍，少女时代在美国度过的中国第一夫人在中国的生活也非常西洋化。
>
> 她比我想象中的还要美，有着我们美国女人没有的细滑皮肤和明亮的黑瞳。看着她我不禁默默念叨，噢，真美。
>
> 因为她看起来十分忙碌，于是我问道：您最近都在忙些什么。她告诉我，她成立了西部中国妇女联合会并作为组织

① Randall Gould, "The Wide Horizon——Bombs Don't Win Wars", *The Christian Science Monitor*, 1939-8-8 (18).
② 子冈：《重庆怎样抵抗轰炸》，《大公报》1939 年 8 月 14 日，第 3 版。
③ 参见 Joy Homer：《与空袭斗争的重庆 对宋美龄的印象》，《读卖新闻》1939 年 12 月 21 日，日报第 7 版。

者对妇女进行政治和教育的训练，救济伤病士兵和难民。

　　蒋夫人非常精神、开朗，让人有一种幸福就在不远处的感觉。

　　重庆大轰炸不仅是抗日战争时期的重大历史事件，是日本军国主义者强加给中国普通和平公民的一场灾难性暴行，更是影响重庆地区、中国大后方，乃至战时中国的一种重要社会生态。《重庆各报联合版》发行的 100 天，是重庆遭遇的第一个轰炸季，宋美龄以《联合版》为传播平台，展示出她坚守重庆，与苦难民众共存亡的态度与决心，也将苦难的重庆与宋美龄在废墟上的英勇不屈的形象合二为一。

第二节　1940 年，残酷的无差别轰炸

　　对重庆民众而言，日军的大轰炸简直就是挥之不去的梦魇。受害者不仅有下层民众百姓，也有国民政府的上层官员、白领知识阶层等。蒋介石日记、宋美龄书信记载的不仅仅是日军轰炸重庆的残酷事实，更记录了日军轰炸对民众及其心理的负面影响。国民政府要人的日记、官方文献等文献，记载的是伤亡和人员心态的状态，显示日军轰炸对于日常生活的侵害度。

一、宋家姐妹聚首重庆

　　1940 年的"三八"节，宋美龄还在香港就医。她从香港发回电文，遥祝重庆的妇女节活动成功。此间，宋美龄在香港也收到了重庆妇女界盛大纪念"三八"节大会发来的致电。① 就在第二个"轰炸季"来临之前，宋美龄动员两个姐姐陪她一同来到战时首都。

　　宋家三姊妹齐聚首都，是战时重庆的重大新闻事件。小妹妹

---

　　① 参见《渝纪念三·八妇女节蒋夫人特举办文学奖金》，《中央日报》1940 年 3 月 8 日，第 2 版。

安排的重庆之行，不仅活动密集，且总是有传媒的追捧与关照，媒体称，"由于政见不合，姊妹隔阂十年之久，民族危机，爱国激情，三姐妹重新携手联袂，同仇敌忾"。加之蒋介石与宋氏三姐妹在重庆聚会的照片，很快随着外籍记者的采访，发布到世界各地。3月31日，宋美龄与大姐霭龄、二姐庆龄联袂来重庆，蒋介石亲自迎见，"相见甚欢"。① 在重庆及大后方的一个多月里，三姐妹一同视察学校、孤儿院，参观"工合"下属的各工厂，到医院慰问伤兵，出席各种救亡团体活动和各种社交活动等，显示国难当头三姐妹共同奋斗、团结一致的情景。对于三姐妹的到来，重庆的媒体张开热情的双臂欢呼起来，各报全程跟踪三姐妹聚首重庆和在大后方的行踪。

1940 年，三姐妹赴军政部第五医院视察②

随行的美国作家爱茉莉·海，近距离观察了宋氏三姐妹在重庆的生活与工作状况，为解读重庆时期的宋美龄提供了难得的史

---

① 萧李居编辑：《事略稿本》第 43 卷，1940 年 1 月至 6 月，台北"国史馆"2010 印行，第 331、372 页。

② 张宪文、姜良芹等编著：《宋美龄、严倬云与中华妇女》，第 105 页。

料。三姐妹走遍了重庆全城，参观学校、医院、陈列会，她们联
袂赴成都等地动员女性。三姐妹的大后方之行，也使媒体得以全
程跟踪与参与，无数照片和摄像为今天解读这段历史提供了多维
的图像，三姐妹的演讲也灌成了留声机片。爱茉莉·海这样记录：
"她们工作都很繁重……重庆的居民在战时的状态下激发了一个英
雄的崇拜心，他们都对宋氏三姐妹观望着。他们注视着，同时宋氏
姐妹们也注视着他们。那两个新来者都对重庆所成功的一切事表示
惊佩，没有一个报告和统计有这样的深刻，到她们见到了重庆为止。
人民的忙碌，还有那几百桩的改良都引起了她们的注意……这而且
是轰炸的季节……在月夜里，她们从床上爬起来走下防空洞的石级，
在烛光下，讨论着一切，历时不倦。"① 在爱茉莉·海的笔下，三姐
妹遭遇空袭以及表现出来的淡定与勇敢，通过媒体表现着大后方
民众的一种抗争精神以及重庆国民政府的救济能力，放大了重庆
国民政府的抗战形象。

1940 年 4 月 2 日，《新华日报》刊出"宋霭龄、宋庆龄、宋美
龄抵渝"的消息。同一天，《新蜀报》以"孙夫人来渝 蒋孔二夫
人偕行"为题报道。《中央日报》则用"孔孙蒋三夫人共同从事抗
建工作"彰显宋氏三姐妹齐聚重庆的团结抗战的意义。

4 月 10 日上午，宋美龄和大姐、二姐赴重庆某处检阅后方交
通车辆，陪同者有军政部部长何应钦、西南运输管理处主任宋子
良及华侨陈嘉庚等人。下午到重庆郊外视察中正学校及遗族工厂。
当天晚上，姐妹三人一起出席孙科的宴请。蒋介石也"往孙科寓
中，陪孙夫人话家常"②。4 月 12 日，宋美龄与宋庆龄、宋霭龄赴
重庆中国电影制片厂参观。③ 4 月 15 日下午 4 时至 9 时，宋美龄与
蒋介石一起出席孔祥熙夫妇特别欢迎孙夫人的茶会。《中央日报》
的记者描述了茶会的细节：

① ［美］爱茉莉·海：《宋氏三姐妹》，第 120—121 页。
② 萧李居编辑：《事略稿本》第 43 卷，第 372、378 页。
③ 参见《宋氏三姐妹参观中国电影制片厂》，《新蜀报》1940 年 4 月 14 日。

茶会设在重庆嘉陵宾馆，宾馆大厅中安置一长桌，两旁散布着许多小方桌。孙夫人坐在长桌上面正中央嘉宾位置，孔祥熙坐在孙夫人右手，蒋介石坐在孙夫人左面，英大使卡尔坐在蒋介石下面，蒋夫人坐在英大使卡尔下面，孙夫人端坐长桌之一端，除了不断与致敬的人握手外，很少发言。长桌两边的贵宾渐渐落座后，此时委员长站起来极度严肃的站在孙夫人左边的位置上，大概有十几分钟的时间，委员长终是直立在那儿。委员长站在一个人旁边，十几分钟之久！没有言语，没有动作，会场中感觉灵敏的人，会回想着南京中央党部第二会议厅挂着的那张照片。孙总理坐在藤椅上，委员长肃立在旁面，总理离世十五年了！委员长是提倡中国固有文化最虔诚的人，十余分钟的肃立，表示革命党领袖是如何好礼，如何不忘本。客厅照相的人甚多，不知有没有电影机，把这种神情拍下来，做新生活运动的模范。

记者最后感叹道："茶会就在那种融和严肃的空气中散席了。嘉陵宾馆落成后，去年阳历大除夕孔院长曾经举行一次大宴会，当时到者外宾较多于本国人。昨天这一茶会人们的情绪，较前更活跃更愉快了，重庆的好气象，固不在表面上，但呈现在表面上也真安定焕发。重庆是领导中国抗战的首都，重庆的忧乐，关系世界的安危，我们要把这种内心的情绪告慰孙夫人，并告慰世界挂念我们的人们。"①

4月18日上午7时45分，应重庆中央广播电台及国际广播电台邀请，宋美龄与二姐庆龄、大姐霭龄向美国播音，由美国 NBC 电台转播全美。孙夫人表示，中国抗战必获胜利，太平洋和全世界将来的历史一定和以前不同，且将更光明灿烂。孔夫人痛批汪伪政权说："南京那幕丑剧，完全由敌阀指使，他们要把各国在华的权益，加以毁损，给日本独霸一切。"②

---

① 《欢迎孙夫人》，《中央日报》1940年4月16日，第2版。
② 《孙孔蒋三夫人对美广播》，《中央日报》1940年4月19日，第2版。

在两位姐姐演讲之后，宋美龄再次显示了她的犀利风格，她说："我只用几分钟的时间对孔夫人的讲话补充几句，我所说的话，是要请一切爱好自由的人们知道中国应该立刻得到正义的援助，这是中国的权利。中国为了正义，已经经过了将近三年之流血和困苦的奋斗，我们请你们制定美国法律的国会议员，对下列两件事，必须做到一件，或者是对于侵略不再表示恐惧，或者停止鼓励侵略的行动，也就是对日禁运汽油、煤油以及其他战争原料。"

针对那些顽固的孤立主义的国会议员们，宋美龄严肃地指出，"我们并不是没有放弃战斗的可能，但我们仍旧在这样困难坚苦的情形之下，不怕挫折，为着自由而继续抗战，我不知道贵国的国会议员，曾否想到，万一中国被日本的武力征服了将发生何等的情形？结果是很明显的。日本军阀将保有它完满的海陆空军实力，并且可以利用了中国的领土、人力和资源，来和民主国家为难，日本军阀会给民主国家，以强大的打击，抢夺印度支那、缅甸、马来群岛、荷属东印度、澳洲和纽西兰等地，日本军阀也许不会占领菲律宾，它相信只要它不侵犯到美国的领土，不论美国国民作何感想，美国国会议员，是不会采取反抗日本的步骤的"，然而，日本将因为已控制了足够的资源而不再需要美国的供应和市场。"这几年来理应急剧崩溃的民主主义，由于中国的坚强抵抗与牺牲而得以避免了，如果美国继续帮助日本，竟使日本在东方逞它的野心，那么事态的开展，就不堪闻问了。"

宋美龄提醒不要忘记"田中奏折"，日本的侵略计划正在实施。"如果列强不认识援助中国抗战的重要，日本是有获得这种侥幸收获的可能……只要能给我们以正义的同情，到相当时期，一定能使他们完全失败，然后它就根本不能助长人类的祸患，摧残民主主义和人道正义来扰乱世界的安宁……问题只在能不能对我们表示正义的同情，这个问题只能让美国人民美国国会议员给我们一个答复。"

宋美龄最后说："炸弹的爆炸声，虽使中国的同胞震耳欲聋，但是仍旧渴望着听一声贵国方面的答复。"

宋氏三姐妹视察惨遭日机轰炸的重庆市区（《良友》1940 年第 154 期，第 3 页）

　　不久，宋美龄在给艾玛的信中谈论了三姐妹在重庆的情形。她写道："过去的一个月，我一直在带我们的两个姐姐到处视察旅行。她们对我这三年坚持不懈完成的工作事实表示了惊异。她们很好奇我还没有死掉或者被埋掉。有时候我自己也觉得奇怪，不过我想唯一能够驱使我不断坚持工作的是一个信念，那就是，只有我一直坚持工作，我们就能赢得战争。"① 她告诉艾玛，自己与两个姐姐一道，"视察了很多地方，我们的行动有一点受限，因为现在轰炸季已经开始。我们这些活动危险很大，因为轰炸是不可避免的。她们已经看到相当多的后方抗战动员工作，比如工合运动；妇女们所参与的各项活动；赈济项目，以及其他战时企业等"②。

---

　　① Letter，May-ling Soong Chiang to Miss Emma DeLong Mills，May 7，1940，Correspondence from May-ling Soong Chiang Jan. 1939-Jan. 1945，Papers of Emma DeLong Mills MSS. 2，Box 9，Wellesley College Archives.

　　② Letter，May-ling Soong Chiang to Miss Emma DeLong Mills，May 9，1940，Correspondence from May-ling Soong Chiang Jan. 1939-Jan. 1945，Papers of Emma DeLong Mills，MSS. 2，Box 9，Wellesley College Archives.

重庆大轰炸成为战时首都形象的一种标志性符号，也是这个城市生活的一种基本状态。宋家三姐妹站在轰炸废墟上，她们饱含激情地对外广播，向国际社会发出最强有力的援助呼吁，传递出一幅中国不屈团结抗战的图像。宋美龄借助两个姐姐的力量，利用重庆的苦难场面获得外部更大的同情。苦难首都与宋家三姐妹的美丽、智慧与爱国合为一体，化为重庆国民政府悲情抗战的符号。

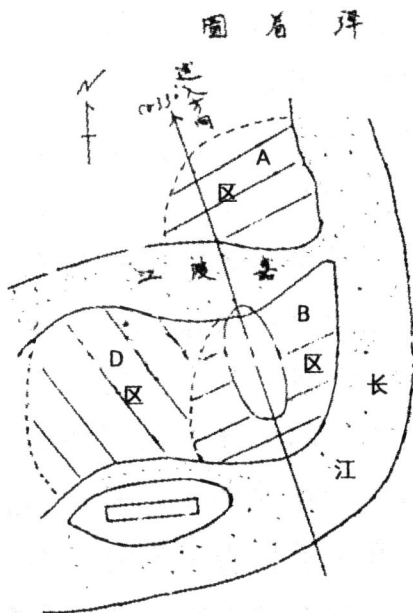

日军绘制的轰炸重庆街区分布图①

二、"八一九"大轰炸

1940 年的"轰炸季"是抗战时期重庆最为惨烈的日子，日本学者前田哲男指出，本年度的轰炸也是日军实施无差别轰炸最典型的一年。从 5 月 18 日至 9 月 4 日，日军对重庆实施"101 号作战"计划。依据这一轰炸计划，重庆的市街被划分为 A 至 H 区，日机依次在各个地区进行彻底的地毯式轰炸的战术。值得注意的是，该计划"尽量"避开美国、英国等第三关系国的利益所在地，而是将中国公民居住的市街地作为"彻底轰炸"的对象，以期造成重庆市民的恐慌，迫使重庆国民政府屈服。②

---

①　日军《战斗详报》，转引自［日］前田哲男：《从重庆通往伦敦、东京、广岛的道路——二战时期的战略大轰炸》，王希亮译，中华书局 2007 年版，第 181 页。

②　参见［日］前田哲男：《从重庆通往伦敦、东京、广岛的道路——二战时期的战略大轰炸》，第 169—170 页。《朝日新闻》1940 年 6 月至 10 月的重庆大轰炸报道文本在相当层面上印证了前田哲男的研究结论。

日军的疲劳轰炸，促使国民政府加快重庆的防空洞建筑工程。1940年7月，"当局以市区人口激增，原有公共防空洞及大隧道不敷容纳，特令饬市政府组设防空洞工程管理处，增辟新洞并改善原有防空洞以策安全。全市防空洞工程，计分四期进行，已于1942年10月全部竣工。改善部分，共计先后改善公共防空洞317座，及大隧道5处，举凡洞内之通风、照明、防毒等设备及挡墙、木门支撑、坐凳、水沟凳，均经妥为设置完善。新洞部分，计增设隧道2处，及公共防空洞94座，皆遵照标注图案施工，其隧道口之扶梯构造较直者，各建钢筋混凝土掩蔽体一座，各隧道之适中地点，复开凿直井通气洞共有8处，隧道内分装电灯、打风机、抽风机及发电机等，较大之公共防空洞，均已择要装置上顶通风照明设备，各洞口并装有防毒门幕一樘，全市共装138樘，经防空机关试验，均无不合，市民对敌机空袭重庆，已不复存恐惧之心理矣。市内各公私机关及工商团体，颇多自行建造防空洞者，特订有开凿防空洞须知，检查私有防空洞办法，凡各机关团体开凿新洞时，均须申请发给执照，经防空洞工程处查勘给照后方准动工。一年来，计核发上顶防空洞建筑执照126处，共完成私有防空洞5873.31公尺，足以容纳34632人。其余完成私有防空洞，亦经分区派员检查，其不合规定者，概予封闭停止使用，或责令切实改造"。①

对于如何安置被炸的抗敌军属，宋美龄十分关心。当得知居住在江北第九、十两区出征抗敌家属因轰炸后政府拆除火巷"流离失所"时，1940年5月14日，她特别致函重庆市市长吴国桢，提请"贵政府从速拨屋安插以慰出征军人而利抗战是幸。倘贵政府目下尚不易安插，希即见复当设法协助也"。宋美龄随函附录"新生活运动"妇女工作队政治部队陈夫人签呈及重庆市第九、十两区被拆火巷之抗属名册一份。5月16日，吴国桢复函——详报应对举措："一面令饬营建委员会就观音桥、杨坝滩等处新建平民

---

① 《重庆市抗战四年来之建设状况》，《档案史料与研究》2001年第1期，第50页。

住宅尚未发租之一百五十二栋（每栋二间）全部留予此次房屋被拆之抗敌家属以优先居住之权。一面令饬社会局派员协同江北警察第九、第十两分局即日登记各志愿前往移居之抗敌家属，并调查其究欲往何处——观音桥抑或杨坝滩——以便分配同时考察其家庭状况，如确系无力搬迁者，并饬由市赈济会酌给补助费以示优待。"[1] 5 月 22 日，宋美龄函复吴国桢，对被袭炸后之各出征抗敌军人家属"已蒙转饬本市营建委员会分别安插，并转市赈济会发给迁移补助费"的处理很是欣慰，称其"关怀征属体恤周至无任佩慰，除转知陈部长夫人外特此奉复"[2]。

日本海陆空军连续轰炸重庆[3]

蒋介石每日必记日机来袭的信息。1940 年 5 月 26 日上午，蒋介石主持党政训练班纪念周并训话，"时敌机百余架，分四批来袭重庆，是为开战以来最大之空袭，我空军无损失"，但"小龙坎被炸，死伤人民百余人"。5 月 27 日，"本日敌机分二批袭川，第一次为晨四时，发警报后即逸去，第二次为九时，计百余架，分四批来袭，至下午二时半始解除警报"，随后，蒋介石得知"北碚、

① 《宋美龄关于请拨房屋安插江北区第九、十两区出征抗敌军人家属致吴国桢的函》（1940 年 5 月 14 日），重庆市档案馆藏赈济委员会全宗，2 目，第 27 卷，第 28⁻²至 31⁻¹页。
② 《宋美龄关于感谢安排江北第九、十两区被拆火巷抗敌军人家属住房及发给补助费之事致吴国桢的函》（1940 年 5 月 22 日），重庆市档案馆藏赈济委员会全宗，2 目，第 27 卷，第 48—50 页。
③ 陆军省海军省编纂：《靖国之绘卷》，陆军美术学会发行，第 25 页。

小龙坎皆被炸，尤以北碚为重"①。面对日军的残暴，蒋在日记里写下了自己的忧虑："连日敌机百余架成群在重庆上空横行无阻，每日恒在四小时以上，精神上之刺激无比，反观我空军主持者，迟钝无能，良深忧虑，不知何日始能使国人振作，与现代各民族比肩抗衡耶。"②

5月30日，蒋又记："敌机连日惨炸市郊，民众死伤近千人。"③ 当天，蒋介石电令张群，要求"自六月一日起，重庆各机关每日办公时间改为上午五时半至九时半，下午四时至七时为宜，望研究核办"④。

5月31日，蒋介石记本月反省录，"最近敌机出动一百五十架，集队分批轰炸……至朝至晚不断骚扰"⑤。当天，《纽约时报》以"轰炸重庆成了日军的日常事务"为题报道了"这周以来每天的轰炸造成的人员伤亡又多了几百人……完全可以相信日本在广播中所宣称的，他们计划了一个对重庆进行为期十天的轰炸，尽一切可能摧毁这座城市，毁灭其工业、政府和教育机构"⑥。

1940年6月开始，日军轰炸机来重庆轰炸更加疯狂与频繁。蒋介石在日记中记：

> 6月6日，正午敌机来袭。
> 6月7日，日本飞机袭击重庆，被我军击落五架。

---

① 另据《纽约时报》1940年5月27日的报道："估计93架日机轰炸首都郊区。约200人死亡，300人受伤，多为老百姓。"5月28日，报道称"约160架日机连续轰炸重庆6个小时，这从未出现过"。参见张瑾、王爽：《西方主流媒体对重庆大轰炸报道研究——以〈纽约时报〉为例》，《重庆大学学报》（社会科学版）2010年第3期。

② 萧李居编辑：《事略稿本》第43卷，第545、547、549页。

③ 萧李居编辑：《事略稿本》第43卷，第565页。1940年5月30日，一位在重庆大学教书的美国教师，在给朋友的信中也记述了重庆大学被轰炸的状况。见 Esther Tappert Mortensen Papers, Group No. 21, Box 6-99 General Cortes. Circular letters, by ETM, May 30, 1940, Divinity School Library, Yale University.

④ 《蒋中正电令张群研究核办重庆各机关办公时间》，台北"国史馆"藏蒋中正"总统"文物，《筹笔——抗战时期（三十四）》，档案号：002-010300-00034-067。

⑤ 萧李居编辑：《事略稿本》第43卷，第570—571页。

⑥ "Japanese Press Chungking Raids", *New York Times*, May 31, 1940.

6月9日，敌机分五批袭渝，以天阴未掷弹即逸去。

6月10日正午，蒋介石宴请英大使卡尔，"适值警报敌机分三批袭渝，死伤较少，敌机被我击落五架"。

6月11日，"敌机连日分批袭渝，均遭我空军各个击破，损失奇重，下午一时许，敌又集合飞机一百十七架窜入市空，先后掷爆炸弹燃烧弹共二百余枚，我方死伤六十余人，炸毁及震塌房屋一百余栋，苏联大使馆亦遭波及，德国海通社法国哈瓦斯社苏联塔斯社，亦均中弹震毁"。

6月12日，位于市区的曾家岩官邸多次被轰炸。这一天上午，日机来袭，紧急警报，过了一点钟解除警报。[1]

6月13日，日军"用800枚炸弹进行23分钟的轰炸，摧毁了三分之二的老城区，伤亡1500人"[2]。

6月16日，在这个晴朗的星期天，日本人的飞机"又来做一次大规模毁灭重庆的工作"[3]。

这一天，宋美龄亲手给艾玛写了一封长信[4]，讲述重庆遭遇轰炸的悲惨故事，她写道："每天来轰炸的日机在空中咆哮的隆隆声让人身心焦虑……上星期，我们重庆的家中弹了，但日本人一向瞄不准，庭院里炸了几个洞。房子依然屹立无事，像个盲人用他看不见的双眼向天空眺望。我有许多朋友在过去几次空袭中，损

---

① 在现场的唐纵，"看看曾家岩炸得一塌糊涂。行政院和委座的公馆旁边，落了一个重磅炸弹，穿过丈多厚泥土而又炸入二英尺深的石块，当有五百公斤重的炸弹。国民政府的牌坊炸坍了，但大体还好。我们办公室天花板落下来，玻璃震碎了"。见公安部档案馆编注：《在蒋介石身边八年——侍从室高级幕僚唐纵日记》，第133页。

② "Chungking Suffers Heaviest Bombing"，*New York Times*，June 13，1940. 此间，《纽约时报》先后追踪报道了日军残酷的疲劳轰炸，如："Chungking Raided Again"，by F. Tillman Durdin，*New York Times*，June 11，1940；"Largest Raid So Far Hurled On Chungking"，New York Times，June 27，1940；"Japanese Continue Chungking Bombing，Chinese Eexecutive Meeting Will Go On"，*New York Times*，June 30，1940；"Chinese Cities Bombed 3 Hours"，*New York Times*，July 29，1940。

③ 陈方正编辑·校订：《陈克文日记（1937—1952）》（上册），第617页。

④ 宋美龄与艾玛的通信中，手写体的函件通常是早年的。抗战时期，她们之间的通信为打印稿，落款由宋美龄签名。本信为宋美龄重庆时期少有的手写体的长信。

HEADQUARTERS OF THE GENERALISSIMO

Chungking, 16 June, 1940.

Dear Emma:

I am sitting outside of the dug-out, awaiting the enemy planes. We have had so many raids the past month, and all the objectives have been of a non-military nature. In spite of Hull's protest against the bombing of civilian centers, including many of educational and cultural nature, the Japanese continue to hurl death-dealing missiles indiscriminately.

It is good of you to say that you think I produce "good stuff". Reading over the book which has just been published, I feel that most of it is the awfullest tripe. "Roundam" will be published by Harper Brothers as soon as I have the Appendix finished. I am now on the article describing women's participation in war work. After that is done, and all the stuff from the various ministries are in and edited, I shall send the whole batch by Clipper mail and take a rest!

I am terribly tired. Of late I have been ill too, — which perhaps may account for the fact that my head and hand do not co-ordinate.

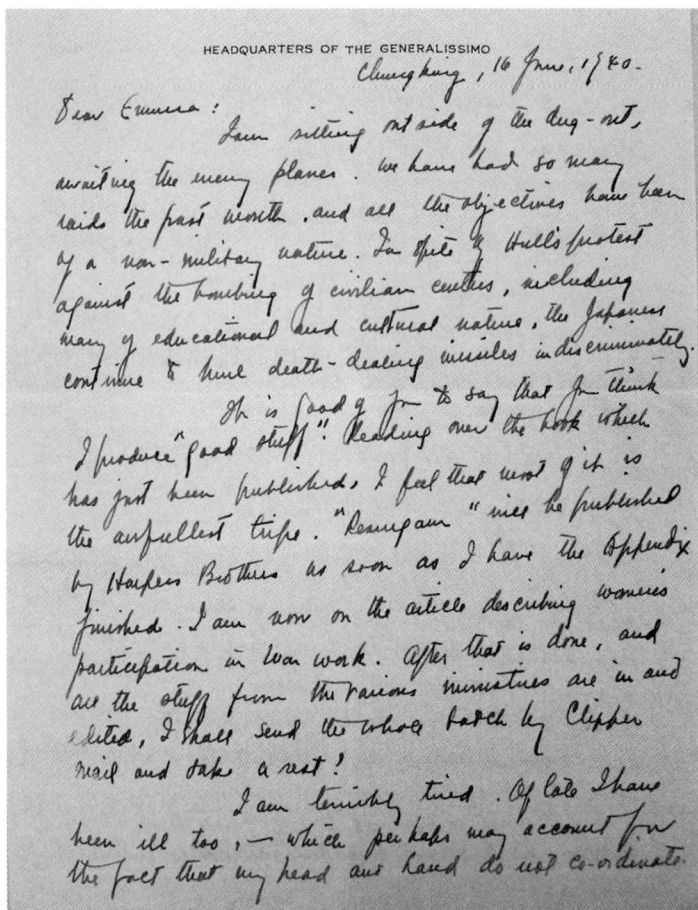

1940 年 6 月 16 日，宋美龄从重庆致信艾玛（卫斯理学院档案馆藏）

失了房子和财物。有些人甚至躲到防空洞，衣服还被烧毁……我把一些必需品分置在几位朋友家，以免万一发生最坏的状况，我不必穿戴无花果叶在重庆街头走动！""我们过去一个月遭受到许多次空袭，所有的目标全都不是军事性质……飞机依然在空中盘旋，他们飞来的阵型像巨大的乌鸦。轰、轰、轰！他们现在开始在江对面投弹了。我不能看到爆炸的情况，因为我现在在黄山这一边。我丈夫和我住在山上，因为我们重庆的家已经不能住了。日本人也知道我们城里的住址，因为卖国者汪精卫曾经访问过那里，会告诉日本人我们的住址……老天，我们怎么就缺少飞机啊！

我们有训练有素的飞行员，但却极度的缺乏飞机。"①

6月17日上午，在日军狂轰滥炸后的第二天，蒋介石出席中央扩大纪念周并训话，他"嘉慰我空军神勇的奇绩，粉碎敌人狂炸重庆的迷梦，并勉大家要效法我空军战士以少胜多的精神"。他指出："空袭是磨练我们的革命精神，各级主管要以身作则，奋发努力提高工作效能，增加抗战力量。"他也要求"各主管机关，对于本委员长各种手令，要切实研究奉行，以减少空袭损失减少民众痛苦"，"敌机狂炸下，测验我国有否同仇敌忾的气节，测验我国民族有否独立复兴的精神"。当天下午，蒋介石"在会客时，敌机来渝空袭"②。

6月25日，敌机"又来袭渝"，"党政训练班，约中弹四十余枚，膳厅讲堂办公室均倒塌"。因"宜昌机场被敌修复"，蒋担心日军可能会以其驱逐机作为掩护，敌人的轰炸机也就可以更加猖狂地来轰炸重庆了。蒋介石的这种焦虑只能记录在日记里，且只能向上帝倾述。他写道："入夏以来，各地缺雨，田中泥土龟裂，禾苗均呈枯萎状至为可虑。敌机连日袭渝，又当天暑酷旱之际，民众面有忧虞之色，见之心惨，梦寐为之不安，上帝有灵，必于此时拯救吾民，其不宜再迟乎。"③

陈纳德的回忆印证了蒋介石的忧虑，他写道："1940年夏天，日本对重庆大规模轰炸又开始，天天有九十架到一百架飞机轰炸重庆……秋天，日本使用新制造的零式飞机轰炸重庆，在二万七千英尺高空飞行，他们击落中国飞机，而中国飞机尚不知为何物所击。被击落的飞机就是旧式HawK，那是我们在昆明所训练出来的……在中国空防缺乏之下，日本飞机则任意横行……十月中旬我应蒋委员长电召赴重庆，因重庆有空袭，我的运输机无法降落，

① Letter, May-ling Soong Chiang to Emma Mills, June 16, 1940, Correspondence from May-ling Soong Chiang Jan. 1939 - Jan. 1945, Papers of Emma DeLong Mills, MSS. 2, Box 9, Wellesley College Archives.

② 萧李居编辑：《事略稿本》第43卷，第657—658页。

③ 有关本月轰炸，参见萧居编辑：《事略稿本》第43卷，第603、617、619、622、630—631、650、656、658、686、689—690页。

我只有飞到附近另一机场降落。我初遇蒋委员长时，我感觉他对日本的轰炸不安，他认为非有强大空军不能制止日本的飞机的袭击。"①

6月27日，敌机继续来重庆袭击，不过"时间较短"。同一天，宋美龄给艾玛写信，谈及孔祥熙住宅被炸的情况，以及重庆遭受日军的狂轰滥炸时，话语非常平静，她写道："轰炸在继续。昨天孔博士家的房子遭到日军炸弹两次直接的轰炸。但是我知道没有人受伤。电话线被炸断了，所以有关轰炸的消息也被延迟了。今天，我们又被日军轰炸。"②

6月28日，唐纵在日记中写道："敌机三次均炸化龙桥附近。连日空袭，水电均被炸毁。夏天没有水用，困难甚多。现在请人挑水，一元五角一担，许多人不能用水洗澡了。"③ 6月30日，蒋介石记本月反省录："本月重庆气候多在百零五度（华氏度）以上，敌机来袭动在百二十架以上，如此酷暑复遭如此惨炸，我民众忍痛耐暑，冒死不惧，其亦足表我民族坚韧之性乎。"④

7月7日，宋美龄在日军的轰炸声中完成了《抗战建国三周年纪念致词》。她指出：

> 就像我草拟此文的今天，敌机正投下无数炸弹，爆炸的声响，从广而且远的范围内，四面回荡过来，在我视线所及的是一股一股的浓烟，闪烁着火焰的痛苦，在我听觉所及的是房屋焚毁墙垣倾倒的声音，是高射炮的怒吼和机关枪的呼啸，这种种景象与声音，表示出我们的生命财产受着多大的牺牲，偿付着多大的代价。然而，这又算得什么，今天或明

---

① 陈纳德：《陈纳德将军与中国》，第71—73页。
② Letter, May-ling Soong Chiang to Emma Mills, June 27, 1940, Correspondence from May-ling Soong Chiang Jan. 1939-Jan. 1945, Papers of Emma DeLong Mills, MSS. 2, Box 9, Wellesley College Archives.
③ 公安部档案馆编注：《在蒋介石身边八年——侍从室高级幕僚唐纵日记》，第137页。
④ 萧李居编辑：《事略稿本》第43卷，第658、691—699页。

天，我或你，都有机会在杀人的敌军残暴行为下作壮烈的牺牲，这有什么关系呢？我们前线几十万战士先烈，我们全国几百万无辜同胞，早已用生命来作为争取国家生存的代价了，在我们获得自由之前，必然要经过更多的牺牲，才能使后死者继续努力，达到胜利与自由的目标。①

7月8日，日机再度来袭，集中在国民政府行政院投弹。蒋介石记曰："正午敌机袭渝，彼知我全会在国民政府举行，故敌机专炸国府，并投下千磅之大弹，然幸适落于院内而会场仍屹立无恙也。"7月9日，"正午敌机分三批袭渝"②。

1940年的夏季，重庆盛夏高温，又逢"炎暑酷旱滴雨不下"，7月13日，蒋介石和宋美龄从重庆致电蒋经国，告知"此地甚热"。蒋介石慨叹"连日轰炸与酷暑"，"苦痛险恶"。随后的5天，因为持续下雨，敌人的飞机竟未来袭击重庆。7月16日，日机的到来又打破了这里的安宁，"上午十时左右发出空袭警报，下午一时左右解除警报。敌机分两批在新市区和城内投弹。上清寺一带的小饭馆都烧光了，公务员和没有家的市民吃饭更感困难。"③

此时，宋美龄的身体状态已很不乐观，7月19日，她的英文秘书陈珍珠给艾玛写信，转告宋美龄在重庆的状态："连续三年多的战时工作，非常疲惫。但是，即使有如此的精神和身体的压力，她依旧是在坚持。"④ 9月5日，蒋介石日记里写道："吾妻工作太猛，以致心神不安，脑痛目眩，继以背痛牙痛，数症并发，渝无良医，彼乃不愿远离，以为在此敌机狂炸之中，如离渝他住，不

---

① 蒋宋美龄：《抗战建国三周年纪念致词》，《中央日报》1940年7月7日，第2版。重庆的战时书写环境非常恶劣，白修德在回忆录中也感叹："作为一个宣传鼓动家，轰炸太频繁实在写不下去。"见［美］白修德：《探索历史——白修德笔下的中国抗日战争》，第36页。

② 薛月顺编辑：《事略稿本》第44卷，第35—36、40页。

③ 陈方正编辑·校订：《陈克文日记（1937—1952）》（上册），第634页。

④ Letter, Pearl Chen to Miss Emma DeLong Mills, July 17, 1940, Correspondence from May-ling Soong Chiang Jan. 1939-Jan. 1945, Papers of Emma DeLong Mills, MSS. 2, Box 9, Wellesley College Archives.

能对人民，尤不愿余独居也。"①

7月31日，《纽约时报》刊发《日本的"自尊"》一文，指出，"当重庆——一个民族的首都在日本所谓的对平民的威胁下被日复一日的有计划的轰炸，日本显然没有丧失尊严，没有违背武士道的侠义规则"，文章充满着对日军的轻蔑和诘问。显然，《纽约时报》的舆论动向显示了宋美龄从重庆废墟现场上发出的声音在起作用。就在这一年的夏天，日军轰炸最为频繁之时，宋美龄的呼吁起到了效果，来自美国的医疗"援助已达中国人手中——美国组织送出价值两万三千美元的奎宁（药物）以及三万美元的现金"②。

进入8月，重庆遭遇的频繁轰炸更为惨烈。然而，日军残酷的暴行，只能激发起中国人民更加顽强抗战的精神。一位在重庆的日本女性观察到，"宋美龄不再穿华丽的旗袍，穿着素色的旗袍在街头卖力地呼吁更多的支持"③。

8月1日，宋美龄在中国妇女慰劳总会四周年纪念会上发表演说，她呼吁"发挥我们民族精神"来渡过难关，她饱含激情鼓舞大后方的妇女们说：

> 我们在这困苦艰辛的危难时期，各位同人乃至我们一般同胞，究竟靠什么力量来支持我们的抗战呢？我们毕竟是普通的人类，我们身体忍受苦难的力量毕竟有一定的限度，而且我们所受的困苦是世界上受难人民所少见的，这只有上帝能知道。然而我们终于能始终坚韧不夺不摇，这就是因为身体的忍耐力虽然有限度，而我们内在的民族精神力量，却是无穷无尽的。这种精神力量，使我们忍受了显然不能忍受的痛苦，负荷了显然不能负荷的重担；而且，这种精神力量，

---

① 王宇高、王宇正编：《蒋中正"总统"五记·爱记》卷19，1940年7月至11月，第212页。

② "That Japanese 'Pride'"，*New York Times*，July 31, 1940.

③ 《从重庆逃出的日本妇女手记》，《读卖新闻》1940年8月5日，晨报第3版。

使我们从悲惨失望疑虑徘徊的黯云里面，看见了信仰与希望的光芒，我们坚信中国是为了正义而奋斗，坚信我们这个大国必有其光明的前途，使我们稳渡目前的难关，也将继续鼓励我们、支持我们，以承接光明的到来；这种信念，点燃起一种永远不熄灭的火焰，蕴蓄着坚毅勇敢的热力，这一火焰在任何环境之下，都将放着灿烂的光辉，在过去的困顿的几年之中，这火焰在我们大家心中，毫不间断地燃烧着，而当我们一步一步在奋斗过程中前进的时候，它仍将继续供给我们以新的力量与新的生命。[1]

8月8日，宋美龄致函母校卫斯理学院院长麦克阿斐（Mildred H. Macafee）女士，她感谢院长邀请自己再回母校。她写道："如果可以的话，我愿意回去，但是现在离开中国对我是不可能的。"宋美龄描述说："在过去两个月的每个晴朗的日子里，日军战机到处轰炸自由中国（未被占领的后方），尤其是重庆。……我感到，如果我离开我的岗位将是一个重大错误。不管我访问美国会取得怎样的好结果，但是这样也会被日本人对我离开中国的宣传抵消掉。真的是奇迹，尽管轰炸和今年整个乡下的酷暑难熬，我们的人民是如何地有耐心和不抱怨，并且在日益严峻和持续不断的轰炸下，我人民之精神和军队之士气都在持续地高涨。"[2]

1940年，日军对重庆的频繁轰炸及其损害程度，还可从连夜赶筑防空洞工程得知，"因为整夜在宽阔的河谷上发出的沉闷的爆炸声，这是重庆在挖深入岩石的防空洞的声音"[3]。于是，整个战时，重庆城内昼夜响起开凿防空洞的声音。有关档案记载，重庆

———————————

[1] 宋美龄：《中国妇女慰劳总会四周年讲词》（1941年8月1日讲），载王亚权总编纂：《蒋夫人言论集》（下集），第744页。

[2] Letter, Madame Chiang to Miss Mildred H. MacAfee, August 8, 1940. Correspondence, 1940–1948, Papers of May-ling Soong Chiang, MSS. 1, Box 2, Wellesley College Archives.

[3] Graham Peck, *Two kinds of time*, Boston, Houghton Mifflin, 1967, p. 52. 重庆市档案馆藏重庆市工务局档案显示，由于应对日机轰炸，重庆市的防空洞凿筑十分频繁，官方甚至有明令修造防空洞不得超过夜间的明确规定，以免打扰市民休息。重庆

国民政府甚至颁布公告，勒令开凿防空洞的施工工程夜间须停止，以不妨碍民众休息。而山城重庆"建之于上的峭壁和岩石山脉，为人工洞提供了理想的材料。通过爆破和开凿，越来越多的山洞被挖开。中国工人以一种无休止的耐力、缓慢和低效率的方式不断地爆破、开凿，但取得了任何效率高的工作都无法比拟的成就。城市的洞穴栉比鳞次，公共的和私人的，大的小的，深的浅的，但仍不够，因为重庆的人口已经饱和"①。然而，由于人口众多，重庆的防空洞始终存在供需矛盾。据重庆市警察局的统计，1939年年初，重庆的防空洞"只能收容六万人，将来计划中的防空室工程完成，亦不过能容十万人。重庆人口六十万，尚有五十万人没有安全的处所，非紧急疏散不可"②。

此时，宋美龄就"有美国人捐赠八万元，作救济被炸人民之用"一事特地致函重庆市市长，她对善款的用处提出两点意见：（1）可否由市府再建住宅为平民居住之用；（2）有无其他救济办法。8月11日，重庆市市长吴国桢将宋美龄意见以"条谕"形式转发各部门，要求各相关部门"如照第一项意见办理，则应建于何处，如何设计？请尽量贡献意见，于明日下午送来（不用正式呈文，简单函述即可）"③。

8月9日，国民政府行政院大楼被炸。第二天，陈克文观察到公务员和普通百姓的镇定情绪，他在日记中写道："办公大楼充满了受灾的男女同事。发救济费，清理未被烧的宿舍，整整忙了一天。宿舍后楼没有被毁，依然可以居住，依然可以弄饭，大家都说是不幸中的大幸。敌机今天整天不来，似乎是让我们整理休息的。不管怎样，全市的复兴工作，依然是到处分别进行。敌机是否再来，大家并不去理会他。几日间瓦砾场中又建筑起临时房子

① Emily Hahn, *The Soong Sisters*, New York: Doubleday, Doran & Co., inc.1941, p. 298.
② 据1939年4月的统计数据显示，重庆市人口数达到国民政府迁都以来的最高值，有五十四万余人。
③《关于检送蒋夫人函件致财政局的函》（1940年8月14日），重庆市档案馆藏重庆市财政局全宗，8目，第238卷，第17页。

来了。如火如荼的敌机轰炸才一过去,人人又从洞中钻出来,笑嘻嘻地做着各种各样的公私工作了。昨夜数十个被灾的公务员,平时最受不起委屈,吃了辛苦,最容易牢骚,怨天尤人,昨夜竟听不到半句不满意的话,这也是想不到的。"①

8月11日中午12时后,"敌机九十余架来袭渝","结果损失甚微"②,但这却是日本人一次重要的试探。8月19日,日军以更强大的机队扑向重庆。下午1时左右,"敌机一百九十余架由其驱逐机掩护分四批侵入渝市,投下燃烧弹多枚有三十余处,中弹着火延烧数小时尚未熄灭"。蒋介石说:"两年来之轰炸恐以今日为最猛烈,不知被灾同胞如何救护,思之但有忧闷耳。"8月20日,天气晴热,上午11时,日机"一百七十架袭渝向商业区及平民住宅区,投下多量之燃烧弹,顷刻全城各处发生大火"③。陈克文日记里写道:8月19日,日军出动二百多架飞机,对重庆"残破的市区"进行恐怖轰炸,"残杀无辜的平民","灾情不亚于去年'五三''五四'之役"。第二天空袭后,他感叹道:"经此两日的浩劫,残破的市区,十之八九成为灰烬。敌人毁灭重庆的暴行,真是快要完成了。"④8月21日清晨,唐纵"赴军委会并进城视察灾况,会内军政部被烧,军令部被炸,城内延烧甚广,全城尽成瓦砾,难民无家可归者,不知若干……巡视各灾区,难民于余烬中寻找什物,其情可悯,其状可哀。日来轰炸火连天,可怜全城化为焦土!"⑤

8月20日、22日,蒋介石连续下发手谕,"加拨赈款壹佰万元交由空袭服务救济联合办事处妥为发放,对被灾难胞加倍给赈以资救济"。规定:"不愿疏散者,照规定发给急赈十元";"愿疏散到附近地点者,可入空袭服务救济联合办事处所设之附近收容

---

① 陈方正编辑·校订:《陈克文日记(1937—1952)》(上册),第644页。
② 薛月顺编辑:《事略稿本》第44卷,第154页。
③ 薛月顺编辑:《事略稿本》第44卷,第176—179页。
④ 陈方正编辑·校订:《陈克文日记(1937—1952)》(上册),第648页。
⑤ 公安部档案馆编注:《在蒋介石身边八年——侍从室高级幕僚唐纵日记》,第149页。

所供给伙食两星期"；"愿疏散往外县者，除交通工具由政府供给外，另给救济费每口五十元，一半在渝发给，一半于到达规定地点时发给"；对于"愿疏散往外县而无亲友可投者，由政府供给交通工具送往赈济会，在各县设置之收容所伙食由赈济会担任三个月并酌予小本借贷"。与此同时，鉴于日军在重庆市内"投下大量的烧夷弹，延烧甚烈，施救困难"，蒋介石要求重庆卫戍司令部及重庆市政府紧急加辟太平巷区域，规定"各街道应行拆除房屋每隔十五栋拆除一栋，其已被炸有危险性或容易烧毁者亦予拆除，其宽度以二十公尺（或两间）深度以拆通道为止"。政府对于"应拆房屋赔价款按照二十八年拆除太平巷成案办理"。①

面对日军的残暴轰炸，重庆卫戍司令部提出改进陪都空袭救护准备的意见，意见指出，两天的大轰炸导致了"市中心区延烧"，"人民失所无依，露夜街头凄惨之状，何忍闻见，政府临时赶建席棚仍属缓不济急，当时虽尽力抚慰与救济，而难胞已饱尝其苦矣，将来是否仍有（八一九、八二零）之惨剧，洵不敢断言无之，设有之，究应如何救济，当以使民与被难之瞬间得到安居之实惠为主"，并"呈请中央拨款在市郊外增建平民住宅，以若干供临时收容难胞之用，以若干租给疏散之民"，由政府规定建筑住宅区，并"劝渝富商殷户集资建筑，建议住宅出租"②。

8月23日，宋美龄又到轰炸现场视察慰问。③ 这一天，蒋介石在日记里记："两昼夜以来焦虑苦思救以保民与抵御大轰炸之法……心力交瘁。"8月23日中午，敌机三批袭击重庆。下午，"夫人关怀本市被炸难胞，于下午五时驱车前往各灾区视察，对各难胞慰问备至，并对新运总会专为难胞所设之茶粥站服务人员予

① 薛月顺编辑：《事略稿本》第44卷，第177—179、197页。
② 重庆卫戍总司令部办公室编：《民国三十年改进陪都空袭救护准备之意见》，重庆市档案馆藏重庆市卫生局全宗，1目，第38卷，第50—56页。
③ 参见《孔（祥熙）副院长令渝市府委办空袭赈抚，宋美龄昨亲至灾区慰问》，《新华日报》1940年8月24日，第2版。

以指示及嘉勉"①。

8月24日，最高国防委员会下令重庆市内的各机关彻底疏散到乡间。8月31日，宋美龄在重庆新生活运动总部举行孤儿登记时，当即收养遭空袭而屋破家亡之难童200名。②

三、国府明令重庆为"陪都"

从国民政府移驻重庆起，重庆的行政地位已然提升。从另一方面看，蒋宋的迁驻重庆，似乎预示了重庆即将遭遇日军的大轰炸。1938年12月8日，陈克文在日记中记道："蒋委员长今日下午到了重庆，这是武汉撤退后他第一次入川。他来了，于是有许多人起了敌机将不断来袭的忧虑，但他自己却从来没有忧虑过。听说他始终没有入过防空洞，敌机狂炸武昌省府的时候，他所居住的周围建筑差不多都炸毁了，随从也炸死了好几个，他却安然无恙。"③

一位亲历重庆大轰炸的法国天主教神父 Eleutherius Winance 在接受口述访谈时说："重庆是建筑在山石上的城市，城市就是一个很神奇的防空洞。因为有防空洞，重庆不怕轰炸，没有问题！但是，轰炸使城市陷入一片混乱，不是针对军事目标，而是城市。日本人轰炸重庆，他们轰炸很多次重庆，很多很多次，因为政府在那里，蒋介石在那里。"④

作为战时首都，重庆地方人士对于重庆政治地位的提升早就有认识。重庆市临时参议会向国民政府暨国防最高委员会提出报告，"请政府明令重庆市为中华民国永远之陪都"，理由是："重庆

① 薛月顺编辑：《事略稿本》第44卷，第198页。1940年8月23日，《新华日报》以"孔祥熙令重庆市府委办空袭赈抚，宋美龄亲至灾区慰问"，《中央日报》以"蒋夫人慰问被炸难胞"分别予以报道；同一天，《新民报》第3版刊发消息，称"蒋夫人视察被炸区"；8月24日，《时事新报》刊载中央社消息"蒋夫人视察灾区"。

② 参见《蒋夫人收养孤儿》，《申报》1940年9月1日，第3版。

③ 陈方正编辑·校订：《陈克文日记（1937—1952）》（上册），第328页。

④ China Record Project：Miscellaneous Personal Papers Collection，Group 8，China Missionary Oral Historical Collection－4，Box 228－5，p. 53－62，Divinity School Library，Yale University.

市之重要地位，现已渐为一般所公认。其在抗战时期，为我国政治、经济、文化之中心，并为抗战领导机构之所在地，固无论矣；即在抗战胜利之后，亦可测预其未来之发展，有无限光明之前途。从现有之趋势观察，将来重庆市必为长期西南建设之中心，预计其必可发展为我国伟大之内陆城市，若美之芝加哥、俄之莫斯科然。"①

1940年3月，《重庆市建设方案》提出请"重庆市临时参议会呈请国民政府暨国防最高委员会"，"请明令定重庆市为中华民国永远之陪都，俾待将来抗战胜利，还都南京之后，重庆仍然协助建设事业之进行"。"请市政府充实'都市计划委员会'组织，使能经常修筑建设事业之进行。重庆市政府为执行战时职责及扩大建设之进行，前曾呈准行政院依据市组织法规扩充其组织，同时市政府又呈准行政院设立'都市计划委员会'，以协助建设事业之进行。此两项措施，均属重要，于未来大规模之建设，最所必要。同人以为新重庆之建设，头绪甚多，繁难万端，故建设'都市计划委员会'除包括工程技术人才外，并宜敦聘对市政素有研究之专家，或谙熟本市情况之士绅参加，以便随时协助建设事业之进行，而收集思广益事半功倍之效。再此项委员会应不仅限于战时而为永久之设置，其计划之实施，并不应随市府人事变迁为转移。"②

5月9日，宋美龄致信艾玛，说："我们人民的士气依旧是高涨而不可动摇的。我们正在扎根到这个西部的国土上，并且生产越来越多我们所需要的东西。正如我之前提到过，我们已经有足够的军队，一旦时机成熟将对日军发起反击战役。我们将会有足够的武器装备来打赢这场战争，尽管我们不能获得像日本军队那样的重型装备。我们的空军也没有足够的力量与日本军队作战。

① 《重庆市建设方案》（1940年3月），《档案史料与研究》2002年第3期，第42—43页。
② 《重庆市建设方案》（1940年3月），《档案史料与研究》2002年第3期，第42—43页。

但是，我相信胜利将是我们的。"①

8月29日，中央社记者访问重庆市参议会议长康心如，谈及对于建设新重庆之希望，康心如指出："旧重庆已为敌机滥炸，毁其大半，新重庆则正在孕育中。希望政府当局对于新重庆之建设，早有详尽规划，务期适合现代化需要而能一劳永逸，梳理市民百年福利之基，尤有进者即市参议会前曾建议政府明定重庆为战时首都，抗战后为永久陪都，若政府采纳，则新重庆不仅将为重要商业都市，同时亦为政治文化经济之枢纽，重庆之繁荣，可以预卜，实重庆市民之幸也，市参议会必竭尽全力协助政府，完成建设新重庆之使命，以努力建设，答复敌机轰炸。"②

面对日军的残酷轰炸，重庆人表现出了不屈不挠的英雄气概。蒋介石感叹道："古今中外未有如我中华民族壮烈之甚者，此实非余自诩之辞，自目睹耳闻与身受之我，每念同胞之悲惨史迹，不啻泣鬼神而动天地。如此民族若再不复兴，则宇宙间正气灭绝，公理沉沦，岂复有人类生存可言乎！"③ 面对日军的残暴轰炸，国民政府也以提升重庆城市的行政地位来回答日军的暴行，以显示中国政府不妥协的抗战精神。

1940年9月初，宋美龄视察重庆国泰等各戏院临时难民收容所，特别"指示有关主管，对于难童应予以适当之教育，对于难胞中患有疾病者，亦应迅予诊治"④。

1940年9月6日，国民政府明令，定重庆为陪都。蒋介石在日记中记："四川古称天府，山川雄伟，民物丰殷，而重庆缩毂西南，控扼江汉，尤为国家重镇，政府于抗战之始首定大计，移驻办公，风雨绸缪，经三载川省人民同胞同仇敌忾，竭诚纾难，矢志不渝，树抗战之基局，赞建国之大业，今行都形势益臻巩固，

① Letter, May-ling Soong Chiang to Miss Emma DeLong Mills, May 9, 1940, Correspondence from May-ling Soong Chiang Jan. 1939-Jan. 1945, Papers of Emma DeLong Mills, MSS. 2, Box 9, Wellesley College Archives.
② 《康心如谈建设新重庆》，《中央日报》1940年8月29日，第3版。
③ 董显光：《蒋"总统"传》（中册），第325—327页。
④ 薛月顺编辑：《事略稿本》第44卷，第232页。

战时蔚成军事政治救济之枢纽，战后自更为西南建设中心，恢阎建置民意。"①

这是一座英雄城市，日本人的轰炸，只能让这座城市愈炸愈坚强。爱茉莉·海观察到："（警报解除后），好多人从地下走了出来，上了山，向他们的家走去。那死城变换了，这里有的是生气，色彩，闹声，每一处都有。这声音扬入了天，传入了河，满城中都是人

《宋氏三姐妹》——爱茉莉·海的著作（卫斯理学院宋美龄档案）

声——谈话，叫喊，大笑。再没有什么炸弹的声音，再没有那可怖的景象。勇敢地，每个人心中存着希望。上帝也听见他们的默祷——中国是不易征服的！"② 1940 年 5 月 31 日，《纽约时报》报道说："日本官方在汉口宣布每天对重庆的轰炸将持续到其反抗精神被击垮，但没有证据表明这已经动摇了中国的士气。承受了日本两年的空中轰炸，重庆充满士气能够继续忍耐。"③ 重庆人民在面对日军轰炸时表现出来的顽强形象通过西方记者的笔触，给西方世界留下了深刻的印象。而作为"受过美国教育的中国领导人的妻子"④，宋美龄自然是重庆英雄图像中的重要符号。

唐润明认为，抗战时期的国民政府改重庆为直辖市进而定重庆为陪都，是当时的历史条件下多种因素合力的结果，也是战时

---

① 薛月顺编辑：《事略稿本》第 44 卷，第 256 页。

② ［美］爱茉莉·海：《宋氏三姐妹》，第 125—126 页。

③ "Japanese Press Chungking Raids", *New York Times*, May 31, 1940.

④ "Ancient Chungking Plans Anew, As It Repairs Bombing Damage", *The Christian Science Monitor*, 1940-3-29（5）.

重庆地位不断上升、提高的必然。但日本飞机对重庆的狂轰滥炸则是促成国民政府改重庆为直辖市并定重庆为陪都的直接的重要因素。从另一个角度看，陪都的设立，既是日军对重庆实施残酷轰炸的结果，更是重庆国民政府应对轰炸的战略举措。提升重庆的政治地位，无疑更加暴露了日军的暴行。

陪都建立之后，招致日军继续疯狂的大轰炸。蒋介石的日记，在某种程度上成为日军轰炸重庆的日志。1940 年 9 月 12 日，他记道："正午，敌机入渝扰乱。至夜，敌机又来三架。"9 月 13 日正午，敌轰炸机 36 架在其大队驱逐机的掩护下侵入重庆，蒋介石记道："我驱逐机群被其在高空之俯冲轻轰炸机与其驱逐机乘势下击，我机损失十六架"，"此谓我空战以来最大之损失，以后补充为难，恐敌气焰复张。"①

对于 9 月 13 日的轰炸，陈克文的记录是：周五，晴，"近二十日的安静生活，一切渐上轨道，昨今两日又给敌机摧毁了。昨日于上午十时左右发出空袭警报，十二时左右敌机侵入市空，并且是驱逐机先来，飞行甚低，为从来所没有的。在浮图关、李子坝一带投弹，下午二时解除警报。下午七时左右警报又发出来，九时才解除。大家心里都想，大概日本鬼子要模仿德国空袭伦敦的伎俩，不断的空袭，使重庆的警报也历时八九个小时不能解除。但重庆非伦敦，日本鬼子更非德国，日本鬼子到底做不到这样的事。今日上午十时，红球又挂起来了，半个小时后即发紧急警报。十二时左右，敌机已到市空，曾家岩一带落了不少的炸弹。行政院前后左右为敌机轰炸的范围，炸弹最少落了一二十枚。行政院一部分的办公房屋（颖庐）完全炸塌了，大楼幸得安然无恙。附近的汽车公司仓库着了火，燃烧两三个小时。江边防空洞洞口中了弹，一个洞口封闭了。洞内给空气震荡，并且爆炸的声音很凄厉，一时秩序大乱。妇女和孩子喊哭哀叫，好似瞬间便要沦灭的样子。几分钟后，惊魂稍定，幸没有伤亡，只有一两人略受皮肤

---

① 薛月顺编辑：《事略稿本》第 44 卷，第 275—277 页。

破损而已。""鬼子毁灭城区的工作已经差不多完成了，大概要肆其凶焰到新市区来了。"①

这是重庆轰炸季结束前，日军的最后疯狂，也是对国民政府明令重庆为陪都的报复。9月14日，迁移至西郊歌乐山龙井湾办公的陈克文记道："上午十时过后便挂起红球来了……晚饭后月光如洗……忽闻警报。不久敌机来了，来回都经过龙井湾上空。我们没有躲避，看着四处的探照灯搜索敌机不获，最后飞向市区轰炸，炸弹声隆隆震耳。"9月15日早晨7时30分，日机即来轰炸。"时间之早为向所未有。八时许闻轰炸声和高射炮声，九时解除警报。十一时空袭警报又来，十二时左右，市区及郊区多处轰炸的声音四起。高射炮也隆隆相应。不久敌机复到处低飞，机声凄厉，造成极大的恐怖空气。虽身处郊外安全地带，无不人人慄慄生惧。敌机去后，都互相询问，不知今天市区何处受殃，留居室内的朋友们又不知受何惊吓了。"这一天轰炸的结果，行政院"办公大楼模糊，已经不像一所房子了。附近的商场已经完全倒塌，只见一堆堆的碎木砖瓦，许多的士兵在那里清理街道。幸而看不见一个受伤或死亡的人。大楼右边那所蒋委员长居住的小洋楼也仅受了一点小伤。电灯没有了。行政院前后左右，在月光明朗之下，但见破瓦残垣，沉沉如死庐"。第二天行政院附近的市区又遭轰炸！②

此时，饱受轰炸的陪都，已是伤痕累累。应宋美龄之请赴重庆的冰心，从飞机上观察到饱受日军轰炸摧残的重庆景观，她写道："从飞机上往下看，我们越过了云南陡峭的山脉，在被称为'天府之国'的四川省的田野降落了。重庆是细长的位于山间的城市，在薄雾中耸立在长江和嘉陵江之间。飞机渐渐地下降，在城市的上空回旋时，我看到重庆遍地都是爆炸后的痕迹。墙壁倾斜、栅栏倒塌、大桥陷落、道路绝尽。"③

---

① 陈方正编辑·校订：《陈克文日记（1937—1952）》（上册），第657页。
② 陈方正编辑·校订：《陈克文日记（1937—1952）》（上册），第657—659页。
③ 谢冰心：《我所见到的蒋夫人》，虞萍译，《中国现代文学研究丛刊》2006年第6期，第103页。

9月18日，陈克文感叹："坐汽车到城内各处灾区走了一遍。昔日繁华地，现在都变成了废墟，这真是中国的庞培城了。"①

9月17日，行政院决议组织陪都建设计划委员会，详细地规划了重庆建设事宜。10月1日，重庆各界三万余人举行庆祝陪都建立大会，并电国民政府主席林森、军事委员会委员长蒋介石致敬。晚上，民众在市区举行火把游行。当天，行政院通过了《重庆陪都建设计划委员会组织规程》。该委员会直隶行政院，由孔祥熙任主任委员，周钟岳、杨庶堪为副主任委员。10月15日，重庆各界举行反轰炸大会，发表宣言，声讨日本暴行。10月19日，国民政府公布《重庆陪都建设计划委员会组织规程》。

9月23日，宋美龄又向海内外发出通电，发起征募药品运动，热切呼吁大家共思预防疫痢流行，协助维护前方将士健康。②

9月25日，《基督教科学箴言报》发表《中国的首都建了再建》一文，采用大幅宋美龄赴空袭受灾现场视察的照片。③ 照片中的宋美龄身穿中国传统旗袍，身后跟随着三名空袭救济委员会成员。宋美龄本人的基督徒身份，以及她脚下的一片废墟瓦砾，无形中呈现出西方宗教中的"救赎"主题，对有高度宗教信仰的美国受众产生不小的共鸣。这幅巨型照片下的解说词是：蒋委员长夫人在空袭救济委员会人员陪同下视察日军轰炸后的废墟，这种试图摧毁重庆人民意志的轰炸已经发生好几次了，每次轰炸后，回答日本人的是城市的重建，人民的士气并未低沉，而且更加坚强。宋美龄在大灾难面前表现出的沉着稳重的中国妇女形象，向西方世界展示出中国人对待灾难的态度，即充满温情但绝不软弱。

1940年10月25日，日机33架再次袭击重庆，炸伤泊于长江南岸的美国军舰杜杜伊拉号和太古轮船公司的万象、万流两轮船。次日又轰炸市内贫民棚户区，致使棚户区损失惨重。

---

① 陈方正编辑·校订：《陈克文日记（1937—1952）》（上册），第660页。
② 参见《宋美龄通电征募药品》，《申报》1940年9月24日，第6版。
③ 1940年9月4日，《朝日新闻》刊载题为"宋美龄视察被轰炸的重庆"的照片，类似相同场景，但具体日期不明。照片上，宋美龄身着无袖旗袍。

11 月 20 日，宋美龄发表对美广播，她讲道："我常常亲自视察医疗伤兵，及被轰炸受伤的医院，使我感到了医药救济问题的迫切。最近以前，滇缅路暂被封锁，使我们医药材料的来源大感恐慌，甚至动用了大手术而无麻醉药剂可施。我们眼看着若干男女老幼伤痛而呼号，而丝毫不能减轻他们的苦痛，实在觉得伤心惨目！我想在烽火连天的欧洲，人民决不会曾有过这种经验，同时，我也不希望他们有这种经验。"她继续说："抵抗日本侵略第四个冬季，现在已到面前，而这将是一个最艰辛的时期。随着战争的延长，我们当然要受更深的辛苦，同时也损失更多的生命与物质。可是我们全国同胞，都有坚定的决心，为了人类的自由、正义、平等，而继续奋斗。这所谓自由、正义、平等，也正是新大陆贵国人民所信守不渝的。为了实现这些原则，必须我们人人都能不断努力，踊跃牺牲，勇敢奋斗。诸位，美国的朋友们！任何救济我们伤病同胞的举动，我们都表示着无限的感谢。"①

四、跑警报、躲空袭

"五三""五四"大轰炸开始了战时重庆的"轰炸季"② 与雾季交替的特殊历史。与此同时，重庆人的生活也被迫分为两种状态，即跑警报、躲空袭与不跑、不躲两种状态。日本人的飞机成了驱动重庆人生活方式的指挥棒。

轰炸改变了整个后方的生活。人们的衣食住行在相当程度上受到日军渝空袭行动的支配。轰炸改变了重庆城市化的样态，如城市空间的蔓延、人口布局、城乡人口流动状态及结构等变化。

---

① 《蒋夫人播讲致谢美妇女界捐款援华》，《中央日报》1940 年 11 月 21 日，第 2 版。

② 《关于义诊免费办法及特约合同》，重庆市档案馆藏重庆市卫生局全宗，1 目，第 15 卷，第 97—121 页。而《读卖新闻》采用了 5 月是"空袭月"的说法。参见《重庆奔走于增设防空壕 同时转移大使馆》，《读卖新闻》1940 年 5 月 1 日，晚报第 1 版。相对于重庆秋冬多雾季节而言，每年雾季结束之日，便是一年一度的日军对重庆实施狂轰滥炸的季节——"轰炸季"。据不完全统计，1939 年 5 月 4 日至 8 月 12 日，日军对重庆的轰炸次数达 12 次之多，每次轰炸的敌机架次为 18～39，来袭批数最多的有每天 4 次。

陈克文在日记里记录了这一特殊的时期，行政院等中央机关上班时刻表的变化、中央机构人员疏散在迁建区的生活、政府官员在城郊间流动上班的状况，以及日常生活等。

国民政府防空预警的机制，无疑对于"跑警报"的人而言是至关重要的。蒋介石的侍卫官回忆说："敌机袭渝，视天气而定，如气候晴朗，就从汉口起飞沿江进入重庆；如遇阴晴不定或有薄雾，就沿公路进入重庆。两线都是在川鄂交界的巴东分途。敌机飞至巴东时，重庆即施放空袭警报，并在全市各高地悬挂一只红灯笼。沿江来的飞至丰都，沿公路来的飞至南川，重庆即放紧急警报，并在全市各高地悬挂两只红灯笼。敌机返航过万县或彭水两地时，重庆即解除警报，各高地灯笼随之放下。日军空军基地设在汉口，敌机一起飞，重庆即得到我方人员从汉口发来的无线电情报，凡敌占区沿线均有我地下电台。一进入我方控制地区，即由长途电话传递空袭警报。长途电话迅速准确，凡遇空袭情报，所有官商电话一律停止让路。"在轰炸季里，人们总是根据天气和敌机空袭情报来"对这一天中的生活做出安排"。王正元回忆说："如果这一天天气晴朗，又无浓雾，就携带细软去郊区避难，在未走之前，还可向长途台或情报所打探一下消息，这个消息，就是一天生活的准绳。向情报局所打听消息的，一般是有关军事部门，向长途台打听，则是行政部门。行政院和财政部专派了一个官员每天向长途台询问情况，社会部则由黄伯度次长等向长途台询问空袭情报。其他还有一些公司、银行等单位。"①

秘书钱用和记录了与蒋介石夫妇的一次躲空袭的情景。她说："民国二十八年一月十日，重庆遭空袭，敌机十一架窜入市区投大量烧夷弹，山城房屋简陋，被焚不少。我在南京早有逃警报经验，背着防空袋，装置重要文件和干粮药品。在官邸消息灵通，至紧急警报时，方追随委员长与夫人步入洞内，钢骨水泥，有通风设备，洞口多，光线足，呼吸舒畅，敌机一过即出洞，不必待警报

① 王正元：《为蒋介石接电话12年见闻》，载宓熙、汪日章等：《在蒋介石宋美龄身边的日子——侍卫官回忆录》，第216页。

解除，在洞时间短暂。"① 据推测，此次躲空袭应为蒋宋在市区内的德安里官邸之经历。

1939 年的"五三""五四"大轰炸，也开启了日军恶意的夜袭行动。据陈克文日记记载，7 月 5 日，日军借助皎洁月光来袭击重庆，开始了第一次夜袭重庆的轰炸行动，凌晨 3 时才解除警报。7 月 6 日，即使没有月光，日军照样来袭击，警报持续到凌晨 3 时结束。加上公共防空洞卫生条件的恶劣，每次躲空袭都是一场灾难式的经历。长时间的警报管制是惯例，1939 年 8 月 19 日上午 10 时 20 分忽发空袭警报，一直到下午 3 时才解除警报，前后凡 4 个小时。敌机并未到市空，事后说是嘉定和成都被炸。这样一来，一天的办公时间便完了，什么都没有办到。而 8 月 23 日"敌机又乘月色清明之夕，来市空，仅在郊区投了一些炸弹便去。八时半解除警报，前后仅两小时，为渝市有警报以来少有的事"②。

伴随日军轰炸的频繁度加强，躲空袭的时间也在延长。1939 年 9 月 1 日下午，陈克文"从政院回到寓所，得到德国已经和波兰开战的消息。晚饭后，大家正在门前乘凉，谈论这事，忽然空袭警报来了。得到防空洞，欧战的消息更多，说是今早五时开战的。德国的飞机从今早九时起每一小时往华沙轰炸一次。大家便在月光底下，嘉陵江畔，热烈地讨论这一次的大战问题……大家谈得起劲，仿佛把敌机这件事也忘记了。敌机也没有真正到市空，不过离开防空洞时已经是深夜二时半，远处已闻鸡叫"③。

1940 年春季以后，重庆又开始周而复始地遭遇狂轰滥炸，警报持续时间长达 5 个小时以上是常事。轰炸时期带给人们的压力之大，最终使人们出现了一种病态的心理。阳光、月光，过去都是被赞美的自然景观，在重庆大轰炸时期，居然成了被诅咒的对象，因为这些自然现象与日军来重庆轰炸的恐惧联系在了一起，竟成

---

① 钱用和：《钱用和回忆录》，第 54 页。
② 陈方正编辑·校订：《陈克文日记（1937—1952）》（上册），第 445—446、469、471 页。
③ 陈方正编辑·校订：《陈克文日记（1937—1952）》（上册），第 475 页。

为生活在那里的人们心灵上挥之不去的阴影。在重庆，人们已经不能去享受大自然赐予的美好景观了，而是祈祷恶劣的天气来阻挡日机的到来。于是，才有了下雨时心情特别好，因为敌机就可以不来袭击了；而频繁的日机轰炸逐渐让人们麻木地适应了轰炸的生活，每天几乎都在"期待"轰炸，日机不来轰炸反而不正常。"五三""五四"之后的几天，宋美龄在给艾玛的信也说："过去的两三天敌人的轰炸机没有出现，我搞不懂为什么他们不来轰炸，因为天气很好。"① 陈克文的日记，更是典型地记录了这样的心态。仅以 1939 年和 1940 年为例。

　　1939 年

　　8 月 2 日，星期三，晴。"晚饭后，乘凉于门前小园，月色极清辉，大家都担心敌机一定会来。果然九时左右便得到敌机已过宜昌的消息，十时警报便大鸣了。"

　　8 月 4 日，星期五，晴。"昨夜又是一次的敌机夜袭。晚饭后月色很好，大家都把平常爱好月色的心理，变成诅咒的心理。"

　　1940 年

　　7 月 1 日，星期一，雨。"继续下雨，人心大快。"

　　7 月 11 日，星期四，晴，大热。"终日没有警报，平安过了一天。惟天热仍不好受。"

　　7 月 12 日，星期五，晴，大热。"又平安过了一天。没有警报，但天气太热，殊不好过。"

　　7 月 13 日，星期六，晴，酷暑。"天气殊热，寒暑表在室内上达九十六七度，每一个办公人员都是终日汗流浃背，湿透衣衿的。今天仍安静没有空袭警报。"

　　7 月 15 日，星期一，晴，酷暑。"暑热实在难耐，多日未雨，更为人心所焦虑。"

───────────

① Letter, May-ling Soong Chiang to Emma Mills, May 10, 1939. 此外，7 月 11 日、14 日，宋美龄还分别有信函从重庆发出。

7月17日，星期三，阴。"大概因为天阴云低，敌机没有来。"

7月24日，星期二，阴雨。"正午饭时，忽闻空袭警报。这样的阴雨绵绵，敌机竟图来袭，大家都不相信，果然过了不久，便发解除警报。"

8月1日，星期四，晴。"终日没有警报，颇出意外。不知是否昨日击落了敌机五架，今日敌机不能再来了。"

8月7日，星期三，晴。"天气曾甚晴明，敌机仍不见来，也许敌人毁灭重庆的暴行，要从此终止或减少了。"

8月14日，星期三，阴。"昨日和今日敌机都没有来袭，也许是因为天气的缘故。从今以后，重庆的天气渐多阴多雾，敌机要来也不容易了。"

事实上，陈克文这一判断并不准确，没过几天，重庆就遭遇了惨重的"八一九大轰炸"。

进入11月，已经是重庆的雾季时期，然而，人们对于轰炸的恐惧依旧挥之不去。1940年11月6日，星期三，难得的艳阳天，却让人喜欢不起来。陈克文记："这两天天气很晴朗，秋高气爽的景象在这里也居然可以看见。大家所担心的警报也并没有来。"

在日常工作状态下，蒋介石与宋美龄往往是就近躲避空袭。在行政院工作的陈克文，就遇见过几次蒋宋夫妇进入公共防空洞躲避空袭的情况。"五三""五四"大轰炸后一周，蒋宋居住市区亲临指挥救灾工作。1939年5月12日，"傍晚六时已过，忽闻警报。趋避于嘉陵江畔防空洞，蒋委员亦携夫人来"[1]。据陈克文的观察，蒋宋面对轰炸的态度沉着镇静。1940年6月21日，"蒋委员长这两天均携同夫人躲到行政院的江边防空洞。今天紧急警报放出后约十五分钟，委员长的汽车来了。他首先下车，着的是深色长袍，头上没有帽。跟着蒋夫人下车，蒋夫人身穿洋服，头戴

---

① 陈方正编辑·校订：《陈克文日记（1937—1952）》(上册)，第419页。

草帽，把帽边往颊下捲着，帽上滚上一条红色的带子。下车后拖着丈夫的手，很快活地跑到防空洞边休息室去。许多人称赞蒋夫人，说她善于体贴委员长的意思，即此一点小事，似乎可以看得出的"[1]。

拥挤不堪的重庆公共防空洞（生活杂志记者摄）

重庆的防空洞不仅有公私之分，而且防空洞的卫生环境十分堪忧[2]，而地下防空洞内通风差、潮湿对宋美龄的皮肤疾病尤其不利。钱用和回忆，在战时儿童保育会与妇指会的办公地点内，防空洞的条件是不好的，她写道："在妇指会遇警报，就在求精中学内，沿江于岩洞中躲避，既狭隘，又潮湿，因又坚石凿开，尚安全。""因为求精中学洞小人多，坐在其内很不舒服，就逃避入行政院防空洞，虽稍远，一听得警报就走，在紧急警报提前可赶到，

①　陈方正编辑·校订：《陈克文日记（1937—1952）》（上册），第 612 页。
②　重庆市夏令卫生运动委员会：《防空洞卫生须知》（1941 年 7 月 11 日），重庆市档案馆藏重庆市政府全宗，2 目，第 1158 卷。

洞有二个，由岩下凿通外，各有出入口，内隔木栅，外洞大都为行政院职员及眷属。我在内洞，同国民党元老吴稚晖先生、行政院魏道明秘书长、指导会总务组谢兰郁组长，相对坐木板凳上。亦有电话，可通消息，方闻敌机过梁山、万县，有到重庆趋向，不久即听机声轧轧过洞顶，炸弹轰然已落下。外洞口被轰炸，厉风飞沙袭入洞内，我急扶稚老躺下，大家闭目掩耳，扑在地上，呼吸急促，心跳不已，机声飞过，爬起坐定，互相安慰，稚老虽已七十五高龄，面不改色，谈笑自若，我们深以得与稚老共患难为荣。急将木栅打开，请外洞人安定，他们用洞内备就的铲锹，掘去沙砾，通风免窒息，待警报解除，同由内洞出险。幸上面书屋是钢骨水泥建筑，尚无大损失，石栏杆却都震落岩下。"[1]

此外，"妇指会附近还有资源委员会的防空洞，洞内尚干燥，就是太窄，两排木板，相对分列，人坐定，四膝相抵，疲累不堪，幸谈天说地，可以解闷。连日夜轰炸，警报不解除，干粮吃尽，睡眠不足，出洞时，大都人比黄花瘦"[2]。

蒋介石在日记里细致地记录了每日往返于黄山和重庆市区之间的状况，也保存了宋美龄"跑警报""躲空袭"的珍贵史料。如何在防空洞里度过漫长的时间，成为一个大问题。通常，空袭时蒋介石和宋美龄都在阅读、写作或批阅公文。有时候，宋美龄"和一名比利时籍传教士练习法语会话、读书"，有时候为打发无聊与疲惫，也曾"与她的秘书玩牌"[3]。

1940 年在重庆采访并观察宋美龄工作的美国记者爱茉莉·海，记录了宋美龄躲空袭的情景：

她给我留下的最生动的印象是在一次空袭中，那时我与蒋夫人和她几名侍从一块藏在她的防空洞里。我们坐在洞口，

---

[1] 钱用和：《钱用和回忆录》，第 55 页。
[2] 钱用和：《钱用和回忆录》，第 56 页。
[3] Laura Tyson Li, *Madame Chiang Kai-shek: China's Eternal First Lady*, New York: Atlantic Monthly Press, 2006, p. 152.

观看日本人的飞机在军用机场上空盘旋和"下蛋"。蒋夫人对躲在掩蔽物下进行等待的必要性感到不耐烦,因为除了持续不断的恐惧外,就是无尽的烦闷。很快防空洞里的电话铃响了,蒋委员长从城里打来电话,要证实他的妻子是否像个听话的女孩一样呆在洞里。他知道她会冒险离开潮湿的防空洞,返回地面的房屋中去。他不愿意听任她这样做。

解除警报的笛声响了,我们被放出洞口,沿着松树和花丛簇拥的台阶拾级而上,回到屋中。蒋夫人陷入沉思,我很想知道她在想什么,她正在忙于策划对日本人进行报复吗?对这些刚刚飞向汉口的"银色小毒虫",她正在感到一种发自内心的仇恨吗?突然,她问我:"告诉我,你是怎样看待幸福的?"我无从答起。她说,她的幸福就在生活中,无人干扰她从事阅读、学习和写作。①

对蒋介石而言,频繁的躲空袭似乎也并未影响他处理日常公务。1940年5月28日,日军轰炸重庆②,蒋介石"午间在敌机盘旋中阅《周公集传》"。5月30日,"十时后,敌机来扰",蒋介石"在警报声中批阅积案三十余件,十二时解除警报,公闻无所损失,颇以为慰"。③6月20日,陈克文日记记录了重庆再度遭受空前的惨炸状况。7月16日(在黄山),"正午在防空洞室内手拟对英国停止滇缅路运输声明";7月31日,"下午在新草堂避空袭修正军事计划约四小时";8月2日,"下午在空袭警报中再研究敌阁新政纲";8月3日,"日机袭击合川等地,下午三时重庆解除警报。公于敌机袭川时核定拱卫重庆之部署方案";8月9日,"下午敌机袭渝在空袭中批阅陈方之考核要领与张国焘之党务改进方案,公谓此两案皆有参考价值"。④8月11日,蒋在"空袭时间修正

---

① Emily Hahn, *The Soong Sisters*, New York: Doubleday, Doran & Co., inc., 1941, p. 317.
② 参见陈方正编辑·校订:《陈克文日记(1937—1952)》(上册),第604页。
③ 萧李居编辑:《事略稿本》第43卷,第565页。
④ 薛月顺编辑:《事略稿本》第44卷,第60、124、136、138、141—142、150页。

《"八一三"三周年纪念日告沦陷区民众书》"①。

显然，这是因为蒋宋大多数时间可以在官邸内"躲空袭"，在这里，他们不必如普通民众那样惊慌地"跑警报"，与抢占生存的空间。而在官邸内所修筑的条件良好的防空洞，也有着一般公共防空洞不可企及的可靠的安全性。② 不过，即便如此，1940 年日军的轰炸之频繁，严重地扰乱了人们的日常生活。与重庆的普通民众一样，蒋宋夫妇也深受"跑警报"与"躲空袭"之苦。9 月 15日，蒋在日记里记道："晨（凌晨）一时五十五分，又发第三次警报，公携夫人遂即起床迁往新草堂住宿，是时月华皎洁，银汉星稀，公曰'夜静望月，心神倍觉清明'。此次敌机数架，复炸曾家岩官邸，仍未命中，三时又睡。"③

第三节　1941 年，愈炸愈坚！

1941 年，日军实施代号为 102 号的作战计划，继续对陪都重庆进行疯狂的恐怖轰炸，这是重庆遭遇大轰炸的第三个年头。董显光说："在某些方面，民国三十年的轰炸是恶毒的。经验已使日本的飞行员调整其袭击的方法，使被袭击者受害更惨……在是年之某一时期，空袭竟继续不停至七昼夜之久；其最长的停歇时间只有五小时，最短则为一时半。在这些日子里，政府人员每日平均有十至十五小时消磨于防空洞内。在这一次的长时间空袭中，日人使用一千架飞机至接连一百五十小时之久。"但是，"日本的大错，即误认轰炸重庆便可强迫中国政府屈服；到了第三年之末，

---

① 薛月顺编辑：《事略稿本》第 44 卷，第 154 页。
② 据重庆市工务局档案记载，蒋宋官邸内的防空洞"其拱顶至地面高度共为□□（此处破损，具体数字无法获得——引者注）公尺（约合二十四英尺），内计软石 1.2 公尺（约合四英尺），坚石六公尺（约合二十英尺）"，"计其强度可以承受二百公斤炸弹"。见《关于检送各座官邸防空洞图样致重庆市秘书处的函》（1940 年 5 月 1 日），重庆市档案馆藏重庆市工务局全宗，4 目，第 164 卷，第 43 页。
③ 薛月顺编辑：《事略稿本》第 44 卷，第 286 页。

他们始知中国人的忍耐力向来被他们低估了"。① 1941 年 11 月 8 日，美国财政部代表柯克朗晋见蒋宋时，谈及上海与重庆之对比，称："上海情形不能与重庆相比，吾人身在陪都觉一般民众抗战情绪激昂蓬勃，而上海街头人民游手好闲，神色颓丧。"② 这当然是蒋宋最为引以自豪的重庆政府的抗战形象。

当轰炸成为一种常态，重庆人则在跑警报、躲空袭中逐渐衍生出一种超乎寻常的镇静与坚强。"轰炸"已然成为抗战时期对重庆最显著的状态的表述，日军的战略轰炸使得民众生活多艰，城市摧毁、物资匮乏、险象环生；整个城市拥有外界难以置信的乐观、顽强与平静，政府和人民在废墟上不断地重建着家园，永不屈服……在西方记者眼中，重庆的精神面貌升腾为了一种独具特质的"不平静的阴郁之美"③。这种美是面临战争的无奈困顿时的豁达，也是努力搏击运命时的顽强。

一、大隧道惨案

1941 年 6 月 5 日发生的较场口大隧道窒息惨案是震惊世界的灾难性事件，是日本侵略者在重庆制造的重大惨案之一，也表现出重庆国民政府应对日军轰炸的艰难与困境。

战时重庆防空机制的混乱是值得探讨的问题，这一后果凸显了重庆国民政府积极防空无力。重庆国民政府没有能力抵挡日军的轰炸，以至于《读卖新闻》和《朝日新闻》可以毫不费力地吹嘘日军的辉煌战果。从宋美龄重庆时期的信函看，类似的重庆防空洞的安全隐患以及悲剧记载不止一次。

跑警报、躲空袭是应对日军大轰炸的一种反空袭机制，也是重庆人不得不适应的一种异常艰难的日常生存状态，陈克文在日

---

① 董显光：《蒋"总统"传》（中册），第 327—328 页。
② 中国第二历史档案馆编：《蒋介石与美国财政部代表柯克朗谈话记录》（1941 年 11 月），《民国档案》1993 年第 3 期，第 22 页。
③ "Chungking Raided After 2-Year Lull", by Brooks Atkinson, *New York Times*, Aug. 24, 1943.

记里称之为"防空洞监禁"。宋美龄也很不喜欢将"宝贵之作息时间，均消磨于防空洞中"。而当日军夜袭时，情况更糟糕。她说："而月明之夜，情形尤甚，因偷袭之敌机，逞其魔性之狡猾伎俩，往往分批继续来袭。极度之疲惫，渗透神经与骨髓，使人宁冒炸死之危险，而不愿意躲以求安全。"①

然而，对百姓而言，"轰炸季"里"不跑"与"不躲"，则意味着死亡。那些毫无防空经验的市民或者是"待在外面观看连绵不断的飞机飞过，甚至胆小的人也会这样"。"看着飞机飞过，之后像苍蝇一样死去"；或者"认为空袭来临时，躲在树下和灌木丛中会很安全，结果他们全被炸死"②。此外，不愿意疏散也是一个普遍的现象，"他们仍然认为站在树下就能避开炸弹，他们还认为待在货币可以流通的城市比在穷山僻壤安全"③。在重庆观察日机轰炸的陈纳德也看到了，他说："日本飞机来袭，彼时已有完备的空袭警报设备，但人民均不愿意躲避，有警报时，他们回家闭门等候。"④

日军对重庆的轰炸已经常态化，基督教青年会干事、英国人Lyman Hoover（中文名为胡赖明）也从重庆青木关发出信息："……再度访问重庆时，其景观是让人相当沮丧的，因为大多数时间不得不躲进防空洞里，或者是匆忙地跑警报。加拿大布道会代理处为我们提供了很好的床位，但是，在晴朗天气的月圆之夜，我们只在床上待了一个半小时。"⑤ 陈克文的重庆日记有大量日常躲空袭的感受，印证了空袭警报成为驱动重庆人日常生活的重要杠杆——防空洞的岁月。《钱用和回忆录》也叙述了日机狡猾的轰炸行为，导致人们不得不在防空洞逗留的时间增加，她说："敌机

---

① 宋美龄：《在洛杉矶演词》（1943 年 4 月 4 日讲），载王亚权总编纂：《蒋夫人言论集》（下集），第 1117 页。

② "Cannae, Tannenberg, Nanning", Monday, *Time*, Feb. 26, 1940.

③ "Chungking Bombings, Monday", *Time*, Jun. 10, 1940.

④ 陈纳德：《陈纳德将军与中国》，第 86 页。

⑤ Lyman Hoover Papers, Group No. 9, Series I, Correspondence, Box 18-423, September 2, 1941, Divinity School Library, Yale University.

狡猾，或在重庆近郊绕一圈，又入市空投弹，或由成都轰炸后经过重庆市区，把余弹投下，所以我在防空洞宁愿多留，俟闻解除警报才出。"①

一位当时在重庆的美国人写道："有秩序的人们躲进事先开凿的防空洞内，在黑暗中安静地坐着，听着熟悉的轰炸声音，然后，警报解除后人们又再走出来。当然，这些在炎热的夏秋季节里的空袭没有把重庆夷为平地。大轰炸甚至没有太大地破坏这座城市，因为每个人都知道他们的防空洞，而且警报系统也非常可靠。每一次轰炸都会破坏数座房屋，但每一天的伤员不会超过50个，他们通常是黄包车车夫、船夫，以及其他没有办法锁住自己财物而只有停留在露天的穷人。"② 当然，这位美国人对于日军大轰炸带给重庆的破坏的说法或许并不准确，但有一点则是事实，即轰炸所伤害的大多数是无法进入躲避空间的下层百姓。在重庆工作的基督教青年会干事、英国人胡赖明（Lyman Hoover）在一封长达8页的长信里，描述了敌机一波一波地大批次来袭击北碚的恐怖情形。他也注意到，北碚的伤亡多为无防空洞躲避的穷人。③

几乎每天都往返于黄山官邸与市区的蒋委员长，观察到普通百姓躲空袭的艰辛，他在日记里记道："民众避空袭，沿途皆步行，其扶老携幼负重行远之情况，见之心酸。"④ 1941年8月10日，蒋介石又在日记中感悟民众躲空袭的艰辛，他写道："本日敌机自上午七时至晚十一时，每隔二小时来袭一次，公于空袭时间中阅读《明儒学案》及修正《告四川民众书》外，并时以民众在防空洞中既饿且渴，心为之不安也。"⑤

疲劳轰炸使得民众逐渐适应了日军的空袭，也更加镇静。应

---

① 钱用和：《钱用和回忆录》，第54页。

② Graham Peck, *Two kinds of time*. Boston：Houghton Mifflin, 1967, pp. 55-56.

③ 参见 Lyman Hoover Papers, group No. 9, Notes/Subject file, Box 24-502, May 30, 1940, Divinity School Library, Yale University.

④ 萧李居编辑：《事略稿本》第43卷，第558—559页。

⑤ 叶惠芬编辑：《事略稿本》第46卷，1941年4月至8月，台北"国史馆"2010印行，第363—604页。

对空袭，重庆政府的防空警报日益改进，一位在重庆的西方人，甚至对重庆的空袭预警系统发出了"百分之一百的有效"感叹，称："重庆是一座充满陡峭山峦的城市，山间布满了蜂窝般的防空洞。"人们习惯了躲空袭的"时间差"，即第一个灯笼挂起来之后，还可以磨磨蹭蹭做点事情。"我们将继续工作大约半个小时"，"第二个灯笼挂起来的时候，意味着飞机在半小时路程之外"。① 频繁的空袭，以及紧急警报与日机飞临城市上空的时间差，逐渐使得人们对躲避轰炸有了一种麻木。

对蒋介石而言，不进防空洞躲避是常有的事情。蒋介石在日记里常有这样的记录：在"敌机空袭时间中校阅十九年史料稿"；"正午，敌机袭渝时，读《明儒学案》"；"上午，敌机袭渝，公于空袭时间中，读《明儒学案》"；"下午于敌机空袭时间中阅《西洋哲学史》"；"敌机自上午八时半起分三批来袭，直至下午三时后始解除警报，公于敌机空袭时间中，阅《明儒学案》"；"本日敌机自上午八时起至下午四时止连续袭渝，公于空袭时间阅读《明儒学案》与《易经》如常"。② 侍从室幕僚唐纵在日记里记录了蒋宋夫妇躲空袭的细节，他写道："1941年5月26日，方八时，正在开会，有警报声。不久紧急警报，敌机四架在上空用机关枪扫射。此敌机去后续批未来，即拟归组，见委座个人临崖凭江观书，意态潇洒。无何，解除警报，委座个人随从一人闲步而归。不久，夫人与孔夫人、孔部长等归来，甚讶。委座侍卫何以只有一人随行？侍卫人员太不负责，其疏忽有如此者矣。"③

对那些疏散到郊区的人们而言，日军来袭时，甚至有时候还可以不必夜里起床跑防空洞。行政院疏散至歌乐山郊外办公后，陈克文在龙井湾住宿时期，遇夜袭并非每次都得跑警报。在黄山官邸也是如此。1941年8月11日，蒋介石记："晨二时后敌机又

① Whiting Willauer Papers, MC 142, Box 2, folder 4, Letter to Louise, January 5, 1943, Princeton Seeley G. Mudd Manuscript Library.

② 叶惠芬编辑：《事略稿本》第46卷，1941年4月至8月，第363—604页。

③ 公安部档案馆编注：《在蒋介石身边八年——侍从室高级幕僚唐纵日记》，第210页。

续来肆扰，公五时起床，六时过江巡视市区后乃往曾家岩官邸，稍憩并阅《明儒学案》。敌机又两度来袭，近午回南岸，沿途见军民镇定如常，并无惊怖之状，公心乃大安，下午三时后方解除警报。当天晚上，十时睡，午夜后敌机又连袭三次，公以夫人不适不忍强令起床，而公亦倦乏贪睡，故未起避空袭，但于睡梦中隐约闻有飞机声与炸弹声震动门窗而已。"① 8 月 12 日，"晨默祷后八时敌机又来扰渝，自辰刻至申刻连袭三次，公阅《明儒学案》，不欲释卷"②。

　　防空洞是重庆人应付日本轰炸最好的屏障。政府解决躲避空袭的重大举措就是建造防空洞与向郊区和城外疏散人口。由于日军长时间的疲劳轰炸，城市缺乏足够的防空设施。借助重庆特有的岩石地貌，人们在房前屋后修筑起各式各样的防空洞，但它们并不是躲过日军炸弹的聪明办法，幸存者会在下一次知道怎么躲更好。③

　　疲劳轰炸时期的种种问题，超出了人们的预料。对于持续的空袭，人们麻木的感觉逐渐成为惯性延续下来，重庆国民政府快速、高效的轰炸预警机制和防空洞管理也渐渐出现了松散的状况；而疏散举措也未必得到很好的执行，这就预示着悲剧的来临。由于雾季与"轰炸季"的交替，人口向重庆主城回流的惯性一直存在。尤其是"夏季到来时，军事当局认识到拥挤的危险，命令所有无理由留在城市的人离开"，由于人们更相信自然雾季的掩护作用，致使政府"这命令毫无效力"，重庆依旧是"一片熙熙攘攘，四处回响着小贩的叫卖声"的"一派生机勃勃的景象"。为采访宋美龄而特地赶来重庆生活的爱茉莉·海通过观察写道："军官们和空袭防御委员会的成员们却忧心忡忡"，因为政府疏散的命令并不能成为"可行的办法来调节居民的数量"，加上"中国不是一个管

---

① 叶惠芬编辑：《事略稿本》第 46 卷，第 600 页。
② 叶惠芬编辑：《事略稿本》第 46 卷，第 604 页。
③ 参见 Randall Gould，"The Wide Horizon——Bombs Don't Win Wars"，*The Christian Science Monitor*，1939-8-8（18）。

辖严密的欧洲国家，人口过度得令人不可置信，苦力和他们的孩子们至少可以在默默无闻中享受自由。无论军事和政府当局如何努力，又怎能将他们的房屋拆掉？又怎能断绝成千上万的豆腐小贩、走江湖的石匠、小店主的表哥的表哥的孩子们的生路呢？所以政府不停地挖洞来安顿居民，人们也不停地涌进城市，心安理得地住进拥挤不堪的防空洞……当地的工匠和苦力开始做生意赚钱。城市和山中传来的榔头开凿岩石的叮当声"①。

　　显然，人口的回流增加了管理上的问题。早在1939年年初，国民政府执行疏散政策就遭遇了低效率。"五三""五四"大轰炸之后，在军委会议上，蒋介石对重庆市人口疏散不力"厉声呵斥，频频说该砍头该砍头"。他说："我已发命令几个月了，手令不下几千字，你们一个字未经实行，连计划也没有。这样中国不是要亡了吗，大家都是亡国奴的性格，该砍头的，真可气！今后，应该一切事情规定日期程限，规定负责人员，如不能依期实行，非杀头不可。"而都市人口回流则增加了管理上的难度。1939年9月20日，"冬季近了，重庆已入雾期。避往四郊的人回来了，还有港澳的人也逃来了，人口又要渐渐多起来，人满为患是无法解决的"。到1940年2月，据市长吴国桢的讲话，重庆人口已经恢复到42万人左右，可是重庆的防空洞只能容纳19万人。②

　　与此同时，当有限的防空洞不断开辟的时候，防空洞的卫生条件并未跟上。重庆市卫生局档案显示，公共防空洞的卫生环境实足令人堪忧。尽管政府并未放弃改善防空洞的卫生，但效果却不理想。一般相关举措在"雾季"启动，据1941年元月的重庆市政府工作报告显示，空袭救护工作"仍由本市卫生局与重庆空袭救济联合办事处组织医护委员会合作办理，并由市属医院兼办第一、十一、三十重伤医院，市立各诊疗所各流动医疗队兼办救伤

① Emily Hahn, *The Soong Sisters*, New York: Doubleday, Doran & Co., inc., 1941, p. 317.
　　② 陈方正编辑·校订：《陈克文日记（1937—1952）》（上册），第415—416、484、556页。

站,按月继续工作"①。

事实上,早在大隧道惨案发生的前一年,重庆市空袭救护报告中,就曾有对未来一年重庆遭遇恶性空袭的预期设想计划。该报告"预想明年(1941年)之空袭,不仅限于某一目标区内被炸与延烧,恐敌有如左之残暴行为:(一)大机群施行漫无目标彻底破坏全面都市之轰炸;(二)小队机群作长时间或□夜连番不断之扰乱轰炸;(三)空军陆战队降落之扰乱;(四)毒气施放及其防护举措。其中防空洞的卫生条件始终是一个隐患:"以完成之防空洞及隧道内通风设备,应积极研究设法改善。市内防空洞,均依山势凿成,洞口在同一方向,空气不能对流,如果洞小人多,时间延长,氧气稀薄,使人不能久耐。无不争先出洞,换吸新鲜空气,若敌机瞬间临头,人群向洞内拥入,一时间洞口阻塞,老弱妇孺,常被践踏损命,或闷死于洞内者,以往发现不少。此皆通风设备无法完成之所致。究应如何改善,前经本部扩大会报中提出研究,迄今尚无具体办法,今后之空袭,设延长至半日或整夜不能解除,而洞内空气又未予以改善,则避难之民恐有坐待闷毙之□,事关民命安全,应由防空司令部,征求学术专家之意见,积极研究改善不能再缓。"②

1941年5月,由于空袭频繁,市卫生局日常救护工作中增加了一条:"加紧消毒工作","本月份空袭较频,除一般消毒工作仍照旧进行外,对于被炸灾区及埋葬尸体处所,特别加以消毒,消毒材料臭药水、石灰、漂白粉三种同时并用"。③与此同时,"为谋贫苦无力疏散之市民,与非常时期中之灾民,安置有所,应在市郊外,增建平民住宅,以备收容……本年春,本部提议加造平民住宅,经市政府呈准中央拨款办理,虽能在最短期内完成五百栋,

---

① 《重庆市政府工作报告》(1941年1月),重庆市档案馆藏重庆市政府全宗,卫目,第65卷,第24—25页。

② 重庆卫戍总司令部办公室:《民国三十年改进陪都空袭救护准备之意见》,重庆市档案馆藏重庆市卫生局全宗,1目,第38卷,第41—59页。

③ 《重庆市政府工作报告》(1941年5月),重庆市档案馆藏重庆市政府全宗,3目,第32卷,第24—25页。

而又非全为平民所居"①。重庆市卫生局的反空袭举措也在加紧布置。据重庆市政府 6 月份的工作报告显示，"征用本市开业医师、中医配置公共防空洞及隧道担任急救工作"，"为使公共防空洞及隧道避难民众安全起见，由本市卫生局着手征调本市开业医师、中医，按其住址或开业地点配置在各公共防空洞及大隧道担任急救工作。现已开始调查，预计于九月中旬一律配之妥当"。②

如同早在"五三""五四"大轰炸前蒋介石多次手令疏散人口执行不力一样，1941 年夏季来临时，重庆的人口回流以及国民政府的应对举措之疏忽，与这一年的日军疲劳轰炸合一，逐渐麻木的习惯成了自然。而国民政府的官僚体制又进一步催化了这种敷衍塞责，不遇空袭则罢，一旦遭遇警报，却是致命的悲剧。

而在大隧道惨案发生前，防空洞的悲剧已发生过。1940 年 6 月 27 日，敌机继续来重庆袭击，尽管"时间较短"，却造成防空洞垮塌事件。当天，蒋介石随即致电重庆防空司令部刘峙，询问"据报唐家岩防空洞炸塌，死伤民兵百余人，其原因究竟何在，望即查报。以后市外近郊各防空洞应由防空司令部负责检查为要"③。1941 年 4 月 10 日，宋美龄从重庆致信艾玛。这是一封长信，宋美龄用了较多文字直接描写躲空袭的情景，她说："空袭有时候持续长达六个小时。当有些人不能忍受防空洞里恶臭的空气而快被窒息的时候，就跑出洞来喘息一口新鲜空气时，此时第二波轰炸机又来临，并在市中心投下燃烧弹。人们又用力挤回防空洞，在恐慌中 500 人就这样践踏而死。大火整整延烧了一夜。这样的情况如同去年，乃至前年一般。"这是宋美龄历经三年轰炸后写下的有关轰炸后重庆的惨烈场面。她进一步说："而且，没有一处可供娱乐

① 重庆卫成总司令部办公室：《民国三十年改进陪都空袭救护准备之意见》，重庆市档案馆藏重庆市卫生局全宗，1 目，第 38 卷，第 50—56 页。
② 《重庆市政府工作报告》（1941 年 6 月），重庆市档案馆藏重庆市政府全宗，卫目，第 65 卷，第 100 页。
③ 《蒋中正电询刘峙唐家岩防空洞炸塌详情防空司令部应负责检查》，台北"国史馆"藏蒋中正"总统"文物，《筹笔——抗战时期（三十五）》，档案号：002-010300-00035-030。

消遣的场所，或者任何形式的社交活动。只有在空袭间歇中所从事的无尽的疲劳不堪和令人心碎的工作。"① 这样的文字多少显露出她对重庆生活的无奈、疲惫，与在媒体上高调的抗战形象话语相比有了更为真实的状态。

1941 年，日军继续对重庆采取"疲劳轰炸"②。5 月 9 日，日机 72 架次"于一时侵入渝市空，遭我高射炮猛烈射击仓皇投弹逸去"③。5 月 10 日上午，"敌机五十余架又来袭渝"④。5 月 28 日是中央宣传部国际宣传处遭遇空袭损失最大的一天。在该处防空洞入口处附近，落了五颗炸弹，幸都掉在灌满水的田里，没有炸开来。但厨房不幸被直接命中，炸死了疏忽没有进防空洞的两位工友。当天傍晚，宋美龄闻讯，亲自到国际宣传处视察被炸的情形，并慰问受损者及死伤家属，嘱咐董显光要妥善照顾。⑤ 6 月 2 日上午，蒋介石在批阅文件时，"敌机又来袭渝"⑥。

6 月 3 日，宋美龄致信艾玛，谈及重庆的夏天与轰炸的艰苦状况，她说："这里的夏季非常难受。况且轰炸季已经开始，并且我相信日军的轰炸很快会进入高潮。任何一次狂炸之后，电站通常会短暂时间不能使用，那就意味着没有电灯，没有冰水。冬季有它的缺点，但是肯定比热天好。"⑦

6 月 5 日晚，日机夜袭，较场口大隧道发生窒息惨案。唐纵的记录是："下午在会会报，方散会，闻有警报。七时许入洞，至十

---

① Letter，May-ling Soong Chiang to Miss Emma DeLong Mills，July 17，1940，Correspondence from May-ling Soong Chiang Jan. 1939-Jan. 1945，Papers of Emma DeLong Mills，MSS. 2，Box 9，Wellesley College Archives.

② 董显光解释说，所谓"疲劳轰炸"，即每批出发两三架，批与批间距离只有一两个小时，使我们警报解除不久又要跑警报。身体疲劳，神经紧张到了极限。参见董显光：《董显光自传：一个中国农夫的自述》，第 94 页。

③ 叶惠芬编辑：《事略稿本》第 46 卷，第 218 页。

④ 叶惠芬编辑：《事略稿本》第 46 卷，第 219 页。

⑤ 参见董显光：《董显光自传：一个中国农夫的自述》，第 94 页。

⑥ 叶惠芬编辑：《事略稿本》第 46 卷，第 329 页。

⑦ Letter，May-ling Soong Chiang to Emma DeLong Mills，June 3，1941，Correspondence from May-ling Soong Chiang Jan. 1939-Jan. 1945，Papers of Emma DeLong Mills，MSS. 2，Box 9，Wellesley College Archives.

1941 年 6 月 5 日大隧道惨案（重庆图书馆藏）

二时始解除。在洞中闻美专校街被炸起火。事后调查，较场口隧道因人数过多，时间太久，而防护团不许人外出换气，将门倒锁，致发生窒息而死者数千人。至六日止，各方统计不一，调查局报告，九百三十人，宪兵第三团统计一千五百二十七人。闻市党部统计较宪兵团尤多。至八日晚上尚未能获得一真确数字。此次惨况闻在八时即已发生。当时，防护团员以维持秩序，不许人民外出，致洞内人向外拥挤，以不得外出，均倒毙拥塞于洞口。死者难受，自将衣服撕毁，且有握发力拔，死后犹拔发在握。其状惨不可言。"①

6 月 7 日，《纽约时报》以 "700 名中国人死于防空洞里" 为题，报道了 "大隧道惨案"："……丧生的 700 人当时是在重庆最大的公共防空隧道里，隧道有半英里长，几千中国平民在里边寻求庇护。那些靠近出口的人生存了下来。而在深邃另一端的人则窒息或被挤死……" "官方对这场灾难的一个解释是，因为这是很

① 公安部档案馆编注：《在蒋介石身边八年——侍从室高级幕僚唐纵日记》，第 212 页。

长时间以来第一次夜间袭击，导致这个隧道异常拥挤，并称通风系统'状态不好'。"①

6月7日，国民党中央直属重庆市第一区、第三区分部书记何星辅电呈重庆市防空司令部，"各该洞负责人员，实难辞防范于前、适应当时情况及救护于后之咎"，并"请求调查惨案原因，严惩责任人"。②

当天，蒋介石在日记里记道："昨晚敌机袭渝时，较场口十八梯防空洞内受窒息死伤之民众约有一千五百余人之多，公对此惨案甚为重视，下午特亲赴出事地点巡视，并督理善后事宜。""以防空司令部及重庆市长难辞疏忽之咎，特手令防空司令刘峙，兼副司令胡伯翰及市长吴国桢革职留任以示惩戒。"③

6月8日正午，蒋介石召集党政会报，令组织审查委员会彻查重庆防空隧道窒息案，并饬研究改进防空洞设备管理事项。④ 6月9日上午，蒋介石出席中央纪念周训话，指出："此次市区大隧道发生窒息惨案，为最不幸之事件，应即组织委员会，彻底查究，并对今后防空设备，拟具改进办法。""此次事件发生实由党政军同志怠忽职务所致，大家要刻骨铭心，记取此次教训，党员尤应实际参加空袭服务，以尽保护民众之责。"⑤

6月9日，防空司令部给出了事故的原因，称："查该大隧道面积为1250（后改为1050）平方公尺，全部容量4480（后改为3000）人，而当日实际避入者约超过一倍，警报时间稍久，空气稀薄，所装通风机三部又因临时发生故障（后改为电力线被炸坏），兼之民众拥塞洞口，自相纷扰，群众心里亦多盲动，管理者镇压无效，以致演成窒息惨剧。幸救护得力，死伤尚微，刻已奉命将三洞口全部封

---

① "700 Chinese Killed in Airraid Shelter", *New York Times*, June 7, 1941.

② 《有关重庆"大隧道惨案"史料一组（1941年6月7日—11月14日）》,《档案史料与研究》2000年第4期，第20—21页。

③ 叶惠芬编辑：《事略稿本》第46卷，第339—340页。

④ 参见叶惠芬编辑：《事略稿本》第46卷，第343页。

⑤ 叶惠芬编辑：《事略稿本》第46卷，第346页。

闭，一俟消毒并改进完善启封，再行函约参观。"①

6 月 10 日，重庆防空司令部副总司令胡伯翰关于处理大隧道惨案善后事宜给蒋介石的报告，长文逐条报告处理情况。② 6 月 11 日，"大隧道惨案"生还者徐元新为惨案实情呈防空司令部文；同日，国民党中央执行委员会为督促提交有关"大隧道惨案"书面报告致重庆市政府函。6 月 12 日，吴国桢市长给防空隧道窒息案审查委员会的报告，长文详细报告了惨案的经过和个人实地救护考察的状况，人员伤亡在 750—800 人之间，澄清了谣言，陈述了无辜的受冤枉和舆情状况，自责个人疏忽职守。③

随后，重庆防空司令部发布关于空袭经过及处置报告。防空司令部关于惨案原因之调查结论是：（1）人数过多：此次空袭为今年以来第一次夜袭……（2）秩序紊乱，管理欠良……（3）空气过少……（4）服务及其他人员多不事先入洞……（5）据民间传说，有防护团员将隧道门锁闭不准群众外出者，经本部多方调查研究结果，与事实不符……（6）闻当时有广东酒家某店员持手枪立于洞口，不准群众外出免遭轰炸危险，是否属实，刻已分布市警察局、市防护团查报中，但此种行动，当不能断定其为恶意。

6 月 14 日，重庆市防空司令部、市政府赶工改进重庆防空隧道设施。6 月 15 日，重庆市防空洞管理改进委员会通过改进方案，并规定洞内注意事项。当天，胡伯翰关于惨案责任问题给中央执行委员会的补充报告，再度解释了事故责任问题。6 月 16 日，国民政府行政院发布革除刘峙、胡伯翰、吴国桢职务的训令。6 月 18 日，唐毅、黄佑南关于 6 月 5 日大隧道防护管理人员情况呈防空司

---

① 《有关重庆"大隧道惨案"史料一组（1941 年 6 月 7 日—11 月 14 日）》，《档案史料与研究》2000 年第 4 期，第 21 页。

② 《有关重庆"大隧道惨案"史料一组（1941 年 6 月 7 日—11 月 14 日）》，《档案史料与研究》2000 年第 4 期，第 22 页。

③ 另据《重庆市政府工作报告》（1941 年 6 月）记载，"本月五日晚，本市大隧道避难因人数众多，空气阻塞，□□生窒息情事，本府得悉此项情报后，当即饬卫生局连夜调派大批医护人员出动救护，市民医院临时增加床准备收容，及调派卫生局消毒队三队前往消毒。据各方面记载，计救护七百六十九人"。见重庆市档案馆藏重庆市政府全宗，卫目，第 65 卷，第 97—101 页。

令部文。6月25日，唐毅、黄佑南关于转报防护团第十六区团掩埋尸体经过呈重庆防空司令部文。

然而，公众舆论并不宽恕国民政府。大隧道惨案引发了重庆市临时参议会的责问。6月7日，重庆市临时参议会致电重庆市市长吴国桢，要求"查清惨案原因，追究责任人等事"，电文称："本月5日晚间敌机来袭，本市大隧道洞门关闭，致窒息而死者为数众多，情况之惨，见者堕泪。本会于6日举行第一次驻会委员会，除全体同贵市长前往肇事地点视察慰问外，并经决定四事：一、请市府对于肇事原因及当时惨剧发生之情形迅予查明，详告本会。二、请市府责明责任所属严加惩处，以纾民愤。三、请市府严切注意，勿使嗣后再有此类情事之发生。四、办理善后应请从优，对于死伤家属之抚恤，尤应迅速。"①

6月10日，《新民报》跟踪惨案原因的调查，刊载《大隧道窒息惨案 参议会搜集资料》一文。6月14日，该报又发表社评文章《审查惨案的初步工作》。

甚至，加害方的日本《读卖新闻》连续发出两篇言论，关注重庆党报对政府的谴责，探究重庆防空壕的"致命缺陷"②，认为"重庆防空司令及市长严重失职"且"欺上瞒下"③，"重庆人民视为生命之网的防空壕在我军威猛攻势下是无效的"，其致命缺陷在于"重庆的自然条件不好加之官员腐败"，并最后得出结论"他山之石可以攻玉，面临太平洋战争的日本在建设防空壕时应注意"。

1941年7月2日，国民政府任命贺国光为重庆防空司令。撤销谢元模的重庆防空司令部工程处副处长职务。当日，唐毅、黄佑南关于防护团参与抢救遇难同胞情形呈防空司令部文。7月10日，日本军机51架分两批空袭重庆市投弹。当天，《朝日新闻》以恶毒的语言报道，尽管"重庆阵营依然持续抗战。与去年的今

---

① 《有关重庆"大隧道惨案"史料一组（1941年6月7日—11月14日）》，《档案史料与研究》2000年第4期，第20页。
② 参见《防空洞的致命缺陷》，《读卖新闻》1941年6月22日，日报第1版。
③ 《读卖新闻》1941年6月21日，日报第1版。

日相比，显现出异常贫困的姿态……现在我荒鹫军队已获得空袭的战果，深陷恐慌与混乱的重庆已显露出临死的苦相"①。

7月23日，宋美龄又致信艾玛。她写道："我已收到你的第56封信。我完全不惊讶我4月10日的信在路上走了好几周才到你手中。"她用一种美国人对于邮件安全的敏感来叙述日军轰炸下重庆的恶劣环境，她写道："与美国的'和平而又安宁'的环境相比，中国目前的'战争状态'，不仅仅是邮件常常延误，且有的在路上就丢失了。即便没有这样的情况，当邮递员最终把邮件投递到重庆时，日本飞机扔下一颗燃烧弹就可以把邮件毁掉!"②尽管她并未对不久前发生的大隧道惨案作出评论，但她以邮件晚到的问题，明确地展示出重庆在日军战火下的危急状况，这也是对日军残酷轰炸重庆事实的谴责。

二、在黄山官邸遇袭

重庆国民政府官邸是日军轰炸的重要目标。自1938年12月8日蒋宋夫妇抵达重庆之后，他们的官邸已经和普通百姓民居一样，被日军轰炸是家常便饭。黄山官邸是蒋介石在重庆的主要官邸，更是战时中国时政要务的决策地之一。中国战区成立后，黄山官邸更成为同盟国在远东的指挥中心。理论上，地处长江南岸郊区的黄山官邸是安全的。通常，当市区遭遇激烈轰炸时，即使白天，比较安全的做法是回到黄山官邸。比如，1940年10月5日上午，蒋介石到曾家岩会见俄总顾问福尔根，"旋以警报关系，乃回黄山"③。

日本人挖空心思锁定目标，轰炸蒋宋在重庆的官邸。早在

---

① 1941年7月10日，《朝日新闻》日报第1版刊登《重庆 临死前的苦相 在我海鹫翼下屈服》，回顾"在去年的空袭季节，我海鹫狂轰重庆四十七回，到了冬季就竭尽全力大兴恢复工事，当时还有足够的恢复力和精神力，而本轰炸季节只轰炸了十四次，却再次粉碎了大部分重庆街市和周边的重要地带，抗日根据地重庆已经在物质与精神两方面呈现出绝望的状况"。

② Letter, May-ling Soong Chiang to Emma Mills, July 23, 1941, Correspondence from May-ling Soong Chiang Jan. 1939 - Jan. 1945, Papers of Emma DeLong Mills, MSS. 2, Box 9, Wellesley College Archives.

③ 薛月顺编辑：《事略稿本》第44卷，第387页。

1939 年 5 月 5 日，《读卖新闻》晚报第 2 版以醒目标题在报纸重要版面上报道"炸弹集中投向蒋行营"。《朝日新闻》通过采访汉阳制铁厂高级技师李子文，获得蒋介石宋美龄在重庆的居所情况。报道称："蒋介石有三个居所，一是求精中学附近，一是通远门西方的张群宅，还有一个位置不明。蒋介石夫妇就在以上三所辗转居住。"①

1939 年夏天，印度国民大会党领袖尼赫鲁（Jawaharlal Nehru）抵达重庆访华。8 月 28 日，尼赫鲁由董显光陪同，到黄山官邸拜会蒋宋夫妇。因为酷暑，尼赫鲁被安排去洗澡。当"尼赫鲁方入浴，适接报告有敌机五十四架正向重庆飞来。他被促早毕浴事。赶用晚膳，再入防空洞。晚膳后，紧急警报已发。尼赫鲁与蒋夫人一道先赴防空洞。蒋"总统"因有重要公文待处理，稍后加入。但接连三小时，大家都留在防空洞外"。由于敌机迫近，尼赫鲁与蒋宋曾"避入洞内三次"。双方谈话"在烛光之下继续至三小时"。②

由于在市内的官邸频繁被炸，黄山官邸成为蒋宋在轰炸季的主要居所。1940 年，蒋宋官邸遇袭的次数更多了，损失也更严重。8 月 9 日，市区的官邸再次被日军炸弹击中。唐纵在日记里记道："十二时有警报，至二时四十分，敌机三批约八十余架同时进入市空，在海棠溪、城内大梁子、曾家岩等处密集投弹。炸毕，归视办公室房屋犹存，惟屋顶洞开，泥土满楼盈尺，第四组前面落一弹。委座公馆附侧落一巨弹，石块自屋顶坠下，其他各组房屋瓦片俱已震毁无存。附近周围，落弹约十余枚，幸人员无一伤亡。"③

9 月，雾季即将来临时，德安里官邸再度遇袭。9 月 13 日，唐纵在日记里记道："上午十时空袭警报，十一时许敌机侵入上空。听有巨声一响，继之以哗然之声，立时洞内人声大作，如大祸临头。我见洞内支柱木板下坠，有一卫兵受伤倒地。探视入洞甬道，

① 《蒋住所辗转不定 真实的重庆 逃出者叙述》，《朝日新闻》1939 年 5 月 18 日，日报第 2 版。
② 董显光：《蒋"总统"传》（中册），第 307 页。
③ 公安部档案馆编注：《在蒋介石身边八年——侍从室高级幕僚唐纵日记》，第 147 页。

巨木支柱全然坠地上，洞门已闭塞。旋出洞，寻视弹孔，见巨弹落于一号洞口之前，垛墙巨石均已散地。闻今日敌机系俯冲投弹，此系德人炸伦敦之所为。"唐纵还记载了当天驻德安里官邸的侍从室被炸毁情形。他说："今日轰炸德安里，第六组、第五组被炸毁，第三组及医务所均被炸毁，第一组及卫士队震坏，屋瓦全落，第二组、第四组震坏，颇有损伤，侍卫长室颇有损伤，委座官邸较好。计侍从室共落弹八枚。"①

9月15日，蒋介石记道："上午九时，敌机侵入市空时，公适在途中（从市区返回黄山官邸的途中——引者注），未为敌机发觉。查此批敌机专炸曾家岩官邸，以其投弹技术拙劣，多未命中。中午，敌机又来袭渝，在市区内仓皇投弹而去，我无任何损失。"②对于这一天的损失，唐纵的记载是："上午八时许即闻空袭警报。九时许敌机自上空经过。顷闻炸弹声，房屋被震，门窗为之动摇。至十二时一刻，敌机在上空盘旋，旋闻炸弹声，如是者约四次之多。至一时一刻而止。及归侍从室，见防空洞被炸穿，其位置即为五、六组所存之物。此次被炸，我所有各物均在洞内，全被炸毁。各物价值约万余元。"③

9月16日，蒋介石夫妇两处官邸均遭袭击。上午，蒋介石出席纪念周训话，会客后，"视察曾家岩官邸被炸情形，四周附近房屋俱毁，惟有公所居之寓所则独屹立无恙，人皆谓乃由于上帝之主旨使然也。中午，敌机六十八架分批复在南温泉中央政校投弹"④。10月17日，蒋介石又记录："正午，敌机袭渝，复在曾家岩官邸投弹，公谓此心反觉为之一慰，因可以减少其他各处人民被炸受损也。"⑤ 这一年，宋美龄在给艾玛的信中，也讲述了曾家

① 公安部档案馆编注：《在蒋介石身边八年——侍从室高级幕僚唐纵日记》，第157页。
② 薛月顺编辑：《事略稿本》第44卷，第284页。
③ 公安部档案馆编注：《在蒋介石身边八年——侍从室高级幕僚唐纵日记》，第157—158页。
④ 薛月顺编辑：《事略稿本》第44卷，第287页。
⑤ 薛月顺编辑：《事略稿本》第44卷，第457页。

岩官邸遭遇轰炸的状况。

宋美龄一生中遭遇的险情不少。不过,1941 年夏在黄山官邸遭遇轰炸的经历是难忘的。8 月 1 日,宋美龄在重庆新运模范区主持中国妇女慰劳自卫抗战将士总会四周年纪念大会,正值轰炸高峰期。[①] 8 月 8 日至 14 日,日机数百架次不分昼夜,以不到六小时的间隔,对陪都重庆施行"疲劳轰炸",市内饮水、灯光全部断绝,人民断炊失眠。

陈纳德应蒋委员长的紧急召见,飞抵重庆,在前往黄山官邸的路上,遭遇日军的轰炸。陈纳德写道:"每天,日本人以一百五十架飞机来威胁这没有防御的陪都——重庆。他们想在南进开始之前,以此作为威迫中国投降的最后努力;同时,他们也正好利用重庆作为最后的空军作战训练,——那些日本空军经此之后便从新加坡至夏威夷,横扫太平洋天空。我在八月八日抵达重庆,当我正准备前往蒋委员长郊外的官邸去时就遇到两次空袭,有一次我正在长江中心的渡船上,第二天,我在三次警报的间隙里和美、英、俄各国的武官会商。翌晨,我在上午二时便起床,坐着轿子,开始长途旅行。我由英国武官的家里出发,打算在天未亮之前赶到中航机场去。然而,警报又响了,当第一批日本轰炸机退去的时候,天已大亮,而我们则仍在中途;不久,第二批日机又来袭,轿夫惊慌,于是不顾一切急忙躲进稻田里,不管我的死活,我无奈,只好徒步到南岸的渡船码头,不幸又遇到第三次空袭,我只好坐在翻转了的小船上静候。重庆完全是一片荒凉,街上连一条狗都看不见;最后,一个舟子从上流掉舟而来,他把我渡过河之后,讨价五十元,我遍搜袋子,只得大洋五元和一些零星美元以及印度卢比,我们的'五'和'五十'之争吸引了许多群众,他们是从河岸挖成的防空洞里跑出来的,一个讲英语的中国人从群众里走出来,自愿调解,我把名片给他,他把它译成中文,向群众解释我是中国政府里的外籍军事顾问,并发表冗长的

---

① 参见《妇慰总会四周年蒋夫人致词》,《中央日报》1941 年 8 月 2 日,第 3 版。另见《妇慰总会今开四周年纪念会》,《大公报》1941 年 8 月 2 日,第 2 版。

演说，于是群众欢呼了，而那舟子也就默然而退。我继续由城里步行到中航机场去，想看看是否可以乘得着离渝的飞机，在途中我遇着杨格，他是美国人，那时是政府里的经济顾问，他正驾车往乡间避警报，但他却吩咐司机把我送到机场去，然后再回来接他。到了机场，中航公司的职员通知我说，飞机早在第一次警报里飞走，并且'不再回来了'。我于是只好继续驶往求精中学雷布博士的办事处去，这总比再渡长江为妥当，可是他们都已下乡躲警报去了，只留下一个厨子和一个不愿离开的老女仆。轰炸又再开始，这样日夜地继续下去，七十二小时几乎没有间歇，电话线和电线都被炸毁了，又没有水，只有冷饭吃。第二天，一串炸弹在附近爆炸，炸弹碎片射入房子里，于是我们也只好躲到附近山边的洞穴里去了。我坐在那边，听到断续的隆隆炸弹声，我想到为了种种阻碍，以致不能把志愿队及时组成来阻止重庆所遭受的折磨，心中异常愤怒。当时唯一的安慰就是那些足以粉碎日本空中攻势的驾驶员和飞机已经在亚洲了。直至八月二十二日我才能离开那满布弹痕的重庆。"①

8月14日，在空军纪念日里，日军再度来重庆空袭。"第一批六十三架在观音岩、大溪沟等处投弹，其目标当为自来水电力厂，闻水、电两方均有相当损失。第二批二十七架在南岸投弹。据敌方宣传，八月以来，对重庆及附近，实行昼夜连续之大轰炸，以二小时五小时为间隔。迄十四日上午止，轰炸时间约为百五十小时，计四十次，参加机数达千架云。昨日神仙洞一八零号公共防空洞被炸，一弹中门口，一燃夷弹中另一门口。天下有如此之巧事，宁不奇叹！计死亡一百七十七人，重伤一百六十七人，轻伤一百七十二人。因该处多全家被难，故领恤者寥寥云。8月15日，六日来因空袭而死

---

① 陈纳德：《陈纳德将军与中国》，第86—87页。另外，一位旅居重庆的西方人也讲述了 1941 年在香港与重庆之间旅行时，飞机在重庆着陆后遭遇空袭警报后，会立马起飞向昆明方向，或者飞往峨眉山，不会再等下一班客人，直到空袭警报解除。参见 J. Arthur Duff, Memoirs Chronological Writings, Box 3-1, Box 3-4, Hoover Institution Archives, Stanford University.

伤者一千四百余人，毁房屋六百余栋，财产一时无法估计。"①

8月16日，蒋介石在日记里记道："敌机自上月二十七日至三十日又自本月八日至十四日前后来川计空袭十一日，敌之狡计本预定自上月二十七日至本月七日（即阴历望日）准备昼夜不断轮流轰炸连袭十日，以动摇我军心与民心，乃因自上月三十一日至本月七日之间，天时阴雨，致间断至一星期之久，而使其整个计划不得不划分为两个阶段，然后其最后六日轰炸更为猛烈，彼以为如此可达成其任务，故敌之在沪发言人又发诱和论调，而我即于'八一三'抗战四周年纪念日发表文告，予其亦当头一棒，使敌猛省此次用如许空军肆扰而又等于虚掷，并不发生作用，然而如'八一三'文告停止不发则更增敌之气焰，以为真被其空军威胁而屈服矣，故此次宣言之效力实逾于五十万大军之力也。"②

8月22日，蒋介石在官邸"批阅文件"，"敌机自上午十一时起又分批袭川，并在渝滥炸至三时后方解除警报"。8月23日正午，敌机百余架又分批袭渝蓉各地，遂改在黄山官邸召集军事会报。当天记本星期反省录记载："敌机迭于我后方各地狂炸，尤以其轰炸江上运输，使我对前方接济困难，但我国幅员广大，彼虽到处轰炸，而仍难奏效也。况其飞机与汽油有限，决不能持久耳。"8月26日，日军轰炸后的重庆，"令人目不忍睹，即草木亦被摧残零落，此诚神人之所共愤，草木之所同仇也"。③

8月30日，黄山官邸被炸，宋美龄所面临的险情让蒋介石事后感到后怕。蒋介石在日记里详细记录了当天的轰炸情况，以及与妻子防空洞躲避的细节。上午，当敌机袭击黄山官邸时，蒋介石正主持召开军事会议。他记道："九时半，闻警报。十一时，敌机第一批炸小龙坎。十一时五十分，第二批进入上空前，余正与军事会报诸同志在黄山防空洞口树荫下谈军事近状，忽闻飞机声

---

① 公安部档案馆编注：《在蒋介石身边八年——侍从室高级幕僚唐纵日记》，第222页。
② 叶惠芬编辑：《事略稿本》第46卷，第622—623页。
③ 叶惠芬编辑：《事略稿本》第46卷，第662、664、657页。

旋又突然无声，乃相继入洞内再谈，时约十分钟未闻机声，只闻炸弹声甚近，仍不以为意。不料，敌机连续轰炸洞门，已为崩土堵塞，乃觉敌机在最高空投弹故不闻机声也，而其目标即在本洞时，余妻在北洞口茅屋前读法文，未同在一

日机轰炸黄山官邸，蒋介石夫妇在官邸防空洞前（重庆中国三峡博物馆藏）

处。际此紧急关头，乃即向北洞口寻觅，幸见彼进来，此心始安。惟今日之危，甚于二十七年之于武昌省署与去年之于柳州羊角山也，以三面洞口皆被炸，中堵塞，惟山岩甚坚，洞基甚固耳，炸后出洞视察，洞顶树木全毁，岩土崩坠，卫士重伤者四人，死内卫班长唐伟舜、侍卫陈亦民二人。当即往慰问伤者，见鲜血狼藉，目不忍睹，悲惨极矣。"当天，蒋记"上星期反省录"，他写道："妻在北洞口只差数秒时间，几乎只隔三步，其危险更甚矣。""至今夫妻皆安然无恙，实上帝保佑之力也。"①

对黄山官邸遇袭的险情，宋美龄本人曾于1943年向顾维钧等人讲述过。据顾维钧的回忆录记载，在黄山官邸接待英国议会代表团聚餐时，"蒋夫人让我们看她书桌上的一本法文词典。这本词典已经破成两半，保存在一个特制的有玻璃盖的盒子里。她说，这本词典是日本空袭黄山时她九死一生的纪念物。有几位将军被

① Chiang Kai-shek Diaries, August 30, 1941, 41.14, 1941V1, Hoover Institution Archives, Stanford University. 蒋介石在当天日记周边的空白处写上密密麻麻的蝇头小楷，详细记录了与妻子在空袭中躲避的全过程。

炸死了,有三十多个人受了伤"①。

就在 8 月 30 日这一天,蒋介石的两处官邸均被轰炸。同日,浮图关下的国民大会堂被全部炸毁。唐纵在日记里记录了这一天的惨状:"敌机二百余架分十批来袭,曾家岩、大溪沟一带又被炸,侍从室内落三弹,委座官邸大门口落一弹未炸。黄山亦被炸。卫士班唐班长及一便衣卫士殉难,受伤者十余人。"②

8 月份,日军对重庆的轰炸攻势更加猛烈。《纽约时报》连续刊发 17 篇报道③,跟踪记录了轰炸所造成的巨大破坏、重庆人民于轰炸中求生存、所获得的各方援助等各方面情况。对于 8 月 30 日至 9 月 3 日 5 天的轰炸,《读卖新闻》也全程报道,且一天之内甚至同一版面刊登多篇消息,炫耀日军轰炸的"战果"。④ 9 月 1 日,该报在报头左侧最醒目位置报道:"8 月 31 日陆海空军编队大举轰炸内陆九地区",并附地图和照片说明"这是一次破纪录的长距离轰炸,致敌军官民与强烈的恐怖之中";在同一版的中部,又刊载通讯称:"从朝天门的旧街区和对岸住宅地带直至西郊地区,看不见一户人家,重庆已是一座废墟城。"⑤ 9 月 2 日,该报继续渲

---

① 顾维钧:《顾维钧回忆录》第 5 卷,第 125—126 页。

② 公安部档案馆编注:《在蒋介石身边八年——侍从室高级幕僚唐纵日记》,第 224 页。

③ Adventist Hospital Ruined By Japanese, *New York Times*, Aug. 3, 1941; Chungking Pounded By 140 Air Raiders, *New York Times*, Aug. 9, 1941; Chungking Bombed Again, *New York Times*, Aug. 10, 1941; Two Japanese Raids Blast at Chungking, *New York Times*, Aug. 11, 1941; Hints Bombing is Retaliation, *New York Times*, Aug. 14, 1941; Chungking Still Bombed, *New York Times*, Aug. 14, 1941; More Chinese Killed in Raid Shelter Trap, *New York Times*, Aug. 15, 1941; Clouds Help Chungking, *New York Times*, Aug. 16, 1941; Chungking Gets Food in Two Raidless Days, *New York Times*, Aug. 17, 1941; Medical Aid for China Urged, *New York Times*, Aug. 17, 1941; Chungking Bombed Again, *New York Times*, Aug. 23, 1941; Chungking Blasted Anew, *New York Times*, Aug. 24, 1941; Americans' School in Chungking Bombed, *New York Times*, Aug. 31, 1941; Chungking Raids Wear our Citizens, *New York Times*, Aug. 13, 1941.

④ 如 8 月 30 日报道称:"8 月 1 日至 10 日的轰炸破坏军队关联房屋 2500 余户,军队关联的死者 1300 余、伤者 2800 余人。"见《读卖新闻》1941 年 8 月 30 日,日报第 1 版。8 月 31 日,该报继续刊登"陆军空军编队猛烈轰炸重庆"的新闻,见《读卖新闻》1941 年 8 月 31 日,日报第 1 版。

⑤ 《重庆已是废墟》,《读卖新闻》1941 年 9 月 1 日,日报第 1 版。

染日军"战果"，赞叹持续三十余次的轰炸造成"嘉陵宾馆附近长 2 英里宽半英里的巨型坑洞"，可见日军炸弹威力无穷，令人惊叹不已。[①] 9 月 3 日，《读卖新闻》报道称，自 8 月 8 日开始，日军航空编队持续轰炸了四川、甘肃、湖南等"敌重要据点"，"需要在防空壕持续躲避 59 小时 45 分，单日最长持续轰炸 10 小时 35 分……《大公报》《时事新报》等被炸毁，蒋介石别墅、军事委员会办事处、参谋本部等均被破坏，广播局也无法播音，23 日和 24 日的轰炸造成资源调查部特派团本部、宪兵队本部、重庆大学、军事教训处、日报社、大渡口新设制铁所和熔矿炉被炸，引起若干处火灾，整个重庆如同修罗场一般"。

日军大轰炸所造成的心理恐怖感，更是一种持续的心灵伤害与阴影。9 月 3 日，蒋介石在日记里写下感言："自上周大轰炸以来，人民几皆成惊弓之鸟，昨夜大雷雨中，亦有闻风声雷音而恐怖者，可知轰炸之威力矣，若敌果继续不断，昼夜不息，集中一点，狂炸不已，未始无效也，近因余之住室受震，夜雨时方发觉其漏，几不成寐，以此推想重庆全市之同胞，甚至全国各城市被炸受难之同胞，其苦痛更不堪设想矣，国民遭受此种苦难，已历时四年有余，而为此牺牲殉难者，亦已不计其数，然其为御侮而死，死亦瞑目，而未死者，尤其老幼孤寡，颠沛流离，其将何以堪，言念及此，悲从中来，全国同胞遭此浩劫，而对余并无有丝毫之怨尤，且均能忍受而不辞者，究竟为何，此皆因信任余能为国家为民族以求独立生存之故，余之责任，岂不重乎，呜呼，倭寇残暴凶恶，绝无人道，其岂能幸免于败亡乎。"[②]

1941 年 12 月 8 日，日本偷袭珍珠港，太平洋战事爆发。12 月 9 日，国民政府发布文告，正式对日宣战。12 月 14 日，重庆市举行国际文化团体扩大反侵略大会，拥护国民政府向轴心国宣战。

---

① 《炸飞 1 平方英里 轰炸重庆 30 次 我军炸弹的威力》，《读卖新闻》1941 年 9 月 2 日，日报第 1 版。

② 周美华编辑：《事略稿本》第 47 卷，1941 年 9 月至 12 月，台北"国史馆"2010 年 7 月印行，第 16—17 页。

1942 年冬以后，日军对重庆的轰炸就逐渐减少了。[①] 在重庆的美国人士 "对战争的前景是乐观的，至少对于欧洲战场是如此认为。至于对日本人，我们已有明确迹象显示，日军的空中战斗力已经被大大地削弱，至少在陈纳德训练美国空军援华自愿队的日子里是如此，而且可以肯定的是日军的装备的确不如从前了"[②]。

自此，重庆遭遇轰炸的 "最大厄运已成过去"，"日本之进攻美英两国，不得不使用其空军于其他方面，故在珍珠港事变后，中国只遭遇骚扰性之空袭而已"[③]。

三、永不放弃的坚守

董显光说："在战事纪录中，重庆在恐怖空袭之牺牲之下，实足与伦敦、鹿特丹、苟文特里并传。中国政府之能忍受此种苦痛，而继续抗战以迄于胜利，不能不归功于自我牺牲的精神与绝不动摇的决心。"[④] 蒋介石说："敌寇狂炸最多只能焚毁我物质而不能动摇我精神"，"滥炸即使其能毁我重庆，决不能毁我全国同胞也"。[⑤] 在灾难深重的家园，重庆有着 "永不放弃" 的坚守。重庆遭遇轰炸的时期，正是中国独立抗战最为艰难的年代。日军残酷的无差别轰炸，增添了重庆的英雄色彩。

西方主流媒体以长篇通讯、特别报道和评论等形式，向全世界讲述了中国抗战首都反轰炸的故事，话题涉及经济、政治、外交、文化、教育、民众心态和城市精神等各方面，不仅勾画出一幅西方人视野中重庆大轰炸的悲惨景观，还在相当程度上契合了

---

① 参见 Whiting Willauer Papers，MC 142，Box 2，folder 12，Diaries，November，1942，Princeton Mudd University.

② Whiting Willauer Papers，MC 142，Box 2，folder 4，Letter to Louise，December 23，1942，Princeton Mudd University.

③ 董显光：《蒋 "总统" 传》（中册），第 329 页。据吴国桢传记载，太平洋战争爆发后，"日人不再轰炸重庆，不只是一九四一年冬季雾季如此，到了一九四二年春天，雾季过去，也是如此"。见吴国桢手稿，黄卓群口述，刘永昌整理：《吴国桢传》（下册），第 359—360 页。

④ 董显光：《蒋 "总统" 传》（中册），第 329 页。

⑤ 薛月顺编辑：《事略稿本》第 44 卷，第 177—179 页。

轰炸后的重庆市街（美国生活杂志图片资料）

宋美龄在重庆废墟上建构出的苦难重庆抵抗日军暴行的英雄形象。

以《基督教科学箴言报》为例，该报驻重庆记者讲述了轰炸下重庆故事的另一面。该报并未过多地渲染大轰炸的血腥画面，而是将眼光转向了战争背后的故事，从大众传播媒介、音乐、文学、戏剧、阅读和妇女角色的论争等话题描绘战时重庆的文化生态，使战争报道充满了人性的温情，传递出饱受战争祸害的人们对和平的无限渴望。当年共计有 20 篇报道，记录了宋美龄为大轰炸开展的对外宣传和赈灾救护等活动，如参加灾后救济、捐助和筹集善款①、训练女性救援者、收容和看望孤儿等活动。② 战争的苦难并不能停止人们对生活的热爱与渴望。斯坦因在重庆的街头观察到，人们看起来活泼、喧闹、自由自在，像往常一样沉浸在

①　参见 Hugh Deane，"Chungking Rebuilds Faster Than Japanese Tear Down"，*The Christian Science Monitor*，1941-2-6（6）.

②　参见 Randall Gould，"Chiang Kai-shek's Alertness Unaffected by War Strain"，*The Christian Science Monitor*，1940-4-29（4）.

日常生活的繁琐中，他们坚信抱怨和担忧不会减少困难和障碍。[1]

频繁的轰炸、躲空袭、跑防空洞以及向郊区疏散，是战时重庆人的生活常态。在长达五年半的残酷轰炸中，重庆人以顽强不屈的精神，耗费着日军的资源，坚守住了中国的抗战堡垒。《基督教科学箴言报》真实地记录了中国民众的坚韧、乐观、渴望和平以及抗战到底的决心，报道中不乏对重庆精神的直接赞誉，"spirit""great""strength""Morale Still High"等话语十分醒目。该报纸称赞"伟大的中国人民知道如何在废墟上重建，这就是中国的力量"[2]。中国人是打不倒的，"因为他们有用不尽的能量和信念，不能消灭的对未来的想象"[3]。

与此同时，西方媒体也非常注重挖掘大轰炸背后深层次的经济话题，从一个侧面记录了战时重庆的现代化进程。1940年1月13日，《基督教科学箴言报》刊登长文《中国的战时首都在日军的轰炸中扩建》，深度报道了重庆的疏散与重建并举的反空袭举措。统计表明，城市建设的新闻在非轰炸消息类的报道中所占比重最大，"重建"（reconstruction，rebuild）、"扩建"（expand）等词汇的使用频率几乎与"轰炸"（bombs）、"空袭"（raids）接近。该报还对大轰炸引发的重庆经济困境给予了相当大的关注，进而展开对战时中国发展大局的评论。[4]

雾季是重庆高速建设时期。重庆的重建速度之快，几乎"超过了日本人的炸弹对这个城市的毁坏"，"昨天还是一堆瓦砾，今

---

① 参见 Guenther Stein，"Four Years in Chungking：Morale Still High in Capital"，*The Christian Science Monitor*，1943-6-21（7）。

② Hugh Deane，"Chungking Rebuilds Faster Than Japanese Tear Down"，*The Christian Science Monitor*，1941-2-6（6）。

③ Margaret Williamson，"A Chinese Could Understand"，*The Christian Science Monitor*，1941-10-31（12）。

④ 相关专题报道见：China is Building Industry Beyond Reach of Invader（1940-4-3）；War Compels China to Expand Industries（1940-4-22）；China War Aids Backward Provinces（1940-7-12）；Coolie Transport Revived in China for Wartime Needs（1940-9-14）；China Halts Profiteering（1940-9-21）；Food for Mouths of China——Chungking Has Grim Problem（1941-10-31）；Chungking Put on Meat Ration In Co-Operative Store Chain（1943-4-3）。

天就建成一所商店"。过去"只说不做"的新生活运动委员会，也规划在市中心的废墟上建立"模范社区"①。1941 年 3 月，胡赖明（Lyman Hoover）也观察到，空袭后"主城区最重要的区域损毁严重，不过，一个让人惊讶的建设却在进行着，既有临时的，也有永久性的建设——同步进行。许多商店等不及清除掉碎片残骸就在内有砖墙的棚屋里开店营业了……"② 每次轰炸过后，城市都会进行街道的拓宽工程，而新建的房屋就建在废墟原址，过去狭窄的旧街道，被拓展得更宽。《基督教科学箴言报》指出："日本的战机成了新重庆从古老的旧址上耸立起来的间接建筑师。"③

1941 年 4 月 6 日，《纽约时报》在《重庆的发展》一文中，就国民党在艰难的战时环境中的一些改革进行了解释分析。文章指出，这些改革"使重庆政府具备一个现代化国家所有特征的过程中前进了一步"。对重庆迈向全面现代化的"高速增长"计划，《基督教科学箴言报》发表评论，指出这种"雄心壮志"有时超出了政府的执政能力。在没有真正意义的民主宪政体制下，这种全面现代化的计划，如同陪都正在进行的几项浩大工程一样，将受到失败的惩罚。④

应对日军的大轰炸，重庆人想到了快速修建房屋的办法，建筑风格的主流是简易的框架结构。原先两三层楼的住房被炸毁后，代之而起的多半是一层楼的新建筑。轰炸使得新建筑色彩更加明快。旧商店多为沉闷的灰黑色，新商店则显示出中国人生动的建筑想象力。商店成为色彩丰富的建筑群，标志的颜色特别艳丽，有的店铺还显示出西式风格的影响。砖瓦房是很奢侈的建筑。最

① 参见 Hugh Deane, "Chungking Rebuilds Faster Than Japanese Tear Down", *The Christian Science Monitor*, 1941-2-6 (6).

② Lyman Hoover Papers, Group No. 9, Box 42－689, Series No. II, Excerpts from letter of Eugene Turner to Dwight Edwards from Chungking, March 12, 1941, Divinity School Library, Yale University.

③ Chinese Cling to Chungking Despite Raids, *The Christian Science Monitor*, 1941-10-1 (11).

④ 参见 Chinese Reforms Run Ahead of Capacities, *The Christian Science Monitor*, 1940-5-17 (5).

普通的民居是用大竹子做房屋的基础主干，窗格等则用细竹条，外面覆盖一层混有稻草秆的泥墙。在重庆的外国记者居住的"记者宾馆"就是这种建筑风格。这种建筑很容易被毁，但可以在一周内修复。①

1941 年 7 月 13 日，《纽约时报》在题为"两个国家的转变"通讯中，以两幅图片对比展示当时中日两国的精神面貌。左图"中国，1941——中国人民感觉到前所未有的自信"，人头攒动，群情激昂；右图注释为"日本，1941——日本国民如今不安与沮丧"，影像中的日本民众满脸愁苦，毫无生机。图片将侵略国和受害国截然不同的士气表现得淋漓尽致。1941 年 7 月 26 日，《纽约时报》在报道《空袭下的中国战时首都》中选用从长江沿岸上空航拍的图片展现了整个轰炸的图景。

面对日军对重庆实施的残酷的无差别轰炸，宋美龄以无线广播、撰写信函、公开演讲等方式，不断地呼吁世界爱好和平的人们共同制止日军的暴行。

1941 年 4 月 28 日上午 2 时 40 分，英国广播公司（BBC）邀请宋美龄在重庆对英国民众发表英文演讲，由该公司以二十八电台用中波及长波转播全国，并于 3 时 45 分用短波向全世界播报。演讲中，宋美龄向西方世界揭露日军轰炸重庆的暴行。宋美龄指出："我们希望你们能感觉到：我们的奋斗与英国的奋斗，精神上事实上都为了同一目标。因为我们四年来亲身体验了恐怖惨痛残暴的被侵略况味，所以我们同情你们目前的苦难，比任何民族都要更深切。"她说："四年来的战争，使五六千万的中国同胞成了难民，其中一部分已经暂时得到安顿，一部分仍旧流离失所，非至战事结束得不到安定的生活。可是，他们宁愿忍受目下的这种困厄与艰辛，绝不愿意作日本人统治下的奴隶。敌机一再轰炸我们后方不设防的城市村镇，以去年六月间的重庆来说，两天的连续空袭，就使七万市民无家可归。"讲话中，宋美龄向西方世界传

———————————

① 参见 Hugh Deane，"Chungking Rebuilds Faster Than Japanese Tear Down"，*The Christian Science Monitor*，1941-2-6（6）.

递出重庆不怕轰炸的顽强
精神，重庆的精神代表了
战时中国抗战的决心。她
说："整个夏季中，天气
晴朗的白天，月光清明的
夜晚，日本飞机是莫有不
来轰炸的，到冬天，重庆
只剩了秃垣残础，一片荒
凉；但今天你若到重庆来
看一看，你知道了那些临
时性质的简易房屋，其兴
建之速，有如雨后春笋，
这如何可能，因为中国精
神不知道有失败两个字，
那些遗劫的商人们，在敌
人投弹纵火的地方，不待
烟消灰灭就拮据经营，建

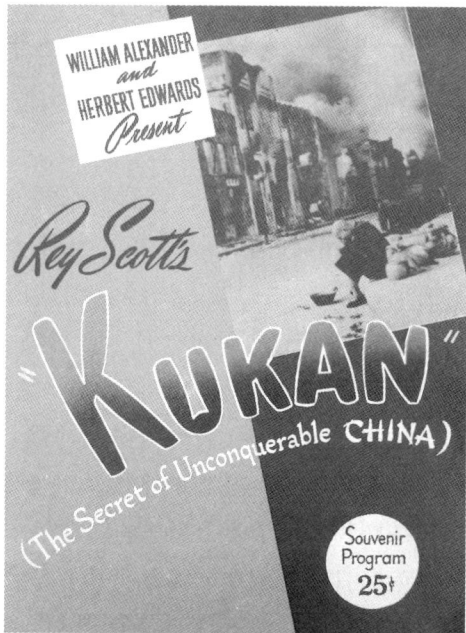

中国不可战胜的秘密——奥斯卡获奖纪录片
《苦干》镜头中的战时重庆（卫斯理学院档
案馆藏）

筑起小屋，来重整旧业。有许多组织如新生活运动会、教会团体、
以及各种合作社，在政府的领导之下，帮助被灾的市民，成绩非
常优良。我们并不把被灾同胞视为怜悯的对象，但觉得他们是值
得尊敬的爱国国民，是生产事业的活跃分子。"①

　　1941 年 8 月 1 日，宋美龄在中国妇女慰劳总会四周年纪念会
上发表演说，她呼吁"发挥我们民族精神"来渡过难关，她说：
"我们在这困苦艰辛的危难时期，各位同人乃至我们一般同胞，究
竟靠什么力量来支持我们的抗战呢？我们毕竟是普通的人类，我
们身体忍受苦难的力量毕竟有一定的限度，而且我们所受的困苦

————————

　　① 《蒋夫人对英播讲》，《中央日报》1941 年 4 月 29 日，第 2 版。编者对宋美龄
此次广播细节特别加以说明：英国广播公司邀请中国重要人士演讲，此次尚属创举，该
公司为求收音清晰，特请于 2 月 20 日晨 2 时预先播讲，该公司在伦敦收录留音片，以
防临时收音不清，如此则有时间得从容复播校正，足见其对此举之郑重。宋美龄于 20
日在重庆国际广播电台播讲后，即得伦敦来电，谓收音成绩，十分满意。

是世界上受难人民所少见的, 这只有上帝能知道。然而我们终于能始终坚韧不夺不摇, 这就是因为身体的忍耐力虽然有限度, 而我们内在的民族精神力量, 却是无穷无尽的。这种精神力量, 使我们忍受了显然不能忍受的痛苦, 负荷了显然不能负荷的重担; 而且, 这种精神力量, 使我们从悲惨失望疑虑徘徊的黯云里面, 看见了信仰与希望的光芒, 我们坚信中国是为了正义而奋斗, 坚信我们这个大国必有其光明的前途, 使我们稳渡目前的难关, 也将继续鼓励我们、支持我们, 以承接光明的到来; 这种信念, 点燃起一种永远不熄灭的火焰, 蕴蓄着坚毅勇敢的热力, 这一火焰在任何环境之下, 都将放着灿烂的光辉, 在过去的困顿的几年之中, 这火焰在我们大家心中, 毫不间断地燃烧着, 而当我们一步一步在奋斗过程中前进的时候, 它仍将继续供给我们以新的力量与新的生命。"[1]

8月, 宋美龄在对妇女干部训话时再次强调抗战的精神, 她说:"我们国家的政治经济建设和民众教育, 虽然不能算是一个现代化的国家, 可是我们有一种极可宝贵的精神, 就是中国国民党的精神……我所说的中国国民党精神是什么? 就是先烈的牺牲精神, 大家都读过本党的革命史, 都知道先烈们爱国家爱民族比他们自己的生命还重。他们不求名, 不求利, 不计较个人的安危和荣辱, 对于信仰是坚定不拔, 对于工作是危险不顾, 艰苦不辞, 而对于同胞则是亲爱精诚, 恳挚周到, 尽一切的能力和方法去爱护。没有先烈的这种精神, 哪有今天的光明前途, 现在我们的抗战正在最紧要的关头, 胜利在望, 建国必成, 我盼望诸位要切切实实地效法先烈这种精神, 去牺牲, 去奋斗, 效忠于党, 效忠于国家和民族!"[2]

1942年6月13日, 宋美龄在对她的母校——美国卫斯理学院

① 宋美龄:《中国妇女慰劳总会四周年讲词》(1941年8月1日讲), 载王亚权总编纂:《蒋夫人言论集》(下集), 第744页。
② 《蒋夫人训词》, 载中央组织部编印:《妇运干部工作讨论会纪要》, 1941年8月, 台北中国国民党党史馆藏资料, 类别序号: 495/99, 第2—3页。

的校友演讲时，强调中国需要美国的援助，她指出："到七月七日那天中国将踏进抗战的第六年，你们无疑地一定想知道这五年来的剧烈挣扎及苦难如何影响了我国的前瞻。我能够确切的告知各位，如果我国现在能得到必要的装备，那末中国人民对他们在无比困难当前仍能坚守一点，是极具信心的，高度的士气便是国人坚定不拔的意志，坚决反抗而绝不认输的要件之一。"她又说："请记住中国从未有一个机械化的军队，其配备与敌人相当或足资与其匹敌，由于缺乏这种军队，我们迫不得已采取了一项磁性战略，由于迫使敌人就范于此种战略，我们遂使之陷于进退维谷之困境，我们不曾被敌人征服过，在将来也不会。我国装备拙劣的军队在这些年来一直把敌人挡住。一旦得到我们亟需的飞机枪炮时，我们便能将其打退。"①

1943 年 1 月 17 日，《纽约时报》在《这里明天更光明》的报道中，采用了重庆人来人往的街景图。图中黄包车夫在街道上拉生意，图片说明颇为乐观："遭受严重袭击的中国战时首都重庆。很好，中国仍在微笑。"此图右侧连续采用了六幅普通重庆市民面部特写的图片：男女老少，自上而下排列，六张脸上都挂着灿烂笑颜。6 月 6 日，该报的报道"重庆被轰炸但没有屈服"，同样采用三幅图片，大图片中，重庆的山城风貌及民居格局跃然纸上，各种店铺排布在街道两侧，人们挑着担子穿梭往来于集市。正文之下左侧图片中，一名中国妇女背着与她身体几乎不成比例的大背篓，弓背前行，《纽约时报》把此喻为"中国人的脊梁扛起了国家的重量"；右图表现了一个中国小男孩在查看他被炸毁的家，《纽约时报》在此用的是"勇敢"一词。在这里，该报表达出对重庆人勇敢、乐观的精神状态由衷的赞赏。

在访美期间，作为"重庆来的中国第一夫人"，宋美龄不忘讲述重庆被日军轰炸的悲惨境遇以及中国期待国际援助的事实。

① 宋美龄：《献给我的母校》（1942 年 6 月 13 日接受美国魏斯里大学名誉法学博士学位答谢时讲），《蒋夫人思想言论集·演讲》，台北"中央文物供应社"1966 年版，第 135—136 页。

1943 年 4 月 4 日，她在洛杉矶发表演讲，呼吁"此时飞机之需要，愈为迫切"。她回顾了重庆遭受日军轰炸的历史，说："吾人甫抵此地，敌机即开始轰炸扫射，再度妄想藉此动摇吾人之抗战精神。数年以来，每值晴朗时节，环城无朦胧大雾之时，常常遭受空袭。在驰名之'飞虎队'尚未击退彼空中匪徒以前，重庆及其近郊，从未稍得宁息。"在这次演讲中，宋美龄详述了重庆遭遇日军大轰炸的悲惨故事。她指出："凡稍有知重庆地形者，即可明了吾民众不能不忍受悲痛之困苦。重庆位于嘉陵江与扬子江交流之舌形地带山坡上下，石阶陡峭，而古旧之房屋，其建筑之方式，仅由一门出入。往往炸弹爆发，阻塞一门，则全屋之人，如落陷阱，无路可出。少数炸弹爆发，即将市区若干地方，全部化为灰烬，盖房屋节比相邻，一枚燃烧弹，即能使全街焚毁。又是死亡过重，不能觅得棺木，为之收殓。""全城繁盛之商业区，渐次悉被毁坏，站立市中，可纵览两面江流，而了无阻障，幸赖我人民之复兴精神不为稍妥，每次轰炸后，解除警报之尾声，尚未停止，而未经炸死之居民，即回至其被焚毁之店铺与住宅，以抢救其可能抢救之物品。数日后，临时盖造之茅舍与建筑，又出现于旧址之上矣。"宋美龄自豪地说："当时吾人皆知敌人之企图，乃使吾人体力固极度疲乏而丧失抗战意志。以故，吾人心志坚定，决不屈服。我历尽磨难之人民，虽已饱尝苦痛，对于上者，绝无怨言，此真最足称道者也。吾人誓将敌人驱出国境之决心，从未稍有动摇。"[1]

1943 年夏天，日军对重庆的狂轰滥炸基本停止，在重庆的 William Sloane 给家人的信函中说："顺便说一句，这里已经一年多没有真正意义的轰炸了。在这里很安全，或者说至少比较而言是安全的。中国政府已经建立起一个相当不错的空袭预警制度，在空袭到来之前有足够长的时间应对。有时候，在日机刚从跑道起

---

[1] 宋美龄：《在洛杉矶演说》(1943 年 4 月 4 日讲)，载王亚权总编纂：《蒋夫人言论集》(下集)，第 1116—1117 页。

飞时，这边的警报就已经拉响了。"① 史迪威在日记里记载了 1944 年 10 月 8 日凌晨 1 点半的空袭警报。但 "飞机向成都飞去"②，并未轰炸重庆。此间，《陈克文日记》也记载了重庆上空的警报声并不意味着日机侵入市空。

1943 年 10 月，《基督教科学箴言报》专栏记者兰德尔再次发表长篇评论，他写道："自 1938 年这个长江上游遥远的城市成为中国政府的首都以来，重庆就已经展示出她的魄力：既承担着更高的国家责任，又保持了城市的原有风貌。今天，从很多方面看，这个城市仍然是一个高低不平，发展过度的一个山城乡村。但是，这个城市在向现代性的迈进过程中的变化引人注目，尽管这一现代化进程受到地理环境和日军空袭的严重障碍。令人鼓舞的是，看到这片神奇土地上的人们已经战胜了悲伤，坚持着他们'永不放弃'的精神。"兰德尔将这种精神称为"中国精神"。③

1944 年 6 月 25 日，美国总统罗斯福致重庆市民书卷："我谨以美国人民的名义，向重庆市赠送这一书卷，以表达我们对英勇的重庆市男女老幼的赞美之情。在空袭的恐怖中，甚至在这种恐怖尚未为全世界所知悉的日子里，重庆市及其人民一直表现出沉着和不可征服的气概。你们的这种表现，自豪地证明了恐怖手段决不能摧折决心为自由战斗的人民的意志。你们对自由事业的忠贞不渝，必将激起未来一代又一代人的勇气。"④

白修德、贾安娜撰写的《中国的惊雷》，以批判的眼光审视重庆国民政府的种种举措，这样写道："使重庆成为伟大，而把各种各样参差不齐的男女融合成为一个社会的是大轰炸。""重庆的伤

① Letters to Jessie, China, November 14th, William M. Sloane Papers CO236, Box 7 William M. Sloane Trips 1943-1944, Folder 1 Aug-Nov 1943, Department of Rare Books and Special Collections, Princeton University Library.
② ［美］约瑟夫·W. 史迪威：《史迪威日记》，第 297 页。
③ Randall Gould, "Chungking Discards the Past", The Christian Science Monitor, 1943-10-16（WM3）.
④ 《罗斯福赠送卷轴 赞扬陪都市民坚毅精神》，《新华日报》1944 年 6 月 25 日，第 2 版。

疤仿佛是它荣誉的徽章。炸毁了的店铺, 烧平了的大片土地, 新房子的竹和泥的龌龊, 都是战争中的伤痕, 而访问重庆的客人, 常被人带去看这些东西, 作为它英勇的证据。"① 的确, 轰炸重庆就是轰炸中国。宋美龄在重庆的废墟上, 苦劝盟友慷慨相助, 在相当程度上提升了重庆国民政府的威望, 这是陪都时期英雄形象的典型一页。应该说, 这一形象不是虚幻的。重庆的苦难中洋溢着英雄主义的光辉,

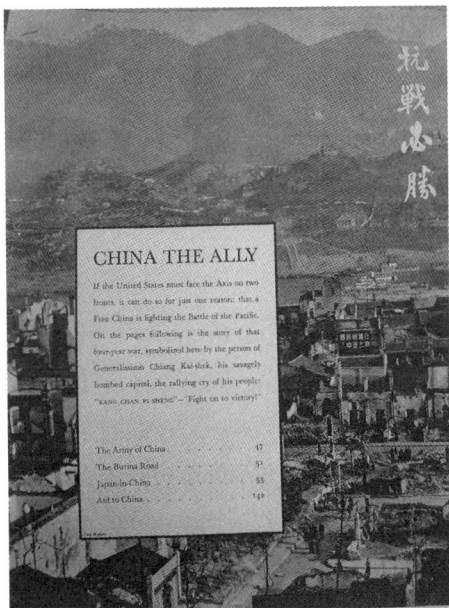

愈炸愈坚——在废墟上创造新中国! (哈佛大学白修德档案藏)

与宋美龄身上神圣的光环有机重合在一起, 这种光环来自战时苦难的后方, 由废墟构筑起来, 真实而沉重。

---

① [美] 白修德、贾安娜:《中国的惊雷》, 第 16 页。

第五章　陪都岁月：精神重于物质的年代

　　董显光回忆说："当我们 1938 年底退守重庆的时候，没有几个人预料我们能在那里留住七年之久。"① 从迁都重庆（1938 年 12 月 8 日）到还都南京（1946 年 4 月 30 日与蒋介石同机飞离重庆）②，宋美龄在重庆的岁月，犹如她在抗战三周年纪念会上演讲所指出的："我们所经历的艰难和困苦，真无异于一首悲壮的史诗。"③ 本章以《蒋介石日记》为基础，以宋美龄的重庆信函为主要文本，并运用丰富的中外文档案文献及媒介文本等史料，从日常生活的角度，考察宋美龄在重庆期间的生活状态。

第一节　苦守在"精神堡垒"④：我们站定了！

　　宋美龄对迁徙流动的生活并不陌生。与蒋介石结婚后，她就

---

　　①　董显光：《董显光自传：一个中国农夫的自述》，第 89 页。
　　②　关于宋美龄离开重庆的时间有不同的说法。秘书钱用和的回忆录记载的时间有误。1946 年 4 月 30 日的《蒋介石日记》记载了夫妻二人同机飞离重庆的细节。参见 Chiang Kai-shek Diaries, April 30, 1946, 45.5, 1946 Vol. 1, Hoover Institution Archives, Stanford University.
　　③　宋美龄：《抗战建国三周年纪念致词》，《中央日报》1940 年 7 月 7 日，第 2 版。
　　④　1939 年 3 月，国民政府在国防最高委员会下设立国民精神总动员会，蒋介石亲自出任会长，并公布了《国民精神总动员纲领》和《实施办法》，在全国开展国民精神总动员运动。5 月 1 日，国民精神总动员宣誓大会举行。会后，规定各机关、团体、学校、街道普遍订立《国民公约》，每月初一、十五举行"精神总动员月会"等活动，并唱"精神总动员歌"。同时决定在都邮街广场建筑"精神堡垒"以资纪念。1941 年 12 月 30 日，国民精神总动员会等四家单位联合在都邮街广场建筑的"精神堡垒"竣工。堡垒高 7 丈 7 尺，象征七七抗战；共分五层，基底三层系同一形式，象征三民主义；第四层为六角形，分别题"国家至上，民族至上；军事第一，胜利第一；意志集中，力量集中"等标语；第五层为四方形，分别题"礼义廉耻"四字；顶端悬挂国旗及各种标志。

从条件优越的上海迁到了南京。① 南京时期的经历，锻炼了宋美龄对艰苦环境的适应能力，"只要能同丈夫在一起，无论什么样的住处，她都能将就。当北伐开始时，她甚至随他住于前线。这意味着常常要睡在车站、棚屋，或者四面透风的房屋中。为了方便起见，过分讲究的美龄便脱掉绸缎旗袍和高跟鞋，穿上自己设计的一套宽松的衣服和平底鞋"②。

在重庆，艰苦的战争岁月又能持续多久呢？1940 年 5 月 9 日，宋美龄给艾玛写信，谈及这场抗日战争的持续性问题，她说："这场战争，我们已经坚持了整整第一个三年。没有人知道战争还会持续多久，但是，我们计划至少还要有三年的抗战，也有可能五年。"③

一、从德安里到林园

在重庆，蒋宋夫妇主要有五处官邸，即曾家岩官邸、黄山官邸、李家花园官邸（又称"飞阁"）、林园官邸、小泉校长官邸。④ 宋美龄的重庆岁月，就是在几个官邸间轮流度过的。

（一）曾家岩官邸

曾家岩官邸，位于市区中山四路，对外公开称"国民政府军事委员会委员长侍从室"，门牌号为德安里 101 号。此建筑原为川军将领许绍宗于 1936 年造，又名"尧庐"。那是一幢西式小洋房，一楼一底。就在该建筑的后侧，便是蒋介石夫妇居住的德安里 103

---

① 宋美龄在上海时期致艾玛的信中多次描述了宋家老宅优越的居住环境与条件。相关信函见 Papers of May-ling Soong Chiang, 1916-2003, MSS. 1, Box 2; Papers of Emma DeLong Mills, 1888-2007, MSS. 2, Box 9, Wellesley College Archives。

② ［美］罗比·尤恩森：《宋氏三姐妹——宋霭龄、宋庆龄、宋美龄》，赵云侠译，世界知识出版社 1984 年版，第 78 页。

③ Letter, May-ling Soong Chiang to Miss Emma DeLong Mills, May 9, 1940, Correspondence from May-ling Soong Chiang Jan. 1939-Jan. 1945, Papers of Emma DeLong Mills, MSS. 2, Box 9, Wellesley College Archives.

④ 关于蒋宋在重庆的官邸，重庆市档案馆藏重庆市政府、重庆市工务局以及重庆市警察局等全宗的提法是李家花园官邸、林园官邸、黄山官邸、曾家岩官邸以及九龙坡官邸。并无"小泉校长官邸"的提法。目前能够看到的档案显示，九龙坡官邸与小泉校长官邸的关系如何，值得进一步研究。

号，该建筑于 1936 年由富商丁次鹤委托华西兴业公司建筑部设计建造。为砖木混合结构的二层别墅，折中主义的建筑风格。采用不对称设计，二楼没有回廊。官邸内有客厅、餐厅、会客室，蒋宋独立的"写字间"、夫妇寝室等十个房间。① 曾家岩官邸是遭遇日军频繁轰炸的寓所，秘书钱用和回忆，居住在这里主要是为妇指会工作的方便。在蒋介石日记里称之为"渝邸"或者"渝寓"。蒋介石侍卫官回忆，曾家岩官邸蒋宋各有自己的办公室，两幢楼房"均装有长途专线"，"二人有事商谈，也是利用长途专线来通话的"②。

曾家岩官邸（2 号楼）宋美龄故居（德安里 103 号）

据在官邸工作过的宋美龄私人秘书钱用和回忆："抗战时期重庆曾家岩官邸，亦只楼房一座，并无花园。"③ 另据重庆市档案馆

---

① 参见李波主编：《重庆抗战遗址图文集》，重庆大学出版社 2011 年版，第 49、51 页。

② 王正元：《为蒋介石接电话 12 年见闻》，载宓熙、汪日章等：《在蒋介石宋美龄身边的日子——侍卫官的回忆录》，第 215 页。

③ 钱用和：《钱用和回忆录》，第 159 页。

藏文献，曾家岩官邸的周边环境复杂。由于官邸与市民聚居地毗连，重庆市警察局 1944 年调查资料显示，"官邸附近及嘉陵江两岸居民复杂秩序混乱，并发现枪声，应认真防范并加强保甲组织，厉行户口调查"①。

从居住时间看，德安里官邸是蒋宋在重庆居住的主要官邸之一，曾经称为重庆时期蒋介石指挥抗战的"大本营"。② 大约从 1940 年夏开始，由于日军的频繁轰炸，以及德安里官邸可能被日军获知详细地址多次被炸，蒋宋大多数时间在黄山官邸居住。从蒋介石日记看，德安里官邸既是军事委员会的办公场所，又是蒋宋办公、会客的重要场所。侍卫官回忆说：

1941 年，蒋介石夫妇在曾家岩官邸客厅合影（卫斯理学院档案馆藏）

"平时蒋氏夫妇接待外宾，多在市中区曾家岩官邸或郊区山洞林园。"③

（二）黄山官邸

1938 年 12 月 8 日，蒋介石夫妇抵达重庆的当天晚上，即宿在黄山官邸。这个被称为蒋委员长"乡居"④ 的官邸，一开始，宋美

① 重庆市档案馆藏重庆市警察局全宗，15 目，第 3130 卷，1944 年。
② 参见董显光：《蒋"总统"传》（中册），第 313—314 页。
③ 《跟随蒋介石十二年——原蒋介石侍从副官居亦桥口述》，载宓熙、汪日章等：《在蒋介石宋美龄身边的日子——侍卫官的回忆录》，第 83—84 页。
④ 董显光：《蒋"总统"传》（中册），第 307 页。

龄似乎并不太喜欢。唐纵在日记里记载："12 月 11 日，夫人不愿意在山上住，委座和夫人今天过江迁至曾家岩。我们（侍从室）也于今日下山，迁入行营办公。"① 1939 年"五三""五四"大轰炸后，因市区遭遇日军的频繁轰炸，蒋宋的主要居住地迁移到南岸郊区的黄山官邸。② 黄山官邸可能是蒋宋在重庆入住时间最长的地方，也是他们在重庆最重要的官邸。

黄山为重庆长江南岸真武山诸峰之一，与重庆城区遥遥相望。抗战前，这里原是白礼洋行买办黄云阶的地产，故称黄山。国民政府迁至重庆后，侍从室向黄云阶租赁此山，作为军事委员会及蒋宋办公、寓居之地。"这里前临凉风垭，左傍老鹰岩，花木茂盛，风景秀丽，空气清新，十分幽静，夏季气温比市中区低五六度……是重庆地区的避暑胜地。"③ 钱用和回忆道："因为弥漫雾气，夏天很热，蒋委员长与夫人入夏常避暑黄山，我亦随往。"④

从空间因素考察，黄山官邸具有相当的隐蔽性，是防御日军空袭的安全之地。从城里到黄山，需要渡江，"从白象街口乘渡轮过江，到龙门浩，再乘滑竿一小时才到汪家花园及黄山"⑤。据侍卫官回忆，"蒋氏夫妇住黄山时，最初由龙门浩乘凉轿上山，颇不方便。后来在南岸修建了一条简易公路，专供上黄山之用。这条公路由海棠溪处盘旋而上，绕峰峦，越峻岭，千回百折，始到黄山，简易公路，行程并不简易"，或许是因为交通的不便。

从官邸内部的结构看，黄山官邸以蒋介石办公兼寓所云岫楼

① 公安部档案馆编注：《在蒋介石身边八年——侍从室高级幕僚唐纵日记》，第 80 页。宋美龄初到重庆时，对于黄山官邸的美妙之处似乎并未有认识，之后在 1943 年与顾维钧谈话时，显然已经领会到黄山官邸的优势了。
② 有关德安里官邸与黄山官邸之功能和蒋宋居住时间的分布问题，多数认为是重庆大轰炸导致蒋宋迁移至黄山官邸。实际上，1938 年 12 月 8 日抵达重庆之后，蒋宋就常在黄山官邸居住。蒋介石日记显示，"五三""五四"大轰炸前，黄山官邸是夫妻俩最主要的居所之一。此间，蒋介石表示出对黄山官邸的极大偏好度，该官邸有着其他几处官邸不具备的休息、休闲功能，并非仅仅具有躲避空袭的功能。
③ 《跟随蒋介石十二年——原蒋介石侍从副官居亦桥口述》，载宓熙、汪日章等：《在蒋介石宋美龄身边的日子——侍卫官回忆录》，第 83—84 页。
④ 钱用和：《钱用和回忆录》，第 51 页。
⑤ 陈方正编辑·校订：《陈克文日记（1937—1952）》（上册），第 298 页。

黄山官邸之"云岫楼"（重庆黄山抗战遗址博物馆藏）

和宋美龄住宅松厅为中心，包括侍从室、警卫、医院、勤务等用房，共占地 400 亩。① "云岫楼为一座三层楼房，雄踞右面高峰。蒋介石住第三楼右角，房屋三面皆有大玻璃窗，临窗眺望，重庆全景尽入眼底。云岫楼前面一峰独秀，有一小亭，名望江亭……宋美龄的住宅松厅在云岫楼后面山下的幽谷里。松厅是半中半西式的建筑，正房为中式平房结构，房前走廊很宽，宅后一片松林。夏天在走廊小坐，松影摇曳，清风习习，令人尘烦尽消。厅前院内有两株丹桂，枝繁叶茂，如两把大伞覆盖全院，每到秋天，丹桂怒放，香溢四谷。"②

　　黄山官邸内部的陈设显然比不上重庆的大户人家。康国雄回忆他到官邸晋见蒋介石时观察室内装饰的情况，他写道："到了另一个二楼房，开门进去，在一间不大的客厅里等候。我东张西望地看，看到房间里只摆着几张普通的沙发和椅子，桌子上摆个不

<hr />

　　① 参见唐维华：《蒋介石黄山别墅的历史地位》，载重庆市南岸区历史文化丛书之四《抗战文化专辑》，南岸区政协 2011 年印，第 9 页。另据重庆市文物局的资料，重庆黄山抗战遗址群分布在约 280 亩面积范围内。
　　② 《跟随蒋介石十二年——原蒋介石侍从副官居亦桥口述》，载宓熙、汪日章等：《在蒋介石宋美龄身边的日子——侍卫官回忆录》，第 83—84 页。

黄山官邸宋美龄旧居——松厅侧面（重庆黄山抗战遗址博物馆藏）

大的收音机，墙壁上挂了一些画，整个陈设显得很简陋，比我家的差远了，那个收音机也比我家的落地式收音机差多了。"[1]

1942 年 11 月 14 日，顾维钧陪同英国国会访华团代表团住宿黄山，他发现"黄山管理得很好，这里的房子布置得既舒适又朴素。在与蒋夫人的一次闲聊中，我说，这个地方正合适，既不过分豪华，也不显得太寒酸。她立即答道，她十分高兴地看到这个地方既体现了战时所需要的简朴，又达到了掩盖中国极端贫困的境况"[2]。

黄山官邸是蒋介石召集高级干部开会的重要场所，会后，蒋宋往往与干部们共进午餐或晚餐。[3] 太平洋战争爆发后，黄山官邸成为蒋宋接待盟友的重要场所。从 1942 年至 1944 年被召回华府，

---

① 康国雄口述，何蜀整理：《孤舟独树：民国金融家康心如之子康国雄自述》，陕西人民出版社 2012 年版，第 6 页。康国雄在回忆中描述了父亲在"重庆城的康公馆"，黄山官邸内部蒋介石住处的陈设无论如何都无法与银行家康心如的别墅相比较。另外，据重庆市档案馆藏重庆市工务局档案显示，到抗战后期黄山官邸和林园等蒋宋官邸的内部陈设已经破损较大了。

② 顾维钧：《顾维钧回忆录》第 5 卷，第 125—126 页。

③ 参见熊式辉：《海桑集——熊式辉回忆录》（1907—1949），第 120—122、第138—139 页。

史迪威将军是黄山官邸的常客，常被邀请去那里与蒋氏夫妇度周末。史迪威回忆黄山官邸的"饭菜很简单，但十分可口"[①]。

黄山官邸也是蒋介石在重庆时期最喜爱的居所。蒋介石日记显示，黄山官邸居住的岁月是惬意的；黄山还是蒋宋家庭亲友团聚之所。离开重庆的前一天，也就是1946年4月29日，蒋介石专程赴黄山官邸，"巡视曾经生活过八年的云岫，岁寒亭，松厅，桂堂各处"，"甚觉依依不舍"[②]。

（三）李家花园官邸

李家花园官邸又称"飞阁"。位于市区浮图关、重庆最早的私家园林——李家花园内。李家花园官邸建于1939年，是专为蒋宋夫妇修筑的新别墅。该建筑坐南朝北，面对嘉陵江，为砖木结构仿古建筑，璧瓦彩檐。因其造型奇特，中心为六角形阁，沿阁延出三馆，状若飞鸟，故名"飞阁"[③]。

"飞阁"看来称得上"豪宅"，因为当官邸新宅建成后，蒋介石竟"见之惶惧不置"，称"此时而言个人享受，其将何以对国，何以立信"[④]。

和曾家岩官邸一样，李家花园官邸也位于重庆新市区。据重庆市档案馆藏资料，位于浮图关的李家花园官邸周边的卫生条件并不佳[⑤]。这里可能是宋美龄在重庆居住时间最短的一个官邸了。

（四）林园官邸

林园官邸位于重庆西郊的沙坪坝区山洞双河街。为防日军轰

[①] ［美］约瑟夫·W. 史迪威：《史迪威日记》，第52页。史迪威在日记里记录了不少黄山官邸的聚餐情况，比如1942年8月4日，他在黄山别墅和孔祥熙夫妇、蒋介石夫妇、孙夫人、柯里一起吃饭。"孙夫人是三姐妹中最令人愉快的，可能也是最深沉的。她非常敏捷可爱，文静自信，细致周到，穿着很得体。"（见《史迪威日记》，第120页）

[②] Chiang Kai-shek Diaries, April 29, 1946, 45.5, Hoover Institution Archives, Stanford University.

[③] 参见黄晓东、张荣祥主编：《重庆抗战遗址遗迹保护研究》，重庆出版社2013年版，第352页。

[④] 萧李居编辑：《事略稿本》第42卷，1938年7至12月，台北"国史馆"2010年7月印行，第671页。

[⑤] 参见重庆市档案馆藏重庆市式务局全宗，3目，第146卷，第27^{-2}至32^{-1}页。

炸曾家岩官邸而修建，1938 年 11 月官邸落成。据说，国民政府主席林森前来参观后赞不绝口，蒋介石为表敬老尊贤，将官邸送给林森居住，"林园"由此得名。[①] 林园官邸内有西式大楼四幢，蒋介石来此时常住 1 号楼，宋美龄住 2 号楼，3 号楼为办公室和召开会议之用，林森旧居编为 4 号楼。

林园官邸 2 号楼——美龄楼

　　林园官邸地处主城区西郊，吴国桢说："歌乐山官邸原系林森主席时建筑，完工不久，林逝世，蒋以其地幽静，而离市区不远，汽车可以直达，遂常往小住。"[②] 黄仁霖回忆："平常从重庆开车到林园去，这段路大约有十八公里，有半个小时便可到达。"[③] 与黄山官邸一样，林园的风光是美丽的。钱用和回忆说："该处绿荫清池，环境幽静，凉风送爽，皓月流辉，别有雅致。"[④] 不过，林园

---

　　① 1937 年 11 月 26 日，林森主席率国民政府直属机构先期抵达重庆。蒋介石特令孔祥熙在南泉为林森修建别墅，林森非常钟爱，亲自勘察，建成后，取名"听泉楼"。在听泉楼建成之前，林森曾暂住李子坝刘湘公馆，后因躲避日机轰炸，迁居歌乐山云顶寺。1943 年 8 月，林森逝世后，葬于林园，故此处又称陵园。
　　② 吴国桢手稿，黄卓群口述，刘永昌整理：《吴国桢传》（下册），第 393 页。
　　③ 黄仁霖：《我做蒋介石"特勤总管"四十年：黄仁霖回忆录》，团结出版社 2006 年版，第 85 页。
　　④ 钱用和：《钱用和回忆录》，第 65 页。

官邸周边的环境显然不能与黄山官邸相比。1938 年 12 月 8 日，当蒋氏夫妇抵达重庆之时，国民政府中央机关的迁渝工作基本告一段落。国民政府官员多集中在旧城的西北郊歌乐山地区和林园官邸区域。"自歌乐山划为迁建区以来，机关住宅日见增多，户口市场渐臻繁盛。而原有道路交通以及卫生设备，一切尚欠完善，诸待经营，非徒关系于观瞻，实感需要之迫切。"① 尽管"山上要人住宅颇多，汽车往来频繁，形成冲要"，② 但林园周边的环境"多煤矿、瓦厂，工人流品甚杂，户口稽查不易，素为盗匪出没之区"，且"山洞军警防力单薄"。③

　　蒋介石日记中最早有关林园的记载似应始于 1940 年 3 月 8 日。当天，蒋介石"与蒋经国到新开寺新屋"。3 月 12 日正午，蒋介石又"与经国到新开寺（即老鹰岩）新屋野餐，百花盛放，而心神不甚安乐"。4 月 14 日下午，蒋介石"到新开寺别墅视察"，"别墅"一词显然凸显了新建的官邸与其余两处官邸的质地差异。4 月 16 日，蒋介石在日记里写道："余见新开寺新宅太奢侈，恐有妨公私生活及抗战军民之影响，不愿迁往，吾妻亦同心，夫妻同心，诚堪自慰。"④

　　至于蒋宋入住林园的时间，据蒋介石日记手稿本记载，在 1940 年夏天之前，林园官邸由国民政府主席林森居住。此间，蒋介石常常携夫人前往林园拜见林森，常有"视察"林园的用语，未见夫妻俩留宿林园的记载。1940 年 12 月 29 日，陈克文记："午

① 《朱镜宙等为请派工勘修歌乐山下停车场至宽仁医院一带马路致重庆市长吴国桢函》（1941 年 9 月 10 日），载重庆市档案馆、重庆市沙坪坝区地方志办公室编：《民国歌乐山档案文献选》，2004 年版，第 407 页。
② 《重庆市警察局为请派工整修歌乐山至该局第十三分局马路呈市长吴国桢文》（1941 年 8 月 18 日），载重庆市档案馆、重庆市沙坪坝区地方志办公室编：《民国歌乐山档案文献选》，第 405 页。
③ 《萧振瀛等为请上桥至山洞段设立警察派出所致重庆市市长吴国桢函》（1942 年 3 月 15 日），载重庆市档案馆、重庆市沙坪坝区地方志办公室编：《民国歌乐山档案文献选》，第 388 页。
④ 王宇高、王宇正编：《蒋中正"总统"五记·爱记》卷 18，1940 年 2 月至 6 月，第 204 页。此处，基于蒋介石考虑的"新开寺新宅""太奢侈"，似为他后来将此官邸赠与林森主席居住的主要原因。

饭后从龙井湾步往山洞，为孔副院长约顾孟余于下周二进城午饭，讨论国际技术合作问题。因误会地址，未获见面，空跑了一小时余的公路，两腿发酸矣。乘四时半公共汽车进城。山洞有林主席寓所，新开寺附近蒋委员长新居亦让与林主席居住。前两天问彭学沛顾（孟余）住何处，答以山洞林主席公馆旁边，实系新开寺之林主席公馆，相差数里之遥，遂至空走一遭。"①

1943 年 8 月 1 日，国民政府主席林森在林园官邸逝世。钱用和回忆说："1943 年暑假后，蒋委员长和夫人住在渝郊区山洞陵园。"② 值得注意的是，已经入住林园的蒋宋夫妇，依旧有"视察"该官邸的活动，如，1943 年 12 月 4 日正午，蒋介石"同妻到林园视察"③；12 月 14 日，"正午，到林园视察，与妻同进野餐，日暖风清……颇乐也"④。用"视察""野餐"等词，显然与住宿有所差异。1945 年 3 月以后，蒋介石日记的记载显示，夫妻俩在重庆居所主要是林园和黄山官邸两处。

抗战后期，林园官邸成为国民政府接待重要宾客之所。黄仁霖回忆，1944 年 6 月 18 日，美国副总统华莱士（Henry Agard Wallace）正式访华，在中国逗留 12 天。华莱士见蒋先生计有五次之多，并且还曾被邀到蒋公乡间家中作一宿之客，那是在"林园"⑤。1945 年 8 月，宋美龄从美国回重庆，短暂居住林园。

蒋介石侍卫官回忆说："蒋介石在重庆有三处官邸，分别是曾家岩、南岸的黄山和山洞……蒋介石在重庆大部分时间住在曾家岩，至于郊区的黄山和山洞，则是他换环境和空气时去住的。"⑥这一说法不准确，黄山官邸并非蒋介石"换环境和空气时去住的"地方。熊式辉的回忆录也印证了黄山官邸和曾家岩官邸是蒋介石

① 陈方正编辑·校订：《陈克文日记（1937—1952）》（上册），第 693 页。
② 钱用和：《钱用和回忆录》，第 65 页。
③ 高素兰编辑：《事略稿本》第 55 卷，第 546 页。
④ 高素兰编辑：《事略稿本》第 55 卷，第 616 页。
⑤ 黄仁霖：《我做蒋介石"特勤总管"四十年：黄仁霖回忆录》，第 81 页。
⑥ 王正元：《为蒋介石接电话 12 年见闻》，载宓熙、汪日章等：《在蒋介石宋美龄身边的日子——侍卫官的回忆录》，第 215 页。

召集军政要员开会的两个主要地点。迄今为止，有关林园官邸的信息少于黄山官邸和德安里官邸，其办公功能多在抗战后期显现。[①] 1946 年元月至抗战结束，宋美龄留宿林园日子最多。

（五）小泉校长官邸

小泉校长官邸是蒋介石在重庆的一处重要官邸。位于重庆近郊南温泉的花溪河畔，原为地主阮春泉的庄园。1938 年秋，中国国民党中央政治学校从湖南芷江西迁入重庆。1939 年 1 月，新校区建成，校本部全部迁入。校长蒋介石到校检阅开学及参加毕业典礼活动频繁，为方便其休息和居住，由该校教育长陈果夫主持修建官邸，于 1940 年修成。该址主体建筑为一座西洋式别墅，坐南向北，左邻花溪河畔，右接原中央政治学校校园。该址附近原建有第三侍从室办公用房、厨房、防空洞设施及水池。[②] 据蒋介石的描述，此处"曲径小溪，风景幽雅"[③]。本官邸多为蒋介石的办公场所，有时候也是战时外交活动的场所，"驻重庆的英、美、苏、法等国使节，都到这里来度假和宴饮"[④]。不过，就笔者能看到的史料，尚未见有宋美龄在此住宿的记载。

在重庆，宋美龄的大姐宋霭龄和大姐夫孔祥熙有两处官邸，即上清寺的范庄和新开寺孔寓。这里也是宋美龄常常留宿的居所。

（六）范庄孔府

"范庄"曾是四川军阀范绍增的公馆，陪都时期为孔祥熙官邸。1935 年，宋美龄初次抵达重庆时居住过。陈克文在日记里描绘了听说过的范庄，他写道："听说上清花园旁边那所范师长的范

---

① 1944 年 7 月 5 日，蒋介石为宋美龄赴巴西治病在林园举行"花园茶会"；1945 年 6 月 9 日，熊式辉应"总裁召赴老鹰岩官邸餐叙，陈布雷在座。吴鼎昌后至"。见熊式辉：《海桑集——熊式辉回忆录》，第 286 页。

② 重庆市文化广播电视局（重庆市文物局）编：《第七批全国重点文物保护单位申报登记表：国民政府》，2009 年 12 月 20 日。

③ Chiang Kai-shek Diaries, January 3, 1939, 40.4, Hoover Institution Archives, Stanford University.

④ 杨耀建：《陪都蒋介石夫妇旧居》，载黄昌林主编：《南岸历史文化丛书——抗战时期文化专辑》，重庆南岸区政协 2011 年版，第 59 页。

庄，里面的网球场是东亚第一的，耗费一百万，都是从老百姓身上特别抽税建筑的。一百万或者言过其实，但四川军阀，为私人享乐的目的，向老百姓抽税的事，在过去司空见惯的。"①

范庄也是陪都时期国民政府重要外事活动的场所。1942 年 4 月 17 日，宋家三姐妹在此出席中美文化协会的游园茶会，以及献赠中国空军美国志愿队"海鹰周"典礼；同年 10 月 6 日，孔祥熙在范庄私邸举行欢迎美国总统代表威尔基的宴会；访美归来之后，为慰劳宋美龄，孔副院长夫妇在范庄举行盛大宴会欢迎宋美龄，并同时展览其在美动态照片，"蒋委员长亲自参加"②。因为与大姐宋霭龄的亲密关系，范庄也是宋美龄在陪都时期进出频繁之所。

（七）新开寺孔寓

孔祥熙在重庆西郊还有另一处住所，即歌乐山老鹰岩附近的孔寓——新开寺孔寓，距离林园官邸的步行距离大约在十分钟左右，也是宋美龄常去的地方。孔寓周边的环境优美，这是一幢"在山谷幽静的树林中一座新式的洋房"③。有关孔寓的内部设施，从陈克文对孔寓修筑时的费用记载，可以从一个侧面窥见其内部的陈设状况。这座"乡间别墅"系为躲避日军空袭于 1939 年 5 月以后动手设计、修造，为一楼一底砖木结构建筑。据陈克文日记，该建筑由著名设计帅设计，耗资达四万多元，名为疏散房，实则一座"十分摩登的洋房"④。

---

① 陈方正编辑·校订：《陈克文日记（1937—1952）》（上册），第 274 页。另据 1935 年 5 月 24 日在重庆见蒋宋夫妇的美国经济代表团成员描述，蒋委员长的私人住宅是位于一个山坡上的"石头房子"，"我们走过了一个很长的台阶才到达那里"。当该团成员见蒋介石时，宋美龄"问候了大家，并且坐在房间的沙发上，房间装饰成欧式的，但并不是让人喜欢的那种"。有关本次会见的细节，参见该代表团成员威廉·卡梅隆福布斯（W. Cameron Forbes）日记，Journal of W. Cameron Forbes Second Series V 1935—1946, Hou f MS AM 1365 v6-10, P. 230, W. Cameron（W：ll；am Cameron）Forbes Papers, Harvard University Houghton Library.

② 《慰劳蒋夫人 孔副院长夫妇举行茶会 同时展览在美动态照片》，《商务日报》1943 年 7 月 21 日，第 2 版；《欢迎蒋夫人茶会昨在范庄花园盛大举行 蒋委员长亲自参加》，《商务日报》1943 年 7 月 22 日，第 2 版。

③ 陈方正编辑·校订：《陈克文日记（1937—1952）》（下册），第 858 页。

④ 陈方正编辑·校订：《陈克文日记（1937—1952）》（上册），第 554 页。

1943年宋美龄访美归来之后，蒋介石也曾多次去新开寺孔寓读书、住宿。同年8月2日，蒋介石在日记里记道："到陆大举行十八期生毕业典礼，晚往孔寓休息。"8月7日上午9时，蒋介石"到新开寺孔寓看学术史"。8月16日，蒋介石又"到新开寺孔寓看学术史"，陪伴宋美龄。8月28日，蒋介石"正午回新开寺孔寓"[1]，想必宋美龄又随同住进了孔寓。9月5日，蒋介石"到新开寺孔寓坐"。9月14日，"往新开寺孔寓"[2]。10月3日，"本晚静坐后与妻同往新开寺孔寓叙谈，即宿于此。十时后睡"，10月4日"晨起朝课毕即由新开寺出发到国府纪念周，后会客"[3]。

二、亲密战友：委员长的贤内助

辜严倬云女士写道："夫人曾经对我说，她结婚的同时也把自己嫁给了国家。蒋夫人襄助夫婿，改变了自己的生活，全心全力投入了中国的建设和富强，终身不渝。"[4]宋美龄在解决西安事变危机上的表现，令西方世界刮目相看。她身上承载了现代中国新女性的若干形象，如获解放，信仰基督教，辅佐丈夫，与丈夫一起奋斗，协助丈夫完成他的目标。她被西方媒体打造成带有传奇色彩的英雄人物。自西安事变后，宋美龄更为稳健地介入国民政府内外事务。[5]

《时代》周刊称宋美龄是"委员长最信任的助手"[6]。的确，对妻子在协助自己襄理政务上所扮演的角色，蒋介石是很满意的。

---

[1]　Chiang Kai-shek Diaries, August 28, 1943, 43.7, Hoover Institution Archives, Stanford University.

[2]　Chiang Kai-shek Diaries, September 14, 1943, 43.8, Hoover Institution Archives, Stanford University.

[3]　Chiang Kai-shek Diaries, October 4, 1943, 43.9, Hoover Institution Archives, Stanford University.

[4]　胡春惠、陈红民主编：《宋美龄及其时代国际学术研讨会论文集》，序二第3页（辜严倬云作序）。

[5]　参见 E. Edwards, "Madame Chiang's Messages in War and Peace by May-ling Soong Chiang", *International Affairs* (Royal Institute of International Affairs 1931-1939), Vol. 18, No. 3 (May- June., 1939), p.446.

[6]　War In China: Third Year, *Time*, Monday, July 17, 1939.

早在 1935 年首次入川时，蒋介石就高度赞赏宋美龄是得力助手，他写道："为河北军队之撤换，党部之撤销，悲愤欲绝，无力举笔复电，吾妻见之乃下泪，彻夜不寐。呜呼！爱国之切，爱夫之笃，吾妻诚不愧女中英豪矣！"① 在抵达重庆的几天前，宋美龄随蒋介石在桂林与诸将

1942 年 3 月，宋美龄与蒋介石在黄山官邸合影
（卫斯理学院档案馆藏）

领会谈，蒋介石又感叹："与吾妻在此，与党政军各级人员会谈，所谓上下和睦，夫唱妇随；此精神上之安乐，实胜于克敌千万矣。"② 他常常在日记里发表对妻子的赞美之词，说："大小事件，除妻之外，无一人能为余代负一分责，代用一分心。"③ 还说："家有贤内助，则幸福无量。"④ 1941 年 2 月 26 日，美国总统罗斯福代表居里与蒋介石话别长谈，宋美龄担任翻译，蒋介石赞叹"吾妻协助之力，收效亦甚大也"⑤。1942 年 7 月 1 日，宋美龄代表蒋介石"约集中美空军各主管，解决空军数量问题与空军计划书"，蒋介石感叹："此为半年来美援延宕推托者，今耗一日之力，竟得解

① 王宇高、王宇正编：《蒋中正"总统"五记·爱记》卷 10，1935 年 1 月至 12 月，第 130 页。
② 王宇高、王宇正编：《蒋中正"总统"五记·爱记》卷 15，1938 年 11 月至 1939 年 4 月，第 178 页。
③ 王宇高、王宇正编：《蒋中正"总统"五记·爱记》卷 13，1937 年 8 月 3 日，第 160 页。
④ 周美华编辑：《事略稿本》第 48 卷，1942 年 1 月至 3 月，台北"国史馆"2010 年 9 月印行，第 206、211 页。
⑤ 叶惠芬编辑：《事略稿本》第 46 卷，第 393 页。

决一切，殊为欣慰，设非余妻之果敏，决不易成也。"7 月 6 日晚间，蒋介石"以广播演讲词英文译稿不当，又嘱夫人亲为译正也"①。10 月 11 日，蒋又在日记中赞叹："夫人代拟致罗斯福与丘吉尔两电，谢其放弃在华治外法权，公阅后欣慰，致罗斯福电稿尤佳也。"②11 月 16 日，蒋介石致电罗斯福，称妻子"非仅为中正之妻室，且为中正过去十五年中共生死同患难之同志"，对其思想的了解"当非他人所能及"，一切外交要事均可同她"坦率畅谈，有如对中正之面罄也"，并相信此次访问"定更能增进中美两大国之睦谊也"③。

在重庆，宋美龄是蒋介石离不开的贤内助。甚至，无形之中，蒋介石对其产生一种依赖的心态。1939 年 3 月 23 日，宋美龄离开重庆赴香港就医，蒋介石十分急切，去电询问"牙齿何日可医痊望速回重庆"④。3 月 27 日，蒋介石再次致电夫人，"近日南昌战事甚烈，盼复，何日回重庆"⑤。6 月，宋美龄短暂离开重庆，蒋介石又发电文："经安南早日归来处理急事。"⑥后又去电催促电宋美龄："英大使将于十五日前抵渝，请速回，但勿与其同行。"⑦1940 年 3 月 24 日，蒋介石致电在香港治病的妻子，"近多外交经济要事，盼速回渝"⑧。10 月 8 日，蒋给宋美龄去电，因外交事留

<hr />

① 周美华编辑：《事略稿本》第 50 卷，1942 年 6 月（下）至 8 月（上），台北"国史馆"2011 年 12 月印行，第 150—151、189 页。

② 周美华编辑：《事略稿本》第 51 卷，1942 年 8 月（下）至 11 月，台北"国史馆"2011 年 12 月印行，第 396 页。

③ 秦孝仪主编：《中华民国重要史料初编——对日抗战时期》第三编：战时外交，台北"中央文物供应社"1981 年版，第 643 页。

④ 《蒋中正电宋美龄》（1938 年 12 月 30 日），台北"国史馆"藏蒋中正"总统"文物，档案号：002-080200-00288-057。

⑤ 《蒋中正电宋美龄》（1938 年 12 月 30 日），台北"国史馆"藏蒋中正"总统"文物，档案号：002-080200-00288-059。

⑥ 《蒋中正电宋美龄》（1939 年 6 月 16 日），台北"国史馆"藏蒋中正"总统"文物，档案号：002-080200-00289-003。

⑦ 《蒋中正电宋美龄》（1939 年 7 月 5 日），台北"国史馆"藏蒋中正"总统"文物，档案号：002-080200-00289-004。

⑧ 《蒋中正电宋美龄》（一），1940 年 1 月 5 日，台北"国史馆"藏蒋中正"总统"文物，档案号：002-080200-00291-046。

重庆尚未飞成都，务望妻子能如期回重庆。①

宋美龄的外交能力是出色的。替丈夫翻译是宋美龄在重庆的日常工作。1941 年 2 月 7 日，美国总统特使居里（Lauchlin Currie）抵达重庆并进行访问，宋美龄参与了期间的会谈并担任翻译。对于宋美龄的出色表现，蒋介石赞扬道："吾妻协助之力，收效亦甚大也。"② 事实上，只要是在重庆，宋美龄几乎参与了蒋介石的所有外事会谈。例如，1941 年 6 月 24 日，宋美龄与蒋介石在黄山官邸接见美国驻华大使高斯（Clarence Edward Guns），讨论苏德战事。宋美龄更是多次参与蒋介石与拉铁摩尔、史迪威等人的会谈。

宋美龄在曾家岩官邸接待外宾（生活杂志记者摄）

吴国桢认为，蒋委员长"曾注意，外交人员要懂得请客如何

---

① 参见《蒋中正电宋美龄》（三），1940 年 10 月 28 日，台北"国史馆"藏蒋中正"总统"文物，档案号：002-080200-00293-032。

② 蔡盛琦编辑：《事略稿本》第 45 卷，1940 年 12 月至 1941 年 3 月，台北"国史馆"2010 年 7 月印行，第 690 页。

安排席次，他对这事的兴趣是由蒋夫人引起的"。"蒋夫人在美国卫斯理学校读书，乃有名的'Seven Sisters'（七姊妹）学校之一。这些学校的学生大多是美国名门闺秀，除功课严格外，同时考究社交礼节。"① 顾维钧回忆了宋美龄出色的外交魅力。1942 年 11 月 14 日，他陪同英国国会访华代表团住宿黄山官邸，"当天晚上，委员长在自己的住所举办了一次中餐宴会。蒋夫人以妩媚而庄重的风度和安详自如的举止主持了这个宴会。委员长也十分殷勤，他一直照顾着客人，并不断掉转头来让侍者为客人续酒。他还不断询问下一道上什么菜，怎么上菜。几杯酒下肚，劳森讲话的速度越来越快，他讲的故事也就越来越难翻译了。我请求蒋夫人帮忙，她却夸我翻译得十分好。劳森讲了驻利比亚的一位英国兵的故事。这个兵提出他一定要活捉隆美尔，后来打电报说，隆美尔已被捉到。结果发现被俘虏的原来只是一个叫隆美尔的上校……蒋夫人以娴雅妩媚的举止招待了代表团的成员，整个晚上大家都感到轻松愉快"②。

事实上，宋美龄绝非一般意义的翻译。在陪都内政外交的舞台上，宋美龄在相当程度上代表着重庆国民政府对外关系的民间使者，是蒋介石无可替代的代言人与化身。1939 年 3 月 18 日，宋美龄在香港期间，蒋介石致电给在香港中国银行孔公馆的孔令仪，转请宋美龄协助处理对英交涉的信函，并速寄英大使信函。③ 同年 11 月 3 日，宋美龄随蒋介石赴衡阳、邵阳慰劳伤兵。此行效果甚得蒋介石的赞誉，他记道："妻代余到各处，慰问伤病官兵，使前方感情更进一步，于抗战之精神力量，增强非鲜。"④

---

① 吴国桢手稿、黄卓群口述，刘永昌整理：《吴国桢传》（下册），第 385—386 页。

② 顾维钧：《顾维钧回忆录》第 5 卷，第 125—126 页。冰心也回忆说："（蒋介石）主席的大小宴会都由女士操持。具体招待客人的人选也都由女士决定。这是只有非常了解主席的所有政治、外交才能做的一份工作。"见《我眼中的宋美龄女士》，《中国现代文学研究丛刊》2006 年第 6 期。

③ 参见《蒋中正致宋美龄函》（五），1939 年 3 月 18 日，台北"国史馆"藏蒋中正"总统"文物，档案号：002-040100-00005-025。

④ 王宇高、王宇正编：《蒋中正"总统"五记·爱记》卷 17，1939 年 10 月至 1940 年 1 月，第 195 页。

1941 年 8 月 19 日，蒋介石"晚宴美国军事考察团团员安司丹等人，夫人对英美之自私自利毫无公道，痛言之"①。1942 年 1 月 26 日，蒋介石接见马格鲁德将军时，宋美龄在场，发言记录显示了宋美龄参与美国志愿军空军改编事宜的讨论。② 3 月 14 日，从重庆回到缅北前线的史迪威将军自腊戌致电宋美龄，"告以在缅各师汽油粮食足敷供应及增援计划"③。蒋介石在日记里记载了妻子参与外交事务的信息。如，同年 5 月 18 日，"五时三十分接见美马格鲁德将军，时夫人亦在座"④；6 月 24 日，蒋介石"接见史迪威，夫人与格鲁勃将军均在座"⑤；6 月 26 日，"十一时接见史迪威将军"，"夫人及格鲁勃将军毕赛尔均在座"；6 月 29 日，"四时三刻接见史迪威将军"，"夫人及格鲁勃将军毕塞尔将军在座"⑥。据上述会见附录的会议记录，宋美龄均有独立的发言。

1942 年 8 月 29 日，宋美龄代表蒋介石只身飞往新疆面见新疆省主席盛世才。蒋介石"手书致盛世才函，嘱夫人亲往携交。函曰：千里咫尺克未面晤为念，今日内子飞新代中慰劳，聊表倦倦之意，余托内子面详，不尽百一诸维心照"。9 月 1 日，当宋美龄圆满完成使命，自迪化转甘肃返回重庆时，蒋介石致电盛世才："内子今午回甘，转达详情，恍如面晤，欣慰之至。"⑦

离不开的贤内助，势必会深深地介入重庆国民政府的内政与外交事务。《纽约时报》驻重庆记者提尔曼·窦丁（Tillman During）认为，宋美龄对于蒋介石而言，无疑"价值 21 个师"⑧。史迪威在日记里称宋美龄为"夫人委员长"。《读卖新闻》甚至称

---

① 薛月顺编辑：《事略稿本》第 46 卷，第 648 页。
② 参见周美华编辑：《事略稿本》第 48 卷，第 170—186 页。
③ 周美华编辑：《事略稿本》第 48 卷，第 581—582 页。
④ 周美华编辑：《事略稿本》第 49 卷，第 387 页。需要指出的，从谈话记录看，宋美龄在多处有插话，发表自己的见解，与翻译内容有所不同。
⑤ 周美华编辑：《事略稿本》第 50 卷，第 39 页。
⑥ 周美华编辑：《事略稿本》第 50 卷，第 76、111 页。
⑦ 周美华编辑：《事略稿本》第 51 卷，第 133—134 页。
⑧ Tillman During, "Worth Twenty Divisions", *New York Times*, Sept. 14, 1941.

《纽约时报》对宋美龄的报道（哈佛大学图书馆藏）

宋美龄是"重庆的西太后"①。报道指出："宋美龄是蒋介石的秘书、翻译、顾问、支撑，说得极端点，蒋介石就是宋美龄，宋美龄就是蒋介石。"② 又说："蒋介石离开宋美龄不能生存。"③ 在重庆，宋美龄也常常代蒋介石起草英文信函直接与外国政要函沟通，

---

① 《读卖新闻》1940 年 8 月 9 日，日报第 7 版。
② 《读卖新闻》1942 年 2 月 25 日。
③ 《读卖新闻》1943 年 2 月 21 日。

并发表个人的见解。1943 年 11 月 25 日晚，开罗会议期间，蒋介石在日记里记下了妻子的角色，称："详商要求美国借款与经济协助方式，夫妻共商精讨，庶不误事，亦惟此方足以慰藉征途忧患之忧也。"① 1944 年 6 月 20 日，美国副总统华莱士抵达重庆并进行访问。在重庆期间，宋美龄多次参与蒋介石与华莱士的会谈。6 月 30 日，宋美龄受奉蒋介石命致电华莱士，电文写道："委员长业已接到尊函对于阁下所取积极真挚之态度，特嘱余向阁下致谢，建议各点正予以慎重考虑中，俟阁下返抵华府后，即行复知，届时当由魏大使转达也，外子与余敬祝阁下归途愉快。"②

发生在重庆的史迪威事件，宋美龄既是亲历者，又是深度介入其中的战时中美关系的关键人物之一。汉娜的著作援引罗斯福档案文件，指出，抗战期间"根据一般的军方程序"，罗斯福给蒋介石的函电通常交给宋美龄，由她负责转交给她先生，并为他翻译。史迪威被召回时，宋美龄并不在重庆。如果当时她在场，电文会先给她翻译，她或许会把电文的口气、内容大幅软化。鉴于她对蒋介石的"极大影响力"，她可以让蒋介石冷静下来的。③

吴国桢说，自从他"任重庆市长后，很多人在他背后呼吴为'夫人派'"。他表示"其实蒋夫人有没有派，我不知道，她从没叫我加入什么政治团体"④。熊式辉回忆录中，记录了一段与宋美龄的生动对话，显示作为贤内助的宋美龄，在辅佐夫君完成抗战建国大业上的智慧。⑤ 不过，有时候宋美龄积极主动的工作作风，也让下级为难。唐纵的日记透露出一些细节。比如，1944 年 1 月

---

① 王宇高、王宇正编：《蒋中正"总统"五记·爱记》卷 30，1943 年 11 月至 12 月，第 302 页。

② 叶惠芬编辑：《事略稿本》第 57 卷，1944 年 5 月至 7 月，台北"国史馆" 2011 年 10 月印行，第 391—392 页。

③ 参见 Franklin D. Rooservelt, FER papers, Map Room File, Box10, FDR‐Chiang Kai‐shek, January 1944‐December 1944; C. H. （Cordell Hull）to FDR, "Memorandum for the President", April 28, 1944; National Archives：RG266, Entry A1‐170, Box 401, November21, 1944, 转引自 Hannah Pakula, *The Last Empress*：*Madame Chiang Kai‐shek and the Birth of Modern China*, New York：Simon & Schuster, 2009, p.498.

④ 吴国桢手稿，黄卓群口述，刘永昌整理：《吴国桢传》（下册），第 335 页。

⑤ 参见熊式辉：《海桑集——熊式辉回忆录》（1907—1949），第 139 页。

6 日，他写道："陈主任谓，他最怕办英文稿，中文送委座改了，翻成英文送夫人看，夫人要改英文。所改的英文又要译成中文给委座看，委座再要改动时，真就麻烦了。"①

在众人关注宋美龄的"权力"角色时，冰心看到的则是宋美龄的另一面，即协助丈夫操劳抗战建国工作时所表现出的家庭主妇的贤惠温柔之美。1940 年，冰心应邀赴黄山官邸见宋美龄。冰心初次见宋美龄时的感受是："夫人没有任何掩饰的态度，非常的自然、温和，使人深深地感到她是一位热情的主妇。"她回忆说："在我至今为止见到的妇女中，确实从未有过像夫人那样敏锐聪颖的人。她身材苗条、精神饱满，特别是那双澄清的眼睛非常美丽。""我和蒋夫人以及妇女指导委员会的成员们一起吃了午饭。蒋夫人亲自在桌上烧了咖啡，还给我们吃了她做的点心和糖。重务在身的夫人怎么能有时间去厨房呢？我感到不可思议。"②

需要指出的是，重庆时期，在宋美龄"贤内助"角色的背后，也有蒋委员长的"帮助"。如，1940 年 7 月 2 日，蒋在日记里记，"晚为妻修正报告书"。8 月 31 日，蒋又"为妻修正论文"。在宋美龄访美期间，蒋介石更是在重庆坐镇指挥，与妻子间的往来函电不断。1942 年 12 月 5 日，蒋介石致电宋美龄："如罗斯福总统询及中英同盟之意如何，则可先问其高见如何，再答以当电兄详商，不可有拒绝之意。"③ 1943 年 1 月 18 日，蒋介石又致电宋美龄，问："闻居里近日对记者尽力诋毁我国确否？"宋美龄回复称："居里诋毁我国，并谓西北驻有重兵，并非为抗战之用等语，妹亦有所闻。""得报英方到处运用加紧对我不利之宣传，总意不外离间中美友谊，妹准备在丘吉尔未到美前，应罗斯福夫妇之请，到其私人住宅海德公园少作逗留，使丘吉尔知罗氏夫妇此请，并非

---

① 公安部档案馆编注：《在蒋介石身边八年——侍从室高级幕僚唐纵日记》，第 402 页。

② 谢冰心：《我所见到的蒋夫人》，虞萍译，《中国现代文学研究丛刊》2006 年第 6 期，第 102—106 页。

③ 高素兰编辑：《事略稿本》第 52 卷，1942 年 12 月至 1943 年 3 月（上），台北"国史馆"2011 年 9 月印行，第 22 页。

完全循国际间不得已之惯例，如是则丘吉尔当不致于偏执过分也，兄意如何？"① 1 月 24 日，蒋介石回电，指示道："妹允往罗总统家乡游览，甚赞成，如见罗时，最好只谈国势大势与战后政策，对飞机与陈纳德等事暂不提及，可由宋子文来美再说如何？"② 2 月 10 日，蒋介石又"手书致蒋夫人长函"，"切劝其在美忍耐，勿争意气，勿忘赴美惟一目的所在"。2 月 13 日，他又"指示夫人在美国演说注意各点，连发四电分志如下……"，宋美龄电复称："各电均悉，妹向国会及各地演词当分别遵照电示，总以维持我国家尊严，宣扬我抗战对全世界之贡献及阐明中美传统友好关系为原则，从大处着眼以世界观点说明战后合作之必要。"③ 1943 年 5 月，宋美龄在美国执行蒋介石的旨意谈判交流等，基本上是事事汇报，其中也不乏宋美龄自己的一些思路，比如，5 月 7 日，宋美龄自纽约发回电报，称："与罗斯福谈判时，曾提及我国玉门出产汽油，甚盼美国派送技术人员及机器在中国设炼油厂以减少将来空军反攻时之汽油困难问题，罗除答应外，并愿拨款，惟表示希望妹返国指导，妹意此项计划完全由我国政府主办为宜，兄意如何？"④

对于"贤内助"的角色，宋美龄有自己的看法。1942 年 11 月 3 日，宋美龄约见顾维钧共进下午茶，在谈及战时工作状况时，顾维钧对她说，她所进行的大量活动在国内外都得到了赞赏，她回答说，人们知道一些表面的事情只是她所干的工作中的一小部分。她的文章和工作都是经过周密组织安排的，她只需要加以督导和作决定。这些活动都是例行公事、按部就班的。顾维钧说，鉴于她通晓国内外的问题，因此，她一定是委员长的得力参谋。她说："不，委员长毕竟重任在身，须亲自决定国家的重大问题。我并不为他出谋划策，但是我要照管他的文件、函电和讲话稿件。由于

---

① 高素兰编辑：《事略稿本》第 52 卷，第 339—341 页。
② 高素兰编辑：《事略稿本》第 52 卷，第 362—363 页。
③ 高素兰编辑：《事略稿本》第 52 卷，第 467—486 页。
④ 高素兰编辑：《事略稿本》第 53 卷，1943 年 3 月（下）至 6 月，台北"国史馆" 2011 年 9 月印行，第 381 页。

国际事务大增，此项工作也已成为重大负担。"① 对宋美龄"对国家政治的影响"和"对蒋介石的影响"，吴国桢也有不同的看法。他认为，"也许在他们婚姻生活的早期，蒋夫人对蒋有较大的影响，但在以后的生活中，她绝没有多少真正的影响"②。

三、叩问上帝：信仰的力量

宋美龄自小在宗教气息浓厚与美式教育的环境中成长，后来成为一位虔诚的基督徒。她曾回忆道：母亲的个性，处处表示出她的严厉刚强，而绝对不是多愁善感的。母亲那时虔诚的祈祷，在我幼年的生活中留下了最深刻的印象，她常常自闭于三楼的一间屋子里祈祷，祈祷的时间很长，有时天没有亮就开始了。我们有什么难题需要解决，母亲一定对我们说道"让我去叩问上帝"③。

在《我的宗教观》一文中，宋美龄写道："我知道宇宙间有一种力量，它的伟大，决不是人们可以企及的，那就是上帝的力量。"她又说："我所愿意做的一切，都出于上帝的意思，而不是自己的。人生实很简单，是我们自己把它弄得如此纷乱而复杂。中国旧式绘画，每幅画只有一个主要题材，譬如花卉画轴，其中只有一朵花是主体，其余不过衬托而已。复杂的人生也是如此。那末人生的那朵花是什么呢？就我现在所觉悟的，那是上帝的意志。但需要绝对的虔诚与忠信，方有明白上帝意志的可能。如今政治生活中充满着虚伪、策略和外交手腕，可是我深信这些并不是政治家的最有力武器，他们最有力的武器，只有忠诚和正直。"她还说："上帝的智慧是无限度的"，"在我看来，宗教是很简单的事情。其意义就是尽我心、我力、我意，以实行上帝的意志。"在宋美龄看来，"我觉得上帝给我一份为国家出力的工作……中国日下所有的问题，都是十分艰巨，诚为从来所未有的……我信仰的

① 顾维钧：《顾维钧回忆录》第5卷，第109—110页。
② ［美］裴斐、韦慕庭访问整理：《从上海市长到"台湾省主席"（1946—1953年）——吴国桢口述回忆》，吴修垣译，上海人民出版社1999年版，第249页。
③ 宋美龄：《我的宗教观》，载王亚权总编纂：《蒋夫人言论集》（上集），第1页。

上帝，他有他无限力量可以帮助我们，他的恩惠，简直会超过我们的想望和祈求"。宗教信仰如同是"一种精神上的定力"，如果"有决心，有智慧，再加上努力，那么什么事都能完成"①。

在宋美龄母亲的要求下，蒋介石于 1930 年 10 月皈依基督教。宋美龄这样描述她在蒋介石的基督教信仰历程中的角色，她说："我母亲的宗教精神，给了蒋委员长很大的影响，我于是想到，我在精神方面，不能鼓舞我的丈夫，实

宋美龄著的《我的宗教观》（卫斯理学院档案馆藏）

在觉得万分遗憾。委员长的太夫人是热心的佛教徒，他的信仰基督教，完全由于我母亲的劝导。为了要使我们的婚约得她的许可，委员长允许研究基督教义，并且诵习《圣经》。后来我发现他谨守前约，我母亲去世后，也丝毫不变初衷，但教义中，他起初很有一些不能了解的地方，读诗很觉沉闷。他每天诵习旧约，苦思冥想，自多困难，所以我在日常谈话中，实有把难解之处，委婉示意的必要……于是我方始明了，我只要就丈夫的需要，尽力帮助他，就是为国家尽了最大的责任。我就把我所知道的精神园地，引导丈夫进去。同时我因生活纷乱，陷于悲愁的深渊，也想找一自

---

① 宋美龄：《我的宗教观》，载王亚权总编纂：《蒋夫人言论集》（上集），第 4—6 页。

拔的途径，于是不知不觉地重又回到了母亲所信仰的上帝那里……母亲的鼓励，委员长精神生活的任务，既由我担负了起来，我也日渐和上帝接近了。"

母亲去世后，宋美龄曾倍感失望悲观和颓丧消极，"真觉得眼前一团漆黑"。后来，她"收拾起悲伤的心情，努力与先生在信仰上携手度过难关"。"宋美龄把心思放在如何帮助先生窥见宗教的堂奥之美。宗教的理论，转移也洗涤了夫人丧母的悲痛，也因为承担着辅弼夫婿的重任，夫人的信仰日益虔诚。夫妻一同祈祷、一同读经讨论，临睡前两人一同专注地祷告……她感到自己的信仰政治脱胎换骨，'一种更深刻的意义'浸润在她的婚姻生活里，使她不知不觉地踏上灵性的高原。"[1]

重庆时期的蒋介石日记，留下了较为丰富的蒋介石与上帝对话的记录，也从一个侧面展示了宋美龄。自 1930 年改变信仰之后，蒋介石每日藉着读经、祈祷，与神接触；他不只是一位星期日教徒，宗教信仰已逐渐成为他的一种生活方式。[2] 他在日记中写下："天国不只是写在圣书之中，而也是刻在宇宙与社会之内和我们的心中。"[3] 1939 年 7 月 15 日，蒋介石在日记中写道："烦恼而紧张时，只要放下心来依靠上帝处理，就能得到安乐自在。"7 月 18 日，他又记："我的忧虑与身体皆一任我慈悲的天父之处理。"7 月 19 日，他记："把你的一切都放在基督上面，因为他能照顾你。"上帝是最可以依赖的朋友，难题总是叩问上帝，包括对妻子的疾病担忧、抗战建国大业，甚至有关中共问题的解决等等，他均呼唤上帝的保佑。

曾家岩官邸外有一条马路，街对面便是重庆有名的教会学校——求精中学，该校按照西方习俗设有一座基督教礼拜堂，有

① 秦孝仪主编：《蒋夫人宋美龄女士与近代中国学术讨论集》，台北财团法人中正文教基金会 2003 年版。
② 参见孙若怡：《传教士眼中的宋美龄》，载胡春惠、陈红民主编：《宋美龄及其时代国际学术研讨会论文集》，第 49 页。
③ Chiang Kai-shek Diaries, January 11, 1939, 40.4, Hoover Institution Archives, Stanford University.

时候蒋介石夫妇会一同前往那里做礼拜。① 在黄山官邸附近没有教堂，故在官邸内的云岫楼设有一个专门的"祈祷室"②，这里成为支撑夫妻共度战时艰苦岁月最为温馨的精神家园。尽管重庆时期条件艰苦，但作为虔诚的基督徒，"她对基督教的几个节日特别重视，往往要专门进城，到较场口或下半城的教堂去做礼拜，顺便有所布施。她尤其重视圣诞节，事前要求准备西餐，届时请英、美等盟国大使、武官聚会"③。

对宋美龄而言，抗战重庆的生活无疑是一种"废墟瓦砾中救亡的日子"。叩问上帝，这是基督教的宗教信仰给了重庆时期的蒋氏夫妇以精神上的支撑。严倬云认为，抗战时期，是"精神和肉体双重折磨的岁月"，"抗战是蒋夫人信仰更上一层楼的另一个分水岭"④。

宋美龄在《我的宗教观》一文中，讲述了"从母亲那里得到的一次教训"。她说："那时她（母亲）已卧病在床，距离她去世的日子没有多久了。那时日本开始掠夺我国的东北三省。这件事的详细情形，我们对母亲是保守着秘密的。有一天，我恰好同她谈到日本威胁我们的急切，当时我奋激不能自制，突然高声喊了出来：'母亲，你的祈祷很有力量，为什么不祈求上帝，用地震或类此的灾祸惩罚日本呢？'她把脸转了过去好一会儿，接着用严肃的目光看着我：'当你祈祷，或求我替你祈祷的时候，切不要拿这种要求来侮辱上帝，我们凡人尚且不应当有此存心，何况祈求上帝呢？'我所受的影响很深，我知道日本国民因政府对华行动的谬

---

① 参见杨耀建：《陪都蒋介石夫妇旧居》，载黄昌林主编：《南岸历史文化丛书——抗战时期文化专辑》，第59页。

② 参见 Chiang Kai-shek Diaries, April 29, 1946, 45.5, Hoover Institution Archives, Stanford University。另参见高素兰编辑：《事略稿本》第55卷，第519页。

③ 杨耀建：《黄山轶事》，载黄昌林主编：《南岸历史文化丛书——抗战时期文化专辑》，第220页。

④ 辜严倬云：《大爱至真——蒋夫人的宗教观》，载秦孝仪主编：《蒋夫人宋美龄女士与近代中国学术讨论集》，第78—79页。

妄而受到苦痛的很多，所以现在也能替日本国民祈祷了。"① 可以想象，在饱受日军炮火狂炸下的重庆，宋美龄是在一种怎样的心境下祈祷。

1940 年是日军对重庆实施最为残酷的疲劳轰炸期。1940 年 9 月13 日，日军轰炸了重庆。黄昏时，蒋介石携夫人登上（黄山官邸）新草堂后的山巅眺望，"松涛月色意境清远，公谓此最忧之今日而获有此片刻之乐，殊可喜也"。当天，蒋介石在日记中摘抄《信仰的意义》一书中的话，曰 "愚拙的自由与卑污的快乐是完全不可靠的，求天父圣灵速来指导我们，使我能得到其真正的快乐和自由"②。显然，这一次是蒋宋在共同祷告。

据蒋介石日记记载，夫妇二人在家里祷告的时间并不规律。有时为早晨，有时是晚餐之后，或者临睡前。1941 年 6 月 10 日，晨起，蒋介石 "与夫人共同祷告，天忽降甘霖半小时，公欣然色喜"③。1943 年 7 月 4 日，宋美龄访美归来后，蒋介石的日记里写道：夫妻谈话后，"睡前静坐祷告如常也"。④ 在最艰难时期，靠上帝支撑起心灵的安稳，这就是蒋宋在重庆时期的宗教生活。

1937 年 5 月 6 日，宋美龄在全国基督教协进会第十一次年会上致辞，她说："我随丈夫巡历各省，往往遇到虔信的外籍教徒，深居边远乡区，把新的生命关注到他们所接触的群众里面；我就深觉奇怪，为什么在这偏僻的地方，绝没有我国那些才识过人备受近代教育的男女同胞基督徒，他们的天赋不如别人吗？还是我们只知接受信教的利益，不愿担负艰苦的责任呢？要晓得我们信仰的核心，就是艰苦、忍耐，和十字架所象征着的苦难。没有它们，就谈不到基督教信仰。我常听委员长说，基督在年青的时候就愿为正道而牺牲生命，我们苟不追随这种精神，怎能解决当前

---

　　① 宋美龄：《我的宗教观》，载王亚权总编纂：《蒋夫人言论集》（上集），第 3 页。

　　② 薛月顺编辑：《事略稿本》第 44 卷，第 277—278 页。

　　③ 蔡盛琦编辑：《事略稿本》第 45 卷，第 349 页。

　　④ 高素兰编辑：《事略稿本》第 54 卷，1943 年 7 月至 9 月，台北 "国史馆" 2011 年 12 月印行，第 32 页。

一切的重大问题。所以，委员长深信基督教是革命的宗教，而真正信仰基督教的人，也一定是革命家。"宋美龄称这种状态是"基督战士耐苦耐劳的美德"或"耶稣基督苦斗的战士"。

这种"耶稣基督苦斗的战士"应该是一种怎样的状态呢？宋美龄描述道："舍弃无聊的后方工作，奋身投入血战的前线去。在现今这种困苦的时代，人力与国力都受毫无假借的测验，有了坚强的基督精神，我们就能屹立不倒，百折不摧了。时代能否转变，要看我们能以多少信仰、多少人格、多少热诚贯注其间而定。我们以药力的大小，测验药性的良窳，同样地，我们也应当把信仰在自身和社会所发生的影响，来测验我们信仰的真伪。我们今天应当认清上帝呼召的角声，应立下决心，以牺牲我们的舒适生活为代价，若有捐躯殉义的必要，我们也决不推诿。知行是不可分的。上帝呼召我们，要我们把信仰立即演绎成实际的行动。中国像一个沉眠初醒的人，睁目四瞩，骇怪她的环境已换了样子。在这新环境里面，教会若能艰苦，奋勇前进，一定可以占用重要的地位。基督教的精义，并非只为社会的信条，实是上帝的显示。所谓显示，一定有它所显示的东西，就今日而言，上帝所显示我们的是社会的需要，是我们应社会需求而必得有所贡献的责任。"

宋美龄继续解释："上帝有史以来，就常常以启示和人类通灵感，由于圣灵的中介，我们可以跟他作解释的晤对。上帝启示我们的时候，我们即能感知，理智和感情同时受到他的响应。我们一旦发现了复兴的需要，又发现了完成复兴工作的工具，就有一种不可思议的力量，挟持我们进行，径往直前，有如潮汐汹涌，无可抗拒，在我们进行的时候，我们自可逐渐了解其中的细枝末节而达到豁然贯通的境界。基督有两种特点：他所教导别人的，也就是他自己生活的准则，而他的信仰，有移山倒海的伟大力量。"①

---

① 宋美龄：《全国基督教协进会年会致词》（1937年5月6日对全国基督教协进会第十一次年会致词），《蒋夫人言论汇编》卷2·演讲，第6—12页。

对宋美龄而言，战时投身抗战事业，既是基督徒的使命，又是革命者所应具备之责任！作为一个虔诚的基督徒，宋美龄说："上帝你一定得信。我一辈子信上帝，所以从来没有做错任何事，上帝每次给我的指引都是对的。只要你信上帝，他就会给你一条正确的路；你不信奉他，他当然也没办法照顾到你。上帝只照顾信奉他的人。"① 事实上，宋美龄在战时重庆的宗教实践是宽泛的，信仰的力量主要体现在战时"新生活运动"的妇女社会动员、难童教养、空袭救济，征募劳军等活动之中。甚至可以说，她有关抗战建国的诸多话语，多少融合了其基督教的信仰。在重庆的战时妇女动员与轰炸救济等工作，也是宋美龄与上帝交流的另一个途径。② 宗教信仰的力量，给了宋美龄战胜苦难的信心。

第二节　大后方的苦日子

胡光麃回忆说，战时重庆的衣食住行"都简陋到难以想象的程度"③。迁到重庆的政府机关公务人员，"都是在沿海的城市里长大，在中国沿海的大学里就读，早就习惯于使用电灯、抽水马桶、污物处理系统、汽车、电车、报纸、图书馆等；他们的太太则习惯于现代化的厨房、淋浴、汽车、电影院和西药。这些现代化的东西在重庆几乎是见不到的"。在重庆的外国人常常抱怨这里的生活条件差，简直无法与上海或汉口相比。④ 由于重庆大部分体面的城镇房屋已经被政府官员和外交人员使用，所以外国记者被安排在政府修建的"记者招待所"，在那里，他们度过了最为艰辛的重

---

① 陈三井：《熊丸先生访问录》，台北"中央研究院"近代史研究所1998版，第105—106页。熊丸记录这段谈话之前，主要言及夫人耶诞夜当晚，做了一次祷告，得到明日便可回南京的启示，而西安事变果于耶诞节当日落幕。据孙若怡推断，这段谈话记录在口述访问中的话，为宋美龄在1936年所说。

② 参见耶鲁大学神学院藏 George A. Fitch（费吴生）档案，February 12，1939。

③ 胡光麃：《波逐六十年》，第334页。

④ Esther Tappert Mortensen Papers，Group No. 21，Box 6-99 General Cortes. Circular letters，by ETM，Divinity School Library，Yale University.

轰炸废墟上的战时首都（哈佛大学档案馆藏）

庆岁月。①

在重庆时期，应对疾病是宋美龄的一种基本生活状态。她几乎每年都去香港治病，而其选择离开重庆的时间又多集中于秋冬的雾季，呈现出一种规律性。② 大多数的时候，总是春天去（香港），夏天回（重庆），这一规律大致也与重庆的雾季和"轰炸季"巧合。③ 换句话说，宋美龄的疾病高峰期出现的时段、特征等

<hr>

① 参见 Stephen R. Mackinnon，Oris Friesen，*China Reporting：An Oral History of American Journalism in the 1930s and 1940s*，California：University of California Press，1987，pp. 48-49. 另可参见《董显光回忆录：重庆记者招待所》，《报学杂志》1948 年试刊号，第 21 页。

② 早在抗战初期，日本媒体就以"探寻宋家兄妹的抗日本部"为题，报道宋美龄的赴港意在从事抗日活动，见《读卖新闻》1938 年 1 月 30 日；《宋美龄一行前往香港》，《读卖新闻》1939 年 3 月 20 日。1939 年 6 月 20 日，《读卖新闻》又以"国民政府财政危机 宋美龄渡美游说"为题，称宋美龄"暗中活跃于香港"。

③ 宋美龄往来于渝港之间，也有非雾季时期，如 1939 年 6 月 3 日，宋美龄由渝飞港求医诊病（见《申报》1939 年 6 月 8 日，第 2 版）；而《读卖新闻》在 1939 年 6 月 13 日报道同一消息时，则以"国民政府内部动摇"为题，称 6 月 3 日宋美龄在端纳陪同下到达香港。此次赴港逗留至 6 月 20 日左右回渝；1940 年 7 月 4 日，蒋介石"最近因为抗战的问题与宋美龄发生不和，宋美龄不顾孔祥熙的劝，独自一人逃到香港"（《读卖新闻》1940 年 7 月 5 日）。

与其在重庆的工作强度、自然（气候）、社会生态（轰炸）的变化
一致。

一、疾病的困扰

在重庆，宋美龄与外界的函电往来频繁。她说："各位要知
道，我近来所接到国外的来信，一天总有好几封。"① 重庆时期的
信函，往往是宋美龄透露身体状况的重要史料。自 1938 年 12 月
8 日抵达重庆后，她即进入高度紧张的工作状态，而积累已久的身
体疲劳使她一直处于亚健康的状态。

1939 年，宋美龄 42 岁。1 月 14 日，宋美龄从重庆给艾玛发出
了第一封信。在信中，她多次提及自 "七七事变" 以来，自己身
心疲惫，甚至有一种不能承受的 "极度压力" 状况。② 在给母校卫
斯理学院同学的信中，宋美龄又述及自己 "极度疲乏"。她写道：
"由于我太累了，我正打算本周离开这个城市（重庆），希望能够
抓紧时间休息一小会儿。"③ 3 月 20 日，《申报》（第 2 版）以 "蒋
夫人前晚飞抵港" 为题报道："蒋夫人由渝抵港，延医疗治，随行
者有端纳及女看护 2 名。"④ 6 月 3 日，回重庆约两个月，宋美龄再
次 "由渝飞港求医诊病"⑤。蒋介石也感叹："开战以来，余妻对
伤病官兵、难民、难童之爱护工作，其赤忱与热心，非任何人所
能有，而于近月为尤甚。"⑥ 3 月 17 日，宋美龄飞赴香港治疗牙疾

①　《重庆妇女界昨日纪念 "三八" 节 蒋夫人讲演纪念意义》，《中央日报》1939
年 3 月 9 日，第 3 版。

②　参见 Letter，May‐ling Soong Chiang to Miss Emma DeLong Mills，January 14，
1939，Correspondence from May‐ling Soong Chiang Jan. 1939‐Jan. 1945，Papers of Emma De-
Long Mills，MSS. 2，Box 9 Wellesley College Archives.

③　Mme，Chiang to Miss Manwaring，Chungking，March 13，1939，Correspondence，
1934‐1939，Papers of May‐ling Soong Chiang，MSS. 1，Box2，Wellesley College Archives.

④　日本媒体对宋美龄健康的关注度很高，《朝日新闻》《读卖新闻》等有不少宋
美龄身体欠安的报道。同一天，《读卖新闻》报道，认为宋美龄此次旅行 "中国方面报
道单纯为治病"，"但各种传闻四起，本报将密切关注动静"。换句话说，日本媒体认为
宋美龄赴港并非完全治病，带有外交等任务。

⑤　《蒋夫人来港诊疾》，《申报》1939 年 6 月 8 日，第 5 版。

⑥　王宇高、王宇正编：《蒋中正 "总统" 五记·爱记》卷 17，1939 年 10 月至
1940 年 1 月，第 194 页。

和调养。

由于太过劳累，11 月 11 日，在重庆举行的妇指会欢迎乡村服务团的活动，"蒋夫人身体不适未能出席"①。就在头一天，11 月10 日，宋美龄写信给艾玛，向她描述了随丈夫到距离重庆 2000 英里的湖南前线视察的情况。在信的末尾，宋美龄用手写体请艾玛帮忙购买六瓶治疗呼吸药的处方。过劳工作的状态，各种演讲、失眠，以及频繁的旅行已经透支了宋美龄的体力，也使得她特别容易感冒，尤其是在雾季的重庆。②

一个月之后，宋美龄又给艾玛去信，信里谈及健康糟糕的状况。这是她在重庆的第二个冬天。12 月 10 日，《商务日报》报道"蒋夫人近患鼻疾"③。同一天，多家报纸登载了这一消息。④ 宋美龄致信艾玛，告知手术的事，她写道："亲爱的艾玛，我刚刚完成了一个静脉窦的手术，手术很成功，手术让我虚弱无力。不过，这也许会让我今后根除持续不断的感冒，并且积累力量和活力。"⑤

1940 年，宋美龄 43 岁。失眠与过度操劳，加上重庆多雾的气候，使宋美龄的已有病症复发。本年度，宋美龄三度赴香港治病。

---

① 《宋女士堪称巾帼英雄 炸伤仍努力工作》，《商务日报》1939 年 11 月 12 日，第 3 版。

② 参见 Letter, May-ling Soong Chiang to Miss Emma DeLong Mills, November 10, 1939, Correspondence from May-ling Soong Chiang Jan. 1939–Jan. 1945, Papers of Emma De-Long Mills, MSS. 2, Box 9, Wellesley College Archives.

③ 《蒋夫人近患鼻疾》，《商务日报》1939 年 12 月 10 日，第 2 版。

④ 1939 年 12 月 10 日，《中央日报》第 2 版报道"蒋夫人患鼻骨病"。关于"鼻骨病"的具体内容，《读卖新闻》有一个说法，12 月 9 日刊登该社发自上海的特电，报道宋美龄近期在重庆街头为前线将士从事募捐棉衣军服的活动，"因为重庆特有的天寒潮湿患上了当地流行的冻疮。冻疮日益严重，终至脓肿，蒋介石请来全重庆的医生查看，结果一致表示'必须动手术'。为了爱妻，蒋介石不顾百元一滴的汽油，立即让私家飞机从重庆飞往几百里外的香港，五日（飞机）带着英国外科医生波特（音译）博士和两名护士返回重庆，七日为宋美龄实施手术。对外发表'手术非常顺利'。而在香港，人们看到蒋介石的飞机特意从重庆飞来并带走外科医生，以为重庆发生了重大事件，比如重要人士受重伤，骚动不已。没人知道其实是为了解决宋美龄的肿包"。有板有眼地对宋美龄的疾病细节描述，是日本媒体的一个重要特征。见《为肿包烦恼的宋美龄》，《读卖新闻》1939 年 12 月 9 日，日报第 7 版。

⑤ Letter, May-ling Soong Chiang to Miss Emma DeLong Mills, December 17, 1939, Correspondence from May-ling Soong Chiang Jan. 1939–Jan. 1945, Papers of Emma DeLong Mills, MSS. 2, Box 9, Wellesley College Archives.

第一次是在农历春节期间。1940 年 2 月 12 日下午，宋美龄由重庆乘飞机飞往香港，蒋介石赴珊瑚坝机场送行。13 日晨，蒋介石在日记中记："得知夫人安抵香港之报甚慰。"① 蒋介石由于连日失眠，电请宋美龄代购新药品，"抵港甚慰，原有安眠药无甚效用，如另有新药，望使人带来为盼"。15 日，宋美龄从自香港回复丈夫，"新药俟询医生购就寄上，妹日来颇感不适，昨日转剧，呕吐六次，心跳慢弱"。蒋介石得知宋美龄到港后，病情仍严重，又电慰"贵恙如何，甚念。最好能入医院静养也"。2 月 20 日，宋美龄又自香港电告："病已好转，此间英式医院不合宜，在家静养较妥，请勿念。"蒋介石收此电，才略放心，表示"病痊甚慰，兄拟即日回渝"②。2 月 25 日，蒋经国从桂林致电重庆宋美龄，电文称："知大人福体违和，赴港医治，无任悬念。定明日随父亲大人赴渝，以候祝大人寿辰，望大人早日返渝，得聚天伦之乐。"③ 3 月 3日，宋美龄自香港回复经国，说："电悉谢谢！能否回渝过生日须视病体如何，现尚未能定也。"3 月 20 日，宋美龄再度从香港致电逗留重庆的蒋经国，"回渝期近，务望留渝陪伴委座"④。在香港，宋美龄还写信给艾玛，她说，重庆手术后需要进一步的特殊治疗，而当地不具备这样的治疗条件。与此同时，她也需要好好休息。她还在信中告诉艾玛，她与大姐住在一起，不久二姐也来了。在这里，健康得到恢复。

　　1940 年是日军实施对重庆轰炸最为频繁和惨烈的一年。这年夏天，重庆的酷暑异常难熬，惨烈的轰炸与酷暑叠加，使得本年度宋美龄的病情十分糟糕，蒋介石的日记从一个侧面描述了宋美龄的身体状态。1940 年 5 月 21 日，晚与蒋介石同车出游，蒋介石

① 薛月顺编辑：《事略稿本》第 44 卷，第 145、146 页。对于宋美龄本次赴港就医，《读卖新闻》作了跟踪报道。

② 《蒋中正致宋美龄函》（五），1940 年 2 月 14 日至 16 日、20 日，台北"国史馆"藏蒋中正"总统"文物，档案号：002-040100-00005-034。

③ 《一般数据——蒋经国致宋美龄文电数据》，1940 年 2 月 25 日，台北"国史馆"藏蒋中正"总统"文物，档案号：002-080200-00628-010。

④ 《蒋经国书信集：与宋美龄往来函电（上）》，第 19—21 页。

深以妻子用脑过度感念。[1] 5 月 24 日，"晚回黄山，以夫人病甚忧之"[2]。6 月 17 日，宋美龄给艾玛的信里描述了自己身心疲惫的状况。她抱怨说，写信已经异常困难，头脑和手都分离了，脑子里想到的话，写出来的却是另外的意思。有时候她中英文混合起来用。她怀疑是否要去精神病院了，她的结论是：这是（身体）危险的迹象。[3]

6 月 19 日，《朝日新闻》和《读卖新闻》报道说：宋美龄在顾问端纳陪同下连夜飞抵香港，住在孔祥熙宅邸，谢绝一切访客，养病。8 月 29 日晚，蒋介石对"妻病甚忧也"[4]。9 月 14 日，蒋介石"又以夫人病未愈为念"[5]。

1940 年 9 月，重庆连续遭敌机狂轰滥炸，宋美龄忙于领导妇指会的救助难民及儿童保育等各项工作，高强度的工作导致生病，且数症并发。9 月 5

宋美龄秘书给艾玛的信（卫斯理学院档案馆藏）

日，蒋介石日记里写道："三年来，兵火残酷之中，吾妻能持久不

---

① 参见萧李居编辑：《事略稿本》第 43 卷，第 528 页。

② 萧李居编辑：《事略稿本》第 43 卷，第 537 页。

③ 参见 Letter, May-ling Soong Chiang to Miss Emma DeLong Mills, June 17, 1939, Correspondence from May-ling Soong Chiang Jan. 1939 - Jan. 1945, Papers of Emma DeLong Mills, MSS. 2, Box 9, Wellesley College Archives.

④ Chiang Kai-shek Diaries, August 22, 1940, 39. 24, Hoover Institution Archives, Stanford University.

⑤ 薛月顺编辑：《事略稿本》第 44 卷，第 212、280 页。

懈，实非金枝玉叶之身所能忍受者，不能不使余铭感更切矣。"①

10 月 6 日，宋美龄因"染病月余"，不得不再度飞往香港治疗。② 10 月 6 日下午，蒋介石亲自送机飞往香港疗疾。③ 10 月 8 日，"蒋中正电孔令仪盼复宋美龄验病后情形如何"④。10 月 10 日，《纽约时报》报道了宋美龄于本年度的"第三次到达香港"。12 月 24 日，"蒋中正电宋美龄圣诞佳节默祷康健并代问候宋霭龄"⑤。

1941 年，宋美龄 44 岁。这是她到重庆后的第三个年头。2 月 12 日上午，宋美龄从香港返回重庆⑥，正值美国总统罗斯福代表居里访华。2 月 26 日，居里与蒋介石晤谈，宋美龄担任翻译，又进入超负荷的工作状态，蒋介石在日记里记，妻子"工作自晚七时至十一时半方毕。会谈内容涉及中国在美购机办法，美国飞行员援华及中国相关人员赴美训练等具体援华问题"⑦。那个周末，蒋宋夫妇在黄山官邸接待了居里。居里记录了宋美龄对于个人疾病的心理状态：她心心念念自己的健康。居里认为，她"相当神经质——从她母亲过世之后，就详记自己的各种病痛"⑧。

3 月 28 日，她在致纽约 Mr. Vickrey 的信中，告知最近刚回重庆，但病情"并没有完全康复，但是我的工作变得迫使我必须回到重庆，尽管医生强烈反对我回来"⑨。4 月 10 日，在给艾玛的信中，宋美龄又一次提及自己身体的不适，她写道："我大约两个月

①　王宇高、王宇正编：《蒋中正"总统"五记·爱记》卷 19，1940 年 7 月至 11 月，第 212 页。

②　参见薛月顺编辑：《事略稿本》第 44 卷，第 391 页。

③　这一次，宋美龄在香港逗留的时间很长，直到次年 2 月 12 日才由香港返回重庆。

④　《一般资料——民国二十九年》（三），1940 年 10 月 8 日，台北"国史馆"藏蒋中正"总统"文物，档案号：002-080200-00293-008。

⑤　《一般资料——民国二十九年》（三）1940 年 10 月 8 日，台北"国史馆"藏蒋中正"总统"文物，档案号：002-080200-00293-054。

⑥　参见蔡盛琦编辑：《事略稿本》第 45 卷，第 502 页；1941 年 2 月 13 日，《纽约时报》以"蒋夫人从香港回到重庆"为题报道了这一消息。

⑦　蔡盛琦编辑：《事略稿本》第 45 卷，第 623—626 页。

⑧　Hannah Pakula, *The Last Empress*: *Madame Chiang Kai - shek and the Birth of Modern China*, New York: Simon & Schuster, 2009, p. 353.

⑨　Letter, May-ling Soong Chiang to Mr. C. V. Vickrey, March 28, 1941, Correspondence, 1940-1948, Papers of May-ling Soong Chiang, MSS. 1, Box2, Wellesley College Archives.

前回到重庆，之前是在香港治病花了四个月的时间。"① 对于此间外面的谣言，宋美龄对艾玛说："完全不要去相信那些说我健康的缘故不得不延长在香港的逗留时间。各种关于我的谣言不断地开始。它们完全没有关注的价值。"②

重庆的环境对宋美龄皮肤病的康复极为不利。1941 年，在给哥哥宋子文的信中，宋美龄描述了躲空袭对于她而言简直是一种酷刑，她写道："被迫一连几个小时在黑暗、潮湿中坐在地下室内，是个折磨。地下室湿度太高……我浑身起水泡，痒得要命。"③而更为残酷的现实是轰炸季与重庆的酷暑重合。在信中，宋美龄谈到了重庆糟糕的环境。

而平日往返于城郊的官邸之间，酷暑的煎熬，使她的身体更弱。7 月 4 日正午，蒋宋一同回黄山官邸，"夫人受暑，晚有热度"，第二天，妻子"依旧发热"。这次中暑导致的生病直至 21 日才稍有好转。④ 8 月 2 日，蒋介石感叹："近日来夫人因病，辄多消极语，公以吉凶福祸听之上帝相劝勉之。"不过，此种或许与日军频繁的恐怖轰炸有关。据蒋介石记载，"敌军自上月二十八日起每日用百余架飞机分袭蓉渝各地，空袭时间在八小时以上，如此连续四日之久，时以民众避空袭之痛苦，心中为之不安也"⑤。这个月，宋美龄致函卢斯大人，感谢她和夫婿"回到美国后为协助中国所尽的一切心力"，并告诉她，"自从你们走后，我得了疟疾，

---

① Letter, May-ling Soong Chiang to Miss Emma DeLong Mills, April 10, 1941, Correspondence from May-ling Soong Chiang Jan. 1939-Jan. 1945, Papers of Emma DeLong Mills, MSS. 2, Box 9, Wellesley College Archives.

② Letter, May-ling Soong Chiang to Miss Emma DeLong Mills, June 3, 1941, Correspondence from May-ling Soong Chiang Jan. 1939-Jan. 1945, Papers of Emma DeLong Mills, MSS. 2, Box 9, Wellsley College Archives.

③ Hoover Institution Archives: T. V. Soong papers, Madame Chiang To T. V. Soong, Box 63, Folder 33, June 12, 1940.

④ Chiang Kai-shek Diaries, July 4, 1941, 41. 13, V1, Hoover Institution Archives, Stanford University.

⑤ 叶惠芬编辑：《事略稿本》第 46 卷，第 453、566、568 页。

后来又得了登革热”①。

10月15日至25日，宋美龄再度离开重庆，亲赴湘北慰劳前线将士。11月15日，蒋介石在日记里记道：“昨夜夫人病症及牙疼，几彻夜不能安眠，公谓其神经异常灵敏，故感觉痛苦亦较常人为烈也。”② 两年半余的跑警报、躲空袭，以及防空洞内阴湿的空气，使她的身体陷入相当难熬的状态。

1942年，宋美龄45岁。本年度宋美龄在重庆的工作强度极高，也是她疾病的高发时期。除了妇指会的日常工作，重庆国民政府几乎所有重大的外事活动都可见到宋美龄的身影。由于操劳过度，宋美龄慢性荨麻疹复发，蒋介石甚至担心她患有癌症。1月10日，蒋介石在日记里记道：“妻病，其精神疲乏益甚，殊为可虑也。”1942年2月，宋美龄随蒋介石访印出发之前，接连几天，蒋介石忧心忡忡。2月3日，蒋记：“夫人卧病，公深以为忧。”2月4日，他又“以夫人昨日病甚，恐不能同行飞印，今晨见其酣睡异常，乃知病将愈也”。③ 换言之，访印之行，宋美龄是带病出行的。

2月5日，宋美龄随蒋介石赴印度访问。随行人员有国防委员会秘书长王宠惠、军事委员会办公厅主任商震、宣传部部长董显光和教育部部长张道藩、航空委员会主任周至柔等一行15人。蒋介石此行的目的，是以盟军中国战区统帅的身份协调中英在缅甸战场和印度的防务问题，确保交通畅通和保障援华物资的供应。同时调解英国殖民当局与甘地和尼赫鲁为代表的要求印度民族独立力量之间的矛盾，以使英国能够调动印度内部力量，协同抗击日本侵略。宋美龄以“第一夫人”的身份担任翻译，同时通过与印度妇女界的交流活动，加强中印合作，提高中国的国际地位。④

3月2日，宋美龄自印归国，在昆明宴请美国志愿队。在昆

---

① Hannah Pakula, *The Last Empress: Madame Chiang Kai-shek and the Birth of Modern China*, New York: Simon & Schuster, 2009, p.357.

② 叶惠芬编辑：《事略稿本》第46卷，第454—467页。

③ 周美华编辑：《事略稿本》第48卷，第223—224页。

④ 参见《蒋委员长印度之行》，《中央日报》1942年2月15日，第3版。

明，干燥气候和温泉也没有让她摆脱严重荨麻疹所带来的失眠折磨。医生将宋美龄的毛病归咎于神经。她写信告诉埃莉诺·罗斯福，"他们想找出病根，但目前为止都未找到……我希望他们尽快找到，因为这恼人的病比疼痛更糟糕。我累垮了"。3 月 5 日，宋美龄随蒋介石从昆明返回重庆。一位刚从重庆回美国的官员向艾玛传递了宋美龄的信息说，如果她工作一天，就必须休息两天，她依旧为车祸伤及的颈部和背部所困扰，现在又是牙疼无人可以解释。她处于焦虑之中，失眠严重不能入睡，而服药后，在起床时常常没入睡。委员长没有这样的困难，睡得像一头山羊，完全不能理解她的焦虑是怎么回事。① 3 月 31 日，蒋介石携夫人出外野餐，对妻子"体弱多病，深加忧虑"②。

1942 年 4 月，宋美龄的私人医生告诉她，唯一的疗方就是彻底休息，因为这病是"神经紧绷"导致"气血不顺"所致。她已注射过她的纽约医生寄来的药，但无效。③ 接下来的几个月，宋美龄的工作日程排得满满的。4 月 6 日至 13 日，宋美龄随蒋介石对缅甸进行了为期一周的访问。5 月 20 日，蒋介石记："夫人昨今两日牙痛非常，公为之蹙然。"④ 5 月 21 日，蒋介石说："是日，夫人牙痛依然甚剧。"⑤

8 月 15 日，宋美龄又与蒋介石乘飞机抵兰州视察。8 月 17 日，与蒋介石往访甘肃省署，省长谷正伦携夫人陪同登望河楼游览。

8 月 25 日，在兰州，宋美龄染伤风重症，蒋介石派专机赴重庆接医生来诊治。蒋记曰："幸本日中午渐愈，热度亦退，公心始慰。"⑥ 8 月 27 日，宋美龄与蒋介石由兰州飞抵青海，同游塔尔寺、

---

① 参见 Emma Millis, Journal, March 23, 1942, Volume XIV Aug. 31, 1938–June 16, 1944, Oversize 6, Papers of Emma DeLong Mills, MSS. 2, Wellesley College Archives.

② 周美华编辑：《事略稿本》第 48 卷，第 69、704 页。

③ 参见 Laura Tyson Li, *Madame Chiang Kai-shek：China's Eternal First Lady*, New York：Atlantic Monthly Press, 2006, p. 252.

④ 周美华编辑：《事略稿本》第 49 卷，第 431 页。

⑤ 周美华编辑：《事略稿本》第 49 卷，第 435 页。

⑥ 周美华编辑：《事略稿本》第 51 卷，第 106 页。

大金瓦寺、小金瓦寺。蒋介石召见蒙回各领袖并赏洋十万元。[1]
8月28日，蒋介石携夫人由西宁飞抵嘉峪关视察。

此间，蒋介石本"欲赴新疆面晤盛世才，乃迪化机场已有俄国驱逐机，余往不妥，召盛世才来亦不妥，吾妻愿代余赴新疆，以壮盛胆，可感也"[2]。8月29日，宋美龄代表蒋介石飞抵迪化，面晤盛世才。在迪化，宋美龄受到新疆边防督办盛世才夫妇隆重欢迎。晚宴上，宋美龄发表讲话，称赞盛世才在新疆督办治理有方，希望今后以三民主义为依归，建设新疆。9月1日，宋美龄由迪化飞抵甘肃，并致电盛世才夫妇以谢盛情招待。9月3日，宋美龄与蒋介石由宁夏飞抵西安视察。9月4日，与蒋介石重游西安事变时居所。[3] 9月5日，宋美龄在西安向蒋介石谈及新疆盛世才对中央政府的心态问题，她认为，目前盛世才对中央政府已无恐惧之心，应更以诚意待之。[4] 当晚，宋美龄又先行飞往成都，由蒋纬国送她登机。

长时期的超负荷工作及情绪紧张，使宋美龄的皮肤病再度严重起来。10月27日，蒋介石在日记里记道："下午，以夫人体弱时病而又未能发现病因之所在，甚为忧虑。"10月29日，蒋介石又"以夫人体弱神衰，恐其胃部有癌甚以为虑，入夜仍不能安眠"。10月31日，"晚决定妻飞美医病，恐其有癌，不如早割也"[5]。11月2日，"为妻将赴美，此心甚抑郁，不知此生尚能有几年同住耶，惟默祷上帝保佑而已"[6]。11月18日，宋美龄飞离重庆赴美就医。

从1942年11月到1943年6月，宋美龄作为蒋介石的私人特使访问美国，历时七个半月，行程五万余里，足迹遍布华盛顿、

---

[1]　参见周美华编辑：《事略稿本》第51卷，第111、113页。

[2]　王宇高、王宇正编：《蒋中正"总统"五记·爱记》卷25，1942年7月至9月，第261页。

[3]　参见周美华编辑：《事略稿本》第51卷，第133、141、144页。

[4]　参见王宇高、王宇正编：《蒋中正"总统"五记·爱记》卷25，1942年7月至9月，第263页。

[5]　周美华编辑：《事略稿本》第51卷，第519页。

[6]　Chiang Kai-shek Diaries, October 31, 1942, 42.15; Chiang Kai-shek Diaries, November 2, 1942, 42.16, Hoover Institution Archives, Stanford University.

纽约、芝加哥、洛杉矶、旧金山等城市。12 月 6 日，中国驻美国大使馆发表声明，以官方名义对外公布宋美龄病情："蒋夫人自从来美国，即经过周密之诊断，结果其医生仍判定，体内器官并无严重之疾病。蒋夫人健康之受损部分，乃 1937 年巡视淞沪前线覆车受伤之结果。另一原因则为 1937 年以来从事战时工作过于劳瘁，健康乃受影响，侍从医生希望蒋夫人在若干时间内，勿接见宾客，蒋夫人之健康，现已有令人满意之进步。"① 12 月 10 日，宋美龄的秘书致函艾玛，告知"目前，夫人的医生建议她应该避免任何可以让她兴奋的事情，但是你的信将会在夫人身体好些的情况下呈送她"②。宋美龄访美期间，中外媒体全程跟踪报道，身体状况是宋美龄新闻消息的重要内容之一，可见其身体状况并未得到较大改善。

　　1943 年，宋美龄 46 岁。这是她在重庆的第五个年头，本年度，她在重庆居住不足半年。从 1942 年 11 月 29 日至 1943 年 6 月 15 日，宋美龄赴美医病，并赴美国、加拿大各大城市访问。1943 年 2 月，宋美龄的主治大夫罗伊布（Robert Loeb）写信给宋子文，说："你也晓得我们不认为令妹出院时已经痊愈……夫人已经积累多年的压力和劳累。"除了按时服药之外，医生提出，她应该每天睡到上午十点半，每天下午至少休息一小时，每周休息一天。她的演讲不宜超过五次，每个月的正式晚宴不宜超过一次，参加的大型接待会每个月不宜超过一次，艰苦的会议每天亦以一次为限。③ 显然，在重庆，宋美龄的工作强度远远超过了这一限度。此间媒体资料也显示，宋美龄依旧在亡命地工作。1943 年 3 月 3 日，《读卖新闻》报道："宋美龄由华盛顿返回纽约，在出席拉嘎迪亚市长的欢迎会时突然昏倒，招待会被迫中止。"4 月 7 日，《新蜀

　　① 《我大使馆发表疾情》，《扫荡报》1942 年 12 月 8 日，第 2 版。

　　② Letter, Secretary to Miss Emma DeLong Mills, December 10, 1942, Correspondence from May-ling Soong Chiang Jan. 1939–Jan. 1945, Papers of Emma DeLong Mills, MSS. 2, Box 9, Wellesley College Archives.

　　③ 参见 Hannah Pakula, *The Last Empress*: *Madame Chiang Kai-shek and the Birth of Modern China*, p. 416.

报》刊发"洛杉矶寓中，蒋夫人静养，月内重返纽约就医"的消息。这一天，媒体还报道"宋美龄过度疲劳暂作休息，取消最近一切计划"。4 月 13 日，有消息说"宋美龄赴纽约临近乡间休养"。4 月 15 日，"宋美龄抵纽约，至哈德逊河滨休息"①。

1943 年 7 月，宋美龄经巴西、印度返回重庆。事实上，宋美龄的疾病并未在访美期间彻底治愈。在访美归来的飞机上，宋美龄"晕机晕得一塌糊涂，一路上都没有说话"。整整花了七天五夜，才回到重庆。在重庆下飞机时，她抱怨"又倦又累，还晕机"②。7 月 4 日下午 6 时，蒋介石回到寓所时，"见妻已到寓，病卧榻上，头部疼痛不能摇动矣"。第二天，蒋介石"与两儿晚餐后，与妻谈话，彼已渐愈矣"③。8 月 12 日，宋美龄的身体又出状况，"下午……五时后，过江到黄山官邸。妻以病留医于新开寺孔寓，故未同行"。8 月 13 日，独自在黄山官邸的蒋介石深深地为妻子担忧，他写道："妻病未痊甚念也。"④

访美归来后，繁重的工作，尤其是此间家庭矛盾以及舆论的压力，宋美龄出现荨麻疹疼痛症状，加上眼神经的压力，致使她不能阅读和写作。11 月 6 日，蒋介石记曰："妻近日心神不安，故目疾交作，痛苦甚巨，智慧超凡者其感觉病症亦最灵，是以其痛苦亦甚于常人也，奈何。"11 月 7 日，蒋介石记"上星期反省录"，谓："本周忧戚最甚，然亦转忧为慰之一周也。妻病痢与目疾恐难速愈，彼实为国为家集中心力以期助成革命也。惟其心急忧甚，所以其病剧增也，奈何。"⑤

① 参见 1943 年 4 月 15 日的《中央日报》《新华日报》和《新蜀报》。

② Hagley Museum and Library, Wilmington, Del.；Tomara，"Madame Chiang Nearly Fell into Japan's Hands"，转引自 Hannah Pakula，*The Last Empress*：*Madame Chiang Kai-shek and the Birth of Modern China*，p. 454.

③ 高素兰编辑：《事略稿本》第 54 卷，第 32—35 页。不过，据 1943 年 7 月 5 日的《中央日报》报道："蒋夫人载誉归来，安抵陪都，面现健康愉快，想见旅途舒适。" 1943 年 7 月 6 日，《新华日报》第 2 版也刊载"在出国期间宋美龄贡献甚大，健康已恢复但还须静养"的消息。

④ 高素兰编辑：《事略稿本》第 54 卷，第 292—295 页。

⑤ 高素兰编辑：《事略稿本》第 55 卷，第 320—337 页。

不过，在出发赴开罗会议之前，宋美龄的病症似乎有了好转。11 月 14 日，蒋介石记："妻目疾略愈或可同赴开罗无碍也。"① 11 月18 日，宋美龄随蒋介石离开重庆飞赴开罗与罗斯福、丘吉尔举行开罗会谈。11 月 19 日，蒋介石又记："本日夫人目疾略减，而皮肤病湿气为患更剧，以气候转热关系，也惟有默祷上帝保佑速痊也。"② 期间，宋美龄陪同蒋介石与罗斯福商谈，"十小时内无一息之暇，疲乏不堪，非常人所能胜任"。以致会议期间她的荨麻疹又发作，严重到让她睡不着。丘吉尔的医生莫兰勋爵替宋美龄看病。他看完后，宋美龄问得了什么病。他答"没事"，只要"生活压力变轻"，就会好转。③

12 月 1 日，宋美龄随蒋介石返回重庆。一回到重庆，宋美龄即病倒了。12 月 2 日，她从重庆给艾玛写信，相对于之前两人的通信内容，此信显得十分特别，她写道："自从我回家后，我就在生病与繁忙之中度过，而没有机会给你写信。不管怎样，我相信（当然这不是我为自己不写而寻找的借口）我们之间是不需要用信件来证明友谊的，因为我们已经是多年的要好朋友，能够互相理解，可以随时随地重拾我们的友谊。不过，我希望，战争尽快结束，那样我们就可以很快再见。"④ 这样的状态，也从一个侧面显示出宋美龄身心疲惫的状态。

1944 年，抗战胜利前一年，宋美龄 47 岁。4 月 6 日，宋美龄从重庆发出的信里谈了较多的身体不适以及心情不舒畅的情况。她告知艾玛自己不能写长信。因为"不仅仅是我非常忙，而且我现在已经身不由己地被各种讨厌的病症缠身，比如荨麻疹和眼神经疲劳。医生要我间歇式的避免阅读和写作。在开罗会议期间，

---

① 高素兰编注：《事略稿本》第 55 卷，第 385 页。
② 高素兰编注：《事略稿本》第 55 卷，第 434—435 页。
③ Laura Tyson Li, *Madame Chiang Kai-shek：China's Eternal First Lady*, New York：Atlantic Monthly Press, 2006, p. 253.
④ Letter, May-ling Soong Chiang to Miss Emma DeLong Mills, December 2, 1943, Correspondence from May-ling Soong Chiang Jan. 1939 - Jan. 1945, Papers of Emma DeLong Mills, MSS. 2, Box 9, Wellesley College Archives.

我过得非常难受，因为我眼睛瞳孔放大，我敢肯定那是非常不舒服的"①。蒋介石对妻子的病情极度忧虑，6 月 13 日，他在日记里记道："晚回林园，妻病日弱，诚家国两忧集于一身矣。"②

1944 年 7 月，宋美龄出现严重的"神经疲劳"和失眠症，飞巴西治疗疾病。③ 7 月 15 日，《纽约时报》发表"蒋夫人接受美国医生的建议，在里约热内卢休养——消除精神紧张和失眠烦恼"。消息称：据宋美龄的朋友称，"她于周日秘密离国，脸色苍白面容憔悴"。7 月 16 日，《中央日报》报道了宋美龄飞离重庆赴巴西，宋霭龄等人同机抵达。④ 随后，《时事新报》《新华日报》和《商务日报》均报道"宋美龄将在巴西住两三个月"。8 月 28 日，《华盛顿邮报》以"蒋夫人第三次到美进行治疗"为题作了报道。8 月 28 日，《纽约时报》也再度报道"蒋夫人来美"，说"中国第一夫人一定非常需要美国的医疗护理"。8 月 29 日，《中央日报》刊登"蒋夫人就医纽约"。《新华日报》和《新蜀报》等国内媒体也纷纷报道了这一信息。8 月 30 日，《朝日新闻》更是以"宋美龄病情恶化"为题加以渲染。10 月 9 日，《新华日报》刊登"宋美龄在美国健康已有进步"。

1945 年，宋美龄 48 岁。抗战胜利前夕，《时事新报》于 7 月 20 日在第 2 版刊登"蒋夫人在纽约养病稍后归国"的消息。1945 年 9 月 6 日，宋美龄返回重庆。⑤

重庆时期是宋美龄身体疾病的多发期。出入重庆的治病之旅

---

① Letter，May-ling Soong Chiang to Miss Emma DeLong Mills，April 6，1944，Correspondence from May-ling Soong Chiang Jan. 1939-Jan. 1945，Papers of Emma DeLong Mills，MSS. 2，Box 9，Wellesley College Archives.

② Chiang Kai-shek Diaries，June 13，1944，43.18，Hoover Institution Archives，Stanford University.

③ 至于为什么远赴巴西，据宋氏家族的宋曹琍璇女士解释，当时听说巴西有个医生善治皮肤病，又因得到巴西总统的邀请，所以就去了巴西。据杨天石先生的研究，宋曹琍璇女士的这一说法在蒋介石日记里可以得到部分佐证，即：宋美龄的巴西之行是蒋介石通过巴西总统安排的。参见杨天石：《蒋介石的婚外情传说——蒋介石日记解读之三》，《世纪》2008 年第 1 期，第 13 页。

④ 参见《蒋夫人抵巴西》，《中央日报》1944 年 7 月 16 日，第 2 版。

⑤ 参见《朝日新闻》1945 年 9 月 4 日报道"宋美龄回到重庆"。

与身体状况，也就成为重庆国民政府"第一夫人"形象的重要内容。李台珊与汉娜的著作对宋美龄离开重庆赴港就医的现象，有一种"逃避"抗战后方艰苦生活的解读。汉娜认为："抗战时期，霭龄在香港保留一栋豪宅。美龄以健康欠佳为理由，声称医生'嘱咐她，若不好好休息，就会得癌症'，时常跑到那里休养。"[①]事实上，这一论断并不准确。据台湾"国史馆"藏蒋中正"总统"文物等相关档案记载，重庆时期，宋美龄频繁赴港治疗只是其中的一项内容，为重庆国民政府工作或许是更为重要的任务。蒋宋之间的电函可显示宋美龄赴港的一些细节。如，1939 年 3 月 21日，蒋介石致电宋美龄，请其"告大姊，凡上海、香港重要物品，应速移重庆为要"。同日，宋美龄自香港电复："英大使信即日可寄出勿念。"[②] 当然，到香港换换空气，远离重庆的雾季是有利于身体健康的。9 月 14 日，宋美龄给艾玛写信，信里谈到重庆令人不愉快的天气情况。她说："上海和这个湿热的地方一比，简直就是避暑胜地。"从日军对重庆实施大轰炸的历史看，宋美龄恰巧在重庆遭遇轰炸最为惨重的头四个年头的"轰炸季"逗留重庆，雾季赴港就医，显然，宋美龄的赴港行程轨迹与躲避后方的艰苦生活并无太大关联。

重庆时期，困扰宋美龄的疾病，似应深入探究其原因，然而多数著作则将其与重庆的自然气候与轰炸环境联系起来。不容置疑，战时重庆潮湿的气候和恶劣的轰炸环境对健康极为不利。白修德在重庆给友人发出的一封函件中写道："我正在打算近期离开重庆。重庆是一个只适合短期居留之地，否则将对身体和神经都非常糟糕。"[③]

---

① Hannah Pakula, *The Last Empress*：*Madame Chiang Kai - shek and the Birth of Modern China*，New York：Simon & Schuster，2009，p. 313.

② 《蒋中正致宋美龄函》（五），1939 年 3 月 21 日，台北"国史馆"藏蒋中正"总统"文物，档案号：002-040100-00005-027。

③ 这是白修德档案中一封无头无尾的函件的最后一段文字，由于时间久远，该信函前后均破损而无法阅读，从档案文件夹信息看，该信函的时间可判断为 1939 年。参见 T. H. White Papers Box 1 FOL 23，Ser. 1 Correspondence Ca. 1939-1942.

　　不过，值得注意的是，即使在南京时期，宋美龄的身体也呈现出类似的体弱多病状态。考虑重庆时期宋美龄的疾病状态，战争与自然条件或许不能完全解释其疾病的因素。[①] 迄今为止，李台珊和汉娜的著作对战时宋美龄疾病的梳理最为细致，但所引用的资料均为他者的观察，缺乏第一手医案史料。此外，重庆时期，宋美龄正值女性特殊的生理期——更年期的前后。其病理上的失眠、眼疾和鼻窦炎等症状，又是女性中年最易出现的综合征之表象。而她本人的信函所透露的巨大压力的状态，神经系统、呼吸系统及皮肤系统等症状，几乎又都可解释为与女性更年期前后的生理性内分泌失调症有关联。

二、单调中的浪漫

　　战时的重庆，日常生活是艰苦的。尽管有最新的西洋式的"嘉陵宾馆"，商店里也陈列着标有不可思议价格的"奢侈品"。但是，对驻重庆的西方记者来说，这个远东的反法西斯中心，不仅"封闭"、"原始"、物价昂贵，且生活清贫而单调："这里的生活很难谈得上舒适。没有多少电风扇，不到一打的电冰箱。大多数时候是喝不加冰的水，没有电影看，不能到夜总会，因为这里根本就没有夜总会。整晚呆在屋里，因为没有好玩的地方可去。"在这里，"多数美国人都在怀念沙发、热狗、果汁牛排、冷热水龙头，淋浴和夜总会节目"[②]。

　　初到重庆时期，蒋介石夫妇的夫妻感情最为亲密，蒋介石日记的话语中透露出浓浓的夫妻恩爱之意。1939 年 2 月 25 日晚，蒋介石感叹："今在黄山休息，夫妻融融，苦中甚乐也。"[③] 1939 年 8

---

　　① 日本媒体对宋美龄的疾病报道给出的理由是"军事战败"，如 1938 年 3 月 1 日，《朝日新闻》在报道宋美龄辞去航空委员长的消息时，使用"懊恼战败，健康受损"为标题，称其辞职乃因"最近中国的军事连连战败令其深深懊恼，健康似乎受到极大影响"。

　　② Chungking, Noted for heroes, Accustomed to Simple Living, The Christian Science Monitor, 1942-8-8（7）.

　　③ 王宇高、王宇正编辑：《蒋中正"总统"五记·爱记》卷 15，1938 年 11 月至 1939 年 4 月，第 182 页。

月 19 日，蒋介石日记写道："朝起时，常闻妻以如此早起……盍不多睡片刻……世之真爱者，无踰于爱妻之爱其夫之笃也，其情其景，实非能形容而得也。"[1] 10 月 28 日，蒋介石携夫人由桂林乘火车至南岳，由于宋美龄忘我的工作状态，蒋介石在当天的日记里感叹道："吾夫妻之爱情，因彼此爱国之故，而更成为知己之爱，同志之爱矣。"[2] 12 月 1 日，蒋宋结婚第 12 周年纪念日，蒋介石感叹："当日结婚之初愿与共同革命建国贡献于民族与主义之目的，皆能履行不渝，而夫妻之情感与精神亦日日增进，久而弥笃，此乃上帝之所赐，实非人力之所为。"[3]

宋美龄与蒋介石在林园官邸的花园下棋（哈佛大学白修德档案藏）

战时重庆的日常生活条件简陋，几乎没有娱乐消遣。"那时候一般生活比较都很严肃，甚少娱乐。除了川戏和少数话剧外，跳

---

① Chiang Kai-shek Diaries, August 19, 1939, Hoover Institution Archives, Stanford University.

② Chiang Kai-shek Diaries, October 31, 1939, 39. 13, Hoover Institution Archives, Stanford University.

③ Chiang Kai-shek Diaries, December 1, 1939, Hoover Institution Archives, Stanford University.

舞几乎绝迹，招待外宾时才偶有跳舞会。打麻将和赌博的非常少，惟一的普遍家庭消遣是玩桥牌，因为警报频传的原因，也只限于住得比较近的朋友们。"①

平日里，蒋宋夫妇主要在三个官邸之间奔波，成了某种意义上的市内通勤者。② 由于蒋介石对黄山官邸的特别喜爱，该官邸应该是蒋宋夫妻居住时间最长的住所。由于史料的匮乏，我们无从勾画出宋美龄在重庆期间生活轨迹的细节，不过，蒋介石的日记从另一个角度展现了宋美龄在重庆时期的日常生活。③

工作之余，夫妻双双返回黄山官邸休息。1939 年 2 月 25 日晚，蒋介石在日记里记道："到黄山休息，夫妻融融，苦中甚乐也。"④ 有时候，他们会连续在此住上几日。"五三""五四"大轰炸后，黄山官邸更是蒋宋久住之地，而城中德安里官邸的办公功能也逐渐转移至此。尽管如此，黄山官邸"休养""消遣"和"养性"的功能依旧突出。1940 年 5 月 20 日晚，蒋介石写道："与夫人到黄山云岫楼休息，初入山中，月明气清，公立觉人心神为之一快。"⑤ 1941 年 5 月 2 日，蒋介石"临睡前漫步至新爱吾庐赏月，并眺望重庆夜景，疏影横斜，悠然畅寄，公谓战时得此佳趣有感上苍无已也"⑥。宋美龄在重庆与海明威夫人的聊天中，也谈到黄山官邸的"减压"功能，她说："他很照顾我。有时候我工作过度，无法静下心来思考，感觉像苍蝇被粘在捕蝇纸上，动弹不得。我先生会说：'现在，你到南岸乡下去住几天吧！'他帮我收

---

① 胡光麃：《波逐六十年》，第 337—338 页。关于内迁群体的日常消遣，陈克文日记里对行政院同仁工作之余打麻雀牌的娱乐记载较为细致。

② 陈克文的日记记录了他在往返于歌乐山龙井湾与曾家岩行政院之间的交通不便，据此可大致推测蒋宋每日在几处官邸之间的交通耗时状况。

③ 夫妻感情的变化，也可以从蒋介石日记也可以读出其心态的变化。从 1943 年年底开始，蒋介石日记中，有关宋美龄的话语逐渐减少。

④ 王宇高、王宇正编：《蒋中正"总统"五记·爱记》卷 15，1938 年 11 月至 1939 年 4 月，第 183 页。

⑤ 萧李居编辑：《事略稿本》第 43 卷，第 669 页。

⑥ 叶惠芬编辑：《事略稿本》第 46 卷，第 193 页。

拾行李，就送我去休息几天。"①

宋美龄的日常生活是有规律的。钱用和回忆了在黄山官邸的生活细节，她写道："我们在黄山小住，委员长常到重庆办公，夫人起床，作柔软操，运动片刻，每日写大楷一二页，颇有魄力，又好学不倦，中文进步迅速，晨阅各种书报杂志，过目不忘，我在旁伴阅，深愧随看随忘，夫人阅书报后，开始核批或会客。下午休息至五时左右，同委员长外出沿山路散步，归来招待宾客。晚主持宴会，习以为常，在上海，在南京，在重庆，都是如此，生活很有规律。"随宋美龄来黄山官邸工作并不轻松，有时，钱用和须到十一时才"辞别夫人回云岫，或披星戴月，或栉风沐雨，不以为苦。到达云岫，开始处理函件，登记款项工作，午夜方得就寝。明晨六时起床，朝朝夜夜，忙忙碌碌，如机械旋转，反见身心健旺"②。

白天，钱用和要为宋美龄讲解中国历史文化经典，这不是一件容易的事。她回忆说："为夫人讲解《史记》，夫人聪颖好问，对答时如不加考虑，每被难到。一日讲《平原君传》，其中一段大意是：'妾在楼上，见隆背跛足之客过其下，不禁大笑。客请杀妾以谢，平原君不忍。于是门下食客因君爱妾贱士，多离去，平原君遂斩笑跛者美妾之头，亲将头送往跛者之门以谢罪，自此门客渐复稍聚'，夫人即曰：'这太不近人情。'我说：'这段好处，就在不近人情，显出平原君能割私爱来吸收人才，太史公特别强调此点，表现治国者能牺牲小我，以成全大我的精神，是东方文化思想与西方不同处。'夫人听着，不再问下去，我总算通过难关。

---

① WAC：Martha Gellhorn，"Her Day"，Collier's，Augaust 19, 1941，转引自 Hannah Pakula，*The Last Empress：Madame Chiang Kai-shek and the Birth of Modern China*，p. 327.

② 钱用和：《钱用和回忆录》，第 53 页。钱用和对自己在黄山官邸居住的楼名为"云岫"记忆有误。黄山官邸中，蒋介石宋美龄居住的云岫楼为官邸的主楼，系一栋两层的楼房；宋美龄另有单独的一栋"松厅"，系平房。在至今保存完好的黄山抗战遗址中，有一幢无名的平房，介于云岫楼和松厅之间，疑是当年宋美龄的秘书住所，与钱用和的描述很接近。

后来有一天主教卫神父来教夫人法语，我就不去讲《史记》。"①

蒋介石的日记，可以说是一幅蒋宋在重庆时期的感情图谱，黄山官邸则见证了夫妻俩的恩爱生活。1939 年 12 月 1 日，结婚纪念日当天，"中午夫妻对吃火鸡，其味无穷一乐也"②。蒋介石感叹"夫妻和谐为人生惟一之乐事也"③，感叹"心神愉快之时较多，尤以母子亲爱夫妻和谐为最，家有贤妇与孝子，人生之乐无过于此"，"心神多有勿胜恐惧之象，然家

蒋介石和宋美龄在曾家岩官邸用餐（美国生活杂志记者 Carl Mydans 摄）

庭间夫妇母子之和爱团圆，此为一生幸福之开始，是亦修身正心与所祷之致也"④。1942 年 10 月 24 日傍晚，蒋介石"携夫人至听江亭游览时，则夕晖斜照暮景怡人"⑤，晚在官邸邀宴亲友欢度抗战以来第六次生辰纪念。⑥ 1943 年 10 月 13 日，蒋介石过生日，夫妻双双回到黄山"傍晚与妻到松厅对饮茶点，巡视黄山一匝。晚

① 钱用和：《钱用和回忆录》，第 51—52 页。

② Chiang Kai-shek Diaries, December 1, 1939, Hoover Institution Archives, Stanford University.

③ 蔡盛琦编辑：《事略稿本》第 45 卷，第 700 页。

④ Chiang Kai-shek Diaries, March 27, 1941, 41.9, Hoover Institution Archives, Stanford University.

⑤ 周美华编辑：《事略稿本》第 51 卷，第 473—474 页。

⑥ 参见周美华编辑：《事略稿本》第 51 卷，第 477 页。

课如常，夫妻二人聚餐甚觉自由简捷，可比任何宴会为乐也"①。
12 月初，接连好几天，夫妻二人在黄山官邸享受阳光。12 月 6 日
正午，蒋介石"与妻在听江亭聚餐……食量顿增"。12 月 10 日傍
晚，蒋介石"与妻往听江亭茶点"。12 月 15 日，"正午与妻到听江
亭午餐"。②

　　二人世界之浪漫还表现在离别后的相互牵挂。1940 年 2 月 12
日下午，宋美龄离开重庆赴港休养，蒋介石到珊瑚坝机场亲送其
登机后返回，当晚竟无法入眠，原因是"甚恐吾妻飞往香港，中
途失事，今晨得妻安抵香港之电，此心乃安"③。宋美龄在港就医
期间，在重庆的蒋介石倍感孤独。1940 年 3 月中旬，蒋介石接连
电告："相别已一月，吾爱生日亦到，望速回为盼"；"今日已二月
七日（农历），望速回为盼"，并在宋美龄生日当天电贺："今日为
吾爱生日，敬贺康健并祷天父祝福，近日要事待商甚多，且参政
会月杪开会，望速回来为盼。"④ 宋美龄从香港回电蒋经国，希望
经国"留渝陪伴委座"，并同时致电蒋介石："辱承电贺，无任感
谢，已电嘱经国留渝伺奉以待妹回，务望保重！"蒋介石告其"近
日外交经济重要事甚多，望速回渝"⑤。到 12 月 24 日，蒋介石在
日记里写道："三年来之圣诞前夕，以今日最为苦闷，因家人不能
团团相聚，临此佳节弥增怀想。"⑥ 1941 年 1 月 31 日，蒋介石记：
"妻滞港未返，纬国入团受训，故不免常有独居寂寞之感。"2 月 1

---

　　① Chiang Kai-shek Diaries, October 13, 1943, 43. 9, Hoover Institution Archives,
Stanford University.

　　② 高素兰编辑：《事略稿本》第 55 卷，第 568、595、621 页。

　　③ 王宇高、王宇正编：《蒋中正"总统"五记·爱记》卷 18，1940 年 2 月至
6 月，第 202 页。

　　④ 《蒋中正致宋美龄函》（五），1940 年 3 月 11、15、19 日，台北"国史馆"藏蒋
中正"总统"文物，档案号：002-040100-00005-036、002-040100-00005-037、002-
040100-00005-038。

　　⑤ 《蒋中正致宋美龄函》（五），1940 年 3 月 21、24 日，台北"国史馆"藏蒋中正
"总统"文物，档案号：002-040100-00005-039。蒋介石在宋美龄生日当天，"早起默
祷，惟祝其康健而进益也"。参见《蒋中正"总统"五记·爱记》卷 18，1940 年 2 月
至 6 月，第 203 页；另外，蒋介石对宋美龄的依赖心态，参见薛月顺编辑：《事略稿本》
第 44 卷，第 406、435—436、505 页。

　　⑥ 蔡盛琦编辑：《事略稿本》第 45 卷，第 151 页。

日，妻子依旧未归，蒋"心神颇感寂寞"。

1942 年 11 月，宋美龄赴美前后，接连几天，蒋介石在日记里书写了离别前的伤感。11 月 15 日下午，蒋介石"约夫人莅临听江亭廊前与谈对美总统谈话要领十项，后回邸，以夫人明日即欲赴美，不胜依依惜别之情"。当天晚上，10 时后，"与夫人及孔夫人祷告，敬祝夫人此行一路平安，达成使命也"。11 月 18 日，清晨五点醒后，蒋"即不能安眠，惟为夫人默祷此行平安与成功也"。6 时 30 分起床，蒋介石"朝课如常，九时送夫人至九龙铺机场，同乘飞机伴行至新津大机场换机，先在招待室休息一小时，十二时送夫人上机，视察大型机之体积，足抵火车两节之容量也，别时夫人不忍正目仰视，公亦黯然消魂，倍增离别之感也"。[①] 11 月 19 日，蒋介石在日记中写道，"平时不觉夫妻热，相虽方知爱情长"，"别后更悟吾妻爱夫之笃，世无其比也"。[②]

宋美龄访美期间，蒋宋之间更是函电不断。1942 年 11 月 30 日，蒋介石致电妻子，称："明日为我们结婚十五周年纪念，东西远隔，此为一生最大之遥念，惟祝上帝特佑我夫妻身体健康，共同完成革命大业而已，临书怅怅。"[③] 12 月 1 日，宋美龄回电，曰："介兄，今日（十二月一日）为兄妹十五年结婚纪念日，远隔重洋，不能与兄共处一地，为怅，忆此十五年中与兄同心协力，为国家民族之幸福而努力，愿上苍特加佑护吾两人，举杯遥祝我夫君康健平安，临电神驰。"[④] 在得知妻子在美国诊断决无癌症时，当天（蒋宋结婚纪念日）蒋介石"前往孔府共祝宋康健"[⑤]。

此间，蒋介石在日记里还毫无保留地宣泄了夫妻分离的孤独感。当他与蒋经国在重庆欣赏美景时，常常念及妻子的缺席；而

---

① 周美华编辑：《事略稿本》第 51 卷，第 582、595、615 页。
② Chiang Kai‐shek Diaries, November 19, 1942, 42.16, Hoover Institution Archives, Stanford University.
③ 周美华编辑：《事略稿本》第 51 卷，第 647 页。
④ 高素兰编辑：《事略稿本》第 52 卷，第 2 页。
⑤ 王宇高、王宇正编：《蒋中正"总统"五记·爱记》卷 26，1942 年 10 月至 12 月，第 272 页。

当一个人孤单独处时，也会述及夫人的远离。① 1942 年 12 月 31 日，蒋介石与两子在黄山的听江亭游览，甚为惬意，不禁感叹"惟以夫人在美，未能团圆为念"。1943 年的元旦节，在忙碌一天之后，蒋介石"与经国纬国到新开寺孔寓前草地聚餐"，感叹："与两儿在青天白日下野餐，风日清和，怡然自得，不觉天伦之乐事之融融，未知此生尚有几回能享受此天赐之幸福，惜妻不能同餐为憾耳。"2 月 5 日，蒋介石在日记里记道："接两儿电知其念余孤独无亲之苦，而不知余真是孤单度岁耳。"② 4 月 7 日，蒋介石致电在美国的宋美龄，曰："近日体力如何，念甚，完事毕早日回国，四月以后气候太热，途中更感辛苦，望于本月底回来为盼。"③ 1943 年 7 月，妻子自美国归来，蒋介石的相思之苦顿时获得释放。7 月 9 日下午，蒋介石"批阅公文后与妻车游市郊内外心神略舒"。7 月 11 日，蒋介石在日记里记道："本周夫人平安回国，结果胜利，其病体于归来第三日几乎痊愈无恙，夫妻精神和乐，非任何药石所能比较也，余之心神亦较安乐，尤以母子情绪较前更有进步为乐也。"④

在陪都，蒋宋一家人热闹团聚的机会并不少。除宋氏三姐妹聚首重庆外，结婚纪念日、生日、中国农历春节和西方圣诞节都是亲友欢聚的重要时刻。1941 年 3 月 9 日中午，蒋介石为宋美龄诞辰设宴邀请亲友欢聚。⑤ 1942 年 1 月 16 日，"晚为宋子良新婚，宴亲友十人"⑥。3 月 28 日晚，蒋介石又"邀亲友聚宴，为宋诞辰庆祝"⑦。10 月 24 日，蒋宋"举行家宴，邀约十四位亲友庆贺蒋介石生辰"⑧。

---

① 1941 年 1 月至 2 月，宋美龄在香港治病期间，蒋介石尤感寂寞，在其日记中多次记载。参见蒋介石日记手稿本，1941 年 1 月—2 月，使用"心神抑郁"等词语。2 月 12 日，宋美龄由香港回重庆。

② 高素兰编辑：《事略稿本》第 52 卷，第 144、180、443 页。

③ 高素兰编辑：《事略稿本》第 53 卷，第 194 页。

④ 高素兰编辑：《事略稿本》第 54 卷，第 61、76 页。

⑤ 参见蔡盛琦编辑：《事略稿本》第 45 卷，第 699、700 页。

⑥ 周美华编辑：《事略稿本》第 48 卷，第 97 页。

⑦ 周美华编辑：《事略稿本》第 48 卷，第 695 页。

⑧ 周美华编辑：《事略稿本》第 51 卷，第 146—147 页。

重庆时期蒋家关系融洽，蒋宋与蒋经国的电函往来频繁，电文充满了亲情的温馨。1938 年 12 月 30 日，新年元旦到来之际，蒋经国从赣县发电报，敬祝父母亲大人"福体康健"。这是初到重庆的蒋宋夫妇得到儿子蒋经国的第一封祝福电报。1939 年 3 月 11 日，宋美龄在重庆过第一个生日——42 岁生日。这一天，蒋经国自赣县发来电报："贺母亲大人寿辰并颂福体康健。"①

1941 年 3 月 27 日，当次子蒋纬国"自赣来渝"，蒋介石"命其叩拜夫人，夫人甚爱之"，蒋介石欣然安慰，并感叹："此为余一生最大的宿愿而今果得如愿以偿，此十四年来之家事一朝团圆相聚，寸衷之快慰无已，若无慎独居敬工夫，决不能至此也。"第二天，蒋介石又在日记里写道："家庭间母子亲爱，夫妻和睦，故家有贤主妇与孝子，乃人生之至乐。"②

1944 年 8 月 8 日，蒋经国自赣州率全家致电重庆，并请转给尚在美治病的宋美龄，电文写道："遥祝大人福体精简，精神胜常。"10 月 21 日，宋美龄从美国致电抵达重庆的蒋经国："译转经国真电悉闻，抵渝一切如常，甚慰。"12 月 22 日，圣诞节到来之际，蒋经国从重庆致电纽约宋美龄，称："近阅大人玉体日健，儿等无任欣悦，旬前儿等奉父命来渝均安好，屈之圣诞恭祝大人愉快并颂新禧，儿经国方良孙孝文孝章谨叩。"③ 1945 年 6 月 10 日，蒋宋"由林园来黄山……正午，约大嫂与经国全家聚餐"④。抗战胜利后，蒋经国去电问候还在美国就医的母亲大人，报告去莫斯科日程及蒋介石的病痛。8 月 9 日，宋美龄致电在莫斯科的蒋经国，说："徽电悉，余近来身体渐见复原。汝父身体健康盼随时电告，以免系念。"⑤

① 《蒋经国书信集：与宋美龄往来函电（上）》，第 8、12 页。
② 蔡盛琦编辑：《事略稿本》第 45 卷，第 808—809 页。
③ 《蒋经国书信集：与宋美龄往来函电（上）》，第 32、34—35 页。
④ 王正华编辑：《事略稿本》第 61 卷，1945 年 6 至 7 月，台北"国史馆"2011 年 10 月印行，第 129 页。
⑤ 《蒋经国书信集：与宋美龄往来函电（上）》，第 41 页。

（一）散步与郊游

散步与郊游是陪都时期蒋氏夫妇在重庆最主要的休闲方式。一般而言，蒋宋散步的地点往往以当天居留的官邸为中心。黄山官邸应该是蒋宋在重庆时期居住时日最长之所，其雄伟之美在于可居高观赏重庆主城区半岛的风光。1940 年 9 月 13 日黄昏，蒋介石与宋美龄"上新草堂的后山巅，眺望重庆，环顾四周景色，松涛月光，山明水秀，万家灯火"。从官邸出发，条条大道都是散步的理想路线。因此，蒋宋夫妇尤其喜爱在黄山官邸附近散步。

蒋宋最常去的散步地点有黄山官邸附近的汪家花园、新草堂、林泉，以及袁家池畔等处。① 当 1941 年 2 月 12 日宋美龄从香港回到重庆后，在雾季的重庆，两人频繁的散步、郊游、野餐，感情最为和谐。康国雄至今都清楚地记得第一次遇见蒋宋夫妇散步的场景，他说："蒋介石和夫人宋美龄，经常在周六或周日下午从黄山乘车到汪山，到了汪山，离我家别墅不远，就双双下车，沿公路散步"，"有一天，蒋介石夫妇二人在我家后山坡野餐，我家有仆人看到了，说：'看，那就是蒋委员长！'""大人们站得远远地仰着头观看，我和妹妹出于好奇，悄悄地爬到后山树林边区偷看。有几只警犬冲我们叫，被蒋介石的侍卫官制止了，蒋介石夫妇见到两个小孩，也觉得好玩，便亲热地招呼我们过去，并叫侍卫官把警犬牵走。我从小就不怕陌生人，大大方方地迎上前去，妹妹跟在我身后。蒋介石和宋美龄席地而坐，地上铺了一块白桌布，放了点心、饮料之类。蒋介石很和蔼地问我姓名，住在哪里，在哪里上学等，还给我们兄妹二人各一块点心。临别时，他还说：'小朋友，我们下次来，再找你们玩。'""从这次之后，蒋介石每次来汪山散步，经我家门口时，都要叫上我，蒋夫人同来时，也会

① 据康心如的儿子康国雄先生的回忆，汪家花园地处汪山，为康心如新修别墅，距离黄山官邸约一公里左右。袁家池塘也在汪山康家别墅的附近。蒋介石日记里提到常去的游览地点还有九龙铺（蒋日记中有时写九龙坡码头）、新开寺等地，均为与黄山有直接公路相连的附近场所。康国雄口述，2012 年 8 月 14 日笔者在重庆电话采访记录。

叫上我妹妹，让我们陪他们散步、聊天。""我妹妹第一次被宋美龄牵着手散步后，发现手上留下了很好闻的香水味，到处给别人闻：'蒋夫人的手好香啊！'"①后来，少年康国雄因此成了黄山官邸的一个"常客"。康国雄回忆说："在我的记忆中，蒋介石（或者和他夫人一起）在马路上散步时，从来不回避行人，更不会驱赶行人搞戒严什么的，在马路上来往的人可以照常行走，最多有侍卫官招呼人们靠边走，让开马路中间的道。因此，沿途总有人停步观望，还有人脱帽鞠躬，甚至喊万岁什么的，蒋夫妇二人也微笑点头或摘帽致意。"②

从蒋介石日记的记载看，他们的散步、巡游等休闲活动往往集中在雾季。散步的时间通常在午餐后或傍晚，每次散步时间为一个小时左右，也有"片刻即回"的时候；散步范围通常以官邸为中心，也有"携夫人赴郊外散步"，或者"车游"。

1942年上半年，从蒋介石日记看，也是最为闲暇的时段，日记里有关宋美龄的信息也最多。1942年1月4日，"下午携夫人郊游后，回黄山"。1月7日，"日暖风和，为入冬以来天气最佳之一日也"。第二天，"正午，与夫人散步"。接下来的几天，想必天气依旧很不错，于是，蒋介石日记里写道："1月8日……午后与夫人郊外散步。"1月24日上午，继续在黄山"巡视"，在新茅庐廊前风和日暖中休息，阅报，携夫人作郊游后，即在廊中午餐。晚上，宋美龄回到重庆市区的官邸，蒋介石"仍独留黄山以近夜月色皎洁，梅花盛开，夜景清绝，故不忍离去也"。1月29日傍晚，蒋介石"与夫人散步于清水溪畔之小丘，柳宠花娇，风清月白，公留恋不置，归后休息于新茅庐前，远闻古琴，其琴声清越，如置身于仙境矣"③。

---

① 康国雄口述，何蜀整理：《孤舟独树：民国金融家康心如之子康国雄自述》，第1—34页。康国雄生于1929年9月，这一年12岁，康国雄的妹妹康昭，小他两岁。
② 据《事略稿本》记载，1942年1月23日下午，蒋"约夫人往汪园观梅"，"途见小学生天真活泼，甚可爱也"。可能这是蒋介石与康国雄兄妹第一次见面的情景。见周美华编辑：《事略稿本》第48卷，第150页。
③ 周美华编辑：《事略稿本》第48卷，第38—153、193—194页。

3月28日，蒋介石携夫人往访林主席。这一天，正好是旧历2月12日，宋美龄的生日。于是"晚宴亲友庆祝，虽以同古战报纷至心神不定，而家庭间仍饶有融融之乐也"。第二天（3月29日）下午，蒋介石"核阅《理学纲要》，与夫人游九龙铺"。[①] 4月12日傍晚，蒋介石"与夫人往九龙铺散步，即返邸"。5月28日下午，蒋介石"看学案、正蒙完毕，夫人由九龙铺过，赴黄山休息。晚在岁寒亭观月"。[②]

有时候，散步、郊游成为视察工作的一部分。蒋介石在日记中有记："与夫人出外视察兼作郊游。"[③] 而郊游的地点往往比常规散步的路线有些变化，远近不一。1941年2月24日，"下午回黄山携夫人作郊游"。2月25日，"正午，回黄山，约美大使约翰逊作郊游，并闲谈二小时"。2月27日，"下午携夫人作郊游"。3月4日，"上午记事，携夫人往九龙坡作郊游"。3月18日，"傍晚携夫人郊游一小时半回寓"。郊游也有用车的时候，3月22日下午"对党国问题熟筹良久，多未获解决，乃邀夫人同车游山中，聊以解闷"。[④] 4月6日，"下午携夫人郊游"。4月8日，"本日在黄山休息，除口授令稿十余通外，余均携夫人郊游，时值暮春，宿雨初晴，林泉佳趣，公颇觉悠然自得也"。[⑤]

驾车巡游是散步的扩展，成为一种放松休息的方式。有关资料显示，蒋宋外出"车游"并不兴师动众，如同散步一样简单。秘书钱用回忆说："从委员长以至总统，为一国之元首，平日下午除与夫人在官邸花园策杖散步外，其他时间外出，或与夫人合坐一汽车，或各坐一汽车，前有侍卫车一辆开道，后者随从一二辆护送以保安全，在马路驰驶，一般民众看不出总统与夫人外出，并无许多卫队行动，真是行动简单。"[⑥] 蒋介石在日记里也多次记

① 周美华编辑：《事略稿本》第48卷，第695—696、699页。
② 周美华编辑：《事略稿本》第49卷，第107、494页。
③ 萧李居编辑：《事略稿本》第43卷，第554页。
④ 蔡盛琦编辑：《事略稿本》第45卷，第612—780页。
⑤ 叶惠芬编辑：《事略稿本》第46卷，第21—24页。
⑥ 钱用和：《钱用和回忆录》，第159—160页。

载"车游"的情况，如，1941年8月11日下午，蒋介石"与妻车游，妻称此生未有如妻对夫日思爱之人，即世界中亦未有如妻待夫之忠爱者也，余闻此言，甚觉自惭也"[1]。1942年4月15日傍晚，蒋介石"携夫人乘车作郊游"[2]。1943年7月15日6时后，蒋介石"与妻车游一时许后寓"。7月23日下午，蒋"看《孟子》滕文公章，完后与妻车游，心神怡愉"。[3]

1944年，宋美龄在林园官邸招待保育院儿童[4]

(二) 视察

视察，是蒋宋日常的"巡视"工作，也是他们在重庆体察民情的机会。1939年12月6日，唐纵"晚上步行归家"时，巧遇宋美龄随蒋委员长在街头微服私访，他在日记里记，当他走到大上清寺附近，"有一人与我当面走过，轻轻的对我说，走开些。此语方毕，委座夫妇已走到我前面了，我乃急忙立正敬礼，才知道前

---

① Chiang Kai-shek Diaries, August 11, 1941, 41.14, 1941V1, Hoover Institution Archives, Stanford University.
② 周美华编辑：《事略稿本》第49卷，第120页。
③ 高素兰编辑：《事略稿本》第54卷，第104、144页。
④ 张宪文、姜良芹等编著：《宋美龄、严倬云与中华妇女》，第130页。

面有人对我说者，是乃便衣卫士也。委座在两面前后拥护的当中，慢慢的走去，那是复兴民族的领袖微行，有谁知道"①。

1940 年，宋美龄和蒋介石参观儿童保育院②

　　有时候，巡视和视察似乎就是散步的另一种方式，是夫妻在重庆艰苦环境中的一种休闲。往往在视察结束后，蒋介石总会在日记里有一番惬意的感叹，或是美景，或是夫妻恩爱。市区的浮图关是蒋宋常去视察之地，因为那是中央训练团所在地。初到重庆不久，1939 年 2 月 4 日，"下午与妻到浮图关游览"。九龙铺也是他们常去的一个地方。③ 1941 年 3 月 4 日、8 日、13 日、14 日，

　　①　公安部档案馆编注：《在蒋介石身边八年——侍从室高级幕僚唐纵日记》，第106 页。
　　②　张宪文、姜良芹等编著：《宋美龄、严倬云与中华妇女》，第 125 页。
　　③　据钱用和回忆，"九龙坡原是一座荒山，自交大（交通大学）设校后，欣欣向荣，日渐繁荣，马路直达重庆及江边，形成运输要道，商店小吃馆等沿马路陆续开设"。九龙坡与重庆市区的交通很方便，"比白沙（江津白沙，位于重庆主城西，是内迁时期"下江人"的聚集地——引者注）方便得多，一天有好几班公共汽车直达重庆"（钱用和：《钱用和回忆录》，第 65 页）。1938 年 4 月建成九龙铺码头。1939 年建九龙坡机场。该区域在抗战初期接纳内迁兵工厂，又是成渝铁路的重要枢纽。1942 年，九龙铺镇划归重庆市第十七区管辖。有关战时九龙坡的档案文献散见于重庆市档案馆藏重庆市政府、重庆市工务局、兵工署第二十九工厂、重庆市地政局等全宗。

连续多日与妻子到九龙铺道上散步、码头郊游、视察等。广阳坝①
（蒋介石日记手稿本中有时也写"广元坝"）、白市驿也是他们常
去视察的地方。由此看来，重庆的休闲，实质上是带有工作性质
的。北碚并不常去，蒋介石却很赞赏。1943 年 10 月 15 日，"九时
半与妻往北碚澄江镇伤兵新村举行落成典礼，风日清和，环境幽
雅，殊适游息。礼毕已一时半，乃至北碚公园，中央银行午餐，
三时后回程"②。

　　只要是在重庆，随夫视察是宋美龄的一项重要活动。当《大
公报》记者子冈采访时，蒋介石就呼唤宋美龄陪同出游。宋美龄适
应了这种方式，在给艾玛的信里也有所谈及。1940 年 3 月 13 日，正
午蒋介石宴客，下午他批阅文件后，即"携夫人往九龙坡码头视
察"③。1941 年 4 月 27 日下午，蒋介石"与司徒雷登谈话，携夫人
往九龙坡视察"④。1942 年 3 月 14 日下午，蒋"携夫人游广阳
坝"。3 月 17 日傍晚，蒋介石"与夫人巡视复兴关音乐干部训练
班，其地为将来建立议会之所也"。3 月 21 日下午，时隔一周，蒋
介石又"携夫人视察广阳坝"。⑤ 6 月 14 日下午，国民政府外交部
为庆祝"联合国日"在该部举行茶会，招待外宾并邀请中枢各长
官作陪，到各报社代表百余人。4 时，蒋委员长"携夫人在楼上客
厅招待各国大使公使，至五时二十分再亲临大厅，面呈笑容，招
待各来宾，劝进茶点，至六时，始尽欢而散。傍晚，携夫人赴九

　　① 广阳坝是长江流域内第二大岛，距重庆城约十五公里。1929 年，四川军阀刘湘
建在此修建了西南第一座飞机场。国民政府移驻重庆之后，中国空军航空委员会的训练
基地建在此。大轰炸期间，广阳坝机场也成为日军轰炸的重点。就自然景观而言，广阳
坝机场建在繁花似锦的岛屿上，微风挟着油菜花与山茶花的香味扑面而来，把纤细的艾
蒿吹得如涟波起伏。白色的茉莉、紫色的海棠、嫩绿色的蒲葵和血青色的紫罗兰，像
一床五彩缤纷的花毯，覆盖着这片神奇的土地。参见杨耀健：《重庆之鹰》，《重庆晚
报》2012 年 10 月 18 日。
　　② Chiang Kai-shek Diaries, October 15, 1943, 43.9, Hoover Institution Archives,
Stanford University.
　　③ 蔡盛琦编辑：《事略稿本》第 45 卷，第 717 页。
　　④ 叶惠芬编辑：《事略稿本》第 46 卷，第 158 页。
　　⑤ 周美华编辑：《事略稿本》第 48 卷，第 580—633 页。

龙铺视察"①。

(三) 野餐

郊游、车游，常常伴随野餐。早春二月是踏青野餐的好时节。1939 年 2 月 5 日正午，蒋介石"与妻到黄山野餐，梅花盛开，风和日暖，览古乡暮春之时矣"。1940 年 2 月 7 日下午，蒋介石"回黄山休息后，携夫人同往汪家花园观梅"。② 1941 年 3 月 17 日，"本日风日清和，携夫人悠游林泉，兴味盎然，并在袁家池畔野餐，自作蛋炒饭，食之别具风味。而水光云影，鸟语花香，俱怡耳目，不觉置身于桃源中矣。公谓如此闲雅殊难得也"③。3 月 18 日，雾季尚未结束，"上午敌机分二批袭渝，并在郊西盲目投弹后逸去"，这并没有破坏蒋介石的好心情，傍晚，蒋介石"偕夫人郊游一小时半，回寓"。3 月 19 日上午，蒋介石"核阅管理粮食问题之条陈与经济建设方案，再携夫人往袁家池畔（汪山康家别墅附近）野餐"。④

歌乐山老鹰岩林园官邸附近，也是野餐的好地方。⑤ 早在 1935 年 3 月 7 日蒋宋初次入川时，就到歌乐山老鹰洞视察公路工程，赞叹此处乃"伟山"。3 月 12 日，他又与宋美龄"步登老鹰洞"⑥，可见歌乐山给蒋介石留下的深刻印象。林园官邸建成前，此处就是蒋宋喜爱造访之地。1939 年 1 月 15 日下午，蒋介石"与妻登浮图关市街，步行至嘉陵江岸，乘车游老鹰岩"；1 月 22 日下午，他又"与妻同到老鹰岩"；1 月 26 日，下午，蒋介石再度"与妻到老鹰岩游览"；2 月 2 日"下午到老鹰岩与妻野餐"。⑦

① 周美华编辑：《事略稿本》第 49 卷，第 622—624 页。

② 萧李居编辑：《事略稿本》第 43 卷，第 129 页。

③ 蔡盛琦编辑：《事略稿本》第 45 卷，第 738 页。

④ 蔡盛琦编辑：《事略稿本》第 45 卷，第 740、758、760 页。

⑤ 参见 Chiang Kai - shek Diaries, March 23, 1941, 41.9, Hoover Institution Archives, Stanford University.

⑥ Chiang Kai-shek Diaries, March 12, 1935, 37.17, Hoover Institution Archives, Stanford University.

⑦ Chiang Kai-shek Diaries, January15、22、26, February 2, 1939, 40.4、40.5, Hoover Institution Archives, Stanford University.

当然，有时候野餐也是工作。如，1941 年 3 月 23 日，宋美龄与蒋介石邀约吴贻芳至重庆老鹰岩野餐。同年 12 月 5 日，中午宋美龄与蒋介石偕拉铁摩尔顾问出外野餐，并散步约 1 小时。蒋介石称："近日心情以今日最为愉悦。"[1]

访美归来后，蒋宋夫妻感情的和谐在日记中也有很好的体现。1943 年 10 月 13 日，宋美龄陪同蒋介石和蒋纬国到黄山午餐，傍晚宋美龄又陪蒋介石到"松厅对饮茶点，巡视黄山一匝，夫妻二人聚餐"，让蒋氏"甚觉自由简捷，比任何宴会为乐也"。12 月 12 日（西安事变蒙难七周年）正午，蒋介石"与妻到听江亭爱日下午餐，心神逸怿，为十日来所未有也"。12 月 17 日，"正午聚餐，下午与妻由后山经公园墓地到国府视察新筑抱厦工程"。12 月 31 日，"下午，修正元旦告各级政府书，直至七时半灌音方毕。广播灌音后，与妻在室中对餐，以经儿应孔家之宴也"。[2]

第三节　身心疲惫：访美归来之后

宋美龄的访美被比喻为"到美国为中国开展一场宣传运动"。这是一次宋美龄以"魅力征服美国"之旅，被称为战争时期最动人的"史诗"[3]。妻子访美获得的外交成功，让蒋介石很兴奋。在蒋介石看来，这无疑是当年国民政府工作中之"成功最大者"，他在日记里写道："自妻在美国两院演讲各地宣传以后，国家地位与外交形势，为之大变。"[4]

然而，对比重庆的实际状况，访美成功的喜悦似乎无法持久。在国事与家事的双重困扰下，抗战后期宋美龄在重庆的日子并不舒畅。从 1943 年 7 月到 1946 年 4 月，宋美龄实际在重庆居住的时

---

① 周美华编辑：《事略稿本》第 47 卷，第 587、590—591 页。

② 高素兰编辑：《事略稿本》第 55 卷，第 609、628、706—707 页。

③ 参见 Elmer T. Clark, *The Chiangs of China*, p. 108, 转引自孙若怡：《传教士眼中的蒋宋美龄》，载胡春惠、陈红民主编：《宋美龄及其时代国际学术研讨会论文集》，第 45 页。

④ 高素兰编辑：《事略稿本》第 55 卷，第 731 页。

间不到一年零七个月。这是一段坚守苦难重庆最为矛盾的日子，也是宋美龄抗战时期身心最为疲惫的时期。[①] 在内外舆情的夹击下，宋美龄低调、黯然地离开陪都。本节将从宋美龄的心态切入，着重探究陪都的社会政治经济生态，阐释宋美龄退出辉煌舞台的意义。

一、1943 年秋：重庆困境的加剧

宋美龄访美归国的航班一路颠簸，充满了惊险[②]，但这并不影响她回重庆后的心情。之后，仍然有好一阵子，宋美龄都沉浸在溢美之词中。重庆的媒体推动了"蒋夫人载誉归国"的报道热。1943 年 7 月 6 日，《新华日报》发表短评"为国宣劳的宋美龄归国"，高度赞扬了宋美龄为战时中美外交作出的贡献。7 月 7 日，陪都 45 个机关团体，包括全国慰劳会、新运总会妇女指导委员会、中美文化协会、中华全国基督教协进会、中国劳动协会、妇女慰劳会等，以"蒋夫人远涉重洋为国宣劳，勋绩卓著"，联合发起"陪都各民众团体欢迎蒋夫人归国大会筹备委员会"，准备为宋美龄举行荣归大会。[③] 7 月 10 日下午，宋美龄召开记者会，对三十多位中外记者谈访美观感。她表示，此行让美国人民更了解"中国

---

① 她写道："抗战期中吾人所遭受之艰辛困苦，实毕生难忘者"，在某种程度上也体现出她对重庆国民政府困境的认识。见宋美龄：《三十年来中国史略》（1956 年 9 月），《蒋夫人思想言论集·论著二》，台北"中央文物供应社" 1966 年版，第 41 页。

② 《读卖新闻》描述归来后宋美龄在记者会上的发言，说："归途中七日在非洲遇到暴风雨，非常惊险；从印度飞回中国的时候，在二万四千英尺的高空发生机械故障以及汽油用尽，不得不紧急迫降，最后在美机的帮助下得以生还。"见《读卖新闻》1943 年 7 月 13 日，晨报第 2 版。

③ 参见《关于指派代表参加蒋夫人归国大会致重庆市商业同业公会的函》（1943 年 7 月 7 日），重庆市档案馆藏重庆市银行商业同业公会全宗，1 目，第 266 卷，第 125—127 页；《关于检送陪都各民众团体欢迎蒋夫人归国大会入场券并派员参加致聚星诚银行的通知》（1943 年 7 月 10 日），重庆市档案馆藏聚星诚商业银行全宗，1 目，第 1117 卷，第 246—246 页。另外，有关宋美龄访美归来陪都各界欢迎活动细节以及宋美龄访美影集展览等史料，参见重庆市档案馆藏重庆市政府全宗、国民党重庆市执行委员会全宗、外交部全宗、重庆市商会全宗、中华民国红十字总会全宗、中国银行重庆分行全宗、重庆市各商业同业公会全宗等。

并非仅为自身而战，乃系为一普遍之理想而战"①。7 月 11 日晚间
7 时 30 分，在夫子池新运广场，重庆各团体热烈欢迎宋美龄自美
载誉归来，会中由吴铁城致辞欢迎，孔祥熙报告访美典故，继而
由宋美龄发表演讲，并映放美加期间的幻灯片。② 重庆本土的大报
《商务日报》连日跟踪报道，7 月 12 日，第 1 版头条大标题刊出
"陪都百万民众热烈欢迎蒋夫人 空前盛会昨在新运会广场举行 蒋
夫人发表返国后首次演说"，并在当天第 2 版上方大标题登载"蒋
夫人演说词 美加之行成功实现全民荣誉 我须自立自强贯彻共同目
标"。当天的第 2 版还刊登了"蒋夫人在美珍闻 孔副院长在欢迎会
报告"的消息。随后几日，《商务日报》继续转载《中央日报》
的消息，刊发宋美龄致谢各团体，以及国民政府行政院副院长孔

宋美龄访美归来——1943 年 7 月 21 日，孔祥熙公馆范庄举行盛大欢迎
茶会及访美图片展（卫斯理学院档案馆藏）

---

① 《蒋夫人对记者谈访问美国观感》，《中央日报》1943 年 7 月 11 日，第 2 版。
② 参见《蒋夫人载誉归国后首次公开演说》《欢迎蒋夫人大会》，《中央日报》
1943 年 7 月 12 日，第 2 版；当天，《新华日报》第 2 版刊发本报特写"欢迎宋美龄归
国大会"。

祥熙在范庄孔府举办的欢迎宋美龄回国的盛大茶会等消息。① 7 月 24 日，陪都展出宋美龄访美影展，"共计照片三百二十张"②。直到第二年的 3 月 13 日，"蒋夫人访美照片展"在重庆结束，并于当天运赴各县巡展。③

然而，当宋美龄访美归来之时，重庆国民政府已深陷各种危机之中。董显光说："在重庆的中国政府所遭遇的艰苦，殆超乎人类之所能忍受。"④ 重庆的困境，全面地体现在陪都的政治、经济、舆论方面。

事实上，重庆的通货膨胀早在 20 世纪 40 年代初期就显现了。1940 年 4 月，重庆市参议会第二次大会就"处理日趋严重之物价问题"通过"平抑物价案"，"爰作此紧急建设以期补救"⑤ 同年 8 月 14 日，唐纵在日记中记："近来物价飞涨，人心浮动，咸谓非惩办囤积居奇者，不足以平抑市价。闻重庆囤户甚多，委座下令缉捕。缉捕后为孔祥熙所保释。闻者无不叹气！"他认为"目前国势之危机是物价高涨，征兵困难，到处隐伏不稳之势，如果一旦敌军侵入夔门，右及利川，则大局动摇"。⑥

11 月 9 日，蒋介石在曾家岩官邸接见美国财政部代表柯克朗先生，为说服美国政府对华扩大经济支援，蒋介石谈到了重庆面临的经济危机，他说："本人曾一再声述，在军事上我国有美国人力、物力之协助，抗战前途并无危险。惟经济方面则危险日逼，

① 《时事新报》对宋美龄归国的跟踪报道也推动了重庆传媒界的"蒋夫人热"。1943 年 7 月 6 日，该报第 2 版发表社论《蒋夫人载誉归来》，宋美龄环美之行博得举世崇敬；7 月 11 日，又在第 3 版刊发消息"欢迎蒋夫人归国"；7 月 12 日，第 2 版登载"蒋夫人对记者谈话 美均主增加援华"；7 月 13 日，第 2 版发表"蒋夫人访美珍闻，陪都八十四团体欢迎蒋夫人归国"并附录"蒋夫人演说词"；7 月 21 日，第 2 版报道"慰劳蒋夫人归国"新闻；7 月 22 日，第 2 版继续跟踪孔祥熙主持的"慰劳蒋夫人归国盛大茶会"。

② 《蒋夫人影展》，《商务日报》1943 年 7 月 24 日，第 3 版。

③ 《蒋夫人影展》，《蒋夫人访美照片展》，《中央日报》1944 年 3 月 13 日，第 2 版。

④ 董显光：《蒋"总统"传》（中册），第 325 页。

⑤ 《两年来之重庆市临时参议会（1941 年）》，《档案史料与研究》2002 年第 2 期，第 13 页。

⑥ 公安部档案馆编注：《在蒋介石身边八年——侍从室高级幕僚唐纵日记》，第 148 页。夔门：在四川省奉节县；利川：在湖北省西南部。

且经济之崩溃其危险性较军事之失败为尤劣。军事失败尤可于退却后卷土重来，经济一旦崩溃，则祸害立见遍于全国，虽欲挽救而不可能。"他强调"经济崩溃其危险较军事失败为烈，抑且更速"，他比喻此时中国的经济状况"俨如一染有第三期肺病之病人，随时可以发生危险"。① 到 12 月 11 日，重庆的物价已经是抗战以来的六倍了。②

1941 年，重庆市参议会第四次会议举行。"粮食及日用必需品之供给，为本次大会提案之中心"，"以本市为对象而寻觅粮食供应之紧急办法，购粮存储及畅通为源，为此次建议之要点，其目的在办到由今日以迄秋收务期本市不至发生粮荒"。③

1942 年 2 月 1 日，鉴于重庆生活费用日趋高涨，遗族教育费供给不易，宋美龄特在中国妇女慰劳自卫抗战将士总会救济款项下拨款两万元，以鼓励抗日阵亡将士遗族工厂工作，又饬令救济委员会鉴此大寒岁暮，拨款万元以资救济遗族生活。④ 1943 年 4 月 6 日，蒋介石在日记里写道："前方士气不振，后方人心弛懈，皆因物价高涨生活艰难之故，经济之于战争之成败，其关系之重大，甚于一切之武力，近日社会奢侈与官员舞弊，若不积极整饬，后患无穷，必使有以安定之。"⑤

物价上涨的真正受害者是工薪阶层，因为他们的工资已经远远跟不上高昂的生活消费。那些内迁来重庆的小职员们，如果不购买政府提供的特价大米，将入不敷出。甚至，还有个别政府的职员偷偷去拉黄包车来补贴生活。生活的窘困让很多家庭养起了猪、鸡、鸭子和羊。安置政府机关的大院里也种上了蔬菜，而这里曾经是富豪和省城退休将军的大花园。这种"乡村的生活"逐

① 中国第二历史档案馆编：《蒋介石与美国财政部代表柯克朗谈话记录》（1941年 11 月），《民国档案》1993 年第 3 期，第 23 页。

② 参见公安部档案馆编注：《在蒋介石身边八年——侍从室高级幕僚唐纵日记》，第 181 页。

③ 《两年来之重庆市临时参议会》（1941 年），《档案史料与研究》2002 年第 2 期，第 14 页。

④ 参见《蒋夫人关怀遗族》，《中央日报》1942 年 2 月 1 日，第 3 版。

⑤ 高素兰编辑：《事略稿本》第 53 卷，第 193 页。

渐移植到城里，就如同城市生活因为大轰炸的疏散，而渗透到重庆周边的乡村一样。[1]

10月，顾维钧观察到国民政府的高官阶层已有"对重庆的政情颇感悲观"者，他们举出通货膨胀、走私贩私、生活费用高涨，许多生活必需品都靠黑市买卖等为例。[2] "经济危急有一系列征兆——物价飞涨，囤积物资和粮食，走私，以及公务员和教授的极度贫困。"顾维钧与蒋梦麟"谈了令人哀叹的经济状况"。[3] 无法控制的重庆物价，成为严峻的事实。12月17日，国民政府明令公布《限制物价办法》。

12月29日，蒋介石在日记里记"本年度政府工作成绩之反省，惟以物价高涨未已平定无方，为最遗憾亦最痛苦之一事也"。而"物价高涨不已，军政因循不振，殊足忧惶"，"本年经济与工业方面失败面最多，工厂与生产皆有停滞不走之象，殊为最大之遗憾"。蒋介石认为："综核本年度成绩，最不良而失败者，为经济中之物价不能平定是也。"[4]

1943年4月6日，蒋介石记："公务员生活，穷困万状，其妻室，以产育无钱，多谋堕胎者，医药无费，病负益深；而华侨有粤，有鬻子女过活者；河南灾区，饿莩载道，犬兽食尸，其惨状，更不忍闻，天乎！若不使倭寇从速败亡，若再延长一年，则中国万难支持，势必蒙受无穷羞辱，不能完成上帝赋予之使命矣！奈何奈何！苍天！上帝！盍速救我危亡乎！"[5]

不过，重庆的困境似乎并未影响宋美龄的工作热情。她还是一如既往地从事后方的妇女动员及战时救济募捐工作。1943年8月1日，妇女慰劳总会成立六周年，宋美龄邀请全体委员聚餐，

---

① 参见 Guenther Stein，"Four Years in Chungking：Morale Still High in Capital"，*The Christian Science Monitor*，1943-6-21（7）.

② 参见顾维钧：《顾维钧回忆录》第5卷，第86页。

③ 顾维钧：《顾维钧回忆录》第5卷，第98、100页。

④ 高素兰编辑：《事略稿本》第55卷，第699—731页。关于1943年陪都的困境，参见本年《大公报》记者子冈发往桂林版《大公报》的"重庆航讯"系列通讯。

⑤ 王宇高、王宇正编：《蒋中正"总统"五记·爱记》卷28，1943年4月至6月，第283页。

"检讨工作指示今后动向"。9 月 2 日，"英援华捐款汇到一批，宋美龄拟好分配计划"。9 月 4 日，"克利浦斯夫妇募款援华，宋美龄去电道谢"。9 月 21 日，国民政府主席蒋介石宴请国民参政员，"蒋夫人报告赴美感想"。[①] 1943 年 10 月，她接待蒙巴顿夫人（Lady Mountbatten），在吴国桢夫妇陪同下参观北碚。10 月 15 日，上午 9 时 30 分，宋美龄偕同蒋介石前往北碚澄江镇荣誉军人自治实验区，以主持新村落成典礼。她指出："今天的新村是我十五年前理想的新村，那时候我们在济南，日本人正侵略进攻我们，我去慰劳伤兵，送给他们礼品，有一个伤兵对我说：'夫人，不要礼品，请你告诉大夫不要把我的腿锯掉。'我去找大夫，大夫说腿不锯就有生命危险。结果这人残废了。身体残废不要紧，我们要精神不残废，脑筋不残废。今天看到这新村，想到十五年前的事，感觉到你们光荣的残废了以后，有这新村，给你们机会，再把一切贡献给国家，真是十分高兴。军人要始终保持牺牲精神，就在负伤后，也仍旧要对国家人民负责任，你们存在一天，这精神须保持一天。"她说："现在你们在这里养成模范军人，自立自治，使得将来新村可以扩充得几百个、几千个。新村如果办不好，国家也没有前途。你们须有内心的纪律，到处更要做模范的国民。你们在前方为民主而战，在后方也要为民主而奋斗！"[②]

1944 年 2 月 3 日，宋美龄随蒋介石赴桂林视察，后至湖南。2 月 16 日，返回桂林，代表蒋介石慰问中美空军。3 月 22 日，为纪念"新生活运动"十周年之"盲残福利日"。当天下午，宋美龄在新运总会发表勉励盲残讲话；继而前往防盲诊疗所，参加宋霭龄主持的该所揭幕仪式；之后出席记者会，讲述防盲诊疗所建立的意义，强调"一面固然是为募捐，但教育的意义更胜过募捐，

---

① 《商务日报》1943 年 9 月 21 日，第 2 版。
② 《荣军自治实验区开幕典礼在美龄堂隆重举行》《荣军自治区开幕典礼中蒋夫人演词原文》，《中央日报》1943 年 10 月 17 日，第 2、3 版；《北碚澄江镇荣军自治区开幕》，《大公报》1943 年 10 月 17 日，第 3 版。同一天，《新华日报》以"北碚荣誉军人新村举行开幕典礼，宋美龄亲自前往北碚主持并发表演说"为题进行报道。

预防比事后救济好得多"。① 5 月 23 日，她捐助江西中华儿童新村
48 万元。② 6 月 14 日，联合国纪念日，宋美龄发表广播演说，表
示不论是国家或个人，只要精神上保持自由不受束缚，就能抗御
任何不人道的打击，克服任何苦难，重申中国维护自由之信心与
希望。③ 同日蒋经国致电，报告已安抵江西，一切工作皆照常，并
代表新村儿童感谢她的 50 万捐款。④

然而，重庆的困境在持续恶化。《时代》周刊报道了重庆的经
济窘状日益凸显，中国人担心的是"钱"的问题，"黑市大米价格
上涨 30 倍"，公务员的"薪水没涨"，他们"在没有暖气办公室工
作"，"一件大衣的价格是 3 个月的工资"⑤，"从宋朝以来最严重
的"通货膨胀到 1943 年已"陷入失控"⑥，"痛苦不仅是严重的而
且是普遍的"，"在中国五年的战争中，生活费用指数从 100 涨到
3400，目前仍在大幅上涨"，"人们发现重庆的水果贩用钉在竹柄
末端的一捆因通货膨胀贬值的中国货币打苍蝇"。⑦

1944 年 1 月 14 日，蒋介石手令行政院："今年应以平定物价
与稳定经济为最重要之中心工作，希将具体办法切实研究呈报。"⑧
可是，3 月 6 日，"物价不断上涨，公务员的生活愈来愈觉困难，
岌岌不可终日。连机关的公务员也几乎到了无可维持的境地了"，
"盐已由每斤十五元突涨至三十八元（共卖价格），猪肉及燃料均

① 《防盲诊疗所开幕》，《中央日报》1944 年 2 月 23 日，第 3 版。宋霭龄时任盲
民幸福委员会委员长。
② 参见《蒋夫人捐助赣县儿童新村》，《中央日报》1944 年 5 月 23 日，第 3 版。
③ 参见《蒋夫人广播》，《中央日报》1944 年 6 月 15 日，第 3 版。
④ 参见《蒋经国书信集：与宋美龄往来函电》（上），第 31 页。
⑤ Anniversary: Home Fronts, Monday, Time, Jul. 14, 1941 Print.
⑥ Inflation, Monday, Time, Nov. 09, 1942 Print.
⑦ Miscellany, Monday, Time, Sep. 04, 1944 Print。美国图书出版会成员施隆的信
函反映了他观察到的重庆的生活状况细节。参见 William Sloane Papers, CO236, Box 7
trips 1943-1944, 1948, Folder 1, Aug.-Nov. 1943, China。此外，美国人魏劳尔观察并
记载了重庆极度贫乏的物质条件，参见 Whiting Willauer Papers, MC142, Box 1 Folder 6,
p. 73—74。
⑧ 公安部档案馆编注：《在蒋介石身边八年——侍从室高级幕僚唐纵日记》，第
404 页。

已大涨，物价问题愈见严重"。① 到 4 月 6 日，陈克文记："重庆的米价已较战前涨价一千倍以上，其他日用必需品涨百倍或二三百倍不等。公务员及其他恃薪俸为生的人，真到了山穷水尽之势。朋友一见面，一开口即互相发叹，如何得了。欧洲的战局，同盟军在这一两个月内毫无进展；缅印战局，最近英军又复不利，西南太平洋也没有任何令人兴奋的消息。半年前一种同盟军胜利即在目前的空气已经消失殆尽。战事何时可以结束，似乎还是遥遥无期。在这样的情景之下，物价的压迫更觉令人难于忍受。"②

6 月 3 日，行政院发言人称，重庆零售物价指数较 1937 年上涨 450 倍。到年底，重庆市零售物价指数增至 485 倍。③

此时，《时代》周刊开始发出批评国民政府的声音。④ 有报道指出："在重庆，一个严厉的国民党政治家集团拒绝自由人士，控制舆论，实行严格的检查制度，制定思想控制，使用秘密警察和集中营。""即使是有固定的薪水收入的政府官员，在货币贬值时，也沉迷接收贿赂。"⑤ 因为"通货膨胀蔓生的罪恶——暴利、黑市、官员腐败……"，"一个致力于民主的国民党政府不复存在，远离了所选择的道路"。⑥ 1944 年 2 月 14 日《时代》周刊转发了孙中山夫人宋庆龄批评国民党的文章。⑦ 她的文章批评了通货膨胀、官员腐败、河南饥荒等问题。接下来一周的《时代》周刊揭露了宋氏家族内部一直存在着的矛盾，指出孙逸仙夫人不仅不赞同他的妹夫蒋介石，而且还公开予以反对。⑧

4 月 6 日，宋美龄致函艾玛，说："非常高兴收到你那么健谈的信和有趣的简报。你可以想象当一个人被一系列的责任所烦扰，

① 陈方正编辑·校订：《陈克文日记（1937—1952）》（下册），第 836、837 页。
② 陈方正编辑·校订：《陈克文日记（1937—1952）》（下册），第 846 页。
③ 参见台湾"国史馆"网站：民国史大事记。
④ 参见 Thmos J. Millar, *Americans and the Issues of China：the Passion and Dispassion of American Opinions about China*, 1930 to 1944. Dissertation, University of California, 1998, p. 173（自美国哈佛大学图书馆 ProQuest 博士论文全文数据库）。
⑤ Depression in Chungking, *Time*, Monday, May 10, 1943 Print.
⑥ Another Year, *Time*, Monday, Jul. 10, 1944 Print.
⑦ Voice from Chungking, *Time*, Monday, Feb. 14, 1944 Print.
⑧ Tempest in Chungking, *Time*, Monday, Feb. 21, 1944 Print.

而这些事又是必须做而且没完没了的时候，读到你的信该是多么高兴的事，这可暂时从各种事务中被解脱出来一会儿，而进入一个完完全全不同的氛围。"① 这段话隐隐约约表明宋美龄心情有些郁闷。在这封短信里，宋美龄还讲述了自己身体的各种不适；同时，她采取了"报喜不报忧"的方式，只向艾玛讲述前线的战斗，而对此间重庆国民政府所面临的困境避而不谈。

5月里，唐纵在日记里忧心忡忡地写道："各方有志青年，咸不满现状"，而"外人对我言论，日见不利"。国民政府"风气日坏，贪污日多，政治弱点日益暴露"。他说："为何近来大家不安，议论甚多？我以为几个原因：一、因物价高涨生活困苦，烦恼之情充溢；二、因风气日坏，贪污日多，政治弱点日益暴露；三、因委座之权力在形式上事务上日见集中，而实质上（如对大员顾虑多而不能加以法律）日见降低；四、因外国舆论批评日见不利；五、因敌人、汉奸、异党从中挑剔破坏中伤。"② 唐纵将国民政府的困境的主要原因均归结为内部自身的因素。

5月17日，陈克文也在日记里写道："现在政府好像走入了断潢绝港之中，无一通路，内政外交军事无不令人失望。尤其是物价问题，似乎一点办法没有了。"③ 6月26日，他又记："长沙失守之后，现在衡阳又告急，桂林似乎都有不稳之势。……长沙的失守，影响到重庆的人民心理了。居然有人发生疑问，国民政府是否还能屹立于重庆的了。蒋委员长说过，天亮之前必定有一段黑暗的时间，这时间要快到了。这时间大概真的到了，但愿这时间不要太长才好。"④

9月30日，唐纵哀叹："时局日趋艰难，布雷先生亦有同感。

---

① Letter, May-ling Soong Chiang to Miss Emma DeLong Mills, April 6, 1944, Correspondence from May-ling Soong Chiang Jan. 1939-Jan. 1945, Papers of Emma DeLong Mills, MSS. 2, Box 9, Wellesley College Archives.
② 公安部档案馆编注：《在蒋介石身边八年——侍从室高级幕僚唐纵日记》，第428—429页。
③ 陈方正编辑·校订：《陈克文日记（1937—1952）》（下册），第860页。
④ 陈方正编辑·校订：《陈克文日记（1937—1952）》（下册），第873页。

党之无能，无力担负此艰巨任务。据布雷先生观察，总裁有意改组党，但恐无能为力。"①

或许因为驻留重庆的日子比宋美龄更长的缘故，蒋介石真切地看到了重庆的困境。4月10日，陈克文在日记中记载："据传最近蒋主席在青年团训话，提到国家内外的情势，极为焦灼，至于落泪。的确我们现在是处在一个极端危险的境地，建国与抗战要同时并进，是如何艰巨的工作呵！舵工在风涛险恶的时候，理应镇静坚定的，舵工表示惊慌失措，则全船的危险可想而知了。"②4月30日，蒋介石记本月反省录："物价续涨不已，美军要求支费月增，而其政府对我物资与黄金之运送以及空运陆运工具皆不能如约履行，一任我国之呼吁，彼皆置若罔闻。此比之受敌寇封锁之苦痛尤为难堪。"③

1945年2月2日，"旧历年关在迩，物价又趋上涨。鸡蛋每只已至二十元，猪肉每斤一百六十元，牛肉一百二十元，米和面均上涨甚多。政府实在毫无办法"④。6月4日，宋美龄还滞留美国期间，蒋介石在日记里写道："自午至晚竟无一点乐趣，局势至此，可谓纷乱与恶劣极矣，而又以各处人事与党政军各种业务无一不呈颓废与衰败自亡之象，愧悔无已。"⑤蒋介石似乎已经看到未来的败象。由于史料的缺乏，我们无法断定宋美龄此时的心态是否与蒋介石相同。就能够阅读的史料而言，有一点比较肯定的是，从她的相关言行解读，她似乎继续其一贯的鼓舞人心的"重庆抗战"形象的传播，而对已然存在的危机采取了"视而不见"的态度。

二、不堪流言蜚语

蒋介石日记里所谓的"谣言"，一是战时重庆流传的关于蒋经

① 公安部档案馆编注：《在蒋介石身边八年——侍从室高级幕僚唐纵日记》，第462页。
② 陈方正编辑·校订：《陈克文日记（1937—1952）》（下册），第847页。
③ 王正华编辑：《事略稿本》第60卷，1945年3月至5月，台北"国史馆"2011年10月印行，第450页。
④ 陈方正编辑·校订：《陈克文日记（1937—1952）》（下册），第948页。
⑤ 王正华编辑：《事略稿本》第61卷，第30—31页。

国的"绯闻"，即："在渝有外遇，且已生育孽生，已为其外遇之母留养。"杨天石认为此乃"显指其与章亚若的恋情及生育孝严、孝慈一事，只不过将发生在赣州的事移到重庆了"。而"谣言"的另一个"影子"是蒋介石在重庆时期的"婚外情"，即包括"蒋纬国即为蒋介石与其所爱之日本女子所生"，以及蒋前妻陈洁如自上海来到重庆，蒋介石与之重修旧好等传言。①

这些看似"无风不起浪"的传闻，可以追溯到宋美龄访美之前。从唐纵日记中可以得到印证。1942 年 1 月 22 日，唐纵在日记里记："《大公报》去年做了一篇社评，拥护政治修明案，论及飞机载洋狗一事，致昆明学生罢课示威，打到孔祥熙，事情无法收拾，《大公报》又为文声明，洋狗系飞机师所为，希图平泄学生愤怒。解铃系铃，《大公报》甚感立言之苦。"②因蒋介石对孔祥熙之贪腐不满，引起宋美龄的极度不快。其结果，再次导致夫妻失和。唐纵的日记里就提到蒋介石和宋美龄多次的龃龉，即导因于此。1 月 27 日，唐纵记："近来学潮愈闹愈广，委座对此甚为震怒，曾命康泽赴昆明调查，结果与国民党无关，委座怒不可遏。但今日报载，孔副院长病愈视事，这无异激励青年学生，增加委座之困难。也许孔故意为此，使委座不得不为之解脱，而彼得以一劳永逸也。然天下人无不叹息委座为之受过也。闻为此事，委座与夫人闹意气者多日。自古姻戚无不影响政治，委座不能例外，难矣哉！"③

1944 年 4 月，豫湘桂战役开始。就在这个月，有关蒋介石的流言在陪都传开来。甚至，在陈克文日记里，也能找到这样的"八卦"信息。4 月 21 日，他记："道邻说，蒋总裁近因与某女子

① 杨天石：《蒋介石的"婚外情"传说——蒋介石日记解读之三》，《世纪》2008年第 1 期，第 12—13 页。

② 公安部档案馆编注：《在蒋介石身边八年——侍从室高级幕僚唐纵日记》，第252 页。另据复旦大学历史系吴景平教授提供阅读宋庆龄此间的亲笔信函的细节，说明"飞机载洋狗"事件纯属子虚乌有(2014 年 4 月 7 日，吴景平教授于海口"宋氏家族及其精神遗产学术研讨会"大会主题报告)。

③ 公安部档案馆编注：《在蒋介石身边八年——侍从室高级幕僚唐纵日记》，第252—253 页。

发生恋爱，至与夫人龃龉。此事前数日之迈亦曾闻之于傅斯年，不知确否。将近六十老人，犹有童心如此，亦殊怪矣。"5月1日，参加国民政府联合纪念周的陈克文观察到了蒋委员长情绪的变化，开会时，他"位置站在后排，看不见做主席的是何人。读总理遗嘱毕，我问站在旁边的熟朋友，今日到底谁做主席，他说蒋主席，我心里很觉诧异。我约莫半年没有听到蒋主席的声音，为什么竟全变了，前后仿佛出自两人。蒋主席的声音以前是很响亮高亢，急速清越而有力量，仿佛金石之音的。现在却是缓慢、迟滞、沉重，带有水音，完全与以前不同。不时还间中保持一些固有的音调，简直不相信是半年前的蒋主席的。我心中当时起了一些忧虑，是不是蒋主席的年事高了，健康有了变化。旁边那位朋友又带笑说，主席最近和夫人发生争执，声音因此发生了变化。后来又有人说，主席前月患小病，最近还有些感冒未愈，以至声音发哑，但望后一说是可靠的。"5月15日，陈克文又在日记里记："蒋主席宣读总理遗嘱时，音调还是沉重弛缓，与以前大不相同。"①

宋美龄的形象受损，还与家族利益牵扯不清。1943年8月15日，唐纵记："近来委座与夫人不洽，夫人坐在孔公馆不归，委座几次去接，也不归。闻其原因，夫人私阅委座日记，有伤及孔家者。又行政院院长一席，委座欲由宋子文担任，夫人希望由孔担任，而反对宋，此事至今尚未解决。"②从唐纵日记里，可以看出蒋宋的夫妻关系，甚至也成了秘书们谈论的话题。9月27日正午，蒋介石"到新开寺孔寓，与妻谈话后即回"③。显然，妻子是留宿孔寓的。从此间蒋介石日记看，多有"独自来黄山休养""独宿黄山优游自得也"等记录。

1943年10月10日，蒋中正作为国民政府主席兼大元帅就职

① 陈方正编辑·校订：《陈克文日记（1937—1952）》（下册），第850、854、859页。另据1935年3月美国经济代表团在重庆觐见蒋委员长时，描述过委员长讲话是类似"喊叫"的高声状态，印证了陈克文分析的蒋介石的异常。
② 公安部档案馆编注：《在蒋介石身边八年——侍从室高级幕僚唐纵日记》，第373页。
③ 高素兰编辑：《事略稿本》第54卷，第602页。

典礼上，唐纵观察到蒋宋关系的微妙变化，他在日记里写道："上午十时，国府举行国庆纪念，同时主席就职典礼。主席御大礼服与夫人同来。入礼堂时，因走廊窄，夫人前行。先举行就职，由吴稚晖先生监誓。主席宣誓后，吴委员致词，主席答词。旋由主席致国庆词。词毕，全体官员向主席行恭贺礼。当夫人入场后，注意夫人之位置，夫人位于文官之首位。向主席行礼时，夫人立于主席之右后侧，监誓员立于主席之左后侧。各文武官员均佩勋章，穿军服大礼服。全场以陈绍宽（军政部海军署署长、海军总司令）之礼服为最光辉夺目。晚八时，主席与夫人请政府重要官员在国府大宴。"10 月 30 日，唐纵再次记录了这一事的后续："近来委座与夫人意见不和，夫人住新开市孔公馆（与蒋介石日记中"新开寺孔寓"有差异，但实际为同一住所——引者注），不归者数周。下午夫人归官邸与委座晚餐后，又同赴新开市，宿一夜。外间谣言甚多，谓委座任主席，行政院不让孔做，以是孔夫人诉于夫人，夫人与委座不洽。问于俞侍卫长，俞不否认，并谓纬国亦有关系。委座尝于私人室内做疲劳的吁叹，其生活亦苦矣！"[1]

唐纵日记多处记载了同僚对于孔宋家族滥用公权的议论。1944 年 4 月 25 日，"总裁能将孔罢免以大快人心否？我曰，孔在抗战期间，不会有何变动，且以夫人之关系，时机已未成熟"[2]。此间，宋美龄因介入其中而深陷信任危机。重庆政府内部的舆论也不放过这一点，而在重庆的美国人士的舆论，更推动了重庆政府腐败的公开化进程。

重庆的艰难条件和复杂的政治大生态，不仅是对重庆国民政府"第一夫人"权威的挑战，也导致了家庭生活的矛盾表面化，而大后方浓缩的地理"小空间"，更利于"流言"的传播。1944年夏天的重庆，这场夹杂着对于国民政府的信任危机终于以家庭

---

① 公安部档案馆编注：《在蒋介石身边八年——侍从室高级幕僚唐纵日记》，第384—385 页。从 1944 年 11 月 12 日到 1945 年 7 月，《中央日报》也对宋美龄的相关信息处于一种失语状态。

② 公安部档案馆编注：《在蒋介石身边八年——侍从室高级幕僚唐纵日记》，第425—426 页。

"绯闻"的方式，在陪都社会沸沸扬扬地炒作起来。董显光将这一场蒋宋夫妇的信任危机归结为敌对势力所进行的"侮辱性"的人身攻击。董显光在《蒋"总统"传》中指出，1944年"实为中国长期战争最艰难之一年。在这一年中，军事的逆转、通货的膨胀、物质供应的渐趋短缺，以及本不应对蒋'总统'发生的歧见之人竟起龃龉，凡此皆为特别的不幸征象"。"想不到在战事结束之前一年间，蒋'总统'竟遭遇对其私生活的无端攻击。正如一切讪谤者之言，此一恶意的耳语宣传，预期蒋'总统'与夫人将不免有仳离之结果者，一时散布颇广；最后竟为蒋'总统'与夫人所闻。"① 董显光进一步阐释："重庆时期，宋美龄的每次外出，都会引发各种有关她私人生活的传闻。这些传闻常常带有对蒋宋婚姻的诋毁，而官方的否认几乎对这些羞辱性的传言一点效果没有。"② 很明显，董显光把谣言归咎于外部因素，应该说，这是一种简单的流于"家事""私生活"层面的分析。董显光的解释也在相当程度上契合了蒋介石个人的日记。

1944年7月3日，蒋介石记道："妻甚以共匪谣诼污蔑我人格损毁我道德尤以色欲外遇之流言为最可虑，此谣不息，可使军民对余之信仰动摇，则国家亦不可救矣。"③ 于是，有了辟谣的计划。7月4日下午，蒋介石"回林园与妻商谈约干部与友好叙会，说明共党谣诼对余个人人格之毁损无足惜其为国家与军民心理之动摇何，乃决约会公开说明以免多加猜测"。7月5日下午，蒋介石从德安里官邸"回林园批阅"，"五时召集各院长及各部会高级干部与英美友好数人约六十人为夫人践行茶会，乘便最近对余个人之

---

① 董显光：《蒋"总统"传》（中册），第366页。

② 汉娜称之为"闹得沸沸扬扬的一场戏"，引用若干英文文献，披露了其中不少细节，参见 Hannah Pakula, *The Last Empress: Madame Chiang Kai-shek and the Birth of Modern China*, New York: Simon & Schuster, 2009; Laura Tyson Li, Madame Chiang Kai-shek: China's eternal first lady, New York: Atlantic Monthly Press, 2006; 另外，白修德回忆录中也有描述，参见 Theodore H. White, In *Search of History: A Personal Adventure*, Harper & Row Publishers, 1978, p. 159。

③ Chiang Kai-shek Diaries, July 3, 1944, 43. 19, Hoover Institution Archives, Stanford University.

品格的流言蜚语，敌党阴谋之所在坦白直告，毫无隐讳，此次谣言之深刻广泛，非如此必不能止息也。余妻乃继述其对余人格之信仰，亦极有力也。随后，觉生季陶各院长各述其感慨，后散会"。

对于这次辟谣茶会，蒋介石不惜笔墨，继续发表感叹，1944年7月6日，"妻接匿名信甚多，其中皆言对余个人谣诼诽谤之事，而惟有一函，察其语气文字乃为英（美）国人之手笔，此函不仅诋毁余个人而乃涉及经、纬两儿之品格，尤以对经儿之谣诼为甚，亦以其在渝有外遇，且生育孽生，已为其外遇之母留养为言，可知此次蜚言，不仅发动于共党而且有英美人为之帮同，其同意非只毁灭我个人之信誉，且欲根本毁灭我全家，幸余妻自信甚笃，不为其阴谋所动，对余信誉益坚，使敌奸无所使其离间挑拨之伎俩。可知身修而后家齐之道乃为不变之至理，安可不自勉乎哉"①。在本页日记上，蒋介石还加注一句话："呜呼，'共匪'与俄国合以谋我，已不胜其痛苦，而今复加英美亦与'共匪'沆瀣一气，是世界帝国主义皆向余一人围攻矣。"蒋介石将此谣言归结于中国共产党的背后操作。

7月8日，蒋介石又记，反复阐明谣言背后的原因。他说："据妻近日所言所接中外人士之匿名信，各种摇（原文如此——引者注）造是飞（原文如此——引者注）使无中生有之诬词甚于其往日之已言者及反对者，此次造谣作用，其第一目的则在挑拨我夫妻情感，先使我家庭分裂，然后毁灭我人格，则其他目的皆可迎刃而达矣。"②当天，他记"上星期反省录"再次总结这场流言风波，说："约高级主管对妻饯别并辟谣，此乃为我革命过程中重要历史之一也。"

7月31日，蒋介石在"每月反省录"中，又一次记录了花园茶会的辟谣，他说："妻于本月九日飞巴西养疴，彼出发以前，特

① Chiang Kai-shek Diaries, July 6, 1944, 43. 19, Hoover Institution Archives, Stanford University.

② Chiang Kai-shek Diaries, July 8, 1944, 43. 19, Hoover Institution Archives, Stanford University.

约干部为余辟谣，是乃革命过程中之一种重要史迹也。"

"花园茶会"的地点就是在林园官邸。董显光的回忆录记述了茶会的情况，他写道："民国三十三年七月五日，蒋'总统'在蒋夫人飞往南美从事于健康休息之前，为夫人举行的一个非公式茶会中，颇咎其僚属与党员不将外间谣言见告。他说，凡属同志应将类此之谣言，无论真伪，据所闻相告，俾不致己亦茫然。关于自己的私生活，蒋'总统'顺便有所叙述。大意谓，他之领导国人，不是靠着权力或地位，而是靠着品格；他身为革命党员，自必严守党的纪律；又身为基督徒，自必谨守宗教的戒律。他在公私道德上如有违反纪律或戒律，则对基督、对总理、对千百万为吾人目的而舍生命之同胞成为叛徒；任何人将可依照纪律与戒律而指责或惩罚之。"①

1944 年 7 月 5 日，王世杰在日记里也记录了这次茶会，他写道："蒋先生今日约党部、团部、干部同志三四十人暨中外基督徒若干人在山洞官邸茶会。在会中，蒋先生宣布两事：一、蒋夫人将赴巴西养疴，休养毕将访若干友邦；二、外间近有人散布谣言，污蔑蒋先生私德，谓其有外遇等等情事者，有人欲藉此造谣以动摇同志与军队对彼之信心。蒋夫人亦有演说，指述此类污蔑之用意，与彼对蒋先生之敬信。"熊式辉也是被邀请参加这场茶会的高官之一。7 月 5 日，他"赴林园总裁茶会，为夫人赴巴西饯行，并说明社会对总裁私德上谣言之来源与影响。在座除总裁及夫人外，有戴、居两院长，及数外籍记者相继发言。与会者五六十位高级干部及外籍友人，无不释然，对总裁更深信仰。"②

美国斯坦福大学胡佛研究所档案馆收藏的史迪威文件中藏有一份"辟谣会"的会议记录，记录了宋美龄在茶会上的讲话，她说："委员长提到的谣言已经遍传重庆。我已经听到这些谣言，收到许多就这一问题写给我的信。不是作为妻子，而是作为真诚的爱国者，我觉得使委员长知道这些谣言是我的职责。"她继续说：

---

① 董显光：《蒋"总统"传》（中册），第 377 页。
② 熊式辉：《海桑集——熊式辉回忆录（1907—1949）》，第 268 页。

"但是，我希望说明，永远不可能让我为这些谣言低首弯腰；我也不会向他询问，这些谣言是否真实。如果我怀疑委员长，将是对他的侮辱。我相信他是如此正直，相信他的品格和他的领导。我不能为任何事情侮辱他。我和他结婚已经 17 年。我和他共同经历了所有危险，严重者如西安，所以我了解委员长性格的每一面，他在世界上独一无二。了解他的性格，我完全相信他的正直。我希望，没有一个人会相信这些恶意的诽谤。"宋美龄还向各位公开了召开茶会的缘由，她说："昨天，当委员长告诉我，他正在召集朋友到一起，我的第一个反应是：'不要麻烦，谣言会自行消亡。'他回答说，这不是个人的诽谤，通过诽谤他，他们正在诽谤作为一种道德力量的中国。这些恶意诽谤应该立即消除。中国对世界的贡献不是经济，不是军事，不是工作。中国的贡献是道德力量。"宋美龄最后用了基督徒的身份来总结，她指出："委员长的领导正在朝向更高的目标，不断追随主的脚步，那时，他是中国的力量。"杨天石先生的分析是："宋美龄的讲话强烈表达了她对蒋介石在道德上的信任，并且将是否相信这些提升到是否爱过的高度。"①

吴国桢在现场担任翻译，他的回忆传记里记述了这一次茶会的细节。由于事前从未听说此谣传，加上蒋介石在会前没有告知"演讲"翻译内容，自己对于翻译也不满意。②

1944 年 7 月 8 日，蒋介石在日记里赞誉妻子，称："惟妻对余笃信不移，乃在饯别时发表其笃信之演词，以粉碎反动'共匪'一切之阴谋，是此次茶会之功效在此，其他外人对之信与不信皆所不顾也。"同一天，在"上星期反省录"中又记："约高级主管对妻饯别并辟谣，此乃为我革命过程中重要历史之一也，而余妻笃信不惑使'共匪'阴谋粉碎无遗，实足自慰。"③

① 杨天石：《蒋介石的"婚外情"传说——蒋介石日记解读之三》，《世纪》2008 年第 1 期，第 11—12 页。
② 参见吴国桢手稿，黄卓群口述，刘永昌整理：《吴国桢传》（下册），第 391—396 页。
③ Chiang Kai-shek Diaries, July 8, 1944, 43.19, Hoover Institution Archives, Stanford University.

值得注意的是，对于这场"谣言"背后政府的信任危机，侍从室的唐纵给出了稍微不同的理解，他在日记里写道："赫尔利五日在美参议会报告责备五位外交人员破坏他的政策——罗斯福政策，支持中共反抗中央政府蒋主席。这五位外交人员——艾奇森、谢伟思、戴维斯、傅瑞门、林德华，都曾在驻重庆使馆任职。这是值得深思的，这些人同情共产党而厌恶国民政府，所厌恶的是内政和人事的腐败。"①

事实上，蒋宋的婚姻状况也并非如公众议论的那样糟糕。相反，从蒋介石的日记手稿看，夫妻感情依旧很好。7月2日，蒋介石在日记里这样写道："今日子刻与寅刻，余妻以即欲飞往巴西养病为念，发生悲戚心情。彼甚以最近国家情势甚为危殆，而精神与梦寐之间，皆多各种不利之征兆，甚以此去恐不能复见为虑。彼云：须君牢记世界上有如我爱汝时刻不忘之一人乃可自慰。又云：君上有天父之依托，而下有汝妻为汝竭诚之爱护，惟此乃可自慰也。余心神悲戚更重，不能发一言以慰之。惟祝祷上帝保佑我夫妻能完成上帝所赋予吾人之使命，使余妻早日痊愈，荣归与团聚而已。"②

1944年7月8日傍晚，蒋介石"与妻车游西郊，甚以其出国在即，不能有二十小时之同住为念也"。7月9日下午3时，宋美龄从林园动身出发，蒋介石亲送妻子到机场，飞赴巴西治病。当宋美龄"在机上最后呼声'大令'，闻之特痛，及余呼彼时凄怆更切，念妻亦更甚也。机门已闭，再不能闻其回音矣"③。

杨天石研究指出，此间蒋宋"二人之间的关系相当不错"。宋

---

①　公安部档案馆编注：《在蒋介石身边八年——侍从室高级幕僚唐纵日记》，第560页。

②　Chiang Kai-shek Diaries，July 2，1944，43.19，Hoover Institution Archives，Stanford University.

③　Chiang Kai-shek Diaries，July 8，9，1944，43.19，Hoover Institution Archives，Stanford University. 另据《事略稿本》记载，蒋介石在机场送别宋美龄之后心情黯然，他写道："下午三时，送夫人至机场飞往巴西养疴。临□黯然魂消，待飞机起飞没入云层后，回林园。独坐寡欢，倍觉凄凉。而怀念不置，惟有默祷上帝保佑其旅途平安，早日痊愈，速归团聚而已。"见叶惠芬编辑：《事略稿本》第57卷，第462—463页。

美龄去巴西之后，蒋介石不断给她发电报。据现有资料记载，自
1944 年 8 月 4 日至同年 9 月 11 日宋美龄转入美国，入纽约长老会
医院前夕止，蒋介石约致电宋美龄九通。这些电文尚未全部公布，
但已有部分可以见到。①

　　然而，谣言表面上看起来是家庭丑闻，事实上隐含着更为深
刻的危机，而政治信任危机的核心要素则是来自政权内部。陪都
新闻界似乎抛弃了宋美龄，这可看作是重庆国民政府丧失民心的
开端。在重庆的西方记者，以美国记者群为主体，充当了一群
"反蒋"的舆论先锋，几乎成为颠覆重庆政府的强大舆论力量。
1943 年以后，大众媒体塑造的重庆国民政府形象，已至极度的负
面。这其中，身为"第一夫人"的宋美龄自然作为了国家形象的
一个相当重要的组成部分。当宋美龄访美归国后，她带回来的英
雄形象的光环也几乎在一夜之间为另类的公众舆论所消解。

　　自 1943 年 7 月访美归来，到 1944 年 7 月离开重庆，宋美龄在
陪都逗留的时间是一年。这一次，她离开重庆的理由依旧是老毛
病"神经衰弱和皮肤病"。疾病是事实，不过宋美龄低调地离开陪
都，多少带有一种"逃避"的意味，与她当初"高调"落户重庆，
媒体的热捧场面形成了相当的反差。这是否象征重庆国民政府未
来的命运衰落？直到 1945 年 4 月，宋美龄仍然在纽约养病。②

三、无力回天：辉煌舞台的消失

　　1942 年 6 月 14 日，重庆各界庆祝"联合国日"。英国驻华大
使薛穆盛赞重庆"象征中国不屈不挠之意志与决心"，"成为联合
国家所为振奋之精神象征"，"成为全世界各地家喻户晓之一名
词"。宋美龄访美之行，更是增添了重庆的英雄形象。柯文教授指
出："1943 年上半年，蒋夫人的访美是一次巨大的成功……2 月 18
日，她那让人兴奋的国会参众两院的演讲，以及通过无限广播针

____

　　① 参见杨天石：《蒋介石的"婚外情"传说——蒋介石日记解读之三》，《世纪》
2008 年第 1 期，第 13 页。
　　② 参见王正华编辑：《事略稿本》第 61 卷，第 255 页。

对数百万收音机听众的大量演说，其效果正如一位报道中国问题的资深记者 A. T. Steele 所说，大大推动了中美关系史上的‘不切实际的梦想时代’，在这个时代，美国公众似乎准备接受并且相信蒋夫人讲述的一切关于中国的、他们的蒋委员长和委员长夫人以及英雄的中国人民都是好的乃至完美的。"①

然而，重庆的现实，与宋美龄在美国塑造的战时中国形象差距甚远。美国记者尤特丽也说："这个被日本人狂轰滥炸的城市重庆，成为中国人民忍耐和勇气的象征。但是，她同时也是腐败、政府治理不善和民生潦倒的代名词。"②

早在宋美龄赴美期间，华府官方外交圈的某些议论表明重庆国民政府的国际形象遭遇危机。③ 战时盟友，尤其是美国人对于蒋介石政权能否坚持赢得战争的最终胜利，能否掌控未来中国之命运产生了相当大的不信任感；而宋美龄塑造的英雄般的重庆政府形象，也让美国人产生了怀疑。到 1943 年年底，国民党的征兵制度严重地歧视穷人和弱势群体，严重的饥荒导致上百万农民饿死；恶性通货膨胀导致靠薪水收入为主的城市中产阶级极度痛苦的悲惨生活；政府官僚制度的腐败猖獗；孙科公开批评国民党政府日益显现出"独裁、无效率和专制趋势"，以及脱离中国的民众。④

行政院参事陈克文、侍从室幕僚唐纵的日记均反映了这一舆情。1943 年 6 月 29 日，唐纵记"外国人轻视中国之感想"："据报居里返美后，肆意诽谤我国倾向独裁，大军留守西北，暗备内战，并非抗日，向人表示，不可扶助国民党，应相机援助中国共产党。居里思想左倾，认我政府离开民众，对孔副院长、宋部长尤表不

① Paul A. Cohen, "Between China and America: the Career of Madame Chiang Kai-shek", *Wellesley Magazine* 88, No. 2（Winter 2004）.

② Freda Utley, *Last Chance in China*, New York: The Bobbs-Merrill Company Indianapolis Publishers, 1947, p. 33.

③ 参见 W. Cameron（William Cameron）Forbes Papers, Journal of W. Camerson Forbes（Second Series）V 1935-1946, p. 56, 68. Hou f MS Am 1365 v6-10, Harvard University Houghton Library.

④ 参见 Paul A. Cohen, "Between China and America: the Career of Madame Chiang Kai-shek", *Wellesley Magazine* 88, No. 2（Winter 2004）.

满云。现美国驻华军事代表团团长史迪威将军，对中国亦无好感，即前任军事代表团团长马格鲁德回美后，对中国言论甚为不利，即驻华大使约翰逊、高斯等，无不皆然。几乎所有外国人对中国无好评。"①

李台珊认为，归国后的宋美龄，遭遇媒体的负面消息，可谓"雪上加霜"。外籍媒体刊发一连串被她认为是抹黑、攻击的报道，伤了她的自尊。她变得超级敏感，一点点带有批评的话语，都令她无法忍受。《波士顿邮报》刊出一文，标题取名为"中国第一夫人太时髦"。该文指出，宋美龄时髦的衣着和珠宝，掩盖了她"自由中国"捍卫者的角色。她的外表替她迎来普遍的喝彩，但那是双面刃。该文写道，她身上"无价"的貂皮大衣和"价值不菲"的钻石、玉，戳破了她在烽火连天的中国照料伤患、孤儿所营造的虚假形象。《新共和》杂志上有篇文章，抨击中国官场腐败无能，外国送来一机又一机的现金，军人和小学老师却仍挨饿。英国社会主义周刊《论坛》转载了这篇文章。② 塔克曼说："大多数在中国工作的美国官员和新闻记者的共识是，国民党无能、贪腐、高压、不具代表性，充满内部弱点，不可能支撑下去。"③

1944 年 11 月 28 日，日军攻入贵州境内，有直逼四川之势，重庆人心惶惶。12 月 5 日，日军攻陷贵州独山，全川震动。经中国军队猛烈反攻，12 月 8 日，独山克复。当天，唐纵向蒋介石"面呈时局意见"：（1）民心动摇；（2）军民脱节；（3）川人怨怼，隐患堪虞；（4）敌军有增无减。为此，唐纵提出若干具体的意见：（1）保卫川滇黔计划：①急速拣练新军；②沟通中央地方关系；③动员民众组训国民兵团；④派员分赴地方工作。（2）改革政治给予民众以新希望：①惩办失职官吏，以振纪纲；②裁各机关

---

① 公安部档案馆编注：《在蒋介石身边八年——侍从室高级幕僚唐纵日记》，第366 页。

② 参见 Laura Tyson Li, *Madame Chiang Kai-shek: China's Eternal First Lady*, New York: Atlantic Monthly Press, 2006, p. 253.

③ *Barbara W. Tuchman, Stilwell and American Experience in China*, 1911-1945, New York: Bantam Books, 1972, p. 81.

人员,移作动员与地方工作;③实行包工制以定功过。(3) 请委座
对各级公务员训话:①表示与四川共存亡之决心;②不时强调时
局之重大变化,以唤起人民之战时意识与紧张精神;③表示与民更
新,给予民众以努力之方向。唐纵这些肺腑之言绝大部分为蒋介石
"采纳"。① 到 1945 年年初,唐纵在日记里感叹:"今日政治之腐
败,第一个责任是政府负";"本党政治的腐化不但引起党外的反
感,亦且失了党内的同情,如果没有显著的改革,全国人心将不
可收拾。"②

　　1945 年 7 月 26 日,中、美、英发表《波茨坦公告》,敦促日
本投降。8 月 6 日、9 日,美国在日本广岛、长崎投下两颗原子弹。
8 月 8 日,苏联对日宣战,进攻中国东北的日本关东军。8 月 9 日,
日本投降的消息传来,重庆市民,彻夜欢腾。

　　遗憾的是,曾经苦守抗战大后方的宋美龄却未能亲身体验到
蒋委员长的"第二故乡"——陪都重庆在胜利日的狂欢。秘书钱
用和当时正住在"上清寺聚兴新村二号"的朋友家,她回忆说:
"三十四年八月十日晚上,我们在刘家园庭内乘凉,听得鞭炮声大
作,我们以为继台儿庄胜仗后,又来一次胜利,高兴万分,接着
喊卖'号外!''号外!'人声鼎沸,欢呼声浪不绝于耳。急唤仆人
去买'号外',并探听实情,仆人去后不久,连呼带跳,气喘流汗
的上山喊道:'日本鬼子投降了!日本鬼子投降了!'上清寺一带,
车接车,人抬人,举起啤酒瓶,大喊大叫'我们好还乡了!''我
们好还乡了!'真是晴天霹雳,梦想不到的胜利,出乎意外,大家
兴奋的一夜不能成眠,恨不能立刻插翅飞到长江之滨,虞山(家
乡常熟县有虞山古迹——回忆者注)之巅。"③

　　陈克文在日记里也记录了同样的心态,他写道:"消息传来之
后,全市狂欢,彻夜不眠。最初大家都不敢相信消息是真的",

――――――――――

　　① 参见公安部档案馆编注:《在蒋介石身边八年——侍从室高级幕僚唐纵日记》,
第 476 页。
　　② 公安部档案馆编注:《在蒋介石身边八年——侍从室高级幕僚唐纵日记》,第
500、522 页。
　　③ 钱用和:《钱用和回忆录》,第 69 页。

"敌人投降如此突然而至，我们不止事实上一切准备不足，连心理的准备也还没有。""十日一宵狂欢之后，对于今后应该如何迎接和平，却不免发生许多问题，倒令人踌躇起来。"①

1945 年 8 月 15 日，裕仁天皇播发停战诏书，日本宣布无条件投降。同一日，中、美、英、苏正式宣布，接受日本投降。9 月 2 日，日本签署投降书。9 月 3 日，国民政府下令，褒恤抗战时期阵亡将士和死难同胞；褒奖全体官兵；停止征兵免赋一年；分别检讨废止各种战时法令。然而，八年抗日战争的胜利，并不能扭转重庆国民政府在政治上逐渐丧失人心的政治危机。

15 日下午 10 时（纽约时间），宋美龄在纽约国家广播公司发表演说，她指出："今天举世欢腾，庆祝着我们战胜了最后的一个轴心国家，这个胜利，乃是我们所期望，我们所祈求，而也是我们所努力造成的。我今天要向美国国民表示我同胞的感谢，因为在我们八年长期的全面战争中，你们对于中国所遭遇的许多障碍与困难，曾经给以深刻的同情与始终如一的了解，我并且还要代表中国同胞感谢你们，你们在能力所及，莫不迅速给我们物质方面的援助，因为你们的急公好义，给我们大宗的帮助，给我们能顺利推行救济工作，无数的难童难民以及流离失所的同胞，在他们悲惨的绝境，得到了资助与安慰。"②

8 月 28 日，毛泽东应蒋介石之邀，由周恩来、王若飞陪同，到达重庆，举行国共谈判。8 月 29 日，宋美龄在华盛顿分别与美国总统杜鲁门、美军参谋总长马歇尔会谈之后，启程回国。③ 8 月 31 日，《新华日报》以"宋美龄由美动身回国"为题，简讯报告宋美龄的动向。9 月 4 日，宋美龄"飞抵加尔各答"④。9 月 5 日，

---

① 陈方正编辑·校订：《陈克文日记（1937—1952）》（下册），第 1001 页。

② 《蒋夫人在美广播讲 胜利述感并谢援助》，《中央日报》1945 年 8 月 17 日，第 2 版。

③ 参见《蒋夫人飞返国，行前拜会杜鲁门总统》，《中央日报》1945 年 8 月 30 日，第 2 版；《蒋夫人启程返国前曾晤马歇尔安诺德》，《中央日报》1945 年 8 月 31 日，第 2 版。

④ 《蒋夫人抵加尔各答》，《中央日报》1945 年 9 月 5 日，第 2 版。

下午飞抵重庆。① 同日，《纽约时报》以"蒋氏夫妇在 14 个月分别后团聚"为题，报道称："委员长夫人乘坐美军飞机抵达重庆。在 14 个月的分别后，蒋中正'总统'今天将与其妻蒋夫人团聚，打消了他们将永久分开的传闻。" 9 月 6 日，《华盛顿邮报》刊出"蒋夫人乘飞机归来，丈夫迎接"。回重庆的当晚，宋美龄陪同蒋介石"在中央干部学校举办茶话会，招待苏联大使，毛泽东、周恩来、王若飞等人同席"②。

　　白修德几乎与宋美龄同期抵达重庆。此时的他，已是一名成熟的中国问题观察家。作为《时代》周刊驻重庆的首席记者，他的话语无疑具有相当大的影响力，他在回忆录里写道："当我于 9 月第一个星期末回到重庆时，对话（国共谈判）已经破裂……历史上的重要时刻接踵而至，而当时是一片混乱。在这样的时刻能捕捉的只是迷惑不解……我的笔记本里的某些片段反映了对这种大混乱的感觉……一切事物都面临变化，世界地图要重新绘制，亚洲要改变面貌。但是，怎么变，怎么绘，怎么改呢？用扶持蒋？还是用承认毛？还是完全袖手旁观，让中国的军队去解决这个问题？我在重庆的最后几天里，接到的最后一条消息看起来是特别能说明问题的。毛和蒋会谈陷入僵局。我们已经开始用我们的飞机空运蒋的部队到沿海和华北的城市。魏德迈将军已经飞回华盛顿就接管问题进行协商。他的司令部里为数不多的几个将军已经产生继刚刚大规模地空运部队之后再来一次的想法……也没有人认识到，我们是第一次使美国卷入亚洲的一场内战。所以，当空

---

　　① 1945 年 9 月 6 日，《新华日报》以"蒋夫人昨回到陪都"为题登载了中央社讯：蒋夫人因病出国疗养，一年有余，现已恢复健康，五日下午由美国到重庆，到机场欢迎的，有孙夫人、陈诚和夫人、孔祥熙、周至柔、钱大钧和夫人、蒋经国、黄仁霖等。同时，报纸还登载中央社加尔各答路透电：王部长杰本日在离加赴伦敦前，曾与蒋夫人长谈。另据日本《朝日新闻》9 月 4 日刊布消息，"宋美龄回到重庆"。同一天，《纽约时报》报道"蒋夫人到达印度"，报道说："蒋夫人与五名随从人员乘坐美国陆军运输机到达加尔各答。"

　　② 《蒋夫人返抵渝》《蒋主席暨夫人茶会招待苏大使》，《中央日报》1945 年 9 月 6 日，第 2 版。同一天，《新华日报》第 2 版也刊载了"宋美龄昨日回到陪都，蒋介石和宋美龄举行茶会招待彼得罗夫大使，毛泽东同志被邀作陪"。

运开始时，我们的思想就被我们的空中优势所毒害，在一步一步地引导我们和中国走进一场不可避免的灾难。所以，在这场大战结束的时候，我同我的政府的政策发生了抵触，也同我在《时代》杂志的老板的专制统治产生了分歧。卢斯决定，在战后的最早两期《时代》杂志封面上，分期刊出两个伟大的英雄头像，第一周是道格拉斯·麦克阿瑟，下一周是蒋介石。蒋的事迹分配由我来撰写。我觉得此举对于《时代》杂志是最不明智的，用通常的措词，只能把蒋说成是中国的一个正统的昏庸暴君。我直接给卢斯回电，粗暴地拒绝了他的这一指派。他立即作了答复，指责我具有党派偏见。"①

需要指出的是，战时重庆的政治生态中，国共关系是一个不可回避的问题。从 1942 年开始，中共问题成为蒋介石日记的核心话题。蒋介石的幕僚唐纵在日记里，更是长篇研究中共问题，苦思各种解决方案，努力为蒋介石提供决策的依据。

然而，纵观重庆时期宋美龄的书写，似乎国共关系问题并不在她的视野之中。因此，一旦回到重庆，宋美龄又开始为妇指会的工作而忙碌着。9 月 14 日，她与妇指会总干事张蔼真与各组组长商谈会务并布置工作；9 月 21 日下午，"在林园官邸举办茶会，招待美军妇女辅助队及美国红十字会服务人员"②。9 月 26 日，宋美龄被任命为中央妇女运动委员会主任委员。9 月 27 日，她"陪同蒋介石至西昌视察"。

此时，老朋友亨利·卢斯曾再度造访重庆。在与卢斯共同用餐后，宋美龄向卢斯表达了她对时局的看法：她说国民政府肩负的"责任至为艰难"，现在战争已经结束，我们不能"辜负人民的期望"。随后，卢斯到华北做了一次长途旅行，并给宋美龄写了一封长信。信里概要讲述了他对战争结束时国内状况的看法与建议，诸如接收日军占领之沦陷区，中共的问题，恢复商业贸易，美国

---

① Theodore H. White, *In Search of History: A Personal Adventure*, Harper & Row Publishers, 1978.

② 《蒋夫人昨在林园招待美军妇女队》，《中央日报》1945 年 9 月 22 日，第 3 版。

军方态度问题，以及中国新闻出版自由等。①　面临战后中国复杂的生态，宋美龄的心情无论如何都不轻松。卢斯的信息让刚刚从美国回到重庆的宋美龄实实在在感受到重庆以外的中国动态。

1945 年 10 月 10 日，国共双方签订《政府与中共代表会谈纪要》。10 月 11 日，毛泽东飞返延安。10 月 16 日，宋美龄在林园官邸举办茶会，招待即将回国的美国第十四航空队官兵，并致辞号召大家继续为世界和平、民主而奋斗。②　10 月 17 日，美十四航空队已完成任务将回国，宋美龄举行茶会招待。10 月 20 日，宋美龄陪同蒋介石飞抵泸州，检阅青年军二〇三师。

11 月 3 日，四川省政府奉国民政府主席蒋介石令，拟定四川为全国建设实验区，以为全国示范。11 月 20 日，《中央日报》发表社论《国民政府移驻重庆第八周年》。12 月 1 日，新任重庆市市长张笃伦就职。12 月 12 日，国民政府主席蒋介石令重庆市政府，草拟重庆十年建设计划。随后，重庆市政府成立重庆都市计划委员会，于次年 5 月提出这一计划。

从美国回重庆后，宋美龄的情绪陷入了低谷。媒体追逐的宠儿似乎已不再是宋美龄。在重庆，宋美龄与周恩来是被西方记者采访最多的人物，两个人都具有鲜明的个性和人格魅力。对西方记者而言，宋美龄的形象，无异于是重庆政府的代言人。然而，比较的结果，记者们却都被周恩来所迷住。宋美龄的个性与西方记者们有相当"距离"感，无法与记者们亲密接触，使得记者谈不上"爱"她；而周恩来则是具有魅力性格的，记者们被迷住了，他们认为"国民党方面没有任何一位可以与周恩来媲美"。在美国记者 Peggy During 的眼里，不仅宋美龄无法与周恩来比，甚至比不过温柔、可爱加美丽的公关人物龚澎。③

---

① 参见 Luce's Chungking diary，October 1945，Time-Life Archives. Luce to MCKS，28，Oct. 1945，Time-Life Archives，转引自 Laura Tyson Li，*Madame Chiang Kai-shek：China's Eternal First Lady*，New York：Atlantic Monthly Press，2006，p. 265。

② 参见《惜别美十四航空队，蒋夫人昨招待茶会》，《中央日报》1945 年 10 月 17 日，第 2 版。

③ 据当时在重庆的美国记者 Peggy During 回忆，参见 China Reporting，pp. 79-80。

除了国民政府面临的战后难题之外，还有来自美国的有些让
她心情不快的事情——美国方面对于自己形象的负面反馈。1945
年12月初，埃莉诺·罗斯福公开表示，宋美龄"能把民主说得头
头是道，但不知道如何实践民主"，这种说法令宋美龄非常恼火。①

离开重庆之前，宋美龄的行程排得满满的。黄仁霖回忆说：
"抗战胜利之后，虽然我们还没有正式把首都自重庆迁回南京，但
是蒋先生和夫人却早已飞往各收复地区，视察各地损失情形，并
对新近从日本人占领区解放出来的民众，予以鼓舞和安抚。"② 此
间，蒋经国与宋美龄于重庆、香港、美国、汉口、南京之间的往
来函电，也印证了此间宋美龄进出重庆的繁忙状况。

1945年12月11日，宋美龄随蒋介石飞至北平。12月19日，
同蒋介石由北平飞抵南京，拜谒孙中山陵寝，并至灵谷寺祭奠阵
亡将士。③ 12月22日，当马歇尔受杜鲁门总统委托调解国共纠纷
来华时，宋美龄再度亮相媒体，应对战后中国的问题。马歇尔被
安排住进了林园官邸。马歇尔的到来，也让宋美龄再度参与国府
事务，而发挥作用。她的角色依旧是蒋介石与美国特使之间的翻
译，除了在会议上做翻译外，她还常常私下会见马歇尔，并回头
将情况报告给蒋介石。但当时在重庆的杜鲁门总统驻华个人代表
埃德温·洛克会带上自己的翻译，因为宋美龄"常常主导商谈"，
会把五分钟的话用"他只是在胡扯某某人某某事"交代给蒋介石。
但是，马歇尔的观察是宋美龄是唯一敢对蒋介石讲真话的翻译。④
12月23日，宋美龄返回重庆。12月31日，蒋经国致电重庆，报
告其已安抵莫斯科，并向母亲大人问候新年。⑤

1946年1月10日，国共双方签署《关于停止国内冲突的命令

① Associated Press, 4 Dec 1945, 转引自 Laura Tyson Li, *Madame Chiang Kai-shek: China's Eternal First Lady*, New York: Atlantic Monthly Press, 2006, p. 269。

② 黄仁霖：《我做蒋介石"特勤总管"四十年：黄仁霖回忆录》，第131页。

③ 参见《蒋主席谒总理陵寝》，《中央日报》1945年12月20日，第2版。

④ Edwin A. Locke, oral history interview, 61. Truman, 转引自 Laura Tyson Li, *Madame Chiang Kai-shek: China's Eternal First Lady*, New York: Atlantic Monthly Press, 2006, p. 269。

⑤ 参见《蒋经国书信集：与宋美龄往来函电》（上），第43页。

与声明》，并向各所属部队发布停战令。同日，政治协商会议在南京召开。1月14日，北平军事调处执行部成立，由共产党、国民政府和美国政府三方代表监督停战令的执行。

1946年1月下旬，宋美龄在重庆最后一次受蒋介石派遣肩负使命赶赴东北，以"特别宣慰使"身份到长春宣慰苏军。1月18日，蒋经国从长春致电重庆，"限两个小时到渝军委会蒋夫人"，称"此间对于大人来长慰问一事，各方表示热烈欢迎，应准备之事亦皆办妥，望大人能于养日抵此，敬祝康健，儿经国谨"。1月19日，蒋经国又致电，报告苏联马林洛夫斯基元帅询问她抵达长春日期，以便会面。另外，提醒其多带寒衣以避寒冷。① 1月20日，宋美龄自重庆飞抵北平。② 1月21日，宋美龄致电蒋介石，告知与美国公使罗宾逊等人的会谈情况。③ 1月22日下午，宋美龄抵达长春。1月23日，上午巡视长春市区，并至市立医院探视病患，中午在寓所会见东北妇女代表，下午出席在中央银行大礼堂举办的各界代表欢迎茶会，为苏军将校授勋，并发表广播讲话。④ 宋美龄还巡视了一所孤儿院，探望了伤兵。陪他同去的蒋经国，在宴会时充当翻译。⑤ 1月24日上午10时，宋美龄至苏军兵营，检阅苏军仪仗队。11时，她出席市民大会，并表示将促请善后救济总署救济东北难民。当晚又出席苏军总部举行的饯行宴会。⑥ 1月27日，宋美龄与蒋经国同机返回重庆。

从1945年9月6日回重庆，到1946年4月30日最终离开陪都，蒋宋夫妇主要在林园官邸居住。蒋介石日记继续记录在重庆

① 参见《蒋经国书信集：与宋美龄往来函电》（上），第46—47页。
② 参见董显光：《董显光自传：一个中国农夫的自述》，第226页。
③ 参见《宋美龄致蒋介石密电（1946年1月21日）》，《谈判诡谋（一）》，台北"国史馆"藏蒋中正"总统"文物，档案号：002000002273A。
④ 参见《蒋夫人慰问长春病兵，代表政府向苏军授勋》，《中央日报》1946年1月24日，第2版；《蒋夫人长春广播词》，《中央日报》1946年1月27日，第2版。
⑤ 参见 New York Times, Jan. 24, 1946; New York Time, Jan. 27, 1946.
⑥ 参见《蒋夫人向东北保证，长城内外一视同仁》，《中央日报》1946年1月26日，第2版；董显光：《董显光自传：一个中国农夫的自述》，第228页。1月26日，《时事新报》第2版刊登"蒋夫人离长抵平，苏将领宴蒋夫人"的消息。

的日常生活细节。黄山官邸依旧是蒋介石喜爱的住所，蒋经国此间多次来重庆，父子团聚、散步、视察，以及家人聊天等话语较多。①

1946年2月1日，新年除夕，下午"五时后，夫妻同回林园"②。1946年的春节，蒋氏一家人在林园团聚。蒋介石记："十一时半，经国全家来拜年，武孙活泼异常，已出牙三枚，午餐后，阖家上下共摄二影后辞去。"下午"与妻游白市驿，经歌乐山回寓，妻病矣"。2月2日，晴天，"本日自朝至暮，日光和暖，春风徐拂，除午睡以外终日在日光中生活。妻病忽痊，同在紫薇厅前午餐，其味津津无穷，谒林主席墓，下午与妻车游白市驿"。

2月5日，蒋介石接见外国记者称，政府准备5月还都南京，重庆将永久成为中国陪都。2月8日，宋美龄飞赴上海，蒋介石亲自送妻子到机场。2月11日，蒋介石也飞往上海，与宋美龄"安置家具，夫妻同日回旧寓，感想万千，甚乐可知，特在三楼辟祈祷室默谢上帝三次"。2月13日上午，宋美龄陪同蒋介石至上海市政府出席中外记者招待会，后赴江海关码头参观美巡洋舰。下午举行茶会，招待上海士绅及美国教会人员。2月14日，《时事新报》第2版预告"蒋夫人将到南京"的消息。2月21日，宋美龄陪同蒋介石至杭州，游览雷峰塔、岳飞墓、灵隐寺、宝俶塔、钱塘江铁桥。③后再从上海回重庆。

宋美龄抵达重庆后即入林园。此间，宋美龄主要在林园居住，偶尔也随蒋介石去黄山官邸休息，如1946年3月1日，蒋介石"与妻来黄山休息巡阅黄山一匝后，车游郊外至大兴场桥，折回，晚课后，与妻同鸣赞美诗，夫妻恩爱久而弥笃，亦可以自验往性日高而天伦更乐也"。

3月4日，宋美龄出席国民党六届二中全会，会议决定撤销国

---

① 参见王正华编辑：《事略稿本》第61卷，第154页。

② Chiang Kai-shek Diaries, February 1, 1946, Hoover Institution Archives, Stanford University.

③ 参见《事略稿本》，1946年2月13日、21日记事，台北"国史馆"藏蒋中正"总统"文物，档案号：002000000689A。

防最高委员会，恢复中央政治委员会，并由该会指导国民政府相关工作。①3月8日，宋美龄出席重庆市各界妇女举行的"三八"节纪念大会，并致辞赞扬妇女在抗日战争期间所作的贡献。3月10日，宋美龄主持儿童保育会成立八周年纪念暨新址落成典礼，并致词对该会八年来的工作表示满意。②3月12日下午，宋美龄陪同蒋介石登复兴关上巡视，后又到临江门附近一带视察。

3月13日，在宋美龄生日到来之际，蒋经国从溪口致电重庆宋美龄，称："儿于今晨抵溪口扫墓，赠姑母舅婆礼物已代分送，本月十五日为大人诞辰，儿拟于是日设法返渝，面祝寿辰，惟恐未及赶到，敬先电贺寿诞，敬祝大人福躬安宁。"③3月15日，蒋经国与蒋纬国一道从上海致电重庆主席官邸，曰："父母亲大人膝下，值此抗战胜利，建国渐上轨道，正逢母亲大人寿辰，儿等因公在外不及赶至庆祝，敬祈原谅，此恭祝大人福寿健康。"④这是抗战时期宋美龄在重庆度过的最后一个生日。3月15日，蒋介石在日记里写道："本日为旧历二月十二日，为妻49岁诞辰"，下午"媳孙等皆来拜寿"。傍晚5时，蒋介石"与妻游览林园一匝"，"晚课后与妻二人聚餐，相互敬酒，共干二杯，甚难得也，以半生未敢如此痛饮也"。⑤3月18日，宋美龄在官邸与东北旅渝人员商讨救济东北事宜，被推选为东北救济会会长。⑥

3月22日晚，夫妻到黄山官邸，晚课后，蒋介石"与妻唱赞美诗，甚乐"。

3月23日，蒋介石记"本周反省录"："还都延期之宣布。"4月18日，《中央日报》报道了日前宋美龄返回重庆的消息，称宋

① 参见《蒋夫人昨出席二中全会》，《中央日报》1946年3月5日，第2版。
② 参见《儿童保育会八周年纪念蒋夫人出席致词》，《中央日报》1946年3月11日，第3版。
③ 《蒋经国书信集：与宋美龄往来函电》（上），第49页。
④ 《蒋经国书信集：与宋美龄往来函电》（上），第50页。
⑤ Chiang Kai-shek Diaries, March 15, 1946, Hoover Institution Archives, Stanford University.
⑥ 参见《蒋夫人招待东北人士商讨救济东北》，《中央日报》1946年3月19日，第2版。

美龄从上海返回重庆，蒋介石亲自到机场迎接。

离开重庆之前的匆忙日程，在宋美龄回到南京之后给艾玛的信里还有所透露。1946 年 6 月 12 日，宋美龄从南京写信给艾玛，谈到她最后几个月出入重庆的奔波状态。尽管并没有太多重庆直接的相关话语，却从一个侧面透露此间的心境。她写道："过去的几个月里，我的经历是旅行旅行旅行还是更多的旅行，刚刚从第二次访问东北回来。非常奇怪的是，尽管这些年飞行这么多，还是不能免去晕机的状况。想想一年前我们在纽约在一起的事就觉得愉快，而现在我在南京厌恶这里的事情……委员长和我希望这个夏天哪个时候能够去牯岭，但是一切都要看政治世界的情况而定。"①

出生于伦敦的记者，1938 年就在汉口首次见到宋美龄的佛利丹·尤特丽，在 1946 年国民政府还都前到达重庆，随一群记者去拜访宋美龄。因为在她的 *China at War* 一书中对宋美龄有不少批评的文字，她有些担心宋美龄会不高兴见她。然而，此次见面让她意外的是，宋美龄对她很热情，只是见面的第一句大实话让她不是特别高兴。宋美龄以她一贯的直率大声说道："尤特丽小姐，我都快认不出你了，你长胖了好多!"但她明白这是中国，也就礼貌地回复了："你长得越来越美了。"据尤特丽的观察，此时的宋美龄"没有过去那样精明和笃定……在国际事务和中国政局方面，她的洞察力一如往常敏锐，但她带着某些感情，且更关注人性，而非民族主义的自负感，谈论她所目睹的死亡和苦难"。尤特丽指出，尽管宋美龄的身体已得到康复，但她不再是她 1938 年在汉口认识的那个自信、热情洋溢的中国"第一夫人"。两人谈起国共两党政府进行的和谈。宋美龄主张："人与人应彼此相信，除非已确认对方虚伪……我见过太多战争和死亡，为避免更多的杀戮和苦难，我愿尝试各种办法。"这时候的她似乎赞成和谈。尤特丽写

---

① Letter, May-ling Soong Chiang to Miss Emma DeLong Mills, June 12, 1946, Correspondence from May-ling Soong Chiang Jan. 1939–Jan. 1945, Papers of Emma DeLong Mills, MSS. 2, Box 9, Wellesley College Archives.

道，蒋介石也变了。他老得比他的妻子快得多，这时候在她的身边像个老人家。他似乎露出疲态，厌倦于历史所交给他的任务。他那沉稳的自信消失不见。他没过去那么严肃，在他面前不再觉得需立正站好。他似乎"较有人情味且较忧伤"。①

重庆国民政府，在战后接收沦陷区的混乱与糟糕，不仅是国民政府对日军占领的沦陷区的接收工作的混乱与无序，更表明政府逐渐失信于民。1946 年 5 月出任上海市市长的吴国桢回忆了"重庆人"在上海的接收工作规划不善，出现了对敌产"疯狂的抢夺"。各政府机构接收所谓敌产的做法，"根本是可恶……他们表现得就像是自己人民的征服者"。这群重庆中央政府派来的官僚被称为"重庆人"。据说"重庆人"只想着"五子登科"，五子即条子（金条）、房子、女子、车子、馆子（餐馆）。但对这些"投机者"，人民敢怒而不敢言，唯恐被扣上汉奸的罪名，遭到报复。国民政府对于中国各地沦陷区的接收工作管理极糟，文职、军职官员争相侵吞原属于日本人的资产。而国民政府只想着和共产党谈判的事情，有一段时间疏于了解接收地区的情势。直到 1946 年春天，才设立一个专责机构统筹敌人工厂和资产的接收事宜。②

1946 年 4 月 20 日，国民政府为办理各机关在重庆结束事务和还都事宜，以及与重庆党政军联系，特设"中央党政军机关留渝联合办事处"。4 月 23 日，国民政府令："前因政府迁驻重庆而撤销的重庆行营，因政府即日还都，现予恢复。原设之成都行辕撤销，有关事务，并入重庆。特派何应钦为重庆行营主任，张群兼代。"

考虑到中美关系、国共关系，以及国民政府即将面临的战后问题等诸多挑战，蒋宋离开重庆前的心情应是不平静的。不过，蒋介石日记中描绘的夫妻二人，依旧是感情融洽。4 月 21 日，蒋

---

① 参见 Freda Utley, *Last Chance in China*, 1947, pp. 131-133, 相关细节可参见斯坦福大学胡佛研究所档案馆藏佛利丹·尤特丽个人档案（The Freda Utley Papers, 1866-1978, Collection number：78056, Hoover Institution Archives, Stanford University）。

② 参见 Dr. Wu Kuo-cheng, *Chinese Oral History Project*, Columbia University, 转引自 Laura Tyson Li, *Madame Chiang Kai-shek：China's Eternal First Lady*, p. 271。

介石晚课后与妻子在林园官邸"莲厅池上消遣"。4月25日，"与妻商讨马（马歇尔）之行态，彼此嘘吁不置忍痛受耻，实非无人所能为然又不能不为也"。

4月28日，蒋介石从成都回到重庆，宋美龄亲自到机场迎接，夫妻"同车回林园，详报马之情态"。宋美龄是蒋介石忠实的贤内助，无论形势如何，她总是一如既往地支持与维护丈夫的权威与政治理念。

4月28日晚，陪都各界在军委会大礼堂隆重举行"庆祝国府恭送主席胜利还都大会"。蒋介石携夫人出席大会，国民政府官员、重庆市党政军官员、川籍国大代表、重庆市参议员、各机关团体代表600人出席了会议。重庆市参议会议长胡子昂致颂词，市长张笃伦献"胜利还都"的大旗。在蒋介石讲话前，重庆市立女子中学一名童子军向宋美龄敬献了鲜花。

随后，由蒋委员长致辞。他指出，最难忘八年与同胞共患难、同生死的经历。对于陪都人民在大轰炸时期所表现出来的抗战精神，他和夫人将终身难忘。蒋介石尤其深情地表达了对于四川的眷恋，他说："抗战八年，四川出钱、出粮、出兵、出力最多，今离别在即，无以为报，郁郁不安。""本人自出生以来，除家乡以外，没有其他地方比重庆算得是我第二故乡。"据记者报道，蒋宋出席大会的时间只有短短25分钟，蒋介石讲话的时间也仅有十分钟。①

4月30日，国民政府发表自重庆还都南京令。同一天，重庆行营成立。蒋宋夫妇离开重庆飞赴西安。5月1日，国民政府令："国民政府前为持久抗战，于二十六年十一月移驻重庆。兹国土重光，金瓯无缺，爰定于本年五月五日凯旋南京，并以四川为全国建设实验区。"5月2日，宋美龄随蒋介石至汉口视察。5月3日，自汉口飞至南京。5月5日，国民政府在南京举行还都典礼。

---

① 本报驻渝记者王能掀：《凯旋门下庆凯旋》，《中央日报》1946年4月29日，第4版。另外，还都南京后，《中央日报》1946年5月8日每周画刊第2版刊出这次大会的图片等专题。

关于宋美龄最后离开重庆的时间，李台珊的著作给出的时间是："国民政府官方正式从战时首都撤回南京是 1946 年 5 月 1 日。蒋和美龄搬进了南京军事委员会大院里的两层楼的红砖房里。"[1]而据钱用和回忆："三十五年春，我随夫人由重庆飞沪返都。"她给出的确定时间为"1946 年 4 月 12 日"，她还描述了在飞机上与宋美龄交流的细节："四月初再谒蒋夫人，蒙嘱随行，十二日乘美龄号专机，离别八年抗战的陪都，直飞上海。晴空万里，过三峡高峰，体会不出'两岸猿声啼不住，轻舟已过万重山'的景象。只见一片云海，被阳光普照，五彩缤纷，从机窗下望煞是好看，过汉口，俯瞰长江流水，波平浪静。回忆八年前抗战开始，于此抢救难童，在蒋夫人领导下推进保育工作，经几许艰辛，今凌霄东旋，何等兴奋！与蒋夫人谈天话旧，不觉已抵上海机场降落。"[2]

从蒋介石日记看，李台珊和钱用和给出的宋美龄离开重庆的时间均不可靠。[3]早在 1946 年 3 月 24 日，朝课后，蒋介石"送妻上飞机赴沪"，这是蒋介石日记中记载的宋美龄在还都南京前的最后一次离开重庆。4 月 17 号，宋美龄由上海返回重庆，蒋介石亲自到机场接。[4]因乘坐飞机，蒋介石记下了"妻子呕致病"的信息。[5]而此间蒋经国与宋美龄之间的电文也印证了 4 月 30 日前宋美龄又回到重庆。另据唐纵日记的记载，蒋宋夫妇是于 4 月 30 日"离重庆抵西安"[6]。当天中央社发"蒋主席在西安行辕"的消息，也证实了唐纵日记的可靠性。

① Laura Tyson Li, *Madame Chiang Kai-shek: China's Eternal First Lady*, p. 272.

② 钱用和：《钱用和回忆录》，第 70、83 页。显然，钱用和的记忆有误。在回忆录的另外一章，她又写道："三十五年三月，追随夫人乘美龄号专机飞返上海。"见《钱用和回忆录》，第 166 页。

③ 《中央日报》通常有宋美龄进出重庆的记载，如，1946 年 3 月 24 日，宋美龄离开重庆，与陈布雷夫妇同行，见《中央日报》1946 年 3 月 25 日，第 2 版。而对于 4 月 12 日钱用和提及宋美龄离开重庆，《中央日报》并未报道。

④ 参见《中央日报》1946 年 4 月 18 日，第 2 版。

⑤ 参见 Chiang Kai-shek Diaries, April 17, 1946, Hoover Institution Archives, Stanford University.

⑥ 公安部档案馆编注：《在蒋介石身边八年——侍从室高级幕僚唐纵日记》，第 613 页。

　　克莱尔·布思·鲁斯在 1942 年 7 月《生活》杂志上的一篇文章中，称宋美龄"堪称是个悲剧人物"。事实上，宋美龄遭遇的难题是重庆国民政府的悲剧。重庆时期是宋美龄人生辉煌历史的巅峰时刻，也是国民政府悲剧的开始。重庆的困境，在某种程度上暗含了国民政府的败局，也抽空了宋美龄赖以展示其才华的国际舞台；离开重庆，也意味着宋美龄告别辉煌的人生。

　　1946 年 4 月 30 日，星期二，这是一个下雨天。蒋介石与宋美龄在这天告别了重庆。出发前，蒋介石特意回到黄山官邸，依依不舍告别这个陪伴他度过艰苦岁月的"第二故乡"。夫妻俩在林园用午餐后，"即离开，由白市驿机场起飞至西安"①。从蒋介石日记的记载，可以去想象宋美龄离开重庆时的郁闷心情。如今的林园官邸，依旧默默矗立，那里记载着当年蒋介石和宋美龄离别前的消沉情绪与相互安慰的夫妻情意。

　　后来的事实证明，蒋介石和宋美龄告别重庆就意味着中华民国历史即将在大陆结束。不过，依他们的内心，或许未曾有过失去重庆的苦楚，因为那一刻，他们相信即使离开这座城市，自己也一定是与上帝同在的。

---

①　Chiang Kai‐shek Diaries, April 29, 1946, Hoover Institution Archives, Stanford University.

参考文献

中文、日文部分

一、档案资料

（一）重庆市档案馆馆藏档案

北碚管理局全宗

兵工署第二十工厂全宗

兵工署第二十九工厂全宗

重庆大学全宗

重庆防空司令部全宗

重庆市财政局全宗

重庆市参议会全宗

重庆市动员委员会全宗

重庆市地政局全宗

重庆市防空洞工程处全宗

重庆市各商业同业公会全宗

重庆市工务局全宗

重庆市警察局全宗

重庆市商会全宗

重庆市社会局全宗

重庆市卫生局全宗

重庆市振济会全宗

重庆市政府全宗

东川邮政管理局全宗

国际广播电台全宗

国民党重庆市执行委员会全宗

国民党中央宣传部全宗

国民党中央组织部全宗

美丰商业银行全宗

陪都建设计划委员会全宗

外交部全宗

中华民国红十字总会全宗

中央银行重庆分行全宗

（二）中国第二历史档案馆馆藏档案

财政部全宗

国民党党务系统档案汇集

国民政府全宗

国民党中央党部全宗

国民党中央宣传部全宗

国民党中央执行委员会秘书处全宗

国民党中央组织部全宗

军事委员会政治部全宗

社会部全宗

新闻局全宗

（三）台北"国史馆"藏档案

"国民政府"

蒋中正"总统"文物

（四）台北中国国民党党史馆藏档案

中国国民党中央宣传部文档

（五）美国斯坦福大学胡佛研究所档案馆藏档案

蒋介石日记手稿本（Chiang Kai-shek Diaries），Hoover Institution Archives，Stanford University.

二、报刊资料

（一）中文报刊

《重大校刊》《重庆各报联合版》《重庆商埠月刊》《大公报》《独立评论》《读书与生活》《档案史料与研究》《妇女共鸣》《妇女生活》《国民公报》《国闻周报》《工作月刊》《集作》《嘉陵江日报》《今日中国》《科学》《抗战文艺》《旅行杂志》《扫荡报》《商务日报》《山城月刊》《申报》《时事新报》《四川月报》《四川经济月刊》《现代妇女》《新华日报》《新民报》《新世界》《新蜀报》《炎黄春秋》《遗族校刊》《宇宙风》《战时妇女月刊》《中央日报》《中国现代文学研究丛刊》

（二）日文报刊

《读卖新闻》《朝日新闻》

三、图书资料

［美］爱茉莉·海：《宋氏三姐妹》，复泰译，万象杂志社1946版。

［美］巴巴拉·塔克曼：《史迪威与美国在华经验》，陆增平译，商务印书馆1984年版。

［美］白修德：《探索历史——白修德笔下的中国抗日战争》，马清槐、方生译，生活·读书·新知三联书店1987年版。

［美］白修德、贾安娜：《中国的惊雷》，端纳译，新华出版社1988年版。

［美］贝西尔：《美国医生看旧重庆》，钱士、汪宏声译，重庆出版社1989年版。

［美］费正清：《费正清对华回忆录》，陆惠勒等译，上海知识

出版社 1991 年版。

[美] 费正清主编：《剑桥中华民国史》（第 1 部），章建刚译，上海人民出版社 1991 年版。

[美] 李台珊：《宋美龄：走在蒋介石前头的女人》，黄中宪译，台北五南图书出版股份有限公司 2010 年版。

[美] 罗比·尤恩森：《宋氏三姐妹——宋霭龄、宋庆龄、宋美龄》，赵云侠译，世界知识出版社 1984 年版。

[美] 裴斐、韦慕庭访问整理：《从上海市长到"台湾省主席"（1946—1953）——吴国桢口述回忆》，吴修恒译，上海人民出版社 1999 年版。

[美] 约瑟夫·W. 史迪威：《史迪威日记》，黄加林等译，世界知识出版社 1992 年版。

[日] 前田哲男：《从重庆通往伦敦、东京、广岛的道路——二战期间的战略大轰炸》，王希亮译，中华书局 2007 年版。

《妇女领袖宋氏三姊妹》，上海战时出版社 1943 年版。

《贺国光先生访问纪录》，台北"中央研究院"近代史研究所《口述历史》（七），台湾 1996 年版。

《蒋中正"总统"档案：事略稿本》，台北"国史馆"印行。

《蒋夫人言论集》，国民出版社 1939 年版。

《蒋夫人言论汇编》，台北正中书局 1956 年版。

《蒋夫人思想言论集》，台北"中央文物供应社"1966 年版。

《蒋经国书信集：与宋美龄往来函电》（上），台北"国史馆"2009 年印行。

《王世杰日记手稿本》，台北"中央研究院"近代史研究所 1990 年版。

《王子壮日记》，台北"中央研究院"近代史研究所 2001 年编印。

《徐永昌日记》，台北"中央研究院"近代史研究所 1991 年编印。

《"总统"蒋公思想言论总集》，中国国民党中央党史委员会

1974 年编印。

重庆人民防空办公室编：《重庆市防空志》，西南师范大学出版社 1994 年版。

重庆市市政府秘书处编：《九年来之重庆市政》，1936 年版。

重庆市档案馆、重庆市沙坪坝区地方志办公室编：《民国歌乐山档案文献选》，2004 年版。

艾芜主编：《中国抗日战争时期大后方文学书系》，重庆出版社 1989 版。

秦教仪主编：《蒋夫人宋美龄女士与近代中国学术讨论集》，台北财团法人中正文教基金会 2003 年版。

陈布雷：《陈布雷回忆录》，东方出版社 2009 年版。

陈诚：《陈诚先生回忆录》，台北"国史馆" 2005 年版。

陈方正编辑·校订：《陈克文日记（1937—1952）》（上、下册），台北"中央研究院"近代史研究所 2012 年版。

陈嘉庚：《南侨回忆录》，岳麓书社 1988 年版。

陈纳德：《陈纳德将军与中国》，陈香梅译，台北传记文学出版社 1978 年版。

陈友琴：《川游漫记》，南京正中书局 1934 年版。

董显光：《董显光自传：一个中国农夫的自述》，曾虚白译，台北新生报社 1974 年版。

杜重远：《狱中杂感》，上海生活书店 1936 年版。

公安部档案馆编注：《在蒋介石身边八年——侍从室高级幕僚唐纵日记》，群众出版社 1991 年版。

顾维钧：《顾维钧回忆录》第 5 卷，中华书局 1983 年版。

顾执中、侯外庐、范剑涯等著：《回忆重庆》，重庆出版社 1984 年版。

何鸿钧：《晚晴》，重庆出版社 2001 年版。

贺国光：《国民政府军事委员会委员长行营参谋团大事记》（上、中、下册），军事科学院图书馆 1986 年影印本。

贺国光：《八十自述》，载《革命人物志》第 16 辑，中国国民党中央委员会党史委员会 1977 年版。

胡春惠、陈红民主编：《宋美龄及其时代国际学术研讨会论文集》，香港珠海书院亚洲研究中心 2009 年版。

胡光麃：《波逐六十年》，香港新闻天地社 1964 年版。

黄昌林主编：《南岸历史文化丛书——抗战时期文化专辑》，重庆南岸区政协 2011 年版。

黄九如编：《中国十大名城游记》，上海中华书局 1941 年版。

黄仁霖：《我做蒋介石"特勤总管"四十年：黄仁霖回忆录》，团结出版社 2006 年版。

黄晓东、张荣祥主编：《重庆抗战遗址遗迹保护研究》，重庆出版社 2013 年版。

黄炎培：《蜀道》，上海国讯书店 1941 年版。

康国雄口述，何蜀整理：《孤舟独树：民国金融家康心如之子康国雄自述》，陕西人民出版社 2012 年版。

匡珊吉、杨光彦主编：《四川军阀史》，四川人民出版社 1991 年版。

隗瀛涛主编：《近代重庆城市史》，四川大学出版社 1991 年版。

李丹柯：《女性，战争与回忆：三十五位重庆妇女的抗战讲述》，香港中文大学出版社 2013 年版。

李云翰主编：《中国国民党党务发展史料——中央常务委员会党务报告》，中国现代史史料丛编第 17 辑，台北国民党党史会 1995 年版。

凌耀伦、熊甫编：《卢作孚文集》，北京大学出版社 1999 年版。

刘航琛：《戎幕半生》，台北文海出版有限公司 1973 年版。

刘显曾整理：《刘节日记》（1937—1977）（上、下册），大象出版社 2009 年版。

刘湘：《刘甫澄军长讲演集》第 1 辑，重庆 1928 年版。

卢国纪：《我的父亲卢作孚》，重庆出版社 1984 年版。

陆思红：《新重庆》，上海中华书局 1939 年版。

宓熙、汪日章等：《在蒋介石宋美龄身边的日子——侍卫官回忆录》，团结出版社 2005 年版。

钱用和：《钱用和回忆录》，东方出版社 2011 年版。

尚明轩主编：《宋庆龄年谱》（上），社会科学文献出版社 2009 年版。

沈云龙访问，张朋园记录：《刘航琛先生访问记录》，台北"中央研究院"近代史研究所《口述历史》第 22 辑，1990 年版。

施强康编：《四川的凸现》，中央编译出版社 2001 年版。

史良：《史良自述》，中国文史出版社 1987 年版。

舒心城：《蜀游心影》，上海中华书局 1939 年版。

唐润明：《康心如与重庆市临时参议会》，重庆出版社 2014 年版。

王亚权总编纂：《蒋夫人言论集》（上、下集），台北上海印刷厂股份有限公司 1977 年版。

吴国桢手稿，黄卓群口述，刘永昌整理：《吴国桢传》（下册），台北自由时报 1955 年版。

吴济生：《新都见闻录》，上海光明书局 1940 年版。

熊式辉：《海桑集——熊式辉回忆录》（1907—1949），香港星克尔出版有限公司 2010 年版。

薛绍铭：《黔滇川旅行记》，广州中华书局 1937 年版。

向尚等：《西南旅行杂写》，上海中华书局 1936 年版。

杨世才编：《重庆指南》，重庆指南编辑部 1939 年版。

杨光彦：《重庆国民政府》，重庆出版社 1995 年版。

张守广编：《卢作孚年谱》，江苏古籍出版社 2002 年版。

张宪文主编：《中华民国史》，南京大学出版社 2005 年版。

张宪文、姜良芹等编著：《宋美龄、严倬云与中华妇女》，台北黎明文化事业股份有限公司 2012 年版。

张瑾、唐润明、邓平编著：《日本侵华图志·14. 无差别大轰炸》，山东画报出版社 2015 年版。

张瑾：《权力、冲突与变革：1926—1937 年重庆城市现代化研究》，重庆出版社 2003 年版。

张弓、牟之先编著：《国民政府重庆陪都史》，西南师范大学出版社 1993 年版。

赵晓铃：《卢作孚的梦想与实践》，四川人民出版社 2002 年版。

中国第二历史档案馆编：《中华民国史档案资料汇编》，江苏古籍出版社 1997 年版。

周开庆：《卢作孚传记》，台湾川康渝文物馆丛书第 19 种，1987 年版。

周开庆编著：《刘湘先生年谱》，台北四川文献研究社 1975 年版。

周开庆编著：《民国川事纪要》，台北四川文献研究社 1974 年版。

英文部分

一、Government Documents and Archives

Albert and Celia Steward Papers, Divinity School Library, Yale University.

China Record Project, Personal Papers Collection, Lobenstine, Divinity School Library, Yale University.

China Record Project, Personal Papers Collection, Lewis－Leynse, James P. , Divinity School Library, Yale University.

China Record Project, Personal Papers Collection, McCulloch－Mclean, Divinity School Library, Yale University.

China Record Project: Miscellaneous Personal Papers Collection, China Missionary Oral Historical Collection－4, Divinity School Library, Yale University.

Esther Tappert Mortensen Papers, Divinity School Library, Yale University.

John K. Fairbank Papers, Harvard University Archives.

Joseph W. Stilwell Papers, Hoover Institution Archives, Stanford University.

J. Arthur Duff, Memoirs Chronological Writings, Hoover Institution Archives, Stanford University.

Lyman Hoover Papers, Divinity School Library, Yale University.

Nym Wales Papers, Hoover Institution Archives, Stanford University.

Papers of Theodore H. White, Harvard University Archives.

Papers of Emma DeLong Mills, 1888 – 2007, MSS1, Wellesley College Archives.

Papers of May-ling Soong Chiang, 1916 – 2003, MSS2, Wellesley College Archives.

Papers of Dr. Theodore Dykstra, 1942 – 1944, Harvard-Yenching Library.

Time, inc. , Dispatches from Time magazine correspondents: first series, 1942 – 1955, Houghton Library, Harvard University.

United Service to China Archives 1934 – 1967, Princeton Seeley G. Mudd Manuscript Library.

William M. Sloane Papers, Manuscripts Division, Department of Rare Books and Special Collections, Princeton University Library.

Whiting Willauer Papers, Princeton University Library, Department of Rare Books and Special Collections, Seeley G. Mudd Manuscript Library.

二、Periodicals and Newspapers

The Christian Science Monitor, Boston, China weekly Review, 1937 – 1945.

The New York Times, New York, 1937–1945.

The Time Magazine, New York, 1937–1945.

The Washington Post, Washington D. C, 1937–1945.

The los Angeles Time, 1937–1945.

三、Books and Articles

Chiang, May–ling Soong, *Conversations with Mikhail Borodin*, London: Free Chinese Center, 1978.

Emily Hahn, *The Soong Sisters*, New York: Doubleday, Doran & Co. , inc. , 1941.

Emily Hahn, *China to me*, New York: Doubleday, Doran & Co. , 1946.

Freda Utley, *Last Chance in China*, New York: The Bobbs–Merrill Company Indianapolis Publishers, 1947.

George Ashmore Fitch, *My Eighty Years in China*, Taipei, Taiwan, Mei Ya Publications, Inc. , 1967.

Graham Peck, *Two kinds of time*, With a new introd, by John K. Fairbank,. Illustrated by the author, Boston, Houghton Mifflin, 1967.

Guenther. Stein, " Chungking Considers the Future", *Far Eastern Survey*, Vol. 11, No. 18 (Sep. 7, 1942) , pp. 190–193.

Han Suyin, *Destination Chungking*, Boston: Little, Brown and Co. , 1942.

Hannah Pakula, *The Last Empress: Madame Chiang Kai–shek and the Birth of Modern China*, New York: Simon & Schuster, 2009.

James C. Hsiung& Steven I. evine, ed, *China's Bitter Victory: the war with Japan*, 1937–1945, New York: M. E. Sharpe, Inc. , 1992.

Jay. Taylor, *The Generalissimo: Chiang Kai–shek and the Struggle for Modern China*, Belknap Press of Harvard University Press, 2009.

J. E. Spencer, " Changing Chungking: The Rebuilding of an Old Chinese City", *Geographical Review*, Vol. 29, No. 1 (Jan. , 1939) , pp. 46–60.

Joseph W. Esherick, ed, *Lost Chance in China: The World War II Dispatches of John S. Service*, New York: Vintage Books, 1974.

Karen Leong, *The China Mystique: Pearl Buck, Anna May Wong, May-ling Soong Chiang and the Transformation of American Orientalism*, University of California Press, 2005.

Laura Tyson Li, *Madame Chiang Kai-shek: China's Eternal First Lady*, New York: Atlantic Monthly Press, 2006.

Liang Chin-tung, *General Stilwell in China, 1942–1944: the Full Story*, New York: St., John's University Press, 1972.

Liang, Kan, "*Chinese intellectuals in the war: Chongqing, 1937–1945*", Ph. D, diss., Yale University, 1995.

Lee. McIsaac, "City as Nation: Creating a Wartime Capital in Chongqing", in Joseph Esherick, ed., *Remaking the Chinese City: Modernity and National Identity, 1900–1950*, Honolulu: University of Hawaii Press, 2000, pp. 174–191.

Martha Gellhorn, "Her Day", *Gollier*, August 30, 1941.

Martha Gellhorn, *Travels with Myself and Another, A Memoir*, New York: Jeremy P. Tarcher, Putnam, 1978.

Nym Wales, "Chin's New Line of Industrial Defense", *Pacific Affairs*, Vol. 12, No. 3 (Sep., 1939), pp. 285–295.

Owen Lattimore, *China Memoirs: Chiang Kai-shek and the War Against Japan*, Compiled by Fujiko Isono, Tokyo: University Tokyo Press, 1990.

Paul A. Cohen&Merle Goldman, *Fairbank Remembered*, Harvard University Press, 1992.

Paul A. Cohen, "*Between China and America: the Career of Madame Chiang Kai-shek*", *Wellesley Magazine* 88, No. 2 (Winter 2004).

Paul M. Evans, *John Fairbank and the American Understanding of Modern China*, New York: Basil Blackwell Inc, 1988.

Samuel C. Chu, ed. , *Madame Chiang Kai - shek and Her China*, Norwalk, CT: EastBridge, 2005.

Robert A. Kapp, *Szechwan and Chinese Kepublic, Provinciol militarism and Central Power* 1911-1938, New Haven and London, Yale University Press, 1973.

Stephen R. Mackinnon, *China Reporting: An Oral History of American Journalism in the* 1930s and 1940s, Berkeley Los Angeles California: University of California Press, 1987.

Theodore H. White, *In Search of History: A Personal Adventure*, Harper & Row Publishers, 1978.

Theodore H. White & Annalee Jacoby, *Thunder Out of China*, New York: William Sloan Associates, Inc. , 1946.

Thomas A. DeLong, *Madame Chiang Kai - shek and Miss Emma Mills: China's First lady and her American Friends*, Mcfarland & Company, Inc. , Publishers, 2007.

Theodore H. White, ed. , *The Stilwell Papers*, New York: William Sloan Associates, Inc. , 1948. T. Christopher Jespersen, *American Images of China*, 1931-1949, Stanford University Press, 1996.

William F. Burbidge, *Rising China: a Brief History of China and a Biographical Sketch of Generalissimo and Madame Chiang Kai - shek*, London: J. Crowther Ltd. , 1943.

Wilma Fairbank, *America's Cultural Experiment in China*, 1942-1949, Washington, D. C. : Government Printing Office, 1976.